I0384702

ଓଡ଼ିଆ ସାହିତ୍ୟରେ ଜାତୀୟବାଦୀ ଚେତନା

ଓଡ଼ିଆ ସାହିତ୍ୟରେ ଜାତୀୟବାଦୀ ଚେତନା

ଡକ୍ଟର ଶକୁନ୍ତଳା ବଳିୟାରସିଂହ

ବ୍ଲାକ୍ ଈଗଲ୍ ବୁକ୍ସ
ଭୁବନେଶ୍ୱର, ଓଡ଼ିଶା

BLACK EAGLE BOOKS
Dublin, USA

ଓଡ଼ିଆ ସାହିତ୍ୟରେ ଜାତୀୟବାଦୀ ଚେତନା / ଡକ୍ଟର ଶକୁନ୍ତଳା ବଳିୟାରସିଂହ
ବ୍ଲାକ୍ ଈଗଲ୍ ବୁକ୍ସ : ଭୁବନେଶ୍ୱର, ଓଡ଼ିଶା • ଡବଲିନ୍, ଯୁକ୍ତରାଷ୍ଟ୍ର ଆମେରିକା

BLACK EAGLE BOOKS

USA address:
7464 Wisdom Lane
Dublin, OH 43016

India address:
E/312, Trident Galaxy, Kalinga Nagar,
Bhubaneswar-751003, Odisha, India

E-mail: info@blackeaglebooks.org
Website: www.blackeaglebooks.org

First Edition: July, 1985

First International Edition Published by
BLACK EAGLE BOOKS, 2022

ORIYA SAHITYARAE JATIYABADI CHETANA
(The thesis was awarded with Ph.D. Degree from the Utkal University, 1984)
by **Dr. Shakuntala Baliarsingh**

Copyright © **Dr. Shakuntala Baliarsingh**

All rights reserved. No part of this publication may be reproduced, stored in a retrieval system, or transmitted, in any form or by any means, electronic, mechanical, photocopying, recording or otherwise without the prior permission of the publisher.

Cover & Interior Design: Ezy's Publication

ISBN- 978-1-64560-312-2 (Paperback)

Printed in the United States of America

ମୋର ବାପା ଡାକ୍ତର ବେଣୁଧର ବଳିଆରସିଂହ ଓ ବୋଉ ଶ୍ରୀମତୀ ସୁଲୋଚନା ବଳିଆରସିଂହଙ୍କ ପାଦତଳେ ମୋର ଏହି ସାଧନାର କୁସୁମ ଭକ୍ତିର ସହ ଅର୍ପଣ କଲି।

କୁନ

ଓଡ଼ିଆ ସାହିତ୍ୟରେ ଜାତୀୟତାବାଦ

ପ୍ରାକ୍ କଥନ:

ଜାତୀୟତାବାଦ ଏକ ସର୍ବକାଳୀନ ସର୍ବାଧୁନିକ ଚେତନା । ଏହ ଏକ ସମ୍ମିଳିତ ଶକ୍ତିର ଅଭିବ୍ୟକ୍ତି ମଧ୍ୟ । ଗୋଷ୍ଠୀଭାବ ଦ୍ୱାରା ଏହା ଅଧିକ ଲକ୍ଷ୍ୟଭେଦୀ ଓ ଉର୍ଦ୍ଧ୍ୱସ୍ୱଳ ହୋଇଥାଏ । ସାମାଜିକ ଅନୁସନ୍ଧିତ୍ସା ଓ ଗୋଷ୍ଠୀ ପ୍ରବୃତ୍ତିରୁ ଏହାର ଜନ୍ମ ।

ମାନବ ସୃଷ୍ଟିର ଆରମ୍ଭରୁ ଦଳବଦ୍ଧ ହୋଇ ସଂହତ ଭାବଧାରାଗୁଡ଼ିକୁ ଆଗେଇ ନେବାକୁ ମନୁଷ୍ୟ ଚେଷ୍ଟା କରି ଆସିଛି । ମାନବର ଏହି ପ୍ରୟାସ ହିଁ ଜାତୀୟତାବାଦର ମୌଳିକ ଉପାଦାନ । ସମୟର ପ୍ରବାହ ସହିତ ସମାଜରେ ଚିନ୍ତାଶକ୍ତିର ବିକାଶ ହୋଇଥାଏ । ଏହାଫଳରେ ସାମାଜିକ ଗଠନ ପ୍ରଣାଳୀରେ ସମାଜର ଜୀବନ ଓ ଚରିତ୍ର ପ୍ରତିଫଳିତ ହୁଏ ।

ଭାରତବର୍ଷ ଗୋଟିଏ ଦେଶ ନୁହେଁ, ଏକ ଉପମହାଦେଶ । ବିବିଧ ପ୍ରକାର ଜନଗୋଷ୍ଠୀ, ଚଳଣି, ନୃତ୍ୟ ସଂଗୀତ, ବେଶପୋଷାକ, କୃଷି ଓ ଭାଷା ଆମ ଦେଶକୁ ଆବାହମାନ କାଳରୁ ବୈଚିତ୍ର୍ୟମୟ କରି ରଖିଛି । ଏ ଦେଶର ଭୂମିରେ ସୁନା ଫଳେ । ଏ ଭୂଖଣ୍ଡ ମୁନିଋଷିମାନଙ୍କ ବାସସ୍ଥଳୀ । ଯେଉଁମାନେ ସ୍ୱଚକ୍ଷୁରେ ସତ୍ଯମାନଙ୍କୁ ଦେଖିପାରନ୍ତି । ସେଥିପାଇଁ ବେଦରେ ଋଷିମାନଙ୍କୁ ମନ୍ତ୍ରଦ୍ରଷ୍ଟା କୁହାଯାଇଛି । ଏହି ମନ୍ତ୍ରଦ୍ରଷ୍ଟା ଋଷିବୃନ୍ଦ ବିଭିନ୍ନ ଶାସ୍ତ୍ରୀୟ ମନ୍ତ୍ରୋଚ୍ଚାରଣ ଦ୍ୱାରା ଜନସମାଜକୁ ଏକ ମନ ଏକ ପ୍ରାଣ ସୂତ୍ରରେ ଆବଦ୍ଧ କରି ରଖିବାକୁ ପ୍ରୟାସ ଜାରି ରଖିଥିଲେ ।

ଐଶ୍ୱର୍ଯ୍ୟମୟୀ, ସର୍ବାଲଙ୍କାରବୃତ୍ତା, ଅରଣ୍ୟାନି ଅଧ୍ୟୁଷିତା, ଗିରିମାଳାବେଷ୍ଟିତା ଭାରତବର୍ଷ, ଯାହାର ପାଦ ଧୌତ କରିବାକୁ

ବ୍ୟଗ୍ର ସାଗରମାଳା; ସେହି ଆମ ଜନ୍ମଭୂମି ଦୀର୍ଘକାଳ ବାହ୍ୟଶତ୍ରୁ ଆକ୍ରମଣ ଦ୍ୱାରା ଘୋର ନିର୍ଯାତନାର ଶିକାର ହେଲା । ଶହ ଶହ ବର୍ଷ ଧରି ଲୁଣ୍ଠିତ ହେଲା ଦେଶ ମୋଗଲ, ପଠାଣ, ମରହଟ୍ଟାମାନଙ୍କ ଦ୍ୱାରା । ଶେଷରେ ନିର୍ଯାତନାର ମୁଣ୍ଡି ମାରିଲେ ଇଂରେଜମାନେ । ଓଡ଼ିଶା ଅଧିକାର କଲେ ୧୮୦୩ରେ ।

ଏହି ଇତିହାସ ଯେତିକି ଦୁଃଖଦାୟକ ସେତିକି ରୋମାଞ୍ଚକର । ହାତରେ ଗୁଳିଗୋଳା, କମାଣ ନାହିଁ । ଖାଦ୍ୟାଭାବରେ ଦେହ ଦୁର୍ବଳ । ପିନ୍ଧିବାକୁ ବସ୍ତ୍ରାଭାବ । ବିଦେଶୀ ଗୋରା ସର୍ବସ୍ୱ ନେଇଗଲେଣି, ତଥାପି କିପରି ସ୍ୱାଧୀନତା ସଂଗ୍ରାମ ହେଲା, ବ୍ରିଟିଶ ଶାସକ ହାରିଲେ ଓ ଭାରତୀୟ ଜିତିଲେ, ଭାରତବର୍ଷ ସ୍ୱାଧୀନ ହେଲା ତାହା ଗୋଟାଏ ମିରାକଲ୍ ।

ଭାରତୀୟ ସ୍ୱାଧୀନତା ସଂଗ୍ରାମର ଇତିହାସ ସହିତ ପ୍ରତ୍ୟେକ ଭାରତବାସୀ ପରିଚିତ ହେବା ଆବଶ୍ୟକ ।

ସ୍ୱାଧୀନ ଭାରତରେ ୧୯୪୮ରେ ମୋର ଜନ୍ମ । ମୋ ବାପା ସେତେବେଳେ ଡାକ୍ତରୀ ପ୍ରାକ୍ଟିସ୍ ଆରମ୍ଭ କରୁଥାନ୍ତି । କଂଗ୍ରେସୀ ଭାବନା, ଗାନ୍ଧୀ ଚିନ୍ତାଧାରା ଦ୍ୱାରା ବାପା ଥିଲେ ପ୍ରଭାବିତ । ଆମ ଘରେ ଜାତିଭେଦ, ଉଚ୍ଚନୀଚ ଭେଦବିଚାର ନ ଥିଲା । ଗାନ୍ଧୀକଥାମୃତ ଆଲୋଚନା ହେଉଥିଲା ।

ପିଲାଦିନୁ ଭାରତ ସ୍ୱାଧୀନତା ସଂଗ୍ରାମ କାହାଣୀ, ଓଡ଼ିଶା ଭାଷା ଭିତ୍ତିରେ ସ୍ୱତନ୍ତ୍ର ହେବା କାହାଣୀ ବାପାଙ୍କଠାରୁ ଶୁଣିଛି । ଗାନ୍ଧୀ, ମଧୁସୂଦନ, ଗୋପବନ୍ଧୁ, ଗୋଦାବରୀଶଙ୍କ ଫଟୋଚିତ୍ର ତଳେ ମୁଣ୍ଡିଆ ମାରିବା ଶିଖିଛି । ଧୀରେ ଧୀରେ ପାଠ ପଢ଼ିବା ସହିତ ସ୍ୱାଧୀନତା ସଂଗ୍ରାମକୁ ଓଡ଼ିଆ ସାହିତ୍ୟର ଅବଦାନ ସଂପର୍କରେ ଅବଗତ ହୋଇଛି । ଓଡ଼ିଆ କବି, ଲେଖକ, ପ୍ରାବନ୍ଧିକ, ନାଟ୍ୟକାରମାନଙ୍କ ଏ ଅବଦାନ ପ୍ରତ୍ୟେକ ଓଡ଼ିଆ ଛାତ୍ର, ଅଭିଭାବକ ଜାଣିବା ଆବଶ୍ୟକ । ବିଶେଷ ଭାବରେ ସ୍ୱାଧୀନତାର ଅମୃତ ମହୋତ୍ସବ ପାଳନ ଅବସରରେ ।

ସେଥିପାଇଁ ଏହି କ୍ଷୁଦ୍ର ପ୍ରୟାସ । ଏହି ପ୍ରୟାସକୁ ସାକାର କରିବା ପାଇଁ ସୁଦୂର ଆମେରିକାରେ ରହୁଥିବା ଶ୍ରୀ ସତ୍ୟ ପଟ୍ଟନାୟକ, 'ବ୍ଲାକ୍ ଇଗଲ୍ ବୁକ୍ସ' ପ୍ରତିଷ୍ଠାନର ପ୍ରତିଷ୍ଠାତାଙ୍କୁ ଆନ୍ତରିକ ସାଧୁବାଦ ଜଣାଉଛି ।

- ଶକୁନ୍ତଳା ବଳିୟାରସିଂହ

ସୂଚୀପତ୍ର

ଉପୋଦ୍‌ଘାତ — କ-ଞ

ପ୍ରଥମ ପରିଚ୍ଛେଦ — ୨୫-୬୨

ଜାତୀୟଚେତନାର ଐତିହାସିକ ପୃଷ୍ଠଭୂମି ଓ ଏହାର ବିକାଶଧାରା:

ଜାତୀୟଚେତନାର ଗୁଣ ଓ ଧର୍ମ (୨୫), ମହାଭାରତୀୟ ଜାତୀୟତା (୨୮), ଭାରତରେ ଜାତୀୟଚେତନାର ବିକାଶ (୩୧), ଭାରତୀୟ ମୁକ୍ତି-ସଂଗ୍ରାମ (୩୭), ଓଡିଶାରେ ଜାତୀୟଚେତନା ସୃଷ୍ଟିର ଆଦିପର୍ବ - ଊନବିଂଶ ଶତାବ୍ଦୀର ପ୍ରଥମାର୍ଦ୍ଧ (୪୬), ମଧ୍ୟପର୍ବ -ଊନବିଂଶ ଶତାବ୍ଦୀର ଦ୍ୱିତୀୟାର୍ଦ୍ଧ (୪୮), ଉତ୍କଳ ସମ୍ମିଳନୀ ଓ ମଧୁସୂଦନ (୫୩), ଅନ୍ତ୍ୟପର୍ବ (୫୫), ଓଡିଶାରେ ଅସହଯୋଗ ଆନ୍ଦୋଳନ ଓ ଲବଣ ସତ୍ୟାଗ୍ରହ (୫୭), ଓଡିଶାରେ ପ୍ରଗତିବାଦୀ (ମାର୍କସୀୟ) ଚେତନା (୫୯), ପସଂହାର (୬୧)।

ଦ୍ୱିତୀୟ ପରିଚ୍ଛେଦ — ୬୩-୧୦୪

ଜାତୀୟଚେତନା ଅଭିବୃଦ୍ଧିରେ ପତ୍ରପତ୍ରିକାର ଭୂମିକା:

ଭାରତରେ ମୁଦ୍ରଣ-ଶିଳ୍ପ ଓ ସଂବାଦପତ୍ର (୬୩), ଓଡିଆ ପତ୍ରପତ୍ରିକା ଓ ଜାତୀୟଚେତନା: ଊନବିଂଶ ଶତାବ୍ଦୀ-ପ୍ରାକ୍ ଜାତୀୟ କଂଗ୍ରେସ ଯୁଗ (୬୫), ଓଡିଆ ସଂବାଦପତ୍ର ଓ ଜାତୀୟ ସମସ୍ୟା (୬୯), ଓଡିଶାରେ ଲବଣଶିଳ୍ପ ଓ ହସ୍ତଶିଳ୍ପର ଅଧୋଗତି (୭୦), ଶିଳ୍ପ-ବାଣିଜ୍ୟର ପୁନରୁତ୍‌ଥାନ ନିମନ୍ତେ ଆହ୍ୱାନ (୭୩), ଓଡିଆଭାଷା-

ସଂକଟ (୭୫), ସମାଜ-ସଂସ୍କାର (୭୮), ଭାରତୀୟ ଜାତୀୟ କଂଗ୍ରେସ : ଜାତୀୟତାର ଉନ୍ମେଷ ଓ ବିକାଶ (୭୯), ଚଳିତ ଶତାବ୍ଦୀର ପତ୍ରପତ୍ରିକା : ଜାତୀୟତାର ଭରଣ (୮୨), ଗାନ୍ଧୀ ବିଚାରଧାରାର ପରିପ୍ରକାଶ (୯୦), ଓଡ଼ିଶାର ଅତ୍ୟାଚାରିତ ଅନ୍ଧାରୀ ମୂଲକ (୯୧), ଗଡ଼ଜାତ ପ୍ରଜା-ଆନ୍ଦୋଳନ : ପ୍ରଜାମଣ୍ଡଳ (୯୯), ଉପସଂହାର (୧୧୧)।

ତୃତୀୟ ପରିଚ୍ଛେଦ ୧୦୭-୧୪୫

ଓଡ଼ିଆ କାବ୍ୟକବିତାରେ ଦେଶାମ୍ବୋଧ ଓ ଜାତୀୟଚେତନାର ବିକାଶଧାରା:

ପ୍ରାଚୀନ ଭାରତୀୟ ସାହିତ୍ୟରେ ସ୍ୱଦେଶ-ଚେତନା (୧୦୭), ସ୍ୱଦେଶ-ଚେତନାର ରୂପାନ୍ତର ଓ ଆଞ୍ଚଳିକ ସାହିତ୍ୟରେ ଏହାର ଅଭିବ୍ୟକ୍ତି (୧୧୦), ପ୍ରାଚୀନ ଓଡ଼ିଆ ସାହିତ୍ୟରେ ଏହାର ପରିପ୍ରକାଶ (୧୧୨), ଆଧୁନିକ ଓଡ଼ିଆ ସାହିତ୍ୟରେ ଏହାର ଉନ୍ମେଷ : ଆଦିପର୍ବ (୧୧୪), ଐତିହ୍ୟ ପ୍ରୀତି (୧୧୫), ମାତୃଭୂମି ବନ୍ଦନା (୧୧୭), ଉଦ୍‌ବୋଧନ (୧୨୦), ଭାଷା-ସଂକଟର ପ୍ରତିକ୍ରିୟା (୧୨୧), ସ୍ୱଦେଶୀ ଶିକ୍ଷାନୁରାଗ (୧୨୩), ମଧ୍ୟପର୍ବ : ଆଞ୍ଚଳିକ ଜାତୀୟତାର ବିକାଶ (୧୨୫), ସ୍ୱରାଜ୍ୟ ସଂଗ୍ରାମର କାବ୍ୟିକ ପ୍ରତିଫଳନ (୧୨୯), ସଂଘର୍ଷକାଳୀନ (୧୯୩୬-୧୯୪୭) ଜାତୀୟଚେତନାର କେତୋଟି ମୁଖ୍ୟସ୍ୱର (୧୩୬), ବିପ୍ଳବ ପ୍ରଶସ୍ତି (୧୩୭), ଦଳିତ ଜାତିର ଉଦ୍ଧାର (୧୩୯), ମାର୍କ୍ସୀୟ ଦର୍ଶନ (୧୪୧), ଗାନ୍ଧିଜୀଙ୍କ ବ୍ୟକ୍ତିତ୍ୱ ଓ ନେତୃତ୍ୱ (୧୪୩), ଉପସଂହାର (୧୪୫)।

ଚତୁର୍ଥ ପରିଚ୍ଛେଦ ୧୪୭-୧୮୨

ଓଡ଼ିଆ ଗଳ୍ପ-ଉପନ୍ୟାସରେ ଅଭିବ୍ୟକ୍ତ ଆର୍ଥନୀତିକ ଶୋଷଣର ଚିତ୍ର ଓ ମାନବବାଦୀ ଚିନ୍ତାଧାରା :

ଉପନ୍ୟାସରେ ମାନବବାଦୀ ଚିନ୍ତାଧାରାର ଉନ୍ମେଷ (୧୪୭), ଓଡ଼ିଆ ଉପନ୍ୟାସରେ ଏହାର ପ୍ରତିଫଳନ (୧୪୮), ଆଦିପର୍ବର ଉପନ୍ୟାସ ଓ ଏହାର ମୁଖ୍ୟ ପ୍ରବୃତ୍ତି (୧୪୯), ନାରୀ ଜୀବନର

ଦୁର୍ଗତି (୧୫୧), ଇତିହାସ ଓ ସମାଜ ସଚେତନତା (୧୫୨), ଆଦିବାସୀ ଜୀବନ (୧୫୪), ଓଡ଼ିଆ ଉପନ୍ୟାସର ଦ୍ୱିତୀୟ ପର୍ଯ୍ୟାୟ : ଜାତୀୟଚେତନାର ବିକାଶ (୧୫୫), ଭ୍ରଷ୍ଟାଚାର ଓ ସଂସ୍କାରଲିପ୍ସା (୧୫୫), ମଧ୍ୟବିତ୍ତ ଶ୍ରେଣୀର ଉଦ୍ଭବ ଓ ସାମାଜିକ ଦୁର୍ଗତି (୧୫୭), ଇତିହାସର ସ୍ମୃତିଚାରଣ (୧୬୦), ଅର୍ଥନୈତିକ ଦୁର୍ଗତି ଓ ସ୍ୱଦେଶୀ ଆନ୍ଦୋଳନ (୧୬୪), ସାମ୍ୟବାଦୀ ଚେତନାର ଉନ୍ମେଷ (୧୬୯), ଉପନ୍ୟାସର ତୃତୀୟ ପର୍ଯ୍ୟାୟ : ବୈପ୍ଲବିକ ଚେତନାର ଅଭିବ୍ୟକ୍ତି (୧୭୦), ସାମ୍ୟବାଦୀ ଚେତନାର ପ୍ରସାର ଓ ପରିଣାମ (୧୭୧), ନିର୍ଭୀକତାର ଆହ୍ୱାନ (୧୭୨), ଶୋଷିତ ଶ୍ରମିକ ଓ କୃଷକ (୧୭୩), ଜାତି-ଧର୍ମ-ଶ୍ରେଣୀହୀନ ସମାଜ : ବିଶ୍ୱଭ୍ରାତୃତ୍ୱବୋଧ (୧୭୫), ଆର୍ଥିକ ବୈଷମ୍ୟ ବିଲୋପ ଓ ନୂତନ ଆଦର୍ଶ ପ୍ରତିଷ୍ଠା (୧୭୯), ଉପସଂହାର (୧୮୨)।

ପଞ୍ଚମ ପରିଚ୍ଛେଦ   ୧୮୩-୨୧୪

ଓଡ଼ିଆ ନାଟକରେ ପ୍ରତିଫଳିତ ଜାତୀୟତା ଓ ମାନବିକତା :

ଆଦିପର୍ବର ଓଡ଼ିଆ ନାଟକ ଓ ଜାତୀୟଚେତନାର ଉନ୍ମେଷ (୧୮୪), ସମାଜ-ସଂସ୍କାର (୧୮୭), ଇତିହାସ-ସଚେତନତା (୧୯୨), ନାଟର ମଧ୍ୟପର୍ବ ଓ ଜାତୀୟ-ଚେତନାର ବିକାଶ : ଅତୀତ ଗୌରବର ଉପସ୍ଥାପନା (୧୯୬), ଗଣନାଟ୍ୟରେ ଜାତୀୟବାଦୀ ଚେତନା (୨୦୩), ଜାତୀୟ ଏକତା ଓ ମାନବିକତାର ଆଦର୍ଶ (୨୦୪), ଅନ୍ତ୍ୟପର୍ବର ଜାତୀୟବାଦୀ ନାଟକ : ସାମାଜିକ ଚେତନା-ସୃଷ୍ଟିରେ ନୂତନ ସ୍ୱର (୨୦୭), ଗାନ୍ଧୀବାଦୀ ଓ ସାମ୍ୟବାଦୀ ଚେତନାର ଉଦ୍ବର୍ତ୍ତନ (୨୧୩), ଉପସଂହାର (୨୧୪)।

ଷଷ୍ଠ ପରିଚ୍ଛେଦ   ୨୧୭-୨୪୨

ଓଡ଼ିଆ ପ୍ରବନ୍ଧ ସାହିତ୍ୟ : ନୂତନ ରୁଚି, ମୂଲ୍ୟବୋଧ ଓ ମୁକ୍ତିପିପାସାର ଅଭିବ୍ୟକ୍ତି:

'ବିବେକୀ'ର ଗୁଣ ଓ ଧର୍ମ: ନୂତନ ରୁଚି ଓ ଜାତୀୟ ସଚେତନତା (୨୨୦), ସଂସ୍କାରପ୍ରବଣତା (୨୨୫), ଉତ୍କଳ ସମ୍ମିଳନୀ ଓ ଉତ୍କଳର ଜାତୀୟ ଜୀବନ (୨୨୯), ଶିକ୍ଷ-ସଚେତନତା (୨୩୨),

ସାଂସ୍କୃତିକ ଉତ୍ତରାଧିକାର ଓ ଶୃଙ୍ଖଳିତ ଜାତୀୟଜୀବନର ପରିକଳ୍ପନା (୨୩୪), ଆଲୋଚନା-ସାହିତ୍ୟରେ ନବଦିଗନ୍ତ (୨୩୭), ସତ୍ୟବାଦୀ ଗୋଷ୍ଠୀଓ ଜାତୀୟଚେତନାର ବିକାଶ (୨୪୧), ଅନ୍ତ୍ୟପର୍ବ : ସାମ୍ୟବାଦୀ ଓ ଗାନ୍ଧୀବାଦୀ ଚେତନାର ସମନ୍ୱୟ (୨୪୬), ଉପସଂହାର (୨୫୧)।

ସପ୍ତମ ପରିଚ୍ଛେଦ : ଉପସଂହାର ୨୫୩-୨୯୨

ସ୍ୱାଧୀନୋତ୍ତର ଓଡ଼ିଆ ସାହିତ୍ୟରେ ଜାତୀୟବାଦୀ ଚିନ୍ତାଧାରା : ରୂପ ଓ ରୂପାନ୍ତର:

ସାହିତ୍ୟ ସହ ଯୋଜନା ଓ ଅର୍ଥନୀତିର ସଂଯୋଗ (୨୫୪), ଜାତୀୟତା ବନାମ ଆନ୍ତର୍ଜାତୀୟତା (୨୫୭), ନେତୃତ୍ୱର ଦୋଷତୃଟି ଓ ବାସ୍ତବ ସମସ୍ୟା ସଚେତନତା (୨୫୯), ସମ୍ପ୍ରଦାୟ ଓ ଧର୍ମନିରପେକ୍ଷ ବିଶ୍ୱଭ୍ରାତୃତ୍ୱବୋଧ (୨୭୭), ପରମ୍ପରାବିରୋଧୀ ନୂତନ ବିଚାରଧାରା ଓ ମୂଲ୍ୟବୋଧ (୨୭୯)।

ସହାୟକ ପୁସ୍ତକାବଳୀ ଓ ପତ୍ରପତ୍ରିକା ୨୯୩

୧୮୦୩ ମସିହାରେ କନିକା ରାଜାଙ୍କର ଇଷ୍ଟଇଣ୍ଡିଆ କମ୍ପାନୀ ସହ ଚୁକ୍ତିର ଫଟୋଚିତ୍ର

Administration Report of the
Tributary States for 1882-83.   300
Resolution passed at the Twelfth Session
of Indian National Congresss held
at Calcutta in 1898.   307

ସଂକ୍ଷିପ୍ତୀକରଣ

ଉ.ଦୀ.	-	ଉତ୍କଳ ଦୀପିକା
ଉ.ସା.	-	ଉତ୍କଳ ସାହିତ୍ୟ
ଓ.ସା.ଇ.	-	ଓଡିଆ ସାହିତ୍ୟର ଇତିହାସ
ଅ.କୁ.ଗ୍ର.	-	ଅଶ୍ୱିନୀ କୁମାର ଗ୍ରନ୍ଥାବଳୀ
ଗୋ.ର.	-	ଗୋପବନ୍ଧୁ ରଚନାବଳୀ
ଗୋ.ଲେ.	-	ଗୋଦାବରୀଶ ଲେଖାବଳୀ
ଗଂ.ଗ୍ର.	-	ଗଂଗାଧର ଗ୍ରନ୍ଥାବଳୀ
କୁ.କୁ.ଗ୍ର	-	କୁନ୍ତଳାକୁମାରୀ ଗ୍ରନ୍ଥାବଳୀ
ଫ.ମୋ.ଗ୍ର	-	ଫକୀରମୋହନ ଗ୍ରନ୍ଥାବଳୀ
ରା.ଗ୍ର.	-	ରାଧାନାଥ ଗ୍ରନ୍ଥାବଳୀ
ମ.ଗ୍ର.	-	ମଧୁସୂଦନ ଗ୍ରନ୍ଥାବଳୀ
ରା.ଶ.ଗ୍ର.	-	ରାମଶଙ୍କର ଗ୍ରନ୍ଥାବଳୀ
ସ.ରା.ଗ୍ର.	-	ସଚ୍ଚି ରାଉତରାୟ ଗ୍ରନ୍ଥାବଳୀ
ବା.ସଂ.ବା.	-	ବାଲେଶ୍ୱର ସଂବାଦ-ବାହିକା

ଉପୋଦ୍‌ଘାତ

ବହୁ ପ୍ରାଚୀନ କାଳରୁ ଉଡ୍ରଦେଶ ବା ଉତ୍କଳ ଭାରତର ରାଜନୈତିକ ଓ ସାଂସ୍କୃତିକ ମାନଚିତ୍ରରେ ଏକ ବିଶିଷ୍ଟ ସ୍ଥାନ ଅଧିକାର କରିଆସିଛି। ବିଭିନ୍ନ ଶତାବ୍ଦୀରେ କୋଶଳ, କଳିଙ୍ଗ, କୋଙ୍ଗଦ ପ୍ରଭୃତି ନାମରେ ପରିଚିତ ଭୌଗୋଳିକ ଭୂଖଣ୍ଡ ଦ୍ୱାଦଶ ଶତାବ୍ଦୀରେ ସମ୍ମିଳିତ ହୋଇ ଯେଉଁ ରାଜନୈତିକ ଭୂଖଣ୍ଡର ସୃଷ୍ଟି ହୋଇଥିଲା ତାହା ହିଁ ମୁଖ୍ୟତଃ 'ଓଡିଶା' ବା 'ଉଡ୍ରଦେଶ' ନାମରେ ସୁପରିଚିତ। ଏହାର ଆଦିନିର୍ମାତାଭାବେ ଅନନ୍ତବର୍ମା ଚୋଡଗଙ୍ଗ ଦେବଙ୍କ ନାମ ଉଲ୍ଲେଖଯୋଗ୍ୟ। ତାହାଙ୍କଦ୍ୱାରା କଳିଙ୍ଗ ଓ ଉତ୍କଳ ରାଜ୍ୟ ସମ୍ମିଳିତ ହୋଇ ଏକ ଦୃଢ ରାଜନୈତିକ ଭିତ୍ତିଭୂମି ଉପରେ ପ୍ରତିଷ୍ଠିତ ହୋଇପାରିଥିଲା। ଏହି ସମୟରୁ ହିଁ ଓଡିଆ ଭାଷାର ଉତ୍ପତ୍ତି।(୧) ଏତଦ୍‌ବ୍ୟତୀତ ଚୋଡଗଙ୍ଗ ଦେବଙ୍କ ଦ୍ୱାରା ସୁବିଖ୍ୟାତ ଜଗନ୍ନାଥ ମନ୍ଦିର ନିର୍ମିତ ହେବା ଫଳରେ ଓଡିଶାର ଜନସାଧାରଣଙ୍କ ମଧ୍ୟରେ ଏକ ନୂତନ ସାଂସ୍କୃତିକ ସଂପର୍କର ସୂତ୍ର ପ୍ରତିଷ୍ଠିତ ହୋଇପାରିଥିଲା। ଚୋଡଗଙ୍ଗ ହିଁ କଳିଙ୍ଗନଗରୀରୁ କଟକକୁ ତାହାଙ୍କ ରାଜଧାନୀ ପରିବର୍ତ୍ତନ କରିଥିଲେ ଓ ତଦ୍ଦ୍ୱାରା 'କଳିଙ୍ଗ' ପରିବର୍ତ୍ତେ 'ଉଡ୍ରଦେଶ'ର ପ୍ରାଧାନ୍ୟ ପ୍ରତିଷ୍ଠିତ ହୋଇପାରିଥିଲା। ଏହା ଫଳରେ 'ଓଡିଶା' ନାମଟି ହେଲା ସୁବିଦିତ।

ଗଙ୍ଗବଂଶ ପରେ ଓଡିଶାରେ ପ୍ରତିଷ୍ଠିତ ହେଲା ସୂର୍ଯ୍ୟବଂଶ। ଏ ବଂଶର ପ୍ରତିଷ୍ଠାତା କପିଳେନ୍ଦ୍ର ଦେବ କୌଣସି ରାଜକୁଳୋଦ୍ଭୂତ ନଥିଲେ। ସେ ଥିଲେ ଏ ଦେଶର ଜଣେ ସାଧାରଣ ନାଗରିକ। ତାହାଙ୍କ ସମୟରେ ହିଁ ଓଡିଶାର ସୀମା ସର୍ବାଧିକ ବିସ୍ତୃତି ଲାଭ କରିଥିଲା। ଦକ୍ଷିଣ-ଭାରତର ମାନ୍ଦ୍ରାଜ ନିକଟବର୍ତ୍ତୀ 'ପେନାର' ପର୍ଯ୍ୟନ୍ତ ସେ ଜୟକରି ଭାରତୀୟ ରାଜନୈତିକ ମାନଚିତ୍ରରେ ଓଡିଶାକୁ ସୁଚିହ୍ନିତ କରାଇପାରିଥିଲେ। ସ୍ଥାପତ୍ୟ, ଚିତ୍ରକଳା, ସାହିତ୍ୟ ଓ ସଂଗୀତ ପ୍ରଭୃତି ବିବିଧ ବିଭାବରେ ଓଡିଶା ହୋଇଥିଲା ସମୁନ୍ନତ। କିନ୍ତୁ ଏହି ବଂଶର ଶେଷ ରାଜା ପ୍ରତାପରୁଦ୍ର ଦେବଙ୍କ ସମୟରେ ଓଡିଶାର ଗୌରବ-ରବି

---

୧. Mahtab, Dr. H.K., 'History of Orissa', Vol-I,P-6

ଅସ୍ତମିତ ହେବାର ଲକ୍ଷଣ ସ୍ପଷ୍ଟତର ହୋଇଉଠିଲା । ପ୍ରତାପରୁଦ୍ରଙ୍କ ଦକ୍ଷିଣ-ଭାରତ ଅବସ୍ଥାନ ସମୟରେ (ଖ୍ରୀ:୧୫୦୯) ହିଁ ବଙ୍ଗ ସୁଲତାନଙ୍କ ସେନାପତି ଇସ୍‌ମାଇଲ ଘାଜି ଓଡିଶା ଆକ୍ରମଣ କରି ପୁରୀ ଲୁଣ୍ଠନ କରିଥିଲେ । (୨) ଖ୍ରୀ: ୧୫୧୪-୧୬ ମଧ୍ୟରେ ବିଜୟନଗରର ରାଜା କୃଷ୍ଣାନଦୀର ଦକ୍ଷିଣବର୍ତ୍ତୀ ଅଂଶକୁ ତାହାଙ୍କ ସାମ୍ରାଜ୍ୟରେ ମିଶାଇଦେଇଥିଲେ । ଗୋଲକୁଣ୍ଡାର ସୁଲତାନ କୁଲି କୁତବ୍ ସାହି ଗୋଦାବରୀ ଓ କୃଷ୍ଣାନଦୀର ମଧ୍ୟବର୍ତ୍ତୀ ଅଞ୍ଚଳକୁ ଖ୍ରୀ:୧୫୨୨ରେ ତାହାଙ୍କ ସାମ୍ରାଜ୍ୟର ଅନ୍ତର୍ଭୁକ୍ତ କରିନେଇଥିଲେ । ଏହିପରିଭାବେ କ୍ରମସଂକୁଚିତ ହୋଇଆସୁଥିବା ବିଶାଳ ଉତ୍କଳ ସାମ୍ରାଜ୍ୟ ଭୋଇବଂଶର ରାଜା ମୁକୁନ୍ଦ ଦେବଙ୍କ ରାଜତ୍ୱକାଳରେ ଖ୍ରୀ:୧୫୬୮ରେ ତାହାର ସ୍ୱାଧୀନତା ହରାଇଲା ଓ ଆଫ୍‌ଗାନମାନଙ୍କର ଶାସନାଧୀନ ହେଲା ।

ମୋଗଲ ରାଜତ୍ୱ କାଳରେ ତମଲୁକ ଓ ମେଦିନିପୁର ଥିଲା ଓଡିଶା ସୁବାର ଉତ୍ତରସୀମା । ଆକ୍‌ବରଙ୍କ ରାଜତ୍ୱକାଳରେ ରାଜନୈତିକ ଓଡିଶାର ହୁଗୁଳି ଓ ଏହାର ଦଶଟି ମାହାଲକୁ ବଙ୍ଗଳା ସହ ସଂଯୁକ୍ତ କରାଯାଇଥିଲା । ଏହି ସମୟରୁ ହିଁ ବୃହତ୍ତର ଓଡିଆ ଭାଷାଭାଷୀ ଅଞ୍ଚଳର ଅଙ୍ଗହାନୀର ସୂତ୍ରପାତ ହେଲା । (୩) ଖ୍ରୀ: ୧୭୦୬-୦୭ରେ ହିଜଲୀ, ତମଲୁକ୍ ଓ ଓଡିଶାର ଅନ୍ୟ କେତେକ ପ୍ରଗଣାକୁ ବଙ୍ଗ ସୁବାରେ ମିଶାଇ ଦିଆଯାଇଥିଲା । ଆଓରଙ୍ଗଜେବଙ୍କ ପରେ ମୋଗଲ ସାମ୍ରାଜ୍ୟ ଦୁର୍ବଳ ହୋଇ ପଡିଲା ଓ ଏହାର ପରିଣାମ ସ୍ୱରୂପ ବହୁ ପ୍ରଦେଶର ଶାସନକର୍ତ୍ତାମାନେ ଆପଣାକୁ ସ୍ୱାଧୀନ ବୋଲି ଘୋଷଣା କଲେ । ଏହି ସମୟରେ ମୁର୍ସିଦ୍ କୁଲୀ ଖାଁ ବଙ୍ଗ, ବିହାରର ନବାବ ଓ ଓଡିଶାର ସୁବାଦାର ହୋଇଥିଲେ । ଏହାଙ୍କ ସମୟରେ ମେଦିନିପୁର ଅଞ୍ଚଳଟି ଓଡିଶାରୁ ବିଚ୍ଛିନ୍ନ ହୋଇ ବଙ୍ଗ ସହିତ ସଂଯୁକ୍ତ ହୋଇଥିଲା । (୪)

ଅଲିବର୍ଦ୍ଦି ଖାଁ ଖ୍ରୀ: ୧୭୪୦ ମଧ୍ୟରେ ବଙ୍ଗ, ବିହାର ଓ ଓଡିଶାର ନବାବ ହେଲେ । ତାହାଙ୍କର ଜାମାତା ସୟଦ ଅହମ୍ମଦ ଖାଁଙ୍କୁ ସେ ଓଡିଶାର ଶାସନକର୍ତ୍ତା ଭାବେ ନିଯୁକ୍ତ କରିଥିଲେ । ଏହି ସମୟରେ ମରହଟ୍ଟା ରାଜା ରଘୁଜୀ ଭୌଁସଲେଙ୍କ ଦ୍ୱାରା ଆଲିବର୍ଦ୍ଦିଙ୍କ ରାଜ୍ୟ ବହୁବାର ଆକ୍ରାନ୍ତ ହୋଇଥିଲା । ବଡ ସଂଘର୍ଷ ପରେ ପଠାଣ ଓ ମରହଟ୍ଟା ଶାସକଙ୍କ ମଧ୍ୟରେ ୧୭୫୧ ମସିହାରେ ଏକ ସନ୍ଧି ସ୍ୱାକ୍ଷରିତ ହେଲା । ଏହି ସନ୍ଧିସର୍ତ୍ତ ଅନୁଯାୟୀ ଅଲିବର୍ଦ୍ଦି ବାର୍ଷିକ ବାରଲକ୍ଷ ଟଙ୍କା ରଘୁଜୀଙ୍କୁ ଦେବେ ଓ ଏହାର ପରିଣାମ ସ୍ୱରୂପ ମରହଟ୍ଟାମାନେ ବଙ୍ଗ ଦେଶ ଲୁଣ୍ଠନ କରିବେ ନାହିଁ । ସୁବର୍ଣ୍ଣରେଖା ନଦୀ ଓଡିଶାର ଓ

---

୨. 'ତତ୍ରୈବ'....ପୃ.୩୨୬

୩. 'An Account of Orissa Proper or Cuttack'-A.Sterling.P.2.

୪. 'The Formation of Orissa Province' - S.Patra. P-16

ବଙ୍ଗଳାର ସୀମାରୂପେ ଏତଦ୍ଦ୍ୱାରା ସ୍ୱୀକୃତ ହେଲା ଓ ଓଡିଶା ମରହଟ୍ଟାମାନଙ୍କର ଶାସନାଧୀନ ହୋଇଥିଲା। ଖ୍ରୀ: ୧୭୬୫ରେ 'ଇଷ୍ଟଇଣ୍ଡିଆ କୋମ୍ପାନୀ' ମୋଗଲ-ସମ୍ରାଟ୍‌ଙ୍କଠାରୁ ବଙ୍ଗ, ବିହାର ଓ ସୁବର୍ଣ୍ଣରେଖାର ଉତ୍ତର-ତୀରବର୍ତ୍ତୀ ଓଡିଆ ଭାଷାଭାଷୀ ଅଞ୍ଚଳର ଦିୱାନୀ ଅଧିକାର ଲାଭକରିଥିଲେ। ମାତ୍ର ମରହଟ୍ଟାମାନଙ୍କ ଶାସନାଧୀନରେ ଥିବା ସୁବର୍ଣ୍ଣରେଖାର ଦକ୍ଷିଣତୀରବର୍ତ୍ତୀ ପ୍ରକୃତ ଓଡିଶାଞ୍ଚଳ ଇଂରେଜ ଶାସକମାନଙ୍କ ପକ୍ଷେ ଏକ ପ୍ରତିବନ୍ଧକ ସୃଷ୍ଟି କରିଥିଲା। ସେମାନଙ୍କର ମାନ୍ଦ୍ରାଜ ଓ ବଙ୍ଗଳା ମଧ୍ୟରେ ସମ୍ପର୍କ ରକ୍ଷା କ୍ଷେତ୍ରରେ ଏହି ମରହଟ୍ଟା ଅଧିକୃତ ଓଡିଶା ଥିଲା ପ୍ରଧାନ ଅନ୍ତରାୟ। ଏତଦ୍‌ବ୍ୟତୀତ ମରହଟ୍ଟା ଶାସକମାନେ ମଧ୍ୟ ସୁବର୍ଣ୍ଣରେଖାର ଉତ୍ତର ପାର୍ଶ୍ୱବର୍ତ୍ତୀ ଇଂରେଜ ଅଧିକୃତ ଅଞ୍ଚଳରେ ଉପଦ୍ରବ ସୃଷ୍ଟି କରୁଥିଲେ। ଏଣୁ ଇଂରେଜମାନେ ଓଡିଶାକୁ ଅଧିକାର କରିବାଲାଗି ଲାଳାୟିତ ହୋଇଥିଲେ। (୫)

ଏହି ସମୟରେ ଯୋଗକୁ ଭୋଁସଲା ଓ ପେଶୱାମାନଙ୍କ ମଧ୍ୟରେ ଗୃହଯୁଦ୍ଧ ଓ ଅନ୍ତର୍ବିବାଦ ଫଳରେ ମରହଟ୍ଟା ରାଜଶକ୍ତି ଦୁର୍ବଳ ହୋଇପଡିଥିଲା ଓ ଓଡିଶାରେ ଅବସ୍ଥାପିତ ମରହଟ୍ଟା ସେନା ମଧ୍ୟରେ ବିଦ୍ରୋହର ସୂତ୍ରପାତ ହୋଇଥିଲା। ଓଡିଶାର କେତେକ ଭୂମ୍ୟାଧିକାରୀ ମଧ୍ୟ ମରହଟ୍ଟା ରାଜଶକ୍ତିର ବିରୁଦ୍ଧାଚରଣ କରିଥିଲେ। ତତ୍କାଳୀନ ଢେଙ୍କାନାଳର ରାଜା ତ୍ରିଲୋଚନ ମହେନ୍ଦ୍ର ବାହାଦୂରଙ୍କ ସହ ଯୁଦ୍ଧରେ ମରହଟ୍ଟା ସୈନ୍ୟଙ୍କ ପରାଜୟର ବର୍ଣ୍ଣନା କବି ବ୍ରଜନାଥ ବଡଜେନାଙ୍କ 'ସମରତରଙ୍ଗ' କାବ୍ୟରେ ଜୀବନ୍ତ ଭାବେ ଚିତ୍ରିତ ହୋଇଅଛି। ଏହାର ଅବ୍ୟବହିତ ପରେ ମରହଟ୍ଟା ରାଜତ୍ୱକାଳରେ ଦୁର୍ଭିକ୍ଷ କବଳିତ ହେବା ଫଳରେ ଓଡିଶାର ଅବସ୍ଥା ଶୋଚନୀୟ ହୋଇପଡିଥିଲା।

ଖ୍ରୀ: ୧୭୯୮ରେ ଲର୍ଡ ୱେଲସଲି ଭାରତର ଗଭର୍ଣ୍ଣର ଜେନେରାଲ ହେଲେ। ତାହାଙ୍କର ସାମନ୍ତ-ସନ୍ଧିନୀତି (Subsidiary Alliance Policy) ଅନୁଯାୟୀ ସେ ମରହଟ୍ଟା ଅଧିକୃତ ଅଞ୍ଚଳରେ ଏକ ବ୍ରିଟିଶ୍ ସବ୍‌ସିଡିଆରୀ ଫୋର୍ସ ରଖାଇବା ପାଇଁ ନାଗପୁରର ମରହଟ୍ଟା ରାଜାଙ୍କ ପାଖକୁ ପ୍ରସ୍ତାବ ପଠାଇଥିଲେ। ମାତ୍ର ନାଗପୁରର ଶାସକ ଏଥିରେ ଅସମ୍ମତ ହେବାରୁ କମ୍ପାନୀ କର୍ତ୍ତୃପକ୍ଷ ଉତ୍‌କ୍ଷିପ୍ତ ହୋଇପଡିଥିଲେ।(୬)

ମରହଟ୍ଟା ଶାସନକୁ ଓଡିଶାରୁ ବିଲୋପ କରିବାଲାଗି ସେମାନେ ସାମରିକ ଅଭିଯାନ ଆରମ୍ଭ କରିଥିଲେ। ଏହିପରି ଭାବେ ୧୮୦୩ ମସିହାରେ ଓଡିଶା ଇଂରେଜମାନଙ୍କ ଶାସନାଧୀନ ହେଲା। 'ଦେବଗ୍ରାମ ସନ୍ଧି' ଅନୁଯାୟୀ ଯେଉଁ ଓଡିଶା

୫. Mohanty, Nivedita, 'Oriya Nationalism', p-7

୬. Roy, B.C., 'Orissa Under the Marhattas', p-106

ଇଂରେଜମାନଙ୍କ ଶାସନାଧୀନ ହୋଇଥିଲା ତାହା 'ମୋଗଲବନ୍ଦୀ' ଓ 'ଗଡଜାତ' ଏହି ଦୁଇଗୋଟି ରାଜନୈତିକ ବିଭାଗରେ ବିଭକ୍ତ ଥିଲା। ଏହି ସମୟରେ ଓଡିଶାର ପଶ୍ଚିମ ସୀମା ଥିଲା 'ଛତିଶଗଡ' ଓ ଦକ୍ଷିଣ ସୀମାରେ ଥିଲା ଚିଲିକା ଓ ଗଞ୍ଜାମ ଜିଲା ଓ ଉତ୍ତର ସୀମା ଥିଲା ଜଳେଶ୍ୱର, ମେଦିନିପୁର ଓ ବୀରଭୂମ। ଯେଉଁ ଉଣେଇଶଟି ମାହାଲ ବା ଗଡଜାତ କମ୍ପାନୀ ସରକାର ଅଧୀନକୁ ଆସିଥିଲା ସେଗୁଡିକ ହେଉଛି ଅନୁଗୁଳ, କନ୍ଧମାଳ, ବଡମ୍ବା, ଢେଙ୍କାନ, ମୟୂରଭଞ୍ଜ, ଆଠଗଡ, ଆଠମଲ୍ଲିକ, ବଉଦ, ଦଶପଲ୍ଲା, ହିନ୍ଦୋଳ, କେଉଁଝର, ଖଣ୍ଡପଡା, ନରସିଂହପୁର, ନୟାଗଡ, ନୀଳଗିରି, ରଣପୁର, ତାଳଚେର, ତିଗିରିଆ ଓ ପାଲଲହଡା (୭)। ଏଗୁଡିକ କରଦ ରାଜାମାନଙ୍କ ଶାସନାଧୀନ ଥିଲା। କରଦ ରାଜାମାନେ ଯେଉଁ ସର୍ତ୍ତାବଳୀରେ ଇଂରେଜମାନଙ୍କ ସହ ଆବଦ୍ଧ ହୋଇଥିଲେ ତାହା କନିକା ରାଜାଙ୍କ ସହିତ ହୋଇଥିବା ଚୁକ୍ତିପତ୍ରରେ ସୂଚିତ (୮)।

୧୮୧୮ ମସିହାରେ ସିଂହଭୂମ ବ୍ରିଟିଶ ଶାସନାଧୀନ ହେଲା (୯)। ଏହା ପୂର୍ବରୁ ଚିଲିକାର ଦକ୍ଷିଣାଞ୍ଚଳସ୍ଥ ଓଡିଆ ଭାଷାଭାଷୀ ଅଞ୍ଚଳ ମାଡ୍ରାସ ପ୍ରେସିଡେନ୍‌ସୀ ଅଧୀନରେ ଓ ସିଂହଭୂମ ଓ ତାହାର ପାର୍ଶ୍ୱବର୍ତ୍ତୀ ଓଡିଆ ଭାଷାଭାଷୀ ଅଞ୍ଚଳ ଛୋଟନାଗପୁର ଡିଭିଜନ ଅଧୀନରେ ଥିଲା। ଓଡିଶାର ଉତ୍ତରାଞ୍ଚଳରେ ମିଦନାପୁର, ବାଲେଶ୍ୱରର କିୟଦଂଶ ଓ ଜଳେଶ୍ୱର ସେହିପରି ବଙ୍ଗଳାସହ ପୂର୍ବରୁ ସଂଯୁକ୍ତ ହୋଇ ରହିଥିଲା। ବ୍ରିଟିଶ ଶାସକବର୍ଗ ଓଡିଶା ଅଧିକାର କଲା ପରେ ଏଠାରେ ସୁଶାସନ ପ୍ରତିଷ୍ଠା କରିବାକୁ ଚାହିଁଥିଲେ ହେଁ, ଦୁର୍ଭାଗ୍ୟର ବିଷୟ, ସେମାନେ ଓଡିଶା ପାଇଁ ଅଧିକ ସମସ୍ୟା ସୃଷ୍ଟି କରିଥିଲେ। ଶାସନର ସୁବିଧା ଦୃଷ୍ଟିରୁ ଇଂରେଜମାନେ ଓଡିଶାକୁ 'ବେଙ୍ଗଲ ପ୍ରେସିଡଦନ୍‌ସୀ' ଅଧୀନରେ ରଖିଥିଲେ। ସେତେବେଳେ ଓଡିଶା 'କଟକ ଜିଲା' ନାମରେ ଅଭିହିତ ହେଉଥିଲା। ଓଡିଶାର ସଂସ୍କୃତି ଓ ପରମ୍ପରାକୁ ଇଂରେଜ କର୍ତ୍ତୃପକ୍ଷ ଯଥାର୍ଥ ଅବଧାରଣା କରିପାରି ନ ଥିଲେ। ଏହା ହିଁ ହୋଇଥିଲା ଓଡିଶାର ଅନଗ୍ରସରତାର ମୁଖ୍ୟ କାରଣ।

ଏତଦ୍‌ବ୍ୟତୀତ ଇଂରେଜମାନଙ୍କ ପ୍ରବର୍ତ୍ତିତ ଜମିଜମା ବନ୍ଦୋବସ୍ତ, ରାଜସ୍ୱ ନୀତି, ପୋଲିସ ବ୍ୟବସ୍ଥା, ନବପ୍ରବର୍ତ୍ତିତ ବିଚାର-ପଦ୍ଧତି ଓ ଶିକ୍ଷାନୀତି ଓଡିଶାର ଜନସାଧାରଣଙ୍କ ମଧ୍ୟରେ ଶାସକଗୋଷ୍ଠୀ ପ୍ରତି ପ୍ରଚୁର ବିରାଗ ସୃଷ୍ଟି କରିଥିଲା। ଓଡିଶାର ମୁଖ୍ୟ ଶାସନ-

---

୭. Administrative Report of the Tributary States For 1882-83.- ପରିଶେଷରେ ଦୁର୍ଲଭ ଦଲିଲର ଫଟୋଚିତ୍ର ଦ୍ରଷ୍ଟବ୍ୟ।

୮. କନିକା ରାଜାଙ୍କର ୧୮୦୩ ମସିହାର ଇଷ୍ଟଇଣ୍ଡିଆ କମ୍ପାନୀସହ ଚୁକ୍ତି - ଫଟୋଚିତ୍ର ପରିଶେଷରେ ଦ୍ରଷ୍ଟବ୍ୟ।

୯. 'Oriya Nationalism', N.Mohanty, p-9.

କେନ୍ଦ୍ର କଲିକତା ହୋଇଥିବା ଯୋଗୁ ଓଡିଶାର ଭୂମ୍ୟଧିକାରୀମାନେ ଅକଥନୀୟ ଦୁର୍ଦ୍ଦଶା ଭୋଗକରୁଥିଲେ। ଏତଦ୍‌ବ୍ୟତୀତ ବିଦେଶାଗତ ଅଣଓଡିଆ କର୍ମଚାରୀ ଅମଲାମାନଙ୍କ ଦ୍ୱାରା ବହୁ ଅପକର୍ମ ଓଡିଶାରେ ସାଧିତ ହୋଇଥିଲା। ଓଡିଶାର ସର୍ବମୋଟ ୨୩୪୦ ଜମିଦାରି ମଧ୍ୟରୁ ୧୦୧୧ ଜମିଦାରି ମାତ୍ର ଦଶବର୍ଷ (୧୮୦୬-୧୮୧୬) ମଧ୍ୟରେ ଅଣଓଡିଆମାନଙ୍କ ହସ୍ତକୁ କଲିକତାରେ ନିଲାମଦ୍ୱାରା ହସ୍ତାନ୍ତରିତ ହୋଇଯାଇଥିଲା। ଏହିପରିଭାବେ ଶିଳ୍ପ-ବାଣିଜ୍ୟର ଅଧୋଗତି ଓ ଜମିଦାରି ବିଲୋପ ଫଳରେ ଓଡିଶାର ଜନସାଧାରଣଙ୍କ ଅର୍ଥନୈତିକ ମେରୁଦଣ୍ଡ ଭାଙ୍ଗିପଡିଥିଲା। ଏହାର ପରିଣତି ସ୍ୱରୂପ ଓଡିଶାରେ ୧୮୧୭ ମସିହାରେ ବ୍ରିଟିଶ୍-ଶାସନ-ବିରୋଧୀ ଏକ ସଶସ୍ତ୍ର ବିଦ୍ରୋହ ସଂଘଟିତ ହୋଇଥିଲା। ଏହାହିଁ ବ୍ରିଟିଶ ରାଜତ୍ୱରେ ଓଡିଆ ଜାତିର ପ୍ରଥମ ଜାତୀୟସଂଗ୍ରାମ। ଏହା 'ପାଇକ ବିଦ୍ରୋହ' ନାମରେ ନାମିତ।

ଓଡିଶାର ଅନୂପ ଅଞ୍ଚଳର ଆଦିବାସୀମାନଙ୍କ ମଧ୍ୟରେ ଇଂରେଜ ଶାସନପ୍ରତି ଭୟ, ବିରାଗ ଓ ଅସନ୍ତୋଷ ସୃଷ୍ଟି ହୋଇଥିଲା। ସେମାନଙ୍କୁ ମଧ୍ୟରୁ ଅନେକେ ମଧ୍ୟ ଇଂରେଜ ଶାସନର ବିରୁଦ୍ଧାଚରଣ କରିଥିବାର ଜଣାଯାଏ। 'ମେରିଆ' ପ୍ରଥାର ଦମନ ଲାଗି ସରକାରଙ୍କ ନୀତି ଥିଲା ଏହାର ମୁଖ୍ୟ କାରଣ। ଏହିପରି ଓଡିଶାରେ ସଂଘଟିତ ହୋଇଥିଲା 'କନ୍ଧମେଳି'(୧୦)। ଏହାପରେ ବିଗତ ଶତାବ୍ଦୀର ଉତ୍ତରାର୍ଦ୍ଧରେ ଇଂରେଜୀ-ଶିକ୍ଷାର କ୍ରମପରିଣାମ ଓ ଭୟଙ୍କର ନ'ଅଙ୍କ ଦୁର୍ଭିକ୍ଷର ପୃଷ୍ଠଭୂମିରେ ଓଡିଶାରେ ଜାତୀୟ ଚେତନା ଉଦ୍ଦୀପ୍ତ ହୋଇଥିଲା। ଓଡିଆ ଭାଷାଭାଷୀ ଅଞ୍ଚଳର ଏକତ୍ରୀକରଣ ପାଇଁ ଉଦ୍ୟମ ହେବା ସଂଗେ ସଂଗେ ଭାରତୀୟ ଜାତୀୟ କଂଗ୍ରେସର ଆଦର୍ଶ କିପରି ଜନଜୀବନକୁ ଉଦ୍‌ବୁଦ୍ଧ କରିଥିଲା ତାହା ଏହି ନିବନ୍ଧର ପ୍ରଥମ ଅଧ୍ୟାୟରେ ଆଲୋଚିତ ହୋଇଅଛି।

ବ୍ରିଟିଶ ଅଧିକୃତ ହେବା ପୂର୍ବରୁ ଭାରତବର୍ଷରେ ଭାରତୀୟ ସଂସ୍କୃତି ଓ ଜାତୀୟଚେତନାର ଯେ ଉନ୍‌ମେଷ ହୋଇ ନଥିଲା, ଏହା କୁହାଯାଇ ନପାରେ। ବୈଦିକ ଯୁଗରୁ ଆରମ୍ଭ କରି ହିନ୍ଦୁ ରାଜତ୍ୱକାଳ ପର୍ଯ୍ୟନ୍ତ ଭାରତଭୂମିର ଅଖଣ୍ଡତ୍ୱ, ମହତ୍ତ୍ୱ ଏ ଦେଶର ପୁରାଣ, କାବ୍ୟ ପ୍ରଭୃତିରେ କୀର୍ତ୍ତିତ ହୋଇଆସିଅଛି (୧୧)। ଏ ଦେଶର ନଦନଦୀ ଓ

---

୧୦. ପରିଶେଷରେ ସନ୍ନିବିଷ୍ଟ ଫଟୋଚିତ୍ର ଦ୍ରଷ୍ଟବ୍ୟ।

୧୧. "ଉତ୍ତରଂ ଯତ୍ ସମୁଦ୍ରସ୍ୟ ହିମାଦ୍ରେଶ୍ଚୈବ ଦକ୍ଷିଣମ୍,
ବର୍ଷତଦ୍ ଭାରତଂ ନାମ ନବସାହସ୍ର ବିସ୍ତୃତମ୍,
କର୍ମଭୂମିରିୟଂ ସ୍ୱର୍ଗମପବର୍ଗଞ୍ଚ ଗଚ୍ଛତାମ୍,
ମହେନ୍ଦ୍ରୋ ମଳୟଃ ସହ୍ୟଃ ଶୁକ୍ତିମାନ୍ ହେମପର୍ବତଃ।"
('ଅଗ୍ନିପୁରାଣମ୍, ଭାରତବର୍ଷବର୍ଣ୍ଣନମ୍, ଅଷ୍ଟଦଶାଧିକ ଶତତମୋଧ୍ୟାୟଃ)'

ଆକୁମାରୀ ହିମାଚଳର ତୀର୍ଥରାଜି ଜନଜୀବନକୁ ଏକ ନିବିଡ ଐକ୍ୟବନ୍ଧନରେ ଯୁଗ ଯୁଗ ଧରି ବାନ୍ଧିଆସିଅଛି। ସେଥିପାଇଁ ତର୍ପଣକାଳରେ ଭାରତୀୟମାନେ ଅଗଙ୍ଗା-ଗୋଦାବରୀ ସିନ୍ଧୁକାବେରୀ ସମନ୍ୱିତ ପବିତ୍ର ଭାରତଭୂମିକୁ ସ୍ମରଣ କରିଥାଆନ୍ତି (୧୨)। ସୀମିତ ଅଥବା ବୃହତ୍ତର ଭୌଗଳିକ ପରିସୀମାସମ୍ପନ୍ନ ଆପଣା ରାଜ୍ୟର ସ୍ୱାଧୀନତା ରକ୍ଷା କରିବାପାଇଁ ରାଜସ୍ଥାନ, ପଞ୍ଜାବ, ମହାରାଷ୍ଟ୍ର ପ୍ରଭୃତି ଅଞ୍ଚଳର ବୀର ଯୋଦ୍ଧାଗଣ ଯେଭଳି ଆତ୍ମୋତ୍ସର୍ଗ କରିଅଛନ୍ତି, ତାହା ଭାରତର ଅତୀତ ଇତିହାସପୃଷ୍ଠାକୁ ଗୌରବ ବିମଣ୍ଡିତ କରିଅଛି। ପ୍ରତ୍ୟେକ ଅଞ୍ଚଳର ଗୌରବ ବର୍ଣ୍ଣନାରେ ଭାରତର ପ୍ରାଚୀନ ଆଞ୍ଚଳିକ ସାହିତ୍ୟ ସମୃଦ୍ଧ। ତଥାପି ପ୍ରାଚୀନ ଭାରତୀୟ ଜାତୀୟଚେତନା ଯେ ବହୁପରିମାଣରେ ଏକ ମହାଭାରତୀୟ ଅଧ୍ୟାତ୍ମିକ ଭିତ୍ତିଭୂମି ଉପରେ ପ୍ରତିଷ୍ଠିତ ଥିଲା, ଏହା ଅନସ୍ୱୀକାର୍ଯ୍ୟ; କିନ୍ତୁ ଊନବିଂଶ ଶତାବ୍ଦୀର ଶେଷଭାଗରେ ଏକ ରାଜନୀତି ଚେତନା-ଭିତ୍ତିକ ଯେଉଁ ଜାତୀୟ-ଭାବନାର ଉଦ୍ଭବ ହୋଇଥିଲା, ତାହା ପାଶ୍ଚାତ୍ୟ ଶିକ୍ଷା, ସଭ୍ୟତା ଓ ସଂସ୍କୃତି ବିସ୍ତାରର ପରିଣାମ ସ୍ୱରୂପ ସମ୍ଭବ ହୋଇଥିଲା।

ଊନବିଂଶ ଶତକର ଶେଷ ତିନି ଦଶକରେ ଦେଖାଦେଇଥିବା ଜାତୀୟତା ଆଧ୍ୟାତ୍ମିକତା ଓ ସମାଜ-ସଂସ୍କାର ଉପରେ ପ୍ରତିଷ୍ଠିତ। ଏହି ସମୟରେ ନବସୃଷ୍ଟ ମଧ୍ୟବିତ୍ତଗୋଷ୍ଠୀ ଅଧିକ ଉନ୍ନତ ସାମାଜିକ ଦୃଷ୍ଟିଭଙ୍ଗୀ ନେଇ ଦଳିତ ଜାତିର ସଂସ୍କାର ଓ ସାମାଜିକ ଉନ୍ନତି ନିମନ୍ତେ ଚେଷ୍ଟା କରିଥିଲେ (୧୩)।

ଏହି ସମାଜ-ସଂସ୍କାର ଆନ୍ଦୋଳନରୁ ଭାରତର ନେସନାଲିଜିମ୍ ବା ଜାତୀୟତାବାଦର ସୃଷ୍ଟି ହୋଇଥିଲା। ରାଜା ରାମମୋହନ ରାୟ (୧୭୭୪-୧୮୩୩) ଓ ପରେ ଦୟାନନ୍ଦ ସରସ୍ୱତୀ (୧୮୨୪-୧୮୮୩), କେଶବଚନ୍ଦ୍ର ସେନ (୧୮୩୮-୧୮୮୪), ବିବେକାନନ୍ଦ (୧୮୬୩-୧୯୦୨), ଈଶ୍ୱରଚନ୍ଦ୍ର ବିଦ୍ୟାସାଗର (୧୮୨୦-୧୮୯୮), ବାଳ ଗଙ୍ଗାଧର ତିଳକ (୧୮୫୬-୧୯୨୦) ଲଜପତ ରାୟ (୧୮୬୫-୧୯୨୮), ବିପିନଚନ୍ଦ୍ର ପାଲ (୧୮୪୨-୧୯୦୧), ସୁବ୍ରମନ୍ୟମ୍ ଆୟାର (୧୮୪୨-୧୯୨୧), ମହାଦେବ ଗୋବିନ୍ଦ ରାଣାଡେ (୧୮୪୨-୧୯୦୧), ସୁରେନ୍ଦ୍ର ନାଥ

---

୧୨. "ଓଁ ଗଙ୍ଗେ ଚ ଯମୁନେ ଚୈବ ଗୋଦାବରୀ ସରସ୍ୱତୀ,
ନର୍ମଦେ ସିନ୍ଧୂକାବେରୀ ଜଳେସ୍ମିନ୍ ସନ୍ନିଧିଂ କୁରୁ।
କୁରୁକ୍ଷେତ୍ର ଗୟାଗଙ୍ଗା ପ୍ରଭାସ ପୁଷ୍କରାଣୀ ଚ,
ଏତାନି ପୁଣ୍ୟତୀର୍ଥାନି ସଂକଳ୍ପକାଳେ ଭବନ୍ତି ହ।" (ସଂକଳ୍ପ ମନ୍ତ୍ର)

୧୩. Nehru, Jawaharlal, 'An Autobiography'. P.24.

ବାନାର୍ଜୀ (୧୮୨୫-୧୯୧୭), ଗୋପାଳକୃଷ୍ଣ ଗୋଖଲେ (୧୮୬୬-୧୯୧୫), ମଦନମୋହନ ମାଲବ୍ୟ (୧୮୬୧-୧୯୪୬), ଅରବିନ୍ଦ ଘୋଷ (୧୮୭୨-୧୯୫୦), ଭୁପେନ୍ଦ୍ରନାଥ ଦତ୍ତ (୧୮୮୪) ପ୍ରମୁଖ ବିଶିଷ୍ଟ ଆଧ୍ୟାତ୍ମବାଦୀ ଓ ଦେଶପ୍ରେମୀ ନେତୃବୃନ୍ଦଙ୍କ ଦ୍ୱାରା ଏହା ସମ୍ଭବ ହୋଇପାରିଥିଲା। ସେମାନଙ୍କ ମଧ୍ୟରୁ ଅନେକେ 'ଭାରତୀୟ ଜାତୀୟ ସାମାଜିକ ସଂଗଠନ' (Indian National Congress) କୁ ସମର୍ଥନ କରିବା ସଙ୍ଗେ ସଙ୍ଗେ ଏହି ସଂସ୍ଥା ସହ ସମ୍ପୃକ୍ତ ହୋଇଥିଲେ। ସେମାନଙ୍କ ନେତୃତ୍ୱରେ ସାମାଜିକ ସଂସ୍କାର ଆନ୍ଦୋଳନ ଓ ଭାରତୀୟ ଜାତୀୟ ଆନ୍ଦୋଳନ ସମାନ ଅଗ୍ରଗତି ଲାଭକରିଥିଲା।

ଭାରତୀୟ ଜାତୀୟ କଂଗ୍ରେସ (Indian National Congress)ର ମୁଖ୍ୟ ଉଦ୍ଦେଶ୍ୟ ଥିଲା ଦେଶରେ ସମସ୍ତ ବିଭେଦ ଦୂରକରି ଏକ ଜାତୀୟ ଆଦର୍ଶରେ ଦେଶକୁ ଅନୁପ୍ରାଣିତ କରିବା (୧୪)। ତେଣୁ ଜାତୀୟତା ଓ ସମାଜ-ସଂସ୍କାର ଯମଜ ଭଗିନୀ ସଦୃଶ ଭାରତୀୟ ଜନଜୀବନରେ ଦେଖାଦେଇଥିଲେ।

ଭାରତରେ ଏହାକୁ ବିକଶିତ କରାଇବାରେ ବହୁ ଧର୍ମପ୍ରଚାରକଙ୍କର ଅବଦାନ ଅନସ୍ୱୀକାର୍ଯ୍ୟ। ଏଣୁ ଭାରତୀୟ ଜାତୀୟଚେତନା ପ୍ରାଚ୍ୟ-ପାଶ୍ଚାତ୍ୟ ଭାବଧାରାର ସମନ୍ୱୟରେ ପରିପୁଷ୍ଟ ହୋଇଛି କହିଲେ ଅତ୍ୟୁକ୍ତି ହେବନାହିଁ। ଏହି ଜାତୀୟଚେତନାର ଗୁଣ ଓ ଧର୍ମ ପ୍ରଥମ ପରିଚ୍ଛେଦରେ ଆଲୋଚିତ ହୋଇଅଛି। ଏହି ପୃଷ୍ଠଭୂମିରେ ଭାରତରେ ତଥା ଓଡିଶାରେ କିପରି ଜାତୀୟଚେତନାର କ୍ରମବିକାଶ ଘଟିଅଛି ତାହା ମଧ୍ୟ ସେଥିରେ ଦର୍ଶାଇ ଦିଆଯାଇଅଛି।

ସାହିତ୍ୟ ରଜନୈତିକ ଆନ୍ଦୋଳନ ଦ୍ୱାରା ସର୍ବଦା ପ୍ରଭାବିତ ହୋଇଥାଏ। ଅପରପକ୍ଷରେ ସାହିତ୍ୟ ମଧ୍ୟ ରାଜନୈତିକ କାର୍ଯ୍ୟକଳାପକୁ ଓ ଜାତୀୟଜୀବନକୁ ଉଦ୍‌ବୁଦ୍ଧ କରିଥାଏ। ଫରାସୀ ରାଷ୍ଟ୍ରବିପ୍ଳବ (୧୭୮୯) ଓ ରୁଷିଆ ବିପ୍ଳବ (୧୯୧୭)କୁ ଯଥାକ୍ରମେ ରୁଷୋ ଓ ମାକ୍‌ସିମ୍ ଗର୍କୀଙ୍କ ରଚନାବଳୀ ବହୁପରିମାଣରେ ପ୍ରଭାବିତ କରିଥିଲା। ଫରାସୀ ରାଷ୍ଟ୍ରବିପ୍ଳବ ଫଳରେ ଇଂରେଜୀ ରୋମାଣ୍ଟିକ କବିମାନଙ୍କ ଦୃଷ୍ଟିକୋଣରେ ଘଟିଥିଲା ବିପୁଳ ପରିବର୍ତ୍ତନ। ଊନବିଂଶ ଶତାବ୍ଦୀରେ ସେହିପରି ଭାରତର ରାଜନୈତିକ ଆନ୍ଦୋଳନ ଭାରତୀୟ ସାହିତ୍ୟ କ୍ଷେତ୍ରରେ ଏକ କ୍ରାନ୍ତିକାରୀ ଚେତନା ସୃଷ୍ଟି କରିଥିଲା।

ଊନବିଂଶ ଶତାବ୍ଦୀର ଶେଷଭାଗ ପର୍ଯ୍ୟନ୍ତ ଓଡିଶାରେ କୌଣସି ରାଜନୈତିକ ଗୋଷ୍ଠୀ ସଫଳ ଭାବରେ ଗଢି ଉଠିପାରିନଥିଲା। ଲେଖକମାନେ ହିଁ ଏହି ସମୟରେ

---

୧୪. Report of the Third Indian National Congress 1887 P.2-3.

ସମାଜକୁ ଦେଇଥିଲେ ନେତୃତ୍ୱ। କାରଣ ଲେଖକସମାଜ ହେଉଛି ସବୁଠାରୁ ସଚେତନ-ଗୋଷ୍ଠୀ। ଏହି ପରିପ୍ରେକ୍ଷୀରେ ସାହିତ୍ୟ ହୋଇଥିଲା ଦେଶବାସୀଙ୍କ ଅଭାବ ଅଭିଯୋଗ ପ୍ରକାଶର ଶ୍ରେଷ୍ଠ ମାଧ୍ୟମ। ସମ୍ବାଦପତ୍ର ମାଧ୍ୟମରେ ହିଁ ଦେଶବାସୀଙ୍କ ମଧ୍ୟରେ ଜାତୀୟଭାବନାର ସଂପ୍ରସାରଣ ଘଟିଥିଲା। ଏହାରି ମାଧ୍ୟମରେ ଓଡ଼ିଆ ଗଦ୍ୟ ଓ ପ୍ରବନ୍ଧସାହିତ୍ୟର ବିକାଶ ସଙ୍ଗେ ସଙ୍ଗେ ଭାରତର ଜାତୀୟବାଦୀ ଆନ୍ଦୋଳନର ବାର୍ତ୍ତା ଓଡ଼ିଶାର ଜନସାଧାରଣଙ୍କ ମଧ୍ୟରେ ପ୍ରସାରଲାଭ କରିପାରିଥିଲା। ଏହି ଦୃଷ୍ଟିରୁ ସମ୍ବାଦପତ୍ରର ଗୁରୁତ୍ୱପୂର୍ଣ୍ଣ ଭୂମିକାକୁ ଦ୍ୱିତୀୟ ପରିଚ୍ଛେଦରେ ଆଲୋଚନା କରାଯାଇଅଛି।

ଭାରତ ତଥା ଓଡ଼ିଶାରେ ଜାତୀୟଚେତନାର ଅଭ୍ୟୁଦୟକୁ ତିନିଗୋଟି ପର୍ଯ୍ୟାୟରେ ବିଭକ୍ତ କରାଯାଇପାରେ। ଏହାର ଆଦିପର୍ବରେ ପରାଧୀନ ଭାରତୀୟ ଜନସାଧାରଣ ସେମାନଙ୍କ ଦୁର୍ଗତି ସଂପର୍କରେ ସଚେତନ ହୋଇପାରିଥିଲେ। ଏହା ଥିଲା ଅତୀତ ଗୌରବ ରୋମନ୍ଥନର ଯୁଗ। ଆବେଦନ, ନିବେଦନ ଓ ଅତୀତଉଦ୍‌ବୋଧନରେ ଏହି ସ୍ୱର ଥିଲା ସୀମିତ। ସର୍ବଭାରତୀୟ ସ୍ତରରେ ଖ୍ରୀ:୧୮୫୭ର ସଶସ୍ତ୍ର ବିଦ୍ରୋହରୁ ଏହାର ଆରମ୍ଭ ବୋଲି ଗୃହୀତ ହେଉଥିଲେ ହେଁ, ଓଡ଼ିଶାରେ ଏହାର ସୂତ୍ରପାତ କିଞ୍ଚିତ୍ ବିଳମ୍ବରେ ଖ୍ରୀ:୧୮୬୬ରୁ ହୋଇଥିଲା। ସ୍ଥୂଳତଃ ନ'ଅଙ୍କ ଦୁର୍ଭିକ୍ଷର ବିଭୀଷିକା ହିଁ ଓଡ଼ିଶାର ଜନସାଧାରଣଙ୍କ ମଧ୍ୟରେ ଜାତୀୟଚେତନା ସୃଷ୍ଟିକରିଥିଲା। ମାତ୍ର ବିଚ୍ଛିନ୍ନଅଞ୍ଚଳର ଏକତ୍ରୀକରଣ ଲାଗି 'ଉତ୍କଳସମ୍ମିଳନୀ'ର ପ୍ରତିଷ୍ଠା (୧୯୦୩) ହେବା ପର୍ଯ୍ୟନ୍ତ ଓଡ଼ିଶାରେ ଜାତୀୟଚେତନା ସ୍ପଷ୍ଟ ରୂପ ନେଇପାରିନଥିଲା। ଏହି ସମୟରୁ ଓଡ଼ିଶାର ଜନସାଧାରଣ ସେମାନଙ୍କ ଦୁର୍ଗତି ବିଷୟରେ ଅବହିତ ହେବା ସଙ୍ଗେ ସଙ୍ଗେ ସଂଗଠିତ ହେବାଲାଗି ପ୍ରଯତ୍ନଶୀଳ ହୋଇଥିଲେ। ଏଣୁ ଖ୍ରୀ: ୧୮୬୬-୧୯୦୩ ସମୟଟି ଓଡ଼ିଶାରେ 'ଜାତୀୟଚେତନାର ଉନ୍ମେଷକାଳ' ଭାବେ ଗ୍ରହଣୀୟ।

'ଉତ୍କଳ ସମ୍ମିଳନୀ' ମାଧ୍ୟମରେ ଓଡ଼ିଶାର ଜନସାଧାରଣ ବିଧିବଦ୍ଧ ଭାବେ ସମ୍ମିଳିତ ହେବା ସଙ୍ଗେ ସଙ୍ଗେ ଉତ୍କଳର ସ୍ୱାର୍ଥରକ୍ଷା ଓ ବିକାଶ ସାଧନ ବିଷୟରେ ବିବିଧ କର୍ମପନ୍ଥା ଗ୍ରହଣ କରିଥିଲେ। ୧୯୩୬ ମସିହାରେ ଓଡ଼ିଶା ସ୍ୱତନ୍ତ୍ର ପ୍ରଦେଶ ହେବା ପର୍ଯ୍ୟନ୍ତ ଏହି କର୍ମପନ୍ଥା ଅବ୍ୟାହତ ରହିଥିଲା। ଏହି ସମୟରେ ସମାନ୍ତରାଳଭାବେ ଭାରତୀୟ ଜାତୀୟ କଂଗ୍ରେସର ବାର୍ତ୍ତା ମଧ୍ୟ ଓଡ଼ିଶାର ଜନସାଧାରଣଙ୍କ ମଧ୍ୟରେ ଅପୂର୍ବ ଉନ୍ମାଦନା ସୃଷ୍ଟି କରିଥିଲା ଓ ଏକ ସଂଗ୍ରାମୀ ଭାବଧାରା ବିକଶିତ କରାଇପାରିଥିଲା। ତେଣୁ ଖ୍ରୀ: ୧୯୦୩-୧୯୩୬ ଓଡ଼ିଶାରେ 'ଜାତୀୟଚେତନାର ବିକାଶ-କାଳ' ଭାବେ ଗ୍ରହଣୀୟ।

ଚଳିତ ଶତାବ୍ଦୀର ଭାରତ ଇତିହାସରେ ଖ୍ରୀ:୧୯୩୦-୧୯୪୭ ଏକ ଗୁରୁତ୍ୱପୂର୍ଣ୍ଣ

ସମୟ। ଭାରତରୁ ବିଦେଶୀ ଶାସନର ଅପସାରଣ ଲାଗି ଭାରତୀୟ ଜନସାଧାରଣ ଏହି ସମୟରେ ମୁକ୍ତି-ସଂଗ୍ରାମରେ ଅବତୀର୍ଣ୍ଣ ହୋଇଥିଲେ। ଲବଣ ସତ୍ୟାଗ୍ରହ, ଆଇନ ଅମାନ୍ୟ ଆନ୍ଦୋଳନ, ଭାରତଛାଡ ଆନ୍ଦୋଳନର ସଂଘର୍ଷ ମଧ୍ୟରେ ଭାରତୀୟ ଜାତୀୟ-ଚେତନା ଅଗ୍ନିପରୀକ୍ଷାର ସମ୍ମୁଖୀନ ହୋଇଥିଲା। ଏହି ସମୟ ମଧ୍ୟରେ ସାମ୍ୟବାଦୀ ଆନ୍ଦୋଳନ, ଦ୍ୱିତୀୟ ବିଶ୍ୱଯୁଦ୍ଧ ଭାରତୀୟ ଜାତୀୟଜୀବନକୁ ମଧ୍ୟ ଗଭୀରଭାବେ ପ୍ରଭାବିତ କରିଅଛି। ବହୁ ଜାତି-ଧର୍ମ-ବର୍ଣ୍ଣ-ବିଖଣ୍ଡିତ ଭାରତରେ ଏହି ସମୟରେ ଯେଉଁ ଐକ୍ୟ ଓ ମୈତ୍ରୀର ସୂତ୍ରପାତ ହୋଇଥିଲା, ତାହା ଭାରତ-ଇତିହାସରେ ଥିଲା ସଂପୂର୍ଣ୍ଣ ଅଭିନବ। ପରିଶେଷରେ ୧୯୪୭ ମସିହା ଅଗଷ୍ଟ ୧୫ ତାରିଖରେ ଭାରତ ତାହାର ବହୁ ଆକାଙ୍‌କ୍ଷିତ ସ୍ୱାଧୀନତା ଲାଭକଲା। ଏଣୁ ଏହି ସମୟଟି ଯଥାର୍ଥତଃ ଥିଲା ଏକ 'ସଂଘର୍ଷ'ର କାଳ।

କହିବା ଅନାବଶ୍ୟକ, ଭାରତୀୟ ଜାତୀୟଚେତନା ସହ ଓଡିଶା ଆପଣାକୁ ଘନିଷ୍ଠ ଭାବେ ସଂପୃକ୍ତ କରିଆସିଅଛି। ବିଗତ ପ୍ରାୟ ଏକଶହ ବର୍ଷ ମଧ୍ୟରେ ଭାରତରେ ଜାତୀୟଚେତନାର ଉନ୍‌ମେଷ, ବିକାଶ ଓ ସଂଘର୍ଷର ପରିଣତି ଭାରତୀୟ ସାହିତ୍ୟକୁ ବିପୁଳ ପରିମାଣରେ ପ୍ରଭାବିତ କରିଅଛି। ଏହାର ଅନୁରୂପ ପ୍ରତିକ୍ରିୟା ଓଡିଆ ସାହିତ୍ୟରେ ମଧ୍ୟ ପରିଲକ୍ଷିତ ହୁଏ। ପ୍ରାଚୀନ ତଥା ମଧ୍ୟକାଳୀନ ଭାରତୀୟ ସାହିତ୍ୟର ମୁଖ୍ୟସ୍ୱର ଥିଲା ପୌରାଣିକତା, ଉଚ୍ଛ୍ୱାସପ୍ରବଣତା ଓ କଳ୍ପନାପ୍ରବଣତା (ରୋମାଣ୍ଟିସିଜ୍‌ମ୍)। ଜାତୀୟଚେତନାର ଅଭ୍ୟୁଦୟ ଓ ବିକାଶ ଫଳରେ ଯେଉଁ ଉଗ୍ର ବାସ୍ତବ ସଚେତନତାର ସୃଷ୍ଟି ହେଲା ତାହା ଫଳରେ ଭାରତୀୟ ସାହିତ୍ୟରୁ ରୋମାଣ୍ଟିସିଜ୍‌ମ୍ ଓ ପୌରାଣିକତାର ଅବକ୍ଷୟ ଓ କ୍ରମବିଲୟ ସଂଗଠିତ ହୋଇଥିଲା। ବହୁ ପ୍ରାଚୀନକାଳରୁ ଭାରତୀୟ ସନ୍ଥ, ସାଧୁ ଓ ଧର୍ମପ୍ରଚାରକଙ୍କ ଦ୍ୱାରା ପ୍ରଚାରିତ ବୈରାଗ୍ୟ ଓ ସଂସାରବିମୁଖତାର ସ୍ୱର ମଧ୍ୟ ଜାତୀୟତାର ପ୍ରବଳ ପ୍ରବାହରେ ବିଲୀନ ହୋଇଯାଇଥିଲା। ବୈରାଗ୍ୟ ମୁକ୍ତିର ପନ୍ଥା ନୁହେଁ - ଏହା ବହୁ କବିକଣ୍ଠରେ ହେଲା ଉଚ୍ଚାରିତ (୧୫କ, ଖ)। 'ସୁଜଳା ସୁଫଳା ମଳୟଜ ଶୀତଳା' ବନ୍ଦିନୀ ଜନ୍ମଭୂମି ହେଲା ଉପାସ୍ୟା ଜନନୀ। ଜାତୀୟତାର ସ୍ୱର ହେଲା କ୍ରମଶଃ ସୁସ୍ପଷ୍ଟ, ବଳିଷ୍ଠ ଓ ଉଗ୍ରତର। ତାହା ଯଥାକ୍ରମେ ଏହି ନିବନ୍ଧର ତୃତୀୟ, ଚତୁର୍ଥ, ପଞ୍ଚମ ଓ ଷଷ୍ଠ ପରିଚ୍ଛେଦରେ କାଳାନୁକ୍ରମେ ଆଲୋଚିତ ହୋଇଅଛି।

---

୧୫. (କ) "ବୈରାଗ୍ୟ ସାଧନେ ମୁକ୍ତି ସେ ଆମାର ନୟ / ଅସଂଖ୍ୟ ବନ୍ଧନ ମାଝେ
ମହାନନ୍ଦ ମୟ, ଲଭିବ ମୁକ୍ତିର ସ୍ୱାଦ।" - ରବୀନ୍ଦ୍ରନାଥ ଠାକୁର।

(ଖ) "ସକଳ ମମତା ତେଜି ନ ଖୋଜଇ ମୁକତି ମାରଗ
ହୁଅଇ ନାସ୍ତିକ ପଛେ, ନ ଲୋଡଇ ଅପର ସ୍ୱରଗ।"
- 'ପୁରୀମନ୍ଦିର', କାଳିନ୍ଦୀଚରଣ ପାଣିଗ୍ରାହୀ।

ସ୍ୱାଧୀନତା ପରବର୍ତ୍ତୀ କାଳରେ ବହୁ ଘାତପ୍ରତିଘାତ ଓ ବିକାଶୋନ୍ମୁଖୀ ଯୋଜନାର ପରିବେଶରେ ଏହି ଜାତୀୟଚେତନା କିପରି ସଂଶୟସଂକୁଳ, ଗଭୀରତର ଓ ପ୍ରଶସ୍ତତର ହୋଇଛି ଓ ଓଡିଆ ସାହିତ୍ୟକୁ ପ୍ରଭାବିତ କରିଅଛି, ତାହା ସପ୍ତମ ପରିଚ୍ଛେଦ ତଥା ଉପସଂହାରରେ ବିଚାର କରାଯାଇଅଛି। ଏତଦ୍ୱାରା ଜାତୀୟଚେତନା ଯେ ବିଗତପ୍ରାୟ ଏକଶହ ବର୍ଷ ମଧ୍ୟରେ ଗଢିଉଠିଥିବା ଆଧୁନିକ ଓଡିଆ ସାହିତ୍ୟର ମୁଖ୍ୟ ସ୍ୱର ତାହା ପ୍ରତିପାଦିତ ହୋଇଅଛି।

ଆଧୁନିକ ଓଡିଆ ସାହିତ୍ୟ ଯେ ପୂର୍ବରୁ ଏହି ପରିପ୍ରେକ୍ଷୀରୁ ବିଧିବଦ୍ଧଭାବେ ବିଶ୍ଳେଷିତ ହୋଇ ନ ଥିଲା, ତାହା ଏ ସଂପର୍କରେ ନମ୍ରତାର ସହ ସ୍ୱୀକାର୍ଯ୍ୟ।

ପ୍ରଥମ ପରିଚ୍ଛେଦ

ଜାତୀୟଚେତନାର ଐତିହାସିକ ପୃଷ୍ଠଭୂମି ଓ ଏହାର ବିକାଶଧାରା

ଜାତୀୟଚେତନାର ଗୁଣ ଓ ଧର୍ମ

ଜାତୀୟତାବାଦ ଶବ୍ଦଟି ଇଂରାଜୀ 'ନେସ୍‌ନାଲିଜିମ୍' (Nationalism) ଶବ୍ଦର ସମଅର୍ଥବୋଧକ ଶବ୍ଦଭାବେ ଓଡିଶାରେ ପ୍ରଯୁକ୍ତ ହେଉଅଛି। ସାମାଜିକ ଅନୁସନ୍ଧିତ୍ସା ଓ ଗୋଷ୍ଠୀପ୍ରବୃତ୍ତିରୁ ଜାତୀୟତାବାଦର ଜନ୍ମ। ଆଧୁନିକ ରାଜନୀତି-ତତ୍ତ୍ୱବିତ୍‌ମାନଙ୍କ ମତାନୁଯାୟୀ ଜାତୀୟଚେତନାର ଉଦ୍ଭବ ସପ୍ତଦଶ-ଅଷ୍ଟାଦଶ ଶତାବ୍ଦୀରେ ହୋଇଅଛି। ସ୍ୱଦେଶାନୁରାଗ ପ୍ରଣୋଦିତ ସର୍ବୋତ୍ତମ ଅଭିଳାଷ; ସଚେତନଭାବେ ଭାଷା ଓ ସଂସ୍କୃତିର ସମାବେଶରେ ଏକ ରାଜନୈତିକ ସଂହତି ପ୍ରତିଷ୍ଠାକରିବାର ଆକାଂକ୍ଷା ହିଁ ଯଥାର୍ଥତଃ ଜାତୀୟତାବାଦ। ବସ୍ତୁତଃ ଆନ୍ତର୍ଜାତିକ ସ୍ତରରେ ଏହି ଭାବନା ଅଷ୍ଟାଦଶ ଶତାବ୍ଦୀ ପର୍ଯ୍ୟନ୍ତ ସ୍ପଷ୍ଟତର ହୋଇପାରିନଥିଲା (୧)। ମାତ୍ର ଊନବିଂଶ ଶତାବ୍ଦୀରେ ଏହି ଚେତନାର ପରିଣାମ ସମଗ୍ର ୟୁରୋପୀୟ ସମାଜ ଓ ରାଜନୀତିକ ଜୀବନରେ ବିପ୍ଳବ ସୃଷ୍ଟି କରିବାକୁ ସମର୍ଥ ହୋଇଥିଲା (୨)। ଚଳିତ ଶତାବ୍ଦୀରେ ଏହା ମାନବର ଭାବାବେଗ କ୍ଷେତ୍ରରେ ପ୍ରଚଣ୍ଡ ଆଲୋଡନ ସୃଷ୍ଟି କରିବା ସଙ୍ଗେ ସଙ୍ଗେ ଏକ ରାଜନୈତିକ ଦର୍ଶନରୂପେ ସମଗ୍ର ବିଶ୍ୱକୁ ବିପୁଳ ପରିମାଣରେ ନିୟନ୍ତ୍ରଣ କରିବାକୁ ସମର୍ଥ ହୋଇଅଛି। ପ୍ରଫେସର ହାଏସ୍ ଏହି

---

୧. Hayes, C.J.H., 'The Historical Evolution of Modern Nationalism' pp.2-3.

୨. Hans Kohn., 'Prophets and Peoples' - The Macmillan Co., Nw York, 1946, p.3.

ଜାତୀୟଚେତନାକୁ ଆଧୁନିକ ଯୁଗର ଏକ ଆବେଗାତ୍ମକ ବିସ୍ଫୋରଣ ବୋଲି ଅଭିହିତ କରିଅଛନ୍ତି (୩)।

ମତାନ୍ତରରେ ଯେଉଁ ଭାବପ୍ରବଣତା, ଆନୁଗତ୍ୟ ଓ ସହାନୁଭୂତି ଏକ ଜନଗୋଷ୍ଠୀକୁ ଏକ ଅନୁଷ୍ଠାନ ଓ ସାଂସ୍କୃତିକ ବନ୍ଧନ ମାଧ୍ୟମରେ ବାନ୍ଧିରଖେ ଓ ଜନସାଧାରଣଙ୍କ ମଧ୍ୟରେ ଏକତାର ଭାବ ସୃଷ୍ଟିକରେ, ତାହା ମଧ୍ୟ 'ନେସ୍‌ନାଲିଜିମ୍' ବୋଲି ଗୃହୀତ (୪)। ସ୍ଥୁଳତଃ ଫରାସୀବିପ୍ଳବ ଓ ତାହାର ପରବର୍ତ୍ତୀ ଦ୍ୱନ୍ଦ୍ୱାତ୍ମକ ଘଟଣାବଳୀରୁ ହିଁ ଏହି 'ନେସ୍‌ନାଲିଜିମ୍' ଜନ୍ମଲାଭ କରିଅଛି (୫)। ଜାତୀୟତାବାଦର ଏକ ବିଶିଷ୍ଟ ଅଙ୍ଗ ହେଉଛି ମାନବିକତାବାଦ। ଅଷ୍ଟାଦଶ ଶତାବ୍ଦୀର ଆଲୋଚକଗଣ ଜାତୀୟତାବାଦର ଲକ୍ଷଣସ୍ୱରୂପ ମାନବହିତୈଷିଣା ଓ ଜାତୀୟଚେତନା ଉପରେ ଅଧିକ ଗୁରୁତ୍ୱ ପ୍ରଦାନ କରିଅଛନ୍ତି। ସେମାନଙ୍କ ମତାନୁଯାୟୀ ସ୍ୱଦେଶପ୍ରୀତି ମାନବସମାଜର ଏକ ମୌଳିକ ଚେତନା। ସାମାଜିକ ସଂସ୍କାର ଓ ମାନବିକ ଉନ୍ନତି ନିମନ୍ତେ ଏହା ଅଭିପ୍ରେତ (୬)। ଅଷ୍ଟାଦଶ ଶତାବ୍ଦୀ ପର୍ଯ୍ୟନ୍ତ ଏହା ଥିଲା ଜାତୀୟତାବୋଧର ମୁଖ୍ୟ ଲକ୍ଷଣ। ଅଷ୍ଟାଦଶ ଶତାବ୍ଦୀର ଶେଷଭାଗରେ ଏହି 'ନେସ୍‌ନାଲିଜିମ୍' ମାନବବାଦିତା ଗୁଣ ବ୍ୟତୀତ ଆଉ ତିନିଗୋଟି ଗୁଣସଂପନ୍ନ ବୋଲି ଗୃହୀତ ହେଲା। ଏହି ଗୁଣଗୁଡ଼ିକ ହେଲା ଅଭିଜାତଧର୍ମିତା (ଆରିଷ୍ଟୋକ୍ରାଟିକ୍) ଗଣତାନ୍ତ୍ରିକତା (ଡେମୋକ୍ରାଟିକ୍) ଓ ଉଦାରଧର୍ମିତା (ଲିବରାଲ୍)।

କେ. ଆର୍. ମିନୋଗ ଜାତୀୟତାଭାବର ବିଶ୍ଳେଷଣ କରି ଯଥାର୍ଥତଃ

---

୩. "Nationalism is a modern emotioal fusion and exageration of two phenomena-Nationalism and Patriotism." - Hayes, C.J.H., 'Essays on Nationalism' New York The Macmillan Co., 1926. pp.5-29.

୪. "Nationalism may be defined as a sentiment, loyalty or sympathy which binds a group of people together through common institutions and culture and thus creates a unity among them." - Royal Institute of International Affairs Publication, 'Nationalism', London, Oxford University Press, 1939 pp.XVI- XX.

୫. "For most of the Western Europe, Nationalism grew into a mass-movement and a major political force only with the French revolution and its consequences." Karl, W.Deutsch., 'Nationalism and the World' p-208."

୬ Hayes, C.J.H., 'The Historical Evolution of Modern Nationalism, p-10.

ଦର୍ଶାଇଅଛନ୍ତି, କୌଣସି ଦେଶ ଯେତେବେଳେ ବିଦେଶୀ ଶାସନଦ୍ୱାରା ଅତ୍ୟାଚାରିତ ହୋଇ ସେହି ଶାସନକବଳରୁ ନିଜକୁ ମୁକ୍ତକରିବାକୁ ଚାହେଁ, ସେହି ସମୟରେ ହିଁ ଦେଶ ଜାତୀୟତାବାଦୀ ଭାବନା ଓ ଚେତନା ଦ୍ୱାରା ଆନ୍ଦୋଳିତ ହୋଇଥାଏ (୭)।

ଏକ ଜନଗୋଷ୍ଠୀ ମଧ୍ୟରେ ସଂହତଭାବଧାରା ସୃଷ୍ଟି ଜାତୀୟତାବାଦର ମୌଳିକ ଉପାଦାନ ଓ ଏକ ସାମାଜିକ ଚେତନା ଉପରେ ହିଁ ଏହା ସୁପ୍ରତିଷ୍ଠିତ। ସଂହତଭାବଧାରାର ଉଦ୍ଭବ ଫଳରେ ସମାଜରେ ଚିନ୍ତାଶକ୍ତିର ବିକାଶ ହୁଏ ଓ ସାମାଜିକ ଗଠନପ୍ରଣାଳୀରେ ସମାଜର ଜୀବନ ଓ ଚରିତ୍ର ପ୍ରତିଫଳିତ ହୋଇଥାଏ (୮)। ଜାତୀୟତାବୋଧର ବିକାଶ ଫଳରେ ଏକ ଜନଗୋଷ୍ଠୀର ସାହିତ୍ୟ, ଧର୍ମ ଏବଂ ସାମାଜିକ ସଂଗଠନ ଅନ୍ୟ ଗୋଷ୍ଠୀର ସଂଗଠନଠାରୁ ପୃଥକ୍ ହୋଇଯାଏ। ଏହି ଜାତୀୟଚେତନା ମଧ୍ୟ ଜନଗୋଷ୍ଠୀରେ ଯୁଗାନ୍ତକାରୀ ପ୍ରତିଭା ସୃଷ୍ଟି କରିବାକୁ ସମର୍ଥ ହୋଇଥାଏ। ସମାଜରେ ପ୍ରତିଭାଶାଳୀ ବ୍ୟକ୍ତିର ପ୍ରତିଭାକୁ ସ୍ୱୀକୃତିଦେବା ଓ ତାହାକୁ ଅଧିକ ପ୍ରତିଷ୍ଠାପନ୍ନ କରିବାରେ ଏହାର ସୁଫଳ ନିହିତ (୯)। ଜାତୀୟତାର ବିକାଶଲାଗି ଧର୍ମର ଭୂମିକା ମଧ୍ୟ ଗୁରୁତ୍ୱପୂର୍ଣ୍ଣ। ଭିନ୍ନ ଧର୍ମାବଲମ୍ବୀମାନଙ୍କଦ୍ୱାରା ଶାସିତ ପରାଧୀନ ଦେଶମାନଙ୍କରେ ଧର୍ମରୁ ହିଁ ଜାତୀୟତାର ଜାଗରଣ ହୋଇଥାଏ (୧୦)।

ଭାରତରେ ଜାତୀୟତାବାଦର ଅନ୍ୟତମ ପଥପ୍ରଦର୍ଶକ ଅରବିନ୍ଦ ମଧ୍ୟ ଜାତୀୟତାବାଦ ସଂପର୍କରେ ଅନୁରୂପ ମତ ପ୍ରଦାନ କରି ଏହା ଭଗବତ୍ ନିର୍ଦ୍ଦେଶରେ ଏକ ନିର୍ଦ୍ଦିଷ୍ଟ ଉଦ୍ଦେଶ୍ୟ ସାଧନ ଲାଗି ଅଭିପ୍ରେତ ବୋଲି ଉଲ୍ଲେଖ କରିଅଛନ୍ତି (୧୧)। ଭାରତୀୟ ସ୍ୱାଧୀନତା ଆନ୍ଦୋଳନର ଆଦିପର୍ବର ଅନ୍ୟତମ ଜନନାୟକ ବିପିନଚନ୍ଦ୍ର ପାଲ୍ ମଧ୍ୟ

---

୭. Manogue, K.R., 'Nationalism,' p.17, Mathuen, London, 1869.
୮. Pal, B.C., 'New Spirit' p.15.
୯. ତତ୍ରୈବ - ପୃ.୧୧୬।
୧୦. "National consciousness has been derived from religion in the case of people ruled by foreigners who religion is different from their own." Seton-Hugh-Watson. 'Nationalism and Communism', p.30, Methuen and Co. LTD, New Fetter Lane, London EC 4.
୧୧. "Nationalism itself is no creation of individuals and can have no respect for persons. It is a force which God has created and from Him it has received only one command to advance and advance and ever advance until He bids it stop, because it's appointed mission is done." - Aurobindo Ghosh, 'On Nationalism', p-58.

'ପାଶବିକ ପ୍ରବୃତ୍ତି ଓ ପ୍ରାକୃତିକ ଶକ୍ତି ଉପରେ ଆତ୍ମାର ଅପ୍ରତିହତ ପ୍ରଭାବ ହିଁ ଭାରତୀୟ ହିନ୍ଦୁ ସଂସ୍କୃତି ଓ ସଭ୍ୟତାର ଶ୍ରେଷ୍ଠ ଲକ୍ଷଣ' ବୋଲି ଉଲ୍ଲେଖ କରି ପ୍ରତ୍ୟେକ ଜାତି ସ୍ୱାଧୀନ ମନୋବୃତ୍ତି ସହିତ ଆଧ୍ୟାତ୍ମିକତାକୁ ଆନ୍ତରିକଭାବେ ଗ୍ରହଣକରିବା ସପକ୍ଷରେ ମତ ପ୍ରଦାନ କରିଅଛନ୍ତି (୧୨)। ଜାତିର ମୁକ୍ତି ଓ ପ୍ରଗତି ନିମନ୍ତେ ଉପର୍ଯ୍ୟୁକ୍ତ ଦୁଇଟି ବିଷୟର ଯେ ଆବଶ୍ୟକତା ରହିଛି, ଏହା କହିବା ଅନାବଶ୍ୟକ। ଭାରତୀୟ ସ୍ୱାଧୀନତା ଆନ୍ଦୋଳନ ପରବର୍ତ୍ତୀ କାଳରେ ଆଧ୍ୟାତ୍ମିକତା ସ୍ୱାଧୀନାକାଙ୍କ୍ଷା ଏହି ଦୁଇ ଭାବଧାରା ଉପରେ ହିଁ ବିକାଶ ଲାଭ କରିଥିଲା।

ମହାଭାରତୀୟ ଜାତୀୟତା:

ପ୍ରାୟ ଏକଶତାବ୍ଦୀ ପୂର୍ବେ ଭାରତବର୍ଷରେ ଆଧୁନିକ ଅର୍ଥରେ ଜାତୀୟତାବାଦର ସୂତ୍ରପାତ ହୋଇଥିଲା। କେତେକ ଆଲୋଚକଙ୍କ ମତରେ ଭାରତବର୍ଷରେ ଯଥାର୍ଥତଃ ଜାତୀୟତାବାଦ ବହୁକାଳରୁ ପ୍ରତିଷ୍ଠିତ ଓ ଏହି ଭାବନା ଏକ ସର୍ବଭାରତୀୟ ସାଂସ୍କୃତିକ ଚେତନା ଉପରେ ଆଧାରିତ। ଏହି ସର୍ବଭାରତୀୟ ଏକତାର ବାହକ ଥିଲା ସଂସ୍କୃତଭାଷା ଓ ବ୍ରହ୍ମଣ୍ୟଧର୍ମ (୧୩)। ଏପରି ଅଭିମତର ଯଥାର୍ଥତା ଥିଲେ ହେଁ ଆଧୁନିକ ଯୁଗରେ ଭାରତର ଜନଜୀବନରେ ଜାତୀୟତାବାଦ ରାଜନୀତି ଓ ସାଂସ୍କୃତିକ ଚେତନା ଏହି ଦୁଇ ଉପାଦାନ ଉପରେ ଅଧାରିତ ହୋଇ ବିକାଶଲାଭ କରିଅଛି।

ଜନସାଧାରଣ ଯେ ପର୍ଯ୍ୟନ୍ତ ନିଜକୁ ଏକ ରାଜନୀତିକ ଉଦ୍ଦେଶ୍ୟରେ ଏକତ୍ରିତ କରିନାହାନ୍ତି, ସେ ପର୍ଯ୍ୟନ୍ତ ସେମାନଙ୍କୁ ଗୋଟାଏ ଜାତିରୂପେ ଗ୍ରହଣ କରାଯାଇନପାରେ। ବ୍ରିଟିଶରାଜତ୍ୱକାଳରେ ହିଁ ଏହି ଶାସନ ବିରୁଦ୍ଧରେ ଭାରତର ଜନସାଧାରଣ ସମ୍ମିଳିତ ହେବାକୁ ସମର୍ଥ ହୋଇଥିଲେ। ସେହିପରି ଜନସାଧାରଣ ଯେଉଁଠାରେ ବିଦେଶୀ ଶାସନର ବିରୋଧ କରନ୍ତି ନାହିଁ ଅଥବା ଏହି ଶାସନରୁ ମୁକ୍ତହେବା ନିମନ୍ତେ ଉଦ୍ୟମ କରନ୍ତି ନାହିଁ, ସେମାନଙ୍କୁ ଏକ ଦେଶଭୁକ୍ତ ବା ଜାତିଭୁତ କହିବା ଠିକ୍ ନୁହେଁ। ଊନବିଂଶ ଶତାବ୍ଦିର ମଧ୍ୟଭାଗ ପର୍ଯ୍ୟନ୍ତ ଭାରତର ଜନସାଧାରଣଙ୍କ ମଧ୍ୟରେ ଏତାଦୃଶ ଅବସ୍ଥା ସୃଷ୍ଟି ହୋଇପାରିନଥିଲା। ଊନବିଂଶ ଶତାବ୍ଦୀ ପୂର୍ବରୁ ଭାରତ ତଥା ଏସୀୟ ଓ ଆଫ୍ରିକୀୟ ଦେଶମାନଙ୍କରେ ଜାତୀୟତାବାଦର ସ୍ୱରୂପ ଏହିପରି ରହିଥିଲା (୧୪)। ଭାରତୀୟ ଜନଚେତନାରେ ଜାତିୟତାର ସ୍ଫୁରଣ ମୂଳରେ ବ୍ରିଟିଶ ଔପନିବେଶିକ ଶାସନର ଅପ୍ରତିହତ

---

୧୨. Pal, B.C. New Spirit'. p.157

୧୩. . Mukherjee, Radhakumud: 'Fundamental Unity of India' Bharatiya Vidya Bhavan, Bombay, p.207.

୧୪. Minogue,KR.,'Nationalism' Methuen, London,1969 Chapter-IV.

ପ୍ରଭାବ ଅନସ୍ୱୀକାର୍ଯ୍ୟ (୧୫)। ଇଂରେଜ ସାମ୍ରାଜ୍ୟବାଦ ଓ ଉପନିବେଶବାଦ କବଳରୁ ମୁକ୍ତିପାଇବାଲାଗି ଭାରତବର୍ଷ ତଥା ଅନ୍ୟାନ୍ୟ ଏସୀୟ ଓ ଆଫ୍ରିକୀୟ ଦେଶମାନଙ୍କରରେ ଜାତୀୟତାବାଦକୁ ଏକ ଶକ୍ତିଶାଳୀ ଅସ୍ତ୍ରରୂପେ ବ୍ୟବହାର କରାଯାଇଥିଲା।

ଭାରତବର୍ଷ ବ୍ରିଟିଶ ଶାସନାଧୀନ ହେବା ପୂର୍ବରୁ ଭାରତୀୟମାନେ କେବେହେଲେ ଆପଣାକୁ ଗୋଟିଏ ଜାତିରୂପେ କଳ୍ପନା କରି ନଥିଲେ। ଏପରିକି ବ୍ରିଟିଶ ଶାସନର ପ୍ରଥମ ପର୍ଯ୍ୟାୟରେ ମଧ୍ୟ ଏହା ସମ୍ଭବ ହୋଇପାରିନଥିଲା। ଏହି ପର୍ଯ୍ୟାୟରେ ସ୍ଥାନେ ସ୍ଥାନେ ବ୍ରିଟିଶ ଶାସନ ବିରୁଦ୍ଧରେ ଭାରତର ଜନସାଧାରଣ ସଂଗ୍ରାମ କରିଥିଲେ ହେଁ, ଏହି ସଂଗ୍ରାମ ସଙ୍ଘବଦ୍ଧ ହୋଇପାରି ନଥିଲା। ଏହି ସଂଗ୍ରାମକୁ କେତେକ ମିଲିଟାରୀ ହିରୋଙ୍କର ସଂଗ୍ରାମ କୁହାଯାଇପାରେ। ଏପରିକି ସମର-ସମର୍ଥ ବୀର ଶିବାଜି ବା ଶିଖ ସଂପ୍ରଦାୟର ଯୁଦ୍ଧକୁ ଜାତୀୟ ଯୁଦ୍ଧ (national war) କହିବା ଅସମୀଚୀନ। କାରଣ ଏହି ଯୁଦ୍ଧ ଓ ସେନାନାୟକଙ୍କ ପଶ୍ଚାତ୍‌ରେ କେବଳ ଏକ ନିର୍ଦ୍ଦିଷ୍ଟ ସ୍ଥାନର ଜନଗୋଷ୍ଠୀଙ୍କର ସମର୍ଥନ ଥିଲା; ମାତ୍ର ଦେଶର ଜନସାଧାରଣ ସ୍ୱାଧୀନତାପ୍ରାପ୍ତି ଉଦ୍ଦେଶ୍ୟରେ ଏକତ୍ରୀଭୂତ ହୋଇପାରି ନଥିଲେ। ସାତଶହ ବର୍ଷବ୍ୟାପୀ ପରାଧୀନତାର କୁପରିଣାମ ସ୍ୱରୂପ ଭାରତର ଜନସାଧାରଣଙ୍କ ଜାତୀୟଚେତନା ବିନଷ୍ଟ ହୋଇଯାଇଥିଲା ଓ ବିଦେଶୀ ଶାସନ ସମ୍ପର୍କରେ ସେମାନେ ଉଦାସୀନ ଓ ନିଶ୍ଚେଷ୍ଟ ହୋଇପଡିଥିଲେ। ବ୍ରିଟିଶ ଶାସନକାଳୀନ ଭାରତୀୟ ଜନତାର ନିଶ୍ଚେଷ୍ଟତାକୁ ଐତିହାସିକ ଡଃ ଆର୍.ସି.ମଜୁମଦାର ଯଥାଯଥଭାବେ ବର୍ଣ୍ଣନା କରିଅଛନ୍ତି (୧୬)। ତତ୍କାଳୀନ ଭାରତବର୍ଷରେ ଜାତୀୟଭାବନାର ଅଭାବ ପରିଦୃଷ୍ଟ ହେବାର ଅନ୍ୟତମ କାରଣ ହେଉଛି, ଏହି ବିରାଟ ଭୂଖଣ୍ଡର କେବଳ ନାମକୁମାତ୍ର ଏକ ଭୌଗୋଳିକ ଅବସ୍ଥିତି ଥିଲା। ଭାରତୀୟମାନେ ବହୁ ଜାତି, ଧର୍ମ ଓ ଭାଷାଭାଷୀ ଥିଲେ। ରୁପର୍ଟ ଇମର୍ସନଙ୍କ ଭାଷାରେ ଭାରତବର୍ଷ ସେତେବେଳେ ଥିଲା "ବହୁଦେଶରେ ବିଭକ୍ତ ଓ ବହୁ ଜାତି-ଅଧ୍ୟୁଷିତ ୟୁରୋପଭଳି ଏକ ବିରାଟ ଉପମହାଦେଶ"(୧୭)।

---

୧୫. Tagore, Rabindranath., 'Nationalism', Macmillan, Co. London, 1950, Chapt-1.

୧୬. "Seven hundred years of foreign rule had stopped the political vitality of the Hindus and uprooted whatever national consciousness they had. This explains, though it does not excuse; their indifference to the new foreign conquest and attempt to turn it to their own advantage." 'The Story and Culture of the Indian People', Bharatiya Vidya Bhawan, Bombay, 1968. p-2, Chapter written by Dr. R.C. Majumdar.

ଏତାଦୃଶ ବହୁ ବିଭିନ୍ନତା ସତ୍ତ୍ୱେ ଏହି ବିରାଟ ଐତିହ୍ୟ ଓ ସଂସ୍କୃତିସଂପନ୍ନ ଦେଶ ଦୁଇଟି କାରଣରୁ ଏକତ୍ରୀଭୂତ ହୋଇପାରିଥିଲା । ପ୍ରଥମଟି ହେଲା ବ୍ରିଟିଶ ଶାସନ; ଦ୍ୱିତୀୟଟି ହେଲା ପାଶ୍ଚାତ୍ୟ ଶିକ୍ଷା ଓ ଇଂରାଜୀଭାଷାର ପ୍ରଭାବ । "ନେସ୍‌ନାଲିଜିମ୍" ବ୍ୟକ୍ତିଗତ ସ୍ୱାଧୀନତା ଲାଗି ପ୍ରୟୋଜନୀୟ ଏକ ମେସିନ୍ ନୁହେଁ; ଏହା ଏକ ସମ୍ମିଳିତ ଶକ୍ତିର ଅଭିବ୍ୟକ୍ତି", - ଏହା କ୍ରମେ ଭାରତୀୟମାନେ ମଧ୍ୟ ଅନୁଭବ କରିଥିଲେ (୧୮) । ରାଷ୍ଟ୍ରକୁ ଆପଣା ଅଧିକାରକୁ ଆଣିପାରିଥିବା ଜନଗୋଷ୍ଠୀ ମହାଜାତି ବା 'ନେସନ୍' (Nation) 'ପଦବାଚ୍ୟ' । ରାଜନୀତିବିଜ୍ଞାନୀ କାର୍ଲ ଡବଲ୍ୟୁ.ଡଏକ୍ ଯଥାର୍ଥତଃ ନେସନ୍‌ର ଏହିପରି ସଂଜ୍ଞା ନିର୍ଦ୍ଦେଶ କରିଅଛନ୍ତି (୧୯) । ସେହି ଦୃଷ୍ଟିରୁ ଭାରତବର୍ଷ ବହୁ ବିଳମ୍ବରେ ଗୋଟାଏ 'ନେସନ୍'ରେ ପରିଣତ ହୋଇଅଛି । ସାର୍ ଜନ୍ ଷ୍ଟ୍ରାଚେରୀଙ୍କ ମତରେ କୌଣସି ଭୌଗୋଳିକ, ରାଜନୀତିକ, ସାମାଜିକ ବା ଧର୍ମଭିତ୍ତିକ ଏକତାବିହୀନ ଅଞ୍ଚଳ ଦେଶପଦବାଚ୍ୟ ହୋଇ ନପାରେ (୨୦) । ଅତୀତର ସମାଜ-ବ୍ୟବସ୍ଥାରେ ଶାସକମାନେ ଜାତି ଓ ସଂସ୍କୃତି ସହ ସଂପର୍କ ରଖିପାରୁଥିଲେ; ମାତ୍ର ଶାସିତମାନଙ୍କର ପରସ୍ପର ସହ ଘନିଷ୍ଠ ସମ୍ପର୍କ ରକ୍ଷିତ ହୋଇପାରୁନଥିଲା । ଊନବିଂଶ ଶତାବ୍ଦୀର ଶେଷଭାଗରେ ହିଁ ଭାରତର ଜନସାଧାରଣ ଜାତୀୟ ସତ୍ତା ସହ ଆପଣାର ବ୍ୟକ୍ତିଗତ ସତ୍ତାକୁ ମିଳାଇଦେବାର ସୁଯୋଗ ଲାଭ କରିଥିଲେ । ଲୁସିଏନ ପାଏ ଯଥାର୍ଥରେ କହିଅଛନ୍ତି, ସେତିକିବେଳେ ହିଁ ଜାତୀୟତାର ଜୟଗାନ ଶୁଣାଯାଏ, ଯେତେବେଳେ ସାଧାରଣ ଜନତା ତା'ର ବ୍ୟକ୍ତିଗତ ଓ ଜାତୀୟ ସତ୍ତା ମଧ୍ୟରେ ନିବିଡ଼ ସମ୍ପର୍କ ଅନୁଭବ କରିପାରେ (୨୧) । ଭାରତବର୍ଷରେ ଖ୍ରୀ: ୧୮୭୦ ପୂର୍ବରୁ ଜାତିୟତାଭାବ ଜାଗ୍ରତ ହୋଇ ନଥିଲା ଓ ଖ୍ରୀ: ୧୮୭୦-୯୦ ମଧ୍ୟରେ ଏହାର ଉନ୍ମେଷ ଘଟିଅଛି ବୋଲି ବିଶିଷ୍ଟ ଐତିହାସିକ ଅନୀଲ ସିଲ୍ ମତ ବ୍ୟକ୍ତ କରିଅଛନ୍ତି (୨୨) ।

---

୧୭. "Vast sub-continent, Europe in itself," - Rupert Emerson, - 'From Empire to Nation', Harvard University Press, Massachusetts, 1960, p-122.

୧୮. Hans, Kohn,, 'Nationalism, its meaning and History' D.Van Nostrand & Co. New York 1965, p-29.

୧୯. Karl, W.Deutsch, 'Nation and the World', p-207.

୨୦. Strachery, Sir John, 'India', London 1888, pp.5-8.

୨୧. "Individual identity hinges on the existence of a national identity," - Pye, Lucien, 'Politics, Personality and Nation Building' - Conn. Yale University Press, 1968. p-4.

ଭାରତରେ ଜାତୀୟଚେତନାର ବିକାଶ:

ଅଷ୍ଟାଦଶ ଶତାବ୍ଦୀର ଶେଷଭାଗରୁ ପାଶ୍ଚାତ୍ୟ ଜାତୀୟବାଦୀ ଚିନ୍ତାଧାରା ଭାରତର ଜାତୀୟଜୀବନରେ ଏକ ନୂତନ ସ୍ପନ୍ଦନ ସୃଷ୍ଟି କରିଥିଲା। ମିଶନାରୀମାନଙ୍କର ଇଂରାଜୀ ଶିକ୍ଷା ପ୍ରସାର, ପ୍ରାଚ୍ୟ-ତତ୍ତ୍ୱବିତ୍‌ମାନଙ୍କର ଅନୁସନ୍ଧିତ୍ସାର ପରିଣାମ ଓ ବୈଜ୍ଞାନିକ ହେତୁବାଦୀ ଦୃଷ୍ଟିକୋଣର ପ୍ରସାର ଫଳରେ ଔପନିବେଶିକ ଶାସନକେନ୍ଦ୍ର କଲିକତା, ମାନ୍ଦ୍ରାଜ ଏବଂ ବମ୍ବେରେ ସର୍ବାଦୌ ପାଶ୍ଚାତ୍ୟ ଉଦାରପନ୍ଥୀ ଭାବଧାରାର ପ୍ରଭାବ ଅନୁଭୂତ ହେଲା। କାଳକ୍ରମେ ଏହା ଅକୁମାରୀ-ହିମାଚଳ ସଂପ୍ରସାରିତ ହୋଇଯାଇଥିଲା।

ଭାରତର ପୂର୍ବାଞ୍ଚଳରେ ପାଶ୍ଚାତ୍ୟ ଉଦାରପନ୍ଥୀ ଭାବନାର ସଂପ୍ରସାରଣରେ ଯିଏ ନେତୃତ୍ୱ ଗ୍ରହଣ କରିଥିଲେ, ସେ ହେଉଛନ୍ତି ଖ୍ରୀ:୧୮୧୭ରେ ପ୍ରତିଷ୍ଠିତ କଲିକତା ହିନ୍ଦୁ କଲେଜର ଇଂରାଜୀ ଶିକ୍ଷକ ଏଚ୍.ଭି.ଡେରୋଜିଓ (Henery Louis Vivian Derozio, 1809-1831)। ଭାରତୀୟ ମାତା ଓ ପର୍ତ୍ତୁଗୀଜ ପିତାଙ୍କର ଏହି ସନ୍ତାନ ଥିଲେ ଏକାଧାରରେ କବି, ପଣ୍ଡିତ ଓ ମହାନ ଯୁକ୍ତିବାଦୀ। ତାହାଙ୍କ ସମର୍ଥକ ଗୋଷ୍ଠୀ ଡେରୋଜିଆନ୍‌ସ (Derozians) ବା ଡେରୋଜୀୟବାଦୀ ଭାବେ ପରିଚିତ। ଏହିମାନେ ତରୁଣ-ବଙ୍ଗ (ୟଙ୍ଗ୍ ବେଙ୍ଗଲ)ର ପଥପ୍ରଦର୍ଶକ ଓ ବୌଦ୍ଧିକ ତଥା ଜାତୀୟବାଦୀ ଚେତନାର ଅଗ୍ରସାରଥୀ ରୂପେ ପରିଗଣିତ ହୁଅନ୍ତି। ମାତ୍ର ସମକାଳରେ ଏହି ଅଭିନବ ବୈପ୍ଳବିକ ଚିନ୍ତାଧାରାକୁ ବିରୋଧକରି ବଙ୍ଗଳାରେ ସୃଷ୍ଟିହୋଇଥିଲା ଏକ ରକ୍ଷଣଶୀଳ ଗୋଷ୍ଠୀ। ରାଧାକାନ୍ତ ଦେବ (୧୭୮୩-୧୮୬୭)ଙ୍କ ନେତୃତ୍ୱରେ ଦେବେନ୍ଦ୍ରନାଥ ଠାକୁର (୧୮୧୭-୧୯୦୫), ରାଜନାରାୟଣ ବୋଷ (୧୮୨୬-୧୮୯୯), ନବଗୋପାଳ ମିତ୍ର (୧୮୪୦-୧୮୯୪) ପ୍ରମୁଖ ମନୀଷୀବୃନ୍ଦ ହିନ୍ଦୁ ଧର୍ମର ପ୍ରାଧାନ୍ୟ ପ୍ରତିଷ୍ଠା କରିବାକୁ ବଦ୍ଧପରିକର ହୋଇଥିଲେ। ଏହିମାନଙ୍କ ଉଦ୍ୟମରେ ଭାରତୀୟ ଜାତୀୟଚେତନା ମଧ୍ୟ ଉଜ୍ଜୀବିତ ହୋଇଥିଲା।

ଏହି ଚରମପନ୍ଥୀ ଓ ରକ୍ଷଣଶୀଳ ଗୋଷ୍ଠୀ ମଧ୍ୟରେ ସମନ୍ୱୟ ପ୍ରତିଷ୍ଠା କରିପାରିଥିଲେ ଭାରତୀୟ ଜାତୀୟତାର ପ୍ରଧାନ ପଥପ୍ରଦର୍ଶକ, ନବଭାରତର ଅନ୍ୟତମ ନିର୍ମାତା ରାଜା ରାମମୋହନ ରାୟ (୧୭୭୪-୧୮୩୩)। ତାହାଙ୍କ ଚିନ୍ତାଧାର ଓ ସଂସ୍କାରପ୍ରୟାସ ଭାରତୀୟ ସମାଜକୁ ଜାତୀୟତାବାଦ ତଥା ଉଦାରବାଦୀ ଚିନ୍ତାଧାରାରେ ଉଦ୍‌ବୁଦ୍ଧ କରିଥିଲା।

ପାରମ୍ପରିକ ଧର୍ମର ସମସ୍ତ ଶ୍ରେୟ ଉପାଦାନକୁ ଭିତ୍ତିକରି ନବଭାରତ ଗଠନ

---

୨୨. Seal, Anil, 'Emergence of Indian Nationalism' Cambridge University Press, 1968, p-4.

କରିବା ନିମନ୍ତେ ସେ ଉଦ୍ୟମ କରିଥିଲେ (୨୩)। ପାଶ୍ଚାତ୍ୟ ନବସଂସ୍କୃତି ତଥା ପ୍ରାଚ୍ୟ ଐତିହ୍ୟର ଶ୍ରେଷ୍ଠ ପ୍ରତିନିଧି ରାଜା ରାମମୋହନ ରାୟଙ୍କର ପ୍ରଗତିଶୀଳ ଦୃଷ୍ଟିକୋଣ, ସମାଜସଂସ୍କାର, ଧାର୍ମିକ ସମନ୍ୱୟପନ୍ଥୀ ବ୍ରାହ୍ମସମାଜ ସଂଗଠନ, (୧୮୨୮), ସମ୍ବାଦପତ୍ରର ସ୍ୱାଧୀନତା ପାଇଁ ଉଦ୍ୟମ ପ୍ରଭୃତି ଭାରତୀୟ ସାମାଜିକ, ଆଧ୍ୟାତ୍ମିକ ତଥା ରାଜନୈତିକ କ୍ଷେତ୍ରରେ ଜାତୀୟତାର ଭିତ୍ତି ପ୍ରତିଷ୍ଠା କରିଥିଲା।

ଭାରତୀୟ ଶିକ୍ଷାପଦ୍ଧତିର କଠୋର ସମାଲୋଚକ ଲର୍ଡ ମାକ୍‌ଲେ (୨୪) ଭାରତରେ ଇଂରାଜୀ ଶିକ୍ଷା ପ୍ରଚଳନର ପ୍ରବର୍ତ୍ତକଭାବେ ସ୍ମରଣୀୟ। ଇଂରାଜୀ ଶିକ୍ଷାପ୍ରାପ୍ତ ଭାରତୀୟମାନଙ୍କୁ ସଂପୂର୍ଣ୍ଣ ପାଶ୍ଚାତ୍ୟ ଭାବ ଓ ରୁଚିସଂପନ୍ନ କରିବା ଥିଲା ତାଙ୍କର ଅଭିପ୍ରାୟ (୨୫)। ସେ ଯାହାହେଉ ମାକ୍‌ଲେଙ୍କ ପୂର୍ବରୁ ଭାରତବର୍ଷରେ ଇଂରାଜୀଭାଷା ମାଧ୍ୟମରେ ଶିକ୍ଷାପ୍ରବର୍ତ୍ତନ ନିମନ୍ତେ ଖ୍ରୀ:୧୮୨୩ରେ ରାମମୋହନ ଇଂରେଜସରକାରଙ୍କୁ ଅନୁରୋଧକରି ସର୍ବପ୍ରଥମ ଉଦ୍ୟମ କରିଥିଲେ (୨୬)। ଆଜନ୍ମବିପ୍ଳବୀ ରାମମୋହନଙ୍କର ସମସ୍ତ ସାମାଜିକ ଓ ଆଧ୍ୟାତ୍ମିକ ସଂସ୍କାରର ମୌଳିକ ଲକ୍ଷ୍ୟ ଥିଲା ଦେଶବାସୀଙ୍କ ପ୍ରାଣରେ ରାଜନୈତିକ ଜାଗରଣ ଓ ସଚେତନତା ସୃଷ୍ଟିକରିବା (୨୭)। ସତୀଦାହ ପ୍ରଥା ବିରୁଦ୍ଧରେ ପ୍ରଚାର କରି ଖ୍ରୀ:୧୮୨୯ରେ ସେ ଭାରତବର୍ଷରୁ ଏହି କୁପ୍ରଥାକୁ ଲୋପ କରିବାରେ ସଫଳକାମ ହୋଇଥିଲେ।

କେଶବଚନ୍ଦ୍ର ସେନ (୧୮୩୮-୧୮୮୪)ଙ୍କର ସମାଜ-ସଂସ୍କାର, ସମନ୍ୱୟଧର୍ମୀ ସର୍ବଭାରତୀୟ ବ୍ରାହ୍ମସମାଜ ଗଠନ ଭାରତବର୍ଷରେ ଜାତୀୟଚେତନାକୁ

---

୨୩. Sharma, D.S. 'Hinduism Through Ages', p-89.

୨୪. "A single self of a good European library was worth the whole native literature of India and Arabia." - Macaulay, in his famous Minute of 1836 on Education, Quoted in 'From Empire to Nation' By Rupert Emerson.

୨୫. "Indian in blood, in colour, but English in taste, in opinion, in morals and in intellect"- Beaglehole, J.C., 'The British Commonwealth of Nations'. 1960, p-551.

୨୬. Rammohan Roy's letter is available in'Source of Indian Tradition'PP.592-5, Also Kalidas Nag (Ed.)'Greater India' - p.633.

୨୭. Collet, S./D., "The Life and Letters of Raja Rammohan Ray", London, 1900, p-72.

ଅଧିକ ଶକ୍ତିଶାଳୀ କରିଥିଲା। ଶିବନାଥ ଶାସ୍ତ୍ରୀ (୧୮୪୭-୧୯୧୯), ଆନନ୍ଦମୋହନ ବୋଷ (୧୮୪୭-୧୯୦୬) ପ୍ରଭୃତି କେବଳ ବ୍ରାହ୍ମଧର୍ମର ସଂଗଠକ ନଥିଲେ; ବସ୍ତୁତଃ ସେମାନଙ୍କଦ୍ୱାରା ସାଧାରଣ ବ୍ରାହ୍ମସମାଜ ସଂଗଠିତ ହେବା ଫଳରେ 'ଇଣ୍ଡିଆନ ଆସୋସିଏସନ୍' ଓ ଭାରତୀୟ ଜାତୀୟ କଂଗ୍ରେସ ପ୍ରତିଷ୍ଠାର ପଥ ଉନ୍ମୁକ୍ତ ହୋଇପାରିଥିଲା।

ବ୍ରାହ୍ମସମାଜର ଉଦାରପନ୍ଥୀ ଚିନ୍ତାଧାରା ସୁରେନ୍ଦ୍ରନାଥ ବାନାର୍ଜୀ (୧୮୨୫-୧୯୨୫), ମହାଦେବ ଗୋବିନ୍ଦ ରାଣାଡେ, ଗୋପାଳକୃଷ୍ଣ ଗୋଖଲେ (୧୮୬୬-୧୯୧୫), ଫିରୋଜଶାହ ମେହେଟ୍ଟା (୧୮୪୨-୧୯୧୫), ଦାଦାଭାଇ ନାରୋଜୀ (୧୮୨୬-୧୯୧୭), ମଦନମୋହନ ମାଳବ୍ୟ (୧୮୬୧-୧୯୪୬), ଜି. ଆର୍. ଭଣ୍ଡାରକର ପ୍ରଭୃତି ଉଦାରପନ୍ଥୀ ନେତା ଏବଂ ସଂସ୍କାରକଙ୍କୁ ଅନୁପ୍ରାଣିତ କରିଥିଲା।

ଊନବିଂଶ ଶତାବ୍ଦୀର ଶେଷାର୍ଦ୍ଧରେ ପାଶ୍ଚାତ୍ୟ ଭୁଖଣ୍ଡ ଜାତୀୟ ଚିନ୍ତା ଓ ଚେତନାଦ୍ୱାରା ତୀବ୍ରଭାବରେ ଆଲୋକିତ ହୋଇଥିଲା। ଭାରତରେ ନବଶିକ୍ଷାପ୍ରାପ୍ତ ଓ ବୁଦ୍ଧିଜୀବୀଗୋଷ୍ଠୀଙ୍କୁ ଏହା ପ୍ରଭାବିତ କରିବା ଏକାନ୍ତ ସ୍ୱାଭାବିକ।

ଇଟାଲୀ ଓ ଜର୍ମାନୀର ଜାତୀୟବାଦୀ ଆନ୍ଦୋଳନ ଓ ଏହାର ପରିଣତି ସ୍ୱରୂପ ସେମାନଙ୍କ ସ୍ୱାଧୀନତାପ୍ରାପ୍ତି ସମ୍ବାଦ ମଧ୍ୟ ଭାରତୀୟ ବୁଦ୍ଧିଜୀବୀଗୋଷ୍ଠୀଙ୍କୁ ଆତ୍ମସଚେତନ କରାଇଥିଲା। ମାଜିନୀଙ୍କର ବହୁ ରଚନା ଇଂରାଜୀ ଓ ଭାରତୀୟ ଭାଷାରେ ଅନୂବାଦିତ ହୋଇ ଜନପ୍ରିୟତା ଅର୍ଜନ କରିଥିଲା। ସୁରେନ୍ଦ୍ରନାଥ ବାନାର୍ଜୀ ପ୍ରମୁଖ ଜାତୀୟ ନେତୃବୃନ୍ଦ ସେମାନଙ୍କର ଭାଷଣ ଓ ବକ୍ତୃତା ମାଧ୍ୟମରେ ଗାରିବାଲ୍‌ଡି ଓ ମାଜିନୀଙ୍କର ଉଦ୍‌ବୋଧନାତ୍ମକ ଉକ୍ତିମାନଙ୍କୁ ପ୍ରଚାରକରିଥିଲେ। ଏହି ନେତୃବୃନ୍ଦଙ୍କ ମଧ୍ୟରୁ ଅନେକେ ଜନ୍ ଷ୍ଟୁଆର୍ଟ ମିଲ୍, ହାବାର୍ଟ ସ୍ପେନ୍‌ସର, ଅଗାଷ୍ଟ କୋମ୍‌ଟେ ପ୍ରଭୃତି ପାଶ୍ଚାତ୍ୟ ରାଜନୀତି-ବିଜ୍ଞାନୀମାନଙ୍କ ସହ ଥିଲେ ସୁପରିଚିତ। ୟୁରୋପୀୟ ଇତିହାସ ଭାରତୀୟ ଜାତୀୟବାଦୀମାନଙ୍କର ଚିନ୍ତା ଓ କଳ୍ପନାକୁ ଏକ ନୂତନ ଭାବାବେଗରେ ରସାଣିତ କରିଥିଲା। ସେମାନେ ଭାରତର ପ୍ରାଚୀନ ସଂସ୍କୃତି ଓ ଗୌରବ ସହ ଅଧୂନାତନ ଦୁର୍ଗତି, ପରାଧୀନତା-ପୀଡିତ ଦରିଦ୍ର ଓ ଲାଞ୍ଛିତ ଭାରତବର୍ଷର ତୁଳନାତ୍ମକ ସମୀକ୍ଷା କରିବାକୁ ଅବକାଶ ପାଇଲେ। ଭାରତବର୍ଷର ସେହି ଗୌରବମୟ ପ୍ରାଚୀନ ଐତିହ୍ୟ ସ୍ମରଣକରି ସେମାନେ ୟୁରୋପୀୟ ମଡେଲରେ ସୃଷ୍ଟିକଲେ ଏକ ଶକ୍ତିଶାଳୀ ଜାତୀୟଚେତନା। ଏଥିରେ ପ୍ରତିଫଳିତ ହୋଇଥିଲା ୟୁରୋପୀୟ ଦୃଷ୍ଟିକୋଣ ସହ ଭାରତୀୟ ଚେତନାର ସମନ୍ୱୟ। ଜନ୍ ଷ୍ଟୁଆର୍ଟ ମିଲ୍‌ଙ୍କ ମତରେ ଅତୀତ ଇତିହାସର ଗୌରବ ଓ ତାହାର ପରିଣାମର ଉପଲବ୍ଧି ଜାତୀୟଚେତନାକୁ ସୁଦୃଢ଼ ଓ ସଂଗଠିତ

କରିଥାଏ (୨୮)। ଊନବିଂଶ ଶତାବ୍ଦୀର ଶେଷଭାଗରେ ଭାରତୀୟ ଜାତୀୟଜୀବନରେ ଏହାର ନିଦର୍ଶନ ସୁସ୍ପଷ୍ଟ।

ଊନବିଂଶ ଶତାବ୍ଦୀର ଦ୍ୱିତୀୟାର୍ଦ୍ଧବେଳକୁ ଭାରତରେ ଇଂରେଜଶାସନ ବ୍ୟବସ୍ଥା ଦୃଢ଼ୀଭୁତ ହୋଇସାରିଥିଲା। ଗମନାଗମନ ବ୍ୟବସ୍ଥାର ଉନ୍ନତି, ନୂତନ ଆଇନ ଓ ଶିକ୍ଷାବ୍ୟବସ୍ଥା ପ୍ରବର୍ତ୍ତନ ଓ ଏକ ନୂତନ ଧର୍ମ-ଧାରଣା ପାଶ୍ଚାତ୍ୟ ଚିନ୍ତାଧାରାର ପ୍ରଭାବସ୍ୱରୂପ ଜାତୀୟଜୀବନରେ ନୂତନ ଉଦ୍ଦୀପନା ସୃଷ୍ଟିକରିଥିଲା। ଭାରତର ବହୁ ଜନନାୟକ, ଦାର୍ଶନିକ, ସାହିତ୍ୟିକ ସେମାନଙ୍କ ଭାଷଣ ଓ ସାହିତ୍ୟ ସୃଷ୍ଟି ମାଧ୍ୟମରେ ଭାରତବର୍ଷର ସଂଶୟାଚ୍ଛନ୍ନ ଦୃଷ୍ଟିକୋଣକୁ ପରିବର୍ତ୍ତିତ କରିବାରେ ସମର୍ଥ ହୋଇଥିଲେ।

ହିନ୍ଦୁଧର୍ମର ପୁନଃ ପ୍ରତିଷ୍ଠା ଉଦ୍ୟମ ଭାରତରେ ଜାତୀୟତାର ପ୍ରବାହକୁ ଅଧିକ ସକ୍ରିୟ, ଗତିଶୀଳ ଏବଂ ସର୍ବଭାରତୀୟ କରିପାରିଥିଲା। ସ୍ୱାମୀ ଦୟାନନ୍ଦ, ବଙ୍କିମଚନ୍ଦ୍ର, ରାମକୃଷ୍ଣ, ବିବେକାନନ୍ଦ ଏବଂ ଅରବିନ୍ଦ ପ୍ରଭୃତି ସାଧକ ଓ ମନୀଷୀବୃନ୍ଦ ହିନ୍ଦୁଧର୍ମର ପୁନର୍ଜାଗରଣ ଓ ଜାତୀୟତାକୁ ଅଭିନ୍ନଭାବରେ ଗ୍ରହଣ କରିଥିଲେ। ସେଥିପାଇଁ ସ୍ୱାମୀ ଦୟାନନ୍ଦଙ୍କ ବାଣୀ ଥିଲା 'ବୈଦିକ ଯୁଗକୁ ଫେରିଚାଲ' (Back to Vedas) ଏବଂ 'ଭାରତ ହେଉଛି ଭାରତୀୟଙ୍କର' (India for Indians)।

୧୮୭୫ ଖ୍ରୀଷ୍ଟାବ୍ଦରେ ତାହାଙ୍କଦ୍ୱାରା ଆର୍ଯ୍ୟସମାଜ ପ୍ରତିଷ୍ଠିତ ହୋଇଥିଲା। ଏହି ଆର୍ଯ୍ୟସମାଜର ଦାର୍ଶନିକ ତତ୍ତ୍ୱ ଏବଂ ତଥ୍ୟ ତାହାଙ୍କ ରଚିତ 'ସତ୍ୟାର୍ଥପ୍ରକାଶ' ପୁସ୍ତକରେ ସନ୍ନିବିଷ୍ଟ। ଏହା ପାଶ୍ଚାତ୍ୟ ସଂସ୍କୃତି ବିରୁଦ୍ଧରେ ସ୍ୱର ଉତ୍ତୋଳନ କରିବା ସଙ୍ଗେ ସଙ୍ଗେ ବୈଦିକ ତଥା ଆର୍ଯ୍ୟଚେତନାକୁ ମହାନ କରି ଉପସ୍ଥାପିତ କରିଥିଲା। ଆନି ବେଶାନ୍ତ ସେଥିପାଇଁ ଦୟାନନ୍ଦଙ୍କୁ ଉଚ୍ଚ ପ୍ରଶଂସା କରିଅଛନ୍ତି (୨୯)। ସେ ଭାରତୀୟ ହିନ୍ଦୁମାନଙ୍କର

---

୨୮. The possession of a national history and consequent community of recollections, collective pride and humiliation, pleasure and regret, connected with the same incidents in the past." - Mill, John Stuart, 'Representative Government'. Quoted in Deutsch Nationalism and Social Communication'. p-19.

୨୯. "In truth, it was Dayananda Saraswati, who first proclaimed India for Indians", Besant, Anne, 'India, A Nation', p.179.

ଶ୍ରେଷ୍ଠତ୍ୱ ପ୍ରତିପାଦନ କରିଥିବା ଯୋଗୁ ବିଶିଷ୍ଟ ସାମ୍ବାଦିକ ସାର୍ ଭାଲେଣ୍ଟାଇନ୍ ଚିରୋଲଙ୍କଦ୍ୱାରା ଉଚ୍ଚପ୍ରଶଂସିତ ହୋଇଅଛନ୍ତି (୩୦)।

ଭାରତୀୟ ଦର୍ଶନ ଏବଂ ପାଶ୍ଚାତ୍ୟ-ନବ-ଜାତୀୟତାବାଦ ଉପରେ ଆଧାରିତ ବଙ୍କିମଚନ୍ଦ୍ରଙ୍କର ସାହିତ୍ୟ ସୃଷ୍ଟି, ବିଶେଷତଃ ତାଙ୍କର ବିଖ୍ୟାତ ଉପନ୍ୟାସ 'ଆନନ୍ଦମଠ' ଏବଂ ଏଥିରେ ସନ୍ନିବିଷ୍ଟ କାଳଜୟୀ କବିତା 'ବନ୍ଦେ ମାତରମ୍' ହିନ୍ଦୁ ଜାତୀୟତାବୋଧକୁ ଉଦ୍‌ବୁଦ୍ଧ କରିଥିଲା। 'ଆନନ୍ଦମଠ'ରେ ଦେବୀ କାଳୀ ଏବଂ ମାତୃଭୁମିକୁ ଏକୀଭୁତ କରି ପ୍ରାର୍ଥନା କରାଯାଇଅଛି (୩୧)।

ବଙ୍କିମଚନ୍ଦ୍ର ଏହି ନୂତନ ଚେତନାର ଶ୍ରେଷ୍ଠ ଭାଷ୍ୟକାର। ତାଙ୍କର 'ଆନନ୍ଦମଠ' ଉପନ୍ୟାସରେ ଚିତ୍ରିତ ଜନନୀ ସମସ୍ତ ଭୂଷଣ ଓ ଯଶମଣ୍ଡିତା। ଏହି ମାତା ଦୁର୍ଗାମୂର୍ତ୍ତିର ଦକ୍ଷିଣପାର୍ଶ୍ୱରେ ଲକ୍ଷ୍ମୀ ଐଶ୍ୱର୍ଯ୍ୟର ପ୍ରତୀକରୂପେ ଦଣ୍ଡାୟମାନ। ଏହାଙ୍କ ଆଶୀର୍ବାଦ ବିନା ସଂସ୍କୃତି ବିଧ୍ୱସ୍ତ ଓ ବିଲୟ ଭଜିଥାଏ। ତାହାଙ୍କ ପାଦତଳେ ପତିତ ପାଶବିକ ପ୍ରବୃତ୍ତିର ପ୍ରତୀକ ମହିଷାସୁର ତାହାଙ୍କ ପଦସ୍ପର୍ଶରେ ପ୍ରତି ମୁହୂର୍ତ୍ତରେ ପବିତ୍ରତା ଲାଭ କରୁଅଛି। ଜାତିପ୍ରେମ, ଦେଶପ୍ରେମ ଓ ଗୋଷ୍ଠିଚେତନାର ଏହା ହେଉଛି ଶ୍ରେଷ୍ଠ ପରିକଳ୍ପନା (୩୨)।

ଭାରତୀୟମାନଙ୍କ କ୍ଲୀବତ୍ୱ ଓ ଅବକ୍ଷୟକୁ ଲକ୍ଷ୍ୟକରି ଭାରତବାସୀଙ୍କୁ ପୁନର୍ଜାଗ୍ରତ କରିବାପାଇଁ ବିବେକାନନ୍ଦଙ୍କର ମନ୍ତ୍ରବାଣୀ ଥିଲା "ଉଠ, ଜାଗ, ଲକ୍ଷ୍ୟସ୍ଥଳରେ ଉପନୀତ ନ ହେବା ପର୍ଯ୍ୟନ୍ତ ସଂଗ୍ରାମ କରିଯାଅ"(୩୩)। ପ୍ରାଚୀନ ଭାରତୀୟ ବେଦାନ୍ତ, ଦର୍ଶନ

---

୩୦. "...For in the teachings of its' founder, Dayananda, it has found an aggressive gospel which bases the claims of Aryan, i.e, Hindu Supremacy, on the Vedas as the oune ultimate source of human and divine wisdom." - Chirol, Sir V. 'Indian Unrest.' p-27.

୩୧. "Mother, to thee I bow,
Who hath said thou art weak in thy hands,
When the swords flash out in twice,
And seventy million hands, And seventy million voices roar,
Thy dreadful name from the shore to shore."
-CChatterjee, B.C., 'Ananda Math' Quoted in W.T. de Bary (Ed.) 'Sources of Indian Tradition,' New York, 1958, p.709.

୩୨. Pal, B.C., New Spirit, pp. 81-82.

୩୩. Awake I Arise I Struggle on I And stop not till the goal is reached I - Sister Nivedita, 'Swamiji and His Message', p-38.

ତଥା ପାଶ୍ଚାତ୍ୟ ଦର୍ଶନରେ ନିପୁଣ ଏହି ବିଜ୍ଞାନୀ ଥିଲେ ଏକ ଅସାଧାରଣ ଶକ୍ତିସଂପନ୍ନ ବକ୍ତା। ତାହାଙ୍କ ଅଲୌକିକ ବ୍ୟକ୍ତିତ୍ୱ ଖ୍ରୀ:୧୮୯୩ରେ ଚିକାଗୋ ସହରରେ ଅନୁଷ୍ଠିତ ଧର୍ମ-ଆଲୋଚନା ସଭାରେ (Parliament of Religions) ସମଗ୍ର ବିଶ୍ୱର ବୁଦ୍ଧିଜୀବୀମାନଙ୍କର ଦୃଷ୍ଟି ଆକର୍ଷଣ କରିଥିଲା। ବିଭିନ୍ନ ବକ୍ତୃତା ମାଧ୍ୟମରେ ସେ ପ୍ରାଚୀନ ଭାରତୀୟ ଦର୍ଶନର ମହତ୍ତ୍ୱ ଓ ଗୌରବ ଆମେରିକା ଓ ୟୁରୋପ ସମେତ ସମଗ୍ର ପାଶ୍ଚାତ୍ୟ ଦେଶମାନଙ୍କ ସମ୍ମୁଖରେ ଉପସ୍ଥାପିତ କରିପାରିଥିଲେ। ପୁନଶ୍ଚ ଦୃଢକଣ୍ଠରେ ସେ ଘୋଷଣା କରିଥିଲେ, "ଆମର ସେହିପରି ଧର୍ମ ଆବଶ୍ୟକ, ଯାହା ଆମ୍ଭମାନଙ୍କୁ ଆତ୍ମବିଶ୍ୱାସ ଓ ଜାତୀୟ ସ୍ୱାଭିମାନ ଆଣିଦେବ। ଦରିଦ୍ର ବ୍ୟକ୍ତିଙ୍କୁ ଖାଦ୍ୟ ଓ ଶିକ୍ଷା ଦେବାଲାଗି ଶକ୍ତି ଦେବ ଓ ଚତୁର୍ଦ୍ଦିଗରେ ପରିବ୍ୟାପ୍ତ ଦୁଃଖ ନିରାକରଣ କରିପାରିବ x x x। ଈଶ୍ୱରଙ୍କୁ ଯଦି ପାଇବାକୁ ଇଚ୍ଛା କରୁଛ, ତେବେ ଜନସାଧାରଣଙ୍କ ସେବା କର"(୩୪)। ଊନବିଂଶ ଶତାବ୍ଦୀର ଶେଷଭାଗରେ ଭାରତର ବହୁ ଶିକ୍ଷିତ ବ୍ୟକ୍ତି ଅଧିକ ବିଦେଶୀଭାବାପନ୍ନ ହୋଇପଡିଥିଲେ। ଭାରତର ତତ୍‌କାଳୀନ ବାସ୍ତବ ସ୍ଥିତିକୁ ସେମାନେ ଅବଧାରଣା କରିନପାରି ଏପରି ଭାବପ୍ରବଣ ହେବା ସ୍ୱାଭାବିକ। ବୈଦେଶିକ ଆଦର୍ଶରେ ବିମୋହିତ ହୋଇ ସେମାନେ ଭାରତବର୍ଷକୁ ୟୁରୋପୀୟ ରୀତିରେ ପରିବର୍ତ୍ତିତ କରିଦେବାର ସ୍ୱପ୍ନ ଦେଖୁଥିଲେ। ପାଶ୍ଚାତ୍ୟପ୍ରୀତି ଅନେକଙ୍କୁ ଉଦ୍‌ଭ୍ରାନ୍ତ କରିଦେଇଥିଲା। ଜାତିର ଏତାଦୃଶ ସଂକଟକାଳରେ ସ୍ୱଦେଶାନୁରାଗୀମାନଙ୍କୁ ପଥପ୍ରଦର୍ଶନ କରାଇଥିଲେ ସ୍ୱାମୀ ବିବେକାନନ୍ଦ। ଭାରତବର୍ଷ ହେଉଛି ଦର୍ଶନର ଜନ୍ମଭୂମି, ଅଧ୍ୟାତ୍ମିକତାର ଆଦିପୀଠ, ମଧୁରତା, ଭଦ୍ରତା ଓ ପ୍ରେମର ସମନ୍ୱୟସ୍ଥଳୀ। ସମଗ୍ର ପୃଥିବୀରେ ଏହି ସମସ୍ତ ବିଷୟରେ ଭାରତବର୍ଷ ଅଗ୍ରଣୀ। ଏଥିପାଇଁ ବିବେକାନନ୍ଦଙ୍କର ଗର୍ବର ସୀମା ନଥିଲା।

ମହାଭାରତୀୟ ଜାତୀୟଚେତନାର ପ୍ରବକ୍ତା ଅରବିନ୍ଦ ମଧ୍ୟ ଜାତୀୟତାବୋଧକୁ ଏକ ରାଜନୈତିକ କର୍ମପନ୍ଥା ବୋଲି ବିଚାରୁନଥିଲେ। ତାଙ୍କ ମତରେ ଏହା ଥିଲା ଧାର୍ମିକ ଜୀବନର ଏକ ବିଭାବ (୩୫)। ତତ୍କାଳୀନ ପ୍ରବହମାନ ରାଜନୈତିକ ଚିନ୍ତାଧାରାକୁ

---

୩୪. "A religion which will give us faith in ourselves, a national self-respect and the power to feed and educate the poor and relieve the misery around me... if you want to find God, serve men." Sister Nivedita, 'Swamiji and His Message,' p-38.

୩୫. "Nationalism is not a mere political programme, Nationalism is a religion, that has come from creed, which you shall have to live." 'Speeches of Aurobindo', p-7.

ଆଧ୍ୟାତ୍ମିକ ରୂପ ଦେବା ସଙ୍ଗେ ସଙ୍ଗେ ସେ ରାଜନୈତିକ ସ୍ୱାଧୀନତାକୁ ମଧ୍ୟ ଗୁରୁତ୍ୱ ଦେଇଥିଲେ (୩୬)।

ବ୍ରାହ୍ମସମାଜ, ଆର୍ଯ୍ୟସମାଜ, ରାମକୃଷ୍ଣ ମିଶନ ପ୍ରଭୃତି ଧର୍ମାନୁଷ୍ଠାନ ସହ ସଂପୃକ୍ତ ବହୁ ନେତୃସ୍ଥାନୀୟ ବ୍ୟକ୍ତି ଅତି ନିବିଡଭାବରେ ଜାତୀୟଜାଗରଣ ସହିତ ଜଡିତ ଥିଲେ। ଧର୍ମ ଆନ୍ଦୋଳନ କ୍ରମେ ରାଜନୀତିଭିତ୍ତିକ ହୋଇଯାଇଥିଲା। ସାମାଜିକ, ଆର୍ଥନୀତିକ ପରିବର୍ତ୍ତନ ଆନୟନ ନିମନ୍ତେ ରାଜନୈତିକ ସ୍ୱାଧୀନତାର ଆବଶ୍ୟକତା ଅନୁଭୂତ ହୋଇଥିଲା।

ଭାରତୀୟ ମୁକ୍ତିସଂଗ୍ରାମ :

ଭାରତୀୟ ଜାତୀୟ କଂଗ୍ରେସର ଇତିହାସ ଭାରତର ସ୍ୱାଧୀନତା ଆନ୍ଦୋଳନର ଇତିହାସ। ୧୮୮୫ ଖ୍ରୀଷ୍ଟାବ୍ଦରେ ଭାରତୀୟ ଜାତୀୟ କଂଗ୍ରେସର ଜନ୍ମ। ଅବଶ୍ୟ ଏହା ପୂର୍ବରୁ ଭାରତରେ ଜାତୀୟ ଜାଗରଣର ସୂତ୍ରପାତ ହୋଇସାରିଥିଲା। ମାତ୍ର କଂଗ୍ରେସର ଜନ୍ମ ପର୍ଯ୍ୟନ୍ତ ଏହା ସର୍ବାଞ୍ଚଳିକ ଗୁରୁତ୍ୱ ଲାଭ କରିପାରିନଥିଲା।

'ସିପାହି-ବିଦ୍ରୋହ' ନାମରେ ଏକଦା ଅଭିହିତ ୧୮୫୭ ମସିହାରେ ସଂଘଟିତ ବିଦ୍ରୋହକୁ ଭାରତର ପ୍ରଥମ ଜାତୀୟ ସଂଗ୍ରାମ ଭାବେ ଗ୍ରହଣ କରାଯାଏ। ଭାରତର ସର୍ବାଞ୍ଚଳର ଓ ସମାଜର ବିବିଧ ସ୍ତରର ବ୍ୟକ୍ତି ଏ ଦେଶରୁ ବିଦେଶୀୟମାନଙ୍କୁ ବହିଷ୍କୃତ କରିବାଲାଗି ଏହି ସଶସ୍ତ୍ର ଆନ୍ଦୋଳନ ସାଫଲ୍ୟମଣ୍ଡିତ ହୋଇ ପାରିନଥିଲା। ଜନସାଧାରଣଙ୍କ ମଧ୍ୟରେ ବିଭେଦ ସୃଷ୍ଟି କରିବା ଅଭିପ୍ରାୟରେ ଶାସକଗୋଷ୍ଠୀ ସାମରିକ ଓ ବେସାମରିକ ଏହିପରି ଦୁଇଟି ଶ୍ରେଣୀ ସୃଷ୍ଟି କଲେ। ଲର୍ଡ ଲିଟନ୍ ଓ ଲର୍ଡ ରିପନ୍‌ଙ୍କ କାର୍ଯ୍ୟକାଳ (୧୮୭୬-୮୪) ମଧ୍ୟରେ ଇଂରେଜ ଶାସକ ଗୋଷ୍ଠୀର ଶାସନବ୍ୟବସ୍ଥା ଶିକ୍ଷିତ ଗୋଷ୍ଠୀଙ୍କ ମଧ୍ୟରେ ଅସନ୍ତୋଷ ସୃଷ୍ଟି କରିଥିଲା। ଭାରତୀୟମାନଙ୍କ ପ୍ରତି ସେମାନଙ୍କର ସନ୍ଦେହାତ୍ମକ ମନୋଭାବ ଯୋଗୁ ଭାରତୀୟମାନେ କୌଣସି ଉଚ୍ଚ ପଦବୀରେ ବା ବଡ ଚାକିରିରେ ଅଧିଷ୍ଠିତ ହୋଇପାରୁନଥିଲେ।

---

୩୬. "Political freedom is the life-breath of a nation, to attempt social reform, educational reform Industrial expansion, the moral improvement of the race without aiming first and formost at political freedom, is the very height of ignorance and fertility." - Sri Aurobindo's Doctrine of Passive Resistance, Cal.1948, p-3, Published in the 'Banda Mataram' in April, 1907.

ସୈନ୍ୟବାହିନୀ ସଂରକ୍ଷଣ ନିମନ୍ତେ ଅତ୍ୟଧିକ ବ୍ୟୟ, ନିଷେଧାଦେଶମୂଳକ 'ଆର୍ମସ୍ ଆକ୍ଟ' ପ୍ରବର୍ତ୍ତନ, ଦେଶୀୟ ଭାଷାରେ ସମ୍ବାଦପତ୍ର ଓ ମୁଦ୍ରଣଯନ୍ତ୍ର ଉପରେ କଟକଣାମୂଳକ ଭର୍ଣ୍ଣାକୁଲାର ପ୍ରେସ୍ ଆଇନ ପ୍ରଚଳନ ଜନସାଧାରଣଙ୍କୁ ବ୍ରିଟିଶଶାସନ ବିରୁଦ୍ଧରେ ଉତ୍ତେଜିତ କରିଥିଲା।

ଲର୍ଡ ଲିଟନ୍ ବ୍ରିଟେନ୍‌ରୁ ଭାରତକୁ ଆସୁଥିବା କାର୍ପାସ ବସ୍ତ୍ର ଉପରେ ଟିକସ ବ୍ୟବସ୍ଥା ପ୍ରଚଳନ କରିବା ଦ୍ୱାରା ଭାରତୀୟ କାର୍ପାସ ଶିଳ୍ପ ପ୍ରଭୁତ କ୍ଷତିର ସମ୍ମୁଖୀନ ହୋଇଥିଲା। ଜନସାଧାରଣ ଇଂରେଜଶାସନର ଏତାଦୃଶ ଆଇନ ବ୍ୟବସ୍ଥା ବିରୁଦ୍ଧରେ ପ୍ରତିବାଦ କରିବାକୁ ବାଧ୍ୟ ହୋଇଥିଲେ। ଏଥିପାଇଁ ଖ୍ରୀ: ୧୮୭୬ରେ 'ଇଣ୍ଡିଆନ୍ ଅସୋସିଏସନ୍' ଗଠିତ ହୋଇଥିଲା। ଏଣୁ ଏହି ସମୟକୁ ଭାରତୀୟ ଜାତୀୟତାର ବୀଜବପନକାଳ କୁହାଯାଇଥାଏ (୩୭)। ଏହି ସଂଗଠନ ଦ୍ୱାରା ଆୟୋଜିତ ସଭାମାନଙ୍କୁ ପ୍ରେରଣା ଲାଭ କରିଥିଲା 'ଭାରତୀୟ ଜାତୀୟ କଂଗ୍ରେସ'।

ଭାରତୀୟ ଜାତୀୟ କଂଗ୍ରେସ ସୃଷ୍ଟିର ପ୍ରଥମ ଧାରଣା କିଏ ଦେଇଥିଲେ ଏହା କହିବା କଷ୍ଟକର। ଯାହାହେଉ, ଏ ସଂପର୍କରେ ଆଲେନ, ଓ.ହ୍ୟୁମ୍ (Allen. O. Hume) ଜାତୀୟ କଂଗ୍ରେସ ସ୍ରଷ୍ଟାଭାବେ ସମ୍ମାନିତ ହୋଇଥାନ୍ତି (୩୮)। ଆଲାନ ଅକ୍ଟୋଭିୟାନ ହ୍ୟୁମ୍ (୧୮୨୯-୧୯୧୨) ଥିଲେ ଉଚ୍ଚପଦସ୍ଥ ରାଜକର୍ମଚାରୀ। ବିଦେଶୀୟ ହେଲେ ହେଁ ତାହାଙ୍କ ମାନବିକତା, ଶାସନକୁଶଳତା, ଆତ୍ମବିଶ୍ୱାସ, ସଂସ୍କାରପ୍ରାଣତା ତଥା ଦେଶପ୍ରେମ ଭାରତୀୟମାନଙ୍କୁ ଉତ୍ସାହିତ କରିଥିଲା। ଭାରତର ଶିକ୍ଷିତ ଯୁବକମାନଙ୍କୁ ସେ ଦେଶସେବା ଉପଲକ୍ଷେ ଏକଜୁଟ କରାଇବା ଉଦ୍ଦେଶ୍ୟରେ ଏକ ଇସ୍ତାହାରରେ କହିଥିଲେ, "ହେ ଯୁବକବୃନ୍ଦ.... ଆପଣମାନେ ହିଁ ଭାରତର ସକଳ ପ୍ରକାର ବୌଦ୍ଧିକ, ନୈତିକ, ସାମାଜିକ ଓ ରାଜନୈତିକ ପ୍ରଗତି ପାଇଁ ପ୍ରେରଣାର ଉତ୍ସଭାବେ କାମ କରିବେ (୩୯)।

---

୩୭. "The Seedtime of Indian Nationalism", K.R. Bombwalla, 'Indian Politics and Government', Delhi, Atmaram & Sons,1941,p.9

୩୮. William, Roy Smith,"Nationalism and Reform in India" New Heven, Yale University Press, 1938,p-43.

୩୯. Hume, A.O., 'A Circular' Dt.1.3.1883-
'ଝିଟିପିଟି କହେ', ସମାଜ ତା୨୧.୮/୧୯୭୮

ପୁନଶ୍ଚ ଭାରତୀୟ ଯୁକମାନଙ୍କ ଉଦ୍ଦେଶ୍ୟରେ ସେ ଏକ ଉତ୍ସାହପ୍ରଦ କବିତା ଲେଖିଥିଲେ (୪୦)।"

ହ୍ୟୁମ୍‌ଙ୍କ ଦ୍ୱାରା ଅନୁପ୍ରାଣିତ ଜାତୀୟ କଂଗ୍ରେସ ବ୍ରିଟିଶ ରାଜତ୍ୱକୁ ଗଣ-ଆନ୍ଦୋଳନର ବିପଦରୁ ବଞ୍ଚାଇବାଲାଗି ଅଭିପ୍ରେତ ଥିଲା ବୋଲି କେତେକ ମନ୍ତବ୍ୟ ପ୍ରଦାନ କରନ୍ତି। ମାତ୍ର ଭାରତୀୟ ଜାତୀୟତାର ସୁମହତ୍ ଲକ୍ଷ୍ୟକୁ ବିଫଳ କରିବା ଯଥାର୍ଥତା ଇଂରେଜ ସରକାରଙ୍କର ଉଦ୍ଦେଶ୍ୟ ନଥିଲା। କାରଣ କଂଗ୍ରେସର ସମସ୍ତ ଅନୁନୟ, ଆବେଦନ ଓ ନିବେଦନ ସେତେବେଳେ ଭାଇସ୍‌ରାୟଙ୍କର ଆଶୀର୍ବାଦ ଲାଭ କରିଥିଲା। ସେଥିପାଇଁ କୁହାଯାଇଛି, ଭାରତୀୟ ଜାତୀୟତା ଯଥାର୍ଥତଃ ବ୍ରିଟିଶ ଶାସନପ୍ରସୂତ ସନ୍ତାନ, ବ୍ରିଟିଶ କର୍ତ୍ତୃପକ୍ଷଙ୍କ ଆଶୀର୍ବାଦରେ ଏହା ପରିପୁଷ୍ଟ (୪୧)।

କଂଗ୍ରେସ ପ୍ରତିଷ୍ଠାର ଆଦିପର୍ବ ଥିଲା ଆବେଦନର ଯୁଗ। ସେତେବେଳେ କଂଗ୍ରେସର ବିଚାରଧାରାରେ ଉଗ୍ରତା ପରିଲକ୍ଷିତ ହେଉନଥିଲା। ୧୮୯୧ ଖ୍ରୀଷ୍ଟାବ୍ଦ ପରେ ଲୋମାନ୍ୟ ତିଳକଙ୍କ (୧୮୫୬-୧୯୨୦) ନେତୃତ୍ୱରେ ଚରମପନ୍ଥୀମାନେ ବ୍ରିଟିଶରାଜର ଘୋର ବିରୋଧକରି ରାଜନୀତିରେ ବୈପ୍ଳବିକ ପରିବର୍ତ୍ତନ ଆନୟନ ନିମନ୍ତେ ଅଭିଳାଷୀ ହୋଇଥିଲେ। ତିଳକଜୀଙ୍କର ଯୁଗାନ୍ତକାରୀ ସ୍ଲୋଗାନ ଥିଲା, "ସ୍ୱରାଜ୍ୟପ୍ରାପ୍ତି ମୋର ପୈତୃକ ଅଧିକାର, ଏହା ମୁଁ ନିଶ୍ଚିତଭାବେ ଲାଭ କରିବି"(୪୨)। ଏଣୁ ବ୍ରିଟିଶରାଜଶକ୍ତି ନିକଟରେ ତିଳକ ଦୁର୍ଭାବନାର ବିଗ୍ରହରୂପେ ବିବେଚିତ ହେବା ସ୍ୱାଭାବିକ। ଚରମପନ୍ଥୀମାନଙ୍କ ଜାତୀୟ ଚେତନାର ଲକ୍ଷ୍ୟ ଥିଲା ପୁରାତନ ହିନ୍ଦୁ ସଂସ୍କୃତିର ପୁନଃପ୍ରତିଷ୍ଠା ଓ ବିକାଶ ସଙ୍ଗେ ସଙ୍ଗେ ବିଦେଶୀ ଶାସନନୀତି ବିରୁଦ୍ଧରେ ଭାରତକୁ ଜାଗ୍ରତ ଓ ସୁସଂଗଠିତ କରିବା। ୧୮୮୫ ଖ୍ରୀଷ୍ଟାବ୍ଦରୁ ମହାମାନ୍ୟ ତିଳକ ଜାତିର ଅପ୍ରତିଦ୍ୱନ୍ଦ୍ୱୀ ନେତାରୂପେ ପରିଗୃହୀତ ହେଲେ ଓ ଏହି ସମୟରୁ ସେ ନୂତନ ଜାତୀୟ ଚେତନାର ଦେଶବ୍ୟାପୀ ପ୍ରସାର ଲାଗି ପ୍ରଭୁତ ପ୍ରଚେଷ୍ଟା କରିଥିଲେ (୪୩)।

---

୪୦. "Sons of Ind, why sit idle
want ye for some Deva's aid?
Buckle to, be up and doing
Nations by themselves made I" - Hume, A.O., 'Star in the East', Calcutta, 1886.

୪୧. "Indian Nationalism in truth, was the child of the British Raj: and the British authorities blessed its creddle."-A Coupland, 'The Indian Problem', London, Oxford University Press, 1943, p-23..

୪୨. "Swaraj is my birthright, and I shall have it" -Speeches of Bal Gangadhar Tilak..

୪୩. Sharma, D.S. 'Hinduism Through Ages', p-89.Sir V.Chirot, "Indian Unrest," p-47.

ସ୍ୱଦେଶ-ପ୍ରସ୍ତୁତ ପଦାର୍ଥ ବ୍ୟବହାର ତଥା ବିଦେଶୀ ବସ୍ତୁ ବର୍ଜନ ଓ ସରକାରୀ ଚାକିରି ପରିତ୍ୟାଗ ପାଇଁ ସେ ଦେଇଥିଲେ ଆହ୍ୱାନ। ତାହାଙ୍କ ପ୍ରଦର୍ଶିତ ଏହି ଦୁଇଟି ମୁଖ୍ୟ କର୍ମପନ୍ଥା ଭାରତୀୟ ଜନମାନସରେ ବିପୁଳ ପ୍ରଭାବ ବିସ୍ତାର କରିଥିଲା। ଏହା 'ନବ ହିନ୍ଦୁଜାତୀୟତା' ନାମରେ ଅଭିହିତ।

ବାଳଗଙ୍ଗାଧର ତିଳକଙ୍କ ବ୍ୟତୀତ ବିପିନଚନ୍ଦ୍ର ପାଲ (୧୮୫୮-୧୯୩୨), ଲାଲା ଲାଜପତ୍‌ରାୟ (୧୮୬୫-୧୯୨୮), ଭୁପେନ୍ଦ୍ରନାଥ ଦତ୍ତ, ବାରୀନ୍ଦ୍ର ଘୋଷ ପ୍ରମୁଖ ନେତୃବୃନ୍ଦ ଥିଲେ ଏହାର ପୃଷ୍ଠପୋଷକ। ଭାରତୀୟ ଜାତୀୟ ଆନ୍ଦୋଳନ ଏହିମାନଙ୍କ ଯୋଗୁ ହିଁ ଅଧିକ କ୍ରିୟାଶୀଳ ହୋଇପାରିଥିଲା।

୧୯୦୭ ଖ୍ରୀଷ୍ଟାବ୍ଦରେ ସୁରାଟ କଂଗ୍ରେସରେ ନରମପନ୍ଥୀ ଓ ଚରମପନ୍ଥୀମାନଙ୍କ ମଧ୍ୟରେ ମତଭେଦ ଦେଖାଦେଇଥିଲା। ୧୯୧୬ ଖ୍ରୀଷ୍ଟାବ୍ଦରେ ସେମାନେ ପୁନର୍ମିଳିତ ହୋଇଥିଲେ, ମାତ୍ର ଏହି ସମୟରେ ବ୍ରିଟିଶଶାସନ ବିରୁଦ୍ଧରେ ଜନ-ଅସନ୍ତୋଷ ଅଧିକ ବୃଦ୍ଧି ଲାଭକରିଥିଲା। ଦୁର୍ଭିକ୍ଷ ଓ ପ୍ଲେଗ୍‌ରୋଗ, ଇଂରେଜମାନଙ୍କ ଶୋଷଣ ଅଭିମୁଖୀ ଅର୍ଥନୀତି, ଲର୍ଡ କର୍ଜନଙ୍କର ବଙ୍ଗଭଙ୍ଗ ପରିକଳ୍ପନା, ସମସ୍ତ ଭାରତବର୍ଷରେ ଜନ-ଅସନ୍ତୋଷର ବହ୍ନି ପ୍ରଜ୍ୱଳିତ କରିଦେଲା। ହିନ୍ଦୁ ଜାତୀୟତାବାଦ ପ୍ରଭାବିତ ଚରମପନ୍ଥୀ ଆନ୍ଦୋଳନ ଦେଶବ୍ୟାପୀ ସକ୍ରିୟ ହେବା ଫଳରେ ୧୯୦୫ ଖ୍ରୀଷ୍ଟାବ୍ଦରେ ବିଭାଜିତ ହୋଇଥିବା ବଙ୍ଗଦେଶ ପୁନର୍ବାର ୧୯୧୧ ଖ୍ରୀଷ୍ଟାବ୍ଦରେ ଏକ ପ୍ରଦେଶରେ ପରିଣତ ହୋଇପାରିଥିଲା।

ଚଳିତ ଶତାବ୍ଦୀର ପ୍ରଥମ ଦଶକରେ ଜାତୀୟବାଦୀ ଆନ୍ଦୋଳନ ଭାରତୀୟ ଜନସାଧାରଣଙ୍କ ମଧ୍ୟରେ ପ୍ରଚୁର ଉଦ୍‌ବେଗ ସୃଷ୍ଟି କରିଥିଲା। ଏହାର ପରିଣାମ ସ୍ୱରୂପ ସେତେବେଳେ ଇଂରେଜ ଶାସକମାନେ ସନ୍ତ୍ରସ୍ତ ହୋଇପଡିଥିଲେ ଓ ଶାସନକଳ ପ୍ରଚଣ୍ଡଭାବରେ ଦୋହଲିଯାଇଥିଲା - ଏହା ଆଲୋଚକମାନେ ସ୍ୱୀକାର କରିଅଛନ୍ତି (୪୪)। ଦେଶବ୍ୟାପୀ ଜାତୀୟ ଆନ୍ଦୋଳନ ଏହିପରି ବ୍ରିଟିଶରାଜ ପାଇଁ କ୍ରମେ ନୂତନ ସମସ୍ୟା ସୃଷ୍ଟି କରିବାକୁ ଆରମ୍ଭ କରିଥିଲା।

୧୯୧୯ ଖ୍ରୀଷ୍ଟାବ୍ଦରେ ତିଳକଜୀ ଜେଲ୍‌ରୁ ମୁକ୍ତହେବା ପରେ ଆନି ବେସାନ୍ତଙ୍କ ସାହାଯ୍ୟରେ 'ହୋମ୍ ରୁଲ୍' (Home Rule) ଆନ୍ଦୋଳନ ଆରମ୍ଭକଲେ। ଏଥିରେ ଭାରତବର୍ଷ ପାଇଁ ପୂର୍ଣ୍ଣ ସ୍ୱାୟତ୍ତଶାସନ ଦାବୀ କରାଯାଇଥିଲା।

---

୪୪. "They would have probably lasted longer than ten years if the tide of nationalism had not risen so fast". - R.Coupland, 'The Indian Problem', London, Oxford University Press, 1943, p-47.

ଏହିପରି ପରିବେଶରେ ପ୍ରଥମ ବିଶ୍ୱଯୁଦ୍ଧ ସଂଘଟିତ ହେଲା । ଏହାର ପ୍ରାରମ୍ଭରେ ବ୍ରିଟିଶ ଶାସକବର୍ଗ ଭାରତୀୟମାନଙ୍କର ହାର୍ଦ୍ଦିକ ସହଯୋଗ କାମନା କରିଥିଲେ । ଯୁଦ୍ଧ ପରେ ପୂର୍ଣ୍ଣ ସ୍ୱାୟତ୍ତଶାସନ ଲାଭ କରିବା ଆଶାରେ ଭାରତୀୟ ନେତୃବୃନ୍ଦ ସମସ୍ତ ବିଭେଦ ଓ ବ୍ରିଟିଶ-ବିରୋଧୀ ଭାବ ଭୁଲିଯାଇ ସର୍ବତୋଭାବେ ଯୁଦ୍ଧୋଦ୍ୟମରେ ସାହାଯ୍ୟ ଓ ସହଯୋଗ କରିଥିଲେ । ଭାରତବର୍ଷରେ ସ୍ୱାୟତ୍ତଶାସନମୂଳକ ଅନୁଷ୍ଠାନ ଓ କାର୍ଯ୍ୟାବଳୀ ସଙ୍ଗେ ସଙ୍ଗେ ପ୍ରବର୍ତ୍ତନ ନକରି ଏହା କାଳକ୍ରମେ କରାଯିବ ବୋଲି ୧୯୧୭ ଖ୍ରୀଷ୍ଟାବ୍ଦରେ ଇଂରେଜମାନେ ଘୋଷଣା କରିଥିଲେ ।

ତତ୍‌କାଳୀନ ଭାରତ ସେକ୍ରେଟାରି ମଣ୍ଟେଗୁ ଓ ଭାଇସ୍‌ରାୟ ଚେମ୍‌ସଫୋର୍ଡ ଭାରତୀୟ ଶାସନ-ବ୍ୟବସ୍ଥାର ଏହି ସଂସ୍କାରମୂଳକ ରିପୋର୍ଟ ପ୍ରସ୍ତୁତ କରିଥିଲେ । ବସ୍ତୁତଃ ଏଥିରେ ନିହିତ ଥିଲେ ଏକ ରାଜନୈତିକ ଦୂରଭିସନ୍ଧି । ଏହା ଫଳରେ ହିଁ ସାମ୍ପ୍ରଦାୟିକତାର ଦୁଷ୍ଟବ୍ରଣ ଭାରତୀୟ ରାଜନୀତିରେ ଦେଖାଦେଇଥିଲା । ଏଯାବତ୍ ଗୀତାର କର୍ମବାଦ, ଗୁପ୍ତ ଅନୁଷ୍ଠାନ ଓ ସଂତ୍ରାସବାଦୀ ଆନ୍ଦୋଳନ ମାଧ୍ୟମରେ ଭାରତର ଜାତୀୟବାଦୀ ଚେତନା ଦୃଢୀଭୁତ ହୋଇଥିଲା, ମାତ୍ର ଦୁର୍ଭାଗ୍ୟର ବିଷୟ, ଏହି ଭାରତୀୟ ଜାତୀୟତାର ମହାସ୍ରୋତରେ ଆଉ ଏକ ଉପଧାରା ସୃଷ୍ଟି ହୋଇଥିଲା- ମୁସଲମାନ ଜାତୀୟତା । ବିଶିଷ୍ଟ ସଂସ୍କାରକ ସାର୍ ସୟଦ୍ ଅହମ୍ମଦ ଖାଁ ଏହି ମୁସଲମାନ ଜାତୀୟତାର ଥିଲେ ଦିଗ୍‌ଦର୍ଶକ । ଭାରତରେ ମୁସଲମାନ ସଂପ୍ରଦାୟର ହିତକଳ୍ପେ ଇଂରେଜ ଶାସନକୁ ସମର୍ଥନ କରିବା ସଙ୍ଗେ ସଙ୍ଗେ ଭାରତୀୟ ଜାତୀୟ କଂଗ୍ରେସର ତୀବ୍ର ବିରୋଧ କରୁଥିଲେ ।

ତାହାଙ୍କ ଉକ୍ତିରେ ଅସହିଷ୍ଣୁତା ଓ ଅନୁଦାରତା ପରିଲକ୍ଷିତ ହୁଏ (୪୫) । ଏହି ମୁସଲମାନ ଜାତୀୟତାକୁ ଖ୍ରୀ: ୧୯୦୬ରେ ସୃଷ୍ଟି ହୋଇଥିଲା ମୁସଲିମ୍ ଲିଗ୍ । ୧୯୧୧ ଖ୍ରୀଷ୍ଟାବ୍ଦ ନଭେମ୍ବର ମାସରେ ଦିଲ୍ଲୀଠାରେ ଅନୁଷ୍ଠିତ ଖିଲାଫତ୍ ସମସ୍ୟା ଉପରେ ଆଧାରିତ ଖିଲାଫତ୍ ଆନ୍ଦୋଳନ ଏହାର ପ୍ରୟୋଜନୀୟତା ହରାଇ ବସିଥିବା ଯୋଗୁ ମହମ୍ମଦ ଜିନ୍ନା ଖ୍ରୀ:୧୯୨୪ରେ 'ମୁସଲିମ୍ ଲିଗ୍'କୁ ପୁନର୍ଜୀବନ ଦେଇଥିଲେ ।

---

୪୫. "Now suppose that all the English were to leave India..., then who would be the ruler of India? Is it possible that under those circumstances two nations, the Mohammedan and the Hindu could sit on the same throne and remain equal in powr? Most certainly not." - G. Allans, 'Pakistan Movement; Historic Documents', Karachi, Paradise Subscription Agency, 1967, No.9 p-3.

ଭାରତୀୟମାନଙ୍କର ସ୍ୱାୟତ୍ତଶାସନପ୍ରାପ୍ତିର ଆଶା ତଥାପି ପୂରଣ ହୋଇପାରିନଥିଲା। ଏଣୁ ଜନସାଧାରଣ ବ୍ରିଟିଶ୍‌ବିରୋଧୀ ଆନ୍ଦୋଳନରୁ ବିରତ ହୋଇନଥିଲେ।

୧୯୧୯ଖ୍ରୀଷ୍ଟାବ୍ଦରେ 'ରାଓଲାଟ୍ ଆକ୍ଟ' ପ୍ରବର୍ତ୍ତନ କରାଯାଇଥିଲା। ଏହା ଭାରତର ନେତୃବୃନ୍ଦ ତଥା ଜନସାଧାରଣଙ୍କୁ ଅଧିକ ଉତ୍ତ୍ୟକ୍ତ କରିଥିଲା। ଭାରତର ରାଜନୈତିକ ଗଗନରେ ଏହି ସମୟରେ ଆବିର୍ଭୁତ ହେଲେ ମୋହନଦାସ କରମଚାନ୍ଦ ଗାନ୍ଧି। ଜାତିର ଜନକ ଭାବେ ପରିଗୃହୀତ 'ବାପୁଜୀ' ରାଓଲାଟ୍ ଆକ୍ଟର ବିରୋଧକରି ମାର୍ଚ୍ଚ ୧୯୧୯ ସମିହାରେ ତାଙ୍କର ପ୍ରଥମ ସତ୍ୟାଗ୍ରହ ଆରମ୍ଭକଲେ। ରାଜନୈତିକ ଆନ୍ଦୋଳନର ଇତିହାସରେ 'ସତ୍ୟାଗ୍ରହ' ଏକ ଅଭିନବ ଶବ୍ଦ। ଏହାର ଅର୍ଥ ସତ୍ୟାର୍ଥେ କଷ୍ଟ ସ୍ୱୀକାର। ଅସହଯୋଗ ଓ ଆଇନ ଅମାନ୍ୟ ଏହି ବୃକ୍ଷର କେତୋଟି ଡାଳ ସଦୃଶ। ଗାନ୍ଧିଜୀଙ୍କ ଜୀବନଧାରା ଥିଲା ଭାରତୀୟ ସନ୍ନ୍ୟାସୀସୁଲଭ। ବ୍ରିଟିଶ ଶାସକଗୋଷ୍ଠୀ ଏହି ଦୁର୍ବଳଦେହ, ଯଷ୍ଟିସର୍ବସ୍ୱ 'ଅର୍ଦ୍ଧଲଗ୍ନ ଫକିର' ଜନନାୟକଙ୍କୁ କଳନା କରିବାରୁ ସମର୍ଥ ହୋଇପାରିନଥିଲେ। ତଥାପି ଇଂରେଜ ଶାସକଙ୍କ ଦୃଷ୍ଟିରେ ସେ ଥିଲେ ରାଜଦ୍ରୋହୀ। ଗାନ୍ଧିଜୀଙ୍କ ନେତୃତ୍ୱ ଭାରତର ଜାତୀୟ ଆନ୍ଦୋଳନରୁ ଏକ ନୂତନ ରୂପ ପ୍ରଦାନ କଲା। ଆକୁମାରୀ ହିମାଚଳ ଗାନ୍ଧିଜୀଙ୍କ ନେତୃତ୍ୱକୁ ସ୍ୱୀକାର କଲା ଓ ଜାତୀୟ କଂଗ୍ରେସର ନିର୍ଦ୍ଦେଶରେ ଗଣଆନ୍ଦୋଳନ ତୀବ୍ରତର ହୋଇଥିଲା। କ୍ରମେ ଭାରତର ରାଜନୈତିକ ପରିବେଶ ହୋଇଉଠିଲା ଉତ୍ତ୍ୟକ୍ତ। ଦେଶର ସବୁଆଡେ ସାଧାରଣସଭା ଓ ହରତାଳ (ଅର୍ଥାତ୍ ସମସ୍ତ ପ୍ରକାର କାର୍ଯ୍ୟବନ୍ଦ ଆନ୍ଦୋଳନ)ମାନ ଅନୁଷ୍ଠିତ ହେଲା। ପଞ୍ଜାବର ଜନସାଧାରଣଙ୍କୁ ଦମନ କରିବାପାଇଁ ଜେନାରାଲ ଡାୟାର ଅମୃତସରର ଜାଲିଓ୍ୱାଲାବାଗ୍‌ରେ ଗୁଳିଚାଳନା କରିଥିଲେ। ଏହି ଗୁଳିଚାଳନା ଫଳରେ ୩୭୯ ଜଣ ମୃତ୍ୟୁ ବରଣ କରିବା ସଙ୍ଗେ ସଙ୍ଗେ ୧୨୦୦ ଲୋକ ଆହତ ହୋଇଥିଲେ। ଏହାଫଳରେ ଭାରତବର୍ଷରେ ଯେଉଁ ଉତ୍ତେଜନା ଓ ଭାବାବେଗ ସୃଷ୍ଟିହେଲା ଗାନ୍ଧିଜୀ ତାହାକୁ ଏକ ଦୃଢ ଅହିଂସାତ୍ମକ ମାର୍ଗରେ ଓ ସୁସ୍ଥିର ଭାବରେ ଆଗେଇନେଇଥିଲେ। ଅପ୍ରତିଦ୍ୱନ୍ଦ୍ୱୀ ଜନନାୟକ ଗାନ୍ଧିଜୀଙ୍କ ଦୀର୍ଘ ନେତୃତ୍ୱକାଳ ମଧ୍ୟରେ କେହି ତାହାଙ୍କ ରାଜନୈତିକ ନିର୍ଦ୍ଦେଶ ସମ୍ପର୍କରେ ପ୍ରଶ୍ନ ଉତ୍‌ଥାପନ କରି ନଥିଲେ। ସ୍ୱରାଜ୍ୟ ଆନ୍ଦୋଳନର ଆବଶ୍ୟକତା ଅନୁଯାୟୀ ଦକ୍ଷ କାରିଗରଭଳି ଜାତୀୟ ଆନ୍ଦୋଳନକୁ ସେ ଦେଇଥିଲେ ଅପୂର୍ବ ଦିଗ୍‌ଦର୍ଶନ।

ମହାତ୍ମା ଗାନ୍ଧୀଙ୍କ ମଧ୍ୟରେ ଭାରତର ଜନସାଧାରଣ ଦେଖିପାରିଥିଲେ ସେମାନଙ୍କର ଆଦର୍ଶ ପୁରୁଷକୁ। ସେ ଥିଲେ ସେମାନଙ୍କର ଆଶା ଓ ଆକାଙ୍କ୍ଷାର ପ୍ରତୀକ। ଜାଲିଓ୍ୱାଲାବାଗ୍ ନାରକୀୟ କାଣ୍ଡ ପରେ ଗାନ୍ଧିଜୀ ସତ୍ୟାଗ୍ରହ ଆନ୍ଦୋଳନ ପ୍ରତ୍ୟାହାର କରି ନେଇଥିଲେ ହେଁ ୧୯୨୦ ଖ୍ରୀଷ୍ଟାବ୍ଦରେ ପୁଣି ଅସହଯୋଗ ଆନ୍ଦୋଳନର ଆହ୍ୱାନ

ଦେଇଥିଲେ । କାଉନ୍‌ସିଲ ବର୍ଜନ, ଆଇନ ଅମାନ୍ୟ, ସ୍କୁଲ କଲେଜ ପରିତ୍ୟକ୍ତ, ଜାତୀୟ ଅନୁଷ୍ଠାନମାନଙ୍କର ପ୍ରତିଷ୍ଠା ଓ ବିଜାତୀୟ ବସ୍ତ୍ର ଓ ବସ୍ତୁ ବର୍ଜନ ଏହାର ଅନ୍ତର୍ଭୁକ୍ତ ଥିଲା । ଏହି ଅସହଯୋଗ ଆନ୍ଦୋଳନ ଜାତୀୟ ସଚେତନତା ଜାଗ୍ରତ କରାଇବା ସଙ୍ଗେ ସଙ୍ଗେ ବ୍ରିଟିଶ୍ ଶାସନବିରୋଧୀ ମନୋଭାବକୁ ପରିବର୍ଦ୍ଧିତ କରାଇଥିଲା ।

ଭାରତରେ ଜାତୀୟଚେତନାର ବିପୁଳ ପ୍ରସାର ଓ ଆନ୍ଦୋଳନର ସମ୍ଭାବନା ବ୍ରିଟିଶ ରାଜଶକ୍ତିକୁ ବିବ୍ରତ ଓ ଚିନ୍ତିତ କରିଥିଲା । ଶାସକଗୋଷ୍ଠୀର ଶାସକନୀତି ଯେ ଦୂରଭିସନ୍ଧିମୂଳକ, ଘୋଷଣାତ୍ମକ ଓ ଭାରତୀୟ ଜନତାର ସ୍ୱାର୍ଥବିରୋଧୀ, ଏହା କ୍ରମେ ନେତୃବର୍ଗ ଉପଲବ୍ଧି କରିବା ସଙ୍ଗେ ସଙ୍ଗେ ଏହି ଭାବନାକୁ ଜନସାଧାରଣଙ୍କ ନିକଟରେ ଉପସ୍ଥାପିତ କରାଇପାରିଥିଲେ । ଭାରତ ଶାସନ ଆଇନର କାର୍ଯ୍ୟକାରୀତାକୁ ଅନୁଧ୍ୟାନ କରିବାପାଇଁ ସାର୍ ଜନ୍ ସାମନ୍‌ଙ୍କ ନେତୃତ୍ୱରେ ଗଠିତ 'ସାଇମନ୍ କମିଶନ' ଖ୍ରୀ: ୧ ୯ ୧ ୯ ଓ ଖ୍ରୀ: ୧ ୯ ୨ ୭ରେ ଭାରତକୁ ଆସିଥିଲେ । କେବଳ ଇଂରେଜ ସଦସ୍ୟମାନଙ୍କ ଦ୍ୱାରା ଗଠିତ ଏହି କମିଶନଙ୍କର ବିଚାର ପଦ୍ଧତି, ଦଳମତ-ନିର୍ବିଶେଷରେ ଭାରତୀୟ ଜାତୀୟ ନେତାମାନଙ୍କୁ ବିବ୍ରତ କରିଥିଲା ଏବଂ ଜନତାର 'ସାଇମନ ଫେରିଯାଅ' ଧ୍ୱନିରେ ଦେଶ ପ୍ରକମ୍ପିତ ହେଲା ।

ଜାତୀୟ କଂଗ୍ରେସର ଲାହୋର ଅଧିବେଶନରେ ୧ ୯ ୨ ୯ ଖ୍ରୀଷ୍ଟାବ୍ଦରେ 'ପୂର୍ଣ୍ଣସ୍ୱରାଜ୍ୟ ଭାରତର ଦାବୀ' ଏହି ପ୍ରସ୍ତାବ ଜବାହରଲାଲ ନେହେରୁଙ୍କ ଦ୍ୱାରା ଆଗତ ହୋଇ ଗୃହୀତ ହୋଇଥିଲା । ଏହାପରେ ଗାନ୍ଧିଜୀଙ୍କ ନିର୍ଦ୍ଦେଶକ୍ରମେ ଭାରତବ୍ୟାପୀ ଅସହଯୋଗ ଆନ୍ଦୋଳନ ଆରମ୍ଭ ହୋଇଥିଲା । ଲବଣ ସତ୍ୟାଗ୍ରହ, ବିଦେଶୀ ବସ୍ତ୍ର ବର୍ଜନ, ଶିକ୍ଷାନୁଷ୍ଠାନ ଓ ସରକାରୀ କର୍ମ ବର୍ଜନ ପ୍ରଭୃତି କାର୍ଯ୍ୟକ୍ରମ ଥିଲା ଏହାର ଅନ୍ତର୍ଭୁକ୍ତ ।

ବହୁ ଭାଷା, ଧର୍ମ, ଜାତି ଓ ସଂପ୍ରଦାୟରେ ବିଭକ୍ତ ଭାରତ ଭଳି ଏକ ଉପମହାଦେଶର ଜନସାଧାରଣଙ୍କୁ ଜାତୀୟ ଆନ୍ଦୋଳନ ନିମିତ୍ତ ଏକତ୍ରିତ କରିବା ଦୁଃସାଧ ବିଷୟ । ଏହା ଗାନ୍ଧିଜୀଙ୍କ ଅପୂର୍ବ ନେତୃତ୍ୱବଳରେ ହିଁ ସମ୍ଭବ ହୋଇପାରିଥିଲା । ଯେଉଁ ଜାତୀୟ କଂଗ୍ରେସର ଲକ୍ଷ୍ୟ କେବଳ ଆବେଦନ-ନିବେଦନରେ ଥିଲା ସୀମିତ ଓ ଯାହା ମୁଖ୍ୟତଃ ଉଚ୍ଚଶିକ୍ଷିତ ବ୍ୟକ୍ତିଙ୍କ ଦ୍ୱାରାହିଁ ପରିଚାଳିତ ହେଉଥିଲା, ଗାନ୍ଧିଜୀ ତାହାର ଲକ୍ଷ୍ୟକୁ ସଂପ୍ରସାରିତ କରିଥିଲେ । ଭାରତର ଚାଷୀମୂଲିଆଙ୍କ ସ୍ୱାର୍ଥସହ ଜାତୀୟ କଂଗ୍ରେସକୁ ସେ ସଂଯୋଗ କରିଥିଲେ ।

ଜାତୀୟ ସଂଗ୍ରାମର ଅନ୍ୟ ଏକ ବିଶିଷ୍ଟ ଘଟଣା ହେଲା ମହାତ୍ମା ଗାନ୍ଧିଙ୍କ ନେତୃତ୍ୱରେ ପରିଚାଳିତ ଆଇନ ଅମାନ୍ୟ ଆନ୍ଦୋଳନ । ତାଙ୍କର ପ୍ରସିଦ୍ଧ 'ଦାଣ୍ଡୀଯାତ୍ରା' ଫଳରେ ଗାନ୍ଧିଜୀଙ୍କ ସମେତ ବହୁ ସଂଖ୍ୟକ ଅହିଂସା ସଂଗ୍ରାମୀ ଆଇନ ଭଙ୍ଗକରି କାରାବରଣ କରିଥିଲେ । ଏହି ଇଂରେଜ ସରକାର ଭାରତର ଭବିଷ୍ୟତ ଶାସନ ସଂପର୍କରେ ସାଇମନ

କମିଶନଙ୍କ ନିର୍ଦ୍ଦେଶାନୁସାରେ ଲଣ୍ଡନଠାରେ ୧୯୩୦ ଖ୍ରୀଷ୍ଟାବ୍ଦରେ ପ୍ରଥମ ଗୋଲଟେବୁଲ ବୈଠକର ଆହ୍ୱାନ କଲେ। ମାତ୍ର ସେଥିରେ କଂଗ୍ରେସ ପକ୍ଷରୁ କେହି ପ୍ରତିନିଧି ଯୋଗ ଦେଇ ନ ଥିବା ହେତୁ ତାହା ବିଫଳ ହେଲା। ଗାନ୍ଧିଜୀଙ୍କ ବିନା ଆଲୋଚନା ସଫଳ ହେବ ନାହିଁ ବୋଲି ଚିନ୍ତାକରି ସରକାର ତାଙ୍କୁ ତଥା ତାଙ୍କ ସମର୍ଥକ ଓ ଅନ୍ୟ ସଂଗ୍ରାମୀମାନଙ୍କୁ ମୁକ୍ତ କରିଦେଲେ ଏବଂ 'ଗାନ୍ଧି-ଇରଉଇନ୍ ଚୁକ୍ତି' ଫଳରେ କଂଗ୍ରେସ ଆଇନ ଅମାନ୍ୟ ବନ୍ଦ କରି ଗୋଲଟେବୁଲ ବୈଠକରେ ଯୋଗଦେବାକୁ ରାଜି ହେଲା।

୧୦୩୧ ମସିହାର ଦ୍ୱିତୀୟ ଗୋଲଟେବୁଲ ବୈଠକରେ ଗାନ୍ଧି ଥିଲେ କଂଗ୍ରେସର ଏକମାତ୍ର ପ୍ରତିନିଧି। ମାତ୍ର ଇଂରେଜ କୂଟନୀତିଜ୍ଞମାନଙ୍କର ହିନ୍ଦୁ ଓ ମୁସଲମାନଙ୍କୁ ପୃଥକ୍ କରିବା ପାଇଁ ଭେଦନୀତି ଓ ହିନ୍ଦୁଧର୍ମ ଭିତରେ ଉନ୍ନତ ଓ ଅନୁନ୍ନତ ସଂପ୍ରଦାୟଙ୍କୁ ନେଇ ଭେଦଭାବ ସୃଷ୍ଟି କରିବାର ପ୍ରଚେଷ୍ଟା ଯୋଗୁ ଗାନ୍ଧିଜୀ ମର୍ମାହତ ହେଲେ ଏବଂ ବିଫଳ ମନୋରଥ ହୋଇ ଭାରତକୁ ଫେରିଆସିଥିଲେ।

ଇଂରେଜ ସରକାର ଭାରତର ଅନୁନ୍ନତ ସଂପ୍ରଦାୟ ବା ତଥାକଥିତ 'ଅସ୍ପୃଶ୍ୟ' ମାନଙ୍କୁ ସ୍ୱତନ୍ତ୍ର ନିର୍ବାଚନ ଅଧିକାର ଦେଇ ଯେତେବେଳେ ପୃଥକ୍ କରିଦେବାକୁ ବସିଲେ, ଗାନ୍ଧିଜୀ ୧୯୩୨ ଖ୍ରୀଷ୍ଟାବ୍ଦରେ ଜେଲ ଭିତରେ ଆମରଣ ଅନଶନ ଆରମ୍ଭ କଲେ। ଗାନ୍ଧିଜୀଙ୍କ ଆମରଣ ଅନଶନ ବିନ୍ଦୁଧର୍ମର ମହତ୍ତ୍ୱ ରକ୍ଷା ଲାଗି ନୂତନ ଆହ୍ୱାନ ଦେଲା। ଉଚ୍ଚଜାତୀୟ ହିନ୍ଦୁମାନେ ଜାତିପ୍ରଥାର ଅପକାରିତା ଉପଲବ୍ଧି କରି ରାଜନୀତିରେ ଅନୁନ୍ନତମାନଙ୍କର ସ୍ୱାର୍ଥରକ୍ଷା କରିବେ ବୋଲି ପ୍ରତିଶ୍ରୁତି ଦେଲେ ଏବଂ ସରକାର ବାଧ୍ୟ ହୋଇ ତାଙ୍କର ପୃଥକୀକରଣ ନୀତି ପ୍ରତ୍ୟାହାର କରିନେଲେ।

ତୃତୀୟ ଗୋଲଟେବୁଲ ବୈଠକ ପରେ ଇଂରେଜ ସରକାର ଏକ ଶ୍ୱେତପତ୍ର ଘୋଷଣା ମାଧ୍ୟମରେ ଭାରତୀୟମାନଙ୍କୁ ଯତ୍‌ସାମାନ୍ୟ ଶାସନାଧିକାର ପ୍ରଦାନକଲେ। ଏହା 'ଖ୍ରୀ: ୧୯୩୫ ଆଇନ' ଭାବେ ସୁବିଦିତ। ଯଥାର୍ଥତଃ ଏହା ଭାରତୀୟ ଦାବୀର ସ୍ୱଳ୍ପତମ ଅଂଶ ବିଳମ୍ବରେ ପୂରଣ କରିଥିଲା (୪୬)। ମାତ୍ର ଏଥିରେ ସାଧାରଣ ଜନତାକୁ ପ୍ରକୃତ କ୍ଷମତା ହସ୍ତାନ୍ତରିର କରାଯାଇନଥିଲା।

ଦ୍ୱିତୀୟ ବିଶ୍ୱଯୁଦ୍ଧ ସମୟରେ ଭାରତ ସୀମାନ୍ତରେ ଇଂରେଜ-ଜାପାନ ସଂଘର୍ଷ ଅବକାଶରେ ଭାରତରେ ଇଂରେଜସାମ୍ରାଜ୍ୟର ସୁରକ୍ଷା ଲାଗି ତତ୍‌କାଳୀନ ବ୍ରିଟିଶ ପ୍ରଧାନମନ୍ତ୍ରୀ ଉଇନଷ୍ଟନ ଚର୍ଚ୍ଚିଲ ଚିନ୍ତିତ ହୋଇପଡିଥିଲେ। ଏପରି ସଂକଟଜନକ ସମୟରେ ଭାରତରେ ଯେପରି କୌଣସି ଆନ୍ଦୋଳନ ନ ହୁଏ, ସେଥିପାଇଁ ଭାରତୀୟ ନେତାମାନଙ୍କ ସହ

---

୪୬. "The Bfitish gave too little and too late"- Beaglehole, J.C. 'The British Common Wealth of Nation' Vol XII,p.551-552.

ପରସ୍ପର ସମାଧାନ ପାଇଁ ତାଙ୍କ ମନ୍ତ୍ରିମଣ୍ଡଳରେ ଜଣେ ବିଶିଷ୍ଟ ଲୋକପ୍ରିୟ ନେତା ସାର୍ ଷ୍ଟାଫୋର୍ଡ କ୍ରିପ୍‌ସ୍‌ଙ୍କୁ ୧୯୪୨ ମସିହାରେ ସେ ଭାରତକୁ ପଠାଇଲେ। 'କ୍ରିପ୍‌ସ୍ ମିଶନ' ପ୍ରସ୍ତାବ ଦେଲେ ସେ ଯୁଦ୍ଧ ପରେ ଭାରତକୁ ବ୍ରିଟିଶ ସାମ୍ରାଜ୍ୟର ଗୋଟିଏ ଅଂଶରୂପେ ଔପନିବେଶିକ ସ୍ୱାୟତ୍ତଶାସନ ଦିଆଯିବ। କିନ୍ତୁ କୌଣସି ପ୍ରଦେଶ ଯଦି ସେ ସମ୍ବିଧାନ ଗ୍ରହଣ ନ କରେ, ତେବେ ସେହି ପ୍ରଦେଶ ନିଜ ପାଇଁ ଗୋଟିଏ ପୃଥକ୍ ସମ୍ବିଧାନ ତିଆରି କରି ପାରିବ। କିନ୍ତୁ କ୍ରିପ୍‌ସ୍‌ଙ୍କ ପ୍ରସ୍ତବରେ ଭାରତ ଖଣ୍ଡ ଖଣ୍ଡ ହୋଇଯିବ ବୋଲି ଭାରତୀୟ ନେତୃବୃନ୍ଦ ଚିନ୍ତିତ ହୋଇପଡିଲେ। ସମାଧାନ ପରିବର୍ତ୍ତେ କ୍ରିପ୍‌ସ୍ ସମସ୍ୟାକୁ ଜଟିଳ କରିପକାଇଲେ ଏବଂ ତାଙ୍କ ମିଶନ ବ୍ୟର୍ଥ ହେଲା ପରେ ଭାରତର ରାଜନୈତିକ ଅବସ୍ଥା ଉଦ୍‌ବେଗଜନକ ହୋଇପଡିଲା। ଚର୍ଚ୍ଚିଲଙ୍କ କୂଟନୀତି ଏବଂ ବଡଲାଟ ଲିନ୍‌ଲିଥ୍‌ଗୋଙ୍କ ଅନୁଦାର ମନୋଭାବ ଭାରତୀୟମାନଙ୍କର ଆଶା-ଆକାଂକ୍ଷାକୁ ଧୂଳିସାତ୍ କରିଦେଲା। ଏଣୁ ଗାନ୍ଧିଜୀ 'ଇଂରେଜମାନେ ଭାରତ ଛାଡନ୍ତୁ' ଏହି ମର୍ମରେ ଏକ ପ୍ରସ୍ତାବ ଜାତୀୟ କଂଗ୍ରେସର ବମ୍ବେ ଅଧିବେଶନରେ ଆଗତ କରିବା ପାଇଁ ସିଦ୍ଧାନ୍ତ ଗ୍ରହଣ କଲେ। ଏହାର ପରବର୍ତ୍ତୀ ବ୍ୟବସ୍ଥା ଥିଲା ଦେଶବ୍ୟାପୀ ଇଂରେଜବିରୋଧୀ ଆନ୍ଦୋଳନ। କିନ୍ତୁ ଏହି ପ୍ରସ୍ତାବ ଗୃହୀତ ହେବା ପୂର୍ବରୁ ଇଂରେଜ ସରକାର କଂଗ୍ରେସର ନେତୃବର୍ଗଙ୍କୁ କାରାରୁଦ୍ଧ କରିବାଦ୍ୱାରା ସମଗ୍ର ଭାରତବର୍ଷରେ ଯେଉଁ ବୈପ୍ଳବିକ ପ୍ରତିକ୍ରିୟା ସୃଷ୍ଟି ହୋଇଥିଲା, ତାହା ଅଭୁତପୁର୍ବ। ଭାରତର ଉତ୍ତ୍ୟକ୍ତ ଜନସାଧାରଣ ସରକାରଙ୍କ ଶାସନ ବ୍ୟବସ୍ଥାକୁ ଅଚଳ କରିଦେବାକୁ ସ୍ୱତଃସ୍ଫୂର୍ତ୍ତ ଉଦ୍ୟମ କଲେ। ଏହି ଉଦ୍ୟମର ପରିଣାମ ସ୍ୱରୂପ ବହୁ ଭାରତୀୟ ଆହତ ଓ ନିହତ ହୋଇଥିଲେ। ୧୯୪୩ ଖ୍ରୀଷ୍ଟାବ୍ଦ ଅକ୍ଟୋବର ମାସରେ ଲର୍ଡ ୱାଭେଲ ଭାରତକୁ ଭାଇସ୍‌ରାୟ ହୋଇ ଆସିବା ପରେ ସମସ୍ତ ରାଜନୈତିକ ବନ୍ଦୀଙ୍କୁ ସେ ମୁକ୍ତ କରିଦେଲେ ଓ ଭାରତୀୟ ରାଜନୈତିକ ସମସ୍ୟା ସମାଧାନ ନିମନ୍ତେ ପ୍ରଯତ୍ନ କରିଥିଲେ। ଅଖଣ୍ଡଭାବରେ ପୂର୍ଣ୍ଣ ସ୍ୱାଧୀନତା ପଥରେ ମୁସଲିମ୍ ଲିଗ୍‌ର 'ପାକିସ୍ତାନ ଗଠନ' ଦାବୀ ଏଥର ମଧ୍ୟ ବିରାଟ ସମସ୍ୟା ସୃଷ୍ଟି କରିଥିଲା।

୧୯୪୬ ଖ୍ରୀଷ୍ଟାବ୍ଦରେ ବିଲାତରେ ଶାସନକ୍ଷମତା ଶ୍ରମିକଦଳ ଲାଭକଲା ପରେ ଭାରତୀୟ ସମସ୍ୟା ସମାଧାନ ନିମନ୍ତେ ପ୍ରକୃତ ଆଗ୍ରହ ପ୍ରକାଶ ପାଇଲା। ପ୍ରଧାନମନ୍ତ୍ରୀ ଆଟ୍‌ଲି ଭାରତର ସ୍ୱାଧୀନତା ଦାବୀକୁ ଯଥାର୍ଥ ବୋଲି ସ୍ୱୀକାର କଲେ। ସଂଖ୍ୟାଲଘୁ ସଂପ୍ରଦାୟ ଦେଶର ରାଜନୈତିକ ସମସ୍ୟା ସମାଧାନ ପଥରେ ପ୍ରତିବନ୍ଧକ ସୃଷ୍ଟି କରୁଥିବାରୁ ସେମାନଙ୍କୁ ପ୍ରଶ୍ରୟ ଦେବା ଉଚିତ ନୁହେଁ ବୋଲି ସେ ଘୋଷଣା କରିଦେଲେ (୪୭)। ଆଲୋଚନାସୂତ୍ରରେ ସମ୍ମାନର ସହିତ ଭାରତର ରାଜନୈତିକ ଅଚଳ ଅବସ୍ଥାର ସମାଧାନ

୪୭. Benarjee, A.C., and Bose, D.R., 'The Cabinet Mission in India', Calcutta, A.Mukherjee & Co., 1946, pp.17-19.

ହେବ ଓ ଭାରତୀୟମାନଙ୍କୁ କ୍ଷମତା ଓ ଦାୟିତ୍ୱ ହସ୍ତାନ୍ତରିତ କରାଯାଇପାରିବ ଏହି ଉଦ୍ଦେଶ୍ୟରେ ସେ ଏକ 'କ୍ୟାବିନେଟ୍ ମିଶନ୍' ଭାରତକୁ ପଠାଇଲେ। 'କ୍ୟାବିନେଟ ମିଶନ୍'ର ପ୍ରସ୍ତାବ ଓ ସର୍ତ୍ତାବଳୀ ମୁସଲିମ୍ ଲିଗ୍ ଦ୍ୱାରା ଗୃହୀତ ହେଲା ନାହିଁ। ପାକିସ୍ତାନ ଦାବୀରେ ମୁସଲିମ୍ ଲିଗ୍ ଅଟଳ ରହିଲା। ଏହାର ପରିଣାମ ସ୍ୱରୂପ ଭାରତର ବିଭିନ୍ନାଞ୍ଚଳରେ ସାଂପ୍ରଦାୟିକ ବିଭେଦ ଉତ୍କଟ ରୂପ ଧାରଣ କରିଥିଲା। କଂଗ୍ରେସ ଭାରତର ବିଭାଜନ ଚାହୁଁ ନଥିଲେ ମଧ୍ୟ ଗଣ୍ଡଗୋଳ ଆଶଙ୍କାରେ ଲିଗ୍‌ର ଦାବୀକୁ ଗ୍ରହଣ କରିନେଇଥିଲେ।

ବିଲାତ ସରକାର ବିଭକ୍ତ ଭାରତୀୟ ନେତୃବୃନ୍ଦଙ୍କୁ କ୍ଷମତା ହସ୍ତାନ୍ତରପୂର୍ବକ ଜୁନ ୧୯୪୮ରେ ଭାରତରୁ ବିଦାୟ ନେବେ ବୋଲି ଏକ ଘୋଷଣା ପ୍ରକାଶ କରିଥିଲେ। ଏହାକୁ ଧୀରେ ଧୀରେ କାର୍ଯ୍ୟକାରୀ କରିବା ନିମନ୍ତେ ଲର୍ଡ ମାଉଣ୍ଟବ୍ୟାଟେନ ଭାରତକୁ ଭାଇସ୍‌ରାୟ ଭାବେ ନିଯୁକ୍ତ ହୋଇ ଆସିଲେ। ଅବଶେଷରେ ଅଗଷ୍ଟ ୧୫ ତାରିଖ ୧୯୪୭ ସାଲରେ ଭାରତ ବିଭାଜିତ ହୋଇ ଇଂରେଜଶାସନରୁ ମୁକ୍ତ ହେଲା।

ଭାରତବର୍ଷର ଏହି ଦୀର୍ଘକାଳବ୍ୟାପୀ ମୁକ୍ତି-ସଂଗ୍ରାମର ପ୍ରତିକ୍ରିୟା ଭାରତର ଆଞ୍ଚଳିକ ସାହିତ୍ୟରେ ପ୍ରତିଫଳିତ ହେବା ସଙ୍ଗେ ସଙ୍ଗେ ଭାରତର ଜନଜୀବନକୁ ମଧ୍ୟ ବିପୁଳ ପରିମାଣରେ ପ୍ରଭାବିତ କରିଅଛି।

ଓଡିଶାରେ ଜାତୀୟଚେତନା ସୃଷ୍ଟିର ଆଦିପର୍ବ-ଉନବିଂଶ ଶତାବ୍ଦୀର ପ୍ରଥମାର୍ଦ୍ଧ

ଖ୍ରୀ:୧୫୬୮ ରୁ ଓଡିଶା ମୁସଲମାନ ଓ ପରେ ମରହଟ୍ଟା ଶାସନାଧୀନ ହୋଇଥିଲେ ହେଁ, ଏହି ସମୟ ମଧ୍ୟରେ ଓଡିଶାର ଗଜପତି ବା ଠାକୁରରାଜାଙ୍କର ସମ୍ମାନ ଓ ପ୍ରତିପତ୍ତି କ୍ଷୁଣ୍ଣ ହୋଇ ନଥିଲା। ପରମ୍ପରାକ୍ରମେ ସେ ଥିଲେ ଓଡିଶାର ସର୍ବମାନ୍ୟ ଦେବତା ଜଗନ୍ନାଥଙ୍କର ମୁଖ୍ୟ ସେବକ। 'ଠାକୁରରାଜା' ଭାବେ ସେ ସମ୍ମାନିତ ହୋଇଆସୁଥିଲେ। ୧୮୦୩ ଖ୍ରିଷ୍ଟାବ୍ଦରେ ଦେବଗ୍ରାମ ସନ୍ଧି ଅନୁଯାୟୀ ଓଡିଶା ଇଂରେଜମାନଙ୍କ ଦ୍ୱାରା ଅଧିକୃତ ହୋଇଥିଲା। ସେତେବେଳେ ଖୋର୍ଦ୍ଧାର ରାଜା ମୁକୁନ୍ଦଦେବ ନାବାଳକ ଥିବାରୁ ତାଙ୍କର ଦେଓ୍ୱାନ ଜୟକୃଷ୍ଣ ରାଜଗୁରୁଙ୍କ ନିର୍ଦ୍ଦେଶରେ ରାଜକାର୍ଯ୍ୟ ସମ୍ପାଦିତ ହେଉଥିଲା। ଜୟକୃଷ୍ଣ ଥିଲେ ଖୋର୍ଦ୍ଧା ରାଜ୍ୟରେ ଇଂରେଜ ଆଧିପତ୍ୟ ପ୍ରତିଷ୍ଠାର ଘୋର ବିରୋଧୀ। ତାହାଙ୍କ ପରାମର୍ଶକ୍ରମେ ମୁକୁନ୍ଦଦେବ କେତୋଟି ପ୍ରଗଣା ନିଜ ଅଧିକାରରେ ରଖିବାକୁ ଚାହିଁଥିଲେ। ଇଂରେଜ କର୍ତ୍ତୃପକ୍ଷଙ୍କ ନିଷ୍ପତ୍ତି ବିରୁଦ୍ଧରେ ସେ ଏହି ଅଞ୍ଚଳରୁ ରାଜସ୍ୱ ଆଦାୟ କରାଇଲେ ଓ ପିପିଲି ଆକ୍ରମଣ କରିଥିଲେ। ଇଂରେଜ କର୍ତ୍ତୃପକ୍ଷଙ୍କ ନିଷ୍ପତ୍ତି ବୁରୁଦ୍ଧରେ ସେ ଏହି ଅଞ୍ଚଳରୁ ରାଜସ୍ୱ ଆଦାୟ କରାଇଲେ ଓ ପିପିଲି ଆକ୍ରମଣ କରିଥିଲେ। ଇଂରେଜ କର୍ତ୍ତୃପକ୍ଷ ଏହି କାର୍ଯ୍ୟକୁ ରାଜଦ୍ରୋହାତ୍ମକ ଓ ଖୋର୍ଦ୍ଧାରାଜାଙ୍କୁ ରାଜଦ୍ରୋହୀ ରୂପେ ଘୋଷଣା କରି ଖୋର୍ଦ୍ଧା ଆକ୍ରମଣ କରିଥିଲେ। ଏହି ଯୁଦ୍ଧରେ ଓଡିଶାର ଶତ ଶତ ପାଇକ ବୀରତ୍ୱର ସହ

ସଂଗ୍ରାମ କରି ନିହତ ହୋଇଥିଲେ। ଏହି ଯୁଦ୍ଧର ନେତା ଜୟୀ ରାଜଗୁରୁ ଅବଶେଷରେ ପରାଜିତ ହୋଇ ବନ୍ଦୀ ହୋଇଥିଲେ। ଖ୍ରୀ:୧୮୦୫ରେ ଅତ୍ୟନ୍ତ ନିର୍ମମଭାବରେ ଏକ ବରଗଛରେ ତାଙ୍କୁ ଫାଶୀ ଦିଆଯାଇଥିଲା। ଐତିହାସିକ ସ୍ୱର୍ଗତ କେଦାରନାଥ ମହାପାତ୍ରଙ୍କ ମତରେ "ତାଙ୍କର ମୃତ୍ୟୁ ସଙ୍ଗେ ସଙ୍ଗେ ଖୁରୁଧା ସ୍ୱାଧୀନତାଯୁଗର ଦୀପ୍ତିମନ୍ତ ଅଗ୍ନିଶିଖା ଲିଭିଗଲା"(୪୮)। ଓଡିଶାର ରାଜା ମୁକୁନ୍ଦଦେବଙ୍କୁ ବନ୍ଦୀ କରାଯାଇଥିଲା। ସମ୍ଭବତଃ ତାହାଙ୍କୁ ଓଡିଶାରେ ରଖିଲେ ପୁନଶ୍ଚ ବିଦ୍ରୋହ ଘଟିପାରେ, ଏହି ଆଶଙ୍କାରେ ତାହାଙ୍କୁ ମେଦିନୀପୁର ବନ୍ଦିଶାଳାକୁ ସ୍ଥାନାନ୍ତରିତ କରାଯାଇଥିଲା।

ଯଥାର୍ଥରେ କହିଲେ, ଖୋର୍ଦ୍ଧା ରାଜା ଓ ଜୟୀ ରାଜଗୁରୁଙ୍କ ଉଦ୍ୟମରେ ଇଂରେଜମାନଙ୍କ ବିରୁଦ୍ଧରେ ହୋଇଥିବା ଏହି ବିଦ୍ରୋହ ବ୍ୟାପକ ଅଥବା ସୁସଙ୍ଗଠିତ ହୋଇପାରିନଥିଲା। ଏହି ଉପଯୁକ୍ତ ନେତୃତ୍ୱର ଅଭାବ ଯୋଗୁ ଏହା ଓଡିଶାର ସାମୁହିକ ଜନଜୀବନରେ ଜାତୀୟଚେତନା ସୃଷ୍ଟି କରିବାକୁ ସମର୍ଥ ହୋଇପାରିନଥିଲା। ତଥାପି ସ୍ୱାଧୀନତାପ୍ରେମୀ ବୀର ଜୟୀ ରାଜଗୁରୁଙ୍କ ସ୍ମୃତି ଏ ଦେଶର ଜନମାନସରେ ଯେ ଜୀବିତ ଥିଲା, ତାହା ତାହାଙ୍କ ମୃତ୍ୟୁର ଅବ୍ୟବହିତ ପରବର୍ତ୍ତୀ 'ପାଇକ ବିଦ୍ରୋହ'ରୁ ହିଁ ସୂଚିତ ହୋଇଥାଏ।

ଜୟୀ ରାଜଗୁରୁଙ୍କ ମୃତ୍ୟୁର ବାରବର୍ଷ ପରେ ଓଡିଶାରେ ଏହା ସଙ୍ଘଟିତ ହୋଇଥିଲା। ଏହା ଥିଲା ଅଧିକ ସଂଖ୍ୟକ ଦେଶବାସୀଙ୍କର ବିଦେଶୀ ଶାସନ ପ୍ରତି ଘୃଣା ଓ ବିଦ୍ୱେଷର ସୁସ୍ପଷ୍ଟ ଅଭିବ୍ୟକ୍ତି। ପୂର୍ବରୁ ଓଡିଶାର ସ୍ୱାଧୀନ ହିନ୍ଦୁରାଜାମାନଙ୍କ ଅମଳରୁ ପାଇକମାନେ ଭୋଗ କରି ଆସୁଥିବା ନିଷ୍କର ଭୂମି ଉପରେ ଇଂରେଜ ସରକାର ଖଜଣା ଧାର୍ଯ୍ୟ କରିଥିଲେ। ଏହା ଫଳରେ ପାଇକମାନେ ଦୁଃଖ ଓ ଅସୁବିଧାର ସମ୍ମୁଖୀନ ହୋଇଥିଲେ। ସରକାରଙ୍କ କଠୋର ଲବଣନୀତି ଯୋଗୁ ଲବଣଶିଳ୍ପ ବିଧ୍ୱସ୍ତ ହୋଇଯାଇଥିଲା। କଉଡି ପରିବର୍ତ୍ତେ ନୂତନ ଟଙ୍କା ପ୍ରଚଳନ ଯୋଗୁ ଜନସାଧାରଣ ବହୁ ଅସୁବିଧାର ସମ୍ମୁଖୀନ ହେଲେ। ଏତଦ୍‌ବ୍ୟତୀତ ଓଡିଶାକୁ ରାଜକର୍ମଚାରୀଭାବେ ଆସିଥିବା ବଙ୍ଗୀୟ କର୍ମଚାରୀଙ୍କ ଜୁଲମ ଫଳରେ ଜନସାଧାରଣ ତଥା ପାଇକବର୍ଗ ଇଂରେଜ ଶାସନପ୍ରତି ଘୋର ଅସନ୍ତୁଷ୍ଟ ଓ ବିଦ୍ୱେଷଭାବାପନ୍ନ ହୋଇପଡିଥିଲେ। ବହୁ ବିଶିଷ୍ଟ ବ୍ୟକ୍ତିଙ୍କ ଜମିଦାରି ସ୍ୱତ୍ୱ ମଧ୍ୟ ଲୋପ ପାଇଗଲା। ଏହିପରି ଭାବେ ଖ୍ରୀ:୧୮୧୩ରେ ଖୋର୍ଦ୍ଧାର ଶାସକ ମେଜର ଫ୍ଲେଚରଙ୍କ ଆଦେଶକ୍ରମେ ଆପଣାର ଜମିଦାରି ହରାଇ ବସିଥିଲେ ବକ୍‌ସି ଜଗବନ୍ଧୁ ବିଦ୍ୟାଧର ମହାପାତ୍ର। ସେ ଥିଲେ ପରମ୍ପରାକ୍ରମେ ଓଡିଶା ରାଜାଙ୍କର ବକ୍‌ସି ବା ସେନାପତି। ଇଂରେଜଶାସନ ବିରୁଦ୍ଧରେ ସେ ବିଦ୍ରୋହ ଆରମ୍ଭ କରିଦେଲେ। ଅନ୍ୟ କାରଣରୁ ଇଂରେଜଶାସନ ଗତି ଅସନ୍ତୁଷ୍ଟ ଘୁମୁସରର କନ୍ଧମାନେ ମଧ୍ୟ ଏଥିରେ ସହଯୋଗ

---

୪୮. ମହାପାତ୍ର କେଦାରନାଥ, 'ଖୁରୁଧା ଇତିହାସ'. ପୃ.୨୯୩।

କରିଥିଲେ। ଓଡିଶାର ବିଭିନ୍ନ ମୋଗଲବନ୍ଦୀ ଓ ଗଡଜାତ ପ୍ରଭୃତି ଅଞ୍ଚଳକୁ ଏହି ବିଦ୍ରୋହ ପରିବ୍ୟାପ୍ତ ହୋଇଯାଇଥିଲା। ଏଥିଯୋଗୁ ଇଂରେଜ ସରକାର ପ୍ରଭୂତ କ୍ଷତିଗ୍ରସ୍ତ ହୋଇଥିଲେ। ଏହି ବିଦ୍ରୋହକୁ ଦମନ କରାଯାଇଥିଲେ ହେଁ ପରବର୍ତ୍ତୀ ଅର୍ଦ୍ଧଶତାବ୍ଦୀ ମଧ୍ୟରେ ଓଡିଶାର ଅନ୍ୟାନ୍ୟ ଅଞ୍ଚଳରେ ମଧ୍ୟ ବ୍ରିଟିଶ ଶାସନ ବିରୋଧୀ ମନୋଭାବ ପ୍ରକଟିତ ହୋଇଥିଲା। ପରାଳାଖେମୁଣ୍ଡି ଓ ଘୁମୁସରର ମେଳି (୧୮୨୧-୧୮୩୬), କନ୍ଧମାଳ ଓ ଅନୁଗୁଳ ମେଳ (୧୮୪୬-୪୮) ଓ ସମ୍ବଲପୁରର ବୀର ସୁରେନ୍ଦ୍ର ସାଏଙ୍କ ବିଦ୍ରୋହ (୮୫୭) ପ୍ରଭୃତିରୁ ତାହା ହିଁ ସୂଚିତ ହୋଇଥାଏ।

ଏହିପରିଭାବେ ଇଂରେଜ ଶାସନାଧୀନ ହେବାପରେ ଅର୍ଦ୍ଧଶତାବ୍ଦୀକାଳ ଓଡିଶାରେ ଜନ-ଅସନ୍ତୋଷ ଆଞ୍ଚଳିକ ବିଦ୍ରୋହ ରୂପେ ଆତ୍ମପ୍ରକାଶ କରିଥିଲା। ବହୁ ବିଭିନ୍ନତା, ଗମନାଗମନର ଅସୁବିଧା, ଓଡିଆ ଭାଷାଭାଷୀ ଅଞ୍ଚଳର ବିଚ୍ଛିନ୍ନତା ସତ୍ତ୍ୱେ ଓଡିଶାର ଜନଜୀବନରେ ଜାତୀୟତାବୋଧ ଓ ଏକତା ଯେ କେତେକ ପରିମାଣରେ ବିଦ୍ୟମାନ ଥିଲା, ଏହା ଅନସ୍ୱୀକାର୍ଯ୍ୟ। ଶ୍ରୀଜଗନ୍ନାଥଙ୍କ ଉପାସନା ହିଁ ଓଡିଶାରେ ଜାତୀୟ ଏକତା ପ୍ରତିଷ୍ଠାର ଅନ୍ୟତମ ହେତୁ। ଆଞ୍ଚଳିକ ବିଦ୍ରୋହାଗ୍ନି ପ୍ରଶମିତ ହେବାର ସ୍ୱଳ୍ପକାଳ ପରେ ଓଡିଶାରେ ଜାତୀୟତାର ଯଥାର୍ଥ ଅଭିବ୍ୟକ୍ତି ସଂଘଟିତ ହୋଇଥିଲା। ପୂର୍ବୋକ୍ତ ବିଦ୍ରୋହସମୂହ ଏଥିପାଇଁ ଆବଶ୍ୟକୀୟ ଭିତ୍ତି ପ୍ରସ୍ତୁତ କରିଥିଲା କହିଲେ ଅତ୍ୟୁକ୍ତି ହେବନାହିଁ।

ମଧ୍ୟପର୍ବ - ଊନବିଂଶ ଶତାବ୍ଦୀର ଦ୍ୱିତୀୟାର୍ଦ୍ଧ:

ଊନବିଂଶ ଶତାବ୍ଦୀର ଦ୍ୱିତୀୟାର୍ଦ୍ଧରେ ହିଁ ଓଡିଶାରେ ଯଥାର୍ଥତଃ ଜାତୀୟଚେତନା ସୁପ୍ରତିଷ୍ଠିତ ହୋଇପାରିଥିଲା। ଖ୍ରୀ:୧୮୬୬ରେ ଓଡିଶାର ବହୁ ଜନକ୍ଷୟକାରୀ ନ'ଅଙ୍କ ଦୁର୍ଭିକ୍ଷ ସଂଘଟିତ ହୋଇଥିଲା। ପ୍ରାକୃତିକ ଦୁର୍ଯୋଗ ସତ୍ତ୍ୱେ ସରକାରୀ ଅବ୍ୟବସ୍ଥା ଯୋଗୁ ଯେ ଏହା ଓଡିଶାର ଅକଳନୀୟ କ୍ଷତି ସାଧନ କରିଥିଲା ତାହା ତତ୍‌କାଳୀନ ବହୁ ବ୍ୟକ୍ତି ଅନୁଭବ କରିପାରିଥିଲେ। ପ୍ରତ୍ୟକ୍ଷଦର୍ଶୀ ଭାବେ ଏହାର ବିବରଣୀ ଆମେ ପ୍ୟାରୀମୋହନ ଆଚାର୍ଯ୍ୟଙ୍କ ରଚନାରେ ଦେଖିବାକୁ ପାଇଥାଉ। "ସେ ସମୟରେ ସହସ୍ର ସହସ୍ର କଙ୍କାଳ ପରିଣତ ନରନାରୀମାନଙ୍କର ଆର୍ତ୍ତ ହାହାକାରରେ ନଗରମାନ ପରିପୂର୍ଣ୍ଣ ହୋଇଥିଲା। ନଗର ଓ ଗ୍ରାମମାନଙ୍କର ସମୀପସ୍ଥ ଶ୍ମଶାନମାନ ଅସଂଖ୍ୟ ନରଦେହରେ ପରିପୂରିତ ହୋଇଥିଲା ଏବଂ ଶକୁନ ଶୃଗାଳମାନେ ନରମାଂସ ଭକ୍ଷଣ କରି ଅସ୍ୱାଭିକ ରୂପେ ପରିତୃପ୍ତ ହୋଇଥିଲେ। କ୍ଷୁଧାର ପ୍ରଚଣ୍ଡ ଶାସନରେ ନରନାରୀମାନେ ସ୍ୱଭାବିକ ହୃଦୟବୃତ୍ତିମାନଙ୍କୁ ହିଂସ୍ର ଅରଣ୍ୟଶ୍ୱାପଦମାନଙ୍କ ନିକଟରେ ନିକ୍ଷେପ କରିଥିଲେ। କେହି କେହି କ୍ଷୁଧାଜର୍ଜରିତ ହୋଇ ନିଜ ସନ୍ତାନମାନଙ୍କୁ ସୁଦ୍ଧା ଭକ୍ଷଣ କରିଥିଲେ"(୪୯)। ସରକାରୀ କର୍ତ୍ତୃପକ୍ଷଙ୍କ ନିକଟରେ ଓଡିଶାର ପ୍ରକୃତ ସମସ୍ୟା ଉପସ୍ଥାପିତ କରାଇବା ଉଦ୍ଦେଶ୍ୟରେହିଁ ମୁଖ୍ୟତଃ ଏକ ପତ୍ରିକା ପ୍ରକାଶନର ଆବଶ୍ୟକତା ଅନୁଭୁତ ହେଲା ଓ ଏହି ଅବକାଶରେ ୧୮୬୬ ମସିହାରେ ଉତ୍କଳୀୟମାନଙ୍କ ଉଦ୍ୟମରେ ସର୍ବାଦୌ ପ୍ରକାଶ ପାଇଥିଲା 'ଉତ୍କଳଦୀପିକା'।

କ୍ରମେ ବାଲେଶ୍ୱର, ପୁରୀ, ଗଞ୍ଜାମ, ସମ୍ବଲପୁର ପ୍ରଭୃତି ସ୍ଥାନରୁ ପତ୍ରପତ୍ରିକା ପ୍ରକାଶ ଲାଭ କରିଥିଲା (୫୦)। ଏହି ପତ୍ରିକାମାନଙ୍କରେ ତତ୍‌କାଳୀନ ଓଡିଶାର ବହୁ ସମସ୍ୟା ସଂପର୍କରେ ଆଲୋଚନା ଓ ଅଭିମତ ପ୍ରକାଶ ପାଉଥିଲା। ଏହା ପାଠକମାନଙ୍କୁ ଓଡିଶାର ସାର୍ବଜନୀନ ସମସ୍ୟା ବିଷୟରେ ଅବହିତ କରାଇବା ସଙ୍ଗେ ସଙ୍ଗେ ସେମାନଙ୍କ ମଧ୍ୟରେ ଭାବଗତ ଐକ୍ୟ ପ୍ରତିଷ୍ଠା କରିପାରିଥିଲା।

ଦ୍ୱିତୀୟତଃ, ଏହି ସମୟରେ ଓଡିଶାରେ ଯେପରି ଭାଷାଗତ ସମସ୍ୟାର ଉଦ୍ଭବ ହୋଇଥିଲା ତାହା ଜନସାଧାରଣଙ୍କୁ ଓଡିଶାରେ ଓଡିଆଭାଷାର ସୁରକ୍ଷା ଓ ଅଭିବୃଦ୍ଧି ବିଷୟରେ ସଚେତନ କରାଇଥିଲା। 'ଓଡିଆ ସ୍ୱତନ୍ତ୍ର ଭାଷା ନୁହେଁ', ଏହା ବିରୁଦ୍ଧରେ ପ୍ରତିବାଦ ତତ୍‌କାଳିନ ପତ୍ରପତ୍ରିକାମାନଙ୍କରେ ଆଲୋଚିତ ହେବାକୁ ଲାଗିଲା। ଏହା ଫଳରେ ଓଡିଆରେ ପାଠ୍ୟପୁସ୍ତକ ରଚନା ଓ ପ୍ରାଚୀନ ପୁସ୍ତକର ମୁଦ୍ରଣ ବିଷୟରେ ତତ୍‌କାଳିନ କବି, ଲେଖକ ଓ ସଚେତନ ବ୍ୟକ୍ତିଗଣ ଉଦ୍ୟମି ହୋଇଥିଲେ।

ତୃତୀୟତଃ, ଓଡିଶାର ତତ୍‌କାଳୀନ ସାମାଜିକ, ରାଜନୈତିକ ଓ ସାହିତ୍ୟିକ ବିବିଧ ସମସ୍ୟା ସଂପର୍କରେ ଆଲୋଚନା ଲାଗି ବହୁ ଅନୁଷ୍ଠାନ ମଧ୍ୟ କଟକ, ବାଲେଶ୍ୱର ପ୍ରଭୃତି ସ୍ଥାନରେ ଗଢିଉଠିଥିଲା (୫୧)। ଓଡିଶାର ଜ୍ଞାନୀ, ଗୁଣୀ, ଶିକ୍ଷକ ଓ ଛାତ୍ରମାନେ ଏଠାରେ ସମବେତ ହୋଇ ସେମାନଙ୍କ ସ୍ୱାଧୀନ ଅଭିମତ ପ୍ରକାଶ କରୁଥିଲେ ଓ ତାହା କ୍ରମେ ଜନସାଧାରଣଙ୍କ ମଧ୍ୟରେ ପ୍ରସାର ଲାଭ କରି ଜନମତ ସୃଷ୍ଟିରେ ସହାୟତା କରିଥିଲା। ଜାତୀୟ କଂଗ୍ରେସ ପ୍ରତିଷ୍ଠାକାଳରୁ କଟକର 'ଉତ୍କଳସଭା' ଅନୁଷ୍ଠାନ ପକ୍ଷରୁ କଂଗ୍ରେସର ବାର୍ଷିକ ଅଧିବେଶନରେ ଅଂଶଗ୍ରହଣ କରିବାକୁ ପ୍ରତିନିଧିମାନେ ପ୍ରେରିତ

---

୪୯. ଆଚାର୍ଯ୍ୟ ପ୍ୟାରୀମୋହନ, 'ଓଡିଶାର ଇତିହାସ', ପ୍ରଥମ ପ୍ରକାଶ ୧୮୭୯, ପୃ୧୪୫-୧୪୬।

୫୦. ବୋଧଦାୟିନୀ(୧୮୬୮, ବାଲେଶ୍ୱର; ପରେ ଏହା 'ସମ୍ବାଦବାହିକା' ସହ ମିଶିଯାଇଥିଲା)
ପୁରୁଷୋତ୍ତମ ପତ୍ରିକା (ଏପ୍ରିଲ୍ ୧୮୮୦, ପୁରୀ)
ଗଞ୍ଜାମ ଗେଜେଟିୟର (ଅଗଷ୍ଟ ୧୮୯୬, ଗଞ୍ଜାମ)
ସମ୍ବଲପୁର ହିତୈଷିଣୀ (ମେ, ୧୮୮୯, ସମ୍ବଲପୁର)

୫୧	ଉତ୍କଳ ଭାଷା ଉନ୍ନତିବିଧାୟିନୀ ସଭା	(ବାଲେଶ୍ୱର)	୧୮୬୬
	କଟକ ସୋସାଇଟି	(କଟକ)	୧୮୬୮
	କଟକ ଡିବେଟିଂ କ୍ଲବ୍	(କଟକ)	୧୮୬୯
	ଉତ୍କଳ ଉଦ୍ଦୀପନୀ ସଭା	(କଟକ)	୧୮୭୪
	ଉତ୍କଳ ଉଲ୍ଲାସିନୀ ସଭା	(କଟକ)	୧୮୮୦

ହେଉଥିଲେ (୫୨)। ଅନୁଷ୍ଠାନମାନଙ୍କ ମଧ୍ୟରେ ଏହି 'ଉତ୍କଳସଭା' ସବୁଠାରୁ ପ୍ରଭାବଶାଳୀ ଥିଲା ଓ ସମାଜର ବିବିଧ ଶ୍ରେଣୀର ବ୍ୟକ୍ତି ଏହା ସହ ସମ୍ପୃକ୍ତ ଥିଲେ।

ସର୍ବୋପରି ସମ୍ବଲପୁରର ଦେଶମିଶ୍ରଣ ଆନ୍ଦୋଳନ ଓଡିଶାରେ ଜାତୀୟଭାବ ସଂପ୍ରସାରଣ କ୍ଷେତ୍ରରେ ପ୍ରଭୁତ ସହାୟତା କରିଥିଲା। ସମ୍ବଲପୁର ମଧ୍ୟପ୍ରଦେଶ ସହ ସମ୍ପୃକ୍ତ ରହିଥିଲେ ହେଁ, ବଙ୍ଗଳା ପ୍ରେସିଡେନ୍‌ସୀ ସହ ସଂପୃକ୍ତ ରହିଥିବା ତତ୍‌କାଳୀନ ଓଡିଶାର ଜନସାଧାରଣ ସମ୍ବଲପୁରକୁ ଓଡିଶାର ଅବିଚ୍ଛିନ୍ନ ଅଙ୍ଗରୂପେ ସର୍ବଦା ଗ୍ରହଣ କରିଆସୁଥିଲେ ଓ ଏହାର ସମସ୍ୟା ସହ ଆପଣାକୁ ସମ୍ପୃକ୍ତ ରଖିଆସିଥିଲେ। ଖ୍ରୀ:୧୮୯୬, ଜାନୁଆରୀ ମାସଠାରୁ ସମ୍ବଲପୁର କଚେରିରେ ଓଡିଆ ପରିବର୍ତ୍ତେ ହିନ୍ଦୀଭାଷା ପ୍ରଚଳିତ ହେବ ବୋଲି ଖ୍ରୀ: ୧୮୯୫ ଜାନୁଆରୀ ମାସରେ ମଧ୍ୟପ୍ରଦେଶ ଚିଫ୍ କମିଶନର ଜନ୍ ଉଡବର୍ଣ୍ଣଙ୍କ ଘୋଷଣା (୫୩) ପ୍ରକାଶିତ ହେବା ଫଳରେ ଓଡିଶାର ସର୍ବାଞ୍ଚଳରୁ ଏହା ବିରୁଦ୍ଧରେ ପ୍ରତିବାଦର ସ୍ୱର ଉତ୍‌ଥିତ ହୋଇଥିଲା। 'ଉତ୍କଳସଭା' କମିଶନରଙ୍କ ଏତାଦୃଶ ଅସଙ୍ଗତ ନିଷ୍ପତ୍ତିକୁ ନିନ୍ଦାକରିବା ସଙ୍ଗେ ସଙ୍ଗେ ଏହା ବିରୁଦ୍ଧରେ ଭାଇସ୍‌ରାୟଙ୍କ ନିକଟକୁ ଏକ ଆବେଦନପତ୍ର ୨୦-୬-୧୮୯୫ ତାରିଖରେ ପ୍ରେରଣ କରିଥିଲେ (୫୪)। ସମ୍ବଲପୁରକୁ ମଧ୍ୟ ଏହି ସଂପର୍କରେ ଏକ ଆବେଦନପତ୍ର ଭାଇସ୍‌ରାୟଙ୍କ ନିକଟକୁ ପ୍ରେରିତ ହୋଇଥିଲା (୫୫)। ଏଥିପାଇଁ ବହୁ ଆଲୋଚନା, ପ୍ରତିବାଦ, ଆବେଦନ ଓ ଆନ୍ଦୋଳନ ହେବା ଫଳରେ ଏହା ଓଡିଶାର ସର୍ବାଞ୍ଚଳର ଏକ ସମସ୍ୟା ରୂପେ ପରିଗଣିତ ହୋଇଥିଲା। ଦୀର୍ଘ ସାତବର୍ଷର ଆନ୍ଦୋଳନ ପରେ ୧୯୦୩ ଜାନୁଆରୀରୁ ଓଡିଆଭାଷା ପୁନଶ୍ଚ ସମ୍ବଲପୁର କଚେରିରେ ପ୍ରଚଳିତ ହେବ ବୋଲି ସରକାରୀ ଘୋଷଣା ଖ୍ରୀ:୧୯୦୨, ଜୁଲାଇ ମାସରେ ପ୍ରକାଶ

ଶିକ୍ଷାବିଧାୟିନୀ ସଭା	(କଟକ)	୧୮୮୦
ସୁହୃଦ ସମାଜ	(କଟକ)	୧୮୭୨
ଉତ୍କଳସଭା	(କଟକ)	୧୮୮୨

୫୨. ଖ୍ରୀ:୧୮୮୬ରେ ଭାରତୀୟ ଜାତୀୟ କଂଗ୍ରେସର ଦ୍ୱିତୀୟ ଅଧିବେଶନରେ ଯୋଗ ଦେବା ନିମନ୍ତେ ଏହି ସଭା ମଧୁସୂଦନ ଦାସ ଓ ତୃତୀୟ ଅଧିବେଶନରେ ମିଃ ଦାସଙ୍କ ସହ ଗୌରୀଶଙ୍କର ରାୟଙ୍କୁ ପ୍ରେରଣ କରିଥିଲେ।

୫୩. Notification of Central Provinces Gazetteer, dated 19th January, 1895.
ସ.ହି. - ତା୩୦.୧.୧୮୯୫।

୫୪ ଉ.ଦୀ. - ତା୨୨.୬.୧୮୯୫

୫୫. ସ.ହି - ତା୪.୧୨.୧୮୯୫

ପାଇଥିଲା । ଓଡିଆଭାଷାଭାଷୀଙ୍କୁ ଏହା ଉଲ୍ଲସିତ କରିବା ସଙ୍ଗେ ସଙ୍ଗେ ସମସ୍ତ ଓଡିଆ ଭାଷାଭାଷୀ ଅଞ୍ଚଳକୁ ଏକଶାସନାଧୀନ ଓ ଏକ ସ୍ୱତନ୍ତ୍ର ପ୍ରଦେଶ ରୂପେ ପରିଣତ କରିବା ଲାଗି ଯେ ପରୋକ୍ଷରେ ପ୍ରଣୋଦିତ କରିଥିଲା, ଏହା କହିବା ଅନାବଶ୍ୟକ ।

ପରିଶେଷରେ ଏହାହିଁ କୁହାଯାଇପାରେ, ଇଂରେଜ କର୍ତ୍ତୃପକ୍ଷଙ୍କ ଉଦ୍ୟମରେ ବିଳମ୍ବରେ ହେଉ ପଛକେ ଓଡିଶାରେ ନୂତନ ଧରଣର ଶିକ୍ଷା ଓ ଶାସନ-ବ୍ୟବସ୍ଥାର ପ୍ରଚଳନ ଫଳରେ ହିଁ ଭାରତର ଅନ୍ୟାନ୍ୟ ରାଜ୍ୟଭଳି ଏଠାରେ ଜାତୀୟତାବୋଧର ଉଦ୍ଭବ ହୋଇଥିଲା (୫୬) । ଊନବିଂଶ ଶତାବ୍ଦୀର ଦ୍ୱିତୀୟାର୍ଦ୍ଧରେ ହିଁ ଏହା ବହୁ ଶିକ୍ଷାନୁଷ୍ଠାନର ପ୍ରତିଷ୍ଠା (୫୭) । ସମ୍ବାଦପତ୍ରର ପ୍ରଚଳନ ଓ ଆଲୋଚନା ସଭାସମିତି ମାଧ୍ୟମରେ ସଂପ୍ରସାରିତ ହୋଇପାରିଥିଲା (୫୮) ।

ଉତ୍କଳୀୟ ଜାତୀୟଜୀବନ ଗଠନରେ ଯେଉଁ ଲେଖକ ଓ କର୍ମୀମାନଙ୍କର ଅବଦାନ ଅବିସ୍ମରଣୀୟ, ସେମାନେ ହେଉଛନ୍ତି ଗୌରୀଶଙ୍କର, ଫକିରମୋହନ, ପ୍ୟାରୀମୋହନ ଆଚାର୍ଯ୍ୟ, ରାଧାନାଥ, ଗୋବିନ୍ଦ ରଥ, ମଧୁସୂଦନ, ନୀଳମଣି ବିଦ୍ୟାରତ୍ନ, ଗଙ୍ଗାଧର, ବିଶ୍ୱନାଥ କର ପ୍ରଭୃତି ଉତ୍କଳର ବରପୁତ୍ରବୃନ୍ଦ ।

ଉତ୍କଳର ଜାତୀୟଚେତନା ଅଭିବୃଦ୍ଧିରେ ଗୌରୀଶଙ୍କରଙ୍କର ଭୂମିକା ଗୁରୁତ୍ୱପୂର୍ଣ୍ଣ । କଟକରେ ପ୍ରିଣ୍ଟିଂ କୋମ୍ପାନୀ ସ୍ଥାପନ (୧୮୭୫) ମାଧ୍ୟମରେ ତାଳପତ୍ର ପୋଥି, ପ୍ରାଚୀନ ସାହିତ୍ୟ, ପୁରାଣ, ଧର୍ମଗ୍ରନ୍ଥ ପ୍ରକାଶନ ଓ 'ଉତ୍କଳଦୀପିକା' ସାପ୍ତାହିକ ପତ୍ରିକା ପ୍ରକାଶକରି ଦେଶସେବାରେ ମହାନ୍ ବ୍ରତରେ ସେ ଆପଣାକୁ ନିୟୋଜିତ କରିଥିଲେ । ଉତ୍କଳଭାଷାର ସ୍ୱତ୍ୱ ରକ୍ଷା ନିମନ୍ତେ ବହୁ କାଳଧରି ସଂଗ୍ରାମ, ଓଡିଆଭାଷାରେ ପାଠ୍ୟପୁସ୍ତକ ପ୍ରଣୟନ,

---

୫୬. "In India, the English brought with them the enlightenment of the West and inspired the Indians to imbibe the spirit of Nationalism," - Mohanty Nivedita, 'Ofiya Natgionalism' p.15

୫୭. କଟକ ସ୍କୁଲ, ୧୮୪୧; ବାଲେଶ୍ୱର ଓ ପୁରୀ ହାଇସ୍କୁଲ, ୧୮୫୩, ରେଭେନ୍‌ସା କଲେଜ, ୧୮୬୭; ମେଡିକାଲ ସ୍କୁଲ, କଟକ, ୧୮୭୬ ।

୫୮. "Nationalistic spirit... had crept into Orissa in the second half of the 19th Century and this resulted the rise of the pan-Orissa idea which got a fillip through the press, the activities of various societies and the moshrooming of education institutions." - Mohanty Nivedita, 'Oriya Nationalism'. p.30.

ସ୍କୁଲ କଲେଜ ସ୍ଥାପନ, ଦେଶଜନନୀଙ୍କ ଦୁଃଖ ଓ ଶିକ୍ଷାପଥର ଅନ୍ତରାୟ ମୋଚନରେ ପଥପ୍ରଦର୍ଶନ କାର୍ଯ୍ୟରେ ଅଗ୍ରଦୂତ ସ୍ୱରୂପ ତାଙ୍କର ଉଦାରତା ଓ ଆଦର୍ଶ ଏ ଜାତିର ଚିରସ୍ମରଣୀୟ। ବିଭିନ୍ନ ସଭା ଓ ଆସୋସିଏସନ୍ ମାଧ୍ୟମରେ ସେ ଜନଜୀବନ ତଥା ସମସାମୟିକ ରାଜନୀତି ସହ ଜଡିତଥିଲେ।

କବି ମଧୁସୂଦନ ରାଓ ତାଙ୍କର ବ୍ରାହ୍ମଧର୍ମୀ କବିତା ମାଧ୍ୟମରେ ଏହି ଜାତି ପ୍ରାଣରେ ବଳିଷ୍ଠ ସ୍ୱଦେଶପ୍ରେମ ଜାଗ୍ରତ କରାଇ ପାରିଥିଲେ। ଅନ୍ୟାନ୍ୟ ବ୍ରାହ୍ମଧର୍ମର ପୃଷ୍ଠପୋଷକମାନଙ୍କ ଭଳି ସେ ବ୍ରିଟିଶ ଶାସନର ସୁଫଳଗୁଡିକୁ ଅନୁଭବ କରିଥିଲେ। ବହୁ ଶତାବ୍ଦୀର ଅନ୍ଧବିଶ୍ୱାସ, ପୌରୋହିତ୍ୟ ପ୍ରଥା, ସତୀଦାହ ପ୍ରଥା ଆଦି ବ୍ରିଟିଶ ସଭ୍ୟତାର ସଂସ୍ପର୍ଶରେ ଦୂରୀଭୂତ ହୋଇଥିଲା। ତେଣୁ ମଧୁସୂଦନଙ୍କ କବିତାର ଆଭିମୁଖ୍ୟ ବିପ୍ଳବ ନୁହେଁ, ଅଭ୍ୟୁତ୍‌ଥାନବାଦୀ ବା ପୁନରୁତ୍‌ଥାନବାଦୀ ଭୂମିକା ଉପରେ ପ୍ରତିଷ୍ଠିତ। ସେଥିପାଇଁ ଗୌରବାବହ ଅତୀତର ଜାଗ୍ରତ୍ ସ୍ୱପ୍ନ ତାଙ୍କ କବିତାରେ ଆମେ ଦେଖିବାକୁ ପାଉ (୫୯)। ଭାରତର ଗୌରବମୟ ଅତୀତରୁ ୟୁରୋପୀୟ ମଡେଲରେ ସୃଷ୍ଟି ହୋଇଥିବା ଶକ୍ତିଶାଳୀ ଜାତୀୟଚେତନାର ପ୍ରଭାବ କବିଙ୍କ ରଚନାର ପଙ୍‌କ୍ତିମାନଙ୍କୁ ଏକ ନୂତନ ଦୃଢତା ଓ ସ୍ୱାତନ୍ତ୍ର୍ୟ ପ୍ରତିପାଦନ କରିଥିଲା। ସର୍ବଭାରତୀୟ ଜାତୀୟତା ବୋଧରେ ବିହ୍ୱଳିତ ହୋଇ ସେ କିନ୍ତୁ ଉତ୍କଳଭୂମିକୁ ଭୁଲିଯାଇ ନଥିଲେ। ତେଣୁ ମହାଭାରତୀୟ ଜାତୀୟତା ସହ ଉତ୍କଳୀୟ ଜାତୀୟତାର ଅପୂର୍ବ ସମନ୍ୱୟ ଘଟିଥିଲା ମଧୁସୂଦନଙ୍କ କାବ୍ୟାବଳୀରେ। 'ଉତ୍କଳ ଗାଥା' ସନ୍ନିବିଷ୍ଟ କବିତାଗୁଡିକରେ କବି ଉତ୍କଳକୁ ଏକ ମହାତୀର୍ଥଭୂମି ରୂପେ ପରିକଳ୍ପନା କରିଛନ୍ତି।

ବ୍ୟାସକବି ଫକିରମୋହନ ଏକାଧାରରେ ଥିଲେ ସାହିତ୍ୟିକ ଓ କର୍ମୀ। ଉତ୍କଳ ଭାଷାର ସ୍ୱାତନ୍ତ୍ର୍ୟ ରକ୍ଷା, ପ୍ରେସ୍ ସଂସ୍ଥାପନ, 'ବେଲେଶ୍ୱର ସମ୍ବାଦବାହିକା' ପତ୍ରିକା ପ୍ରକାଶନ, ବାଳିକା ବିଦ୍ୟାଳୟ ପ୍ରତିଷ୍ଠା, ଉତ୍କଳ ଭାଷାଭାଷୀମାନଙ୍କର ଏକତ୍ରୀକରଣ ନିମନ୍ତେ ପ୍ରଚେଷ୍ଟା ଥିଲା ତାଙ୍କର ଏକମାତ୍ର କାମନା।

ଗୋବିନ୍ଦ ରଥ, ସ୍ୱଭାବକବି ଗଙ୍ଗାଧର, ନନ୍ଦକିଶୋର, ନୀଳମଣି ବିଦ୍ୟାରତ୍ନ, ବିଶ୍ୱନାଥ କର, ରାମଶଙ୍କର ରାୟ, ଉମେଶ ଚନ୍ଦ୍ର ସରକାର, ଭିକାରୀଚରଣ ପଟ୍ଟନାୟକ, ଚନ୍ଦ୍ରମୋହନ ମହାରଣା, ମୃତ୍ୟୁଞ୍ଜୟ ରଥ ପ୍ରଭୃତି ସାହିତ୍ୟ-ସାରଥୀ-ମାନଙ୍କ ପଦ୍ୟ-ଗଦ୍ୟ ରଚନାବଳୀରେ ଜାତୀୟଭାବାବେଗ ପ୍ରତିଫଳିତ।

ଏହିପରି ଭାବରେ ଊନବିଂଶ ଶତାବ୍ଦୀର ଶିକ୍ଷିତଗୋଷ୍ଠୀ ସର୍ବଭାରତୀୟଜାତୀୟ ଚେତନା ଓ ଭାରତର ଅତୀତ ଗୌରବ ପ୍ରସଙ୍ଗକୁ ସେମାନଙ୍କ ରଚନା ମାଧ୍ୟମରେ ପ୍ରକାଶ କରି ଓଡିଶାରେ ଜାତୀୟଚେତନା ସୃଷ୍ଟିର ପୃଷ୍ଠଭୂମି ପ୍ରତିଷ୍ଠା କରିଥିଲେ।

---

୫୯. ମିଶ୍ର, ଡକ୍ଟର ନରେନ୍ଦ୍ରନାଥ, 'ଆଧୁନିକ ଓଡିଆ କାବ୍ୟଧାରା', ପୃ.୧୧୦।

ଉତ୍କଳ ସମ୍ମିଳନୀ ଓ ମଧୁସୂଦନ:

ଉତ୍କଳୀୟ ଜାତୀୟତା ୧୮୬୮-୬୯ ସାଲର ଭାଷାବିଲୋପ ଆନ୍ଦୋଳନ ମଧ୍ୟରୁ ଜନ୍ମଲାଭ କରି, ୧୮୯୫-୯୬ ସାଲରେ 'ସମ୍ବଲପୁର ଅଞ୍ଚଳରୁ ଓଡିଆଭାଷା ବିଲୋପ' ସରକାରୀ ଆଦେଶ କାଳରେ ବିକଶିତ ହୋଇ, ୧୯୦୩ ସାଲରେ ଉତ୍କଳ ସମ୍ମିଳନୀ ମାଧ୍ୟମରେ ଶୃଙ୍ଖଳିତ ତଥା ସୁନିର୍ଦ୍ଦିଷ୍ଟ ରୂପ ପରିଗ୍ରହଣ କରିଥିଲା। ଓଡିଆ ଭାଷାଭାଷୀ (ବିଚ୍ଛିନ୍ନ ଓ ଅବିଚ୍ଛିନ୍ନ) ଅଞ୍ଚଳର ଏକତ୍ରୀକରଣ ଲକ୍ଷ୍ୟରେ ଦେଶପ୍ରାଣ ମଧୁସୂଦନଙ୍କ ଦ୍ୱାରା ଏହି ସମ୍ମିଳନୀ ପ୍ରତିଷ୍ଠିତ ହୋଇଥିଲା। ମୃତ୍ୟୁ ପର୍ଯ୍ୟନ୍ତ ସେ ଥିଲେ ଏହାର କର୍ଣ୍ଣଧାର। ଗଞ୍ଜାମ, ସମ୍ବଲପୁର ସମେତ ସମସ୍ତ ଓଡିଆ ଭାଷାଭାଷୀ ଉପାନ୍ତ ଅଞ୍ଚଳର ଏକତ୍ରୀକରଣ ଓ ସ୍ୱାତନ୍ତ୍ର ଓଡିଶା ପ୍ରଦେଶ ଗଠନର ମହତ୍ୱ ଲକ୍ଷ୍ୟ ନେଇ ସେ ଉତ୍କଳ ସମ୍ମିଳନୀକୁ ଯଥାଯଥ ନେତୃତ୍ୱ ପ୍ରଦାନ କରିଥିଲେ ଓ ଦେଶବାସୀଙ୍କୁ ଉଚିତ ପଥ ନିର୍ଦ୍ଦେଶ କରିଥିଲେ।

୧୯୦୩ ଖ୍ରୀଷ୍ଟାବ୍ଦରୁ ୧୯୨୦ ପର୍ଯ୍ୟନ୍ତ ସମୟ ସୀମା ମଧ୍ୟରେ ବିବିଧଭାବରେ ଏହା 'ଓଡିଶା ପ୍ରାଦେଶିକ ଜାତୀୟତା'କୁ ଉଦ୍‌ବୁଦ୍ଧ କରିଥିଲା। ଉତ୍କଳୀୟ ଜୀବନରେ ଜାତୀୟତା ଓ ଦେଶପ୍ରେମ ବିକଶିତ କରାଇବା ଲକ୍ଷ୍ୟରେ ହୋଇଥିଲା ଏହି ସମ୍ମିଳନୀର ସୃଷ୍ଟି ଓ ଜାତୀୟ ଜୀବନ ପରିବର୍ଦ୍ଧିତ କରାଇ ଓଡିଆ ଜାତିର ମାନ ଓ ଗମ୍ଭୀରତା ବିକାଶ କରାଇବା ଥିଲା ଏହାର ଉଦ୍ଦେଶ୍ୟ।

ଉତ୍କଳ ସମ୍ମିଳନୀର ଉଦ୍ଦେଶ୍ୟ ଆଲୋଚନା କରି ତେଣୁ କୁହାଯାଇଥିଲା, "ବିଧାତା ଓଡିଶାର ଲୋକମାନଙ୍କୁ ଅନ୍ୟ ଯେଉଁ ଜାତିମାନଙ୍କ ସଂସ୍ରବରେ ଆଣିଅଛନ୍ତି, ସେମାନଙ୍କଠାରୁ ଉତ୍କଳୀୟମାନେ ବହୁ ଶିକ୍ଷା ଲାଭ କରିଅଛନ୍ତି ଏବଂ ଆହୁରି ଅନେକ ଶିକ୍ଷା ଲାଭ କରିପାରିବେ। ବ୍ୟକ୍ତି ସମ୍ବନ୍ଧରେ ଯେପରି, ଜାତି ସମ୍ବନ୍ଧରେ ମଧ୍ୟ ସେହିପରି ବକ୍ତବ୍ୟ ଯେ, ଯେ ଶିକ୍ଷାର୍ଥୀ ହେବ ତାହାର ପ୍ରଥମେ ନିଜର ଅଭାବ ଓ ତ୍ରୁଟି ଜାଣିବା ଆବଶ୍ୟକ। ଅପର ସହିତ ଆପଣାର ସମ୍ବନ୍ଧ ଭଲରୂପେ ବୁଝି ନ ପାରିଲେ ନିଜର ଦୋଷ ଓ ଅଭାବ ଉତ୍ତମ ରୂପେ ଜଣାପଡେନାହିଁ" (୬୦)।

ଓଡିଶାରେ ଶିଳ୍ପ-ବିସ୍ତାର, ସ୍ୱତନ୍ତ୍ର ଓଡିଶା ପ୍ରଦେଶ ଗଠନ ଓ ଓଡିଆ ଭାଷୋନ୍ନତି ଓଡିଶାର ଏହି ତିନିଗୋଟି ଆବଶ୍ୟକତାର ଗୁରୁତ୍ୱକୁ ଦେଶବାସୀଙ୍କ ସମ୍ମୁଖରେ ଉପସ୍ଥାପିତ କରିବାରେ ମୁଖ୍ୟ ଭୂମିକା ଗ୍ରହଣ କରିଥିଲା 'ଉତ୍କଳସମ୍ମିଳନି'। ଏହାଦ୍ୱାରା ଓଡିଶାରେ ଜାତୀୟଚେତନା ବିକାଶର ପଥ ପ୍ରଶସ୍ତକର ହୋଇଥିଲା।

---

୬୦. ଉତ୍କଳସମ୍ମିଳନୀର ପ୍ରଥମ ଅଧିବେଶନରେ ମଧୁସୂଦନଙ୍କ ଅଭିଭାଷଣ। (ଖ୍ରୀ: ୧୯୦୩)

ଉତ୍କଳସମ୍ମିଳନୀର ପ୍ରଥମ ଅଧିବେଶନ କଟକର 'ଇଦ୍‌ଗା' ପଡିଆରେ ୧୯୦୩ ସାଲ ଡିସେମ୍ବର ୩୦/୩୧ ତାରିଖରେ ଅନୁଷ୍ଠିତ ହୋଇଥିଲା। ଏଥିରେ ବିଚ୍ଛିନ୍ନ ଓ ଉପାନ୍ତ ଅଞ୍ଚଳରୁ ୩୩୫ଜଣ ସଭ୍ୟ ଯୋଗଦାନ କରିଥିଲେ। ଏହି ସମ୍ମିଳନୀରେ କେତେକ ପ୍ରସ୍ତାବ ଗୃହିତ ହୋଇଥିଲା। ଏକ ଗୋଲାପୀ ପଗଡି ଓଡିଆମୀର ପ୍ରତୀକ ରୂପେ ପ୍ରତ୍ୟେକ ସଭ୍ୟଙ୍କଦ୍ୱାରା ବ୍ୟବହୃତ ହେବାର ସ୍ଥିର କରାଯାଇଥିଲା। ବିଶିଷ୍ଟ ବକ୍ତାମାନେ ସେମାନଙ୍କ ବକ୍ତବ୍ୟମାଧ୍ୟମରେ ଓଡିଶାରେ ଏକତା ଓ ଭ୍ରାତୃତ୍ୱବୋଧ ବିକାଶ ନିମନ୍ତେ ଗୁରୁତ୍ୱ ପ୍ରଦାନ କରିଥିଲେ। ଶିକ୍ଷାର ସମୃଦ୍ଧି ନିମନ୍ତେ ମେଧାବୀ ଅଥଚ ଗରିବ ଛାତ୍ରମାନଙ୍କୁ ଉଚ୍ଚଶିକ୍ଷା ଲାଭରେ ସାହାଯ୍ୟ ଓ ସହଯୋଗର ବ୍ୟବସ୍ଥା ଏଥିରେ କରାଯାଇଥିଲା।

ଏହି ଦୃଷ୍ଟିରୁ ମଧୁସୂଦନ ଥିଲେ ଏ ଜାତିର ପଥପ୍ରଦର୍ଶକ। ଊନବିଂଶ ଶତାବ୍ଦୀର ସମସ୍ତ ଅବରୁଦ୍ଧ ଜାତୀୟଭାବନାର ପରିପ୍ରକାଶ ପାଇଁ ସେ ହିଁ ଥିଲେ ସର୍ବୋତ୍ତମ ଶକ୍ତିଶାଳୀ ଜନନାୟକ। ଦେଶର ଆର୍ଥନୀତିକ ପ୍ରଗତି ନିମନ୍ତେ ଶିଳ୍ପ, ବାଣିଜ୍ୟ ଓ ବ୍ୟବସାୟର ଉନ୍ନତି କରିବା ପାଇଁ ସେ ଦେଶବାସୀଙ୍କୁ ଉତ୍ସାହିତ କରିଥିଲେ। 'ଉତ୍କଳସମ୍ମିଳନୀ'ର ଦ୍ୱିତୀୟ ଅଧିବେଶନରେ ସେଥିପାଇଁ "ଉତ୍କଳରେ ଲୁଗାବୁଣା ବ୍ୟବସାୟର ଉନ୍ନତିସାଧନ" ନିମନ୍ତେ ପ୍ରସ୍ତାବ ଗୃହୀତ ହୋଇଥିଲା। ଶିଳ୍ପ କ୍ଷେତ୍ରରେ ଓଡିଶାକୁ ୟୁରୋପସହ ପ୍ରତିଯୋଗିତାରେ ପ୍ରବର୍ତ୍ତାଇବାକୁ ଯାଇ ୟୁରୋପ-ନିର୍ମିତ ପଦାର୍ଥ ଅନୁକରଣରେ ପଦାର୍ଥମାନ ପ୍ରସ୍ତୁତ କରିବାକୁ ହେବ ବୋଲି ସେ କହୁଥିଲେ। ଏହାର ଏକମାତ୍ର ପନ୍ଥା ନିର୍ଦ୍ଦେଶ କରି ସେ କହିଥିଲେ "କୌଣସି ଜାତିକୁ ବକ୍ତୃତା ଦ୍ୱାରା ଅନଭ୍ୟସ୍ତ କାର୍ଯ୍ୟରେ ପ୍ରବୃତ୍ତି କରାଯାଇ ନପାରେ। ଏହାର ଏକମାତ୍ର ଉପାୟ ବ୍ୟକ୍ତିଗତ ତ୍ୟାଗ ସ୍ୱୀକାର ଦ୍ୱାରା ବାଟ ଦେଖାଇବା (୬୧)।"

ଉତ୍କଳ ଜାତୀୟତାକୁ ମଧୁସୂଦନଙ୍କର ଉଲ୍ଲେଖନୀୟ ଅବଦାନ ଅସୀମ। ସମାଜସଂସ୍କାର, ଶିଳ୍ପ, ଶିକ୍ଷା, ବାଣିଜ୍ୟ, ଦେଶମିଶ୍ରଣ, ଜାତୀୟ ଏକତା... ପ୍ରତ୍ୟେକ କ୍ଷେତ୍ରରେ ମଧୁବାବୁଙ୍କ ଦୂରଦୃଷ୍ଟି ଓ ଶିଳ୍ପୀ ହସ୍ତର ସ୍ପର୍ଶ ଏ ଜାତି ଅନୁଭବ କରିଥିଲା। ଉତ୍କଳ ସମ୍ମିଳନୀର ତ୍ରୟୋଦଶ ଅଧିବେଶନରେ ଭାଷଣ ଦେଇ ଏହି ମର୍ମରେ ମଧୁବାବୁ କହିଥିଲେ, "ଉତ୍କଳ ସମ୍ମିଳନୀର ଉଦ୍ଦେଶ୍ୟ, ଓଡିଆ ଜାତିକୁ ଉଠାଇବା। ଓଡିଆ ଜାତିରେ କୃଷକମାନଙ୍କର ସଂଖ୍ୟା ବେଶି; ତେଣୁ ସେମାନଙ୍କର ଉନ୍ନତି ନହେଲେ ଦେଶର ଆଉ କି ଉନ୍ନତି?"(୬୨)

---

୬୧. ଉତ୍କଳ ସମ୍ମିଳନୀର ନବମ ଅଧିବେଶନରେ ସଭାପତି ମଧୁସୂଦନଙ୍କ ଅଭିଭାଷଣ। (ଖ୍ରୀ: ୧୯୧୩, ପୁରୀ)

୬୨. ଉତ୍କଳ ସମ୍ମିଳନୀର ତ୍ରୟୋଦଶ ଅଧିବେଶନରେ ମଧୁସୂଦନଙ୍କ ଭାଷଣ। (ଖ୍ରୀ: ୧୯୧୮, କଟକ)

ଏହି ସମ୍ମିଳନୀରେ ବ୍ୟାସକବି ଫକୀରମୋହନ ସଭାପତିତ୍ୱ କରିବାଦ୍ୱାରା ପ୍ରଥମଥର ପାଇଁ ସଭାପତି ଆସନ ରାଜା ପରିବର୍ତ୍ତେ ଏକ ସାଧାରଣ ବ୍ୟକ୍ତି ଦ୍ୱାରା ଅଳଙ୍କୃତ ହୋଇଥିଲା । ଓଡିଶାର ସର୍ବାଙ୍ଗୀନ ଉନ୍ନତିକଳ୍ପେ ମଧୁସୂଦନ ସ୍ୱୀୟ ବ୍ୟକ୍ତିଗତ ଅନୁଭୁତିକୁ ଏହିପରି ପ୍ରୟୋଗ କରିଥିଲେ ।

ଖ୍ରୀ:୧୯୧୮ ବେଳକୁ ଗୋପବନ୍ଧୁ ଦାସ ଓଡିଶା ରାଜନୀତିରେ ସୁବିଦିତ ଓ ପ୍ରତିଷ୍ଠିତ ହୋଇସାରିଥିଲେ । ଉତ୍କଳ ସମ୍ମିଳନୀର ଚତୁର୍ଦ୍ଦଶ ଅଧିବେଶନରେ ସେ ଅଧ୍ୟକ୍ଷତା କରି ମଧୁସୂଦନଙ୍କ ପ୍ରତି ଗଭୀର ଶ୍ରଦ୍ଧା ଓ ସମ୍ମାନ ଜ୍ଞାପନ କରିଥିଲେ । ଏହି ଅଧିବେଶନରେ ବିଚ୍ଛିନ୍ନାଞ୍ଚଳ ମିଶ୍ରଣ ଓ କୋର୍ଟ କଚେରିରେ ଓଡିଆଭାଷା ପ୍ରଚଳନ ସମ୍ପର୍କରେ ଆଲୋଚନା ଓ ଦାବୀ କରାଯାଇଥିଲା । ଗୋପବନ୍ଧୁ ଭାରତୀୟ ଜାତୀୟ କଂଗ୍ରେସ ସହ ସମ୍ପୃକ୍ତ ଥିବା ହେତୁ ଏହି ସମ୍ମିଳନୀରେ ମହାଭାରତୀୟ ଜାତୀୟତା ପ୍ରତି ତାଙ୍କର ଆଗ୍ରହ ପ୍ରକାଶନରେ ସେ କୁଣ୍ଠିତ ହୋଇ ନଥିଲେ । ଏହା ପରଠାରୁ ଓଡିଶାର ରାଜନୀତି କ୍ଷେତ୍ରରେ ମଧୁସୂଦନଙ୍କ ଅସପତ୍ନ ପ୍ରଭାବ ମଳିନ ପଡିଆସିଥିଲା ଓ ବୟଃକନିଷ୍ଠ ସଭ୍ୟମାନେ କ୍ରମଶଃ ପ୍ରାଧାନ୍ୟ ଲାଭ କରିବା ସଙ୍ଗେ ସଙ୍ଗେ ଉତ୍କଳ ସମ୍ମିଳନୀ ଓ ପ୍ରାଦେଶିକ ଜାତୀୟତା ମହାଭାରତୀୟ ଜାତୀୟ ସ୍ରୋତାଭିମୁଖୀ ହୋଇଥିବାର ପରିଲକ୍ଷିତ ହୋଇଥିଲା ।

ଅନ୍ତ୍ୟପର୍ବ:

ଖ୍ରୀ:୧୮୮୫ରେ ବମ୍ବେଠାରେ ଅନୁଷ୍ଠିତ ଜାତୀୟ କଂଗ୍ରେସର ପ୍ରଥମ ଅଧିବେଶନ ପ୍ରତି ଓଡିଶାବାସୀଙ୍କର ଆକୁଣ୍ଠ ସମର୍ଥନ ପ୍ରକାଶ ପାଇଥିଲା । ଏହା ମଧୁସୂଦନଙ୍କ ସଭାପତିତ୍ୱରେ କଟକରେ ଅନୁଷ୍ଠିତ ଏକ ସଭାର ବିବରଣୀରୁ ସୂଚିତ ହୁଏ ୬୩) ।

ଏହାପରେ ବସ୍ତୁତଃ ଦେଶମିଶ୍ରଣ ଆନ୍ଦୋଳନ ଓ ଉତ୍କଳ ସମ୍ମିଳନୀ କାର୍ଯ୍ୟକ୍ରମର ଗୁରୁତ୍ୱ ଯୋଗୁ ଜାତୀୟ କଂଗ୍ରେସ ସହ ଓଡିଶାର ସମ୍ପର୍କ କେତେକ ପରିମାଣରେ ଶିଥିଳ ହୋଇପଡିଥିଲା । ତଥାପି ଖ୍ରୀ:୧୯୦୫ରେ ଲର୍ଡ କର୍ଜନଙ୍କର ବଙ୍ଗଭଙ୍ଗ ପରିକଳ୍ପନା, ଲାଲ ବାଲ୍ -ପାଲ୍‌ଙ୍କର ହିନ୍ଦ ଜାତୀୟତାବାଦ ଓ ସ୍ୱରାଜ୍ୟ ନିମନ୍ତେ ଆହ୍ୱାନ, ମୁସଲମାନ ବିଚ୍ଛିନ୍ନତାବାଦୀମାନଙ୍କର ଜାତୀୟ ଆନ୍ଦୋଳନରେ ସହଯୋଗ, ଜାଲିଓ୍ୱାନାଓ୍ୱାଲାବାଗ ହତ୍ୟାକାଣ୍ଡ, ଖିଲାଫତ ଆନ୍ଦୋଳନ, ସର୍ବୋପରି ମହାତ୍ମାଜୀଙ୍କର ବଳିଷ୍ଠ ନେତୃତ୍ୱରେ

---

୬୩. ଭାରତୀୟ ଜାତୀୟ କଂଗ୍ରେସର ଦ୍ୱିତୀୟ ଅଧିବେଶନ (୧୮୮୬)ରେ ଯୋଗଦାନ କରିବା ପାଇଁ ଓଡିଶାରୁ ଯାଇଥିଲେ ମଧୁସୂଦନ ଦାସ । ଏହା କଲିକତାରେ ଅନୁଷ୍ଠିତ ହୋଇଥିଲା । ଏହାର ତୃତୀୟ ଅଧିବେଶନ (କାନ୍ଦ୍ରାସ, ୧୮୮୭) ରେ ଓଡିଶାର ପ୍ରତିନିଧିତ୍ୱ କରିଥିଲେ ମଧୁସୂଦନ ଓ ଗୌରୀଶଙ୍କର ।

ପରିଚାଳିତ ଅସହଯୋଗ ଆନ୍ଦୋଳନ ଭାରତୀୟ ରାଜନୈତିକ ରୂପକୁ ପରିବର୍ତ୍ତିତ କରିଦେବା ସଙ୍ଗେ ସଙ୍ଗେ ସାହିତ୍ୟର ଆଭିମୁଖ୍ୟକୁ ମଧ୍ୟ ପରିବର୍ତ୍ତନ କରିବାରେ ସମର୍ଥ ହୋଇଥିଲା। ଏହି ନୂତନ ଜାତୀୟଚେତନା-ଆନ୍ଦୋଳିତ ଓଡିଆ ସାହିତ୍ୟର ନେତୃତ୍ୱ ନେଇଥିଲେ ଗୋପବନ୍ଧୁ ଦାସ। ମାହାତ୍ମା ଗାନ୍ଧୀଙ୍କ ପ୍ରଭାବରେ ପ୍ରଭାବିତ ହୋଇ ସେ ଉତ୍କଳୀୟ ସାମାଜିକ-ରାଜନୈତିକ ଜୀବନରେ ନୂତନ ଧ୍ୟାନ-ଧାରଣା ସୃଷ୍ଟି କରିବାରେ ସମର୍ଥ ହୋଇଥିଲେ। ସତ୍ୟବାଦୀ ବନବିଦ୍ୟାଳୟରୁ ଆରମ୍ଭ ହୋଇ ଏହି ସାଧକଙ୍କର ସାଧନା ସମଗ୍ର ଓଡିଶାରେ ପରିବ୍ୟାପ୍ତ ହୋଇଥିଲା। ଖ୍ରୀ:୧୯୧୬ରେ ଲକ୍ଷ୍ନୌ କଂଗ୍ରେସ ଅଧିବେଶନରେ ଯୋଗଦେଇ ଫେରିବା ପରେ ସେ କଂଗ୍ରେସରେ ଯୋଗଦେବାର ଶେଷ ସିଦ୍ଧାନ୍ତ ନେଇଥିଲେ। ଉତ୍କଳ ସମ୍ମିଳନୀ ମଣ୍ଡପରୁ ଓଡିଶାବାସୀଙ୍କ ପ୍ରତି ଏକ ବାର୍ତ୍ତାରେ ଏହା ସୂଚିତ (୬୪)। ଉତ୍କଳର ସମସ୍ୟାବଳୀ ତାଙ୍କୁ ବ୍ୟଥିତ କରିଥିଲେ ହେଁ, ଭାରତବର୍ଷକୁ ବ୍ରିଟିଶ ଶାସନରୁ ମୁକ୍ତ କରିବାର ଜାତୀୟ ସମସ୍ୟା ପ୍ରତି ଉତ୍କଳବାସୀଙ୍କ ଦୃଷ୍ଟି ଆକର୍ଷଣ କରି ଏହାଦ୍ୱାରା ଉତ୍କଳୀୟ ସମସ୍ୟାର ସମାଧାନ ହୋଇପାରିବ ବୋଲି ସେ ଆଶା ପୋଷଣ କରିଥିଲେ।

୧୯୧୨ ଖ୍ରୀଷ୍ଟାବ୍ଦରୁ ଗୋପବନ୍ଧୁଙ୍କ ସହିତ ସତ୍ୟବାଦୀ-ଗୋଷ୍ଠୀର ଅନ୍ୟାନ୍ୟ ସାଧକବୃନ୍ଦ ନୀଳକଣ୍ଠ, ହରିହର, ଗୋଦାବରୀଶ, କୃପାସିନ୍ଧୁ, ଲିଙ୍ଗରାଜ ମିଶ୍ର, ଅନନ୍ତ ମିଶ୍ର ପ୍ରମୁଖ ଉତ୍କଳ ସମ୍ମିଳନୀ କାର୍ଯ୍ୟରେ ସକ୍ରିୟ ସହଯୋଗ କରିଥିଲେ। ଉତ୍କଳ ସମ୍ମିଳନୀକୁ ସ୍ୱୀୟ ଚିନ୍ତାରେ ଦୀକ୍ଷିତ କରାଇବା ଓ ପ୍ରଶସ୍ତତର ମହାଭାରତୀୟ ଜାତୀୟତା ଭାବରେ ଉଦ୍‌ବୁଦ୍ଧ କରାଇବା ଲକ୍ଷ୍ୟ ସେହିଠାରୁ ଗୋପବନ୍ଧୁ ହୃଦୟରେ ପୋଷଣ କରିଥିଲେ। ଏହି ମର୍ମରେ 'ସତ୍ୟବାଦୀ' ପ୍ରଥମ ସଂଖ୍ୟାରେ ତେଣୁ ସେ ଲେଖିଥିଲେ, "ଜନ୍ମଭୂମିର ଉନ୍ନତିରେ ଯଥାଶକ୍ତି ଆତ୍ମନିୟୋଗ କରିପାରିଲେ ଆମ୍ଭେମାନେ ବିଶ୍ୱସେବା କଲୁବୋଲି ମନେକରି ଆଶ୍ୱସ୍ତ ହେବୁଁ। ଦେଶାନୁରାଗ ବିଶ୍ୱପ୍ରୀତିର ବିରୋଧୀ ନୁହେଁ; ବରଂ ବିଶ୍ୱପ୍ରୀତିବିହୀନ ପ୍ରାଣରେ ଜାତୀୟତା ଏବଂ ସ୍ୱଦେଶବାତ୍ସଲ୍ୟ ଅସମ୍ଭବ"(୬୫)। ଉତ୍କଳ ସମ୍ମିଳନୀ କାର୍ଯ୍ୟକ୍ରମକୁ ପ୍ରାଦେଶିକ ଜାତୀୟତା ମଧ୍ୟରେ ସୀମିତ ନରଖି ଭାରତୀୟ ଜାତୀୟ ଆକାଂକ୍ଷା ସହିତ ମିଳିତ କରାଇବାର ଉଦ୍ୟମ ଓ ଆବେଗର ଶ୍ରେଷ୍ଠ ଅଭିବ୍ୟକ୍ତ ପ୍ରକାଶିତ ହୋଇଥିଲା ୧୯୧୯ ସାଲରେ ଅନୁଷ୍ଠିତ ଉତ୍କଳସମ୍ମିଳନୀର ଚତୁର୍ଦ୍ଦଶ ଅଧିବେଶନରେ, ତାହାଙ୍କ ସଭାପତି ଅଭିଭାଷଣରେ। ଉତ୍କଳ ସମ୍ମିଳନୀର ସଭାପତି ଗୋପବନ୍ଧୁ କହିଥିଲେ,

---

୬୪. ଉତ୍କଳ ସମ୍ମିଳନୀର ଚତୁର୍ଦ୍ଦଶ ଅଧିବେଶନରେ ସଭାପତି ଗୋପବନ୍ଧୁ ଦାସଙ୍କ ଅଭିଭାଷଣ। (ତା ୨୦-୪-୧୯୧୯, କଟକ)

୬୫. 'ସତ୍ୟବାଦୀ', ୧/୧, ଆଲୋଚନା, ପୃ.୫।

"ଭାରତୀୟ ଆକାଂକ୍ଷା ସଙ୍ଗେ ଅମ୍ଭମାନଙ୍କର ଜାତୀୟଆକାଂକ୍ଷା ମିଳାଇ ସମଗ୍ର ଭାରତ ମହାଜାତିର କଲ୍ୟାଣରେ ଯଥାଶକ୍ତି ଆତ୍ମନିଯୋଗ କରିବା ଆମ୍ଭମାନଙ୍କ କର୍ତ୍ତବ୍ୟ। ମନେରଖିବାକୁ ହେବ, ଆମ୍ଭେମାନେ ପ୍ରଥମେ ମନୁଷ୍ୟ, ପରେ ଭାରତୀୟ ଏବଂ ସର୍ବଶେଷରେ ଓଡିଶା। x x x ଓଡିଆ ଜାତିର ସ୍ୱାତନ୍ତ୍ର୍ୟ ଫୁଟିବ ପ୍ରଶସ୍ତତର ଭାରତୀୟ ଜାତୀୟତା କ୍ଷେତ୍ରରେ ଓ ଉଦାର ସାର୍ବଜନୀନ ମାନବିକତାରେ"(୬୬)।

୧୯୨୦ ସାଲରେ ଅନୁଷ୍ଠିତ ଉତ୍କଳ ସମ୍ମିଳନୀର ଚକ୍ରଧରପୁର ଅଧିବେଶନରେ ଗୋପବନ୍ଧୁ ନାଗପୁର କଂଗ୍ରେସରେ ଯୋଗଦାନ କରି ଆସି ପହଞ୍ଚିଥିଲେ ଓ ତାଙ୍କର ୩୦-୧୨-୧୯୨୦ ତାରିଖ ଭାଷଣରେ କହିଥିଲେ, "ସମ୍ମିଳନୀର ବର୍ତ୍ତମାନ ଯେଉଁ ଉଦ୍ଦେଶ୍ୟ ନିରୂପିତ ହୋଇଅଛି, ତାହା ସ୍ଥିର ରଖାଯାଇ ଭାରତ ଜାତୀୟ ମହାସମିତିର ଯେ ଉଦ୍ଦେଶ୍ୟ ଓ ଆକାଂକ୍ଷା ତାହା ଏହି ସମ୍ମିଳନୀର ଉଦ୍ଦେଶ୍ୟ ଓ ଅକାଂକ୍ଷା ରୂପେ ଗୃହୀତ ହେଉ"(୬୭)। ଏହା ସମ୍ମିଳନୀର ଦ୍ୱିତୀୟ ପ୍ରସ୍ତାବ ରୂପେ ଗୃହୀତ ହୋଇଥିଲା। ଏହି ସମ୍ମିଳନୀରେ ସଭାପତିତ୍ୱ କରିଥିଲେ ଜଗବନ୍ଧୁ ସିଂହ।

ଏହି ସମୟରୁ ଓଡିଆ ସାହିତ୍ୟରେ ରାଜନୀତିର ପ୍ରତ୍ୟକ୍ଷ ପ୍ରଭାବ ଅନୁଭୂତ ହୋଇଛି। ମଧୁସୂଦନ ଦାସ, ନୀଳକଣ୍ଠ, ଗୋପବନ୍ଧୁ, ଜଗବନ୍ଧୁ ସିଂହ, ଗୋଦାବରୀଶ ମିଶ୍ର, କୁନ୍ତଳାକୁମାରୀ, ଗୋପବନ୍ଧୁ ଚୌଧୁରୀ ପ୍ରମୁଖ ସାହିତ୍ୟିକ ଓ କର୍ମୀମାନଙ୍କର ଯୁଗୋପଯୋଗୀ ରଚନାବଳୀ ଏହାର ପ୍ରକୃଷ୍ଟ ନିଦର୍ଶନ। ଏହାର ସୁଫଳ ସ୍ୱରୂପ ଉତ୍କଳୀୟ ଜାତୀୟ ଜୀବନରେ ରାଜନୀତି-ସଚେତନତାର ଅଭିବୃଦ୍ଧି ଘଟିଥିଲା।

ଓଡିଶାରେ ଅସହଯୋଗ ଆନ୍ଦୋଳନ ଓ ଲବଣ ସତ୍ୟାଗ୍ରହ:

୧୯୨୦ସାଲ ନାଗପୁର କଂଗ୍ରେସ ଅଧିବେଶନରେ ଓଡିଶାର ବହୁ ସଂଖ୍ୟକ ପ୍ରତିନିଧି ଯୋଗଦାନ କରିଥିଲେ ଓ ଏହି ଅଧିବେଶନରେ 'ଉତ୍କଳ ପ୍ରାଦେଶିକ କଂଗ୍ରେସ କମିଟି' ଗଠିତ ହୋଇଥିଲା। ଚକ୍ରଧରପୁର 'ଉତ୍କଳ ସମ୍ମିଳନୀ' ମଧ୍ୟ ଗୋପବନ୍ଧୁଙ୍କ ପରାମର୍ଶକ୍ରମେ କଂଗ୍ରେସର ଆଦର୍ଶ ଓ ନୀତିକୁ ଆପଣାର ଲକ୍ଷ୍ୟ ରୂପେ ଗ୍ରହଣ କରିନେଲେ।

୧୯୨୧ ସାଲର ଅସହଯୋଗ ଆନ୍ଦୋଳନରେ ଛାତ୍ରମାନଙ୍କର କଲେଜ ପରିତ୍ୟାଗ, ସରକାରୀ କର୍ମଚାରୀମାନଙ୍କର ଚାକିରି ଓ ପଦବୀ ବର୍ଜନ ଓଡିଶାରେ କଂଗ୍ରେସ କାର୍ଯ୍ୟକ୍ରମକୁ ଉତ୍ସାହିତ କରିଥିଲା। ଜାତୀୟ ବିଦ୍ୟାଳୟମାନଙ୍କର ପ୍ରତିଷ୍ଠା ଓ ପରିଚାଳନା ତଥା ସୂତାକଟା, ଲୁଗାବୁଣା, ବଢେଇକାମ ଆଦି ଶିକ୍ଷାଦାନ ଦ୍ୱାରା ସାଧାରଣ ଜନତା

---

୬୬. ତତ୍ରୈବ ୪/୧୨, ପୃ.୩୦୪।
୬୭. ସମାଜ - ତା୮-୧-୧୯୨୧।

ସ୍ୱଦେଶୀ ଆନ୍ଦୋଳନ ସମ୍ବନ୍ଧରେ ଉତ୍ସାହୀ ହୋଇଥିଲେ। ଆନ୍ଦୋଳନର ଦ୍ୱିତୀୟ ପର୍ଯ୍ୟାୟରେ ମହାତ୍ମା ଗାନ୍ଧୀଙ୍କ ଅହିଂସାନୀତି ଓ ଆଇନ-ଅମାନ୍ୟ ଆନ୍ଦୋଳନ ଦେଶବାସୀଙ୍କ ଦେଶପ୍ରେମକୁ ବଳିଷ୍ଠତର କରିଥିଲା।

ମହାତ୍ମା ଗାନ୍ଧୀ ୧୯୨୭ ସାଲରେ ଓଡିଶା ଗସ୍ତରେ ଆସି ମଧୁସୂଦନଙ୍କ 'ଉତ୍କଳ ଟ୍ୟାନେରୀ' ପରିଦର୍ଶନ କରିଥିଲେ। ୧୯୨୮ ସାଲରେ 'ସାଇମନ୍ କମିଶନ୍' ଭାରତବର୍ଷକୁ ଆସିଥିଲେ। 'ଭାରତୀୟ ଜାତୀୟ କଂଗ୍ରେସ'ର ମାଡ୍ରାସ ବୈଠକ କମିଶନଙ୍କୁ ପରିତ୍ୟାଗ କରିବାର ସିଦ୍ଧାନ୍ତ ନେଇଥିଲା। ଏହାପରେ ଇଂରେଜ ସରକାର ସିନ୍ଧ୍, ଆନ୍ଧ୍ର, କର୍ଣ୍ଣାଟକ ଓ ଓଡିଶା ନିମନ୍ତେ ସ୍ୱତନ୍ତ୍ର ଶାସନ ବ୍ୟବସ୍ଥା କରିବାକୁ ନିଷ୍ପତ୍ତି ନେଇଥିଲେ (୬୮)। ୧୯୨୯ ସାଲ ଲାହୋର-କଂଗ୍ରେସରେ ପଣ୍ଡିତ ଜବାହରଲାଲ ନେହେରୁ ଏ ଦେଶରେ ବ୍ରିଟିଶ ସାମ୍ରାଜ୍ୟବାଦର କୌଣସି ପ୍ରକାର ଅର୍ଥନୀତିକ ନିୟନ୍ତ୍ରଣ ରହିବା ଉଚିତ ନୁହେଁ ଓ ଜଣେ ହେଲେ ବିଦେଶୀ ସୈନ୍ୟ ଏ ଦେଶରେ ରହିବା ଅନାବଶ୍ୟକ ଏହା ସ୍ପଷ୍ଟଭାବେ ଘୋଷଣା କରିଥିଲେ। ଭାରତ ପାଇଁ ପୂର୍ଣ୍ଣ ସ୍ୱରାଜ୍ୟର ଏତାଦୃଶ ଆହ୍ୱାନ ଓଡିଶା ତଥା ଭାରତର ଜନମାନସରେ ପ୍ରଚୁର ଆନନ୍ଦ ଓ ଉତ୍ସାହର ସ୍ରୋତ ଖେଳାଇଦେଇଥିଲା।

୧୯୨୯ ମସିହାରେ ମହାତ୍ମା ଗାନ୍ଧୀ ଆଇନ-ଅମାନ୍ୟ ଆନ୍ଦୋଳନର ଆହ୍ୱାନ ଦେବା ଫଳରେ କଂଗ୍ରେସ ନିର୍ଦ୍ଦେଶରେ କେନ୍ଦ୍ର, ଆସେମ୍ବ୍ଲି ତଥା ପ୍ରାଦେଶିକ କାଉନସିଲ ମାନଙ୍କରୁ କଂଗ୍ରେସ ଦଳର ସଭ୍ୟମାନେ ଇସ୍ତଫା ଦେଇଥିଲେ (୬୯)। ଏ ପ୍ରକାର ଜଟିଳ ରାଜନୈତିକ ପରିସ୍ଥିତି ସମ୍ପର୍କରେ ଜନସାଧାରଣଙ୍କୁ ସଚେତନ ରଖିଥିଲେ କୁନ୍ତଳାକୁମାରୀ, ଗୋପବନ୍ଧୁ, ବୀରକିଶୋର ଓ ବଞ୍ଛାନିଧି ପ୍ରଭୃତି କବିବୃନ୍ଦ।

ମାତୃଭାଷାର ଉନ୍ନତିସାଧନକୁ ମଧ୍ୟ ଏହି ଜାତୀୟବାଦି ଲେଖକବର୍ଗ ଆପଣାର ଲକ୍ଷ୍ୟଭାବେ ଗ୍ରହଣ କରିଥିଲେ। ସେଥିପାଇଁ 'ସତ୍ୟବାଦୀ' ପତ୍ରିକା ପ୍ରକାଶନ ଆରମ୍ଭ କରି ଗୋପବନ୍ଧୁ ଲେଖିଥିଲେ, "ପରର ସାହିତ୍ୟ କଦାପି ଜାତୀୟ ସାହିତ୍ୟ ହୋଇ ନପାରେ; ତାଙ୍କର ବାଣୀ ପ୍ରାଣରେ ବାଜେ ନାହିଁ।"(୭୦)

---

୬୮. ସୀତାରାମାୟା ବି.ପି., –'The History of the Indian National Congress' (1885-1935), ପୃ.୫୯

୬୯. କେନ୍ଦ୍ର ଆସେଂବ୍ଲିରୁ ଓଡିଶାର ଯେଉଁ ସଭ୍ୟମାନେ ଇସ୍ତଫା ପ୍ରଦାନ କରିଥିଲେ ସେମାନେ ହେଲେ-ପଣ୍ଡିତ ନୀଳକଣ୍ଠ ଦାସ, ବିହର-ଓଡିଶା କାଉନସିଲ୍‌ରୁ ପଣ୍ଡିତ ଲିଙ୍ଗରାଜ ମିଶ୍ର, ଗୋଦାବରୀଶ ମିଶ୍ର ଓ ନାରାୟଣ ବୀରବର ସାମନ୍ତ।

୭୦. ସତ୍ୟବାଦୀ – ୧/୬ ସମ୍ପାଦକୀୟ।

ଆଞ୍ଚଳିକ ତଥା ମହାଭାରତୀୟ ଜାତୀୟଭାବନାର ସମ୍ମିଶ୍ରଣ ମାଧ୍ୟମରେ ଅବଶେଷରେ ଓଡିଆଜାତିର ସ୍ୱତନ୍ତ୍ର ପ୍ରଦେଶ ଗଠନ ନିମନ୍ତେ ଦୀର୍ଘକାଳବ୍ୟାପୀ ଆନ୍ଦୋଳନର ଅବସାନ ଘଟିଥିଲା । ୧୯୩୫ ମସିହା ନଭେମ୍ବର ୨୨ ତାରିଖରେ ଇଂରେଜ ସରକାରଙ୍କର ଶ୍ୱେତପତ୍ର ପ୍ରକାଶ ପାଇଲା । ଏଥିରେ ଜୟପୁର, ପାରଳାଖେମୁଣ୍ଡି, ଜଳନ୍ତର ଏବଂ ବ୍ରହ୍ମପୁର ଓଡିଶା ସହିତ ମିଶିବାର ଘୋଷଣା କରାଯାଇଥିଲା । ୧୯୩୫ ସାଲର ସରକାରୀ ଆଇନ ବଳରେ ୧୯୩୬ ମସିହା ଏପ୍ରିଲ୍ ପହିଲାରୁ ଓଡିଶା ସ୍ୱତନ୍ତ୍ର ପ୍ରଦେଶ ରୂପେ ପରିଗଣିତ ହେଲା ।

ଜାତୀୟ କଂଗ୍ରେସ ଆନ୍ଦୋଳନ କାଳରେ ଭ୍ରାତୃତ୍ୱବୋଧ, ଜାଗୃତି ଓ ଅସହଯୋଗର ବାର୍ତ୍ତା ପ୍ରଚାର କରି ଉତ୍କଳୀୟ ଜନମାନସକୁ ଉଦ୍‌ବୁଦ୍ଧ ଓ ବିପ୍ଳବମୁଖୀ କରିଥିଲେ ବାଞ୍ଛାନିଧି ମହାନ୍ତି ଓ ବୀରକିଶୋର ଦାସ । ଜାତୀୟକବି ବୀରକିଶୋରଙ୍କ ଜାତୀୟ ସଙ୍ଗୀତ ଚତୁର୍ଦ୍ଦିଗରେ ପ୍ରବଳ ଉନ୍ମାଦନା ସୃଷ୍ଟି କରିଥିବା ହେତୁ କବିଙ୍କ ରଚନାବଳୀ ବାଜ୍ୟାପ୍ତ ହେବା ସଙ୍ଗେ ସଙ୍ଗେ ତାହାଙ୍କୁ ଏକବର୍ଷ କାରାଦଣ୍ଡରେ ଦଣ୍ଡିତ ହେବାକୁ ପଡିଥିଲା ।

ଓଡିଶାରେ ପ୍ରଗତିବାଦୀ (ମାର୍କ୍‌ସୀୟ) ଚେତନା:

୧୯୩୫ ସାଲରେ ଭାରତୀୟ କମ୍ୟୁନିଷ୍ଟ ସଙ୍ଘ ପ୍ରତିଷ୍ଠିତ ହୋଇଥିଲା । ମୁଖ୍ୟତଃ ଏହି ସଙ୍ଘର ନେତୃତ୍ୱରରେ ଭାରତର ବିଭିନ୍ନ ସ୍ଥାନରେ କୃଷକ ଆନ୍ଦୋଳନ, ବମ୍ବେ ଲୁଗାମିଲ୍‌ରେ ଶ୍ରମିକ ଆନ୍ଦୋଳନ ଓ ଭାରତର ବିଭିନ୍ନ ସ୍ଥାନରେ ଶ୍ରମିକ ୟୁନିୟନମାନ ପ୍ରତିଷ୍ଠିତ ହୋଇଥିଲା । ଏହା ଫଳରେ ମାର୍କ୍‌ସୀୟ ଦର୍ଶନର ପ୍ରଭାବ ଏ ଦେଶର ଜନଜୀବନରେ ଅନୁଭୁତ ହେଲା । ସେଥିପାଇଁ ୧୯୩୫ ସାଲ ପରବର୍ତ୍ତୀ ସର୍ବଭାରତୀୟ ସାହିତ୍ୟରେ ଏକ ଦ୍ୱୈତ ଚେତନାର ପ୍ରତିଫଳନ ପରିଲକ୍ଷିତ ହୁଏ । କ୍ରମେ ଗାନ୍ଧିବାଦୀ ଉଦାରତା ସହ ସାମ୍ୟବାଦୀ ଉଗ୍ରଚେତନା ସାହିତ୍ୟ ତଥା ରାଜନୀତି ଉଭୟ କ୍ଷେତ୍ରରେ ପ୍ରକାଶିତ ହେବାକୁ ଲାଗିଲା ।

ଦୁଇଟି ବିଶ୍ୱଯୁଦ୍ଧ, ସ୍ୱାଧୀନତାପ୍ରାପ୍ତି ନିମନ୍ତେ ଭାରତର ସତ୍ୟାଗ୍ରହ ଆନ୍ଦୋଳନ, ସୋଭିଏଟ୍ ରୁଷର ସମାଜବାଦୀ ଆନ୍ଦୋଳନ ପ୍ରଭୃତିର ପ୍ରଭାବ ସାହିତ୍ୟିକମାନଙ୍କୁ ଜବନଧର୍ମୀ ସାହିତ୍ୟ ରଚନା ନିମନ୍ତେ ଅନୁପ୍ରଣିତ କରିଥିଲା । ଏତଦ୍ୱାରା ଭାରତରେ ଏକ ପ୍ରଗତିଶୀଳ ଜୀବନ୍ତ ସାହିତ୍ୟ ସୃଷ୍ଟିର ଭିତ୍ତି ପ୍ରସ୍ତୁତ ହୋଇପାରିଥିଲା । ଉତ୍କଳୀୟ ସମାଜର 'ପୁରୁଣା ପ୍ରଥା ଉପରେ ନୂତନ ସ୍ତର ଫିଟାଇ' ଜାତୀୟ ଜୀବନରେ ଚଞ୍ଚଳତା ଓ ନୂତନ ସଂସ୍କୃତିର ସ୍ରୋତ ଖେଳାଇଦେବା ଉଦ୍ଦେଶ୍ୟରେ ଓଡିଶାରେ ଯେଉଁ ସାହିତ୍ୟ ସଂସ୍ଥା ଗଠିତ ହୋଇଥିଲା ତାହା ହେଉଛି 'ନବଯୁଗ ସାହିତ୍ୟ ସଂସଦ' । ଏହି ଅନୁଷ୍ଠାନ ନବକୃଷ୍ଣ ଚୌଧୁରୀ, ଭଗବତୀ ଚରଣ ପାଣିଗ୍ରାହୀ, ଅନନ୍ତ ପଟ୍ଟନାୟକ, ପ୍ରାଣନାଥ ପଟ୍ଟନାୟକ, ରାମକୃଷ୍ଣ ପତି, ସଚ୍ଚିଦାନନ୍ଦ

ରାଉତରାୟ, ମନମୋହନ ମିଶ୍ର, ରାମପ୍ରସାଦ ସିଂହ ପ୍ରଭୃତି ସାହିତ୍ୟରଥୀଙ୍କ ପୃଷ୍ଟପୋଷକତା ଲାଭକରିଥିଲା ।

ଜାତୀୟ ଭାବନା ସହ ମହାମାନବୀୟ ଚିନ୍ତା ଓ ଚେତନାର ହେଲା ସମନ୍ୱୟ । ଏହା 'ନବଯୁଗ ସାହିତ୍ୟ ସଂସଦ'ର ପ୍ରଥମ ଅଧିବେଶନର ଉଦ୍‌ବୋଧନ ସଙ୍ଗୀତରୁ ସୁସ୍ପଷ୍ଟ (୭୧) । ଏହି ଅନୁଷ୍ଠାନ ସହ ସମ୍ପୃକ୍ତ ସାହିତ୍ୟିକମାନେ ପ୍ରଥମରୁ ଏକ ସାମ୍ୟବାଦୀ ଶୋଷଣହୀନ ସମାଜ ପ୍ରତିଷ୍ଠା ଲକ୍ଷ୍ୟରେ ବିପ୍ଳବର ଧ୍ୱନି ଉଚ୍ଚାରଣ କରିଥିଲେ । 'ପରାଂମୁଖାପେକ୍ଷୀ, ପରାଙ୍ଗପୁଷ୍ଟ ମଲାଙ୍ଗ ପରି ବ୍ୟର୍ଥ ଅସ୍ତିତ୍ୱ ଘେନି' ବିଭାଜିତ ଥିବା ଓଡିଆ ସାହିତ୍ୟ ସହ ଏହି ଆଧୁନିକ ଗୋଷ୍ଠୀ ସମସ୍ତ ସମ୍ପର୍କ ଛିନ୍ନ କରିବାକୁ ଚାହିଁଥିଲେ । କାରଣ ସ୍ୱରୂପ ସେମାନେ ଦର୍ଶାଇଥିଲେ "ଏ ସାହିତ୍ୟରେ ଜାତି ଗଠନର କିଛି ସାମଗ୍ରୀ ନାହିଁ" (୭୨) । ଜାତି ଗଠନ ଉଦ୍ଦେଶ୍ୟରେ ଏମାନଙ୍କର ମୁଖ୍ୟ ପଦକ୍ଷେପ ଥିଲା ଏକ ନିର୍ଦ୍ଦିଷ୍ଟ ଆଦର୍ଶକୁ ଜନସାଧାରଣଙ୍କର ନିକଟତର କରାଇବା, ସମାଜର ନ୍ୟସ୍ତସ୍ୱାର୍ଥ ଗୋଷ୍ଠୀର ଅହଙ୍କାର ତଳେ ଲୁଚିଯାଇଥିବା ଗଣଜୀବନର ସମସ୍ୟାକୁ ଉପସ୍ଥାପିତ କରାଇବା । ଗତାନୁଗତିକ ଆଚରଣ ବିରୁଦ୍ଧରେ ଏହି ପ୍ରଗତିଶୀଳ ସାହିତ୍ୟିକ ଗୋଷ୍ଠୀ ଏତାଦୃଶ ପ୍ରତିକ୍ରିୟା ପ୍ରକାଶ କରିବା ସ୍ୱାଭାବିକ । ପାରମ୍ପରିକ ଶୋଷଣ ଓ କପଟତା ବିରୁଦ୍ଧରେ ଧ୍ୱନି ଦେଇ ଶୋଷିତ ସର୍ବହରା ଗୋଷ୍ଠୀକୁ ଜାଗ୍ରତ କରାଇବା ଲକ୍ଷ୍ୟରେ ବହୁ କବି ଆହ୍ୱାନଧର୍ମୀ କବିତା ରଚନା କରିଥିଲେ । ଏମାନଙ୍କ ମଧ୍ୟରେ କବି ସଚ୍ଚିଦାନନ୍ଦ ରାଉତରାୟ ଅଗ୍ରଗଣ୍ୟ ।

ସ୍ୱଦେଶର ମୁକ୍ତି-ଆନ୍ଦୋଳନ କାଳରେ ସର୍ବହରାର ଜୟଗାନ ସହିତ ଏହି ପ୍ରତିବାଦୀ କବିବୃନ୍ଦ ଦେଶବାସୀଙ୍କୁ ଏକତ୍ରିତ ହେବାକୁ ଓ ଜାତୀୟ ପରାଧୀନତା ଅପମାନର ପ୍ରତିଶୋଧ ନେବାକୁ ମଧ୍ୟ ଆହ୍ୱାନ ଦେଇଥିଲେ । ସାମ୍ୟବାଦୀ ଦର୍ଶନ ଦ୍ୱାରା ପ୍ରଭାବିତ ସାହିତ୍ୟିକବୃନ୍ଦ ଗତାନୁଗତିକତାର ପ୍ରବହମାନତାରୁ ସମାଜକୁ ମୁକ୍ତ କରିବାକୁ ଚାହିଁଛନ୍ତି ଓ

---

୭୧. "ନବୀନ ଯୁଗର ତରୁଣ ଜାଗରେ ଜାଗ ବନ୍ଧନହରା
ବକ୍ଷଶୋଣିତ ଲକ୍ଷ ଜୀବନରେ ଖେଳାଅ ଆଲୋକଧାରା
ଛିନ୍ନ କରରେ ବନ୍ଧନରାଜି କ୍ରନ୍ଦନ ହେଉ ଶେଷ
ଲୁପ୍ତ ହେଉରେ ଜାତି ଉପଜାତି ଖଣ୍ଡିତ ଶତ ଦେଶ
ମହାମାନବର ଶଙ୍ଖ ଶବଦେ ଶମୁରେ ଦୁଃଖ ଜ୍ୱାଳା
ଜାଗ ବନ୍ଧନ-ହରା ।"
-ନବଯୁଗ ସାହିତଯ ସମ୍ମିଳନୀର ଉଦ୍‌ବୋଧନ ସଙ୍ଗୀତ-ରଚୟିତା ଅନନ୍ତ ପଟ୍ଟନାୟକ ।

୭୨. ସିଂହ ରାମପ୍ରସାଦ – 'ବର୍ତ୍ତମାନ ସାହିତ୍ୟରେ ନୂତନ ଭାବଧାରାର ଆବାହନ' ନବଭାରତ, ଧନୁ ୧୩୪୨ ।

ପରିକଳ୍ପନା କରିଛନ୍ତି ଏକ ଶ୍ରେଣୀହୀନ, ଶୋଷଣହୀନ, ସୁଖୀ ସମାଜ। ବିବିଧ ରାଜନୈତିକ ଆନ୍ଦୋଳନ ତଥା ଦର୍ଶନ, ସଂସ୍କାରଚେତନା ଗଳିତ ଶତକର ତୃତୀୟ ଦଶକ ବେଳକୁ ଓଡ଼ିଆ ସାହିତ୍ୟକୁ ଜୀବନଧର୍ମୀ ତଥା ବାସ୍ତବଧର୍ମୀ ଭାବନାରେ ଅନୁପ୍ରାଣିତ କରିଥିଲା। ସାହିତ୍ୟରୁ କଳ୍ପନାପ୍ରବଣତା ଅପସାରିତ ହୋଇ ତତ୍‌ପରବର୍ତ୍ତେ ମାନବର ଦୈନନ୍ଦିନ ଜୀବନର ସମସ୍ୟା ସାହିତ୍ୟରେ ମୁଖ୍ୟ ସ୍ଥାନ ଗ୍ରହଣକଲା।

ଏହିପରି ଏକ ସଙ୍ଘର୍ଷମୂଳକ ଚେତନାକୁ ଭିତ୍ତିକରି ରଚିତ ସାହିତ୍ୟ ଯୁଗରୁଚିକୁ ପ୍ରାଭାବିତ କରିବାକୁ ସମର୍ଥ ହୋଇଥିଲା। ଏହି ସଂସ୍କାରଧର୍ମିତା ଓ ବୈପ୍ଳବିକ ଭାବନା ଓଡ଼ିଆ ଜାତୀୟବାଦୀ ସାହିତ୍ୟକୁ ସୁସମୃଦ୍ଧ କରିଅଛି।

ଉପସଂହାର:

ଊନବିଂଶତାବ୍ଦୀର ପ୍ରଥମାର୍ଦ୍ଧରୁ ଭାରତର ରାଜନୈତିକ ପରିବର୍ତ୍ତନ ସହିତ ଓଡ଼ିଆ ସାହିତ୍ୟର ସମସ୍ତ ବିଭାଗରେ ପରିବର୍ତ୍ତନ ଅତ୍ୟନ୍ତ ସୁସ୍ପଷ୍ଟ. କାବ୍ୟ-କବିତା, ଗଳ୍ପ ଉପନ୍ୟାସ, ପତ୍ର-ପତ୍ରିକା, ଜାଟକ, ପ୍ରବନ୍ଧ ଇତ୍ୟାଦି ସାହିତ୍ୟର ବିବିଧ ବିଭାବରେ ଜାତୀୟତାବାଦର ପ୍ରତ୍ୟକ୍ଷ ପ୍ରଭାବ ପରିଲକ୍ଷିତ ହୁଏ। ଏହି ଜାତୀୟବାଦୀ ଚେତନା ଇତିହାସ ସଚେତନତା, ଭୌଗୋଳିକ ସଚେତନତା, ସମସ୍ୟା-ସଚେତନତା (ସାମାଜିକ, ସାହିତ୍ୟିକ ତଥା ସାଂସ୍କୃତିକ), ଅତୀତ ଗୌରବ ସ୍ମରଣ, ଦେଶମିଶ୍ରଣ ଆନ୍ଦୋଳନ, ଭ୍ରାତୃତ୍ୱବୋଧ ଓ ଜାଗୃତିର ବାର୍ତ୍ତା। ଜାତୀୟ କଂଗ୍ରେସର ଆହ୍ୱାନ, ଅସହଯୋଗରେ ବାର୍ତ୍ତା, ଜାତୀୟ କଂଗ୍ରେସର ଆହ୍ୱାନ, ଅସହଯୋଗର ବାର୍ତ୍ତାପ୍ରଚାର ଇତ୍ୟାଦି ବିଭିନ୍ନ ରୂପରେ ସାହିତ୍ୟରେ ପ୍ରତିଫଳିତ।

ଦେଶବାସୀଙ୍କ ପ୍ରାଣରେ ଅତୀତ ଐତିହ୍ୟ ପ୍ରତି ସ୍ୱାଭିମାନ ଜନ୍ମାଇବା ଏବଂ ଏହାରି ମାଧମରେ ଜାତିପ୍ରୀତି ଗଭୀରତର କରାଇବା, ବହୁକାଳର ବିଦେଶୀ ଶାସନଜନିତ ଅତ୍ୟାଚାରଦ୍ୱାରା ଯେଉଁ ହୀନମନ୍ୟତା ଏହି ଜାତି ପ୍ରାଣରେ ସୃଷ୍ଟି ହୋଇଥିଲା ତା'ର ବିଲୋପ କରି ସ୍ୱଦେଶ ଓ ମାତୃଭୂମି ପ୍ରତି ଆବେଗ ଜନ୍ମାଇବା ଲକ୍ଷ୍ୟରେ ଏହି ଐତିହାସିକ ଦେଶର ଅତୀତ ଇତିହାସ ଓ ସମୃଦ୍ଧ ଅତୀତର ଜୟଗାନ କରାଯାଇଥିଲା।

ଏକ ଉପମହାଦେଶ ସଦୃଶ ବିରାଟ ଭାରତବର୍ଷ ବହୁ ଜାତି, ଧର୍ମ, ସଂପ୍ରଦାୟରେ ବିଭକ୍ତ ହୋଇଥିବାରୁ ଏହାର ଭୌଗୋଳିକ ଏକତା ବିଚ୍ଛିନ୍ନ ହୋଇଯାଇଥିଲା ଓ ସହଜରେ ଏହା ବିଦେଶୀ ଶାସକର କରଗତ ହୋଇପାରିଥିଲା। ବ୍ରିଟିଶ ଶାସନ କାଳରେ ରେଳୱେ, ରାସ୍ତାଘାଟ ନିର୍ମାଣ, ଡାକ ଓ ଟେଲିଗ୍ରାଫ୍ ବ୍ୟବସ୍ଥାର ପ୍ରଚଳନ ଦ୍ୱାରା ସମଗ୍ର ଦେଶରେ

ଦୃଢ ଭୌଗୋଳିକ ସଂଯୋଗ ସ୍ଥାପିତ ହୋଇ ପାରିଥିଲା । ଆକୁମାରୀ-ହିମାଚଳ ଭାରତବର୍ଷ ଗୋଟିଏ ଦେଶ ଏବଂ ଏହାର ସନ୍ତାନ ପ୍ରତ୍ୟେକେ ଭାରତୀୟ ଏହି ସଚେତନଭାବ ଅନୁଭୁତ ହେବାଦ୍ୱାରା ଭାରତୀୟମାନଙ୍କ ମଧ୍ୟରେ ସହୃଦୟତା ତଥା ଭ୍ରାତୃତ୍ୱବୋଧ ଜାଗ୍ରତ ହୋଇଥିଲା ଓ ସର୍ବଭାରତୀୟ ଜାତୀୟଏକତାର ମୂଳଭିତ୍ତି ସଂସ୍ଥାପିତ ହୋଇପାରିଥିଲା ।

ଏହିପରି ଓଡିଆ ସାହିତ୍ୟରେ ଜାତୀୟ ଚେତନା ପ୍ରାରମ୍ଭରୁ ଏ ଯାବତ୍ ତାହାର ସ୍ଥିତି ଦୃଢ ଭାବରେ ବଜାୟ ରଖିବାରେ ସମର୍ଥ ହୋଇଅଛି । ଏହାର ବିସ୍ତୃତ ଆଲୋଚନା ପରବର୍ତ୍ତୀ ପରିଚ୍ଛେଦମାନଙ୍କରେ କରାଯାଇଅଛି ।

ଦ୍ୱିତୀୟ ପରିଚ୍ଛେଦ

ଜାତୀୟଚେତନାର ଅଭିବୃଦ୍ଧିରେ ପତ୍ରପତ୍ରିକାର ଭୂମିକା

ଇଂରେଜ ଶାସନ କାଳରେ ୟୁରୋପୀୟ ନବଜାଗରଣର ପ୍ରଭାବ ପାଶ୍ଚାତ୍ୟରୁ ପ୍ରାଚ୍ୟ ଉପମହାଦେଶକୁ ସଂପ୍ରସାରିତ ହୋଇ ଭାରତବର୍ଷରେ ଯେଉଁ ସ୍ପନ୍ଦନ ସୃଷ୍ଟି କରିଥିଲା, ତା'ର ପ୍ରତିଫଳନ ଘଟିଲା ମୁଦ୍ରଣଶିଳ୍ପ ଓ ସମ୍ବାଦପତ୍ରର ସଫଳ ଅଭିବ୍ୟକ୍ତି ମାଧ୍ୟମରେ। ୧୭୫୭ ମସିହା ଜୁନ ୨୩ ତାରିଖ ପଲାସୀ ଯୁଦ୍ଧରେ ବଙ୍ଗନବାବ ସିରାଜୌଦ୍ଦଲାଙ୍କ ପତନ ସହିତ ଭାରତରେ ଇଂରେଜ ଶାସନର ମୂଳଭିତ୍ତି ସ୍ଥାପିତ ହୋଇଥିଲା। ଇଂରେଜ ଶାସକମାନେ ସେମାନଙ୍କ ବାଣିଜ୍ୟିକ ଉନ୍ନତି ଓ ପ୍ରଭୁତ୍ୱ ବିସ୍ତାର ଉଦ୍ଦେଶ୍ୟରେ ଏ ଦେଶରେ ରାସ୍ତା, ରେଳବିଭାଗ, ଡାକବିଭାଗ ଓ କ୍ଷୁଦ୍ରଶିଳ୍ପ ପ୍ରଭୃତି ପ୍ରବର୍ତ୍ତନ କରିଥିଲେ। ଏହା ଶାସକ ଗୋଷ୍ଠୀଙ୍କୁ ଅର୍ଥଶୋଷଣରେ ସହାୟତା କରିଥିଲେ ହେଁ ଅପର ପକ୍ଷରେ ବିଚ୍ଛିନ୍ନ, ବିଖଣ୍ଡିତ, ଭାରତୀୟ ଜନଜୀବନକୁ ଏକତ୍ର କରିବାରେ ଓ ଏ ଦେଶରେ ଭ୍ରାତୃତ୍ୱ ପ୍ରତିଷ୍ଠାରେ ଗୁରୁତ୍ୱପୂର୍ଣ୍ଣ ଭୂମିକା ଗ୍ରହଣ କରିଥିଲା।

ଭାରତରେ ମୁଦ୍ରଣଶିଳ୍ପ ଓ ସମ୍ବାଦପତ୍ର :

ଶାସକ ଗୋଷ୍ଠୀର ପ୍ରତ୍ୟକ୍ଷ ନିୟନ୍ତ୍ରଣରେ ଭାରତୀୟ ମୁଦ୍ରଣଶିଳ୍ପର ପ୍ରତିଷ୍ଠା ଓ ବିକାଶ ଘଟିଥିଲା। ଇଂରେଜମାନଙ୍କ ଆଗମନର ପ୍ରାୟ ଶହେବର୍ଷ ପରେ ଭାରତରେ ପ୍ରଥମ ଇଂରେଜୀ ସମ୍ବାଦପତ୍ର ଇଂରେଜ ସାହେବଙ୍କ ତତ୍ତ୍ୱାବଧାନରେ ପ୍ରକାଶିତ ହୋଇଥିଲା। (୧) ଏହା ଶାସନଗତ ସୁବିଧାନିମନ୍ତେ ସର୍ବାଦୌ ଉଦ୍ଦିଷ୍ଟ ଥିଲେ ହେଁ ଏହା ଭାରତରେ

---

୧. 'The Bengal Gazette', ପ୍ରତିଷ୍ଠାତା ଜେ.ଏ.ହିକି (J.A. Hicky), ପ୍ରଥମ ପ୍ରକାଶନ ତା ୧୯.୧.୧୭୮୦, କଲିକତା।

ରାଜନୈତିକ ସଚେତନତା ସୃଷ୍ଟିରେ ସହାୟକ ହୋଇଥିଲା । ଖ୍ରୀ:୧୮୩୫ରେ ଚାର୍ଲସ ମେଟକାଫ୍ 'ଭାରତୀୟ ପ୍ରେସ ସଂସ୍ଥା' ଗୁଡିକୁ ସ୍ୱାଧୀନ କରିଦେବା ନିମନ୍ତେ ଆଇନ ପ୍ରଣୟନ କରିବାଦ୍ୱାରା ସମ୍ବାଦପତ୍ର ପ୍ରକାଶନ କ୍ଷେତ୍ରରେ ଉତ୍ସାହ ଦେଖାଦେଇଥିଲା । ଦେଶସେବାର ସୁମହତ୍ ଲକ୍ଷ୍ୟ ନେଇ ଏ ଦେଶରେ ପ୍ରକାଶିତ ହୋଇଥିଲା 'ହିନ୍ଦ୍ ପ୍ୟାଟ୍ରିଏଟ' (ସଂ - ହରିଶଚନ୍ଦ୍ର ମୁଖାର୍ଜୀ, ୧୮୬୦), 'ଇଣ୍ଡିଆନ ମିରର୍'(ସଂ-ଦେବେନ୍ଦ୍ର ନାଥ ଠାକୁର, ୧୮୬୧), 'ଅମୃତ ବଜାର ପତ୍ରିକା'- (ସଂ-ଶିଶିରକୁମାର ଘୋଷ, ୧୮୬୮), 'ରାଷ୍ଟ୍ରଗୁରୁ' (ସଂ - ସୁରେନ୍ଦ୍ରନାଥ ବେନାର୍ଜୀ, ୧୮୭୯) ପ୍ରଭୃତି ପତ୍ରିକା । ମାତ୍ର ପରକାଳରେ ବ୍ରିଟିଶ ଶାସକବର୍ଗ ଏହାକୁ ଅବଦମିତ କରିବାକୁ ଆବଶ୍ୟକ ପଦକ୍ଷେପ ନେଇଥିଲେ ।

ପତ୍ରିକା ପ୍ରକାଶନ ସ୍ୱାଧୀନତା ଯୋଗୁ ୧୮୫୭ ମସିହାରେ ଐତିହାସିକ ସିପାହି ବିଦ୍ରୋହ ତଥା ଭାରତୀୟ ଜନମାନସ ଅସନ୍ତୋଷର ପ୍ରଥମ ପରିପ୍ରକାଶ ସଂଘଟନ ସମ୍ଭବ ହୋଇଥିଲା ବୋଲି ଇଂରେଜ ଶାସକ ଗୋଷ୍ଠୀର ଧାରଣା ହୋଇଥିଲା । ୧୪ ତାରିଖ, ମାର୍ଚ୍ଚ, ୧୮୭୮ ମସିହାରେ ଦେଶୀୟ ପତ୍ରିକା ଉପରେ ଲର୍ଡ ଲିଟନ୍ 'ଭର୍ଣ୍ଣାକୁଲାର ପ୍ରେସ୍ ଆକ୍ଟ' ପ୍ରଚଳନ କରାଇ ଭାରତୀୟ ଭାଷାରେ ପ୍ରକାଶିତ ପତ୍ରିକାମାନଙ୍କ ଉପରେ କଟକଣା ଜାରି କରିବାର ବ୍ୟବସ୍ଥା କଲେ । ଏହା ତତ୍କାଳୀନ ଭାରତୀୟ ଜନସାଧାରଣଙ୍କ ମଧ୍ୟରେ ତୀବ୍ର ଅସନ୍ତୋଷ ସୃଷ୍ଟି କରିଥିଲା । ଖ୍ରୀ:୧୮୮୦ରେ ଇଂରେଜମାନଙ୍କର ସମ୍ବାଦପତ୍ର ଉପରେ ପ୍ରାଧାନ୍ୟ ଆରୋପ ଫଳରେ ଜାତୀୟଜାଗରଣ ଅବଦମିତ ହେବା ପରିବର୍ତ୍ତେ ବୃଦ୍ଧିପ୍ରାପ୍ତ ହୋଇଥିଲା । ଯଥାର୍ଥତଃ ଏହି ସମୟଟି ଥିଲା ଭାରତରେ ଜାତୀୟତାର ପ୍ରାରମ୍ଭ କାଳ ।

ଗତ ଶତାବ୍ଦୀର ସପ୍ତମଦଶକରେ ଭାରତର ବିଭିନ୍ନ ଅଞ୍ଚଳରୁ ବିଭିନ୍ନ ଭାରତୀୟ ଭାଷାରେ ତଥା ଇଂରାଜୀ ଭାଷାରେ ବହୁ ପତ୍ରପତ୍ରିକା ପ୍ରକାଶ ପାଇଥିଲା ଓ ଏହା ଏକ ବିଶିଷ୍ଟ ପ୍ରଭାବଶାଳି ରାଜନୈତିକ ଶକ୍ତିରେ ପରିଣତ ହୋଇଥିଲା । ଜାତୀୟ ଜାଗରଣର ବିବର୍ତ୍ତନ କାଳରେ ଏମାନଙ୍କର ଭୂମିକା ଅତୀବ ଗୁରୁତ୍ୱପୂର୍ଣ୍ଣ ।

ମହାତ୍ମା ଗାନ୍ଧୀ, ତିଳକ ମହାରାଜ, ବିପିନଚନ୍ଦ୍ର ପାଲ, ଯୋଗୀ ଅରବିନ୍ଦ, ସୁରେନ୍ଦ୍ର ନାଥ ବାନାର୍ଜୀ, ସୁବ୍ରମନିୟମ୍ ଆୟାର, ଲାଲା ଲାଜପତ୍‌ରାୟ, ଜବାହରଲାଲ ନେହେରୁ ପ୍ରମୁଖ ଜାତୀୟବାଦୀ ନେତାମାନେ ସମ୍ବାଦପତ୍ରମାନଙ୍କରେ ପ୍ରକାଶିତ ସେମାନଙ୍କ ଲେଖାଯୋଗୁ ବିଭିନ୍ନ ସମୟରେ ଇଂରେଜ ଶାସକମାନଙ୍କଦ୍ୱାରା ଦଣ୍ଡିତ ଓ ପ୍ରପୀଡିତ

ଏହାପରେ ମାନ୍ଦ୍ରାଜରୁ 'The Government Gazette' 'The Madras Gazette', ଓ 'The Madras Courier' ସାପ୍ତାହିକ ମାନ ପ୍ରକାଶିତ ହୋଇଥିଲା ।

ହୋଇଥିଲେ। ଏହି ପତ୍ରିକା ମାଧ୍ୟମରେ ହିଁ ସ୍ୱାଧୀନତା ଆନ୍ଦୋଳନର ବାର୍ତ୍ତା ଏ ଦେଶର ଚତୁର୍ଦ୍ଦିଗରେ ଖେଳିଯାଇଥିଲା ଓ ଜନଜାଗରଣ ତ୍ୱରାନ୍ୱିତ ହୋଇପାରିଥିଲା।

ଓଡିଆ ପତ୍ରପତ୍ରିକା ଓ ଜାତୀୟଚେତନା : ଊନବିଂଶ ଶତାବ୍ଦୀ ପ୍ରାକ୍ ଜାତୀୟ କଂଗ୍ରେସ ଯୁଗ।

ଭାରତ ତଥା ଓଡିଶାର ମୁଦ୍ରଣଶିଳ୍ପ ବହୁ ବାଧାବିଘ୍ନ ମଧ୍ୟଦେଇ ବିକାଶଲାଭ କରିଥିଲା। କଟକରେ ମିଶନାରୀ ମାନଙ୍କ ଉଦ୍ୟମରେ ୧୮୩୬-୩୮ ମସିହାରେ ପ୍ରତିଷ୍ଠିତ ହୋଇଥିଲା 'ମିଶନ୍ ପ୍ରେସ୍' ଓ ଏଠାରୁ ଜ୍ଞାନାରୁଣ (୧୮୪୯), ଅରୁଣୋଦୟ (୧୮୬୧), ଓ ପ୍ରବୋଧଚନ୍ଦ୍ରିକା (୧୮୫୬) ପ୍ରଭୃତି ପତ୍ରିକା ପ୍ରକାଶ ପାଇଥିଲା। ଏହା ଥିଲା ଖ୍ରୀଷ୍ଟଧର୍ମ ପ୍ରଚାର ଲାଗି ଉଦ୍ଦିଷ୍ଟ। ୧୮୬୬ ଖ୍ରୀଷ୍ଟାବ୍ଦର ନଅଙ୍କ ଦୁର୍ଭିକ୍ଷ, ମହାମାରୀ ଭଳି ଜାତୀୟ ଦୁର୍ଯୋଗ ମଧ୍ୟରେ ଖ୍ରୀ: ୧୮୬୫ରେ କଟକ ପ୍ରିଣ୍ଟିଂ କୋମ୍ପାନୀ ସ୍ଥାପିତ ହୋଇ ଗୌରୀଶଙ୍କର ରାୟ ଓ ବିଚିତ୍ରାନନ୍ଦ ଦାସଙ୍କ ଉଦ୍ୟମରେ 'ଉତ୍କଳଦୀପିକା' (ପ୍ର:ପ୍ର:ତା ୪/୮/୧୮୬୬) ପ୍ରକାଶିତ ହୋଇଥିଲା। ଏହି 'ଉତ୍କଳ ଦୀପିକା' ହିଁ ଓଡିଶାର ପ୍ରଥମ ସମ୍ବାଦପତ୍ର। ଭାଲେଶ୍ୱରରୁ ଫକୀରମୋହନ ସେନାପତିଙ୍କ ଉଦ୍ୟମରେ 'ବୋଧଦାୟିନୀ' ଓ 'ବାଲେଶ୍ୱର ସମ୍ବାଦ ବାହିକା' (୧୮୬୮) ପ୍ରକାଶିତ ହୋଇଥିଲା। ପରେ ପରେ ବାଲେଶ୍ୱର ଦେ ପ୍ରେସ୍ (୧୮୭୩), ଉତ୍କଳ ହିତୈଷିଣୀ ପ୍ରେସ (୧୮୭୩), ପୁରୀ ଭକ୍ତିଦାୟିନୀ ପ୍ରେସ (୧୮୭୪), ଗଞ୍ଜାମ ପ୍ରେସ (୧୮୭୫), ମୟୁରଭଞ୍ଜ ପ୍ରେସ (୧୮୭୯), ଭିକ୍ଟୋରିଆ ପ୍ରେସ (୧୮୮୫), ଜଗନ୍ନାଥ ବଲ୍ଲଭ ପ୍ରେସ (ବାମଣ୍ଡା, ୧୮୮୬), ପୁରୀ ପ୍ରିଣ୍ଟିଂ କୋମ୍ପାନୀ (୧୮୯୦), ଅରୁଣୋଦୟ ପ୍ରେସ (୧୮୯୩) ଇତ୍ୟାଦି ମୁଦ୍ରଣ ପ୍ରତିଷ୍ଠାନ ପ୍ରତିଷ୍ଠିତ ହେବାରୁ ବହୁ ସମ୍ବାଦପତ୍ର ଓ ବିଭିନ୍ନ ପତ୍ରିକା ପ୍ରକାଶିତ ହେବା ସମ୍ଭବ ହେଲା। ୧୮୬୬ ମସିହାରୁ ପ୍ରକାଶିତ ଓ ପରେ ପ୍ରକାଶିତ ହୋଇଥିବା ପତ୍ରିକାଗୁଡିକ ବିଗତ ଶତାବ୍ଦୀର ଶେଷପର୍ଯ୍ୟନ୍ତ ମୁଖ୍ୟତଃ ଓଡିଆଭାଷା ଓ ସଂସ୍କୃତିର ସୁରକ୍ଷା, ଓଡିଶୀ ସାମାଜିକ ଜୀବନକୁ କୁସଂସ୍କାର ଉଚ୍ଛେଦ, ରାଜନୀତି ସଚେତନତା, ପରାଧୀନତାରୁ ମୁକ୍ତି ଓ ଦେଶପ୍ରେମ ପ୍ରଭୃତିର ପ୍ରଚାର କାର୍ଯ୍ୟରେ ଆତ୍ମନିୟୋଗ କରି ଉତ୍କଳର ପ୍ରଭୃତ ଉନ୍ନତି ସାଧନ କରିଥିଲେ।

୧୮୮୫ ଖ୍ରୀଷ୍ଟାବ୍ଦ ପୂର୍ବରୁ ଭାରତରେ ଜାତୀୟଜାଗରଣର ସୂତ୍ରପାତ ହୋଇଥିଲା। ଏହି ସମୟରେ ଭାରତୀୟ ଜାତୀୟ କଂଗ୍ରେସର ପ୍ରତିଷ୍ଠା (୧୮୮୫) ଫଳରେ ଭାରତର ରାଜନୀତିକ ଆଭିମୁଖ୍ୟ ସୁସ୍ପଷ୍ଟ ହୋଇଯାଇଥିଲା। ଏହି ପରିବର୍ତ୍ତିତ ପରିପ୍ରେକ୍ଷୀରେ ଉତ୍କଳୀୟ ପତ୍ରିକାମାନେ ଯୁଗୋଚିତ ସମସ୍ୟା ଓ ପରିସ୍ଥିତିକୁ ଉପଲବ୍ଧି କରିପାରିଥିଲେ ଓ ଓଡିଶାର ସ୍ୱାର୍ଥରକ୍ଷା ଲାଗି ଯୁଗୋପଯୋଗି ନେତୃତ୍ୱ ପ୍ରଦାନ କରିଥିଲେ। ତତ୍କାଳୀନ

ସାହିତ୍ୟ ପତ୍ରିକାଗୁଡିକ ସେହିପରି ଗଳ୍ପ, ପ୍ରବନ୍ଧ ଓ କବିତା ପ୍ରଭୃତି ମାଧ୍ୟମରେ ଓଡିଆ ସାହିତ୍ୟ କ୍ଷେତ୍ରରେ ନୂତନ ଚିନ୍ତା ଓ ଧାରଣାର ସୂତ୍ରପାତ କରିଥିଲେ। ସମ୍ବାଦ ପରିବେଷଣ ସଙ୍ଗେ ସଙ୍ଗେ ଜାତୀୟଚେତନା ସୃଷ୍ଟି ଓ ଓଡିଶାର ସାଂସ୍କୃତିକ ଐକ୍ୟ ଓ ମର୍ଯ୍ୟାଦା ବୃଦ୍ଧିରେ ସହାୟତା କରିଥିବା ତତ୍‌କାଳୀନ ବିଶିଷ୍ଟ ପତ୍ରିକାଗୁଡିକ ହେଉଛି 'ଉତ୍କଳଦୀପିକା' (୧୮୬୬), 'ବାଲେଶ୍ୱର ସମ୍ବାଦ ବାହିକା' (୧୮୬୮), 'ସମ୍ବଲପୁର ହିତୈଷିଣୀ' (୧୮୮୯), 'ଉତ୍କଳଦର୍ପଣ' (୧୮୭୩), 'ଉତ୍କଳପୁତ୍ର'(୧୮୭୩), 'ଉତ୍କଳସଂସ୍କାରକ' (୧୮୭୪), 'ପ୍ରଜାବନ୍ଧୁ' (୧୮୮୨), 'ସେବକ' (୧୮୮୩), 'ନବସମ୍ବାଦ' (୧୮୮୭), 'ଆଶା' (୧୮୯୨)।

ଊନବିଂଶ ଶତାବ୍ଦୀର କେତୋଟି ଇଂରାଜୀ ପତ୍ରିକା ହେଲେ, 'ଉତ୍କଳ ଷ୍ଟାର' (୧୮୬୯), 'ଓଡିଶା ଷ୍ଟୁଡେଣ୍ଟସ୍' (୧୮୮୬), 'ଓଡିଶା ପ୍ୟାଟ୍ରିୟଟ୍' (୧୮୮୮), 'ଗଞ୍ଜାମ ନିଉଜ' (୧୮୯୬)। ଏହି ସମ୍ବାଦପତ୍ର ବ୍ୟତୀତ ଓଡିଆ ସାହିତ୍ୟର ବିକାଶ ଲାଗି ଊନବିଂଶ ଶତକର ଶେଷଦଶକରେ ଯେଉଁ ସାହିତ୍ୟ ପତ୍ରିକାଗୁଡିକ ନେତୃତ୍ୱ ଗ୍ରହଣ କରିଥିଲେ, ସେମାନେ ହେଲେ 'ଉତ୍କଳପୁତ୍ର' (ବାଲେଶ୍ୱର, ୧୮୭୩), 'ଉତ୍କଳପ୍ରଭା' (ବାରିପଦା), 'ଉତ୍କଳ ସାହିତ୍ୟ'(କଟକ, ୧୮୯୬)।

ସ୍ୱାଧୀନତାର ମହତ୍ତ୍ୱ, ଉପାଦେୟତା ଭାରତର ଜନସାଧାରଣଙ୍କ ସମ୍ମୁଖରେ ଅତି ନିଷ୍ଠାପରତାର ସହ ଉପସ୍ଥାପିତ କରିବା ଥିଲା ତତ୍‌କାଳୀନ ପତ୍ରପତ୍ରିକାମାନଙ୍କର ସର୍ବପ୍ରଧାନ ଲକ୍ଷ୍ୟ। ଭାରତର ଅନ୍ୟାନ୍ୟ ସମକାଳୀନ ପତ୍ରପତ୍ରିକା ଭଳି ଓଡିଶାର ପତ୍ରିକାମାନେ ମଧ୍ୟ ଜନସାଧାରଣଙ୍କୁ ଜାତୀୟଭାବରେ ଉଦ୍‌ବୁଦ୍ଧ କରିବା ନିମନ୍ତେ ଉଦ୍ୟମ କରିଅଛନ୍ତି। ସ୍ୱାଧୀନତାର ଆବଶ୍ୟକତାକୁ ହୃଦୟଙ୍ଗମ କରାଇବା ଉଦ୍ଦେଶ୍ୟରେ ସେମାନେ ଭାରତୀୟ ସଂସ୍କୃତିର ଗୌରବ ସମ୍ବନ୍ଧରେ ଜନମାନସକୁ ସଚେତନ କରାଇବାକୁ ଚାହିଁଛନ୍ତି। ଏହି ସମୟରେ ଭାରତୀୟ ସଂସ୍କୃତିକୁ ଯେ ବିଦେଶୀ ଶାସକବର୍ଗ ଅବଜ୍ଞାସୂଚକ ଦୃଷ୍ଟିରେ ଦେଖୁଥିଲେ ଏହା କହିବା ଅନାବଶ୍ୟକ। ସ୍ୱାମୀ ବିବେକାନନ୍ଦ ଭାରତୀୟମାନଙ୍କୁ ସେମାନଙ୍କ ସାଂସ୍କୃତିକ ଉତ୍ତରାଧିକାର ସମ୍ପର୍କରେ ଅତ୍ୟନ୍ତ ଦୃଢତାର ସହିତ ସଚେତନ କରାଇଥିଲେ। ସେ କହିଥିଲେ, "ଭାରତବର୍ଷ ନିଜପାଇଁ ବଞ୍ଚିନାହିଁ, ବଞ୍ଚିଛି ସମଗ୍ର ବିଶ୍ୱପାଇଁ" (୨)। ସ୍ୱମୀ ବିବେକାନନ୍ଦ ପରାଧୀନତାପୀଡିତ, କୁସଂସ୍କାରଗ୍ରସ୍ତ, ତ୍ରସ୍ତ ଭାରତୀୟମାନଙ୍କୁ ସେମାନଙ୍କ ଆଧ୍ୟାତ୍ମିକ ଓ ସାଂସ୍କୃତିକ ଗୌରବ ବିଷୟରେ ଅବହିତ କରାଇବା ସଙ୍ଗେ ସଙ୍ଗେ ସେମାନଙ୍କୁ

୨. Complete Works of Swami Vivekananda, Vol. IV. p.294.

ଉଦ୍‌ବୋଧିତ କରିଥିଲେ। ସି.ଏଫ୍. ଆଣ୍ଡୃଜ୍ ତାହାଙ୍କ 'ଦ ଇଣ୍ଡିଆନ ରେନେଁସା' ପୁସ୍ତକରେ ଯଥାର୍ଥତଃ ଏହା ସ୍ୱୀକାର କରିଅଛନ୍ତି (୩)।

ବିବେକାନନ୍ଦଙ୍କର ବହୁ ଉଦ୍ଦୀପନାପୂର୍ଣ୍ଣ ଉକ୍ତିର ପ୍ରତିଧ୍ୱନି ଆମେ ତତ୍‌କାଳୀନ ପତ୍ରିକାମାନଙ୍କରେ ମଧ୍ୟ ବିଘୋଷିତ ହୋଇଥିବାର ଦେଖୁ। 'ଉକ୍ରଳ ଦର୍ପଣ' ଏହି ସଂକ୍ରାନ୍ତରେ ଲେଖିଥିଲେ, "ତୁମ୍ଭେମାନେ ସିଂହ ଔରସରେ ଜନ୍ମଗ୍ରହଣ କରି ପାଳିତ ପଶୁପରି ଜୀବନଧାରଣ କରୁଅଛ।" ଦାତାର ଔରସରେ ଜନ୍ମଗ୍ରହଣ କରି ସାମାନ୍ୟ ମୁଷ୍ଟିଭିକ୍ଷା ସକାଶେ ବିଜାତୀୟ ଦ୍ୱାରଦେଶରେ ଦଣ୍ଡାୟମାନ ରହିଅଛ। x x x ତୁମ୍ଭମାନଙ୍କ ପୂର୍ବ ଗୌରବ, ପୂର୍ବ ସମ୍ଭ୍ରମ, ପୂର୍ବ କର୍ଯ୍ୟାଦୀ ବିସ୍ମୃତ ହୋଇ କାପୁରୁଷ ପରି ପ୍ରଭୁର ପଦାଘାତ, ଅପମାନର କଷାଘାତ ଏବଂ ଦାରିଦ୍ର୍ୟ ପଦବିଦଳିତ ହେଉଅଛି। ତୁମ୍ଭମାନଙ୍କ ବକ୍ଷସ୍ଥଳ ଉପରେ ଦଣ୍ଡାୟମାନ ହୋଇ କେତେ କେତେ ବିଦେଶୀ ଶସ୍ୟାଦି ଘେନି, ତୁମ୍ଭମାନଙ୍କ ହୃଦୟରକ୍ତ ଶୋଷଣ କରି କେତେ ପିଶାଚ, କେତେ ଦାନବ ମହାଦମ୍ଭ ପ୍ରକାଶ କରୁଅଛନ୍ତି। ଆଉ ତୁମ୍ଭେମାନେ କେହି ଚେନି-ବାହୀ ବଳଦ ଭଳି ପରିଶ୍ରମ କରି ସେମାନଙ୍କ ପଦରେ ଜୀବନ ବିକ୍ରୟ କରୁଅଛ !"(୪) ହିନ୍ଦ ସମାଜରେ ପରିଲକ୍ଷିତ ଅନେକ ଦୋଷତ୍ରୁଟି ସତ୍ତ୍ୱେ "ହିନ୍ଦୁର ନୈତିକ ଚେତନା ଯେ ପୃଥିବୀର ସମସ୍ତ ଦେଶଠାରୁ ବହୁ ଉର୍ଦ୍ଧ୍ୱରେ" ଏହା ମଧ୍ୟ ବିଶିଷ୍ଟ ଭାରତୀୟ ସାମ୍ବାଦିକ ତଥା ନେତାମାନେ ସୁସ୍ପଷ୍ଟ ଭାବେ ପ୍ରକାଶ କରିଥିଲେ (୫)।

ଏତଦ୍‌ବ୍ୟତୀତ ସ୍ୱାଧୀନତାର ସୁଫଳ ଓ ଉପାଦେୟତା ସମ୍ପର୍କରେ ଅବହିତ କରାଇବା ଲାଗି ବହୁ ଉଦ୍ଦୀପକ ରଚନା ମଧ୍ୟ ତତ୍କାଳୀନ ପତ୍ରପତ୍ରିକାମାନଙ୍କରେ ପ୍ରକାଶ ପାଇଥିଲା। ଏହି ସମ୍ପର୍କରେ ସଂ.ହି.ର ଉକ୍ତି ଉଲ୍ଲେଖଯୋଗ୍ୟ (୬)। "ଓଡିଆଜାତି ନିଦ୍ରିତ ରହିଲେ ତା'ର ସ୍ୱାଧୀନତା ପ୍ରାପ୍ତି ତଥା ପ୍ରଗତି ବ୍ୟାହତ ହେବା ସୁନିଶ୍ଚିତ।" ଏ ସମ୍ପର୍କୀୟ ବହୁ ସମ୍ପାଦକୀୟ ଟିପ୍‌ପଣୀ ଉ.ଦୀ. ରେ ପ୍ରକାଶିତ ହୋଇଥିଲା (୭)।

---

୩. "A believer in universalism, he (Vivekananda) was also a great patriot, and he sincerely believed that Vedantism was the cement which would unify humanity. A passionate lover of freedom, he gave the message of fearlessness and liberty to his people". Andrews, C.F., "The Indian Renaissance", 1912, p.131

୪. ଉକ୍ରଳ ଦର୍ପଣ - ତା୨୭/୧/୧୮୮୪

୫. Pal, B.C., 'The Newspirit', ପୃ.୧୯୮।

୬. "ବାସ୍ତବିକ ସ୍ୱାଧୀନତାକୁ ବଳି ସମ୍ପତ୍ତି ନାହିଁ ଓ ସ୍ୱାଧୀନତା ବିହୀନ ମନୁଷ୍ୟ ପ୍ରକୃତ ମନୁଷ୍ୟ ନୁହେ।" ସଂ. ହି.ତା୨୭/୧/୧୮୯୨।

୭. ଉ.ଦୀ. - ଅଗଷ୍ଟ, ୧୮୭୧

ସେତେବେଳକୁ ବ୍ରିଟିଶ ଶାସକର କୁପରିଣତ ଭାରତବାସୀ ଅନୁଭବ କରିସାରିଥିଲେ। ଶାସକ ଓ ଶାସିତ ମଧ୍ୟରେ ସମ୍ପର୍କ ଯେ କ୍ରମଶ ତିକ୍ତତର ହୋଇ ଆସୁଥିଲା, ତାହା ଭାରତର ପ୍ରଥମ ମୁକ୍ତି ସଂଗ୍ରାମ (ସିପାହୀ ବିଦ୍ରୋହ)ରୁ ପ୍ରମାଣିତ ହୋଇ ସାରିଥିଲା। ତେଣୁ ଶାସକ ଓ ଶାସିତମାନଙ୍କ ମଧ୍ୟରେ ଯେ ସୁସଂପର୍କ ସ୍ଥାପିତ ହୋଇ ପାରିବ ନାହିଁ, ସମସାମୟିକ ପତ୍ରିକାମାନେ ଏ ସମ୍ପର୍କରେ ସୂଚନା ଦେଇଥିଲେ। ଶାସକମାନଙ୍କର ମଧ୍ୟ ଶାସିତ ପ୍ରତି ଦୃଷ୍ଟିକୋଣ ଥିଲା ମୁଖ୍ୟତଃ ଶୋଷଣଧର୍ମୀ। ଏହା ବିଶିଷ୍ଟ ରାଜନୀତି ତତ୍ତ୍ୱବିତ୍ ଜେ. ଏଫ୍.ସି. ଫୁଲରୁଙ୍କ ଉକ୍ତିରୁ ସୁସ୍ପଷ୍ଟ (୮)। ଭାରତବାସୀ ତାର ସ୍ୱାଧୀନତା ଦାବୀ ଦୃଢତାର ସହିତ ଉପସ୍ଥାପିତ କରି ସ୍ୱାଧୀନତା ହାସଲ କରିନେବାରେ ହେଳା କରିବା ଉଚିତ ନୁହେଁ, ଏହି ମର୍ମରେ କେତେକ ଟିପ୍‌ପଣୀ 'ନବସଂବାଦ'ରେ ମଧ୍ୟ ପ୍ରକାଶିତ ହୋଇଥିଲା (୯)। ଭାରତବର୍ଷରେ ଶାସକ ଓ ଶାସିତର ତିକ୍ତ ସମ୍ପର୍କକୁ ପ୍ରକାଶ କରିଦେବାର ଅଭିପ୍ରାୟ ଓଡିଆ ନବସଂବାଦ ସମ୍ପାଦକଙ୍କ ରଚନାରେ ଦେଖିବାକୁ ମିଳେ। ୟୁରୋପୀୟମାନେ ଉଚ୍ଚ ସଭ୍ୟତାର ଅଭିମାନୀ ହୋଇଥିବାରୁ ଭାରତୀୟମାନଙ୍କୁ ନେଟିଭ୍, ଅସଭ୍ୟ, ଅର୍ଦ୍ଧସଭ୍ୟ ରୂପେ ଗଣନା କରୁଥିଲେ। ପୁଣି ଭାରତର ଅର୍ଥଭଣ୍ଡାର ଶୂନ୍ୟକରି ଇଂଲଣ୍ଡକୁ ସୌଭାଗ୍ୟଶାଳୀ କରିବାର ଅଭିଳାଷ ଥିବାରୁ ଶାସକ ଓ ଶାସିତ ଦୁଇଗୋଷ୍ଠୀ ମଧ୍ୟରେ ବନ୍ଧୁତା ସ୍ଥାପନର ଆଶା ବ୍ୟର୍ଥ ହୋଇଥିଲା। ଯେଉଁମାନଙ୍କ ପ୍ରାଣରେ ଏତାଦୃଶ ଆଶା କିଞ୍ଚିତ୍ ମାତ୍ରରେ ଥିଲା 'ନବସଂବାଦ' ସେମାନଙ୍କୁ ସଚେତନ କରାଇବା ପାଇଁ ଲେଖିଥିଲେ, "ଏହା ସ୍ୱତଃସିଦ୍ଧ ଯେ ବିସ୍ତୀର୍ଣ୍ଣ ଭାରତ କୌଣସି ଉପାୟରେ ବିଲାତ ହେବନାହିଁ; ସୁତରାଂ ଜେତାଜାତିର ସହିତ ଆମ୍ଭମାନଙ୍କର ମିଶ୍ରଣ ବା ସଂଯୋଗ କଦାପି ହେବନାହିଁ" (୧୦)। ଏହି ପାଶ୍ଚାତ୍ୟ ଅନୁକରଣକୁ ନିନ୍ଦାକରି ବହୁ ପତ୍ରପତ୍ରିକାରେ ମଧ୍ୟ କଟାକ୍ଷପୂର୍ଣ୍ଣ ଉକ୍ତି ପ୍ରକାଶିତ ହୋଇଥିଲା। 'ଉତ୍କଳଲିପିକା' ଲେଖିଥିଲେ, "ଆପଣା ନଗରୀକୁ ଲଣ୍ଡନ କହିଲେ ତାହା ଲଣ୍ଡନ ହେବନାହିଁ, କିମ୍ବା ମହାନଦୀକୁ ଟେମସ୍ କହିଲେ ତାହା ଟେମସ୍ ହୋଇଯିବ ନାହିଁ" (୧୧)।

---

୮. "Our everyday life is given up to making money and to amusing ourselves. India is no more than our workshop or club. For us they must be efficiently and decently run, "Fuller, J.F.C., India in Revolt, p.20.

୯. ନବସଂବାଦ - ତା ୧୦। ୧୧। ୧୮୮୭

୧୦. ତତ୍ରୈବ।

୧୧. ଉ: ଦୀ. - ତା ୨୯। ୧୨। ୧୮୮୩

ଓଡ଼ିଆ ସମ୍ବାଦପତ୍ର ଓ ଜାତୀୟ ସମସ୍ୟା :

ଭାରତୀୟ ଜାତୀୟ କଂଗ୍ରେସର ପ୍ରତିଷ୍ଠା ପରେ ଦେଶର ସ୍ୱାଧୀନତା ପାଇଁ ଦେଶବାସୀଙ୍କୁ ଉଦ୍‌ବୁଦ୍ଧ କରିବା ସଙ୍ଗେ ସଙ୍ଗେ ପତ୍ରପତ୍ରିକାମାନେ ଜାତୀୟ ଏକତା ପ୍ରତିଷ୍ଠା କରିବାପାଇଁ ଆହ୍ୱାନ ଦେଇଥିଲେ। ଦେଶବାସୀ ଏଥିପାଇଁ ଆତ୍ମତ୍ୟାଗୀ ଓ ଉଦ୍ୟମୀ ହେବା ଏକାନ୍ତ ଆବଶ୍ୟକ - ଏ ବିଷୟରେ ମଧ୍ୟ ଦେଶବାସୀଙ୍କୁ ସେମାନେ ସଚେତନ କରାଇଥିଲେ। ଜାତୀୟ ଉନ୍ନତି କଳ୍ପେ ବ୍ୟକ୍ତିଗତ ସ୍ୱାର୍ଥ ତ୍ୟାଗର ଆହ୍ୱାନ ଦେଇ ଉ: ଦୀ. ଓ ସଂ: ହି. ରେ ବହୁ ପ୍ରବନ୍ଧ ପ୍ରକାଶ ପାଇଥିଲା। ସମାଜ ସଂସ୍କାର ଓ ସ୍ୱଦେଶ କାର୍ଯ୍ୟ ପାଇଁ ସ୍ୱାର୍ଥତ୍ୟାଗ ଯେ ଏକାନ୍ତ ଆବଶ୍ୟକ ଓ ଆତ୍ମତ୍ୟାଗ ବିନା ଦେଶସେବା ଯେ ଅସମ୍ଭବ, ଏ ଧାରଣା ଅନେକ କାଳ ପର୍ଯ୍ୟନ୍ତ ଭାରତବର୍ଷରେ ଦୃଢ଼ୀଭୂତ ହୋଇପାରି ନଥିଲା। ସମ୍ବାଦପତ୍ର ଓ ପତ୍ରିକାମାନେ ବାରମ୍ବାର ଏ ସମ୍ପର୍କରେ ବର୍ଣ୍ଣନା କରି ଦେଶବାସୀଙ୍କୁ ଜାତୀୟକାର୍ଯ୍ୟରେ ବ୍ରତୀ ହେବାକୁ ଅନୁପ୍ରାଣୀତ କରିବାରେ ସମର୍ଥ ହୋଇଥିଲେ। ସମ୍ବଲପୁର ହିତୈଷିଣୀ ଏହାକୁ ବୁଝାଇବାକୁ ଯାଇ ପ୍ରକାଶ କରିଥିଲେ, "ଯାହାର କାର୍ଯ୍ୟ ସ୍ୱାର୍ଥଦ୍ୱାରା ନିୟମିତ, ସ୍ୱାର୍ଥର କ୍ଷୁଦ୍ରତାରେ ଯାହାର ହୃଦୟ ପରିପୂର୍ଣ୍ଣ, ସ୍ୱଦେଶପ୍ରୀତିରୂପ ପବିତ୍ରବୃତ୍ତି ତାହାର ହୃଦୟରେ ସ୍ଥାନ ଲାଭ କରିପାରେ ନାହିଁ (୧୨)।" ଏଠାରେ ସ୍ମରଣ କରାଯାଇପାରେ ଯେ ଦେଶସେବା ସେତେବେଳେ ଏକ ପବିତ୍ର, ଆଧ୍ୟାତ୍ମିକ ବ୍ରତରୂପେ ଗୃହୀତ ହେଉଥିଲା। ଆଜିପରି ସେଥିରେ ସ୍ୱାର୍ଥଲିପ୍‌ସା ବା କ୍ଷମତାପ୍ରାପ୍ତିର ପ୍ରଲୋଭନ ନଥିଲା। ନେତୃବୃନ୍ଦ ପତ୍ରିକା ମାଧ୍ୟମରେ ନିର୍ମଳ ଦେଶପ୍ରେମରେ ଦେଶବାସୀଙ୍କୁ ଉଦ୍‌ବୁଦ୍ଧ କରିବା ନିମନ୍ତେ ଚାହୁଁଥିଲେ। ସ୍ୱଦେଶ ପ୍ରେମିକଙ୍କୁ କିପରି ସ୍ୱଦେଶ ସଙ୍ଗେ ଏକାବେଳକେ ମିଶିଯିବାକୁ ହୁଏ, ସ୍ୱଦେଶପ୍ରୀତିର ଅପାର ସମୁଦ୍ର ସହିତ ଆତ୍ମପ୍ରୀତିର କ୍ଷୁଦ୍ରବିନ୍ଦୁଟିକୁ ଢାଳିଦେବାକୁ ହୁଏ, ସ୍ୱଦେଶପ୍ରୀତିର ଉପକରଣ ଭାବେ ବିଳାସ ତ୍ୟାଗ, ପ୍ରାଧାନ୍ୟବିମୁଖତା, ଦୂରଦୃଷ୍ଟି ପ୍ରଭୃତି କେତେଗୁଡ଼ିଏ ଗୁଣ ସ୍ୱଦେଶପ୍ରେମୀକୁ ହାସଲ କରିବାକୁ ହୁଏ। ଏହି ଭାବସମ୍ବଳିତ ବହୁ ପ୍ରବନ୍ଧ ତତ୍କାଳୀନ କେତେକ ପତ୍ରିକାରେ ପ୍ରକାଶିତ ହୋଇଥିବା ଦେଖାଯାଏ। ସମ୍ବଲପୁର ହିତୈଷିଣୀରେ ଏହି ପ୍ରସଙ୍ଗରେ ଏକ ପ୍ରବନ୍ଧରେ ଉଲ୍ଲେଖ କରାଯାଇଥିଲା, "ଆପଣାର ସୁଖ ଦୁଃଖ ପ୍ରତି ଭ୍ରୂକ୍ଷେପ ନ କରି ମାତୃଭୂମିର ସେହି ପ୍ରସିଦ୍ଧ ସ୍ୱଦେଶପ୍ରମିକମାନଙ୍କ ଜୀବନୀ ପଢ଼ିଲେ ବୁଝିପାରିବ, ସ୍ୱାର୍ଥତ୍ୟାଗ ନ କଲେ ସ୍ୱଦେଶର ସେବା ହୁଅଇ ନାହିଁ। ସେହି ସକଳ ଜୀବନୀ ପାଠକଲେ କିପରି ଆତ୍ମବିସ୍ମୃତ ହୋଇ ମାତୃଭୂମିର ସେବା କରିବାକୁ ହୁଏ ତାହା ଶିକ୍ଷା ହେବ (୧୩)।" ଏଥିପାଇଁ ବିଶ୍ୱର ଅନ୍ୟାନ୍ୟ ଦେଶର ସ୍ୱାଧୀନତାପ୍ରେମୀ,

୧୨. ସଂ: ହି. - ତା ୧୩। ୯। ୧୮୯୧

୧୩. ସଂ : ହି: - ତା ୨୩। ୯। ୧୮୯୧

ଆତ୍ମତ୍ୟାଗୀ ମାଟ୍‌ସିନୀ, ଗାରିବାଲ୍‌ଡି, ହାଓ୍ୱାର୍ଡ, ଫାଦର ଡାମିୟେନ, ଛତ୍ରପତି ଶିବାଜୀ, ବିଦ୍ୟାସାଗର, ରାଣା ପ୍ରତାପ ପ୍ରଭୃତି ଜାତୀୟବୀରମାନଙ୍କ ଜୀବନୀର ପର୍ଯ୍ୟାଲୋଚନା କରି ମଧ୍ୟ ବହୁ ଟିପ୍‌ପଣୀ ସମକାଳୀନ ପତ୍ରପତ୍ରିକାରେ ପ୍ରକାଶିତ ହେଉଥିଲା ।

ଭାରତର ଦୁର୍ଗତିର କାରଣ ବିଶ୍ଳେଷଣ କରି ପତ୍ରିକାମାନେ ଜନସାଧାରଣଙ୍କୁ ଆତ୍ମସମୀକ୍ଷା କରିବାକୁ ଓ ଜାତୀୟ ବିକାଶ ଲାଗି ଉଦ୍ୟମୀ ହେବାକୁ ପରାମର୍ଶ ଦେଇଥିଲେ । ସଂ:ହି ଙ୍କ ଉକ୍ତି ଏ ସମ୍ପର୍କରେ ଉଲ୍ଲେଖଯୋଗ୍ୟ - "ପଚିଶକୋଟି ଭାରତବାସୀଙ୍କୁ କେତେଜଣ ମାତ୍ର ଇଂରେଜ ଶାସନାଧୀନରେ ରଖିପାରିବା ବାସ୍ତବିକ ଆଶ୍ଚର୍ଯ୍ୟର କଥା ନୁହେଁ କି ? ପୁଣି ଇଂରେଜମାନେ ଦେଶୀୟମାନଙ୍କୁ ବିରାଡି କୁକୁର ଭଳି ଦେଖନ୍ତି । ଏହାର କାରଣଗୁଡିକ ହେଲା ଆମର ଏକତାର ଅଭାବ । ଜାତିଭେଦ ଓ ବହୁବିବାହ ପ୍ରଥା ପ୍ରଭୃତିର କୁଫଳ ସ୍ୱରୂପ ଆମ୍ଭେମାନେ ଏହି ଲାଞ୍ଛନା ଭୋଗ କରୁଛୁ (୧୪) ।"

ଭାରତବର୍ଷର ଅଧୋପତନର କାରଣ ସ୍ୱରୂପ ଭାରତୀୟମାନଙ୍କର ଆଳସ୍ୟପରାୟଣତା ଓ ପରମୁଖାପେକ୍ଷିତାକୁ କେତେକ ପତ୍ରିକା ନିର୍ଦ୍ଦେଶ କରିଥିଲେ । ଏଥିପାଇଁ ଜନସାଧାରଣଙ୍କୁ ପ୍ରଯତ୍ନଶୀଳ ଓ ସ୍ୱାବଲମ୍ବୀ ହେବାପାଇଁ ପରାମର୍ଶ ଦେଇଥିଲେ (୧୫) ।

ଓଡିଶାରେ ଲବଣଶିଳ୍ପ ଓ ବୟନଶିଳ୍ପର ଅଧୋଗତି :

ବ୍ରିଟିଶ ସରକାରଙ୍କ ଓଡିଶା ଅଧିକାର ପରେ ୧୮୦୪ ଖ୍ରିଷ୍ଟାବ୍ଦରେ ଯେଉଁ ଲବଣ ଆଇନ କମ୍ପାନୀ-ଶାସନଦ୍ୱାରା ପ୍ରବର୍ତ୍ତିତ ହେଲା, ଓଡିଶାବାସୀ ସେତେବେଳେ ତାହାର ବିରୋଧ କରିଥିଲେ । ବିଶେଷତଃ କନିକା, କୁଜଙ୍ଗ ଓ ଅଉଲ୍ (ଆଳୀ)ର ରାଜାମାନେ ଏହାର ଘୋର ପ୍ରତିବାଦ ତଥା ବିରୋଧ କରିଥିବା ବିଷୟ ହାର୍‌କୋର୍ଟଙ୍କ ୧୮୦୪ ମସିହାରେ ମସିହାର ରିପୋର୍ଟରୁ ଜଣାଯାଏ (୧୬) । କମ୍ପାନୀ-ସରକାରଙ୍କଦ୍ୱାରା ପୁନର୍ବାର ଅନ୍ୟ ଏକ ଲବଣକର ପ୍ରବର୍ତ୍ତନ ହେବା ଫଳରେ ଜନସାଧାରଣ ଦୈନନ୍ଦିନ ବ୍ୟବହାର ପାଇଁ ସାମାନ୍ୟ ଲୁଣ ମଧ୍ୟ ମାରିପାରୁନଥିଲେ ଓ ରୁପାଟଙ୍କା ଦେଇ ସେମାନଙ୍କୁ ବିଦେଶୀ

---

୧୪. ସଂ : ହି: - ତା ୭ । ୧୨ । ୧୮୯୨

୧୫. ସଂ : ହି: - ତା ୩୦ । ୯ । ୧୮୯୧

୧୬. 5th. March, 1804 - Col. Harcourt, Commissioenr at Cuttack to Govt. of Bengal, Ms. Vol.ACC.451.

ଲୁଣ କିଣିବାକୁ ପଡୁଥିଲା (୧୭)। ଲବଣ ଦରବୃଦ୍ଧି, ଦରବୃଦ୍ଧି ଓ ଦୁଷ୍ପ୍ରାପ୍ୟତା ଜନସାଧାରଣଙ୍କ ଦାରୁଣ କଷ୍ଟର କାରଣ ହୋଇଥିଲା। ଶହ ଶହ ବ୍ୟକ୍ତି ଆଇନ ଭଙ୍ଗକରି ଲବଣ ମାରିବା ଅପରାଧରେ ଜେଲ୍ ବରଣ କରିଥିଲେ। ଇୱେର ସାହେବ ତାଙ୍କ ରିପୋର୍ଟରେ ଲେଖିଥିଲେ, "ଖୋର୍ଦ୍ଧାର ଅର୍ଦ୍ଧାଧିକ ଅଞ୍ଚଳକୁ ବିଦେଶୀଲୁଣ ଆସୁଥିଲା। ବେଳେବେଳେ ସେତକ ମଧ୍ୟ ମିଳୁନଥିଲା। ଚିଲିକାର ଲୁଣମରା ଜାଗାରେ ଲବଣଦର ଯଦି ଟ୦୫ କୁ କମାଇ ଦିଆଯାଏ ତାହାହେଲେ ଜନସାଧାରଣଙ୍କ ସୁଖ, ଶାନ୍ତି ଓ ସମୃଦ୍ଧି ବୃଦ୍ଧି ପାଇବ (୧୮)।" ଲବଣ ଆଇନ ଅମାନ୍ୟ ଆନ୍ଦୋଳନ ଏହିପରି ଗୁରୁତର ଆକାର ଧାରଣ କରିଆସିବା ବେଳକୁ ଇଂରେଜମାନେ ଏହାକୁ ଦୃଢଭାବରେ ଦମନ କରିବାରେ ସମର୍ଥ ହୋଇଥିଲେ। ପୁନଶ୍ଚ ୧୮୧୭ ସାଲରେ ଏହି ବିଦ୍ରୋହର ଅନ୍ୟ ଏକ ପର୍ଯ୍ୟାୟ ଆରମ୍ଭ ହୋଇଥିଲା।

ଏହି ପରିସ୍ଥିତିରେ ବହୁ କାଳ ପର୍ଯ୍ୟନ୍ତ ଇଂରେଜମାନଙ୍କ ଲବଣଶିଳ୍ପ ନୀତି ଓଡିଶାର ଜନସାଧାରଣଙ୍କ ଆର୍ଥନୀତିକ ମେରୁଦଣ୍ଡକୁ ସମ୍ପୂର୍ଣ୍ଣ ବିକଳାଙ୍ଗ କରି ପକାଇଥିଲା। ପରବର୍ତ୍ତୀ କାଳରେ 'ଉତ୍କଳ ଦୀପିକା', 'ବାଲେଶ୍ୱର ସମ୍ବାଦ ବାହିକା' ନିୟମିତ ଭାବରେ ଲବଣ ଉତ୍ପାଦନ ହେଉଥିଲା ଅଞ୍ଚଳମାନଙ୍କର ଅତ୍ୟାଚାର ଓ ଆର୍ଥିକ ଦୁର୍ଗତିର କାହାଣି ପ୍ରକାଶ କରିଥିଲେ। ୧୮୮୨ ସାଲରୁ 'ଉତ୍କଳ ସଭା' ଓ ୧୯୦୩ ସାରଲୁ 'ଉତ୍କଳ ସମ୍ମୀଳନୀ' ଅନୁଷ୍ଠାନ ଦ୍ୱୟ ଲବଣକର ହ୍ରାସ ଓ ଲବଣ ଉତ୍ପାଦନ ନିମନ୍ତେ ଅନୁମତି ପାଇଁ ବହୁ ନିବେଦନ ଆବେଦନ ସରକାରଙ୍କଠାରେ ଉପସ୍ଥାପିତ କରିଥିଲେ।

ଲବଣ ସମସ୍ତଙ୍କର ଏକ ନିତ୍ୟପ୍ରୟୋଜନୀୟ ପଦାର୍ଥ। ପୁଣି ଓଡିଶାରେ ପଖାଳଖିଆଙ୍କ ସଂଖ୍ୟା ଅଧିକ। ଏପରି ଦେଶପ୍ରତି ଲବଣକର ଅଳ୍ପ ବଢିଲେ ସୁଦ୍ଧା ଅଧିକ ବାଧିବାର କଥା। ଏପରି ସମୟରେ ପୁଣି ଓଡିଶାର ନିମକମାହାଲ୍ ବଙ୍ଗଳାରୁ ମାନ୍ଦ୍ରାଜକୁ ବଦଳି କରାଇ ନିଆଯାଇଥିଲା। ଫଳରେ ଲବଣ ପ୍ରୋକ୍ତାନ ବନ୍ଦହୋଇ ଅନେକ ଶ୍ରମିକଙ୍କର ରୋଜଗାର ପଥ ରୁଦ୍ଧ ହୋଇଥିଲା। ଏଥିରେ ମ୍ରିୟମାଣ ହୋଇ ମଧୁସୂଦନ ଦାସ ପ୍ରମୁଖ କଟକରେ ଏକ ସଭାକରି ନିମକମାହାଲ ପୂର୍ବପ୍ରାୟ ଓଡିଶାକୁ ଫେରାଇ ଆଣିବାକୁ ଗଭର୍ଣ୍ଣମେଣ୍ଟକୁ ଆବେଦନପତ୍ର ପଠାଇବାର ବନ୍ଦୋବସ୍ତ କରିଥିଲେ। ଏଥିରେ ପ୍ରଧାନ ଉତ୍ସାହୀ ପ୍ରେରଣାଦାତା ଥିଲେ ଉତ୍କଳ ଦୀପିକା (୧୯)। ଦେଶୀୟ ଲବଣ ବ୍ୟବସାୟର ଶୋଚନୀୟ ହୃଦୟବିଦାରକ ଅବସ୍ଥା ସଂଦର୍ଶନରେ ଉ:ଦୀ: ବ୍ୟଥିତ ହୋଇଥିଲେ। କାରଣ

---

୧୭. Ewer. W. Correspondence of the Settlement of Khoordah in Pooree, P xxxxvi & Lix.

୧୮. ତତ୍ରୈବ - p.Lxiv.

୧୯. ଉ: ଦୀ:- ତା ୧୮.୨.୧୮୮୮

ସରକାରୀ ମାସୁଲ ସହ ବିଲାତିଲୁଣ ମହଣ ଟ୩.୭୫ଲେଖାଏଁ ବିକ୍ରି ହେଉଥିବା ସ୍ଥଳେ ଦେଶୀଲୁଣ ମହଣ ଟ୩/-ରେ ବିକ୍ରୀ ହେଉଥିଲା (୨୦)।

ବହୁ ପୁରାତନ କାଳରୁ ଉତ୍କଳର ଦକ୍ଷିଣ-ପୂର୍ବ ଉପକୂଳରୁ ଜନସାଧାରଣ ଲବଣ ଉତ୍ପାଦନ ସହ ଦେଶ ବିଦେଶକୁ ଏହା ରପ୍ତାନୀକରି ଲାଭବାନ୍ ହେଉଥିଲେ। ଇଂରେଜ ସରକାରଙ୍କ ଲବଣନୀତି ସେମାନଙ୍କର ଦାରିଦ୍ର୍ୟ ବୃଦ୍ଧିକରି ସେମାନଙ୍କ ସୀମାହୀନ ଜଞ୍ଜାଳର କାରଣ ହୋଇଥିଲା। ଲବଣଭଳି ଏକ ନିତ୍ୟ ବ୍ୟବହାର୍ଯ୍ୟ ତଥା ଏକାନ୍ତ ଆବଶ୍ୟକ ବସ୍ତୁ ବ୍ୟବହାରରେ କୌଣସି ପ୍ରକାର କାର୍ପଣ୍ୟ ସେମାନଙ୍କର କଳ୍ପନାତୀତ ଥିଲା। ଅଥଚ ବ୍ରିଟିଶ ଶାସନକର୍ତ୍ତାମାନେ ଅତି କୁଶଳତା ସହକାରେ ଏହାକୁ ସମ୍ପୂର୍ଣ୍ଣ ଉଚ୍ଛେଦ କରିଦେଲେ। ବହୁକାଳଧରି ଲବଣ ଉପରେ ନିର୍ଭରକରି ଚଳୁଥିବା ରୟତମାନ ସେମାନଙ୍କର ଅଧିକାରରୁ ବଞ୍ଚିତ ହେଲେ (୨୧)।

ଇଂରେଜ ଶାସକମାନଙ୍କର ଭାବନା ଥିଲା ଭିନ୍ନ ପ୍ରକାରର। ସେମାନେ ହିସାବକରି ଦେଖୁଥିଲେ ଗୋଟିଏ ଲୋକର ବର୍ଷକୁ ଲୁଣ ପାଇଁ ଚଉଦଅଣା/ପନ୍ଦରଅଣା ରୁ ଅଧିକ ଖର୍ଚ୍ଚ ହୁଏନାହିଁ। ତେଣୁ ଲବଣ ଦରବୃଦ୍ଧି ଓଡିଶାବାସୀଙ୍କୁ ବିଶେଷ କଷ୍ଟଦାୟକ ହେବନାହିଁ (୨୨)। ଏହିଭଳି ଶାସକ ଓ ଶାସିତ ମଧ୍ୟରେ ଚିନ୍ତାର ପ୍ରଭେଦ, ଶାସକର ସ୍ୱାର୍ଥପର ଅର୍ଥନୀତି ଓ ଶାସକ ଶାସିତ ମଧ୍ୟରେ ସମ୍ପର୍କର ବ୍ୟର୍ଥତା ଭାରତୀୟର ଭାଗ୍ୟ ବିପର୍ଯ୍ୟୟର କାରଣ ହୋଇଥିଲା। ସାଧାରଣ ଜନତାର ଏହି ଭାଗ୍ୟ ବିଡମ୍ବନାର ଇତିହାସ ସମସାମୟିକ ସମ୍ବାଦପତ୍ର ଲିପିବଦ୍ଧ କରିଥିଲେ।

ଇଂରେଜମାନଙ୍କ କଠୋର ଶାସନନୀତି ଓ କର ବ୍ୟବସ୍ଥା ଫଳରେ ଓଡିଶାର ବସ୍ତ୍ରଶିଳ୍ପ କ୍ଷେତ୍ରରେ ଘୋର ଅବନତି ସଂଘଟିତ ହୋଇଥିଲା। କମ୍ପାନୀ ସରକାର ସ୍ୱଦେଶଜାତ ବସ୍ତ୍ରଉପରେ କର ପ୍ରଚଳନ କରାଇ ଇଂଲଣ୍ଡରୁ ଆମଦାନି ହେଉଥିବା ବସ୍ତ୍ରକୁ ଅପେକ୍ଷାକୃତ ସୁଲଭ ଦରରେ ବିକ୍ରି କରିବା ଫଳରେ ଏହି ଶିଳ୍ପରେ ସମ୍ପୃକ୍ତ ବ୍ୟକ୍ତିମାନେ ଜୀବିକା ହରାଇଲେ। ବିଦେଶୀବସ୍ତୁ ସୁଲଭଦରରେ ପ୍ରଚୁର ପରିମାଣରେ ମିଳିବା ଫଳରେ ଭାରତର ତଥା ଓଡିଶାର ଅର୍ଥନୀତି କ୍ଷତିଗ୍ରସ୍ତ ହେଲା। ବିଦେଶୀ ଶାସନର ଏହି ଦୋଷତ୍ରୁଟି ପ୍ରତି ଅଙ୍ଗୁଳି ନିର୍ଦ୍ଦେଶ କରି ବିଦେଶୀ ବସ୍ତୁକୁ ବର୍ଜନ କରିବାକୁ ମଧ୍ୟ ଊନବିଂଶ ଶତାବ୍ଦୀର ଶେଷ ଦଶକରେ ପରାମର୍ଶ ଦେଇଥିଲେ 'ସମ୍ବଲପୁର ହିତୈଷିଣୀ' (୨୩)। ବିଦେଶୀ ବସ୍ତୁ ଓ

---

୨୦. ଉ: ଦୀ:- ତା ୨୮.୫.୧୮୯୨

୨୧. Correspondence of the Settlement of Khoordah in Pooree, From W.Ewer, Commissioner to Govt. of India, P.XIII.

୨୨. ତତ୍ରୈବ - PXXXXVI, Vol.IV, No.1 & 2.

'ଅତ୍ୟଧିକ ବିଦେଶି ପ୍ରୀତି ବର୍ଜନ' ନକଲେ ଦେଶର ମଙ୍ଗଳ ଅସମ୍ଭବ ବୋଲି ସେତେବେଳେ 'ଉତ୍କଳ ଦୀପିକା' ମନ୍ତବ୍ୟ ପ୍ରକାଶ କରିଥିଲେ (୨୪)।

ସ୍ୱଦେଶୀ ଶିଳ୍ପର ଅସ୍ତିତ୍ୱ ଯେତେବେଳେ ଲୋପ ପାଇବାକୁ ବସିଥିଲା, ବିଦେଶୀ ସାମଗ୍ରି ସେତେବେଳେ ଭାରତର ଚତୁର୍ଦ୍ଦିଗରେ ପରିବ୍ୟାପ୍ତ ଓ ପ୍ରତ୍ୟେକ ଭାରତୀୟ ଏହାପ୍ରତି ଅତ୍ୟଧିକ ଅନୁରକ୍ତ ହୋଇପଡିଥିଲେ। ଏହି ପରିପ୍ରେକ୍ଷୀରେ ବିଦେଶୀବର୍ଜନ ନିମନ୍ତେ ଇଙ୍ଗିତ ଦେଇ ସଂ:ହି: ଲେଖିଥିଲେ, "ମାତ୍ର ଭାରତବାସୀମାନେ ଚିତ୍ତ ସଞ୍ଜମ କରିବା ବିଷୟରେ ପୃଥିବୀରେ ଅନନ୍ୟସାଧାରଣ। ସେମାନେ ଇଚ୍ଛାକଲେ ଅକ୍ଳେଶରେ ବିଦେଶୀ ସାମଗ୍ରୀ ବିଷବତ୍ ତ୍ୟାଗ କରିପାରିବେ"(୨୫)।

ଭାରତର ସମସ୍ତ ସ୍ୱଦେଶୀ ବସ୍ତୁ ସହିତ ବିଦେଶୀ ବସ୍ତୁ ବ୍ୟବସାୟ କ୍ଷେତ୍ରରେ ପ୍ରତିଯୋଗିତା କରିଥିଲା। ବିଦେଶୀ ବସ୍ତୁର ଚାକଚକ୍ୟ ନିକଟରେ ଦେଶୀୟ ମଳିନ ବସ୍ତୁ ପରାସ୍ତ ହୋଇଗଲା। ଲବଣ, ବସ୍ତ୍ର ଓ କେଶତୈଳ ଇତ୍ୟାଦି କ୍ଷେତ୍ରରେ ଏତାଦୃଶ ପ୍ରତିଯୋଗିତା ଥିଲା ଅତ୍ୟନ୍ତ ସ୍ପଷ୍ଟ। ପରକାଳରେ 'ୟଙ୍ଗ୍ ଇଣ୍ଡିଆ' ପତ୍ରିକାରେ ଗାନ୍ଧିଜୀ ଲେଖିଥିଲେ, 'ଇଂରେଜମାନଙ୍କ ଲବଣ ଶିଳ୍ପ ନୀତି କ୍ଷୁଦ୍ର ଗ୍ରାମ୍ୟଶିଳ୍ପର ବିନାଶ କରିଛି।'

'ଉତ୍କଳ ଦୀପିକା' ଏହି ମର୍ମରେ କଟାକ୍ଷପାତ କରି ଲେଖିଥିଲେ, "ବିଲାତ ଲବଣ ଅପବିତ୍ର ବୋଲି ହିନ୍ଦୁର ବିଶ୍ୱାସ, ତଥାପି ଏହାର ପରିଷ୍କାର ରୂପ ଲୋକଙ୍କ ମନକୁ ଏମନ୍ତ ମୋହିନେଲା ଯେ, ଓଡିଶା ଲବଣର ଆଦର କଲିକତାରେ ହ୍ରାସ ପାଇଲା। ଫଳରେ ବିକ୍ରୟ ଊଣା ହେଲା ଦେଖି ସରକାର କ୍ରମେ ଓଡିଶାର ପ୍ରୋକ୍ତାନୀ ୧୮୬୩ ସାଲରେ ଉଠାଇ ଦେଲେ।"(୨୬)

ଶିଳ୍ପ-ବାଣିଜ୍ୟର ପୁନରୁତ୍ଥାନ ନିମନ୍ତେ ଆହ୍ୱାନ:

ଏହିପରିଭାବେ ଭାରତୀୟ ଶିଳ୍ପର ଅଧୋଗତି ଫଳରେ ଭାରତର ଆର୍ଥନୀତିକ

---

୨୩. "ଆମ୍ଭମାନଙ୍କର ରତ୍ନଗର୍ଭା ଭାରତବର୍ଷ ଦିନକୁଦିନ ଦରିଦ୍ର ହେଉଅଛି। ଦେଶରେ ସକଳ ସମୟ ଦୁର୍ଭିକ୍ଷ ବିଦ୍ୟମାନ ରହିଅଛି। x x x ଏହାର କାରଣ କ'ଣ? କାହିଁକି ଏପରି ହେଉଅଛି? ସାତସମୁଦ୍ର ତେରନଈ ପାରହୋଇ ଆସୁଥିବା ସାମଗ୍ରୀ ଅପେକ୍ଷାକୃତ ସୁଲଭ ମୂଲ୍ୟରେ ଯଥେଚ୍ଛା ପରିମାଣରେ ମିଳୁଥିବା ସ୍ଥଳେ ଆମ୍ଭମାନଙ୍କ ପଡୋଶୀ ଗୃହରୁ ଆଶୁଥିବା ପଦାର୍ଥ ସଂଗ୍ରହ କରିବାକୁ ପାଉନାହୁଁ।" (ସଂ.ହି, 'ଦେଶର ଦୁର୍ଦ୍ଦଶା' ତା ୨୪.୬.୧୮୯୧)

୨୪. ଉ: ଦୀ:- ତା ୧୧.୨.୧୮୮୮

୨୫. ସଂ: ହୀ:- ତା ୨୪.୬.୧୮୯୧

୨୬. ଉ: ଦୀ: - ତା ୨୧. ୯. ୧୮୯୫

ଅବସ୍ଥା ଶୋଚନୀୟ ହୋଇପଡିଥିଲା ଓ ଭାରତବାସୀ ବିଦେଶାଗତ ବସ୍ତୁ ଉପରେ ନିର୍ଭର କରିବାକୁ ବାଧ୍ୟ ହୋଇଥିଲେ । ଓଡିଶାର ପତ୍ରପତ୍ରିକା ମଧ୍ୟ ଜନସାଧାରଣଙ୍କୁ ଏ ବିଷୟରେ ସଚେତନତା କରାଇ ସେମାନଙ୍କୁ ବିଦେଶୀ ଦ୍ରବ୍ୟ ବର୍ଜନ କରିବାକୁ ପରାମର୍ଶ ଦେଇଥିଲେ । ବା : ସଂ : ବା: ଏହି ସଂକ୍ରାନ୍ତରେ ଲେଖିଥିଲେ, "ଆମ୍ଭେମାନେ ମାତାଙ୍କ ସମସ୍ତ ଗଚ୍ଛିତ ଧନ ଅନ୍ୟଙ୍କୁ ବଢାଇଦେଇଅଛୁ । ରତ୍ନଗର୍ଭା ଭାରତ ଆମ୍ଭମାନଙ୍କ ନିମନ୍ତେ ଯେଉଁ ରତ୍ନ ସଞ୍ଚୟକରି ରଖିଥିଲେ ଅଧମ ଆମ୍ଭେମାନେ ସେହି ରତ୍ନକୁ କିପରି ପ୍ରତ୍ୟହ ପରହସ୍ତରେ ଅର୍ପଣ କରିଚାଲିଛୁଁ x x x ପ୍ରତି ବର୍ଷ ଭାରତବର୍ଷକୁ ୩୨ କୋଟି ଟଙ୍କାର ଦ୍ରବ୍ୟ ରପ୍ତାନି ହୁଏ; ଅଥଚ ଆମେ ୫୦ କୋଟି ଟଙ୍କା ତତ୍‌ପରିବର୍ତ୍ତେ ଦେଉ । ପ୍ରତି ବର୍ଷ ଏଥିରେ ଆମର ୧୮ କୋଟି ଟଙ୍କା କ୍ଷତି । ପୁଣି ବିଳାସ ଦ୍ରବ୍ୟ ଓ କେତେକ ଇଲେକ୍ଟ୍ରିକ ମେସିନ ବ୍ୟତୀତ ଆମେ ଆଉ କିଛି କିଣୁନି; ଅଥଚ ଭାରତରୁ ବିଦେଶକୁ ରପ୍ତାନି ହୁଏ ଚାଉଳ, ଗହମ, କାର୍ପାସ ଇତ୍ୟାଦି କୃଷିଜାତ ଦ୍ରବ୍ୟ"(୨୭) । ସଂ:ହି: ସମ୍ପାଦକଙ୍କ ଭାଷାରେ "ଭାରତୀୟର ଏହି ଦୁର୍ବଳତା ଯୋଗୁଁ କେତେକ ମୁଷ୍ଟିମେୟ ଇଂରେଜ ନାବିକ ଆସି ଅସଂଖ୍ୟ ଭାରତବାସୀଙ୍କୁ ପିତୁଳା ନଚାଇଲା ପରି ମନୋମତ ନଚାଇଗଲେ ।" (୨୮)

ଇଂରେଜ ଶାସକମାନଙ୍କର ତ୍ରୁଟିପୂର୍ଣ୍ଣ ଓ ଶୋଷଣମୁଖୀ ଅର୍ଥନୀତି ଯୋଗୁଁ ଭାରତବର୍ଷରେ ଦିନୁଦିନ ଦାରିଦ୍ର୍ୟ ବୃଦ୍ଧିପ୍ରାପ୍ତ ହେଉଥିବାର ଓ ବିଶେଷତଃ କୃଷିଜୀବୀମାନଙ୍କ ମଧ୍ୟରେ ଦରିଦ୍ରତା ବିସ୍ତୃତି ଲାଭ କରୁଥିବାର ପରିଲକ୍ଷିତ ହୋଇଥିଲା । ଭାରତବର୍ଷରେ ଗଭୀରଭାବେ ଅନୁଭୂତ ଏହି ଦାରିଦ୍ର୍ୟ ଓ ସରକାରଙ୍କ ଅର୍ଥନୀତି ବିଲାତ ପାର୍ଲିଆମେଣ୍ଟରେ ମଧ୍ୟ ସମାଲୋଚିତ ହୋଇଥିଲା । ଏ ସମସ୍ତ ଦୁର୍ଯୋଗର କାରଣ ସ୍ୱରୂପ ଇଂରେଜ ଶାସକମାନଙ୍କର ଦେଶ-ଉନ୍ନତି-ବିଧାନ ପରିବର୍ତ୍ତେ ସୈନ୍ୟସୁରକ୍ଷା ନିମନ୍ତେ ଅଧିକ ସମ୍ବଳ ବ୍ୟୟରୁ ଦାୟୀ କରାଯାଇଥିଲା । ଏ ସଂପର୍କରେ କେଇନ୍ ସାହେବ ବିଲାତ ପାର୍ଲିଆମେଣ୍ଟରେ ତୁମୂଳ ଝଡ ସୃଷ୍ଟି କରିଥିଲେ ଓ ସମସାମୟିକ କେତେକ ପତ୍ରିକା ଏହି ସଂବାଦର ଯଥାର୍ଥ ପ୍ରତିଫଳନ କରାଇଥିଲେ ।(୨୯)

ତତ୍‌କାଳୀନ ଓଡିଆ ପତ୍ରପତ୍ରିକାମାନେ ମଧ୍ୟ ଧ୍ୱଂସପ୍ରାୟ ଉତ୍କଳୀୟ ଶିଳ୍ପର ପୁନରୁଦ୍ଧାର ପାଇଁ ଦେଶବାସୀଙ୍କୁ ସଚେଷ୍ଟ ହେବାକୁ ପରାମର୍ଶ ଦେଇଥିଲେ । ଏଥିପାଇଁ ସରକାରୀ ସାହାଯ୍ୟକୁ ଅପେକ୍ଷା ନକରି ଶିଳ୍ପ-ବାଣିଜ୍ୟ କ୍ଷେତ୍ରରେ ପ୍ରତ୍ୟେକେ ମନୋଯୋଗୀ ହେବା ବାଞ୍ଛନୀୟ ବୋଲି ସଂ:ହ: ନିର୍ଦ୍ଦେଶ ଦେଇ ଲେଖିଥିଲେ,

---

୨୭. ବା: ସଂ: ବା: - ତା ୧୯. ୧. ୧୮୯୯
୨୮. ସଂ: ହି:- ତା ୭.୧୨.୧୮୯୨
୨୯. ବା: ସଂ: ବା: - ତା ୧୩. ୨. ୧୯୦୨

"ରାଜଦ୍ୱାରରେ ଭିକ୍ଷାକରି କୌଣସି ଜାତି କେବେ ଉନ୍ନତି କରିପାରି ନାହିଁ। ତେଣୁ ବିବିଧ ପ୍ରକାର ଶ୍ରମ ଶିଳ୍ପ କ୍ଷେତ୍ରରେ ମନୋନିବେଶ କରି କୃତକାର୍ଯ୍ୟ ହେଲେ ରାଜନୀତିକ ସଫଳତା ଆପେ ଆସିଯିବ (୩୦)।"

ଏହିପରି ସମକାଳୀନ ପତ୍ରପତ୍ରିକା ବିଲୟମୁଖୀ ଶିଳ୍ପ ବାଣିଜ୍ୟର ପୁନରୁତ୍‌ଥାନ ଲାଗି ଜନମତ ସୃଷ୍ଟି କରି ସୁସ୍ଥ ଜାତୀୟ ଜୀବନ ଗଠନ କରିବାରେ ମୁଖ୍ୟ ଭୁମିକା ଗ୍ରହଣ କରିଥିଲେ।

ଓଡିଆଭାଷା - ସଂକଟ:

ବ୍ରିଟିଶ ରାଜତ୍ୱକାଳରେ ଓଡିଆମାନଙ୍କୁ ଉପଯୁକ୍ତ ଚାକିରି ମିଳୁନଥିଲା, କେବଳ ଚପରାସୀ ଓ ମୋହରିର ଚାକିରି ଓଡିଆମାନଙ୍କ ଭାଗ୍ୟରେ ମିଳୁଥିଲା। ଏହା ଜନସାଧାରଣଙ୍କ ପ୍ରତି ବ୍ରିଟିଶ ଶାସନର ଏକ ପକ୍ଷପାତ ବୋଲି ପତ୍ରପତ୍ରିକାମାନେ ଜନସାଧାରଣଙ୍କୁ ଚେତାଇ ଦେଇଥିଲେ(୩୧)। ଏହି ଜନ-ଅସନ୍ତୋଷ ଜାତୀୟ କଂଗ୍ରେସ ପ୍ରତିଷ୍ଠା ପରେ ପରିବ୍ୟାପ୍ତ ଓ ପ୍ରଗାଢ ହୋଇଥିଲା। ଜାତୀୟ କଂଗ୍ରେସ ମାଧ୍ୟମରେ ଜନସାଧାରଣଙ୍କ ଦାବୀ ସ୍ପଷ୍ଟ ଓ ଦୃଢତାର ସହିତ ଉପସ୍ଥାପିତ ହେବା ଯୋଗୁଁ କର୍ତ୍ତୃପକ୍ଷଙ୍କ ମଧ୍ୟରେ କ୍ରୋଧ ଓ ବିରକ୍ତି ସୃଷ୍ଟି ହୋଇଥିଲା। ଏ ସମ୍ପର୍କରେ ନିମ୍ନୋକ୍ତ ଅଭିମତ ପ୍ରଣିଧାନଯୋଗ୍ୟ: "ଇଂରେଜ ରାଜା ମନେକରୁଛନ୍ତି ପ୍ରଜା ଉତ୍‌ଶୃଙ୍ଖଳ ହୋଇଉଠିଛି, ସେମାନଙ୍କୁ ଦଳିତ ନ କଲେ ରାଜାର ମଙ୍ଗଳ ହେବନାହିଁ। ଭାରତୀୟ ପ୍ରଜା ମନେକରୁଛନ୍ତି ରାଜା ବୃଥା ସନ୍ଦେହ କରୁଛନ୍ତି; ମାତ୍ର ଇଂରେଜମାନେ ଆମର ଚକ୍ଷୁ ଉନ୍ମୀଳିତ କରିଦେଇ ଆମ ହୃଦୟରେ ଆଶାର ବୀଜ ବପନ କରି ବର୍ତ୍ତମାନ ବର୍ଦ୍ଧିତାୟନ ବୃକ୍ଷର ମୂଳଛେଦନ କରିବା ଅସମ୍ଭବ"(୩୨)।

ଏଗୁଡିକ ଥିଲା ନୀଳମଣି ବିଦ୍ୟାରତ୍ନଙ୍କ ଲେଖନୀପ୍ରସୂତ। ଊନବିଂଶ ଶତାବ୍ଦୀର ଶେଷ ଭାଗରେ ସମ୍ବାଦପତ୍ର ମାଧ୍ୟମରେ ଦେଶାତ୍ମବୋଧକୁ ସଂପ୍ରସାରିତ କରାଇବାରେ ତାଙ୍କର ଭୂମିକା ଥିଲା ଉଲ୍ଲେଖଯୋଗ୍ୟ।

ଓଡିଶା ଅଧିକାରର ଅର୍ଦ୍ଧଶତାବ୍ଦୀ ପର୍ଯ୍ୟନ୍ତ ଓଡିଶାରେ ଶାସକଗୋଷ୍ଠୀ ଶିକ୍ଷାର ବିସ୍ତାର

୩୦. ସଂ: ହି:- ତା ୭. ୧୨. ୧୮୯୨
୩୧. ସଂ: ହି:- ତା ୨. ୧୨. ୧୮୯୭
୩୨. ସଂ: ହି:- ତା ୯. ୨. ୧୯୯୮

ପାଇଁ ଉପଯୁକ୍ତ ପଦକ୍ଷେପ ନେଇନଥିଲେ। ଓଡିଶାରେ ଇଂରାଜୀ ସ୍କୁଲ ପ୍ରତିଷ୍ଠିତ(୩୩) ହେବା ପରେ ଏ ଦେଶରୁ ଓଡିଆଭାଷାକୁ ଉଚ୍ଛେଦ କରିବାଲାଗି ଯେଉଁ ଅଭିମତ ପ୍ରକାଶ ପାଇଥିଲା, ତାହାର ଦୃଢ ପ୍ରତିବାଦ କରିଥିଲେ ତତ୍‌କାଳୀନ ପତ୍ରପତ୍ରିକା। ୧୮୬୮ ମସିହା ଡିସେମ୍ବର ମାସରେ କଟକ ଡିବେଟିଂ କ୍ଲବ୍‌ରେ ରାଜେନ୍ଦ୍ରଲାଲ ମିତ୍ରଙ୍କ ଭାଷଣାନୁଯାୟୀ ଓଡିଶାରୁ ଓଡିଆଭାଷା ସମ୍ପୂର୍ଣ୍ଣ ଉଠାଇ ଦେଇ ବଙ୍ଗଳାଭାଷା ପ୍ରଚଳନ କରିବାର ପରାମର୍ଶ ସମ୍ପର୍କରେ 'ଉତ୍କଳ ଦୀପିକା' ଘୋର କ୍ଷୋଭ ପ୍ରକାଶ କରି 'ଉତ୍କଳ ଭାଷାର ଉନ୍ନତି ପ୍ରତି ବ୍ୟାଘାତ' ଶିରୋନାମାରେ ଏହାର ନିର୍ଭୀକ ସମାଲୋଚନା କରିଥିଲେ। ଏହି ବ୍ୟବସ୍ଥାକୁ "ଦୁଇଘର କୁଣିଆ ଓପାସ ରହେ" ନ୍ୟାୟ କହି ସେ ଉତ୍କଳପ୍ରଦେଶ ଓ ଓଡିଆଭାଷାର ସ୍ୱାତନ୍ତ୍ର୍ୟ ଦାବୀ କରିଥିଲେ(୩୪)।

'କଲିକତା ରିଭ୍ୟୁ' ତ୍ରୈମାସିକ ପତ୍ରିକାର ସମ୍ପାଦକ ଜୁନ, ୧୮୭୦ ସଂଖ୍ୟାରେ 'ଓଡିଆ ସ୍ୱତନ୍ତ୍ର ଭାଷା ନୟ' ଶୀର୍ଷକ ଏକ ସମ୍ପାଦକୀୟ ଟିପ୍‌ପଣୀ ଲେଖିବାରୁ ଦୀପିକା ଏହାର କଟୁ ସମାଲୋଚନା କରି ଜନସାଧାରଣ ଏ ସମ୍ପର୍କରେ ସଚେତନ ଓ ସତର୍କ ହେବାକୁ ସୂଚାଇଥିଲେ (୩୫)।

ଓଡିଶାର ଶିକ୍ଷାନୁଷ୍ଠାନମାନଙ୍କରେ ଓଡିଆ ଭାଷା ପ୍ରଚଳନ ବାଞ୍ଛନୀୟ, ଏହି ମର୍ମରେ ଗୌରୀଶଙ୍କରଙ୍କର ଏକ ଯୁକ୍ତିଯୁକ୍ତ ରଚନା ଉତ୍କଳଦୀପିକାରେ ପ୍ରକାଶ ପାଇଥିଲା(୩୬)।

ଓଡିଶାରେ ବଙ୍ଗଳାଭାଷା ପ୍ରଚଳନ ନିମନ୍ତେ ଓଡିଶାର ବଙ୍ଗୀୟଗୋଷ୍ଠୀ ମଧ୍ୟ ସରକାରଙ୍କୁ ଆବେଦନ କରୁଥିଲେ। ଏହାର ପ୍ରତିକ୍ରିୟା ସ୍ୱରୂପ 'ଉତ୍କଳ ଉଲ୍ଲାସିନୀ ସଭା' ମଧ୍ୟ ଓଡିଆଭାଷାର ସୁରକ୍ଷା ଲାଗି ନିୟମିତ ଭାବରେ ସରକାରଙ୍କ ନିକଟକୁ ଆବେଦନପତ୍ର ପଠାଉଥିଲେ (୩୭)।

ସେତେବେଳେ ମାନ୍ଦ୍ରାସ ପ୍ରେସିଡେନ୍‌ସୀ ସହିତ ସମ୍ପୃକ୍ତ ଥିବା ଗଞ୍ଜାମର ଅଧିବାସୀ ମଧ୍ୟ ଭାଷାଜନିତ ଅବହେଳା ଓ ଅବିଚାରର ସମ୍ମୁଖୀନ ହେଉଥିଲେ। ଗଞ୍ଜାମର କଚେରିମାନଙ୍କରେ ଓଡିଆ ଲୋକଙ୍କୁ ଅଧିକ ସଂଖ୍ୟାରେ ନିଯୁକ୍ତି ଦେବାକୁ ଓ ଓଡିଆଭାଷାକୁ ସ୍କୁଲ ଓ କଚେରିରେ ପ୍ରଚଳନ କରିବା ନିମିତ୍ତ ଜନସାଧାରଣ ମାନ୍ଦ୍ରାସ ଗଭର୍ଣ୍ଣମେଣ୍ଟ ଓ

୩୩. କଟକ ସ୍କୁଲ - ଫେବୃଆରୀ, ୧୮୪୧
ବାଲେଶ୍ୱର ଓ ପୁରୀ ହାଇସ୍କୁଲ - ନଭେମ୍ବର, ୧୮୫୩
୩୪. ଉ: ଦୀ:- ତା ୧୩.୩.୧୮୬୯
୩୫. ଉ: ଦୀ:- ସେପ୍ଟେମ୍ବର, ୧୮୭୦
୩୬. ଉ: ଦୀ:- ତା ୧୩.୩.୧୮୭୦
୩୭. ଉ: ଦୀ:- ତା ୭.୪.୧୮୭୦

ଇଣ୍ଡିଆ ଗଭର୍ଣ୍ଣମେଣ୍ଟଙ୍କୁ ଆବେଦନ କରନ୍ତୁ, ଏହି ମର୍ମରେ 'ଉତ୍କଳ ଦୀପିକା' ଗଞ୍ଜାମବାସୀଙ୍କୁ ପରାମର୍ଶ ଦେଇଥିଲେ (୩୮)।

ସମ୍ବଲପୁର କଚେରିମାନଙ୍କରେ ଓଡିଆଭାଷା ପରିବର୍ତ୍ତେ 'ହିନ୍ଦୀ' ପ୍ରଚଳନ ହେବାର ସରକାରୀ ନିର୍ଦ୍ଦେଶନାମା ବିରୁଦ୍ଧରେ ପ୍ରତିବାଦ କରି ସଂ: ହି: ଏହାକୁ 'ସମ୍ବଲପୁର ଭାଗ୍ୟରେ ସବୁଠାରୁ ଦୁର୍ଭାଗ୍ୟଜନକ ଘଟଣା' ବୋଲି ବର୍ଣ୍ଣନା କରିଥିଲେ (୩୯)। ଏହି ପ୍ରସଙ୍ଗରେ ସଂ:ହି: ରେ ପ୍ରକାଶିତ ଗଙ୍ଗାଧର ମେହେରଙ୍କର 'ଭାରତୀରୋଦନ' ଶୀର୍ଷକ କବିତା ଉଲ୍ଲେଖଯୋଗ୍ୟ:

"ଉତ୍କଳଭାରତୀ ରୋଦନ କରୁଛି
କାତରେ ସମ୍ବଲପୁର,
ସେ ବିକଳଧ୍ୱନି କର୍ଣ୍ଣରେ ପଡିଲେ
ନୟନେ ଲୋତକ ପୁରେ।
x x x ହିନ୍ଦୀ ସରସ୍ୱତୀ ମୋ ଛାତିରେ ବସି
କରିବ ପରା ରାଜତ୍ୱ,
ମୋ ଆଶା କାନନ ଭସ୍ମରାଶି ହେବ
ତା ନବ ଉଦ୍ୟାନେ ଖତ।
ଉପମାତା ଆସି ଗର୍ଭଧାରିଣୀର
ମସ୍ତକେ ଚରଣ ଦେବ,
ଏ ଦଶା ଦେଖିଲେ କେଉଁ ସନ୍ତାନର
ମନରେ ଦୁଃଖ ନ ହେବ"(୪୦)।

ସମ୍ବଲପୁର କଚେରିରେ ଓଡିଆଭାଷା ପ୍ରଚଳନଦ୍ୱାରା ସମ୍ବଲପୁର ଅଧିବାସୀ ଚାକିରି ପାଇବାକୁ ସମର୍ଥ ହେବେ ବୋଲି ଯୁକ୍ତି ଦର୍ଶାଯାଇଥିଲା (୪୧)। ଏହି ସମୟରେ ଜନସାଧାରଣଙ୍କ ମଧ୍ୟରେ ମାତୃଭାଷା ପ୍ରୀତିକୁ ଜାଗ୍ରତ କରାଇବା ଉଦ୍ଦେଶ୍ୟରେ ମାତୃଭାଷାର ଗୁରୁତ୍ୱ ଓ ସୁରକ୍ଷା ସମ୍ପର୍କୀୟ ବହୁ ଅଭିମତ ଓ ରଚନା ସଂ:ହି: ଓ ଉ:ଦୀ: ପତ୍ରିକାରେ ପ୍ରକାଶିତ ହୋଇଥିଲା। ଏହା ଓଡିଶାବାସୀଙ୍କ ମଧ୍ୟରେ ଏକତ୍ୱ, ସମପ୍ରାଣତା ଓ ଜାତୀୟତାବୋଧକୁ ଅଧିକ ଉଜ୍ଜୀବିତ କରିଥିଲା। ଓଡିଆଭାଷାର ସୁରକ୍ଷା ସଙ୍ଗେ ସଙ୍ଗେ

୩୮. ଉ: ଦୀ: – ତା ୧୪. ୪. ୧୮୭୪
୩୯. ସଂ: ହି:– ତା ୩୦. ୧.୧୮୯୬
୪୦. ସଂ: ହି:– ତା ୧୩. ୨. ୧୮୯୬
୪୧. ସଂ: ହି:– ତା ୨. ୧୨. ୧୮୯୬

ଓଡିଶାରେ ଶିକ୍ଷାବିସ୍ତାର, ଉପଯୁକ୍ତ ପାଠ୍ୟପୁସ୍ତକ ରଚନା ପାଇଁ ବ୍ୟବସ୍ଥା ଗ୍ରହଣ ଓ ପାଠାଗାର ପ୍ରତିଷ୍ଠା ନିମନ୍ତେ ସରକାରଙ୍କଠାରେ ମଧ୍ୟ ପତ୍ରିକାମାନେ ଆବେଦନ ଜଣାଇଥିଲେ (୪୨ କ,ଖ)।

ସମାଜ ସଂସ୍କାର :

ହିନ୍ଦୁଧର୍ମର ରକ୍ଷଣଶୀଳତା, ଆଚାରନିଷ୍ଠା ଓ କୁସଂସ୍କାର ଭାରତବାସୀଙ୍କୁ ପଙ୍ଗୁ କରିଦେଇଥିଲା। ଏହାହିଁ ଥିଲା ଭାରତର ଅନଗ୍ରସରତା ଓ ଭାରତୀୟମାନଙ୍କ ମଧ୍ୟରେ ଅନୈକ୍ୟ ସୃଷ୍ଟିର ମୁଖ୍ୟ ହେତୁ। ଆନିବେଶାନ୍ତ, ସ୍ୱାମୀ ବିବେକାନନ୍ଦ, ରାଜା ରାମମୋହନ ରାୟ, କେଶବଚନ୍ଦ୍ର ସେନ, ମହାଦେବ ଗୋବିନ୍ଦ ରାଣାଡେ ପ୍ରମୁଖ ଧର୍ମପ୍ରଚାରକ, ସଂସ୍କାରକ ଓ ନେତୃସ୍ଥାନୀୟ ବ୍ୟକ୍ତିବୃନ୍ଦ ସେମାନଙ୍କର ଭାଷଣ ଓ ରଚନା ମାଧ୍ୟମରେ ଜାତିଭେଦ, ସତୀଦାହ, ବାଲ୍ୟବିବାହ, ବହୁବିବାହ, ନାରୀଶିକ୍ଷାପ୍ରତି ବିତୃଷ୍ଣା ପ୍ରଭୃତି ସାମାଜିକ ତ୍ରୁଟି ସମ୍ପର୍କରେ ଦେଶବାସୀଙ୍କୁ ଅବହିତ କରାଇଥିଲେ। ଓଡିଶାର ପତ୍ରପତ୍ରିକା ମଧ୍ୟ ଏ ସମ୍ପର୍କରେ ହିନ୍ଦୁସମାଜର ଏହି କଳଙ୍କ ଦୂରୀକରଣ ନିମନ୍ତେ ଦେଶବାସୀଙ୍କୁ ସଚେତନ କରାଇଅଛନ୍ତି। ଏହି ପ୍ରସଙ୍ଗରେ ନବସମ୍ବାଦରେ ପ୍ରକାଶିତ ପ୍ରବନ୍ଧଗୁଡିକ ସବିଶେଷ ଗୁରୁତ୍ୱପୂର୍ଣ୍ଣ। ତନ୍ମଧ୍ୟରୁ ସମାଜ-ସଂସ୍କାର ଓ ସତ୍ୟାନୁସନ୍ଧାନ ଲାଗି ନବସମ୍ବାଦର ଅଭିମତ ଏ ସଂକ୍ରାନ୍ତରେ ଉଲ୍ଲେଖଯୋଗ୍ୟ (୪୩)।

ଜମିଜମା ବନ୍ଦୋବସ୍ତ ଓ ଏହାର କୁପରିଣାମ:

ଓଡିଶା ଅଧିକାର ପରେ ଇଂରେଜ ଶାସକମାନଙ୍କର ବାରମ୍ବାର ଜମିଜମା ବନ୍ଦୋବସ୍ତ ଓ ପ୍ରଜାମାନଙ୍କଠାରୁ ବାରମ୍ବାର ଦଲିଲ, ଦସ୍ତାବିଜ ଦାବୀ ଫଳରେ ଜନସାଧାରଣଙ୍କ ମଧ୍ୟରେ ପ୍ରବଳ ଅସନ୍ତୋଷ ସୃଷ୍ଟି ହୋଇଥିଲା। ଅସାଧୁ ରାଜକର୍ମଚାରୀମାନଙ୍କର ଅନୁଦାରତା ଯୋଗୁଁ ନିରୀହ ପ୍ରଜାବର୍ଗ ଅସୁବିଧାର ସମ୍ମୁଖୀନ ହେଉଥିଲେ। 'ନକଲଫିସ ଆଦାୟ କରି' ସରକାରଙ୍କ ଘର ଭର୍ତ୍ତି କରିବା ଅନ୍ୟାୟକୁ ଉତ୍କଳ ଦୀପିକା ସମାଲୋଚନା କରିଥିଲେ (୪୪)। ବାରମ୍ବାର ବନ୍ଦୋବସ୍ତ ଫଳରେ ଜମିଦାରମାନେ ମଧ୍ୟ ବହୁ ଅସୁବିଧା ଭୋଗ କରିଥିଲେ। ସେଥିପାଇଁ ବାଲେଶ୍ୱରରୁ ରାଜା ବୈକୁଣ୍ଠନାଥ ଦେ ବାହାଦୁରଙ୍କ ଉଦ୍ୟମରେ କଟକରେ 'ଜମିଦାରୀ ସମିତି' ନାମକ ଏକ ଅନୁଷ୍ଠାନ ଗଠିତ ହୋଇଥିଲା। ଏହାର ସମ୍ପାଦକ ଓକିଲ ଗୋକୁଳାନନ୍ଦ ଚୌଧୁରୀ ବେଙ୍ଗଲ

---

୪୨. କ - ସଂ: ହି: - 'ଲକ୍ଷ୍ୟହୀନ ଶିକ୍ଷା' ତା୨୨. ୭. ୧୮୯୬
ଖ - ବା : ସଂ: ବା: - ତା ୨. ୩. ୧୮୯୯
୪୩. ନବସଂବାଦ - ତା ୨୫. ୮.୧୮୮୭
୪୪. ଉ: ଦୀ:- ତା ୪. ୩. ୧୮୯୩

ଗଭର୍ଣ୍ଣମେଣ୍ଟଙ୍କୁ ଏକ ଆବେଦନପତ୍ର ପଠାଇଥିଲେ। ଏହି ସମିତି ମାଧ୍ୟମରେ ପ୍ରଜା ଓ ଜମିଦାର ଉଭୟେ ସରକାରଙ୍କୁ ସେମାନଙ୍କର ଅଭାବ ଅସୁବିଧା ଜଣାଉଥିଲେ (୪୫)। ବାରମ୍ବାର ଜମି ବନ୍ଦୋବସ୍ତ ଫଳରେ ଓଡିଶାର ପାରମ୍ପରିକ ଜମିଦାରୀ ବ୍ୟବସ୍ଥାରେ ବିପର୍ଯ୍ୟୟ ଘଟିଲା। ଐତିହ୍ୟହୀନ ଏକ ନୂତନ ଜମିଦାରଗୋଷ୍ଠୀ ଓଡିଶାରେ ଆଧିପତ୍ୟ ବିସ୍ତାର କଲେ। ଏହା ଫଳରେ ଜମିଦାର ଓ ପ୍ରଜାଙ୍କ ମଧ୍ୟରେ ସୁସମ୍ପର୍କ ସ୍ଥାପିତ ହୋଇପାରିନଥିଲା। ମଧ୍ୟସ୍ଥ କର୍ମଚାରୀବର୍ଗ ଅତ୍ୟାଚାରୀ ହେବାର ସୁଯୋଗ ଲାଭ କରୁଥିଲେ। ପ୍ରଜାମାନଙ୍କ ଦୁଃଖ ସୀମାଲଙ୍ଘନ କରିଥିଲା। ସାମାଜିକ ବିପର୍ଯ୍ୟୟର ଏହି ଭିତ୍ତିଭୂମି ଉପରେ ପରବର୍ତ୍ତୀ କାଳରେ ଫକୀରମୋହନ ରଚନା କରିଥିଲେ ତାହାଙ୍କ ଯୁଗାନ୍ତକାରୀ ଉପନ୍ୟାସ 'ଛମାଣ ଆଠଗୁଣ୍ଠ'।

ଭାରତୀୟ ଜାତୀୟ କଂଗ୍ରେସ - ଜାତୀୟତାର ଉନ୍ମେଷ ଓ ବିକାଶ:

୧୮୮୫ ମସିହା ଡିସେମ୍ବର ୨୮ ତାରିଖରେ ବମ୍ବେଠାରେ ଭାରତୀୟ ଜାତୀୟ କଂଗ୍ରେସର ପ୍ରଥମ ଅଧିବେଶନ ଅନୁଷ୍ଠିତ ହୋଇଥିଲା। ଏହି ଅନୁଷ୍ଠାନ ମାଧ୍ୟମରେ ହିଁ ସର୍ବାଦୌ 'ଜାତୀୟ' ବା 'ନ୍ୟାସନାଲ' ଶବ୍ଦଟି ଭାରତୀୟ ଜନ-ଜୀବନରେ ଗୁରୁତ୍ୱ ଲାଭ କରିଥିଲା। ଏହି ସମୟରୁ ଆନୁଷ୍ଠାନିକ ଭାବେ ସର୍ବଭାରତୀୟ ଜାତୀୟତାର ସୂତ୍ରପାତ ହୋଇଛି ବୋଲି ସାଧାରଣତଃ ଗୃହୀତ ହୁଏ (୪୬)। ଏହାର ଅନୁକରଣରେ ବିଭିନ୍ନ ପ୍ରଦେଶମାନଙ୍କରେ 'ବଙ୍ଗୀୟ ଜାତୀୟ ସମ୍ମିଳନୀ', 'ମଧ୍ୟପ୍ରଦେଶ ଜାତୀୟ ସମ୍ମିଳନୀ' ପ୍ରଭୃତି ନାମରେ ବହୁ 'ନାସନାଲ ଲିଗ୍' ବା ଜାତୀୟ ସମ୍ମିଳନୀ ପ୍ରତିଷ୍ଠିତ ହୋଇଥିଲା। ଜାତୀୟ କଂଗ୍ରେସର ଆନ୍ଦୋଳନ ଯୋଗୁଁ ହିଁ ଭାରତର ସର୍ବାଞ୍ଚଳରେ ଜାତୀୟ ଚେତନାର ସ୍ରୋତ ବିସ୍ତାର ଲାଭ କରିଥିଲା ଓ ଭାରତବାସୀ ଭବିଷ୍ୟତରେ ସେମାନଙ୍କର ଆକାଂକ୍ଷିତ ସ୍ୱାଧୀନତା ଲାଭ କରିବାକୁ ସମର୍ଥ ହୋଇଥିଲେ।

ଭାରତର ସମସାମୟିକ ସମ୍ବାଦପତ୍ରମାନେ ଏହି ଜାତୀୟ କଂଗ୍ରେସ ତଥା ଅନ୍ୟାନ୍ୟ ଜାତୀୟ ଅନୁଷ୍ଠାନମାନଙ୍କର ବିବରଣୀ ଓ ନିର୍ଦ୍ଧାରଣ ସମୂହ ଯଥାଯଥଭାବେ ପ୍ରକାଶ କରି ଜନସାଧାରଣଙ୍କୁ ଏହି ସମ୍ପର୍କରେ ସଚେତନ କରାଇଥିଲେ। ଜାତୀୟବାଦୀ ସମ୍ବାଦପତ୍ରମାନଙ୍କର ନିରବଚ୍ଛିନ୍ନ ସମର୍ଥନ ଫଳରେ ଜାତୀୟ କଂଗ୍ରେସର ବାର୍ତ୍ତା ଏ ଦେଶର ନଗର ଓ ପୁରପଲ୍ଲୀ ସର୍ବତ୍ର ପ୍ରଚାରିତ ହୋଇପାରିଥିଲା। ଏହି ଦୃଷ୍ଟିରୁ ଜାତୀୟ ଚେତନାର ଅଭିବୃଦ୍ଧି କ୍ଷେତ୍ରରେ ସମ୍ବାଦପତ୍ରର ଭୂମିକା ସର୍ବାଧିକ। ଓଡିଶାର ତତ୍‌କାଳୀନ ମୁଖ୍ୟ ସମ୍ବାଦପତ୍ର

---

୪୫. ସଂ: ହି: - ତା ୭. ୪. ୧୮୯୭

୪୬. M.Venkatrangaiya, -'Nationalism in India'. Andhra University Publication, P.14.

'ଉ:ଦୀ:', 'ବା:ସଂ:ବା:' ଓ ସଂ:ହି: ପ୍ରଭୃତି ସମସ୍ୱରରେ ଜାତୀୟ କଂଗ୍ରେସର ନିର୍ଦ୍ଧାରଣ ପ୍ରତି ଅକୁଣ୍ଠ ସମର୍ଥନ ଜଣାଇଅଛନ୍ତି।

ଭାରତରେ ବିଦେଶୀ ସରକାର ପ୍ରଜା-ପ୍ରତିନିଧିଙ୍କ ବିନାପରାମର୍ଶରେ ଶାସନ କରୁଥିବାରୁ 'ଉତ୍କଳ ଦୀପିକା' କ୍ଷୋଭ ପ୍ରକାଶ କରିଅଛନ୍ତି: "ଆମ୍ଭେମାନେ ଯେ ସମସ୍ତ ଉପକାର ପାଇଅଛୁଁ ଓ ପାଉଅଛୁଁ, ତାହା ସର୍ବଦା ଆମ ମନରେ ଜାଗରିତ ଅଛି। ମାତ୍ର ଭାରତୀୟ ଶାସନକାର୍ଯ୍ୟ ବିଭାଗରେ ପ୍ରଜାକୀୟ ପ୍ରତିନିଧି ପ୍ରଣାଳୀ ପ୍ରଚଳିତ ହେବା ଏକାନ୍ତ ଆବଶ୍ୟକ। ତେବେ ଯାଇ ବିଲାତର କାର୍ଯ୍ୟ ସମ୍ପୂର୍ଣ୍ଣ ହେବ"(୪୭)।

ବିଦେଶୀ ଶାସନକର୍ତ୍ତାମାନେ ଜନସାଧାରଣଙ୍କ ଅଭାବ ଓ ଆକାଂକ୍ଷା ବୁଝିବାକୁ ଅସମର୍ଥ ହୋଇଥିବାରୁ 'ପ୍ରଜାପ୍ରତିନିଧି ଶାସନପ୍ରଣାଳୀ'ର ପ୍ରୟୋଜନୀୟତା ଦର୍ଶାଇ ଉ:ଦୀ: ଲେଖିଥିଲେ: "ଇଂରେଜମାନେ ଯଦିଓ 'ଏଥିପାଇଁ ସମୟ ଆସିନାହିଁ' କହି ଭାରତୀୟମାନଙ୍କୁ ନିରୁତ୍ସାହିତ କରିବାର ପ୍ରଚେଷ୍ଟା କରୁଥିଲେ, ଭାରତୀୟ ଜାତୀୟ ସଭ୍ୟମାନେ ଜାତି, ସଂପ୍ରଦାୟ, ବର୍ଣ୍ଣ ଓ ସମାଜ ନିର୍ବିଶେଷରେ ଏହି ଶୁଭକାର୍ଯ୍ୟରେ ସମସ୍ତଙ୍କୁ ଯୋଗଦେବାକୁ ଆହ୍ୱାନ ଦେଉଥିଲେ"(୪୮)।

ମାତ୍ର ଦୁଇବର୍ଷ ମଧ୍ୟରେ 'ଭାରତୀୟ ଜାତୀୟ ସମିତି' ମାଧ୍ୟମରେ ହିମାଳୟଠାରୁ କୁମାରିକା ପର୍ଯ୍ୟନ୍ତ ଏବଂ କରାଚୀଠାରୁ ଆସାମ ପର୍ଯ୍ୟନ୍ତ ଭାରତବାସୀ ଅଚିରେ ପରସ୍ପର ଭାରତସନ୍ତାନ ବୋଲି ପରିଚିତ ହୋଇ ଭାଇ ଭାଇ ପ୍ରାୟ ଏକତା- ସୂତ୍ରରେ ଆବଦ୍ଧ ହେବାକୁ ସମର୍ଥ ହୋଇଥିଲେ। ତତ୍କାଳୀନ ପତ୍ରିକାମାନେ ଏହି ସମିତିକୁ ଉତ୍ସାହ ପ୍ରଦାନ କରିବାକୁ ଗଭର୍ଣ୍ଣମେଣ୍ଟଙ୍କୁ ଅନୁରୋଧ କରିଥିଲେ। କାରଣ ଏଇଥିରେ ହିଁ ଦେଶର ମଙ୍ଗଳ ନିହିତ ବୋଲି ସେମାନେ ବୁଝିଥିଲେ ଓ ଦେଶବାସୀଙ୍କୁ ତତ୍‌ସଂକ୍ରାନ୍ତୀୟ ସୂଚନା ପ୍ରଦାନ କରିଥିଲେ (୪୯)।

ଭାରତୀୟମାନେ ଶାସନାଧିକାର ପ୍ରାପ୍ତି ଲାଳସାରେ ଏତେ ଉତ୍ସାହିତ ହୋଇପଡିଥିଲେ ଯେ, ଇଂଲଣ୍ଡର ମହାରାଣୀଙ୍କର ପଞ୍ଚାଶବର୍ଷୀୟ ମହୋତ୍ସବ ପାଳନ ବେଳେ ଏହାକୁ ମହାସମାରୋହରେ ପାଳନ କରିବାକୁ ପତ୍ରିକାମାନେ ନିର୍ଦ୍ଦେଶ ଦେଇଥିଲେ। ଏହା ସହିତ ଭାରତବାସୀଙ୍କୁ ଶାସନରେ ସ୍ଥାୟୀ ଅଧିକାର ଦେବାକୁ ମହାରାଣୀଙ୍କ ପାଖରେ ନିବେଦନ କରିଥିଲେ ଓ ତଦ୍ଦ୍ୱାରା 'ସାମ୍ରାଜ୍ଞୀଙ୍କର ନାମ ଦେଶୀୟ

---

୪୭. ଉ: ଦୀ: -ତା ୧. ୫. ୧୮୮୬
୪୮. ଉ: ଦୀ: - ତା ୧. ୫. ୧୮୮୬
୪୯. ଉ: ଦୀ:- ତା ୩୧. ୧୨. ୧୮୮୭
୫୦. ଉ: ଦୀ: - ତା ୧. ୫. ୧୮୮୬

(Native) ମାନେ ଚିରକାଳ ଘୋଷୁଥିବେ' ବୋଲି 'ଉତ୍କଳ ଦୀପିକା'ରେ ଉଲ୍ଲେଖ କରାଯାଇଥିଲା (୫୦)।

ଜାତୀୟ କଂଗ୍ରେସର ପ୍ରାଥମିକ ଅବସ୍ଥାର ପ୍ରଥମ ଆବେଦନଗୁଡ଼ିକ ଅତ୍ୟନ୍ତ ଉଦାର ଥିଲେ ହେଁ ପରବର୍ତ୍ତୀକାଳରେ ଲୋକମାନ୍ୟ ତିଳକଙ୍କ ନେତୃତ୍ୱରେ ଚରମପନ୍ଥୀ ନେତାମାନେ ବ୍ରିଟିଶରାଜର ଘୋର ବିରୋଧ କରି ରାଜନୀତିରେ ବୈପ୍ଲବିକ ପରିବର୍ତ୍ତନ ଆଣିବାକୁ ସମର୍ଥ ହୋଇଥିଲେ। ବିଦେଶୀ ବସ୍ତୁ ଓ ଚାକିରି ବର୍ଜନ ଏବଂ ସ୍ୱଦେଶୀ ଆନ୍ଦୋଳନ ଥିଲା ତାଙ୍କର ଦୁଇଟି ପ୍ରଧାନ ପ୍ରଭାବଶାଳୀ ଚିନ୍ତାଧାରା। ଭାରତୀୟ ଜାତୀୟ ସମିତି ମାଧ୍ୟମରେ ଏହା ଭାରତୀୟ ଜନମାନସକୁ ଆନ୍ଦୋଳିତ କରିଥିଲା। ଉ:ଦୀ: ଏହାକୁ ସମ୍ପୂର୍ଣ୍ଣ ସମର୍ଥନ କରି ଲେଖିଥିଲେ, "ପିଲା ନ କାନ୍ଦିଲେ ମାତା ଖାଇବାକୁ ଦିଅନ୍ତି ନାହିଁ; ମାତ୍ର ଏଥିପାଇଁ ପିଲାକୁ କେହି ମାତୃଦ୍ରୋହୀ ବୋଲନ୍ତି ନାହିଁ। ସେହିପରି ପ୍ରଜାମାନଙ୍କର ଅବସ୍ଥାର ଉନ୍ନତି ଓ ଅଭାବମୋଚନ ନିମନ୍ତେ ଜାତୀୟ ସମିତି ବାରମ୍ବାର ଗଭର୍ଣ୍ଣମେଣ୍ଟଙ୍କ ପାଖରେ ଆବେଦନ କରିବା ଉଚିତ (୫୧)।" ଖ୍ରୀ: ୧୮୯୦ରେ ମଧ୍ୟପ୍ରଦେଶର ରାଜଧାନୀ ନାଗପୁରଠାରେ ଜାତୀୟ କଂଗ୍ରେସର ଅଧିବେଶନ ମହାସମାରୋହରେ ଅନୁଷ୍ଠିତ ହୋଇଥିଲା ଓ ଏଥିରେ କଂଗ୍ରେସର ଆଇନସଙ୍ଗତ ଆନ୍ଦୋଳନକୁ ପୂର୍ଣ୍ଣ ସମର୍ଥନ କରାଯାଇଥିଲା। 'ସମ୍ବଲପୁର ହିତୈଷିଣୀ' ଏହାକୁ ଉଚ୍ଛ୍ୱସିତ ସମର୍ଥନ ଜଣାଇଥିଲେ (୫୨)।

ଭାରତବର୍ଷରେ ଜାତି ବିଭାଗ ତଥା ହିନ୍ଦୁ-ମୁସଲମାନ ବିଦ୍ୱେଷ ଭାରତୀୟ ଜାତୀୟ ଏକତା ପକ୍ଷେ ଥିଲା ଏକ ମୁଖ୍ୟ ଅନ୍ତରାୟ। ଏହି ଆଳରେ ଭାରତୀୟମାନଙ୍କୁ କୌଣସି ପ୍ରକାର ରାଜନୈତିକ ଅଧିକାରପ୍ରାପ୍ତିରୁ ବଞ୍ଚିତ କରିବାପାଇଁ ଇଂରେଜ ସରକାର ମତ ବ୍ୟକ୍ତ କରୁଥିଲେ। ଏ ସମ୍ପର୍କରେ ସଂ:ହି:ର ଉକ୍ତି ପ୍ରଣିଧାନଯୋଗ୍ୟ। ଇଂଲଣ୍ଡର ଏକ ଉଦାହରଣ ସହ 'ହିତୈଷିଣୀ'ରେ ପ୍ରକାଶ ପାଇଥିଲା, "ଏକସମୟରେ ଗ୍ରେଟ୍-ବ୍ରିଟେନ୍‌ରେ ନରମାନ୍ ଓ ସାକ୍‌ସନମାନଙ୍କ ମଧ୍ୟରେ ବିଦ୍ୱେଷଭାବ ପ୍ରବଳ ଥିଲା ଏବଂ ଏହା ସେମାନଙ୍କର ସମ୍ପୂର୍ଣ୍ଣ ଅଧିକାର ପାଇବାରେ ବିଶେଷ ସଂକଟ ସୃଷ୍ଟି କରିନଥିଲା। ତେଣୁ ଭାରତୀୟମାନେ ସମସ୍ତ ପ୍ରକାର ବିଦ୍ୱେଷ ସତ୍ତ୍ୱେ ସାମାଜିକ ଓ ଧର୍ମସମ୍ବନ୍ଧୀୟ ସଂସ୍କାରର ପ୍ରଯତ୍ନକରି ପୂର୍ଣ୍ଣ ସ୍ୱାଧୀନତା ପାଇଁ ପୂର୍ଣ୍ଣପ୍ରାଣରେ ବିପ୍ଳବ ପଥର ଯାତ୍ରୀ ହେବାରେ ଅସୁବିଧା ନାହିଁ (୫୩)।"

---

୫୦. ଉ: ଦୀ: -ତା ୧. ୫. ୧୮୮୭
୫୧. ଉ: ଦୀ: - ତା ୧. ୧୨. ୧୮୮୮
୫୨. ସଂ: ହି:- ତା ୬. ୧. ୧୮୯୨
୫୩. ସଂ: ହି: -ତା ୨୬. ୧. ୧୮୯୬ (ଜାତୀୟ ମହାସମିତିର ତ୍ରୟୋଦଶ ଅଧିବେଶନରେ ସଭାପତିଙ୍କ ବକ୍ତୃତାର ସାରାଂଶ)

ଜାତୀୟ ମହା ସମିତିର ବିବିଧ ଅଧିବେଶନର ବିବରଣୀ, ସଭାପତିମାନଙ୍କର ଆହ୍ୱାନଧର୍ମୀ ବକ୍ତୃତାର ବିଶେଷ ଅଂଶମାନ ପ୍ରକାଶକରି ଜନସାଧାରଣଙ୍କୁ ରାଜନୀତିକ ପରିବର୍ତ୍ତନ ସହ ଏହିପରି ପତ୍ରିକାମାନେ ପରିଚିତ କରାଇଥିଲେ। ଜାତୀୟ କଂଗ୍ରେସ ପରାଧୀନ ଭାରତୀୟଙ୍କ ମଧ୍ୟରେ ଆତ୍ମବିଶ୍ୱାସ ଜାଗ୍ରତ କରାଇବା ସଙ୍ଗେ ସଙ୍ଗେ ଶକ୍ତିଶାଳୀ ଶାସକଙ୍କ ବିରୁଦ୍ଧରେ ବିପ୍ଳବ କରିବା ନିମନ୍ତେ ସେମାନଙ୍କୁ ସଙ୍ଗଠିତ ଓ ସାହସୀ କରିପାରିଥିଲେ। ଭାରତୀୟ ଜନଜୀବନରେ ଊନବିଂଶ ଶତାବ୍ଦୀର ଶେଷ ଦଶକରେ ଏହିପରି ପ୍ରକୃତ ରାଜନୀତିକ ଜାଗରଣର ଅଭ୍ୟୁଦୟ ଘଟିଥିଲା। ଭାରତୀୟ ଜାତୀୟ ମହାସମିତି ଭାରତ ପାଇଁ ନିର୍ବାଚନ ପ୍ରଣାଳୀ ଦ୍ୱାରା ନିର୍ବାଚିତ ଏକ ବ୍ୟବସ୍ଥାପକ ସଭା ଦାବୀ କରିଥିଲେ। ଏହାର ଅର୍ଦ୍ଧେକ ସଭ୍ୟ ନିର୍ବାଚିତ ଓ ଅର୍ଦ୍ଧେକ ସଭ୍ୟ ଗଭର୍ଣ୍ଣମେଣ୍ଟଙ୍କ ଦ୍ୱାରା ନିଯୁକ୍ତ ହେବାର ସିଦ୍ଧାନ୍ତ ଗୃହୀତ ହୋଇଥିଲା। ଜାତୀୟ ମହାସମିତିର ଏହି ଦାବୀକୁ ଉ:ଦୀ: ସୁସ୍ପଷ୍ଟ ଭାବରେ ଜନସାଧାରଣଙ୍କ ମଧ୍ୟରେ ପ୍ରଚାର କରିଥିଲେ (୫୪)।

ସେତେବେଳେ ମଧ୍ୟ ଦେଶସେବା ନାମରେ କେହି କେହି ଦେଶବାସୀଙ୍କର କ୍ଷତି ସାଧନ କରୁଥିଲେ। କେତେକ ଅସାଧୁ ରାଜନୀତିଜ୍ଞ ଓ ତଥାକଥିତ ନେତୃମନ୍ୟ ବ୍ୟକ୍ତିଙ୍କର କଥା ଓ କାର୍ଯ୍ୟ ମଧ୍ୟରେ ଅମେଳ ପ୍ରତି କଟାକ୍ଷପୂର୍ଣ୍ଣ ଉକ୍ତି ମଧ୍ୟ 'ଉତ୍କଳ ଦିପିକା'ରେ ଦେଖାଯାଏ। ଦେଶସେବାକୁ ଏକ ନିର୍ମଳ ଭିତ୍ତିଭୂମି ଉପରେ ପ୍ରତିଷ୍ଠିତ କରିବା ଲକ୍ଷରେ ହିଁ ଏହା କୁହାଯାଇଥିଲା। ସେତେବେଳେ କେତେକ ଇଂରାଜୀ ଶିକ୍ଷାପ୍ରାପ୍ତ ବ୍ୟକ୍ତି ମାତୃଭାଷା ଓ ସ୍ୱଦେଶର ସଂସ୍କୃତିକୁ ହେୟଦୃଷ୍ଟିରେ ଦେଖୁଥିବାଯୋଗୁ ପତ୍ରପତ୍ରିକାଗୁଡିକ ମଧ୍ୟ ଏହାର କଟୁ ସମାଲୋଚନା କରିଅଛନ୍ତି। 'ଉତ୍କଳ ଦୀପିକା' ପ୍ରକାଶିତ ହେବାର ଚଉଦ ବର୍ଷ ପରେ ଏହାର ଗ୍ରାହକସଂଖ୍ୟା ଥିଲେ ମାତ୍ର ଶହେ ଚାଳିଶ। ଓଡିଶାରେ ସାକ୍ଷରସଂଖ୍ୟାର ସ୍ୱଳ୍ପତା ଓ ଶିକ୍ଷାପ୍ରାପ୍ତ ବ୍ୟକ୍ତିମାନଙ୍କର ଓଡିଆରେ ପ୍ରକାଶିତ ପତ୍ରିକା ପାଠ ପ୍ରତି ଅନାଦର ସମ୍ପର୍କରେ ଉତ୍କଳ ଦୀପିକା ଏତଦ୍ଦ୍ୱାରା ଦେଶବାସୀଙ୍କ ଦୃଷ୍ଟି ଆକର୍ଷଣ କରିଥିଲେ (୫୫)।

ଚଳିତ ଶତାବ୍ଦୀର ପତ୍ରପତ୍ରିକା, ଜାତୀୟତାର ଉତ୍ତରଣ

ଚଳିତ ଅର୍ଦ୍ଧଶତାବ୍ଦି ମଧ୍ୟରେ ଓଡିଶାରେ ଜାତୀୟତାର ବିକାଶ କ୍ଷେତ୍ରରେ ଜାତୀୟ ଜୀବନକୁ ନୂତନ ପ୍ରେରଣା ଓ ଭାବନାରେ ଯେଉଁ ସମ୍ବାଦପତ୍ରସବୁ ଉଦ୍‌ବୁଦ୍ଧ କରିପାରିଥିଲେ, ସେଗୁଡିକ ହେଉଛନ୍ତି ଉତ୍କଳ ଦୀପିକା, ସମ୍ବଲପୁର ହିତୈଷିଣୀ, ବାଲେଶ୍ୱର ସମ୍ବାଦବାହିକା,

୫୪. ଉ: ଦୀ: – ତା ୧୦. ୧. ୧୮୮୯
୫୫. ଉ: ଦୀ: – ତା ୮. ୩. ୧୮୭୯ – 'ଜାତୀୟ ଜୀବନ'

ଦି ଷ୍ଟାର୍ ଅଫ୍ ଉତ୍କଳ, ଦି ଓରିୟା, ଆଶା, ସମାଜ, ପ୍ରଜାତନ୍ତ୍ର, ହୀରାଖଣ୍ଡ ପ୍ରଭୃତି (୫୬)।

ଏତଦ୍‌ବ୍ୟତୀତ ଉତ୍କଳ ସାହିତ୍ୟ, ମୁକୁର, ସତ୍ୟବାଦୀ, ସହକାର, ରତ୍ନରେଣୁ, ଉତ୍କଳ ମଧୁପ, ସେବା, ଗଡଜାତବାସିନୀ, ପ୍ରଚାରକ, ନବୀନ, ନବଭାରତ, ୟଙ୍ଗ୍ ଉତ୍କଳ, ଇଷ୍ଟିକୋଷ୍ଟ ପ୍ରଭୃତି ସମ୍ବାଦପତ୍ର ଓ ସାହିତ୍ୟପତ୍ର ପ୍ରକାଶିତ ହୋଇ ଓଡିଶାର ସାହିତ୍ୟ, ସଂସ୍କୃତି ଓ ରାଜନୈତିକ ତେନାର ବିକାଶସାଧନ କ୍ଷେତ୍ରରେ ପ୍ରଭୁତ ସହାୟତା କରିଅଛନ୍ତି (୫୭)।

ଚଳିତ ଶତାବ୍ଦୀର ପ୍ରଥମ ଦଶକ ମଧ୍ୟରେ ଭାରତୀୟ ରାଜନୀତି କ୍ଷେତ୍ରରେ ସନ୍ତ୍ରାସବାଦୀ ଆନ୍ଦୋଳନର ସୂତ୍ରପାତ ହୋଇଥିଲା। ଏହାପରେ ବଙ୍ଗଳାକୁ ଦ୍ୱିଖଣ୍ଡିତ କରିବାଯୋଗୁଁ ଯେଉଁ ବଙ୍ଗଭଙ୍ଗ ଆନ୍ଦୋଳନର ଆରମ୍ଭ ହୋଇଥିଲା, ତାହା ଜାତୀୟ କଂଗ୍ରେସର ସମର୍ଥନକ୍ରମେ ସମଗ୍ର ଭାରତବର୍ଷରେ ସ୍ୱଦେଶୀ ଆନ୍ଦୋଳନକୁ ଉଜ୍ଜୀବିତ କରିଥିଲା।

---

୫୬. ଦି ଷ୍ଟାର ଅଫ୍ ଉତ୍କଳ ସଂ: କ୍ଷିତୀଶଚନ୍ଦ୍ର ରାୟଚୌଧୁରୀ ପ୍ର:ପ୍ର: ୧୯୦୯, କଟକ

	ଦି ଓରିୟା	ସଂ: ମଧୁସୂଦନ ଦାସ	୧୯୧୦,	କଟକ
	ଆଶା	ସଂ: ଶଶିଭୂଷଣ ରଥ	୧୯୧୩,	ବ୍ରହ୍ମପୁର
	ସମାଜ	ସଂ: ଗୋପବନ୍ଧୁ ଦାସ	୧୯୧୯,	ସାକ୍ଷୀଗୋପାଳ
	ପ୍ରଜାତନ୍ତ୍ର	ସଂ: ହରେକୃଷ୍ଣ ମହତାବ	୧୯୨୩,	ବାଲେଶ୍ୱର
	ହୀରାଖଣ୍ଡ	ସଂ: ସ୍ୱପ୍ନେଶ୍ୱର କବିଭୂଷଣ	୧୯୨୦,	ସମ୍ବଲପୁର

୫୭.	ମୁକୁର	ସଂ: ବ୍ରଜସୁନ୍ଦର ଦାସ	୧୯୦୫,	କଟକ
	ସତ୍ୟବାଦୀ	ଗୋପବନ୍ଧୁ ଦାସ	୧୯୧୪,	
	ସହକାର	ଲକ୍ଷ୍ମୀନାରାୟଣ ସାହୁ	୧୯୨୧,	କଟକ
	ରତ୍ନରେଣୁ	ରାଧାଗୋବିନ୍ଦ ଦାସ	୧୯୨୩,	
	ଉତ୍କଳମଧୁପ	ନୀଳମଣି ବିଦ୍ୟାରତ୍ନ	୧୯୨୩,	
	ସେବା	ନୀଳକଣ୍ଠ ଦାସ	୧୯୨୧,	ସମ୍ବଲପୁର
	ଗଡଜାତବାସିନୀ		୧୯୨୨,	ତାଳଚେର
	ପ୍ରଚାରକ	ଅନନ୍ତ ମିଶ୍ର		ସିଂହଭୂମ
	ନବୀନ	କୃପାସିନ୍ଧୁ ପଟ୍ଟଦେବ		
	ନବଭାରତ	ନୀଳକଣ୍ଠ ଦାସ	୧୯୩୪	କଟକ
	ୟଙ୍ଗ୍ ଉତ୍କଳ			
	ଇଷ୍ଟକୋଷ୍ଟ	ଶଶିଭୂଷଣ ରଥ		

ଓଡିଶାରେ ତତ୍‌କାଳୀନ ସର୍ବାଧିକ ଜନପ୍ରିୟ ସାପ୍ତାହିକ 'ଉତ୍କଳ ଦୀପିକା' କର୍ଜନଙ୍କର ବଙ୍ଗବିଚ୍ଛେଦ ନୀତିକୁ କଟୁ ସମାଲୋଚନା କରୁଥିଲେ। ୧୯୦୫ ଖ୍ରୀଷ୍ଟାବ୍ଦ ମାର୍ଚ୍ଚ ମାସଠାରୁ ଡିସେମ୍ବର ପର୍ଯ୍ୟନ୍ତ ଏହି ନିଷ୍ପତ୍ତି ବିରୁଦ୍ଧରେ ଭାରତବ୍ୟାପୀ ଯେଉଁ ପ୍ରତିକ୍ରିୟା ସଂଘଟିତ ହୋଇଥିଲା, ତାହାର ବିବରଣୀ ଏଥିରେ କ୍ରମାନ୍ୱୟରେ ପ୍ରକାଶିତ ହୋଇଥିଲା। ଭାରତରେ ଜାତୀୟ ଜାଗରଣକୁ ଉଦ୍ଦୀପ୍ତ କରିବାରେ ଏହା ବଳିଷ୍ଠ ଭୂମିକା ଗ୍ରହଣ କରିଥିଲା। 'ବଙ୍ଗବିଭାଗରେ କାହାର କି ଲାଭ' ଓ 'ବଙ୍ଗବିଭାଗ ଓ ସ୍ୱଦେଶୀ ସ୍ରୋତ' ଶିରୋନାମାଙ୍କିତ ଦୀପିକାର ଅଭିମତ ଏ ସମ୍ପର୍କରେ ପ୍ରଣିଧାନଯୋଗ୍ୟ (୫୮)।

ବଙ୍ଗଭଙ୍ଗ ଆନ୍ଦୋଳନ ଓଡିଶାର ତରୁଣମାନଙ୍କୁ ମଧ୍ୟ ଜାତୀୟବାଦରେ ଉଦ୍‌ବୁଦ୍ଧ କରିଥିଲା। ଖ୍ରୀ: ୧୯୦୭ କଟକରେ 'ୟଙ୍ଗ୍ ଉତ୍କଳ ଆସୋସିଏସନ୍' ବା 'ଉତ୍କଳ ଯୁବକ ସଂଘ' ପ୍ରତିଷ୍ଠା ତାହାର ନିଦର୍ଶନ। ଖ୍ରୀ: ୧୯୦୫ରେ ଶ୍ରୀ ଅରବିନ୍ଦଙ୍କ ନେତୃତ୍ୱରେ ପ୍ରବର୍ତ୍ତିତ ହୋଇଥିବା 'ସ୍ୱଦେଶୀ-ଆନ୍ଦୋଳନ ଓ ଯୁଗାନ୍ତର ଅନୁଷ୍ଠାନ' ବଙ୍ଗଳାରେ ବିପ୍ଳବର ଧ୍ୱଜା ଉତ୍ତୋଳନ କରି ସ୍ୱଦେଶୀ ଓ ସ୍ୱାଧୀନତାର ପ୍ରେରଣାରେ ଜନସାଧାରଣଙ୍କୁ ଯେପରି ଉଦ୍‌ବୁଦ୍ଧ କରିଥିଲା ତାହାର ପ୍ରଭାବ ଓଡିଶାରେ ଅନୁଭୂତ ହୋଇଥିଲା। କଟକର ସାହେବଜାଦା ବଜାରସ୍ଥ ବ୍ରଜସୁନ୍ଦର ଦାସଙ୍କ ଘରେ ଗୋପବନ୍ଧୁ ତାଙ୍କର ସହକର୍ମୀମାନଙ୍କୁ ଏକତ୍ରିତ କରାଇ ଆଖଡାଘର, ବ୍ୟାୟାମଶାଳା ଓ ଜାଗାସରଗୁଡିକୁ ପୁନର୍ଗଠନ କରାଇ 'ସ୍ୱାଧୀନତାକାମୀ ସମାଜସେବୀ କର୍ମୀବାହିନୀ' ଗଠନର ଦାୟିତ୍ୱ ଗ୍ରହଣ କରିଥିଲେ (୫୯)।

---

୫୮. "ଆଗାମୀ ଅକ୍ଟୋବର ୧୬ ତାରିଖରେ ବଙ୍ଗ ଦ୍ୱିଖଣ୍ଡରେ ବିଭକ୍ତ ହୋଇଯିବ। x x x ଭାଷାଗତ, ସମାଜଗତ ଓ ଶାସନଗତ ବିବିଧ ଅସୁବିଧାମାନ ଦେଖାଇଦେଲେ ହେଁ କିଏ ଦେଖୁଅଛି!" ('ବଙ୍ଗବିଭାଗରେ କାହାର କି ଲାଭ', ଉ:ଦୀ:, ତା ୩୦.୯.୧୯୦୫)

"ବଙ୍ଗର ଅଙ୍ଗଚ୍ଛେଦରେ ସମସ୍ତ ପ୍ରଦେଶ ବର୍ତ୍ତମାନ କ୍ଷୁବ୍‌ଧ। x x x ଫଳରେ ଆଉ କିଛି ନ ହେଉ; ଆମ୍ଭେମାନେ ସମସ୍ତେ ଯେ ଏକ ମାତୃଭୂମିର ସନ୍ତାନ ଓ ମାତୃଭୂମି ପ୍ରତି ଆମ୍ଭମାନଙ୍କର କିଛି କିଛି ତ୍ୟାଗ ଆବଶ୍ୟକ ଏହି ଭାବଟା ଯେମନ୍ତ ଜାତି-ଧର୍ମ-ନିର୍ବିଶେଷରେ ଆମ୍ଭମାନଙ୍କର ମନ ପ୍ରାଣକୁ କାହୁଁ ଅଧିକାର କରିଅଛି। ଭାରତରେ ଏ ଦୃଶ୍ୟ ଅତି ବିରଳ, ବୋଲିବା ବାହୁଲ୍ୟ। ଏହା ଦେଶବ୍ୟାପୀ ତୀବ୍ର ଆନ୍ଦୋଳନର ସାକ୍ଷାତ୍ ସଞ୍ଜିବନୀ ସୁଧା।" ('ବଙ୍ଗ ବିଭାଗ ଓ ସ୍ୱଦେଶୀ ସ୍ରୋତ', ଉ: ଦୀ: ତା ୨୧.୧୦.୧୯୦୫)

୫୯. ରଥ, ରାଧାନାଥ, 'ରାଜନୀତିଜ୍ଞ କର୍ମବୀର ଗୋପବନ୍ଧୁ', ଗୋପବନ୍ଧୁ ରଚନାବଳୀ ୪ର୍ଥ ଖଣ୍ଡ, ପୃ.୧।

ଜାତୀୟ କଂଗ୍ରେସର ବାର୍ଷିକ ଅଧିବେଶନର ବିବରଣୀ କ୍ରମାଗତ ଭାବେ ଉ:ଦୀ:, ସଂ:ହି: ଓ ଅନ୍ୟାନ୍ୟ ସମ୍ବାଦପତ୍ରମାନଙ୍କରେ ପ୍ରକାଶିତ ହେଉଥିଲା । ଏହି ସମୟରେ ଲାଲା ଲାଜପତ୍‌ରାୟ, ବାଲ ଗଙ୍ଗାଧର ତିଳକ ଓ ବିପିନଚନ୍ଦ୍ର ପାଲଙ୍କର ଓଜସ୍ୱିନୀ ଓ ଉଦ୍ଦୀପନାମୂଳକ ଅଭିଭାଷଣ ଭାରତ ତଥା ଓଡିଶାର ଜନସାଧାରଣଙ୍କ ମଧ୍ୟରେ ଏକ ନୂତନ ଭାବନାର ତରଙ୍ଗ ସୃଷ୍ଟି କରିଥିଲା ।

ପ୍ରଥମ ବିଶ୍ୱଯୁଦ୍ଧ ପରେ ଭାରତୀୟ ଜାତୀୟ କଂଗ୍ରେସରେ ଗାନ୍ଧିଜୀଙ୍କର ଆବିର୍ଭାବ ଏକ ଯୁଗାନ୍ତକାରୀ ଘଟଣା । ତାହାଙ୍କ ଆବିର୍ଭାବ ଫଳରେ ବାରତୀୟ ଜନଜୀବନରୁ ସମସ୍ତ ସଂକୀର୍ଣ୍ଣତା ଓ ବିଭେଦ ଦୂରହୋଇ ଭାରତବାସୀଙ୍କ ମଧ୍ୟରେ ଏକତା ଓ ଦେଶପ୍ରେମର ଭାବପ୍ରବାହ ବିଚ୍ଛୁରିତ ହୋଇପାରିଥିଲା । ରାଜନୀତି କ୍ଷେତ୍ରରେ ତାହାଙ୍କର ଅଲୌକିକ ନେତୃତ୍ୱ ଯୋଗୁଁ ଆକୁମାରୀ-ହିମାଚଳ ଯେପରି ଅଭିମନ୍ତ୍ରିତ ହୋଇପାରିଥିଲା ତାହାର ପଟାନ୍ତର ନାହିଁ । ତାହାଙ୍କର ଚିନ୍ତା, ଚେତନା, ଆଚରଣ ଓ ଉକ୍ତିରେ ବାରତୀୟ ଜନଜୀବନର ଆଶା ଆକାଙ୍କ୍ଷା ଯଥାର୍ଥତଃ ପ୍ରତିଫଳିତ ହୋଇପାରିଥିଲା । ସ୍ୱାଧୀନତାଲାଭ ପର୍ଯ୍ୟନ୍ତ ଗାନ୍ଧିଜୀ ଥିଲେ ଭାରତରେ ରାଜନୈତିକ ଆନ୍ଦୋଳନର ଅପ୍ରତିଦ୍ୱନ୍ଦୀ ନିୟାମକ ଓ କର୍ଣ୍ଣଧାର ।

ଓଡିଶାରେ ମିଷ୍ଟର୍ ଦାସଙ୍କ ନେତୃତ୍ୱରେ ପରିଚାଳିତ ଉତ୍କଳ ସମ୍ମିଳନୀ ଏ ଦେଶର ଜନସାଧାରଣଙ୍କ ମଧ୍ୟରେ ଉତ୍କଳୀୟ ଏକତା, ଭ୍ରାତୃତ୍ୱବୋଧ ଓ ଦେଶପ୍ରେମ ଜାଗ୍ରତ କରାଇବାରେ ସମର୍ଥ ହୋଇଥିଲେ ହେଁ ୧୯୧୯ ମସିହାଠାରୁ ଗୋପବନ୍ଧୁ, ନୀଳକଣ୍ଠ ପ୍ରଭୃତି ତରୁଣ ଗୋଷ୍ଠୀ ଜାତୀୟ କଂଗ୍ରେସର ଆଦର୍ଶରେ ଅନୁପ୍ରାଣିତ ହୋଇଥିଲେ । ଏହା ଫଳରେ ଓଡିଶାରେ 'ଉତ୍କଳ ସମ୍ମିଳନୀ'ର କାର୍ଯ୍ୟ ଶିଥିଳ ହୋଇଯାଇଥିଲା ଓ ଭାରତୀୟ ଜାତୀୟ କଂଗ୍ରେସର ଶାଖା ସ୍ୱରୂପ ଉତ୍କଳ ପ୍ରାଦେଶିକ କଂଗ୍ରେସ କମିଟି ଗଠିତ ହୋଇଥିଲା ।

ସର୍ବଭାରତୀୟ ରାଜନୀତିକ ଚେତନାପ୍ରବାହ ସହିତ ଉତ୍କଳକୁ ସମ୍ପୃକ୍ତ କରାଇବାରେ ଗୋପବନ୍ଧୁଙ୍କ ସମ୍ପାଦିତ 'ସମାଜ'ର ଭୂମିକା ସର୍ବାଧିକ ଗୁରୁତ୍ୱପୂର୍ଣ୍ଣ । ଏତଦ୍‌ବ୍ୟତୀତ ବିଦେଶୀ ଶାସକମାନଙ୍କର ଜନସାଧାରଣଙ୍କ ପ୍ରତି ହୃଦୟହୀନତା, ଦମନ ନୀତି ଓ ଶୋଷଣ, କଠୋର ଶାସନ ପ୍ରତି ଜନମାନସରେ ବିରକ୍ତି, ଘୃଣା ଓ ବିଦ୍ୱେଷ ସୃଷ୍ଟି କରିବାରେ ଏବଂ ଓଡିଶାରେ କଂଗ୍ରେସର ବିଚାରଧାରା, ଆଦର୍ଶ ଓ ଜାତୀୟ ଆନ୍ଦୋଳନର ବାର୍ତ୍ତାକୁ ପ୍ରସାରିତ କରାଇବାରେ ତଥା ଦେଶବାସୀଙ୍କୁ ସ୍ୱାଧୀନତାପ୍ରାପ୍ତି ଆଶାରେ ଉନ୍ମାଦିତ ଓ ଉଦ୍‌ବୁଦ୍ଧ କରାଇବାରେ ଗୋପବନ୍ଧୁଙ୍କ ଲେଖନୀର ଅବଦାନ ଅବିସ୍ମରଣୀୟ ।

ଗୌରୀଶଙ୍କରଙ୍କ ପ୍ରବର୍ତ୍ତିତ ସାମ୍ବାଦିକତାକୁ ଗୋପବନ୍ଧୁ ହିଁ ଅଧିକ ବଳିଷ୍ଠ, ଆଦର୍ଶନିଷ୍ଠ, ବିପ୍ଳବମୁଖୀ ଓ ଜନମନସ୍ପର୍ଶୀ କରିପାରିଥିଲେ । ଗୋପବନ୍ଧୁଙ୍କ ରଚନା କିଭଳି ଜାତୀୟଭାବୋଦ୍ଦୀପକ, ତାହା ତାଙ୍କର 'ସମାଜ' ସମ୍ପାଦକୀୟ ଶିରୋନାମାଗୁଡିକରୁ ହିଁ

ସୂଚିତ (୬୦)। ଏହି ଶିରୋନାମାଙ୍କର ପ୍ରତି ପ୍ରସଙ୍ଗ ଓ ତତ୍‌ସମ୍ପର୍କୀୟ ଅଭିମତ ପ୍ରକାଶ୍ୟଭାବରେ ଶାସନଗୋଷ୍ଠୀଙ୍କ ପ୍ରତି ଯେ ବିରାଗ ଓ ବିଦ୍ୱେଷଭାବ ସୃଷ୍ଟି କରିପାରିଥିଲା ଏହା କହିବା ବାହୁଲ୍ୟ ମାତ୍ର।

ପଞ୍ଜାବର ଜାଲିଆନାୱାଲାବାଗ୍ ହତ୍ୟାକାଣ୍ଡ ସମଗ୍ର ଭାରତବର୍ଷରେ ପ୍ରଚଣ୍ଡ ଜନଅସନ୍ତୋଷର ବହ୍ନି ପ୍ରଜ୍ୱଳିତ କରି ଦେଇଥିଲା। ଏହି ହତ୍ୟାକାଣ୍ଡର ନିର୍ଦ୍ଦେଶକ ଜେନେରାଲ ଡାୟାରଙ୍କ କାର୍ଯ୍ୟ ନିନ୍ଦିତ ହେଲେ ହେଁ 'ଭାରତୀୟ ରାଜକୋଷରୁ ସେ ମାସିକ ପନ୍ଦରଶହ ଟଙ୍କା ପେନ୍‌ସନ୍ ପାଇବେ' ଏହି ନିର୍ଦ୍ଧାରଣ ସମ୍ପର୍କରେ ଗୋପବନ୍ଧୁଙ୍କ ଉକ୍ତି ଥିଲା ଅତୀବ ବ୍ୟଙ୍ଗାତ୍ମକ (୬୧)। ଏହି ହତ୍ୟାକାଣ୍ଡରେ କ୍ଷତିଗ୍ରସ୍ତ ହୋଇଥିବା ଭାରତୀୟ ତଥା ବିଦେଶୀ ପରିବାରବର୍ଗଙ୍କୁ କ୍ଷତିପୂରଣ ଦେବାରେ ସରକାରଙ୍କ ପକ୍ଷପାତ ବିଚାରକୁ କଟାକ୍ଷ କରି ଗୋପବନ୍ଧୁ ଲେଖିଥିଲେ, "ଗୋରା ଏବଂ କଳାଙ୍କ ଜୀବନର ମୂଲ୍ୟରେ ତ ପଦେ ପଦେ ଏହିପରି ତଫାତ୍ ରଖାଯାଉଛି; ଆଉ କାମ ନେଲା ବେଳକୁ କାନ୍ଧକୁ କାନ୍ଧ ପକାଇ ବାହାକୁ ବାହା ଲଗାଇ ସହଯୋଗିତା କରିବାକୁ ଡାକିବାରେ କି ଅର୍ଥ ଅଛି?"(୬୨) ଇଂରେଜ ସରକାରଙ୍କଠାରୁ ସ୍ୱାୟତ୍ତଶାସନ ଓ ସୁବିଚାର ଲାଭ ଆଶାରେ ଭାରତବାସୀ ପ୍ରଥମ ବିଶ୍ୱଯୁଦ୍ଧରେ ଇଂଲଣ୍ଡକୁ ଅକୁଣ୍ଠ ସାହାଯ୍ୟ ସହଯୋଗ କରିଥିଲେ ହେଁ, ଯୁଦ୍ଧ ପରେ ସେମାନଙ୍କୁ ନିରାଶ ହେବାକୁ ପଡିଥିଲା। ଭାରତୀୟମାନଙ୍କ ପ୍ରତି ଇଂରେଜମାନଙ୍କ ଦୃଷ୍ଟିକୋଣ ପରିବର୍ତ୍ତିତ ହୋଇନଥିଲା। ଏହା ବିରୁଦ୍ଧରେ ଯଥା

---

୬୦. 'ଇଂରେଜ ଶାସନ ଭାରତରେ ବୃଥା' ସମାଜ ତା୨୦.୧୨.୧୯୧୯
'ପ୍ରଜାଙ୍କ ଅଧିକାର ପ୍ରଜାଏ ଜାଣନ୍ତି' ସମାଜ ତା୨୦.୧୨.୧୯୧୯
'ପ୍ରଜାଙ୍କ ଦିନ ଆସୁଛି' ସମାଜ ତା୨୧.୨.୧୯୨୦
'ପ୍ରଜାଙ୍କ କଥା ବୁଝ' ସମାଜ ତା୧୩.୩.୧୯୨୦
'ଗାନ୍ଧିଜୀଙ୍କ ଆନ୍ଦୋଳନର ସୁଫଳ' ସମାଜ ତା୧୨.୬.୧୯୨୦
'ଫେଂକାଳୀ ବଜାଇଲେ ଲୋକଙ୍କର କି ଲାଭ' ସମାଜ ତା୧୨.୬..୧୯୨୦
'ଏ ନିଆଁ ଲିଭିବ ନାହିଁ' ସମାଜ ତା୫.୨.୧୯୨୧
'ଇଂରେଜଙ୍କ ଜାଲିଆତି' ସମାଜ ତା୫.୨.୧୯୨୧
'ଇଂରେଜ ମୂଲକର କଳା ବେଠିଆ' ସମାଜ ତା୨.୪.୧୯୨୧
'ଗୋଦରୀ ଲୋ ଗୋଡ ତଳକୁ ଚାହାଁ' ସମାଜ ତା୨୭.୮.୧୯୨୧
'ସରକାରଙ୍କ ଯଥେଚ୍ଛାଚାର' ସମାଜ ତା୨୭.୫.୧୯୨୨

୬୧. "ତେବେ ଭାରତୀୟଙ୍କୁ ହାଣି ତାଙ୍କରି ରକ୍ତବୁହା ଧନ ପେନସନ ପାଇ ଘରେ ବସିବା କ'ଣ ଡାୟାରଙ୍କ ଶାସ୍ତି? ବାଃ, ବଡ ଚମତ୍କାର ଶାସ୍ତି! ତେବେ ତ ସବୁ ଜେନେରାଲଙ୍କ ପାଇଁ ବାଟ ଫିଟିଗଲା! (ସମାଜ - ତା୪.୯.୨୮)"

୬୨. ସମାଜ - ତା୨.୧୦.୧୯୨୦

ସମୟରେ ଗୋପବନ୍ଧୁ ଲେଖିଥିଲେ, "ଯୁଦ୍ଧ ହେଲା, ଭାରତଲୋକଙ୍କୁ ଡାକ; ଦୁର୍ଭିକ୍ଷ ଲାଗିଲା, ଭାରତଲୋକଙ୍କୁ ଖୋଜ; ମେଷପଟମିଆରେ ରାଜ୍ୟ ବସାଇବାକୁ ହେବ, ଭାରତଲୋକଙ୍କୁ ପଠାଅ; ଆଫ୍ରିକାର ଜଙ୍ଗଲ କାଟିବାକୁ ହେବ, ଭାରତଲୋକଙ୍କୁ ଲଗାଅ - ଇଂରେଜ ମୂଲକରେ ଭାରତ ଲୋକେ ଯେପରି ଦଳେ କଳା ବେଠିଆ"(୬୩)।

ଇଂରେଜ ସରକାରଙ୍କ ସ୍ୱାର୍ଥପର ଓ ହୃଦୟହୀନ ରାଜନୀତିକୁ ମଧ୍ୟ ସେ କଟୁ ସମାଲୋଚନା କରିଥିଲେ। ପୁନଶ୍ଚ ଏ ସମ୍ପର୍କରେ ସେ ଲେଖିଥିଲେ, "ଖଜୁରି ଗଛର କିସ ବାହୁନିବି ମୂଳରୁ ପାହାଚ ପାହାଚ"। ପୃଥିବୀରେ ଯେତେ ଜାଗାରେ ଇଂରେଜମାନେ ରାଜତ୍ୱ କରୁଅଛନ୍ତି, ସେ ସବୁଠାରେ ସେମାନଙ୍କ ଅତ୍ୟାଚାର ପ୍ରବଳ। ଭାରତଠାରୁ ଦକ୍ଷିଣ ଆଫ୍ରିକା, ପୂର୍ବ ଆଫ୍ରିକା, ଫିଜି ପର୍ଯ୍ୟନ୍ତ ସବୁଠାରେ ନିରୀହ ଭାରତୀୟମାନେ ଏମାନଙ୍କ ଦାଉରେ ପେଡି ହୋଇ ଯାଉଛନ୍ତି। ସବୁଠାରେ ଗୋରାମାନେ ଏ ଗରିବଙ୍କୁ ଗୋଲାମ ଦୃଷ୍ଟିରେ ଦେଖୁଛନ୍ତି (୬୪)।

ବନ୍ୟା-ଦୁର୍ଭିକ୍ଷପୀଡିତ ଜନସାଧାରଣ ବ୍ରିଟିଶରାଜତ୍ୱରେ କିପରି ଅତ୍ୟାଚାରିତ ଓ କରଭାରରେ ଜର୍ଜରିତ ହେଉଥିଲେ ତାହା ସମ୍ବେଦନଶୀଳ ଗୋପବନ୍ଧୁଙ୍କ ଲେଖନୀରେ ଜୀବନ୍ତ ଭାବରେ ପ୍ରକାଶିତ (୬୫)। ଚୌକିଦାରି ଟିକସ ବ୍ୟବସ୍ଥା ଫଳରେ ଓଡିଶାର ଦରିଦ୍ର ଜନସାଧାରଣ କିପରି ହୀନସ୍ତା ହେଉଥିଲେ ତାହା 'ଶୋଷଣ ଶାସନର ନୀତି ହୋଇଛି' ଶିରୋନାମାରେ ଗୋପବନ୍ଧୁଙ୍କ ଦ୍ୱାରା ବିସ୍ତୃତ ଭାବରେ ବର୍ଣ୍ଣିତ ହୋଇଅଛି (୬୬)।

---

୬୨. ସମାଜ - ତା୨.୧୦.୧୯୨୦
୬୩. ସମାଜ - ତା ୨୭.୮.୧୯୨୧
୬୪. ତତ୍ରୈବ - ତା ୨୪.୪.୨୧
୬୫. "ମା ବାପା ସରକାର ଆମର ଏହି ଦରିଦ୍ର ପ୍ରଜାଙ୍କଠାରୁ ଭୂମିକର, ଜଳକର, ପଥକର, ଜଙ୍ଗଲକର, ଚଉକିଦାରୀ କର, ୟୁନିୟନ କର, ମ୍ୟୁନିସିପାଲିଟି କର ଆଦାୟ କରୁଛନ୍ତି ଏ ନୀତି ଆଉ କେତେଦିନ ଚଳିବ? (ସମାଜ ତା ୨୫.୧୨.୨୦)।
୬୬. "ଗଲାବର୍ଷ ପୁରୀ ଦୁର୍ଭିକ୍ଷ ସମୟରେ ଲୋକେ ଏତେ ସରି ହେଲେ ସୁଦ୍ଧା ଚଉକିଦାରି ଟିକସରୁ ମୁକ୍ତି ପାଇଲେ ନାହିଁ। ଗୋଟାଏ ଦୁଇଟା ପିଲା ଅନାହାରରେ ମଲେଣି, ଆଉ ଗୋଟାଏ ଝିଅ କି ପୁଅ ଖାଇବା ବିନ ଢୋକଉଛି। ମା ଦେହରେ ଖାଲି ହାଡ଼ ରହିଛି। ସେ ପିଲା ତୁଣ୍ଡରେ ତୋଡାଣି ଟିକିଏ ଦେଲାବେଳକୁ ତାହା ଗଳୁନାହିଁ। ତାକୁ ପୁଣି ଆଉ ଗୋଟାଏ ସାନପିଲା ଜୀବନବିକଳରେ ପିଇବାକୁ ଟାଣିନେଉଚି। କଂସା, ଗୋରୁଗାଇ, କବାଟ, ଘରର ରୁଅ ସୁଦ୍ଧା ବିକାସରିଲାଣି। ଏହି ଅବସ୍ଥାରେ

ଜନସାଧାରଣଙ୍କୁ କରଭାରରେ ପ୍ରପୀଡିତ କରାଇ ଇଂରେଜ ସରକାର ସୈନ୍ୟ ବିଭାଗରେ ଅମାପ ଭାରତୀୟ ଅର୍ଥ ବ୍ୟୟ କରୁଥିବାରୁ ଗୋପବନ୍ଧୁ ଲେଖିଥିଲେ, "ଭାରତ ସରକାରଙ୍କ ରାଜସ୍ୱର ବାରଅଣା ଏହି ସୈନ୍ୟବିଭାଗରେ ବ୍ୟୟ ହେଉଅଛି। ସରକାର କହନ୍ତି ସୈନ୍ୟବିଭାଗ ଟାଣ ନ ହେଲେ ଭାରତ ରକ୍ଷା ହେବ କିପରି ? ଭାରତ ରକ୍ଷାର ଅର୍ଥ କଅଣ ? ଇଂରେଜ ସରକାରଙ୍କ ମାଲିକ ଦଖଲ ସ୍ୱତ୍ୱରେ କୌଣସି ବାଧା ନଘଟିବା ନା ପ୍ରଜାସାଧାରଣଙ୍କ ସୁଖ-ଶାନ୍ତିର ସୁବିଧା କରିବା ? x x x ପ୍ରଜାଙ୍କ ପଇସାରେ ପଲଟଣମାନେ ଖାଇପିଇ ଦେଶକୁ ଜଗିବସିଲେ ଲୋକଙ୍କର ଦୁଃଖ ଗଲା"(୬୭)।

ଗାନ୍ଧିଜୀଙ୍କର ଅହିଂସାତ୍ମକ ତଥା ଅସହଯୋଗ ଆନ୍ଦୋଳନର ବାର୍ତ୍ତାକୁ ଜନସାଧାରନଙ୍କର ବୋଧଗମ୍ୟ କରାଇବା ଅଭିପ୍ରାୟରେ ଗୋପବନ୍ଧୁଙ୍କର ଉପମାସମ୍ବଳିତ ଉକ୍ତି ଉଲ୍ଲେଖଯୋଗ୍ୟ; "ଭାରତବର୍ଷର ମାଲିକ ଇଂରେଜମାନେ। ଆମ ଦେଶ ଲୋକଙ୍କୁ ବଡ ବଡ ଚାକିରି ଦେଉଛନ୍ତି, କାଉନ୍‌ସିଲ୍‌କୁ ମେମ୍ବର କରି ନେଉଛନ୍ତି ସତ; କିନ୍ତୁ ତାହା ଯେତେହେଲେ ଚାକିରି। ଭାରତବାସୀ ନିଜ ରାଜ୍ୟରେ ନିଜେ ଗୋଲାମ। ଗାଁ ଚୌକିଦାରଠାରୁ ହାଇକୋର୍ଟ ଜଜ୍ ବା ଛୋଟଲାଟ ପର୍ଯ୍ୟନ୍ତ ଯେ କେହି ହୁଅନ୍ତୁ, ସମସ୍ତେ ଚାକିରିଆ। ଇଂରେଜ ସରକାର ଯେ କଳ ତିଆରି କରିଛନ୍ତି, ଏମାନେ କେବଳ ସେହି କଳରେ କାମ କରୁଛନ୍ତି; କିଏ ବା କଳର ଡ୍ରାଇଭର ହୋଇଛି, କିଏ ବା କୁଲୀ ହୋଇ କଳ ପୋଛୁଛି, କିଏ ବା କୋଇଲା ଯୋଗାଉଛି; ମାତ୍ର କଳ ତିଆରି କରିବାରେ ବା କଳ ଅସଜ ହୋଇଗଲେ ତାହା ମରାମତି କରିବାରେ କାହାରି ଅକ୍ତିଆର ନାହିଁ। ଏପରି ଚିରଦିନ ଗୋଲାମ ହୋଇ ରହିବାକୁ ଭାରତବାସୀ ଆଉ ଚାହାନ୍ତି ନାହିଁ। ଭାରତବାସୀ ଏବେ ସ୍ୱରାଜ୍ୟ ଚାହାନ୍ତି - ନିଜ ରାଜ୍ୟ ଚଳାଇବାର କଳ ନିଜ ହାତରେ ତିଆରିକରିବା, ନିଜ ହାତରେ ଭାଙ୍ଗିବା ଗଢିବା, ପେଚ ହୁଗାଳି ପୁଣି ଖଞ୍ଜିବା ଇତ୍ୟାଦି ଅଧିକାର ନିଜେ ପାଇବାକୁ ଲୋଡନ୍ତି। ତେଣୁ ଏଥର ଜାତୀୟ ମହାସମିତିରେ ଭାରତବାସୀଙ୍କର ସ୍ୱରାଜ୍ୟ ପାଇବା ଏକମାତ୍ର ଉଦ୍ଦେଶ୍ୟ ବୋଲି ସ୍ଥିର ହୋଇଅଛି। ଏଥିଲାଗି ଗୋଳମାଳ କରିବାକୁ ହେବନାହିଁ। ଲଢେଇ କରିବାକୁ ହେବ। ଧୀରସ୍ଥିର ଭାବରେ ନ୍ୟାୟ ଓ ଧର୍ମସଙ୍ଗତ ଉପାୟରେ ଏହି ସ୍ୱାରାଜ୍ୟ ପାଇବାକୁ ଜାତୀୟ ମହାସମିତି ଲକ୍ଷ୍ୟ ସ୍ଥିର କରିଛନ୍ତି"(୬୮)।

ବାପ ଦୁର୍ଭିକ୍ଷ ସାହାଯ୍ୟ କେନ୍ଦ୍ରରୁ ମୁଠାଏ ଚାଉଳ ସାହାଯ୍ୟ ଘେନି ଆସିଲାବେଳକୁ ଦଫାଦାର ଚୌକିଦାର ଟିକସ ବୋଲି ଜଗିବସିଛନ୍ତି। ସେହି ଦୁର୍ଭିକ୍ଷ ଚାଉଳକୁ ବିକି ଚଉକିଦାର ଟିକସ ଦେବାକୁ ହୋଇଛି।" (ସମାଜ, ତା ୬.୮.୧୯୨୧)

୬୭. ସମାଜ - ତା ୨୫.୬.୧୯୨୧

୬୮. ସମାଜ - ତା ୧୫.୧.୧୯୨୧

ଜାତୀୟଚେତନା ବିକାଶକ୍ରମେ ଜନସାଧାରଣଙ୍କ ଅବସ୍ଥା, ଦାବୀ ଓ ଅଧିକାର ବିଷୟରେ ସଚେତନ ହୋଇପାରିଥିଲେ। ଇଂରେଜ ଶାସକ ତଥା ଭାରତର ଦେଶୀୟ ରାଜ୍ୟ ଓ ଜମିଦାରିମାନଙ୍କରେ ପ୍ରଚଳିତ ବେଠି, ବେଗାରି ଓ ରସଦ ବିଧାନ ବିରୁଦ୍ଧରେ ଆନ୍ଦୋଳନ ଆରମ୍ଭ ହୋଇଥିଲା (୬୯)। ଜମିଦାରି ଅତ୍ୟାଚାର ସମ୍ପର୍କରେ ଗୋପବନ୍ଧୁ ଲେଖିଥିଲେ, "ଜମିଦାର ଓ ପ୍ରଜାର ସ୍ୱାର୍ଥ ଏକ ନୁହେଁ; ବରଂ ଉଭୟଙ୍କ ସମ୍ବନ୍ଧ ଅଧିକାଂଶଠାରେ ବାଜ-ପାରାର ସମ୍ବନ୍ଧ ପରି ଦେଖାଯାଏ। ଏ ଜମିଦାରମାନେ ଆପଣାକୁ ସରକାର ତଳିଆ ସରକାର ବୋଲି ମନେକରନ୍ତି; ସେହିଭଳି ମଧ୍ୟ ବ୍ୟବହାର କରନ୍ତି। ଧନୀ, ମହାଜନ ବ୍ୟବସାୟୀମାନଙ୍କର ଗତି ରୀତି ମଧ୍ୟ ଅଧିକାଂଶ ସ୍ଥଳେ ଏହିପରି। XXX ସେହି କାରଣରୁ ତ ଆଜି ରାଜା-ପ୍ରଜା ମଧ୍ୟରେ, ଜମିଦାର ରଇତ ମଧ୍ୟରେ, ସାହୁକାର ଖାତକ ମଧ୍ୟରେ, ମାଲିକ ଓ ମଜୁରିଦାର ମଧ୍ୟରେ ଏତେ ଟଣାଓଟରା ଲାଗିଛି (୭୦)"।

କାଉନ୍‌ସିଲ୍‌ରେ ଭାରତୀୟ ପ୍ରତିନିଧିମାନେ ସରକାରି କଳର ଅପାରଗତା ଓ ଶୋଷଣନୀତି ବିରୁଦ୍ଧରେ ଦୃଢ ପ୍ରତିବାଦ କଲେ ହେଁ ସରକାରଙ୍କ ନୀତି ଅପରିବର୍ତ୍ତିତ ରହିଥିବା ହେତୁ ଗୋପବନ୍ଧୁଙ୍କ ଲେଖନୀ 'ଭୋଟବାକ୍‌ସ ନା ବନ୍ଧୁକ?' ଶିରୋନାମାରେ ସମାଲୋଚନା କରି ଲେଖିଥିଲେ, "ଯେତେଦିନତକ ତୋପ ବନ୍ଧୁକ ଗୁଳା ବାରୁଦ ସରକାରଙ୍କ ହାତେ ଅଛି, ତେତେଦିନଯାଏ ସେ ବକ୍ତୃତାରେ ବିଚଳିତ ହେଉନାହାନ୍ତି" (୭୧)।

ଇଂରେଜ ରାଜତ୍ୱ କାଳରେ ସିଭିଲିୟାନ କର୍ମଚାରୀଗୋଷ୍ଠୀ ନିଶ୍ଚିନ୍ତରେ ରହି ଭାରତବାସଙ୍କର ସ୍ୱାର୍ଥପ୍ରତି ଯେ ସମ୍ପୂର୍ଣ୍ଣ ଉଦାସୀନ ଥିଲେ ଏହାର କଠୋର ସମାଲୋଚନା କରି ଗୋପବନ୍ଧୁ ଲେଖିଥିଲେ, "ବାଇଆର କି ଯାଏ, ନା ବା'କଲେ ବସା ଦୋହଲୁଥାଏ। ସିଭିଲିୟାନମାନେ ସବୁବେଳେ ନିଶ୍ଚିନ୍ତ। ନିଶ୍ଚିନ୍ତ ନ ରହିଲେ ଯେ ବାରତ ଶାସନ ଉଚ୍ଛନ୍ନ ହେବ"(୭୨)।

ଭାରତବାସୀଙ୍କ ପ୍ରତି ଅତ୍ୟାଚାର ବିରୁଦ୍ଧରେ ଭାରତର ଜନପ୍ରତିନିଧିଗଣ ପ୍ରତିବାଦ ଜଣାଇଲେହେଁ, ସରକାର ଏହାପ୍ରତି କର୍ଣ୍ଣପାତ କରି ନଥିଲେ। 'ସରକାରଙ୍କ ଯଥେଚ୍ଛାଚାର' ଶିରୋନାମାରେ ଗୋପବନ୍ଧୁ ତେଣୁ ଲେଖିଥିଲେ, "ସାଧାରଣ ସ୍ୱାର୍ଥ ବୋଇଲେ ଭାରତବାସୀର ସ୍ୱାର୍ଥ ଅବଶ୍ୟ ନୁହେଁ; ଇଂରେଜ ସାମ୍ରାଜ୍ୟର ସ୍ୱାର୍ଥ ବୁଝିବାକୁ ହେବ। ସେ

---

୬୮. ସମାଜ - ତା ୧୫.୧.୧୯୨୧
୬୯. ସମାଜ - ତା ୨୩.୬.୧୯୨୧
୭୦. ସମାଜ - ତା ୧୯.୩.୧୯୨୭
୭୧. ସମାଜ - ୨୭.୨.୧୯୨୬
୭୨. ସମାଜ - ତା ୯.୨.୧୯୨୬

ବିଧି ବିରୁଦ୍ଧରେ ଆପତ୍ତି ଉଠାଇବା କାଉନସିଲ୍ ବା ଆସେମ୍ବ୍ଲି ମେମ୍ବରଙ୍କ ମୂର୍ଖତା । ଏହି ତ ଆମ ପାର୍ଲିଆମେଣ୍ଟ, ଏହି ଆମ ଅଧିକାର (୭୩) ।"

ଭାରତୀୟ ରାଜନୀତିକ ବନ୍ଦୀମାନଙ୍କୁ ମୁକ୍ତିଦେବା ସମ୍ପର୍କରେ ଭାରତର ତତ୍କାଳୀନ ବଡଲାଟ ଇରୱଇନଙ୍କ ଯୁକ୍ତିକୁ ଗୋପବନ୍ଧୁ ନିର୍ଭୀକ ଭାବରେ ଏହିପରି କଠୋର ସମାଲୋଚନା କରିଛନ୍ତି - "ବଡଲାଟଙ୍କ ଯୁକ୍ତି ଥିଲା 'ଶାନ୍ତି ଓ ସୁଶାସନ' ନିମିତ୍ତ ସେମାନଙ୍କୁ ବନ୍ଦୀ କରାହୋଇଅଛି । ଭାରତରେ ରାଷ୍ଟ୍ରବିପ୍ଳବ ଘଟାଇବାଲାଗି ଗୋଟାଏ ଦଳ ଅଛି; ସେ ଦଳ ଲୋପପାଇବ ଏବଂ ଭାରତ ସରକାରର ବିଶ୍ୱାସ ହେବ ଯେ ରାଜନୀତିକ ବନ୍ଦୀମାନଙ୍କୁ ଛାଡିଦେଲେ ସେମାନେ ଆଉ ସେଭଳି ଦଳ ସୃଷ୍ଟି କରିପାରିବେ ନାହିଁ କିମ୍ବା ବିପ୍ଳବୀ ଦଳ ଥାଇ ସୁଦ୍ଧା ରାଜନୀତିକ ବନ୍ଦୀଙ୍କୁ ଛାଡିଦେଲେ ସେମାନେ ଉକ୍ତ ଦଳରେ ଯୋଗ ନ ଦେବେ ବୋଲି ଯେତେବେଳେ ସରକାର ମନ ମାନିବ ସେତେବେଳେ ତାଙ୍କୁ ଛାଡିଦିଆଯିବ"(୭୪) ।

ଏହିପରି ଭାବେ ବ୍ରିଟିଶ ରାଜତ୍ୱକାଳୀନ ଜନସାଧାରଣଙ୍କ ଦୁରବସ୍ଥା ଦର୍ଶାଇ ଏହି ଶାସନର ଅସାରତା ବଳିଷ୍ଠଭାବେ ପ୍ରତିପାଦନ କରି ଗୋପବନ୍ଧୁ ଲେଖିଥିଲେ, "ଏହି ପ୍ରକାର ଜୁଲୁମ ଜବରଦସ୍ତି ଶାସନନୀତି ଏ ଦେଶରେ ଚାଲିଥିବାଯାଏ ଆତ୍ମଶାସନ, ଦାୟିତ୍ୱପୂର୍ଣ୍ଣ ଶାସନ ଆଦି କଥାଗୁଡିକର ମୂଲ୍ୟ ଅଛି କି?"(୭୫)

ଗାନ୍ଧୀ ବିଚାରଧାରାର ପରିପ୍ରକାଶ:

ପ୍ରଥମ ବିଶ୍ୱଯୁଦ୍ଧ ପରଠାରୁ ଜାତୀୟ କଂଗ୍ରେସର ଆହ୍ୱାନକ୍ରମେ ଭାରତବାସୀଙ୍କ ଦ୍ୱାରା ଭାରତୀୟ ଶାସନ-ସଂସ୍କାରପାଇଁ ଆନ୍ଦୋଳନ ଆରମ୍ଭ ହୋଇଥିଲା । ବ୍ରିଟିଶ ରାଜତ୍ୱରେ ଭାରତୀୟମାନେ ଦାସଭଳି ଆଉ ନିଗୃହୀତ, ଅତ୍ୟାଚାରିତ ହେବାକୁ ଚାହୁଁ ନଥିଲେ । ଗୋପବନ୍ଧୁଙ୍କ ଭାଷାରେ "ଭାରତ ବ୍ରିଟିଶଜାତିର ଦାସ; ସମାନସ୍କନ୍ଧ, ସହଯୋଗୀ ଓ ସହଯାତ୍ରୀ ନୁହେଁ, ଏ ହୀନାବସ୍ଥା ଭାରତ କେତେଦିନ ସହିବ?"(୭୬)

ଜାତୀୟଭାବୋଦ୍ଦୀପକ ରଚନାର ପ୍ରସାର ଫଳରେ ଏବଂ ଗାନ୍ଧିଜୀଙ୍କ ପ୍ରବର୍ତ୍ତିତ ଚରଖା ଓ ସ୍ୱଦେଶୀ ଆନ୍ଦୋଳନ ଯୋଗୁ ଦେଶବାସୀଙ୍କ ମଧ୍ୟରେ ଏକ ଦୃଢ ଆତ୍ମପ୍ରତ୍ୟୟ ସୃଷ୍ଟି ହୋଇଥିଲା । ଏହି ସ୍ୱଦେଶୀ ଆନ୍ଦୋଳନ ସମ୍ପର୍କରେ ଦେଶବାସୀଙ୍କୁ ଅବହିତ କରିବାଲାଗି ଓଡିଶାର ପତ୍ରପତ୍ରିକାମାନଙ୍କରେ ବହୁ ଉଦ୍ଦୀପକ ରଚନା ପ୍ରକାଶ ପାଇଥିଲା ।

---

୭୩. ସମାଜ - ତା ୨୯.୧.୧୯୨୭
୭୪. ସମାଜ - ତା ୨୯.୧.୧୯୨୭
୭୫. ସମାଜ - ତା ୩୦.୪.୧୯୨୭
୭୬. 'ଭାରତୀୟ ଶାସନ-ସଂସ୍କାର' - ଗୋ: ର: - ପୃ-୨୪ ।

ବିଦେଶୀ ବର୍ଜନ ଓ ସ୍ୱଦେଶୀ ଆନ୍ଦୋଳନ ସପକ୍ଷରେ ଯୁକ୍ତିଯୁକ୍ତ ଭାବରେ କୁହାଯାଇଥିଲା, "ଏ ଦେଶରେ ଚରଖା ଓ ସ୍ୱଦେଶୀ ପ୍ରଚାରଦ୍ୱାରା ବିଲାତ ଲୋକଙ୍କ ରୁଟିରେ ବାଧା ପଡିପାରେ। ଅବଶ୍ୟ ଏପରି ବାଧାଦେବା ଭାରତବାସୀଙ୍କର ଇଚ୍ଛା ନୁହେଁ। ସେମାନେ ଆତ୍ମରକ୍ଷା ଲାଗି ସ୍ୱଦେଶୀ ଆନ୍ଦୋଳନ କରୁଅଛନ୍ତି - 'ଆତ୍ମାନଂ ସତତଂ ରକ୍ଷେତ୍'। ବିଦେଶୀ ବସ୍ତ୍ର ବର୍ଜନପୂର୍ବକ 'ଦେଶବାସୀ ସ୍ୱଦେଶ ପ୍ରସ୍ତୁତ ଖଦୀ ପରିଧାନ କରନ୍ତୁ' ଏହି ମର୍ମରେ ପତ୍ରପତ୍ରିକାମାନଙ୍କରେ ବହୁ ରଚନା ପ୍ରକାଶିତ ହୋଇଥିଲା।"

"ପିନ୍ଧିବା ବିଷୟରେ ଏ ପର୍ଯ୍ୟନ୍ତ ଏ ଦେଶ ଲୋକେ ପର ଆଶ୍ରାରେ ଚଳିଆସୁଛନ୍ତି। ପ୍ରତ୍ୟେକ ପରିବାର ଅରଟ ଚଳାଇଲେ ଏ ଦେଶର ଅଭାବ ମେଣ୍ଟି ଆମ ଦେଶର ଲୁଗା ବିଦେଶକୁ ଯାଆନ୍ତା। ଏତେ କହିଲେ ସୁଦ୍ଧା ଆମ ଲୋକେ ଅରଟ ଚଳାଇବାରେ ସେପରି ଆଗ୍ରହ ଦେଖାଇନାହାନ୍ତି। ବିଲାତ ଜିନିଷର ଆଦର ଦିନକୁ ଦିନ ବଢୁଛି। ଏ ବ୍ୟାଧି ଥିବାଯାଏ ପରାଧୀନତା କବଳରୁ ମୁକ୍ତିନାହିଁ"(୭୭)। କହିବା ଅନାବଶ୍ୟକ, ଏହାଦ୍ୱାରା ଦେଶରେ ଗାନ୍ଧୀଜୀଙ୍କ ପ୍ରବର୍ତ୍ତିତ ସ୍ୱଦେଶୀ ଓ ଚରଖା ଆନ୍ଦୋଳନ ବ୍ୟାପକ ହୋଇପାରିଥିଲା।

ଭାରତବାସୀଙ୍କୁ ବ୍ରିଟିଶ ଶାସନ ସହିତ ଅସହଯୋଗ କରିବାପାଇଁ ଗାନ୍ଧିଜୀ ଯେଉଁ ଆହ୍ୱାନ ଦେଇଥିଲେ, ତାହାକୁ ଓଡିଶାର ସମ୍ବାଦପତ୍ରମାନେ ଯଥାଯଥଭାବରେ ପରିବେଷଣ କରିବାରେ କାର୍ପଣ୍ୟ କରିନଥିଲେ। "ଓକିଲମାନେ ସରକାରଙ୍କ ଅଦାଲତରେ ଓକିଲାତି କରିବେ ନାହିଁ, କର୍ମଚାରୀମାନେ ଚାକିରି କରିବେ ନାହିଁ, ଡିଷ୍ଟ୍ରିକ୍ଟବୋର୍ଡ, ମ୍ୟୁନିସିପାଲିଟି ବା ଲାଟ୍‌ସାହେବଙ୍କ ସଭାକୁ କେହି ମେମ୍ବର ହୋଇ ଯିବେ ନାହିଁ, ଜମିଦାରମାନେ ରାଜସ୍ୱ ଦେବେ ନାହିଁ - ମୋଟରେ ସରକାରଙ୍କ ଶାସନକଳ ଚାଲିବାରେ ଲୋକେ କୌଣସି ପ୍ରକାରେ ସାହାଯ୍ୟ କରିବେ ନାହିଁ।" ମହାତ୍ମା ଗାନ୍ଧୀଙ୍କର ଏହି ଭାବନାକୁ 'ଅନ୍ୟାୟର ପ୍ରତିକାର ପନ୍ଥା' ରୂପେ ଅଭିହିତ କରି ଗୋପବନ୍ଧୁ ଲେଖିଥିଲେ, "ଗାନ୍ଧିଜୀଙ୍କ ମତରେ ଆମ୍ଭେମାନେ ଅନ୍ୟାୟର ପ୍ରତିକାର ନକରିପାରିଲେ ସୁଦ୍ଧା ନିତାନ୍ତ ପକ୍ଷେ ସହାୟତା କରିବାରୁ କ୍ଷାନ୍ତରହିବା ଉଚିତ। ମହାତ୍ମା ଗାନ୍ଧୀ ଯାହା କହୁଛନ୍ତି ସତ, ପୃଥିବୀର ମହାପୁରୁଷମାନେ ଯୁଗେ ଯୁଗେ ଏହା କହିଯାଇଛନ୍ତି ଏବଂ ଜୀବନରେ କାର୍ଯ୍ୟରେ ମଧ୍ୟ ପ୍ରମାଣ କରିଛନ୍ତି। ମାତ୍ର ଏଥିରେ ସାଧାରଣ ଲୋକଙ୍କର ଛାତିପତାଇବା ସହଜ ନୁହେଁ। ତେବେ ମହାପୁରୁଷମାନେ ଅଗ୍ନିରେ ଝାସଦେବାର ଦେଖିଲେ ସାଧାରଣ ଶତ ଶତ ଲୋକ

୭୭. ସମାଜ - ତା ୧୯.୨.୧୯୨୦
୭୮. 'ଅନ୍ୟାୟର ପ୍ରତିକାର ପନ୍ଥା' - ଗୋ:ର: ୪ର୍ଥ ଖଣ୍ଡ, ପୃ.୯୯

ସେଥିରେ ପତଙ୍ଗ ପରି ଆସି ପଡିଯାଆନ୍ତି"(୭୮)। 'ଗାନ୍ଧିଜୀ ଏବଂ ଅସହଯୋଗ' ନୀତିକୁ ପୂର୍ଣ୍ଣ ସମର୍ଥନ କରି 'ସମାଜ' ସମ୍ବାଦପତ୍ର ପୂନର୍ବାର ଲେଖିଥିଲେ, "ଯେତେବେଳେ ଯାହା ଦରକାର ହୁଏ ଭଗବାନ ତାହା ଦିଅନ୍ତି। ଭାରତରେ ବର୍ତ୍ତମାନ ଗାନ୍ଧୀ ଲୋଡାଥିଲେ, ସେ ଯଥାସମୟରେ ଆସିଛନ୍ତି। ଭାରତର ଉପସ୍ଥିତ ଅବସ୍ଥାରେ ଅସହଯୋଗ ନୀତି ମୁକ୍ତିର ମନ୍ତ୍ର"(୭୯)।

କଂଗ୍ରେସ ଆନ୍ଦୋଳନ ଫଳରେ ଭାରତରେ ଜାତୀୟଜୀବନର ବିକାଶ ଯୋଗୁ କ୍ଷୁଦ୍ରଶ୍ରେଣୀ ଓ ସାଂପ୍ରଦାୟିକତାର ବିଭେଦ ବହୁପରିମାଣରେ ଅପସାରିତ ହୋଇପାରିଥିଲା। ଏ ସମ୍ପର୍କରେ ଗୋପବନ୍ଧୁଙ୍କ ଉକ୍ତି ପ୍ରଣିଧାନଯୋଗ୍ୟ, "କଂଗ୍ରେସ ଆନ୍ଦୋଳନ ଛଡା ବର୍ତ୍ତମାନ ଦେଶରେ ରାଜନୈତିକ ଆନ୍ଦୋଳନ ଅଛି କ'ଣ? ଆଉ କ'ଣ ବା ହୋଇପାରେ? କଂଗ୍ରେସ ଆନ୍ଦୋଳନର ପ୍ରବଳ ତରଙ୍ଗ ଓଡିଶାର ଚତୁର୍ଦ୍ଦିଗରେ ବ୍ୟାପିଯାଇଥିଲାବେଳେ ଛୋଟ ଛୋଟ ଶ୍ରେଣୀ ଓ ସମ୍ପ୍ରଦାୟଗତ ଅନୁଷ୍ଠାନମାନ ଲୁଚିଯାଇଥିଲା। ନଈବଢି ଆସିଲେ ଯେପରି ଖାଲ ଢିପ ସବୁ ଲୁଚାଇ ଦେଇ ଜଳମୟ ସମତଳ କରିଦିଏ, କଂଗ୍ରେସ ଦେଶରେ ସେହି ଅବସ୍ଥା ଆଣିଦେଲା (୮୦)।"

ଅବିଭକ୍ତ ଭାରତବର୍ଷର ଦୁଇ ମୁଖ୍ୟ ଗୋଷ୍ଠୀ ହିନ୍ଦୁ ଓ ମୁସଲମାନ ମଧ୍ୟରେ ଏକତା ପ୍ରତିଷ୍ଠାପାଇଁ ବହୁ ଯୁକ୍ତିଯୁକ୍ତ ଓ ଉପାଦେୟ ରଚନା ଉତ୍କଳୀୟ ପତ୍ରପତ୍ରିକାର ପୃଷ୍ଠା ମଣ୍ଡନ କରିଥିଲା। ସ୍ୱାଧୀନତା ସଂଗ୍ରାମରେ ଉଭୟ ଗୋଷ୍ଠୀ ଆପଣାର ସମସ୍ତ ବିଭେଦ ଭୁଲି ସହଯୋଗ କରିବାକୁ ଆହ୍ୱାନ ପ୍ରଦାନ କରି କୁହାଯାଇଥିଲା, "ଭାରତବର୍ଷ ଏକା ହିନ୍ଦୁର ନୁହେଁ କିମ୍ବା ମୁସଲମାନର ନୁହେଁ। ଇଚ୍ଛା କଲେ ସୁଦ୍ଧା କେହି ଏଠାରୁ କାହାରିକୁ ତଡିଦେଇ ପାରିବେ ନାହିଁ। କେତେ ଶତ ବର୍ଷ ହେଲା ଏହା ଉଭୟଙ୍କର ଇଜମାଇଲ ସ୍ୱତ୍ୱ ହୋଇଅଛି। ଏହା ଉଭୟଙ୍କର ମାତୃଭୁମି, ଉଭୟଙ୍କର ଲୀଳାଭୁମି, ଉଭୟଙ୍କର ଶ୍ମଶାନ; ମାତ୍ର ଉଭୟେ ଏ ପୁଣ୍ୟ ମାତୃଭୁମିର ଏବେ ସୁଦ୍ଧା ମାଲିକ ନିହନ୍ତି। ନିଜ ବାସରେ, ନିଜ ନିଜ ଦେଶରେ ଉଭୟେ ପ୍ରବାସୀ। ନିଜ ଭୁମିରେ ଉଭୟେ ମୂଲିଆ ମାତ୍ର। ଉଭୟର କଳି ଲାଗିଥିବାଯାଏ ତୃତୀୟର ଲାଭ ହେଉଥିବ। ଏ ଦଶା ଘୁଞ୍ଚିବ ନାହିଁ"(୮୧)।

ଉତ୍କଳୀୟ ଜନସାଧାରଣଙ୍କ ମଧ୍ୟରେ ସ୍ୱଦେଶପ୍ରୀତି ଜାଗ୍ରତ କରିବା ଅଭିପ୍ରାୟରେ ଓଡିଶାର ସମ୍ବାଦପତ୍ରମାନେ ଚଳିତ ଅର୍ଦ୍ଧଶତାବ୍ଦୀ ମଧ୍ୟରେ ଯେ ପ୍ରଭୁତ ପ୍ରୟାସ କରିଥିଲେ

---

୭୮. 'ଅନ୍ୟାୟର ପ୍ରତିକାର ପନ୍ଥା' - ଗୋ:ର: ୪ର୍ଥ ଖଣ୍ଡ, ପୃ.୯୯
୭୯. ସମାଜ - ତା ୧୯.୨.୧୯୨୦
୮୦. ସମାଜ - ତା ୯.୫.୧୯୨୮
୮୧. ସମାଜ - ତା ୯.୨.୧୯୨୬

ଏହା କହିବା ଅନାବଶ୍ୟକ। ସ୍ୱାଧୀନତା ଲାଭ ପାଇଁ ଆତ୍ମତ୍ୟାଗ କରିବାକୁ, ନିର୍ଭୀକତାର ସହିତ ସ୍ୱରାଜ୍ୟ-ସଂଗ୍ରାମ ପଥରେ ଆଗେଇଯିବାକୁ ସେମାନେ ଦେଶବାସୀଙ୍କୁ ଉଦ୍‌ବୁଦ୍ଧ କରିଅଛନ୍ତି। ଏଥିପାଇଁ ଧର୍ମ ଶାସ୍ତ୍ରରୁ ଦୃଷ୍ଟାନ୍ତ ଦେବା ସଙ୍ଗେ ସଙ୍ଗେ ସ୍ୱାଧୀନତାକାମୀ ଜାତିମାନଙ୍କର ଉଦାହରଣ ମଧ୍ୟ ଦେଶବାସୀଙ୍କ ସମ୍ମୁଖରେ ଉପସ୍ଥାପିତ କରିଅଛନ୍ତି। ଦେଶବାସୀଙ୍କ ହୃଦୟରେ ଦୃଢ଼ ଆଶା ଓ ଆତ୍ମପ୍ରତ୍ୟୟ ସୃଷ୍ଟି କରିବାରେ ସମ୍ବାଦପତ୍ରର ଭୂମିକା ଅନସ୍ୱୀକାର୍ଯ୍ୟ। "ଓଡ଼ିଶାରେ ସ୍ୱାଧୀନତା ଆନ୍ଦୋଳନ ପାଇଁ ସମୟ ଆସିନାହିଁ"- ଏତାଦୃଶ ଯୁକ୍ତିର ଅସାରତା ଓ ସ୍ୱାଧୀନତାର ମହତ୍ତ୍ୱ ଦର୍ଶାଇ 'ଉତ୍କଳ ସମ୍ମିଳନୀ'ରେ ଯେଉଁ ଆବେଗପୂର୍ଣ୍ଣ ଭାଷଣ ଗୋପବନ୍ଧୁ ଦେଇଥିଲେ ତାହା ଏଠାରେ ସ୍ମରଣୀୟ: "ପୁଣି ସମୟ ଆସିନାହିଁ, ଏପରି କେତେଦିନ ସମୟ ନ ଆସିବ, କେହି କହିବେ କି ? ଯାହାର ଥରେ ସମୟ ଆସିନାହିଁ, ଏପରି କେତେଦିନ ସମୟ ନ ଆସିବ, କେହି କହିବେ କି ? ଯାହାର ଥରେ ସମୟ ଆସିନାହିଁ, ତାହାର ବୋଧହୁଏ କେବେ ସମୟ ଆସିବନାହିଁ। 'ସମୟ ଆସିନାହିଁ' ଏ କଥାର ଅର୍ଥ ବା କଅଣ ? ହୁଏତ ଆମ୍ଭେ ବର୍ତ୍ତମାନ ଜାତୀୟ ଆନ୍ଦୋଳନରେ ଯୋଗଦେଲେ ଯନ୍ତ୍ରଣା ପାଇବା। ଏପରି ସମୟକୁ ଆମ୍ଭେମାନେ ଟାକିରହିବୁ, ଯେତେବେଳେ ଜାତୀୟ ଆନ୍ଦୋଳନରେ ଯୋଗ ଦେଲେ, ଆଉ ଆଗ ଗୋଡରେ କଣ୍ଟା ବାଜିବନାହିଁ, ଅଥଚ ଜାତୀୟ ମୁକ୍ତିର 'ପାରୁଶ'ଟା ହାତେ ହାତେ ମିଳିଯିବ, ଏଇ ତ ଶେଷ କଥା ! ଏପରି ସମୟ ପୃଥିବୀର କେଉଁ ଜାତିର ଭଲା କେବେ ଆସିଛି ? ଯେତେବେଳେ କୌଣସି ପରାଧୀନ ଜାତି ଜାତୀୟ ମୁକ୍ତିପାଇଁ ଯତ୍ନ କରିବେ, ସେତେବେଳେ ଜଗତର ସମସ୍ତ କଷ୍ଟ ସମସ୍ତ ଯନ୍ତ୍ରଣା ପାଇଁ ଛାତି ପତାଇ ହାବାରିବାକୁ ହେବ X X X। ପରାଧୀନ ଭାବ ଦାସତ୍ୱ, ସ୍ୱାଧୀନ ଭାବ ବିଭୁତ୍ୱ। ସ୍ୱାଧୀନତାର ଭାବରେ ସାକ୍ଷାତ ଭଗବାନଙ୍କୁ ଆଗରେ ଦେଖି ତାଙ୍କର ସତ୍ତା ଅନୁଭବ କରିବାକୁ ହେବ; ତାଙ୍କର ଆହ୍ୱାନ ଶୁଣିବାକୁ ହେବ। ସ୍ୱାଧୀନତା ବାହାରେ ନାହିଁ, ଏହା ଆତ୍ମାରେ ପ୍ରତିଷ୍ଠିତ, ଆତ୍ମଶାସନ ହିଁ ଏହାର ସାଧନା; ତିତିକ୍ଷା ହିଁ ଏହାର ମନ୍ତ୍ର। ଏ ଭାବ ବିଭୁକୃପାରେ ଥରେ ଜାଣିଲେ ଆଉ ଯନ୍ତ୍ରଣାର ଭୟ ରହେନାହିଁ; ଦୁର୍ବଳର ବଳ ଆସେ; ନିରକ୍ଷର ବାବଦୁକ ହୁଏ, ଦାସ ମୁକ୍ତ ହୁଏ; ହୃଦୟଗ୍ରନ୍ଥି ଛିନ୍ନ ହୁଏ; ସଂଶୟ ଛିନ୍ନ ହୁଏ"(୮୨)।

ପ୍ରବଳ-ପ୍ରତାପୀ ବ୍ରିଟିଶ ସରକାରଙ୍କ ସହ ନିରସ୍ତ୍ର ଭାରତବାସୀଙ୍କୁ ସଂଗ୍ରାମ କରିବା ଲାଗି ସେମାନଙ୍କ ମଧ୍ୟରେ ଆତ୍ମପ୍ରତ୍ୟୟ ସୃଷ୍ଟି କରିବା ଓ ଆତ୍ମବଳ ବଢ଼ାଇବା ସେ ଯୁଗରେ ଥିଲା ଏକାନ୍ତ ଜରୁରୀ। ଏହି ସମ୍ପର୍କରେ ବହୁ ଉପାଦେୟ ରଚନା ଓଡ଼ିଶାର ପତ୍ରପତ୍ରିକାରେ ପ୍ରକାଶିତ ହୋଇଥିବାର ଦେଖିବାକୁ ମିଳେ। "ଭାରତ ଏବେ ପରାଧୀନ ସତ; ମାତ୍ର ସେ

୮୨. 'ଉତ୍କଳ ସମ୍ମିଳନୀ' ଅଧିବେଶନରେ ପ୍ରଦତ୍ତ ଗୋପବନ୍ଧୁଙ୍କ ଅଭିଭାଷଣରୁ ଗୃହୀତ।

ପରାଧୀନତା ବାହ୍ୟିକ। ଭୌତିକ ବଳ ଭାରତର ସ୍ୱାଧୀନତା ଲୋପ କରିବା ଅସମ୍ଭବ। ମେଘ ସୂର୍ଯ୍ୟକୁ ଆଚ୍ଛନ୍ନ କଲା ପରି ଏହା କ୍ଷଣକାଳ ଆତ୍ମିକ ବଳକୁ ଢାଙ୍କିପାରେ, ରାକ୍ଷସିକ ପ୍ରଭାବରେ ଦୈବଶକ୍ତି ସାମୟିକ ପରାଭୂତ ହୋଇପାରେ; ମାତ୍ର ଏହା ଏକାବେଳକେ ବିଲୁପ୍ତ ହେବାର ନୁହେଁ x x x ଆଜି ଯେ ଇଂରେଜ ଶାସନ ଚିରକାଳ ତମ୍ବାମୁଣ୍ଡ ବାନ୍ଧି ବସିବ ବୋଲି ମନେକରି ନାନା ଉପାୟରେ ଭାରତଭୂମିରେ ଚେରମାଡୁଛି, ଭାରତୀୟ ଜୀବନର ଶିରାପ୍ରଶିରାରେ ନିଜ ତନ୍ତ୍ରମନ୍ତ୍ରର ପ୍ରଭାବ ଜାଲ ବିସ୍ତାର କରୁଛି, ଅନନ୍ତ କାଳ-ପାରାବାରରେ ତାହା ମଧ୍ୟ କ୍ଷଣସ୍ଥାୟୀ। ଏ ଶାସନର ମୋହଜାଲ ତୁଟିଯିବ। 'ସତ୍ୟମେବ ଜୟତେ' – 'ସତ୍ୟ ଶେଷରେ ଜୟଯୁକ୍ତ ହେବ। ଏହି ସବୁ ଉନ୍ନତ ମହାଭାବ ଋଷିସଞ୍ଜାତ ଭାରତୀୟମାନଙ୍କୁ ଏବେସୁଦ୍ଧା ବଞ୍ଚାଇ ରଖିଛି'(୮୩)। ପୁନଶ୍ଚ ଭାରତୀୟମାନେ ଦାୟିତ୍ୱପୂର୍ଣ୍ଣ ଶାସନ ପାଇଁ ଉପଯୁକ୍ତ ହୋଇନାହାନ୍ତି ବୋଲି ବିଚାରୁଥିବା ବ୍ରିଟିଶ ସରକାରଙ୍କୁ ସମାଲୋଚନା କରି କୁହାଯାଇଥିଲା, "ତିରିଶକୋଟି ଭାରତବାସୀଙ୍କ ତତ୍ତ୍ୱାବଧାନ ହାତରେ ନେଇ ସେମାନଙ୍କୁ ଦାୟିତ୍ୱପୂର୍ଣ୍ଣ ଶାସନ ଲାଗି ଉପଯୁକ୍ତ କରୁଛନ୍ତି ବୋଲି ଯେ ଏତେ କାଳ କୁହାହୋଇଆସୁଛି ତାହାର କିଛି ଅର୍ଥ ଅଛି କି? ଭାରତବାସୀ ପଡିଛି ତ ନିଜ ଦୋଷରେ ପଡିଛି ଏବଂ ତାକୁ ପକାଇରଖିବା ପାଇଁ ଯେତେ କୌଶଳ ହୁଏ ତାହା ମଧ୍ୟ ହେଉଛି। ସେ ଉଠିବ ତ ନିଜ ବଳରେ ଉଠିବ। 'ନ୍ୟାୟମାତ୍ମା ବଳହୀନେନ ଲଭ୍ୟଃ'- ବଳହୀନ ଲୋକର କେବେହେଲେ ଆତ୍ମଲାଭ ହୁଏନାହିଁ। x x x ଏହି ପ୍ରକାର ଜୁଲମ ଜବରଦସ୍ତି ଶାସନନୀତି ଏ ଦେଶରେ ଚାଲିଥିବାଯାଏ ଆତ୍ମ ଶାସନ, ଦାୟିତ୍ୱପୂର୍ଣ୍ଣ ଶାସନ ଆଦି କଥାଗୁଡାକର କିଛି ମୂଲ୍ୟ ଅଛି କି?" (୮୪ କ, ଖ)

ଜାତୀୟ ଚେତନାର ବିକାଶ ଓ ଜାତୀୟ ଆନ୍ଦୋଳନର ପରିଣତି ସ୍ୱରୂପ ଜନସାଧାରଣଙ୍କ ମଧ୍ୟରେ ଉତ୍ସାହ ଓ ଉଦ୍ଦୀପନା ସୃଷ୍ଟି ହୋଇଥିଲା। ଏହା ଲକ୍ଷ୍ୟକରି ସେହି ଉତ୍ସାହକୁ ଅଧିକ ଉଦ୍ଦୀପ୍ତ କରିବା ପାଇଁ ସମ୍ବାଦପତ୍ରରେ ପ୍ରକାଶିତ ରଚନାମାନଙ୍କରେ ଆଶାବାଦ ପ୍ରକଟିତ ହୋଇଥିଲା: "ବର୍ତ୍ତମାନ ଭାରତବର୍ଷରେ ଚାରିଆଡେ ପ୍ରଜା-ସାଧାରଣଙ୍କର ଶକ୍ତି ଦିନୁଁ ଦିନ ବଢୁଅଛି। ସେମାନେ କ୍ରମେ ଆପଣାର ଅଧିକାର ଅଧିକ ବୁଝୁଛନ୍ତି ଏବଂ ଅଧିକାର ବଜାଏ ରଖିବାକୁ ଚେଷ୍ଟା କରୁଅଛନ୍ତି"(୮୫)।

ବିଦେଶୀ ଶାସନ ଯେ ଏ ଦେଶରୁ ଅପସାରିତ ହେବ ଓ ଭାରତବାସୀ ସେମାନଙ୍କର ସ୍ୱାଧୀନତା ଓ ଆତ୍ମଶାସନର ଗୌରବ ଲାଭ କରିବେ, ଏ ବିଷୟରେ

---

୮୩. ସମାଜ - ତା ୨୩.୩.୧୯୨୬
୮୪. କ. ସମାଜ - ତା ୨୯.୧.୧୯୨୭
ଖ. ସମାଜ - ତା ୩୦.୭.୧୯୨୭
୮୫. ସମାଜ - ତା ୧୭.୭.୧୯୨୦

ଜନସାଧାରଣଙ୍କୁ ସୁନିଶ୍ଚିତ କରିବା ଲାଗି ଗୋପବନ୍ଧୁ ଲେଖିଥିଲେ,"ଭବିଷ୍ୟତ ଗରିବ ପ୍ରଜାର; ଆଜିଦିନ ମାଲିକର ହୋଇପାରେ, କିନ୍ତୁ କାଲିଦିନ ଆସିବ ମଜୁରିଦାରର। ଗରିବର ସହାୟ ଭଗବାନ, ପ୍ରଜାର ରକ୍ଷକ ପ୍ରଜାପତି"(୮୬)।

ବ୍ରିଟିଶ ସରକାର ସ୍ୱୀୟ ଶାସନକୁ ସୁଦୃଢ କରିବା ଉଦ୍ଦେଶ୍ୟରେ ଭାରତୀୟ ଜନସାଧାରଣଙ୍କର ହୃଦୟରେ ଭୟ ସଂଚାର କରିବାକୁ ବହୁ ବ୍ୟବସ୍ଥା କରିଥିଲେ। କିନ୍ତୁ ଜନସାଧାରଣ ନିର୍ଭୀକ ଭାବରେ ଅନ୍ୟାୟର ପ୍ରତିବାଦ କରନ୍ତୁ, ରାଜଶକ୍ତିର ବିରୋଧ କରନ୍ତୁ, ଏହି ଅଭିପ୍ରାୟରେ ପତ୍ରପତ୍ରିକାରେ ବହୁ ରଚନା ପ୍ରକାଶ ପାଇଥିଲା। ଏହି ସମ୍ପର୍କରେ ଗୋପବନ୍ଧୁ ଲେଖିଥିଲେ, "ପ୍ରଜା ପ୍ରାଣରେ ଭୟଥିବାଯାଏ ଶାସନ ସୁଦୃଢ। ସବୁମତେ ସବୁ ଘଟନାରେ ଏହି ଭୟ ଜନ୍ମାଇବା ହେଲା ଉଦ୍ଦେଶ୍ୟ। ଲାଟସାହେବ ଆସିଲେ ନାଁ ଲୋକେ ତ୍ରସ୍ତ ଭୟଭୀତ ହେବା ଆବଶ୍ୟକ; ତା ନ ହେଲେ ରାଜଭକ୍ତିର ପ୍ରଭାବ ସେମାନେ ଅନୁଭବ କରିବେ କିପରି ? ଲାଟ୍ ଆଗମନରେ ରାସ୍ତାଘାଟ ବନ୍ଦ ହେବା ଗୋଟାଏ ବିଧି ପଡିଲାଣି - ଖୋଦ୍ ଲାଟସାହେବଙ୍କୁ କ'ଣ ଏହା ମାଲୁମ ନାହିଁ? ଏହା ଲୁଚାଚୋରା ଭାବରେ କରାଯାଏ ନାହିଁ। ମାତ୍ର ଏହା ତ କରାଯାଏ ନିର୍ଦ୍ଦିଷ୍ଟ ଉଦ୍ଦେଶ୍ୟରେ-ଲୋକସାଧାରଣଙ୍କୁ ରାଜଶକ୍ତିର ପ୍ରତାପ ଜଣାଇବା ଲାଗି, ରାଜଶକ୍ତି ପ୍ରତି ସେମାନଙ୍କ ହୃଦୟରେ ଭୀତି ଜନ୍ମାଇବା ଲାଗି। ଏଣେ ସବୁମତେ ଲୋକଙ୍କୁ ଚପାଇ, ଦବାଇ, ଧମକାଇ ରଖିବାକୁ ହେବ; ତେଣେ କୁହାଯିବ ଏମାନେ ଦାୟିତ୍ୱପୂର୍ଣ୍ଣ ଆତ୍ମଶାସନର ଉପଯୁକ୍ତ ହୋଇନାହାନ୍ତି। X X X ଆମ ଲୋକଙ୍କର କି ଇଜ୍ଜତ ଅଛି ? ପ୍ରଜାର ଯେ ଦିନ ଇଜ୍ଜତ ଜ୍ଞାନ ଜାଗିବ ସେଦିନ ଏ ଜୁଲୁମ ନିବର୍ତ୍ତିବ। ସେଥିଲାଗି ଲାଟ ସାହେବ ଦୃଷ୍ଟି ଦିଅନ୍ତୁ ବୋଲି ରାଣ୍ଡଗୁହାରି କରିବା ଦରକାର ହେବନାହିଁ। ସବୁ ଯାଉ, ମୋର ଏଜ୍ଜତ ରହୁ - ପ୍ରଜାସାଧାରଣଙ୍କର ଏହା ସଂକଳ୍ପ ହେଲେ ତାଙ୍କ ହୃଦୟରୁ ଭୟ ତୁଟିଯିବ। X X X ଲୋକେ କହନ୍ତି, 'ପଛରେ ରାଜାକୁ ରେ'; 'ଏଣିକି ସଫା ବିଚଦାଣ୍ଡରେ' କହିବାକୁ ସମସ୍ତେ ଶିଖିବେ। ଏହା ଏ ଯୁଗର ଶିକ୍ଷା, ଲୋକେ ସ୍ୱାଧୀନ ମତ ପ୍ରକାଶ ନକଲେ ଶାସନକାର୍ଯ୍ୟରେ ଉନ୍ନତି ଅସମ୍ଭବ"(୮୭)।

ଖ୍ରୀ:୧୯୨୧, ଜାନୁଆରୀ ୨୮ ତାରିଖରେ ଇଂଲଣ୍ଡର ଡିଉକ୍‌ଙ୍କର କଲିକତା ଆଗମନ କାଳରେ କଲିକତାର ଜନସାଧାରଣ ଯେପରି ହରତାଳ କରିଥିଲେ, ତାହାକୁ ପ୍ରଶଂସା କରି ଓ ଲୋକଶକ୍ତିର କହତ୍ତ୍ୱ ଦର୍ଶାଇ ଗୋପବନ୍ଧୁ ଲେଖିଥିଲେ, "ରାସ୍ତାରେ ବୋଝ ବୋହିବା, କଳ ସଫା କରିବା ମଜୁରିଆମାନଙ୍କଠାରୁ ଆରମ୍ଭକରି କୋଟିପତି ସେଠ ମହାଜନଙ୍କ ପର୍ଯ୍ୟନ୍ତ ସମସ୍ତେ ଏକମନ ଏକପ୍ରାଣରେ ଏପରି ହରତାଳ କରିବା

୮୬. ସମାଜ - ତା ୧୯.୩.୧୯୨୭
୮୭. ସମାଜ - ତା ୩୦.୪.୧୯୨୭/ ତା ୧୭.୪.୧୯୨୦

ବଡ ସହଜ କଥା ନୁହେଁ। ପୁଣି ସଭା ସମିତି କରି ଏପରି କରିବା ଲାଗି କେହି କାହାରିକୁ ମତାଇ ନାହିଁ - ଏହାହିଁ ଆଶ୍ଚର୍ଯ୍ୟ। ସମସ୍ତଙ୍କ ମନକୁ ଯେ ବାଧିଛି, ସମସ୍ତଙ୍କ ଆତ୍ମା ଯେ ଏକା କଥା ଲୋଡୁଛି, ଏହା ବେଶ୍ ଜଣାପଡୁଛି। X X X ଭାରତୀୟ ପ୍ରାଣ ବର୍ତ୍ତମାନ ସ୍ୱରାଜ୍ୟ-ମନ୍ତ୍ରରେ ଅନୁପ୍ରାଣିତ ଓ ଏହାଦ୍ୱାରା ହିଁ ନିଜର ଆତ୍ମ-ସମ୍ମାନ. ଧର୍ମ ଓ ସଭ୍ୟତା ରକ୍ଷା ହେବ। ଏଥି ସକାଶେ ଭାରତୀୟମାନେ ପଣ କରିଛନ୍ତି - କାର୍ଯ୍ୟଂ ବା ସାଧୟେତ୍, ଶରୀରଂ ବା ପାତୟେତ"(୮୮)। ଭାରତବାସୀଙ୍କୁ ଅସହଯୋଗ ଓ ସ୍ୱରାଜ୍ୟ କାର୍ଯ୍ୟରେ ଯୋଗଦେବା ଲାଗି ଆହ୍ୱାନ ଜଣାଇ ପୁନଶ୍ଚ ଗୋପବନ୍ଧୁ ଲେଖିଥିଲେ, "ଭାରତବାସୀ ଚିରକାଳ ସାଦାସିଧା ଓ ଭାରତ ଭୂମି ଚିରକାଳ ସ୍ୱର୍ଣ୍ଣପ୍ରସୂ। ଏ ସୁବିଧା ଓ ଲାଭର ପନ୍ଥା ଛାଡିଦେଇ ଇଂରେଜମାନେ ଯେ ମନସୁଖରେ ଭାରତବାସୀଙ୍କୁ ସ୍ୱରାଜ୍ୟ ଦେଇଯିବେ, ଏହା ବିଡମ୍ବନା। ଯେତେବେଳ ଯାଏ ଭାରତବାସୀ ତେଜି ନ ହୋଇଛନ୍ତି ଓ ରାଜ୍ୟ ଶାସନ ଯେତେବେଳେ ଲାଭଜନକ ବ୍ୟବସାୟ ନ ହେବ, ସେତେବେଳେ ଇଂରେଜମାନେ ଏ ଦେଶର କ୍ଷମତା ଓ ମମତା ଛାଡିବେ। ପ୍ରକୃତ ତେଜ ଅସହଯୋଗରେ ପ୍ରକାଶ ପାଇବ ଓ ରାଜ୍ୟଶାସନ ଯେ ଲାଭଜନକ ବ୍ୟବସାୟ ନୁହେଁ, ଏହା ସ୍ୱରାଜ୍ୟ ଦ୍ୱାରା ପ୍ରମାଣିତ ହେବ। ଭାରତବାସୀ ସ୍ୱାଧୀନ ହେବାକୁ ଇଚ୍ଛାକଲେ ଅସହଯୋଗ ଓ ସ୍ୱରାଜ୍ୟ କାମରେ ଯୋଗ ଦିଅନ୍ତୁ"(୮୯)।

ଭାରତବର୍ଷରେ ନବଜାଗ୍ରତ ତରୁଣ ଯୁବଶକ୍ତିକୁ ସ୍ୱାଗତ କରିବାରେ ଓଡିଶାର ପତ୍ରପତ୍ରିକା କାର୍ପଣ୍ୟ ପ୍ରକାଶ କରି ନାହାନ୍ତି। ଏ ସମ୍ପର୍କରେ ଗୋପବନ୍ଧୁଙ୍କର ଉଦାରତା, ଚିତ୍ତର ପ୍ରସାରତା ଓ ପୁରୋଦୃଷ୍ଟି ପ୍ରଣିଧାନଯୋଗ୍ୟ: "ଆମ୍ଭେମାନେ ସବୁବେଳେ ଯୁବକ-ଆନ୍ଦୋଳନର ପକ୍ଷପାତୀ। ଯୁବକମାନେ ହିଁ ଦେଶର ସମ୍ପଦ। ସେହିମାନେ ଭାବୀ ଆଶା ଓ ଭରସା। ବୟୋଜ୍ୟେଷ୍ଠମାନେ ପ୍ରବୀଣ ହୋଇପାରନ୍ତି; ମାତ୍ର ସେମାନଙ୍କ ପ୍ରାଣରେ ଅଶା, ଉତ୍ସାହ, ତେଜ. ଶକ୍ତି ଓ ସାହସ କ୍ରମେ କ୍ଷୀଣ ଓ ସଙ୍କୁଚିତ ହୋଇ ଆସୁଛି। ସେମାନେ ସ୍ୱାଭାବତଃ ପଛକୁ ଚାହାନ୍ତି; ଯୁବକର ଦୃଷ୍ଟି ସବୁବେଳେ ଆଗକୁ। ବୃଦ୍ଧ ଗଲା କାଲିକି ବିଚାରୁଛି; ଆଜିକି ଦେଖୁଛି, ଆସନ୍ତାକାଲିକି ସେ ଅନୁସାରେ ବାଟକାଟୁଛି। ମାତ୍ର ଯୁବକ ନିଜର କଳ୍ପନାରେ ଚିତ୍ର କରି କାଲିକି ଦେଖୁଛି ଏବଂ ସେହି ଚିତ୍ରରେ ଉତ୍ସାହିତ ଓ ଉନ୍ମତ୍ତ ହୋଇ ସମୁଦ୍ରକୁ ଡେଇଁବାକୁ ତିଆର; ନିଆଁରେ ପଶିବାକୁ ପ୍ରସ୍ତୁତ। ଊଣା-ଅଧିକେ ପ୍ରତି ଦେଶର ଯୁବକପ୍ରାଣର ଏହି ଗତି ଏବଂ ଏହି ଭାବ। ଯୁବକମାନେ ଭବିଷ୍ୟତର ବିଶ୍ୱକର୍ମା X X X ଭାରତରେ ଯୁବକମାନେ ଅସହଯୋଗ ଆନ୍ଦୋଳନବେଳେ କମ୍ କାର୍ଯ୍ୟ

---

୮୮. ସମାଜ - ତା ୫.୨.୧୯୨୧ / ତା ୨୬.୬.୧୯୨୧
୮୯. ସମାଜ - ତା ୨୫.୬.୧୯୨୧

କରିନାହାନ୍ତି । ଏବେ ସୁଦ୍ଧା ଦେଶରେ ଯେ ଉଦ୍ୟମମାନ ଚାଲିଛି ସେଥିରୁ ଅଧିକାଂଶ ଯୁବକମାନଙ୍କ ଦ୍ୱାରା ପରିଚାଳିତ । ଉଚ୍ଚ ଆଦର୍ଶରେ ନିଜକୁ ଭୁଲିବାର ଶକ୍ତି ଅଛି ଏକା ଯୁବକର; ଯୁବକ ତ୍ୟାଗ କରିପାରେ x x x ପ୍ରତ୍ୟେକ ପଲ୍ଲୀର ଯୁବକମାନଙ୍କ ପ୍ରାଣରେ ଯୁବଭାବ ଜାଗ୍ରତ କରିପାରିଲେ ଦେଶରେ ନୂତନ ତରଙ୍ଗ ଖେଳିବ । ସେହିମାନେ ଗ୍ରାମକୁ ନୂତନ ଭାବ, ନୂତନ ଆକାର ଦେବେ (୯୦) । ଏ ପ୍ରସଙ୍ଗରେ ଲୋକପ୍ରତିନିଧିମାନଙ୍କୁ ତ୍ୟାଗୀ, କର୍ମୀ ଓ ଚରିତ୍ରବାନ୍ ହେବାକୁ ମଧ୍ୟ ପରାମର୍ଶ ଦିଆଯାଇଛି (୯୧) ।"

ଓଡିଶାର ଅତ୍ୟାଚାରିତ ଅନ୍ଧାରୀମୁଲକ:

ବ୍ରିଟିଶ ରାଜତ୍ୱକାଳରେ ଭାରତର କ୍ଷୁଦ୍ର କ୍ଷୁଦ୍ର କରଦ ରାଜ୍ୟମାନଙ୍କରେ ଏକ ସ୍ୱତନ୍ତ୍ର ଶାସନ-ବ୍ୟବସ୍ଥା ପ୍ରଚଳିତ ଥିଲା । ବହୁ ରାଜା ଥିଲେ ଅତ୍ୟାଚାରୀ ଓ ଜନସାଧାରଣଙ୍କ ଉନ୍ନତି ବିଷୟରେ ବୀତସ୍ପୃହ । ମହାତ୍ମା ଗାନ୍ଧୀ ଏହି କରଦ ରାଜାମାନଙ୍କର ଏତାଦୃଶ ସ୍ୱାର୍ଥପରତା ଓ ମନୋମୁଖୀ ଶାସନ ନୀତିକୁ ଏକଦା ଆକ୍ଷେପ କରି ସେମାନଙ୍କୁ 'ହିଟଲର' ଆଖ୍ୟା ପ୍ରଦାନ କରିଥିଲେ (୯୨) । ବ୍ରିଟିଶ-ଶାସିତ ଅଞ୍ଚଳ ଅପେକ୍ଷା ଗଡଜାତର ପ୍ରଜା-ସାଧାରଣ ଥିଲେ ଅଧିକ ଅତ୍ୟାଚାରିତ ଓ ନିଷ୍ପେଷିତ: "ଗଡଜାତ ମୋଗଲବନ୍ଦୀ ନୁହେଁ; ଏଠାରେ ସତ୍ୟକଥା କହିବା ବିପଦ । ସମ୍ବାଦପତ୍ରକୁ କେହି ଖବର ଦେଇଛି ବୋଲି ଜଣାଗଲେ ତାର ସର୍ବନାଶ x x x ଗଡଜାତର ଶାସନ ବିଷୟରେ ପ୍ରଜାଙ୍କର ପାଟି ଫିଟାଇବାର କ୍ଷମତା ନାହିଁ । ସେଠା ପ୍ରଜାଙ୍କ ଅବସ୍ଥା ଭଲ ମନ୍ଦ ରାଜ୍ୟ ବାହାରେ କାହାରି ଜାଣିବାର ଉପାୟ ନାହିଁ (୯୩) ।"

ଏହିସବୁ ଅନ୍ଧାରୀମୂଳକ ଓ ରାଜ-ଅତ୍ୟାଚାରିତ ଅଞ୍ଚଳରେ ମଧ୍ୟ ଜାତୀୟତାର ବାର୍ତ୍ତା ସମ୍ବାଦପତ୍ର ମାଧ୍ୟମରେ ପ୍ରଚାରିତ ହୋଇଥିଲା । ଏହା ଫଳରେ ପ୍ରଜାମାନେ ଅତ୍ୟାଚାରୀ ଶାସକ ବିରୁଦ୍ଧରେ ଆନ୍ଦୋଳନ ଓ ବିଦ୍ରୋହ ମଧ୍ୟ କରୁଥିଲେ । ଗଡଜାତରେ ପ୍ରଜାମାନଙ୍କୁ ଶାସନରେ ଅଧିକାର ଦିଆଯାଉ ଏବଂ ପ୍ରଜାମାନେ ଯେ ଭବିଷ୍ୟତରେ ଶାସନାଧିକାର ଲାଭ କରିବେ ଏହି ସମ୍ପର୍କରେ ଗୋପବନ୍ଧୁ ଲେଖିଥିଲେ, "ଗଡଜାତର କୌଣସି କୌଣସି ରାଜାଙ୍କ ଅତ୍ୟାଚାର କମ୍ ନୁହେଁ । ପ୍ରଜାମାନଙ୍କର ଏହା ଉପରେ କଥା

---

୯୦. ସମାଜ - ତା ୨୩.୫.୧୯୨୮
୯୧. ସମାଜ - ତା ୪.୧୨.୧୯୨୬ - 'ପ୍ରତିନିଧିଙ୍କ କର୍ତ୍ତବ୍ୟ' ।
୯୨. "But every Indian Prince is a Hitler in his own state. He can shoot his people without coming under any law. Hitler enjoys no greater power."
'Harijan', Dt.7.10.1939, M.K.Gandhi
୯୩. ସମାଜ - ତା ୧.୮.୧୯୧୯

କହିବାର ଉପାୟ ନାହିଁ। ସେମାନଙ୍କର କ୍ଷମତା ବୃଦ୍ଧି ଫଳରେ 'ବକାନାଂ ଦୀର୍ଘ କଣ୍ଠତ୍ୱଂ ସଫରିଣଂ ବିପତ୍ତୟେ' ଯୋଗ ଯେ କୌଣସି ଷ୍ଟେଟରେ ନହେବ, କୁହାଯାଇ ନ ପାରେ। ରାଜାମାନଙ୍କର କ୍ଷମତା ବଢୁ, ସେଥିରେ କାହାର ଆପତ୍ତି ନାହିଁ; ବରଂ ଆମ୍ଭେମାନେ ତାହା ଇଚ୍ଛା କରୁଁ। ମାତ୍ର ତହିଁ ସଙ୍ଗେ ସଙ୍ଗେ ଷ୍ଟେଟର ପ୍ରଜାମାନଙ୍କୁ ଶାସନରେ କିଛି ଅଧିକାର ଦିଆଯାଉ। ସେ ଶାସନରେ ପ୍ରଜାର ଅଧିକାର ନାହିଁ, ମତାମତ ଦେବାର କ୍ଷମତା ନାହିଁ। ସେ ସ୍ୱେଚ୍ଛାଚାରୀ ଶାସନ ବର୍ତ୍ତମାନ ଯୁଗରେ କୌଣସିଠାରେ ଉପଯୋଗୀ ନୁହେଁ। X X X କଥାରେ କହନ୍ତି କେତେବେଳେ ନାହା ଉପରେ ଗାଡି, ପୁଣି କେତେବେଳେ ଗାଡି ଉପରେ ନାହା। ଏବେ ପୃଥିବୀରେ ଚାରିଆଡେ ପ୍ରଜାମାନଙ୍କର ଦିନ ଆସୁଛି। ପ୍ରଜାମାନଙ୍କୁ ଉପଯୁକ୍ତ ଶିକ୍ଷା ଓ ଅଧିକାର ଦେଇ ମନୁଷ୍ୟ କଲେ ସେମାନେ ନରପତି ହେବେ; ନକଲେ ଗଡଜାତରେ ପଶୁରାଜ ହେବେ (୯୪-କ,ଖ)।

ଏ ପ୍ରସଙ୍ଗରେ କିପରି ଓଡିଶାର କେତେକ ଗଡଜାତରେ ପ୍ରଜା-ଆନ୍ଦୋଳନର ବିକାଶ ଘଟିଥିଲା ତାହା ଏଠାରେ ବିଚାର୍ଯ୍ୟ। କନିକା - ଓଡିଶାରେ ସର୍ବାଦୌ କନିକାରେ ରାଜଶାସନ ବିରୁଦ୍ଧରେ ଆନ୍ଦୋଳନର ସୂତ୍ରପାତ ହୋଇଥିଲା। ୧୯୨୦ ମସିହା ପରେ କନିକାରାଜା ତାହାଙ୍କ ରାଜ୍ୟରେ ପୁଣି ଥରେ ବନ୍ଦୋବସ୍ତ କରି କର ବଢାଇବାର ପ୍ରସ୍ତାବ କରିବାରୁ ପ୍ରଜାମାନେ ବିଦ୍ରୋହୀ ହୋଇଉଠିଲେ। ଅସହଯୋଗ ଆନ୍ଦୋଳନର ନେତା ଗୋପବନ୍ଧୁ ଦାସ, ହରେକୃଷ୍ଣ ମହତାବ, ଭାଗୀରଥି ମହାପାତ୍ର ପ୍ରମୁଖ ନିରୀହ ପ୍ରଜାମାନଙ୍କୁ ମେଳିକରି ଜନ-ଅସନ୍ତୋଷ ସୃଷ୍ଟି କରିଛନ୍ତି ବୋଲି କନିକାରାଜା ସରକାରଙ୍କୁ ଜଣାଇ ଦେଇଥିଲେ। ଏହି ଜମିଦାରିର କଟକ ଅଞ୍ଚଳକୁ ଛାମୁକା ଓ ବାଲେଶ୍ୱର ଅଞ୍ଚଳକୁ ପାଞ୍ଚମୁକା କୁହାଯାଏ। ଏହି ଅଞ୍ଚଳରେ ବିଦ୍ରୋହ ଦମନ କରିବା ପାଇଁ ପ୍ରଜାମାନଙ୍କର ଘରଦ୍ୱାର ଲୁଟ କରାଯାଇଥିଲା। ଏଥିରେ କୋଡିଏ ଲକ୍ଷ ଟଙ୍କାର ସମ୍ପତ୍ତି ଲୁଟ କରାଯାଇଥିଲା (୯୫)। ଛାମୁକା ଅଞ୍ଚଳର ୧୫୦ ଜଣଙ୍କୁ ପ୍ରଜାମେଳିରେ ନେତାଭାବେ ହାତରେ ହାତକଡି, ଅଣ୍ଟାରେ ଦଉଡି ବାନ୍ଧି ଚଲାଇ ଚଲାଇ ବିଚାରପାଇଁ ଆଳିବାଟେ କେନ୍ଦ୍ରାପଡା ପରିବର୍ତ୍ତେ କନିକାର ପାଞ୍ଚମୁକା ଅଞ୍ଚଳ, ଚାନ୍ଦବାଲି ଓ ଭଦ୍ରଖ ବାଟେ କଟକରୁ କେନ୍ଦ୍ରାପଡା ପଠାଗଲା (୯୬)।

ଭଦ୍ରଖଠାରେ ୧୪୪ ଧାରା ଅମାନ୍ୟ କରି କନିକା ଅତ୍ୟାଚାର ସମ୍ପର୍କରେ ସଭା କରିବା ଅଭିଯୋଗରେ ପଣ୍ଡିତ ଗୋପବନ୍ଧୁ ଦାସ ଓ ଭାଗୀରଥି ମହାପାତ୍ର ଗିରଫ

---

୯୪. କ. ସମାଜ - ତା ୨୫.୪.୧୨୮
ଖ. ତା ୨୧.୨.୧୯୨୦

୯୫. 'ଜ୍ଞାନମଣ୍ଡଳ', ବିନୋଦ କାନୁନ୍‌ଗୋ,R 1 -1/428, ପୃ ୧୪୫ O.S.A.

୯୬. ପଟ୍ଟନାୟକ ସୁରେନ୍ଦ୍ରନାଥ, 'ଓଡିଶାରେ ସ୍ୱାଧୀନତା ଆନ୍ଦୋଳନ', ପୃ.୪୬

ହେଲେ। ସେମାନଙ୍କ ହାତରେ ହାତକଡି ଓ ଅଣ୍ଟାରେ ଦଉଡି ବାନ୍ଧି ରାଜବନ୍ଦୀ ଭାବରେ ହଜାରୀବାଗ ଜେଲ୍‌କୁ ପଠାଇଦିଆଗଲା। ଗୋପବନ୍ଧୁ ଏହି ଜେଲ୍‌ରେ ଥିବା ବେଳେ ଲେଖିଥିଲେ 'ବନ୍ଦୀର ଆତ୍ମକଥା' ଓ 'କାରାକବିତା'।

୧୯୨୧ ମସିହା ଅଗଷ୍ଟ ଛଅ ତାରିଖ 'ସମାଜ'ରେ 'କନିକା ଅତ୍ୟାଚାର' ଶିରୋନାମାଙ୍କିତ ଅଗ୍ରଲେଖା ଲେଖି ଗୋପବନ୍ଧୁ ଦାସ ସମଗ୍ର ଓଡିଶାରେ ଚହଳ ପକାଇ ଦେଇଥିଲେ (୯୭)। କନିକାର ଜଣେ ପ୍ରଜା ଆନନ୍ଦଚନ୍ଦ୍ର ଜେନା ରାଜାଙ୍କ ଅତ୍ୟାଚାର ସମ୍ପର୍କରେ ଅତି ପ୍ରାଣସ୍ପର୍ଶୀ ଭାହାରେ 'ଦୁଃଖିନୀ କନିକା' ନାମକ ଏକ କବିତା ପୁସ୍ତକ ରଚନା କରିଥିଲେ।

୧୯୨୨ ମସିହା ମାର୍ଚ୍ଚ-ଏପ୍ରିଲ ବେଳକୁ କଟକ-ବାଲେଶ୍ୱରର କନିକା ଅଞ୍ଚଳରେ ଅସହଯୋଗ ଆନ୍ଦୋଳନର ଧାରା ଗୁରୁତର ଭାବେ ଅନୁଭୂତ ହୋଇଥିଲା (୯୮)। ସମସାମୟିକ 'ସମାଜ', 'ଉତ୍କଳ ଦୀପିକା', 'ସେବା' ପତ୍ରିକା ଏହାର ବିବରଣୀ ନିୟମିତ ପ୍ରକାଶ କରୁଥିଲେ।

୧୯୨୧ ମସିହା ଅଗଷ୍ଟ ୧୫ ତାରିଖରେ ଅସହଯୋଗ ଆନ୍ଦୋଳନର ଜଣେ ପ୍ରବର୍ତ୍ତକ 'ରାମଦାସ ବାବାଜି' କୃଷକମାନଙ୍କୁ ପ୍ରବର୍ତ୍ତାଇଥିଲେ ରାଜାଙ୍କୁ ଆମାନ୍ୟ କରିବାପାଇଁ। କନିକା ରାଜାଙ୍କୁ ସେ ଜଣେ ସଇତାନ ରୂପେ ଚିତ୍ରଣ କରିଥିଲେ। ତାଙ୍କ ଅଗ୍ନିମୟୀ ଭାଷଣରେ ଉଦ୍‌ବୁଦ୍ଧ ହୋଇ କନିକାର ସ୍କୁଲଛାତ୍ରମାନେ ସ୍କୁଲ ତ୍ୟାଗ କରି ବାହାରି ଆସିଥିଲେ ଓ ଗୋଟିଏ ଜାତୀୟ ବିଦ୍ୟାଳୟ ପ୍ରତିଷ୍ଠା ନିମନ୍ତେ ଦାବୀ କରିଥିଲେ। ଗୋଟିଏ ସ୍ୱରାଜ୍ୟ ଆଶ୍ରମ ପ୍ରତିଷ୍ଠା ହୋଇଥିଲା ଓ ସ୍ୱାରାଜ୍ୟ ଯଜ୍ଞ କରାଯାଇଥିଲା। ସ୍ୱରାଜ ପତାକା 'ଗାନ୍ଧୀବଟ' ନାମକ ବଟବୃକ୍ଷ ଉପରେ ଉଡାଯାଇଥିଲା (୯୯)। ୧୯୨୧ ମସିହା ସେପ୍ଟେମ୍ବର ମାସ ଶେଷରେ ରାମଦାସ ବାବାଜିଙ୍କୁ ବନ୍ଦୀକରାଯାଇଥିଲା।

କନିକାର ଏହି ପ୍ରଜା-ଆନ୍ଦୋଳନ ଓ ଦମନଲୀଳାର ପୂର୍ଣ୍ଣ ବିବରଣୀ ତତ୍କାଳୀନ ସମ୍ବାଦପତ୍ରର ପୃଷ୍ଠାମାନଙ୍କୁ ଉଷ୍ମ କରିଥିଲା।

ଗଡଜାତ ପ୍ରଜା-ଆନ୍ଦୋଳନ : ପ୍ରଜାମଣ୍ଡଳ

୧୯୩୧ ମସିହାରେ ଭୁବନାନନ୍ଦ ଦାସଙ୍କ ସବାପତିତ୍ୱରେ ମଧୁସୂଦନ

---

୯୭. "କନିକା ପ୍ରଜାଙ୍କ ଉପରେ ଯେପରି ଅତ୍ୟାଚାର ହେଉଛି ତାହା ଅବୁଝାମଣା ଗଡଜାତ ଅପେକ୍ଷା ବେଶୀ। ସମାଜ - ତା୬.୮.୧୯୨୧

୯୮. Kanika Disturbances Resolutions, Dt.25.8.1922.
The Legislative Council of Bihar and Orissa, p.1023 O.S.A

୯୯. Kanika Disturbances Resolutions, Dt 25.8.1922.

ପଟ୍ଟନାୟକ (ତିଗିରିଆ) ଓ ଗୋବିନ୍ଦଚନ୍ଦ୍ର ମିଶ୍ର (ଦଶପଲ୍ଲା)ଙ୍କ ସହଯୋଗରେ 'ଗଡଜାତ ପ୍ରଜାସମ୍ମିଳନୀ' ଗଠିତ ହୋଇଥିଲା। ଗଡଜାତ ପ୍ରଜାମାନଙ୍କର ଦୁଃଖ-ଦୁର୍ଦ୍ଦଶାର ଅପନୋଦନ ଲାଗି ଖ୍ରୀ:୧୯୩୬ରେ ଡଃ: ପଟ୍ଟାଭି ସୀତାରାମାୟାଙ୍କ ସଭାପତିତ୍ୱରେ ଓ ସାରଙ୍ଗଧର ଦାସଙ୍କ ସମ୍ପାଦକତ୍ୱରେ ମଧ୍ୟ ଗଡଜାତର ଜୁଲମ ଓ ଅତ୍ୟାଚାରର ତଦନ୍ତ କରିବା ଲାଗି ଏକ ଅନୁସନ୍ଧାନ କମିଟି ଗଠିତ ହୋଇଥିଲା। ଏଥିରେ ଶ୍ରୀ ହରେକୃଷ୍ଣ ମହତାବ, ଲୋକସେବକମଣ୍ଡଳର ସଭ୍ୟ ବଳବନ୍ତରାୟ ମେହେଟ୍ଟା ଓ ଲାଲମୋହନ ପଟ୍ଟନାୟକ ସଭ୍ୟ ରହିଥିଲେ। ଏହାର ନିଷ୍ପତ୍ତି ଅନୁଯାୟୀ ଓଡିଶାର ବହୁ ଗଡଜାତରେ 'ପ୍ରଜାମଣ୍ଡଳ' ଗଠିତ ହୋଇଥିଲା (୧୦୦)।

ରାଜ ଅତ୍ୟାଚାରିତ ତାଳଚେରର ପ୍ରଜାମାନଙ୍କ ମଧ୍ୟରେ କଂଗ୍ରେସର ବାର୍ତ୍ତା ପ୍ରଚାର ଓ ଜନଜାଗରଣ ସୃଷ୍ଟି କରିବାରେ ପବିତ୍ରମୋହନ ପ୍ରଧାନ ଓ ତାହାଙ୍କର ସହଯୋଗୀମାନେ ଖ୍ରୀ:୧୯୩୫ ଠାରୁ ଗୁପ୍ତ ଆନ୍ଦୋଳନ ଚଳାଇ ଆସୁଥିଲେ (୧୦୧)। ପ୍ରଜାମଣ୍ଡଳର ଉଦ୍ୟମ ଫଳରେ ଓଡିଶାର ବିଭିନ୍ନ ଗଡଜାତରେ ଜନଜାଗରଣ ଦେଖାଯାଇଥିଲା। ଏହି ଆନ୍ଦୋଳନ ତାଳଚେର, ଢେଙ୍କାନାଳ, ରଣପୁର, ନୀଳଗିରି ଓ ନୟାଗଡରେ ପ୍ରବଳ ଆକାର ଧାରଣ କରିଥିଲା।

ଢେଙ୍କାନାଳ ପ୍ରଜା-ଆନ୍ଦୋଳନର ମୁଖ୍ୟ ପରିଚାଳକ ଥିଲେ ନବକୃଷ୍ଣ ଚୌଧୁରୀ, ହରମୋହନ ପଟ୍ଟନାୟକ, ବ୍ରଜକିଶୋର ଧଳ, ମହେଶଚନ୍ଦ୍ର ସୁବାହୁ ସିଂହ, ବୈଷ୍ଣବଚରଣ ପଟ୍ଟନାୟକ ଓ ମୂଷା ମଳିକ। ଢେଙ୍କାନାଳରେ ରାଜ-ଫଉଜର ଗୁଳିଚାଳନା ଫଳରେ ଅଠରଜଣ ମୃତ୍ୟୁ ବରଣ କରିଥିଲେ। ଏହି ସମୟରେ ହିଁ ବ୍ରାହ୍ମଣୀ ନଦୀର ନୀଳକଣ୍ଠପୁର ଘାଟରେ ପୋଲିସ୍ ଫଉଜମାନଙ୍କୁ ପାରି କରାଇ ନ ଦେବା ଉଦ୍ଦେଶ୍ୟରେ ଡଙ୍ଗା ବନ୍ଦ କରିବା ଯୋଗୁ 'ବାଜୀ ରାଉତ' ନାମକ ଏକ ବାଳକକୁ ବନ୍ଧୁକର ସଙ୍ଗିନମୁନରେ ଭୁସି ମାରିଦିଆଯାଇଥିଲା। ଏହି ସ୍ଥାନରେ ପ୍ରାଣ ହରାଇଥିବା ଅମର ଶହିଦମାନଙ୍କ ଶବକୁ କର୍ମୀମାନେ କଟକ ଆଣି ସତ୍କାର କରିଥିଲେ। ଏହି ଉପଲକ୍ଷେ କବି ସଚ୍ଚିଦାନନ୍ଦ ରାଉତରାୟ ରଚନା କରିଥିଲେ ଏକ କ୍ରାନ୍ତିକାରୀ କବିତା 'ବାଜୀରାଉତ'।

ତାଳଚେର ପ୍ରଜା-ଆନ୍ଦୋଳନ ଭାରତର ଦେଶୀୟ ରାଜ୍ୟ ପ୍ରଜା-ଆନ୍ଦୋଳନ ଇତିହାସରେ ଏକ ଗୁରୁତ୍ୱପୂର୍ଣ୍ଣ ଘଟଣା। ଅନ୍ୟାୟ କର ଓ ଖଜଣା ନ ଦେବାକୁ ପ୍ରତିଜ୍ଞାବଦ୍ଧ ତାଳଚେରର ପଚିଶ ହଜାରରୁ ଉର୍ଦ୍ଧ୍ୱ ନରନାରୀ ତାଳଚେରରେ ସେମାନଙ୍କର ଭୁସମ୍ପତ୍ତି ଓ

୧୦୦.ପଣ୍ଡିତ ବାଇକୋଳି ମହାପାତ୍ର, 'ଓଡିଆ ଆନ୍ଦୋଳନର ଇତିହାସ', ଗୋପବନ୍ଧୁ ସାହିତ୍ୟ-ମନ୍ଦିର, ୧୯୭୬, ପୃ.୨୨୬।

୧୦୧.'ତାଳଚେର ପ୍ରଜାମଣ୍ଡଳର ଇତିହାସ'- ସଂକଳୟିତା : ତାଳଚେର ପ୍ରଜାମଣ୍ଡଳ ଇତିହାସ କମିଟି - ପ୍ରଥମ ମୁଦ୍ରଣ ୧୯୫୦, ପୃ.୧୨-୧୩।

ଘରଦ୍ୱାର ପରିତ୍ୟାଗକରି ଅନୁଗୁଳରେ ପତ୍ରକୁଡିଆ କରି ରହିଥିଲେ। ଖ୍ରୀ:୧୯୩୮ ନଭେମ୍ବରଠାରୁ ୧୯୩୯ ଜୁନ ମାସ ପର୍ଯ୍ୟନ୍ତ ସେମାନେ ଯେଉଁ ଅକଥନୀୟ ଦୁର୍ଦ୍ଦଶା ଭୋଗକରିଥିଲେ ଓ ସାଂଗଠନିକ ଆଦର୍ଶ ପ୍ରତିଷ୍ଠା କରିପାରିଥିଲେ, ତାହା ଅତୁଳନୀୟ। ଏହାର ନେତୃତ୍ୱ ନେଇଥିଲେ ପବିତ୍ରମୋହନ ପ୍ରଧାନ।

ମହାତ୍ମା ଗାନ୍ଧୀ ତାହାଙ୍କର 'ହରିଜନ' ପତ୍ରିକାରେ ଏ ସମ୍ପର୍କରେ ତିନୋଟି ଦୀର୍ଘ ରଚନା ପ୍ରକାଶ କରିଥିଲେ (୧୦୨)। ଏହି ଆନ୍ଦୋଳନ ଫଳରେ ପ୍ରଜାମଣ୍ଡଳର ବିଜୟ ହୋଇଥିଲା। "ପ୍ରଜାଙ୍କ ଟାଣ, ଓଡିଶା ସରକାରଙ୍କ ଚାପ, କଂଗ୍ରେସ ଏବଂ ଅନ୍ୟାନ୍ୟ ବେସରକାରୀ ବ୍ୟକ୍ତି ଓ ଅନୁଷ୍ଠାନଙ୍କ ଦାଉ; ତେଣେ ବିଲାତ ପାର୍ଲିଆମେଣ୍ଟ ଏବଂ ଆମେରିକାରେ ତୀବ୍ର ନିନ୍ଦାବାଦ ଏତେ ପ୍ରବଳ ହେଲା ଯେ ଶେଷକୁ ରାଜା ଓ ରାଜନୈତିକ ବିଭାଗ ପ୍ରଜାଙ୍କ ଆଗରେ ମୁଣ୍ଡ ନୁଆଁଇଲେ। ରାଜା ଏବଂ ଇଂରେଜ ସରକାର ତାଳଚେର ପ୍ରଜାମଣ୍ଡଳ ସଙ୍ଗେ ସନ୍ଧି କରିବାକୁ ବାଧହେଲେ"(୧୦୩)।

ନୀଳଗିରିରେ କୈଳାସଚନ୍ଦ୍ର ମହାନ୍ତିଙ୍କ ନେତୃତ୍ୱରେ ପ୍ରଜାମଣ୍ଡଳ ଆନ୍ଦୋଳନ ସୁସଂଗଠିତ ଓ ବଳିଷ୍ଠ ହୋଇପାରିଥିଲା। ନୀଳଗିରି ଦରବାର ତରଫରୁ ପ୍ରଜାମଣ୍ଡଳ କର୍ମୀ ତଥା ରାଜ୍ୟର ବିଶିଷ୍ଟ ଲୋକମାନଙ୍କୁ ଖୋଲା ଜାଗାରେ କଶାଘାତ କରାଯାଉଥାଏ। ଅନେକ ଲୋକ ମଧ୍ୟ ଜେଲ୍‌ରେ ପଶିଲେ। ଆନ୍ଦୋଳନ ଆସ୍ତେ ଆସ୍ତେ ଏତେ ତୀବ୍ର ହୋଇଉଠିଲା ଯେ, ପ୍ରଜାମାନେ ମେଳି ବାନ୍ଧି ରାଜାଙ୍କୁ ଏକାବେଳକେ ବାସନ୍ଦ କରିଦେଲେ। ଶେଷରେ ତତ୍‌କାଳୀନ ବାଲେଶ୍ୱର ଜିଲ୍ଲା କଲେକ୍ଟର ଓ ପଲିଟିକାଲ୍ ଏଜେଣ୍ଟଙ୍କ ହସ୍ତକ୍ଷେପ ଫଳରେ ଦରବାର ଓ ପ୍ରଜାମଣ୍ଡଳ ମଧ୍ୟରେ ମିଳାମିଶା ହୋଇଯାଇଥିଲା।

ଓଡିଶା ଗଡଜାତ ପ୍ରଜା-ସମ୍ମିଳନୀର ଆହ୍ୱାନକ୍ରମେ ୬.୬.୧୯୩୮ ତାରିଖ ଦିନ ଶ୍ରୀ ନାରାୟଣ ନନ୍ଦଙ୍କ ସଭାପତିତ୍ୱରେ ନୟାଗଡ ପ୍ରଜାମଣ୍ଡଳ ଗଠନ କରାଯାଇଥିଲା। ପ୍ରଜାମଣ୍ଡଳର ଆନ୍ଦୋଳନ ଯୋଗୁ ନୟାଗଡ ପ୍ରଜାମାନଙ୍କ ଭିତରେ ରାଜନୈତିକ ଚେତନା ପ୍ରକାଶ ପାଇଥିଲା; ଫଳରେ ପ୍ରଜାମାନେ କେତେକ ସୁବିଧା ହାସଲ କରିଥିଲେ (୧୦୪)।

୧୦୨(a) 'The Tragedy of Talcher', Harijan-Dt.22.4.1939
(b) 'Talcher Again', Harijan -Dt.20.5.1939
(v) 'Confusion Worse Confounded', Harijan- Dt.20.5.1939

୧୦୩.'ତାଳଚେର ପ୍ରଜାମଣ୍ଡଳର ଇତିହାସ'- ତାଳଚେର ପ୍ରଜାମଣ୍ଡଳ ଇତିହାସ କମିଟି ଦ୍ୱାରା ପ୍ରକାଶିତ - ପୃ.୩୨।

୧୦୪. ପଟ୍ଟନାୟକ ସୁରେନ୍ଦ୍ରନାଥ, 'ଓଡିଶାରେ ସ୍ୱାଧୀନତା ଆନ୍ଦୋଳନ', ପୃ.୧୪୭-୧୪୮

ଏହି ସମୟରେ ରଣପୁରରେ ପ୍ରଜାମଣ୍ଡଳ ଆନ୍ଦୋଳନ ତୀବ୍ରତର ହୋଇଥିଲା। ୧୯୩୯ ମସିହା ଜାନୁଆରୀ ୨ ତାରିଖ ଦିନ ଦରବାର ତରଫରୁ ପ୍ରଜାମଣ୍ଡଳକୁ ବେଆଇନ ଘୋଷଣା କରାଗଲା। "ରଣପୁରର ସାଧାରଣ ଜନତା ଏଥିରେ କ୍ଷୁବ୍ଧ ହୋଇ ଜେଲ୍ ଭାଙ୍ଗି ତାଙ୍କର ପ୍ରିୟ କର୍ମୀମାନଙ୍କୁ ମୁକ୍ତି ଦେବା ପାଇଁ ସଂଗଠିତ ହେବାକୁ ଲାଗିଲେ। ଜାନୁଆରୀ ୫ ତାରିଖ ଦିନ ବିରାଟ ଜନତା ରଣପୁର ରାଜପ୍ରାସାଦକୁ ଘେରାଉ କରି ବନ୍ଦୀମାନଙ୍କୁ ତୁରନ୍ତ ମୁକ୍ତି ଦେବା ପାଇଁ ଦାବୀ କଲେ। ଏଥିରେ ଭୀତତ୍ରସ୍ତ ହୋଇ ଦରବାର ପକ୍ଷ ପଲିଟିକାଲ ଏଜେଣ୍ଟ ବେଜେଲଗେଟ୍ ସାହେବଙ୍କର ସାହାଯ୍ୟ ପ୍ରାର୍ଥନା କଲେ। ପଲିଟିକାଲ ଏଜେଣ୍ଟ ସେତେବେଳେ ନୟାଗଡରେ ଥାଆନ୍ତି। ସେଠାରୁ ସେ ଚାଳିଶିଜଣସରିକି ବନ୍ଧୁକଧାରୀ ପୋଲିସ ଧରି ସଙ୍ଗେ ସଙ୍ଗେ ରଣପୁର ଆସିଲେ। XXX ସାମାନ୍ୟ ବଚସା ଭିତରେ ସାହେବ ନିଜ ରିଭଲଭରରୁ ଗୁଳିକରି ଜଣକୁ ମାରିଦେବାରୁ ଲୋକେ ତାଙ୍କୁ ଠେଙ୍ଗା ବାଡି ଧରି ଆକ୍ରମଣ କଲେ ଏବଂ ପିଟି ପିଟି ଶେଷରେ ତାଙ୍କୁ ମାରି ପକାଇଲେ"(୧୦୫)।

ଏହି ହତ୍ୟାକାଣ୍ଡ ପରେ ରଣପୁରବାସୀ ଆବାଳବୃଦ୍ଧବନିତା ପୁରୀ ଜିଲ୍ଲାର ଟାଙ୍ଗୀ ଥାନାରେ ଆଶ୍ରୟ ନେଇଥିଲେ। ଏହାର ପରିଣାମ ଖୁବ୍ ଭୟଙ୍କର ହୋଇଥିଲା। ରାଜା ସବୁ ବନ୍ଦୀଙ୍କୁ ମୁକ୍ତ କରି ଦେଇଥିଲେ ସତ୍ୟ, କିନ୍ତୁ ଚାରିଆଡେ ଏକପ୍ରକାର କୋକୁଆଭୟ ଖେଳିଯାଇଥିଲା (୧୦୬)। ଏହି ହତ୍ୟାକାଣ୍ଡ ସହ ସଂପୃକ୍ତ ଥିବା ହେତୁ ରଘୁ ଓ ଦିବାରକ ପ୍ରଭୃତିଙ୍କୁ ମୃତ୍ୟୁଦଣ୍ଡ ଦିଆଯାଇଥିଲା। ଏହି ପ୍ରସଙ୍ଗକୁ ଭିତ୍ତିକରି ଓଡିଆରେ କାବ୍ୟ ଓ ନାଟକ ରଚିତ ହୋଇଅଛି (୧୦୭)।

ଏହି ଗଡଜାତ ଆନ୍ଦୋଳନରେ ଅମୃତଲାଲ ଠକ୍କର, ସି.ଏଫ୍. ଆଣ୍ଡ୍ରୁଜ୍, ମିସ୍ ଆଗାଥା ହାରିସନ୍, ନବକୃଷ୍ଣ ଚୌଧୁରୀ, ହରେକୃଷ୍ଣ ମହତାବ, ମାଳତୀ ଚୌଧୁରୀ, ଗୋପବନ୍ଧୁ ଚୌଧୁରୀ, ବିଶ୍ୱନାଥ ଦାସ, ରାଧାନାଥ ରଥ ପ୍ରଭୃତି ନେତୃସ୍ଥାନୀୟ ବ୍ୟକ୍ତିମାନଙ୍କର ସାହାଯ୍ୟ ଓ ସହଯୋଗ ଏ ସମ୍ପର୍କରେ ସ୍ମରଣୀୟ।

---

୧୦୫. ତତ୍ରୈବ - ପୃ.୧୪୮ - ୧୪୯
୧୦୬. Rath, Radhanath, 'The Story of Freedom Movement in Orissa States'.
୧୦୭. 'ପାଟଶାଣୀ'କାବ୍ୟ - ଗୋପାଳଚନ୍ଦ୍ର ମିଶ୍ର
'ବେଜେଲଗେଟ' ନାଟକ - ପୁରଞ୍ଜନ ରାୟ।

ରାଜକୀୟ ବେଠି ପ୍ରଥା ଓ ଅତ୍ୟାଚାର ସମ୍ପର୍କରେ ଆକ୍ଷେପୋକ୍ତି ବହୁ ପତ୍ରିକାରେ ଏହି ସମୟରେ ପ୍ରକାଶି ହୋଇଅଛି: "ପ୍ରଜାଏ ପାଟି ଫିଟାଇବେ ନାହିଁ, ନିଜ ଦୁଃଖ ବାହାରେ ଜଣାଇବେ ନାହିଁ, ନିଜର ହାରିଗୁହାରି ପ୍ରକାଶ କରିପାରିବେ ନାହିଁ। ଯାହା ଯେମିତି ଅଛି ବହୁତେ ଥିଲା ଗତ ଆଠ ଦଶ ମାସ ଭିତରେ ଆଠ-ଦଶଟି ଗଡଜାତ ଏକାବେଳକେ ଉଚ୍ଛନ୍ନ ହେବାକୁ ବସିଲେଣି। X X X ଖୁସାମତିଆ ଦଳ ପକ୍ଷରୁ ସାହେବ ହୁଏତ ଅଭିନନ୍ଦନ ପାଉଥିବେ; କିନ୍ତୁ ତାହା ପ୍ରକୃତ ଗଡଜାତର ଭାବ ନୁହେଁ। ସେହି କୃତ୍ରିମ ସୁଖର ଅନ୍ତରାଳରେ ଚିର ହା-ହାକାର ଏବଂ ଛାତିଫଟା ଦୁଃଖ ବସାବାନ୍ଧି ରହିଛି" (୧୦୮)।

ଗଡଜାତ ଅଶାନ୍ତିର ପରିଣତି ସ୍ୱରୂପ ଏଠାରେ ଅନ୍ଧାରି ଶାସନର ବିଲୋପ ଯେ ଆସନ୍ନ, ଏ ବିଷୟ ତତ୍‌କାଳୀନ କେତେକ ପତ୍ରିକା ଜନସାଧାରଣଙ୍କୁ ଅବହିତ କରାଇପାରିଅଛନ୍ତି। ଗଡଜାତ ରାଜାର ଦମନଲୀଳା ଓ ପ୍ରଜାର ଉନ୍ନତି ନିମନ୍ତେ ବିଦ୍ରୋହ ପର୍ଯ୍ୟାଲୋଚନା କରି 'ଦେଶକଥା' ଲେଖିଥିଲେ: "ଅଶିକ୍ଷିତ, ନିପୀଡତ ଜନତା କଦାପି ବହୁକାଳ ଶାନ୍ତ ରହି ପାରିବେ ନାହିଁ। ଏହି ଅଶାନ୍ତିର ପରିଣତି ସ୍ୱରୂପ ଗଡଜାତମାନଙ୍କରେ ଖୁବ୍ ଶୀଘ୍ର ଅନ୍ଧାରୀ ଶାସନର ବିଲୋପ ଘଟିବ"(୧୦୯)।

ଗଡଜାତରେ ଏହିପରି ଯେଉଁ ସବୁ ଅମାନୁଷିକ କାଣ୍ଡ ଘଟିଥିଲା, ତାହା ଗଡଜାତ ଟପି ବାହାରକୁ ଆସିବା କଷ୍ଟକର ଥିଲା। ଧରପଗଡ, ମାଡ, ବେଠି, ମାଗଣ, ଖଜଣାବୃଦ୍ଧି ଇତ୍ୟାଦି ଗଡଜାତବାସୀଙ୍କୁ ଯେଉଁ ଦାରୁଣ ଯନ୍ତ୍ରଣା ଦେଇଥିଲା ତାହା 'ସମାଜ', 'ଦେଶକଥା', 'ଆଶା' ପ୍ରଭୃତି ପତ୍ରିକା ପ୍ରକାଶ କରି ଦେଶବାସୀଙ୍କୁ ଉଦ୍‌ବୁଦ୍ଧ ଓ ସଚେତନ କରିପାରିଥିଲେ। ବେଠିପ୍ରଥା ସମ୍ପୂର୍ଣ୍ଣ କଳଙ୍କମୁକ୍ତ କରିବାକୁ ସେମାନେ ନିବେଦନ କରିଥିଲେ। ସମଗ୍ର ବିଶ୍ୱ ସାମ୍ୟବାଦର ଜୟଗାନ କରୁଥିବାବେଳେ ବେଠି ପ୍ରଥାରେ ଆସ୍ଥା ସ୍ଥାପନ ମାନବର ଅତି ଦୟନୀୟ ଦାସତ୍ୱର ଚିହ୍ନ ବୋଲି 'ଆଶା' ପତ୍ରିକା ଏହିପରି ଆକ୍ଷେପ ପ୍ରକାଶ କରିଥିଲେ: "କେତେକ ମୁଷ୍ଟିମେୟ ମୁକୁଟଧାରୀ ବୈତାଳିକ ସଂପ୍ରଦାୟର ପୈଶାଚିକ ଆତ୍ମତୃପ୍ତି ଲାଗି କୋଟି କୋଟି ଲୋକଙ୍କ ଉପରେ ଜବରଦସ୍ତ ଭାରବାହୀ ପଶୁର ଜୀବନ ଲଦି ଦିଆଯାଇଛି। କାରଣ ବେଠି ଉଠିଗଲେ ସେମାନଙ୍କୁ ଆଉ ଅଳସ ବିଳାସ ଜୀବନ ମିଳିବ ନାହିଁ"(୧୧୦)।

---

୧୦୮. 'ଦେଶକଥା'- ତା ୪.୫.୧୯୩୧, 'ଗଡଜାତ' ପ୍ରବନ୍ଧ।
୧୦୯. 'ଦେଶକଥା'- ତା ୭.୧୨.୧୯୩୮।
୧୧୦. 'ଆଶା'- ତା ୭.୯.୧୯୩୧

୧୯୪୭ ସମିହା ଡିସେମ୍ବର ଦ୍ୱିତୀୟ ସପ୍ତାହରେ ସର୍ଦ୍ଦାର ବଲ୍ଲଭଭାଇ ପଟେଲ କଟକ ଆସିଥିଲେ। ଓଡିଶାର କରଦ ରାଜ୍ୟର ରାଜାମାନଙ୍କ ସହ ପରାମର୍ଶକ୍ରମେ ୧୯୪୮ ମସିହା ଜାନୁଆରୀ ୧୫ ତାରିଖରେ ଓଡିଶା ଗଡଜାତ ମିଶ୍ରଣର ବ୍ୟବସ୍ଥା ହୋଇଥିଲା ଓ ଏତଦ୍ଦ୍ୱାରା ଅବଶେଷରେ ଗଡଜାତ ଅନ୍ଧାରୀ ଶାସନର ଅବସାନ ହେଲା।

ଉପସଂହାର:

ଜାତୀୟତାର ଶେଷ ପର୍ବରେ ସ୍ୱାଧୀନତା ସଂଗ୍ରାମର ବାର୍ତ୍ତା, ଦେଶ-ବିଦେଶର ସମ୍ବାଦ ପରିବେହଣ, ଗଡଜାତ ଅତ୍ୟାଚାର କାହାଣୀ ସହିତ ସମସାମୟିକ ସମ୍ବାଦ ପରିବେଷଣ କରି ପତ୍ରପତ୍ରିକା ସେମାନଙ୍କର ଜାତୀୟ ଦାୟିତ୍ୱ ସମ୍ପାଦନ କରିଥିଲେ ଓ ଜାତୀୟବାଦୀ ଚେତନା ସଂପ୍ରସାରଣରେ ମୁଖ୍ୟ ଭୂମିକା ଗ୍ରହଣ କରିଥିଲେ। ଭାରତୀୟଙ୍କୁ ଏହି ଦାସତ୍ୱ ଓ ପରାଧୀନତାକୁ ପ୍ରିୟ ମନେକରିବା ଅଭ୍ୟାସ-ଦୋଷରୁ ମୁକ୍ତ କରି ତା'ର ହୃଦୟରେ ସ୍ୱଦେଶପ୍ରେମ, ସ୍ୱାଧୀନଚିନ୍ତା, ବିପ୍ଳବଭାବ ଉଦ୍ରେକ କରାଇବାର ତୀବ୍ରତର ପ୍ରଚେଷ୍ଟା ୧୯୩୦ ସାଲଠାରୁ ହୋଇଥିଲା (୧୧୧)।

'ସ୍ୱରାଜ୍ୟ କ'ଣ ?', 'ଅସହଯୋଗର ପରିଣାମ କ'ଣ ହୋଇପାରେ ?', 'ମହାତ୍ମାଜୀଙ୍କର ଗୋଲ୍‌ଟେବୁଲ୍ ବୈଠକର ପରିଣତି କ'ଣ ହେଲା', '୧୯୩୫ ସାଲର ଭାରତ ଆଇନ ବିଲ୍ ପରେ ଭାରତୀୟ ଆଉ କ'ଣ ଚାହେଁ', ଇତ୍ୟାଦି ବିଭିନ୍ନ ଶିରୋନାମାରେ ଭାରତର ବିବିଧ ରାଜନୀତିକ ସମସ୍ୟାବଳୀ 'ସହକାର' ପତ୍ରିକା ଆଲୋଚନା କରିଥିଲେ।

ଜାତୀୟତାର ଉନ୍ମେଷ ଓ ବିକାଶ ନିମନ୍ତେ ପତ୍ରପତ୍ରିକାମାନଙ୍କର ଏତାଦୃଶ ପ୍ରଚେଷ୍ଟାର ପରିଣତି ସ୍ୱରୂପ ଓଡିଶାର ଲୋକସାହିତ୍ୟ ହେଲା ସୁସମୃଦ୍ଧ ଓ ଗଦ୍ୟସାହିତ୍ୟ ହେଲା ବିକଶିତ। ଚଳିତ ଶତାବ୍ଦୀର ପ୍ରାରମ୍ଭରେ ପ୍ରତିଷ୍ଠିତ ଉତ୍କଳ ସମ୍ମିଳନୀର କାର୍ଯ୍ୟକଳାପ ଓଡିଆ ଭାଷାରେ ହିଁ ସମ୍ପାଦିତ ହେଉଥିଲା। ମହାତ୍ମା ଗାନ୍ଧୀ ଓ ଗୋପବନ୍ଧୁ ପ୍ରଭୃତି ନେତୃବର୍ଗ ଇଂରାଜୀଭାଷା ପରିବର୍ତ୍ତେ ଜନସାଧାରଣଙ୍କ ଭାଷାରେ ଦେଶର ଶିକ୍ଷା ଓ ଶାସନ ପ୍ରଚଳନ ସପକ୍ଷରେ ଦୃଢ ଯୁକ୍ତି ଉପସ୍ଥାପିତ କରିଥିଲେ। ଏ ସମ୍ପର୍କରେ ଗୋପବନ୍ଧୁଙ୍କ ଉକ୍ତି ଏଠାରେ ଉଲ୍ଲେଖଯୋଗ୍ୟ : "ଇଂରେଜୀ ଭାଷାର ବ୍ୟବହାର ଏକାବେଳକେ ଉଠାଇଦେଲେ

୧୧୧. 'ଉତ୍କଳ ସେବକ'- ତା ୫.୧୨.୧୯୨୯

ଭଲହୁଅନ୍ତା। ତାହା ମଧ୍ୟ ହେବା ଉଚିତ। ଲୋକସାଧାରଣଙ୍କ ଭାଷାରେ ବ୍ୟବସ୍ଥାପକ ସଭାମାନଙ୍କରେ କାର୍ଯ୍ୟାବଳୀ ନ ଚାଲିଲେ ତାହା ପ୍ରକୃତରେ ଲୋକପ୍ରତିନିଧି ସଭା ହେବନାହିଁ। ତାହା ନ ହେବାଯାଏ କେତେଜଣ ଓକିଲ ବାରିଷ୍ଟର ବା ଇଂରେଜୀପଢୁଆ ବାବୁ ଯେପରି ଏସବୁ କ୍ଷେତ୍ରରେ ଏକଚାଟିଆ ଅଧିକାର କରିଆସୁଛନ୍ତି ସେହିପରି କରୁଥିବେ। X X X ଦେଶୀୟ ଭାଷାରେ କାଉନ୍‌ସିଲ୍ କାର୍ଯ୍ୟ ନ ଚଳିବାଯାଏ ଲୋକସାଧାରଣଙ୍କର ସେଥିରେ ଆଗ୍ରହ ଓ ମମତା ଜନ୍ମିବନାହିଁ। ସେମାନେ ଯେ ତିମିରେ ସେ ତିମିରେ ରହିଥିବେ। କାଉନ୍‌ସିଲ୍‌ର କାର୍ଯ୍ୟାବଳୀ ଦେଶୀୟ ଭାଷାରେ ହେବା ସଙ୍ଗେ ସଙ୍ଗେ ତାହା ସବୁ ଲୋକସାଧାରଣଙ୍କର ଜାଣିବା ସକାଶେ ଦେଶୀ ଭାଷାରେ ଛାପା ହେବା ଉଚିତ" (୧୧୨)।

ଏହି ଦୃଷ୍ଟିରୁ ଓଡିଶାରେ ଜାତୀୟ ଚେତନାର ବିକାଶ ସାଧନରେ ପତ୍ରପତ୍ରିକା ଯେ ଗୁରୁତ୍ୱପୂର୍ଣ୍ଣ ଭୂମିକା ଗ୍ରହଣ କରିଥିଲା, ଏହା କହିବା ଅନାବଶ୍ୟକ।

୦-୦-୦-୦

୧୧୨. ସମାଜ - ତା ୧୯.୬.୧୯୨୯୦

ତୃତୀୟ ପରିଚ୍ଛେଦ

ଓଡିଆ କାବ୍ୟ-କବିତାରେ ଦେଶାତ୍ମବୋଧ ଓ ଜାତୀୟଚେତନାର ବିକାଶଧାରା

ପ୍ରାଚୀନ ଭାରତୀୟ ସାହିତ୍ୟରେ ସ୍ୱଦେଶୀଚେତନା :

ସ୍ୱଦେଶର ମହିମା ଓ ଗୌରବ ବର୍ଣ୍ଣନା ସମ୍ବଳିତ କବିତା ବିଶ୍ୱସାହିତ୍ୟରେ ବହୁ ପୁରାତନକାଳରୁ ପ୍ରଚଳିତ । ଗ୍ରୀସ ଦେଶରେ ଜାତୀୟ ବୀରମାନଙ୍କ ଜୀବନୀକୁ ଆଧାରକରି ବହୁ ଗାଥା-କବିତା (Ode) ଖ୍ରୀଷ୍ଟପୂର୍ବ ଯୁଗରୁ ପ୍ରଚଳିତ ଥିବାର ନିଦର୍ଶନ ମିଳୁଅଛି । ଏହି ଗୀତଗୁଡିକରେ ସାଧାରଣତଃ କ୍ରୀଡାନିପୁଣ, ଦେଶପ୍ରେମୀ ଓ ଜାତୀୟ ବୀରମାନଙ୍କ ଜୀବନର ମୁଖ୍ୟ ଘଟଣାବଳୀ ବର୍ଣ୍ଣିତ ହେଉଥିଲା । ପ୍ରାଚୀନ ଭାରତୀୟ ସାହିତ୍ୟରେ, ବିଶେଷତଃ ବୈଦିକ ସାହିତ୍ୟରେ ମଧ୍ୟ, ମାତୃଭୁମି-ବନ୍ଦନାସୂଚକ ଗୀତିକା ପରିଲକ୍ଷିତ ହୁଏ । 'ଋଗ୍‌ବେଦ'ର କେତେକ ଶ୍ଳୋକରେ ମାତୃଭୁମିର ସେବାରେ ପ୍ରାଣ-ମନ ଉତ୍ସର୍ଗ କରିବା ବିଷୟ ବର୍ଣ୍ଣିତ ହୋଇଅଛି (୧) । ଜାତୀୟ ସଂହତି, ଭ୍ରାତୃତ୍ୱ ଓ ମୈତ୍ରୀଭାବ, ମାତୃଭୁମି ଆରାଧନାର ଶ୍ରେଷ୍ଠ ଅଙ୍ଗ । ଏଣୁ ସମସ୍ତ ଭେଦ, ବୈଷମ୍ୟ ଓ ମତବାଦ ଭୁଲି ଦେଶର ଗୌରବରକ୍ଷା ଓ ସମୁନ୍ନତି ସାଧନରେ ଆପଣାକୁ ନିୟୋଜିତ କରିବା ହିଁ ନାଗରିକମାନଙ୍କର ପରମ କର୍ତ୍ତବ୍ୟ ରୂପେ ଏଥିରେ ସୂଚିତ (୨) । ଯଜୁର୍ବେଦ ତଥା ଅନ୍ୟାନ୍ୟ ବେଦମାନଙ୍କରେ

---

୧. "ଉପସର୍ପ ମାତରଂ ଭୁମିମ୍"- (ଋଗ୍‌ବେଦ)

୨. "ସ୍ୱଂ ଗଚ୍ଛଧ୍ୱଂ ସଂ ବଦଧ୍ୱଂ"

X X X

ସମାନୀ ବଃ ଆକୂତିଃ ସମାନହୃଦୟା ନିବଃ
ସମାନବସ୍ତୁ ବୋ ମନଃ ଯଥାବଃ ସୁସହାସତି" (ଋଗ୍‌ବେଦ)

ମଧ୍ୟ ବୈଦିକ ରାଷ୍ଟ୍ରଗୀତି ବିରଳ ନୁହେଁ। ରାଷ୍ଟ୍ରକୁ ଅଧିକ ସୁଖୀ ଓ ସମୃଦ୍ଧ କରିବା ଲକ୍ଷ୍ୟରେ ଅଧ୍ୟୟନଶୀଳ ବ୍ରାହ୍ମଣ, ଶୂର, ଲକ୍ଷ୍ୟଭେଦକାରୀ ମହାରଥୀ କ୍ଷତ୍ରିୟ ଏ ଦେଶରେ ଜନ୍ମଲାଭ କରନ୍ତୁ ବୋଲି 'ଯଜୁର୍ବେଦ'ରେ ପ୍ରାର୍ଥନା କରାଯାଇଅଛି। ପୁନର୍ବାର ଦେଶକୁ ଅଧିକ ଶ୍ରୀସମ୍ପନ୍ନ କରିବା ପାଇଁ ଦୁଗ୍ଧବତୀ ଗାଭୀ, ଭାରବହନକ୍ଷମ ବୃଷଭ, ଶୀଘ୍ରଗାମୀ ଅଶ୍ୱର ଉତ୍ପତ୍ତି କାମନା କରାଯାଇଅଛି। ଦେଶର ଗୌରବରକ୍ଷା ନିମନ୍ତେ ବୀର ଯୁବକମାନେ ରଥାରୋହଣପୂର୍ବକ ଜୟଶୀଳ ହେବା ନିମନ୍ତେ ଏଥିରେ ବନ୍ଦନା କରାଯାଇଅଛି (୩)। 'ଅଥର୍ବବେଦ'ରେ ଜନ୍ମଭୂମିକୁ କଲ୍ୟାଣୀ, ସୁଖଦାୟିନୀ, ଧର୍ମଧୃତା, ଔଷଧଦାୟିନୀ, ବନ୍ଦନୀୟା କାବ୍ୟମୟୀ ରୂପରେ ଅଭିହିତ କରାଯାଇଅଛି। ସମ୍ମିଳିତଭାବେ ଜନ୍ମଭୂମିର ସେବାରେ ଆତ୍ମନିୟୋଗ କରିବା ନିମନ୍ତେ ଏଥିରେ ପ୍ରାର୍ଥନା କରାଯାଇଅଛି (୪)। ବିଦେଶୀଶାସନ ବିରୁଦ୍ଧରେ ଦେଶବାସୀଙ୍କ ପ୍ରାଣରେ ଜାତୀୟତାଭାବ ସୃଷ୍ଟି କରିବାର ଆବଶ୍ୟକତା ନଥିବା ହେତୁ ମାତୃଭାଭୂମିର ଏ ପ୍ରକାର ବନ୍ଦନା ରାଜନୈତିକ ପରିବର୍ତ୍ତେ ଧର୍ମଭିତ୍ତିକ ଥିଲା। ଦେଶର ଭୌଗୋଳିକ ସ୍ଥିତି ଓ ସାଂସ୍କୃତିକ ଚେତନାକୁ ସୁଦୃଢ କରିବା ଥିଲା ଏତାଦୃଶ ରଚନାର ଲକ୍ଷ୍ୟ।

ବୈଦିକ ଋଷିମାନେ ମାତୃଭୂମିକୁ ଚିନ୍ମୟସ୍ୱରୂପିଣୀ ରୂପେ ବର୍ଣ୍ଣନାକରି କହିଥିଲେ, ତାହା ଜଡ ନୁହେଁ, ମାତୃଭୂମି ସ୍ୱୟଂ ଶ୍ରୀ ବା ଲକ୍ଷ୍ମୀ। ସେ କାମଦୁଘା (ଅଭୀଷ୍ଟ ଫଳଦାୟିନୀ) ପୟଃସ୍ୱତୀ (ଅମୃତମୟୀ), ସୁରଭି (ଗନ୍ଧଯୁକ୍ତା), ଧେନୁ (ଆନନ୍ଦଦାତ୍ରୀ ଓ ପାଳନପୋଷଣକାରିଣୀ) ଓ ଜନନୀ। ମାନବର ଶିରା-ପ୍ରଶିରାରେ, ନିଃଶ୍ୱାସ-ପ୍ରଶ୍ୱାସରେ ମାତୃଭୂମିର ଅମୃତମୟୀ ଶକ୍ତି ସଞ୍ଚାରିତ ହେଉଥିବା ହିଁ ତା'ର ଜୀବନୀଶକ୍ତିର ଶ୍ରେଷ୍ଠ ନିଦର୍ଶନ।

---

୩. "ଆବ୍ରହ୍ମନ୍ ବ୍ରାହ୍ମଣୋ ବ୍ରହ୍ମବର୍ଚ୍ଚସୀ ସାୟତାମା ରାଷ୍ଟ୍ରେ ରାଜନ୍ୟଃ
ଶୂର ଇଷ ବ୍ୟୋଽତି ବ୍ୟାଧୀ ମହାରଥୋ ଜାୟତାମ୍।
ଦ୍ରୋଗ୍ଧ୍ରୀ ଧେନୁର୍ବୋଢାନଡ୍ ବା ନାଶୁଃ ସପ୍ତିଃ ପୁରନ୍ଧିର୍ଯୋଷା,
ଜିଷ୍ଣୁ ରଥେଷ୍ଠାଃ ସଭେୟୋ ଯୁବାସୟ ଯଜମାନସ୍ୟ ବୀରୋ।"
(ଯଜୁର୍ବେଦ ସଂହିତା ୧୨ ଅଧ୍ୟାୟ, ୨୨ ସୂକ୍ତ/ନିତ୍ୟକର୍ମ ଦର୍ପଣ,
ପଣ୍ଡିତ ଶ୍ରୀ ବାଇକୋଳି ଜ୍ୟୋତିଷବିଶାରଦ ପୃ.୨୭୧)।

୪. "ତା ନଃ ପ୍ରଜାଃ ସଂ ଦୁହ୍ରତାଂ ସମଗ୍ର ବାଚୋ ମଧୁ
ପୃଥିବୀ ଧେହି ମହ୍ୟମ୍।
ବିଶ୍ୱସ୍ୟଂ ମାତରମୋଷଦୀନାଂ ଧ୍ରୁବାଂ ଭୂମିଂ ପୃଥିବୀଂ ଧର୍ମଣାଧୃତାମ୍,
ଶିବାଂ ସ୍ୟୋନାମନ ଚରେମ ବିଶ୍ୱହା,
ଭୂମେ ମାତର୍ନି ଧେହି ମା ଭଦ୍ରୟା ସୁପ୍ରତିଷ୍ଠିତମ୍।
ସଂବିଦାନା ଦିବାକବେ ଶ୍ରିୟାଂ ମା ଧେହି ଭୂତ୍ୟାମ୍"
('ଅଥର୍ବବେଦ')

ସେଥିପାଇଁ ମାତୃଭୂମିର ସ୍ତବଗାନକରି ବୈଦିକ ଋଷିକଣ୍ଠରୁ ପୁନଶ୍ଚ ନିଃସୃତ ହୋଇଥିଲା, "ଧରିତ୍ରୀଦେହରୁ ଉତ୍ପନ୍ନ ହୋଇ ଜୀବଗଣ ତା ବକ୍ଷରେ ବିଚରଣ କରନ୍ତି। ସମସ୍ତ ମନୁଷ୍ୟ ତା'ର ତନୁଜ ଓ ସେମାନଙ୍କ ହିତ ସକାଶେ ସୂର୍ଯ୍ୟ ସମୁଦିତ ହୁଏ ଓ ଅମୃତମୟ କିରଣ ବିକୀରଣ କରେ (୫)।" ଏଣୁ ମାତୃଭୂମିର କ୍ଷତି ଘଟାଇବା କିମ୍ବା ତା'ର ହୃଦୟରେ ବ୍ୟଥା ପ୍ରଦାନ ଗୁରୁତର ଅପରାଧ ବୋଲି ଏଥିରେ ବର୍ଣ୍ଣିତ ହୋଇଅଛି (୬)। ମାତୃଭୂମିର ଗୌରବରେ ଗୌରବାନ୍ୱିତ ହୋଇ ଜାତୀୟ ସଙ୍ଗୀତ ଗାନପୂର୍ବକ ତଦୀୟ ସମ୍ମାନରକ୍ଷା ସକାଶେ ସେବାତତ୍ପର ହେବା ଉଦ୍ଦେଶ୍ୟରେ ବୈଦିକ ଋଷିମାନେ ମାତୃଭୂମିକୁ ସଂବେଦନଶୀଳା ଓ ଅଭୟବରଦାତ୍ରୀ ଜନନୀରୂପେ କଳ୍ପନା କରି ଏହାର ଗୁଣଗାନ କରିଅଛନ୍ତି। ମାତୃଭୂମିର ନିରାପତ୍ତାରେ ଜନତାର ଶାନ୍ତି ନିହିତ ଥିବା ହେତୁ ଦେଶକୁ ନିରୁପଦ୍ରବ ଓ ସୁସ୍ଥ ରଖିବା ପ୍ରତ୍ୟେକ ନାଗରିକର ପ୍ରଥମ ଓ ପରମ କର୍ତ୍ତବ୍ୟ। ଆଧୁନିକ ଅର୍ଥରେ ଏଭଳି ଜାତୀୟ ଭାବୋଦ୍ଦୀପକ ଉକ୍ତି ବୈଦିକ ସାହିତ୍ୟରେ ବିରଳ ନୁହେଁ। ଦୁଷ୍ଟ ଶତ୍ରୁର ଗତିରୋଧ କରି ସମ୍ମୁଖ-ସମରଦ୍ୱାରା ଶତ୍ରୁ ସଂହାରପୂର୍ବକ ରାଷ୍ଟ୍ରର ସୁରକ୍ଷା କରିବା ନାଗରିକର କର୍ତ୍ତବ୍ୟ ବୋଲି 'ଅଥର୍ବବେଦ'ରେ ଉଲ୍ଲିଖିତ ଅଛି (୭)।

ସଂସ୍କୃତ ପୁରାଣ ସାହିତ୍ୟମାନଙ୍କରେ ମଧ୍ୟ ସ୍ଥାନମାନଙ୍କର ଯେପରି ବର୍ଣ୍ଣନା କରାଯାଇଛି, ସେଥିରୁ ପୁରାଣକାରମାନଙ୍କର ସ୍ୱଦେଶପ୍ରୀତି ସହଜରେ ଅନୁମେୟ। ବିଶେଷତଃ ଏ ସମ୍ପର୍କରେ ଓଡିଶାର ବିଭିନ୍ନ ସ୍ଥାନର ବର୍ଣ୍ଣନା ବ୍ରହ୍ମପୁରାଣ, ସ୍କନ୍ଦପୁରାଣ, ଗରୁଡପୁରାଣରେ ପରିଲକ୍ଷିତ ହୋଇଥାଏ। ପୁନଶ୍ଚ ଏମାନଙ୍କରେ ଜଗନ୍ନାଥ ସଂସ୍କୃତି, ସହାବସ୍ଥାନ, ସହନଶୀଳତା, ସର୍ବବର୍ଣ୍ଣ-ସମାଜ ଓ ସର୍ବଧର୍ମ-ସମନ୍ୱୟର ପ୍ରଶଂସା କରାଯାଇଅଛି (୮ କ, ଖ, ଗ)।

---

୫. "ତ୍ୱଜାତା ସ୍ୱୟି ଚରନ୍ତି ମର୍ତ୍ତ୍ୟା ସ୍ତ ବିଭର୍ଷି ଦ୍ୱିପଦ ସ୍ତଂ ଚତୁଷ୍ପଦଃ,
ତବେ ମେ ପୃଥିବୀ ପଞ୍ଚମାନବା ଯେ ଭ୍ୟୋ ଜ୍ୟୋତିରମୃତଂ ମର୍ତ୍ତ୍ୟେଭ୍ୟ,
ଉଦ୍ୟନ୍ ସୂର୍ଯ୍ୟୋରଶ୍ମି ଭିରାତନୋତି"- (ଅଥର୍ବବେଦ, ପୃଥ୍ୱୀସୂକ୍ତ, ୧୫ ମନ୍ତ୍ର)

୬. "ଯେ ଗରାମା ଯଦରଣ୍ୟଂ ଯାଃ ସଭା ଅଧିବୂମ୍ୟାଂ
ଯେ ସଂଗ୍ରାମାଃ ମମି ତ୍ରୟସ୍ତେଷୁ ଚାରୁବଦେମତେ",
(ଅଥର୍ବବେଦ, ପୃଥ୍ୱୀସୂକ୍ତ, ୫୬)

୭. "ଅହମସ୍ମି ସହମାନୋ ଉତ୍ତୋର ନାମୋଭୂମ୍ୟାଂ
ଅଭିଷାଽସ୍ମି ବିଶ୍ୱାଷାଡା ଶାମାସାଂ ତିକ୍ଷାସହିଃ" (ଅଥର୍ବବେଦ, ପୃଥ୍ୱୀସୂକ୍ତ, ୫୫)

୮. (କ) "ଉତ୍ରାସ୍ତେ ଭାରତବର୍ଷେ ଦକ୍ଷିଣୋ ଦଧି ସଂସ୍ଥିତିଃ
ଉତ୍ରଦେଶ ଇତି ଖ୍ୟାତଃ ସ୍ୱର୍ଗ ମୋକ୍ଷ ପ୍ରଦାୟନଃ"

X X X

ଏଥିରୁ ଏହାହିଁ ପ୍ରତିପନ୍ନ ହୁଏ ଯେ, ବୈଦିକ ତଥା ସଂସ୍କୃତ ପୁରାଣ ସାହିତ୍ୟରେ ଦେଶବନ୍ଦନା ବହୁପରିମାଣରେ ରାଜନୈତିକ ପ୍ରଭାବମୁକ୍ତ ଥିଲା। ପରବର୍ତ୍ତୀ ସମୟରେ ଦେଶପ୍ରେମ ବା ଦେଶଭକ୍ତି ସହ ରାଜନୀତି ଘନିଷ୍ଠ ଭାବରେ ସମ୍ପୃକ୍ତ ହେଲା। ମାତ୍ର ବେଦପରବର୍ତ୍ତୀ ଯୁଗରେ ପ୍ରାଚୀନ ଭାରତୀୟ ସାହିତ୍ୟରେ ସ୍ୱଦେଶଭାବନାର ବିରଳତା ପରିଲକ୍ଷିତ ହୁଏ। ବୌଦ୍ଧଯୁଗ ଓ ହିନ୍ଦୁରାଜଶାସିତ ଭାରତର ରାଜନୈତିକ ସ୍ଥିତି ଦ୍ୱାଦଶ-ତ୍ରୟୋଦଶ ଶତାବ୍ଦୀ ବେଳକୁ ପରିବର୍ତ୍ତିତ ହୋଇଯାଇଥିଲା। ଏହି ସମୟରୁ ହିଁ ଭାରତ ବହୁ ବୈଦେଶିକ ଲୁଣ୍ଠନ ଓ ଆକ୍ରମଣର ଶରବ୍ୟ ହୋଇଛି ଓ କ୍ରମେ ତାହାର ସ୍ୱାଧୀନତା ହରାଇଅଛି। ବ୍ରିଟିଶ ଅଧିକାର ପର୍ଯ୍ୟନ୍ତ ଭାରତ ବହୁକାଳ ଆଫଗାନ୍, ପଠାଣ ଓ ମୋଗଲ ପ୍ରଭୃତିଙ୍କ ଶାସନାଧୀନ ରହିଥିଲା। ବସ୍ତୁତଃ ଏହି ସମୟଟି ଥିଲା ଆଧୁନିକ ଭାରତୀୟ ସାହିତ୍ୟମାନଙ୍କର ଉଦ୍ଭବର ଯୁଗ। ଏହି ଯୁଗରେ ମୁଖ୍ୟତଃ ପୌରାଣିକ ସାହିତ୍ୟ ହିଁ ରଚିତ ହୋଇଅଛି। ବିଦେଶୀ ଆକ୍ରମଣ, ଲୁଣ୍ଠନ ତଥା ବିଦେଶୀ ଶାସନ ବିରୁଦ୍ଧରେ ଭାରତୀୟ ଜନସାଧାରଣ ଯେ ସୁସଂଗଠିତ ହୋଇ ପାରିନଥିଲେ, ଏହା ଏକ ନିଷ୍ଠୁର ସତ୍ୟ। ତେଣୁ ଆଶାନୁରୂପ ସାହିତ୍ୟ ମଧ୍ୟ ଭାରତୀୟ ସାହିତ୍ୟରେ ରଚିତ ହୋଇପାରିନଥିଲା। ଆଧୁନିକ ଅର୍ଥରେ ସ୍ୱଦେଶବତ୍ସଳତାର ଚିତ୍ର ଏହି ଯୁଗର ସାହିତ୍ୟରେ ବିରଳ କହିଲେ ଅତ୍ୟୁକ୍ତି ହେବନାହିଁ।

ଆଧୁନିକ ଭାରତୀୟ ସାହିତ୍ୟମାନଙ୍କ ମଧ୍ୟରୁ ପ୍ରାଚୀନ ହିନ୍ଦୀସାହିତ୍ୟରେ ଏହାର ଯତ୍‌କିଞ୍ଚିତ୍ ନିଦର୍ଶନ ମିଳିଥାଏ। ଏହି ରଚନାଗୁଡିକ 'ଚାରଣଗୀତିକା' ବା 'ରାସୋ' ନାମରେ ପ୍ରସିଦ୍ଧ। ତ୍ରୟୋଦଶ ଚତୁର୍ଦ୍ଦଶ ଶତାବ୍ଦୀରେ ଏଗୁଡିକ ମୁଖ୍ୟତଃ ରଚିତ ହୋଇଥିଲା। ସେଥିପାଇଁ କେହି କେହି ଆଲୋଚକ ଏହି ସମୟକୁ ସାହିତ୍ୟରେ 'ଚାରଣ-କବିତାର ଯୁଗ'ନାମରେ ଅଭିହିତ କରିଅଛନ୍ତି। ତତ୍‌କାଳୀନ ରାଜନୈତିକ ପରିସ୍ଥିତି ଏତାଦୃଶ କବିତା ରଚନା ପାଇଁ କବିମାନଙ୍କୁ ଅନୁପ୍ରାଣିତ କରିଥିଲା। ଏହି ସମୟରେ ରାଠୋର, ଚୌହାନ,

---

ପୁତ୍ର ଦାର ଧନୈର୍ଯୁକ୍ତା ଦାତରଃ ସତ୍ୟବାଦିନଃ
ନିବସନ୍ତ୍ୟୁତ୍କଳେ ପୁଣ୍ୟେ ଯଜ୍ଞୋତ୍ସବ ବିଭୂଷିତେ"
(ବ୍ରହ୍ମପୁରାଣ, ୨୮ ଅଧ୍ୟାୟ ୧.୭)

(ଖ) "ବିରଜାସ୍ତୁ ମହାତୀର୍ଥଂ ତୀର୍ଥ ଶ୍ରୀପୁରୁଷୋତ୍ତମମ୍
ମହେନ୍ଦ୍ର ପର୍ବତ ସ୍ତୀର୍ଥଂ କାବେରୀ ଚ ନଦୀ ପରା"
(ଗରୁଡ ପୁରାଣ, ୮୧.୧୬)

(ଗ) "ଦୀର୍ଘାୟୁଷସ୍ତତ୍ର ଜନାଃ ସ୍ତ୍ରୀୟାଶ୍ଚ ପତିଦେବତାଃ
ସୁଶୀଳା ଧର୍ମଶୀଳାଶ୍ଚ ତ୍ରପା ଚାରିତ୍ରଭୁଷିତାଃ
X X X
ନ ଶସ୍ୟହାନିର୍ନମରୁତ୍ କ୍ଷୁନ୍ନପୀଡୟତି ପ୍ରଜାଃ
ଦୁର୍ଭିକ୍ଷେ ମରକେନାତ୍ର ରାଷ୍ଟ୍ରଭଙ୍ଗଃ ପ୍ରଜାୟତେ", (ସ୍କନ୍ଦପୁରାଣ)

ଶୋଲାଙ୍କି, ପୱାର, ଚନ୍ଦେଲ, ପରହାର ପ୍ରଭୃତି ରାଜପୁତ୍‌ଗୋଷ୍ଠୀ ନିଜ ନିଜ ରାଜ୍ୟ ବିସ୍ତୃତି ପାଇଁ ପରସ୍ପର ସହ ସର୍ବଦା ସଂଘର୍ଷରେ ଲିପ୍ତଥିଲେ। ଯୁଦ୍ଧ ହୋଇପଡିଥିଲା ସେମାନଙ୍କ ପକ୍ଷେ ଏକ ବିଳାସ। ଏହି ସମୟରେ ମଧ୍ୟ ବହିଃ ଶତ୍ରୁମାନଙ୍କଦ୍ୱାରା ଭାରତବର୍ଷ ଆକ୍ରାନ୍ତ ହୋଇଥିଲା। ଏତାଦୃଶ ପରିବେଶରେ ଯୁଦ୍ଧଭିତ୍ତିକ କେତେକ ରଚନା ସୃଷ୍ଟି ହେବା ସ୍ୱାଭାବିକ। ତତ୍‌କାଳୀନ ରାଜାମାନଙ୍କୁ ପରିତୁଷ୍ଟ କରିବା ପାଇଁ ରାଜ-ଆଶ୍ରିତ କବିମାନେ ରାଜପ୍ରଶସ୍ତିମୂଳକ କାବ୍ୟ ମଧ୍ୟ ରଚନା କରୁଥିଲେ। ଏହିମାନେ ହିଁ ଥିଲେ ଚାରଣ-କବି ଓ ସେମାନେ ମଧ୍ୟ ତାହାଙ୍କ ଆଶ୍ରୟଦାତା ରାଜାମାନଙ୍କ ସହ ଯୁଦ୍ଧକ୍ଷେତ୍ରକୁ ଯାଇ ଗୀତଗାନପୂର୍ବକ ସୈନ୍ୟମାନଙ୍କୁ ଉଦ୍‌ବୁଦ୍ଧ କରୁଥିଲେ। ଚାରଣ-କବିତାଭାବେ ଚନ୍ଦବରଦାଇଙ୍କ 'ପ୍ରୀଥୀରାଜ ରାସୋ' ହିନ୍ଦି ସାହିତ୍ୟରେ ସୁବିଖ୍ୟାତ (୯)।

ସ୍ୱଦେଶଚେତନାର ରୂପାନ୍ତର ଓ ଆଞ୍ଚଳିକ ସାହିତ୍ୟରେ ଏହାର ଅଭିବ୍ୟକ୍ତି :

ଊନବିଂଶ ଶତାବ୍ଦୀର ମଧ୍ୟଭାଗରେ ପାଶ୍ଚାତ୍ୟ ଶିକ୍ଷାସଭ୍ୟତା ସଂଘାତରେ ଭାରତୀୟ ସଂସ୍କୃତି ଦେଶପ୍ରେମର ଆବେଗରେ ପୁନର୍ବାର ଉଦ୍ଦୀପ୍ତ ହୋଇଉଠିଲା ଓ ମୁଦ୍ରଣଯନ୍ତ୍ରର ପ୍ରତିଷ୍ଠା ଓ ବିଭିନ୍ନ ଭାଷାରେ ପୁସ୍ତକ ପ୍ରକାଶନ ଦ୍ୱାରା ଏହି ଆବେଗ ତୀବ୍ରତର ହୋଇଥିଲା। ଭାରତବର୍ଷରେ ଏତାଦୃଶ ନବଜାଗରଣର ନବ ଅନୁଭୂତି ଫଳରେ ସାହିତ୍ୟରେ ଜାତୀୟତା ଏକ ଧର୍ମ ରୂପରେ ଓ ଏକ ଭଗବତ୍ ସତ୍ତା ରୂପରେ ପରିକଳ୍ପିତ ହେଲା। ପାଶ୍ଚାତ୍ୟ ଶିକ୍ଷାର ସୁପ୍ରଭାବରେ ଭାରତରେ ରାଜା ରାମମୋହନ ରାୟ, କେଶବଚନ୍ଦ୍ର ସେନ, ପି. ଆନନ୍ଦଚାରୁଲୁ, ସି. ଶଙ୍କରନ୍ ନାୟାର୍, ଟି. ମାଧବରାଓ, ସି. ନାରାୟଣ ସ୍ୱାମୀ, ବଙ୍କିମଚନ୍ଦ୍ର ଚାଟାର୍ଜୀ, ବାଳଗଙ୍ଗାଧର ତିଳକ, ବୀରେଶ ଲିଙ୍ଗମ୍ ପ୍ରଭୃତି ବହୁ ପ୍ରତିଭାସଂପନ୍ନ ବ୍ୟକ୍ତି ଦେଶସେବାବ୍ରତୀ ହୋଇଥିଲେ।

ବଙ୍ଗୀୟ-କବି ହେମଚନ୍ଦ୍ର ବାନାର୍ଜୀ (୧୮୩୮-୧୯୦୩) ଭାରତୀୟମାନଙ୍କର ଭୀରୁତା, ଆତ୍ମସମ୍ମାନ ଜ୍ଞାନର ଅଭାବ ଓ ନିରୁତ୍ସାହଭାବକୁ ଆଧାରକରି ବହୁ ଜାତୀୟ କବିତା ରଚନା କରିଥିଲେ। ସେତେବେଳେ ଏହାର ଉପାଦେୟତା ଓ ଗୁରୁତ୍ୱ ସମ୍ପର୍କରେ ଜନନାୟକ ବିପିନଚନ୍ଦ୍ର ପାଲ ଯଥାର୍ଥ ଅଭିମତ ପ୍ରକାଶ କରିଥିଲେ (୧୦)।

---

୯. ମହାନ୍ତି, ଡଃ ଜାନକୀବଲ୍ଲଭ (ଭରଦ୍ୱାଜ), 'ଓଡିଆ ଚାରଣ-କବି', କୋଣାର୍କ, ଓଡିଶା ସାହିତ୍ୟ ଏକାଡେମୀ ପ୍ରକାଶନ, ପୃ.୨୩.

୧୦. "The intense patriotic passion that breathed through his poems captured the youthful minds... in a special sense, the poet of this new conflict and of the recial self respect and sensitive patriotism born of it.

(Pal, B.C., 'Memories of my Life and Times', p.47)

ଊନବିଂଶ ଶତାବ୍ଦୀର ଶେଷାର୍ଦ୍ଧରେ ଆତ୍ମସମ୍ମାନଜ୍ଞାନ, ଉଚ୍ଛ୍ୱସିତ ଦେଶଭକ୍ତି ଓ ବିଦେଶୀ ଶାସନଶୃଙ୍ଖଳରୁ ମୁକ୍ତି ନିମନ୍ତେ ଏତାଦୃଶ ନୂତନ ଚେତନା ଭାରତୀୟ ଜାତୀୟ ସାହିତ୍ୟରେ ବିଶିଷ୍ଟ ବିଭାବରୂପେ ରୂପାୟିତ ହେବା ଫଳରେ ଜାଗୃତିର ନବ ଆବାହନ ସଙ୍ଗୀତ କାବ୍ୟରେ ପ୍ରତିଧ୍ୱନିତ ହୋଇଥିଲା। ବଙ୍ଗକବି ଈଶ୍ୱର ଗୁପ୍ତ (୧୮୧୨-୧୮୫୫) ଓ ସମସାମୟିକ କବି ରଙ୍ଗଲାଲ ବାନାର୍ଜୀଙ୍କ କବିତାରେ ଏହା ଉଗ୍ର ରୂପରେ ପ୍ରକାଶିତ (୧୧)।

ବଙ୍କିମଚନ୍ଦ୍ରଙ୍କର 'ବନ୍ଦେମାତରମ୍' କବିତାଟି ଯଥାର୍ଥରେ ଏକ ଜାତୀୟମନ୍ତ୍ରସଙ୍ଗୀତ। ନୂତନ ଜାତୀୟବାଦୀ ଚେତନାର ଏହି ଶ୍ରେଷ୍ଠ ଭାଷ୍ୟକାର ଦେବୀ ମାତା ଦୁର୍ଗାଙ୍କ ସହ ବଙ୍ଗଭୂମିକୁ ସମାନରୂପେ ପରିକଳ୍ପନା କରିଥିଲେ। ସଂସ୍କୃତରେ କୁହାଯାଇଛି, ଜନନୀ ଓ ଜନ୍ମଭୂମି ସ୍ୱର୍ଗଠାରୁ ମହାନ୍: 'ଜନନୀ ଜନ୍ମଭୂମିଶ୍ଚ ସ୍ୱର୍ଗାଦପି ଗରୀୟସୀ'। ମାତ୍ର ବଙ୍କିମଚନ୍ଦ୍ରଙ୍କ ଦିବ୍ୟ ଋଷିଦୃଷ୍ଟି ସ୍ୱର୍ଗାଦପି ଜନ୍ମଭୂମିର ଯେଉଁ ଅପରୂପ ମୂର୍ତ୍ତି କଳନା କରିଥିଲା, ସେପରି ତାଙ୍କ ପୂର୍ବରୁ ଆଉ କାହାରି କଳ୍ପନାରେ ପ୍ରତିଭାତ ହୋଇପାରିନଥିଲା। ଯୋଗନେତ୍ରରେ ମାତୃରୂପ ସଂଦର୍ଶନ କରି ବଙ୍କିମଚନ୍ଦ୍ର ଉଦ୍ଦେଶିତ ପ୍ରାଣରେ ଭକ୍ତି-ଗଦ୍‌ଗଦ ଚିତ୍ତରେ ମାତୃବନ୍ଦନା ଗାନକରିଥିଲେ (୧୨)।

ଆସାମୀ ସାହିତ୍ୟରେ ଲକ୍ଷ୍ମୀକାନ୍ତ ବେଦବରୁଆ (୧୩), କନ୍ନଡ ସାହିତ୍ୟରେ ଏନ୍. ଗୋବିନ୍ଦ ପାଇ, ମରାଠୀ ସାହିତ୍ୟରେ କିଷନ୍‌ଜୀ, କେଶବ ଦାମ୍‌ଲେ, ମାଲୟାଲାମ ସାହିତ୍ୟରେ କୁମାରନ୍ ଆଶାନ, ତାମିଲ ସାହିତ୍ୟରେ ରାମଲିଙ୍ଗ ସ୍ୱାମୀଗାଲ ଓ ପରବର୍ତ୍ତୀ କାଳରେ ସୁବ୍ରମନ୍ୟମ ଭାରତୀ ଦେଶଭକ୍ତିମୂଳକ କାବ୍ୟକବିତା ରଚନା କରି ଦେଶବାସୀଙ୍କ ପ୍ରାଣରେ ନବପ୍ରେରଣା ସୃଷ୍ଟି କରିଥିଲେ।

---

୧୧. "ସ୍ୱାଧୀନତା ହୀନତା ଏକେ ବାଞ୍ଛିତେ ଚାଏରେ
କେ ବାଞ୍ଛିତେ ଚାଏ" (ରଂଗଲାଲ ବାନାର୍ଜି- କବିତାବଳୀ, ପୃ.୧୨୧)

୧୨. "ବନ୍ଦେ ମାତରଂ,
ସୁଜଲାଂ ସୁଫଲାଂ ମଳୟଜ ଶୀତଳାଂ,
ଶସ୍ୟଶ୍ୟାମଳାଂ ମାତରଂ।
ଶୁଭ୍ରଜ୍ୟୋସ୍ନା ପୁଲକିତ ଯାମିନୀଂ,
ଫୁଲ୍ଲକୁସୁମିତ ଦ୍ରୁମଦଳଶୋଭିନୀଂ,
ସୁହାସିନୀଂ, ସୁମଧୁରଭାଷିଣୀଂ,
ସୁଖଦାଂ, ବରଦାଂ, ମାତରଂ।" ('ଆନନ୍ଦମଠ'-ବଙ୍କିମଚନ୍ଦ୍ର)

୧୩. ଲକ୍ଷ୍ମୀକାନ୍ତଙ୍କର 'ଆମାର ଜନ୍ମଭୂମି', 'ମୋର୍ ଦେଶ' ଓ 'ଆସାମ ସଙ୍ଗୀତ' ଏ ସଂକ୍ରାନ୍ତରେ ଉଲ୍ଲେଖଯୋଗ୍ୟ।

ହିନ୍ଦୀ ସାହିତ୍ୟରେ ଶ୍ରୀଧର ପାଠକ (୧୪), ଭାରତେନ୍ଦୁ ହରିଶ୍ଚନ୍ଦ୍ର (୧୫), ମୈଥିଳୀଶରଣ ଗୁପ୍ତ (୧୬), ବଙ୍ଗଳାର ବିପ୍ଳବୀ-କବି ନଜରୁଲ୍, ଉର୍ଦ୍ଦୁ ସାହିତ୍ୟରେ ଇକ୍‌ବାଲ, ପଞ୍ଜାବୀ ସାହିତ୍ୟରେ ବୀରସିଂହ ପ୍ରମୁଖ କବିବୃନ୍ଦ ଭାରତୀୟ ଜନଜୀବନରେ ଦେଶାତ୍ମବୋଧ ଓ ଜାତୀୟତାର ଭାବ ସଂପ୍ରସାରଣ କରିବାରେ ସମର୍ଥ ହୋଇଥିଲେ।

ପ୍ରାଚୀନ ଓଡିଆ ସାହିତ୍ୟରେ ଏହାର ପରିପ୍ରକାଶ:

ଓଡିଆ ସାହିତ୍ୟର ଆଦିକବି ସାରଳା ଦାସଙ୍କ ମହାଭାରତରେ ଓଡିଶା ଏବଂ ତାହାର ତୀର୍ଥକ୍ଷେତ୍ରମାନଙ୍କର ମହିମା ଯେପରି ବର୍ଣ୍ଣିତ ହୋଇଅଛି, ସେଥିରୁ ସାରଳା ଦାସଙ୍କୁ ଓଡିଶାର ପ୍ରଥମ ଜାତୀୟ ମହାକବି କହିଲେ ଅତ୍ୟୁକ୍ତି ହେବନାହିଁ। ପୁରୀ, ଯାଜପୁର, କୋଣାର୍କ, ଝଙ୍କଡ ଏକାମ୍ର ପ୍ରଭୃତି ସ୍ଥାନର ବର୍ଣ୍ଣନା କରି ଏହାକୁ ସେ ଭାରତର ଶ୍ରେଷ୍ଠ ସ୍ଥାନମାନଙ୍କ ମଧ୍ୟରୁ ଅନ୍ୟତମ ବୋଲି କହିଛନ୍ତି ଓ ଏହି ସ୍ଥାନମାନଙ୍କୁ ପୌରାଣିକ ଚରିତ୍ରମାନଙ୍କ ସହ ସଂପୃକ୍ତ କରିଅଛନ୍ତି (୧୭-କ, ଖ)। ବଳରାମ ଦାସଙ୍କ 'ଦାଣ୍ଡୀରାମାୟଣ'ରେ ମଧ୍ୟ ତାହାହିଁ ଦେଖିବାକୁ ମିଳିଥାଏ। ଏତଦ୍‌ବ୍ୟତୀତ ରାଜଧର୍ମ ଓ ନାଗରିକ ସଦାଚାର ସମ୍ପର୍କରେ ମଧ୍ୟ ସଂସ୍କୃତ ପୁରାଣକାରମାନଙ୍କଠାରୁ ଆରମ୍ଭ କରି ଓଡିଆ

---

୧୪. 'ସୁଖଧାମ ଅତି ଅଭିରାମ ଗୁନନିଧି ନୈମାନିତ ପ୍ରିୟ ଭାରତମ୍
ମୁଠି ସକଲ-ଜଗ-ସଂସେତ୍ୟ ସୁଭଥଲ-ସକଲ-ଜଗ-ସେବାରତମ୍'
(ଶ୍ରୀଧର ପାଠକ, 'ଭାରତ ଗାନ' ପୃ.୩୩)

୧୫. "ହାୟ ପଞ୍ଚନଦ! ହା ପାନୀପଥ! ଅଜହୁଁ ରହେ ତୁମ୍ଭ ଧରନୀ ବିଭାଜତ ହାୟ ଚିତ୍ତୋର! ନିଲଜ ତୁ ଭାରୀ। ଅଜହୁଁ ଖରୌ ଭାରତ ହିଁ ମଂଭକାରୀ"
(ଭାରତେନ୍ଦୂ ଗ୍ରନ୍ଥାବଳୀ, ଦ୍ୱିତୀୟ ଭାଗ, ପୃ.୫୦୩)

୧୬. "ଜୟ ଜୟ ଭାରତ ଭୁମି ଭବାନୀ",
(ମୈଥିଳୀଶରଣ ଗୁପ୍ତ-'ମଙ୍ଗଲଘଟ' ପୃ.୨୩)
କିମ୍ବା
"ହରି କା କ୍ରୀଡାକ୍ଷେତ୍ର ହମାରା
ଭୁମି-ଭାଗ୍ୟ-ସା ଭାରତବର୍ଷ।" ୯. ମହାନ୍ତି, ଡଃ ଜାନକୀବଲ୍ଲଭ (ଭରଦ୍ୱାଜ),
(ମୈଥିଳୀଶରଣ ଗୁପ୍ତ - 'ସ୍ୱଦେଶ ସଙ୍ଗୀତ' - ପୃ.୧୧)

୧୭. (କ) "ଜମ୍ବୁଦ୍ୱୀପ ଭୁତଖଣ୍ଡ ମଣ୍ଡଳ ଓଡରାଷ୍ଟ୍ର
ଭୁବନ ଯାଜନଗ୍ର ପୂର୍ବଦିଗ ମହୋଦଧିତଟ,
ଶ୍ୱେତବାହୀ ନୀଳସୁନ୍ଦର ଗିରି ମଧ୍ୟସ୍ଥାନେ
ମହେନ୍ଦ୍ର ଚନ୍ଦ୍ରଭାଗା କୋଣାର୍କ ଐଶାନେ।"
(ବିରାଟପର୍ବ, ମହାଭାରତ, ସାରଳାଦାସ)

ପୁରାଣକାରମାନଙ୍କ ପର୍ଯ୍ୟନ୍ତ ପ୍ରତ୍ୟେକଙ୍କ ରଚନାରେ ପରିଦୃଷ୍ଟ ହୁଏ (୧୮ କ, ଖ, ଗ)। ମଧ୍ୟକାଳୀନ କାବ୍ୟ-ସାହିତ୍ୟରେ ମଧ୍ୟ ସ୍ଥାନେ ସ୍ଥାନେ ଶ୍ରୀକ୍ଷେତ୍ର ପ୍ରଭୃତି ପବିତ୍ର ତୀର୍ଥସ୍ଥାନର ମାହାତ୍ମ୍ୟ ବର୍ଣ୍ଣନା ନିହିତ।

ଓଡିଶା ପରାଧୀନ ହେଲା ପରେ ମୁସଲମାନ ରାଜତ୍ୱକାଳରେ ବୈଦେଶିକ ଶାସନ ଓ ସଂସ୍କୃତିର ପ୍ରଭାବ ଜନଜୀବନରେ ଅସନ୍ତୋମ ଓ ବିଶୃଙ୍ଖଳା ସୃଷ୍ଟି କରିଥିଲା। ଏହା ବହୁ ଭକ୍ତକବିଙ୍କୁ ବ୍ୟଥିତ କରିଥିବା ଜଣାଯାଏ। ଦୀନବନ୍ଧୁ ହରିଚନ୍ଦନ ଓ ଆର୍ତ୍ତଦାସଙ୍କ କବିତା ଏହାର ଉତ୍କୃଷ୍ଟ ନିଦର୍ଶନ। ଅନ୍ୟ ଭକ୍ତକବି ମାନଙ୍କ ଭଳି ଏମାନେ ଭଗବାନଙ୍କ ନିକଟରେ ନିଜର ମୁକ୍ତି ନ ଖୋଜି ସାମାଜିକ ପରିବେଶସଚେତନତା ପ୍ରକାଶ କରିଥିଲେ (୧୯)। ସମାଜସଚତନାର ଏହି ଅନ୍ତଃସ୍ୱର ଦେଶାତ୍ମବୋଧର ପରିଚାୟକ। ମୁସଲମାନ

(ଖ) "ନୀଳସୁନ୍ଦର ଗିରି ଉତ୍ତର ଦିଗ କୋଣେ
ସାରସ୍ୱତ ଭୁମି ଭୁତଖଣ୍ଡ ଐଶାନ୍ୟେ।
ଚନ୍ଦ୍ରଭାଗା ବୋଲି କରି ନଦୀ ଏକଗୋଟି
ବୃଦ୍ଧ ମାତାଙ୍କ ପାରୁଶେ ମହୋଦଧି ଭେଟି,
ସେ ନଦୀତୀରରେ ପର୍ଶୁରାମ ଯେ ଘାଟଇ
କେଶବତୀ ନାମେ ପାଟଣା ପ୍ରକାଶଇ।"
(ଆଦିପର୍ବ, ମହାଭାରତ, ସାରଳାଦାସ)

୧୮. (କ) "ରାଜ୍ୟ କର ବାବୁ ଏବେ ଧର୍ମ ପ୍ରତିପାଳି
ଅଧର୍ମ କଲେ ସହିବ ନାହିଁ ମହୀସ୍ଥଳୀ।
ଏସନ ପ୍ରଜା ପାଳିବୁ ନୋହିବେ କେ ଦୁଃଖୀ
ପ୍ରଜାଙ୍କ ସୁଖରେ ସିନା ରାଜା ହୁଏ ସୁଖୀ"
(ଶାନ୍ତିପର୍ବ, ମହାଭାରତ, ସାରଳାଦାସ)

(ଖ) "ଗୁଣୀଗଣ ଜାଣିବାକୁ କରୁଥିବୁ ପୂଜା
କବିମାନଙ୍କୁ କୃପଣ କ ହୋଇବୁ ରାଜା!" (ଶାନ୍ତିପର୍ବ)

(ଗ) "ପରଜା ସୁସ୍ଥେ ରହିଲେ କିଛି ଭୟ ନାହିଁ
ଅକଣ୍ଟକ ରାଜ୍ୟ ଯେ କରନ୍ତି ରଘୁସାଇଁ। (ଦାଣ୍ଡୀ ରାମାୟଣ)

୧୯. "କହ କଳିଯୁଗ ରୀତି କଳହ ତାମସା
କଳିଗୋଳ ହେବ ଦକ୍ଷିଣ ଦିଗୁ ଲୋ, ମୋର ଭାଙ୍ଗିବ ଓଡିଶା।
ଖୁରାଟାପୁଘାତେ କମ୍ପମାନ ହେବ ମହୀ
ଖୋରଧା ନବରେ କଳିଯୁଗରେ ଲୋ ବଉଳ, ମୋର ନ ରହିବେ କେହି।"
('ବଉଳ ଚଉତିଶା', ଆର୍ତ୍ତଦାସ, ପୃ.୧)

ଶାସନକାଳରେ ଓଡିଶାରେ କ୍ଷାତ୍ରଧର୍ମର ଅବନତି ଓ ହିନ୍ଦୁମାନଙ୍କର ବଳପୂର୍ବକ ଧର୍ମାନ୍ତର ଗ୍ରହଣକୁ ଲକ୍ଷ୍ୟକରି ଆର୍ତ୍ତଦାସ ଖ୍ୟେଦୋକ୍ତି ପ୍ରକାଶ କରିଅଛନ୍ତି (୨୦)। ସୁରଙ୍ଗୀର ପ୍ରଜାବତ୍ସଳ ରାଜା କବି ଦୀନବନ୍ଧୁ ହରିଚନ୍ଦନ (ଜନ୍ମ, ଆନୁମାନିକ ଖ୍ରୀ:୧୫୯୮) ମୁସଲମାନ ଶାସକଙ୍କ ଦ୍ୱାରା ବନ୍ଦୀ ହୋଇ ବନ୍ଦିଶାଳାରେ ପ୍ରଜାଙ୍କର ଦୁଃଖକାହାଣୀ ଶ୍ରବଣ ସ୍ୱୀୟ ପ୍ରଜାଗତପ୍ରାଣରେ ପରିଚୟ ତାଙ୍କ ରଚିତ କବିତାରେ ପ୍ରଦାନ କରିଅଛନ୍ତି (୨୧)।

କବି ବ୍ରଜନାଥ ବଡଜେନାଙ୍କ (୧୭୩୦-୧୮୧୦) ରଚିତ କାବ୍ୟ 'ସମରତରଙ୍ଗ' ମରହଟ୍ଟା ସୈନ୍ୟବାହିନୀର ଓଡିଶା ଆକ୍ରମଣ, ଢେଙ୍କାନାଳର ରାଜା ତ୍ରିଲୋଚନ ମହେନ୍ଦ୍ର ବାହାଦୂରଙ୍କ ବୀରତ୍ୱ, ସ୍ୱଦେଶାନୁରାଗ, ଯୁଦ୍ଧରତ ସୈନ୍ୟମାନଙ୍କ ପ୍ରତି ତାଙ୍କର ଉଦ୍‌ବୋଧନ ବାଣୀ ଉପରେ ଆଧାରିତ।

ଭାରତର ବିଭିନ୍ନ ପ୍ରାନ୍ତ ଅପେକ୍ଷା ଓଡିଶା ଅପେକ୍ଷାକୃତ ଅଧିକ କାଳ ଆପଣାର ସ୍ୱାଧୀନତା ରକ୍ଷା କରି ବହୁ ବିଳମ୍ବରେ ବିଦେଶୀ ଶାସନାଧୀନ ହୋଇଥିବା ହେତୁ ଇଂରାଜୀ ଚିନ୍ତା ଓ ଚେତନା ସୃଷ୍ଟି ସୁସଂହତ ପାଶ୍ଚାତ୍ୟ ଜାତୀୟବାଦୀ ଚିନ୍ତାଧାରା ଓ ଦେଶପ୍ରେମ ଭାବନା ଅନ୍ୟ ପ୍ରାନ୍ତିୟ ସାହିତ୍ୟମାନଙ୍କ ତୁଳନାରେ ଏଠାରେ ବିଳମ୍ବରେ ପ୍ରକାଶିତ ହୋଇଥିଲା। ଊନବିଂଶ ଶତାବ୍ଦୀର ଦ୍ୱିତୀୟାର୍ଦ୍ଧରେ ହିଁ କେବଳ ଏତାଦୃଶ ଚେତନା ପ୍ରତି ଉତ୍କଳବାସୀ ସଚେତନ ହୋଇଥିଲେ।

ଆଧୁନିକ ଓଡିଆସାହିତ୍ୟରେ ଏହାର ଉନ୍ମେଷ: ଆଦିପର୍ବ

ଭାରତବର୍ଷ, ପ୍ରାନ୍ତୀୟ ସାହିତ୍ୟରେ ଦେଶଭକ୍ତିର ଯେଉଁ ନବ ଉନ୍ମାଦନା ଦେଖାଦେଇଥିଲା; ଓଡିଆ ସାହିତ୍ୟରେ ତା'ର ସଫଳ ରୂପାୟନ ପତ୍ରିକାମାଧ୍ୟମରେ ପ୍ରଥମେ ପ୍ରକାଶ ପାଇଥିଲା; ହେଲେ ହେଁ କାବ୍ୟ-କବିତାରେ ହିଁ ଏହାର ସରସ ସୁନ୍ଦର ଅଭିବ୍ୟକ୍ତି ଦେଖିବାକୁ ମିଳେ। ବିଗତ ପ୍ରାୟ ଏକଶତାବ୍ଦୀ ମଧ୍ୟରେ ଓଡିଆ କାବ୍ୟକବିତାରେ ଜାତୀୟଚେତନା କିପରି ପ୍ରତିଫଳିତ ହୋଇଥିଲା, ତାହାକୁ ତିନିଗୋଟି ପର୍ଯ୍ୟାୟରେ (ଆଦିପର୍ବ, ବିକାଶପର୍ବ ଓ ଅନ୍ତିମପର୍ବ) ବିଭକ୍ତ କରାଯାଇପାରେ। ଏହାର ଆଦିପର୍ବର (୧୮୬୬-୧୯୦୩) କେତେକ ମୁଖ୍ୟ ପ୍ରବୃତ୍ତି ଏଠାରେ ଉପସ୍ଥାପିତ ହେଲା।

---

୨୦. "ମହାକ୍ଷତ୍ରୀ ନାଶ କଲ ମେଲକ୍ଷ ମ୍ଳେଚ୍ଛ କରାଇକି
ନାଶଗଲେ ହିନ୍ଦୁ ଲୋକ ଦରହସିବା ପାଇଁକି
ଓଡିଆ ଜନଙ୍କୁ ତୁମ୍ଭ ହୃଦେ ଦୟାନାହିଁ କି।". (ଭଜନ - ଆର୍ତ୍ତଦାସ)

୨୧. "ପ୍ରଭୁ ମୋ ଅପ୍ରାଧବଳରୁ ସକଳ ଜନ ହୋଇଲେଣି ଦୁଃଖୀ
ଯବନ ଶମନ ପ୍ରାୟେ ଘେରିଛନ୍ତି ଗମନ ଶକ୍ତି ମୋ ନାହିଁ"
('ଜଣାଣ'- ଦୀନବନ୍ଧୁ ହରିଚନ୍ଦନ)

ଐତିହ୍ୟ ପ୍ରୀତି :

ଭାରତବର୍ଷର ଦୀର୍ଘକାଳବ୍ୟାପୀ ପରାଧୀନତା, ଅଶିକ୍ଷା ଓ ଅବସାଦରେ ପ୍ରପୀଡିତ ସ୍ୱଦେଶର ଦୁର୍ଗତି ଅବସ୍ଥା ବିଷୟରେ ବିଗତ ଶତାବ୍ଦୀର ଶେଷ ଭାଗର କେତେକ କବି ଅବହିତ ହୋଇଥିଲେ। ଏହି ସମୟରୁ ସାହିତ୍ୟ କ୍ଷେତ୍ରରେ ଏକ ଐତିହାସିକ ସଚେତନତା ଦେଖାଦେଇଥିଲା। ସେଥିପାଇଁ ରାଧାନାଥ, ମଧୁସୂଦନ, ଫକୀରମୋହନ ପ୍ରଭୃତି କବିଗଣ ଭାରତ ତଥା ଉତ୍କଳର ଅତୀତ ଗୌରବକୁ ତାହାଙ୍କ କାବ୍ୟକବିତାରେ ଉପସ୍ଥାପିତ କରିଅଛନ୍ତି। ଭୀରୁତା, ଅଜ୍ଞତା ଓ ଅବସାଦ ପୀଡିତ ଦେଶବାସୀଙ୍କର ମୋହଭଙ୍ଗ କରିବା ଥିଲା କବିଙ୍କର ଅଭିପ୍ରାୟ। ରାଧାନାଥ ସେଥିପାଇଁ ରଚନା କରିଛନ୍ତି 'ଶିବାଜୀଙ୍କ ଉତ୍ସାହବାକ୍ୟ' (୨୨)। ପୃଥ୍ୱୀରାଜଙ୍କ ସେନାପତି ଅମର୍ଷୀଙ୍କ ମୁଖରେ କବି ଶୁଣାଇଛନ୍ତି ସ୍ୱାଧୀନତା ରକ୍ଷା ପାଇଁ ପ୍ରାଣବଳିଦାନର ମହତ୍ତ୍ୱ (୨୩)। ବିଦେଶୀ ରାଜଶକ୍ତିର ତୋଷାମଦ ଲାଗି 'ଅତୀତର ପୂର୍ବ-କୀର୍ତ୍ତି-ସ୍ମୃତି-ପୂତ' ପୀଠରେ ଏକତ୍ର ହୋଇଥିବା ଜନସାଧାରଣଙ୍କ ଉଲ୍ଲାସ ଓ ଆସ୍ଫାଳନକୁ କବିପ୍ରାଣ ସମର୍ଥନ କରିପାରିନାହିଁ। ଉତ୍କଳର ଏହି 'ଦଶାବିପର୍ଯ୍ୟୟ' ତାଙ୍କ ହୃଦୟରେ କିପରି ବ୍ୟଥା ସୃଷ୍ଟି କରିଥିଲା ତାହା ସେ 'ଦରବାର' କାବ୍ୟରେ ବର୍ଣ୍ଣନା କରିଛନ୍ତି (୨୪)। ଅତୀତକୁ ଧ୍ୟାନକରି ସେ ଯୁଗର କବି-ହୃଦୟ ଯେ ଉଲ୍ଲସିତ ହୋଇ

---

୨୨. "ଏ ଭାରତଭୂମି ଆମ୍ଭର ଜନନୀ ପୁଣ୍ୟଭୂମି ନାହିଁ ସରି ଏହାର,
ଅମୂଲ୍ୟ ଦୁର୍ଲ୍ଲଭ ରତନର ଖଣି ସବୁ ଦେଶ ମଧ୍ୟେ ଏ ଦେଶ ସାର।
ଏ ଦେଶ କୀରତି ଏ ଦେଶ ଗୌରବ ଏ ଦେଶ ବିଭବ ଏ ରବି ତଳେ,
ଆଉ କାହିଁ ନାହିଁ ସମସ୍ତ ନିଷ୍ପ୍ରଭ ହେଲାଟି ମନୁଷ୍ୟ କରମଫଳେ।"
(ଶିବାଜୀଙ୍କ ଉତ୍ସାହ-ବାକ୍ୟ-ରାଧାନାଥ ଗ୍ରନ୍ଥାବଳୀ, ପ-୩୬୧)

୨୩. "ଏହି କି ସେ ଆର୍ଯ୍ୟଭୂମି ? ଏ ଭୂମିର ସୁତ
ତୁମ୍ଭେଟିକି ଆର୍ଯ୍ୟନାମ ଦାୟାଦ ଜଗତେ ?
ବିନାଯୁଦ୍ଧେ ନ ଦେବାର ସୂଚ୍ୟଗ୍ର ମେଦିନୀ
ପଣ ଯେଉଁ ଆର୍ଯ୍ୟଙ୍କର ତାଙ୍କରି ଶୋଣିତ
ବହେଟିକି ? ଆହେ ଯୋଦ୍ଧେ ତୁମ୍ଭ ଧମନୀରେ" ?
(ମହାଯାତ୍ରା-ରା:ଗ୍ର:, ପୃ.୨୦୮)

୨୪. "ପୂର୍ବ ନରପତି ପ୍ରେତ ଆତ୍ମାମାନ
ବ୍ୟୋମେ ବ୍ୟୋମଯାନେ ହୋଇ ଅଧିଷ୍ଠାନ
ଦେଖନ୍ତି ସଖେଦେ ତାଙ୍କରି ଦୁର୍ଜୟ,
ଉତ୍କଳର ଏହି ଦଶା ବିପର୍ଯ୍ୟୟ,
ଏହି ଶିଳାବନ୍ଧ ଯାଙ୍କର କୀରତି
ପୂଣ୍ୟଶ୍ଳୋକ ମରକତ ମହୀପତି

ଉଠିଥିଲା ତାହା ରାଧାନାଥଙ୍କ ଉକ୍ତିରୁ ସୁସ୍ପଷ୍ଟ ହୋଇଥାଏ (୨୫)। ଭାରତ ଓ ଉତ୍କଳର ଇତିହାସପ୍ରସିଦ୍ଧ ଚରିତ୍ରମାନଙ୍କୁ କେନ୍ଦ୍ରକରି କେତେକ କାବ୍ୟ ମଧ୍ୟ ରଚିତ ହୋଇଅଛି ଏହି ସମୟରେ। ବାସୁଦେବ ସୁଢଳ ଦେବଙ୍କ 'ବୀରବାମା' କାବ୍ୟ ଏହାର ପ୍ରକୃଷ୍ଟ ନିଦର୍ଶନ। ବୀରାଙ୍ଗନା ଲକ୍ଷ୍ମୀବାଈଙ୍କର ଇଂରେଜମାନଙ୍କ ସହ ଯୁଦ୍ଧ ଓ ଆତ୍ମତ୍ୟାଗର ବର୍ଣ୍ଣନାସମ୍ବଳିତ ଏହି କାବ୍ୟରେ ଲକ୍ଷ୍ମୀବାଈଙ୍କର ଉଜ୍ଜ୍ୱଳ ଚାରିତ୍ରିକ ପରାକାଷ୍ଠା ପ୍ରଦର୍ଶିତ ହୋଇଅଛି (୨୬)। ଭାରତ ତଥା ଉତ୍କଳର ବିପର୍ଯ୍ୟସ୍ତ ଅବସ୍ଥା ଏବଂ ଭଗ୍ନ ଦେବାଳୟ, ଦୁର୍ଗ ଓ ଧ୍ୱଂସସ୍ତୁପ ପ୍ରଭୃତି ସଂଦର୍ଶନ କରି ସେହିପରି ଅତୀତର ସୁମହାନ୍ ଗୌରବକୁ ସ୍ମରଣ କରିଛନ୍ତି ଭକ୍ତକବି ମଧୁସୂଦନ (୨୭)। ନିଶ୍ଚେଷ୍ଟ, ଉଦ୍ୟମହୀନ, ଆତ୍ମଦୈନ୍ୟ-ନିପୀଡିତ ଦେଶବାସୀଙ୍କ ହୃଦୟରେ ଅତୀତ ଗୌରବକୁ ସ୍ମରଣ କରାଇ ସେମାନଙ୍କୁ ସକ୍ରିୟ, କର୍ମଠ ଓ ଆତ୍ମବିଶ୍ୱାସସଂପନ୍ନ କରାଇବା ଥିଲା ଏହି କବିଙ୍କର ଉଦ୍ଦେଶ୍ୟ। ପ୍ରାଚୀନ ଭାରତବର୍ଷର

ଦେଖୁନାହାନ୍ତି କି ମନେ ବହି ଲାଜ
କି ଥିଲା ଏ ରାଜ୍ୟ କି ହୋଇଛି ଆଜ।"

('ଦରବାର'- ରା: ଗ୍ର:, ପୃ.୨୭୭)

୨୫. "ଅତୀତର ବେଶଭୂଷା ରୀତି-ନୀତି
ଦେଖି ଲଭୁଥାଇ ନିରବଧି ପ୍ରୀତି,
ଅତୀତର ଧ୍ୟାନେ ହୋଇ ଏକତାନ
ଅତୀତକୁ ମଣେ ଯେହ୍ନେ ବର୍ତ୍ତମାନ।"

('ମହେନ୍ଦ୍ର ଗିରି'- ରା: ଗ୍ର:, ପୃ. ୩୨୪)

୨୬. "ଚିତ୍ରିତ ବ୍ରିଟିଶ ମହାଧ୍ୱଜା ଧୀରେ ଧୀରେ
ଉଡାଇ ଶାସନ କଲେ ଅତ୍ୟୁଗ୍ର ବିଧିରେ,
ଦେଖି ଏ ଗର୍ହିତ ଲକ୍ଷ୍ମୀବାଈ ରାଣୀ,
ଜଳିଲେ କ୍ରୋଧରେ ଦାବାନଳ ପରିମାଣି।"

'ବୀରବାମା'- (ବାସୁଦେବ ଗ୍ରନ୍ଥାବଳୀ, ପୃ.୬)

୨୭. "ଏହି କି ସେ ପୂଣ୍ୟଭୂମି ଭୁବନବିଦିତ
ସୁବିସ୍ତୀର୍ଣ୍ଣ ରଙ୍ଗଭୂମି ଆର୍ଯ୍ୟ-ଗୌରବର ?
ଏହି କି ଭାରତ ଯା'ର ମହିମା ସଙ୍ଗୀତ
ଗମ୍ଭୀ ଝଙ୍କାରେ ପୂର୍ଣ୍ଣ ଦିଗଦିଗନ୍ତର ?"

X X X

କେମନ୍ତେ ହେ ବିଭୋ, ଆଜି କରିବି ବିଶ୍ୱାସ
ଏହି ସେହି ଦେବଭୂମି ବିଶ୍ବବନ୍ଦନୀୟା ?
ଏହି ସେହି ତେଜୋବୀର୍ଯ୍ୟ ଗୌରବ ନିବାସ
ଯାହାର ସ୍ମରଣେ ଉଲ୍ଲସିତ ବୀର ହିୟା।"

(**'ଭାରତ-ଭାବନା'**- ମା: ଗ୍ର:, ପୃ.୧୭୪)

ଗରୀୟସୀ ପରମ୍ପରା, ସାଧନା ଓ ସିଦ୍ଧିର କାହାଣୀ ତାଙ୍କ କବିତାରେ ପ୍ରଚାରିତ ହୋଇଅଛି (୨୮)। ବିବେକାନନ୍ଦଙ୍କ ଭଳି ଭଗବତ୍‌ପ୍ରୀତି ଓ ଜାତିପ୍ରିତିକୁ ଏକ ଓ ଅଭିନ୍ନ ଦର୍ଶାଇ ଜାତିର ଆତ୍ମୃତ ସୋପାନ ଆରୋହଣର ପଥପ୍ରଦର୍ଶକ ହୋଇଥିଲେ ମଧୁସୂଦନ। ଓଡିଆ ସାହିତ୍ୟରେ ଏ ପ୍ରକାର ଆଧ୍ୟାତ୍ମିକ ଜାତୀୟଭାବନାର ଧାରା ଏ ଜାତି ସମ୍ମୁଖରେ ଏକ ସୁସ୍ଥ ପରମ୍ପରା ସୃଷ୍ଟିରେ ସହାୟକ ହୋଇଥିଲା। ଅତୀତର ବୀରତ୍ୱ ଓ ଗୌରବ ଅବଲୁପ୍ତ ହୋଇଯାଇଥିବାରୁ ଫକୀରମୋହନ ମଧ ଖେଦୋକ୍ତି ପ୍ରକାଶ କରିଅଛନ୍ତି (୨୯)।

ମାତୃଭୂମି-ବନ୍ଦନା :

ଫରାସୀ ରାଷ୍ଟ୍ରବିପ୍ଳବ ସମୟରୁ ଜନ୍ମଭୂମିକୁ ଜନ୍ମଦାତ୍ରୀରୂପେ କଳ୍ପନା କରିବାର ରୀତି ପ୍ରବର୍ତ୍ତିତ ହେଲା। ଦେଶପ୍ରେମୀ କବିବୃନ୍ଦ ଜନ୍ମଭୂମିର ଅପରୂପ ରୂପବର୍ଣ୍ଣନା ଓ ଅତୀତର ଗୌରବବହ ଘଟଣାବଳୀ ସ୍ମରଣପୂର୍ବକ ଜନ୍ମଭୂମିର ବନ୍ଦନା ଗାନକରି ପୁଲକିତ ହେଲେ। ଜାତୀୟ ଅବସାଦ ଓ ଅସାରତା ଦୂରକରି ସୁସ୍ଥ ଭବିଷ୍ୟତ ଗଠନ କରିବା ଏହି ବନ୍ଦନାଗାନର ଲକ୍ଷ୍ୟ।

ଭକ୍ତକବି ମଧୁସୂଦନ ରାଓ ଉଦାର ବିଶ୍ୱପ୍ରେମରେ ଉଦ୍‌ବୁଦ୍ଧ ହୋଇଥିଲେ ହେଁ ସ୍ୱଦେଶକୁ ଜନନୀ ରୂପରେ ବନ୍ଦନା କରିଅଛନ୍ତି ଓ ଏହାକୁ କରୁଣାମୟୀ, ସ୍ନେହମୟୀ, ପାଳନକର୍ତ୍ତ୍ରୀ ରୂପରେ ଅଭିହିତ କରିଅଛନ୍ତି (୩୦)। ତତ୍‌କାଳୀନ ପରାଧୀନ ଉତ୍କଳର ଦୁର୍ଗତ ଓ ଶ୍ରୀହୀନ ରୂପ କବିପ୍ରାଣରେ ବ୍ୟଥା ସୃଷ୍ଟି କରିଥିଲା। 'ଉତ୍କଳଗାଥା' ସନ୍ନିବିଷ୍ଟ କବିତାଗୁଡିକରେ ଉତ୍କଳକୁ ସାଧନାର ପବିତ୍ର ପୀଠରୂପେ କଳ୍ପନା କରି କବି ମାତୃଭୂମିର

---

୨୮. "କାହିଁ ମାଗୋ ଧର୍ମବୀର, କାହିଁ କର୍ମବୀର
କାହିଁ ମା'ସେ ମହୋତ୍ସବ ସାଧନା ସିଦ୍ଧିର?"
('ଉତ୍କଳଗାଥା', 'ଉତ୍କଳଜନନୀ ପ୍ରତି', - ମା: ଗ୍ର:, ପୃ. ୨୩୯)

୨୯. "ଅଛି ତ ଉତ୍କଳଦେଶ କାହାନ୍ତି ସେ ବୀରେ
ବୁଡିଛି ବୀରତ୍ୱ କୀର୍ତ୍ତି ଅତିତ ତିମିରେ।"
('ଉତ୍କଳର ବିଗତ ଗୌରବ', ଫ:ମୋ: ଗ୍ର:, ପୃ.୬୩୨)

୩୦. "ଜୟ ମା ଜନମଭୂମି, ଉଦର ଉତ୍କଳଭୂମି
ତୋର ସ୍ନେହକୋଳେ ମାଗୋ ଜନ୍ମ ଆମ୍ଭର,
କୋଟି ସୁତ ଘେନି କୋଳେ, ପାଳୁଅଛୁ ସ୍ନେହ ଭୋଳେ
ତୁହି ମା କରୁଣାମୟୀ କରି ଆଦର ...",
(ମ: ଗ୍ର: - ପୃ. ୨୩୭

ପ୍ରକୃତ ମହତ୍ତ୍ୱ ପ୍ରକାଶ କରିଥିଲେ। ଏତଦ୍‌ବ୍ୟତୀତ ସେ ଭାରତକୁ ମଧ୍ୟ ଆପଣାର ଜନ୍ମଭୂମି ରୂପେ ସମ୍ବୋଧନ କରି ଜନ୍ମଭୂମିର ସେବାକୁ ନାଗରିକର ପରମ କର୍ତ୍ତବ୍ୟ ବୋଲି ଉଲ୍ଲେଖ କରିଅଛନ୍ତି। ଜନ୍ମଭୂମିର ଗୌରବରେ ଗୌରବାନ୍ୱିତ ମଧୁସୂଦନଙ୍କ ଏତାଦୃଶ ସ୍ୱଦେଶପ୍ରୀତି ସ୍ନିଗ୍ଧ ମହତ୍ତ୍ୱକୁ କବି ପଦ୍ମଚରଣ ପଟ୍ଟନାୟକ ଯଥାର୍ଥତଃ ବର୍ଣ୍ଣନା କରି ଲେଖିଥିଲେ, "ଆଦିରସପ୍ରପୀଡିତ ଉତ୍କଳସାହିତ୍ୟ-ସଂସାରରେ ଗୋଟିଏ ପବିତ୍ର ନିର୍ମଳ ସାହିତ୍ୟପ୍ରବାହ ବୁହାଇ ଆମ୍ଭମାନଙ୍କ ରୁଚି ଓ ଚିନ୍ତାର ମାର୍ଗକୁ ମଧୁସୂଦନ ପରିବର୍ତ୍ତନ କରିଦେଲେ। ସେ ବାସ୍ତବିକ ଜନସମାଜର ମଙ୍ଗଳକାରୀ ଓ ଆପଣାର ଦେଶବାସୀଙ୍କର ପରମବନ୍ଧୁ, କାରଣ ସେ ସମାଜର ଚିନ୍ତାକୁ ନରକ ଦିଗରୁ ସ୍ୱର୍ଗମାର୍ଗକୁ ଟାଣିନିଅନ୍ତି"(୩୨)। ମଧୁସୂଦନଙ୍କ ଜାତୀୟଚେତନା ଦିବ୍ୟଭାବଦ୍ୟୋତକ ହୋଇଥିବା ଯୋଗୁ ଏହାକୁ କେହି କେହି ଆଲୋଚକ ଆଧ୍ୟାତ୍ମିକ ଜାତୀୟ ଚେତନା ବୋଲି ଅଭିହିତ କରିଅଛନ୍ତି (୩୩)। ଏ ସମ୍ପର୍କରେ ତତ୍‌କାଳୀନ ପତ୍ରପତ୍ରିକାରେ ମଧ୍ୟ ସ୍ୱଦେଶର ମହତ୍ତ୍ୱଶୀର୍ଷକ ବହୁ କବିତା ପ୍ରକାଶ ପାଇଥିଲା (୩୪)। ରାଧାନାଥଙ୍କଠାରୁ ଆରମ୍ଭ କରି ଏ ଯୁଗର ବହୁ କବି ମାତୃଭୂମିର ପ୍ରାକୃତିକ ସୌନ୍ଦର୍ଯ୍ୟର କମନୀୟ ଆଲେଖ୍ୟ ଅଙ୍କନ କରିଯାଇଛନ୍ତି। 'ଚିଲିକା' (ରାଧାନାଥ), 'ଉତ୍କଳଲକ୍ଷ୍ମୀ'(ଗଙ୍ଗାଧର) ଓ ବାସୁଦେବ ସୁଢଳ ଦେବଙ୍କ 'ଚିତ୍ରୋତ୍ପଳା' ଖଣ୍ଡକାବ୍ୟ ଏହାର ପ୍ରକୃଷ୍ଟ ନିଦର୍ଶନ।

---

୩୧. "ତୁହି ମା ଜନମଭୂମି ପବିତ୍ର ଭାରତଭୂମି
ତୋହରି ସନ୍ତାନ ଆମ୍ଭେ ଅଟୁ ସରବେ,
ତୋର ଶ୍ରୀଚରଣ-ସେବା ପାଇଁ ମନପ୍ରାଣ ଦେବା
ଗାଇବା ତୋହର ନାମ ଆନନ୍ଦରବେ।
ତୋ ଆନନ୍ଦେ ହୋଇବା ସୁଖୀ
କାନ୍ଦିବା ଦୁଃଖରେ ତୋର ହୋଇଣ ଦୁଃଖୀ",
(ମାː ଗ୍ରː, ପୃ. ୨୦)

୩୨. ପଟ୍ଟନାୟକ ପଦ୍ମଚରଣ, "ଆମ୍ଭମାନଙ୍କର ମାତୃଭାଷାର ଅବସ୍ଥା"
(ଉ:ସା: ୧୬.୫, ଭାଦ୍ର ୧୩୧୯, ପୃ.୧୪୫))

୩୩. "ଏଇ ନୂତନ ରୁଚିଦୀପ୍ତ ସୃଷ୍ଟିର ଆଦିପ୍ରବର୍ତ୍ତକ ହେଉଛନ୍ତି ମଧୁସୂଦନ ରାଓ। XXX ଜାତିର ଆଧ୍ୟାତ୍ମିକ ଉନ୍ନତିସାଧନ ପାଇଁ ମଧୁସୂଦନ ନିଜ କୃତିର ଭାଷା ଓ ଭାବକୁ ସଙ୍ଗୀତ ବିଭବରେ ବିମଣ୍ଡିତ କରିବାକୁ ବାଧ୍ୟ ହୋଇଥିଲେ।"
(ସାମନ୍ତରାୟ ନଟବର, 'ଓଡିଆ ସାହିତ୍ୟର ଇତିହାସ', ପୃ.୩୩୨)

୩୪. 'ଥିଲେ ହେଁ ବିଦେଶେ ଅତୁଳ ବିଭବ
ରାଜ ରାଜେଶ୍ୱର ଆସନ ପାଇ
ତା' ହୃଦ ଏପରି ପାହାନେ ଗଠିତ
ଚିନ୍ତିତ ନୁହେଁ ସେ ସଦବଦେଶ ପାଇଁ?

ଜନ୍ମଭୂମି ପ୍ରତି ଗଭୀର ମମତାରେ ଫକୀରମୋହନଙ୍କ ହୃଦୟ କିପରି ଭାବାପ୍ଲୁତ ହୋଇଅଛି, ତାହା ତାଙ୍କ 'ଉତ୍କଳଭ୍ରମଣଂ' ଓ ଅନ୍ୟାନ୍ୟ କବିତାରୁ ଜଣାଯାଏ (୩୫ କ, ଖ)। ଉତ୍କଳଭୁମିର ଖଣ୍ଡିତ ରୂପ କବିଙ୍କ ହୃଦୟରେ ମଧ୍ୟ ଗଭୀର ରେଖାପାତ କରିଅଛି (୩୬ କ,ଖ)। ଏତଦ୍‌ବ୍ୟତୀତ ତାହାଙ୍କ ରଚିତ 'ମାତୃସ୍ତବ', 'କଳାପାହାଡ', 'ଜନନୀ ଉତ୍କଳଭାଷା', 'ମୋ ଜନନୀ ଜନ୍ମଭୂମି','ଉତ୍‌ଧାନ ସଙ୍ଗୀତ', 'ଉତ୍କଳର ବିଗତ ଗୌରବ' କବିତାଗୁଡିକରୁ ତାହାଙ୍କ ଗଭୀର ସ୍ୱଦେଶପ୍ରୀତିର ପରିଚୟ ମିଳିଥାଏ।

ଭୂତଳେ ଅତୁଳ ଅଟେ ଜନ୍ମଭୂମି
ତା ସମାନ କିବା ଅଛି ଧରଣୀ
ମେଦିନୀ ମଧ୍ୟରେ ସେ ଅଟେ ଯେସନ
ବାମ-ବକ୍ଷହାର ମଧ୍ୟସ୍ଥ ମଣି।'

ଦାମୋଦନ ମିଶ୍ର ଶର୍ମା - 'ଦେଶାନ୍ତରୀ ବ୍ୟକ୍ତିର ସ୍ୱଦେଶ ଚିନ୍ତା'-
(ସଂହି:, ତା୨୫.୬.୧୮୯୫)

୩୫. (କ) "କାହିଁ ମୋର ଜନ୍ମଲାଭ କାହିଁ ଲୁପ୍ତ ଦେହ?
କାହିଁ ମୋର ଲୀଳାସ୍ଥଳୀ ମଧୁମୟ ଗେହ?
ଜୀବନ ଜୀବିକା କାହିଁ ପୂର୍ଣ୍ଣ ମନସ୍କାମ?
ପବିତ୍ର ମୋ ଜନ୍ମଭୂମି ସୁଖମୟ ଧାମ?"
(ଫ: ମୋ:ଗ୍ର: - ପୃ.୧୬୧)

(ଖ) "ଆଶୀର୍ବାଦ କର ମାତଃ ଅଧମ ସନ୍ତାନେ
ମିଶୁ ଭସ୍ମ ତବ ଦେହେ ପ୍ରାଣ ଅବସାନେ।"
('ମୋ ଜନନୀ ଜନ୍ମଭୂମି',ଫ:ମୋ:ଗ୍ର: -ପୃ୬୪୭)

୩୬. (କ) "ଉତ୍କଳ ପବିତ୍ରଭୂମି ଭାରତ ମଧ୍ୟରେ
କରନ୍ତି ଏଥିରେ ବାସ ପୁଣ୍ୟବନ୍ତ ନରେ।
X X X
ମାତ୍ର ଆହା ଏହି ଦେଶ ହୋଇ ଖଣ୍ଡ ଖଣ୍ଡ
ସକଳ ସୌନ୍ଦର୍ଯ୍ୟ ହୋଇଅଛି ଲଣ୍ଡଭଣ୍ଡ"
(ଉତ୍କଳ ଭ୍ରମଣଂ,ଫ: ମୋ:ଗ୍ର: - ପୃ.୨୦୧)

(ଖ) "ଜନ୍ମଭୂମି ଯେତେକାଳ ନ ହେବ ପୂର୍ଣ୍ଣାଙ୍ଗୀ
ଜାଣ ନିଶ୍ଚେ ତୁମ୍ଭ ସର୍ବ ଯତ୍ନ ଯିବ ଭାଙ୍ଗି।"
('ଛିନ୍ନଭିନ୍ନ ଜନ୍ମଭୂମି',ଫ:ମୋ:ଗ୍ର: -ପୃ୬୪୬)

ଉଦ୍‌ବୋଧନ :

ବିଦେଶୀ ଶାସନକାଳରେ ଜଡତା ଓ ଅବସାଦକୁ ଦୂରକରି ଏକ ନୂତନ ପ୍ରାଣସ୍ପନ୍ଦନରେ ଦେଶବାସୀଙ୍କୁ ସ୍ପନ୍ଦିତ କରାଇବା ଅଭିପ୍ରାୟରେ ଏ ଯୁଗର ବହୁ କବି କାବ୍ୟକବିତା ରଚନା କରିଅଛନ୍ତି। ଏପରିକି ଭକ୍ତକବି ମଧୁସୂଦନଙ୍କ ଆଧ୍ୟାତ୍ମିକତା ଭାବ ନିଷିକ୍ତ କବିତାବଳୀରେ ଏହାର ପ୍ରତିଛବି ମଧ୍ୟ ଦେଖିବାକୁ ମିଳିଥାଏ (୩୭)। ତତ୍‌କାଳୀନ ପତ୍ରପତ୍ରିକାରେ ମଧ୍ୟ ଏହି ଭାବସମ୍ବଳିତ ବହୁକବିତା ପ୍ରକାଶିତ ହୋଇଅଛି (୩୮)। ଉତ୍କଳୀୟ ଶିକ୍ଷିତ ଯୁବକମାନଙ୍କର ଦେଶୀୟ ସଂସ୍କୃତି ଓ ଭାଷାପ୍ରତି ଅନାଦର ଓ ବିଦେଶୀ ଅନ୍ଧାନୁକରଣରୁ ସେମାନଙ୍କ ମଧ୍ୟରେ ଜନ୍ମଲାଭ କରିଥିବା ଲଘୁମାନ୍ୟତା ଦୂରକରିବା ମାତୃଭାଷା ପ୍ରତି ଅନୁରାଗ ବୃଦ୍ଧି କରିବା ଲକ୍ଷ୍ୟରେ ଫକୀରମୋହନଙ୍କ ଲେଖନୀ ମଧ୍ୟ ଥିଲା ମୁଖର (୩୯)। ସ୍ୱଭାବକବି ଗଙ୍ଗାଧର କାବ୍ୟାବଳୀରେ ମଧ୍ୟ ଏତାଦୃଶ ଭାବନାର ପ୍ରତିଫଳନ ଦେଖିବାକୁ ମିଳେ (୪୦)। ମାତୃଭୂମି ଓ ମାତୃଭାଷା ଏହି ଦୁଇ ଜନନୀଙ୍କୁ ଆରାଧନା କରି ଦେଶଜନନୀଙ୍କର ମୁଖ ଉଜ୍ଜ୍ୱଳ କରିବା ସନ୍ତାନର ପରମ କର୍ତ୍ତବ୍ୟ। କବି

---

୩୭. "ଉଠ ହେ ଉତ୍କଳବାସୀ !
ଦୂରେ ଫିଙ୍ଗି ଦୁଃଖରାଶି,
ଛେଦି ଜଡତାର ନାଗଫାଶ
ସକଳ ଦୂରିତଜିଣା, ବିଶ୍ୱରାଣି ବାଣୀ-ବୀନା
ବାଜେ ପୁରି ଉତ୍କଳ ଆକାଶ।" ('ଉତ୍କଳଗାଥା', ମ:ଗ୍ର:, ପୃ୨୫୦)

୩୮. "ଉଠିବେ କି କେବେ ଶଯ୍ୟା ପରିହରି
ସାହସ-ନନ୍ଦିନୀ ଆଶା ହୃଦେ ଧରି
ନିସ୍ତେଜ ଉତ୍‌କଳ-ସନ୍ତାନଗଣେ ?"
(ଜଗବନ୍ଧୁ ମହାପାତ୍ର ଶର୍ମା, 'ପ୍ରଭାତ', ସଂ:ହ:, ତା୩୧.୧.୧୮୯୪)

୩୯. "ଗଞ୍ଜନା ଭର୍ତ୍ସନା ଅନ୍ୟ ଜାତିଠାରେ
ପାଇ ପୁଣି କିହେ ନଭାଳୁଛ ଥରେ ?
ପଢ ରାଜଭାଷା ଅଛି ତହିଁ ଲାଭ
ମାତ୍ର ନ ହରାଅ ଜାତୀୟ ସ୍ୱଭାବ।
X X X
ନକରିଲେ ମାତୃଭାଷାର ଉନ୍ନତି
ଘୁଞ୍ଚିବ କି କେବେ ଦେଶର ଦୁର୍ଗତି ?" (ଫ:ମୋ:ଗ୍ର:-ପୃ.୮୬୯-୮୭୧)

୪୦. "ମାତୃଭାଷା ପୋଥି ଛୁଇଁବାକୁ କରେ
ଅନ୍ୟ କେଉଁ ଜାତି ଲଜ୍ଜାବୋଧ କରେ ? (ଗଙ୍ଗାଧର ଗ୍ରନ୍ଥାବଳୀ- ପୃ.୩୦୫)

ମଧୁସୂଦନ, ଫକୀରମୋହନଙ୍କ ସମେତ ସମସାମୟିକ ଅନ୍ୟାନ୍ୟ କବିମାନେ ଏହାକୁ ହିଁ ସେମାନଙ୍କର କାବ୍ୟାଦର୍ଶ ରୂପେ ଗ୍ରହଣ କରିଥିଲେ (୪୧ କ, ଖ, ଗ)।

ଭାଷାସଂକଟର ପ୍ରତିକ୍ରିୟା:

ଓଡିଆଭାଷାଭାଷୀ ଅଞ୍ଚଳର ଏକତ୍ରୀକରଣ ଏବଂ ଓଡିଶାଭାଷା ଓ ସଂସ୍କୃତିର ଅସ୍ମିରକ୍ଷା ଉଦ୍ୟମରୁ ହିଁ ଊନବିଂଶ ଶତାବ୍ଦୀର ଶେଷାର୍ଦ୍ଧରେ ଓଡିଶାରେ ଜାତୀୟଚେତନା କିପରି ବିକଶିତ ହୋଇଥିଲା ତାହା ପୂର୍ବ ପରିଚ୍ଛେଦରେ ଆଲୋଚିତ ହୋଇଅଛି। ଦେଶର ସର୍ବାଙ୍ଗୀନ ଉନ୍ନତି ନିମିତ୍ତ ସାହିତ୍ୟ ଓ ଭାଷାର ବିକାଶ ଯେ ଅପରିହାର୍ଯ୍ୟ, ଏହା ମଧ୍ୟ ସେ ସମୟରେ ଅନୁଭୂତ ହୋଇଥିଲା। ଏହାର ପ୍ରତିଫଳନ ଆମେ ତତ୍‌କାଳିନ କବିମାନଙ୍କ ରଚନାବଳୀରେ ଦେଖିବାକୁ ପାଇଥାଉ। ରାଧାନାଥ, ମଧୁସୂଦନ ଆଦି ପ୍ରତିଷ୍ଠିତ କବିମାନଙ୍କ ବ୍ୟତୀତ ତତ୍‌କାଳୀନ ଅନ୍ୟାନ୍ୟ କବିବୃନ୍ଦଙ୍କ ଲେଖନୀରେ ଏହି ଭାବନା ମୂର୍ତ୍ତିମନ୍ତ ହୋଇଉଠିଛି। ତତ୍‌କାଳୀନ 'ଉତ୍କଳଦୀପିକା', 'ସମ୍ବଲପୁର ହିତୈଷିଣୀ' ପ୍ରଭୃତି ମୁଖ୍ୟ ପତ୍ରପତ୍ରିକାମାନଙ୍କରେ ପ୍ରକାଶିତ କବିତାବଳୀରେ ଏହାର ପ୍ରଚୁର ନିଦର୍ଶନ ପରିଲକ୍ଷିତ ହୁଏ। 'ଉତ୍କଳଦୀପିକା'ରେ ବହୁ ଅଜ୍ଞାତ କବିଙ୍କର କବିତା ଏ ସମ୍ପର୍କରେ ଉଲ୍ଲେଖଯୋଗ୍ୟ (୪୨)। ଏହି ସମୟରେ ଓଡିଆଭାଷାଭାଷୀ ଅଞ୍ଚଳର ଏକତ୍ରୀକରଣ ଭାବନା ଗୋବିନ୍ଦ ରଥଙ୍କ ଚରନାବଳିରେ ମଧ୍ୟ ସୁସ୍ପଷ୍ଟ। ଏହି ଉପଲକ୍ଷେ ସମ୍ବଲପୁର କୋର୍ଟ କଚେରିରେ

---

୪୧. (କ) "ମାତୃଭୂମି ମାତୃଭାଷା ଉଭୟେ ଜନନୀ,
ସେବି ତାଙ୍କୁ ଭକ୍ତିଭରେ ଦିବସ ରଜନୀ
ଏ ମାନବଜନ୍ମ ହେଉ ସଫଳ ମୋହର
ଏ ଭିକ୍ଷା କରନ୍ତୁ ପୂର୍ଣ୍ଣ ପ୍ରଭୁ ମହେଶ୍ୱର।" (ମ: ଗ୍ର: - ପୃ. ୨୭୫)

(ଖ) "ନାହିଁ ମା ଯିବାର ଆଶା କୀର୍ତ୍ତିର ମନ୍ଦିର
ସେବିବି ମୋ ମାତୃଭାଷା କରିଅଛି ସ୍ଥିର।"(ଫ:ମୋ:ଗ୍ର:- ପୃ.୩୨୧)

(ଗ) "ମାତୃଭୁମି ମାତୃଭାଷାରେ ମମତା
ଯା ହୃଦେ ଜନମି ନାହିଁ
ତାକୁ ଯେବେ ଜ୍ଞାନଗଣରେ ଗଣିବା
ଅଜ୍ଞାନ ରହିବେ କାହିଁ?"
('ମାତୃଭୂମି', ଗଙ୍ଗାଧର ଗ୍ରନ୍ଥାବଳୀ, ପୃ. ୨୭୯)

୪୨. "ଜନ୍ମଭୂମି ରକ୍ଷା ହେତୁ କେ ଡରେ ମୃତ୍ୟୁକୁ?
ଯେ ଡରେ, ଭୀରୁ ସେ ସେ ମୂଢ, ଶତଧିକ ତାକୁଠ
(ଲେଖକ, ନଜୈକ ଅଜ୍ଞାତ କବି, ସଂ:ହି:, ତା୧୯.୭.୧୮୯୫)

ଓଡିଆ ଭାଷା ପ୍ରଚଳନ ଭାବନାକୁ ଆଧାରିତ କରି ସେ ରଚନା କରିଥିଲେ 'ଲାଟଦର୍ଶନ'(ପ୍ର.ପ୍ର.୧୮୮୫) ଶୀର୍ଷକ ଏକ ପୁସ୍ତିକା (୪୩)। ସଂ: ହି: ମଧ୍ୟ ସମ୍ବଲପୁର ବିଦ୍ୟାଳୟ ଓ କୋର୍ଟ କଚେରିରେ ଓଡିଆଭାଷା ପରିବର୍ତ୍ତେ ହିନ୍ଦୀଭାଷା ପ୍ରଚଳନ ସମ୍ବାଦର ପ୍ରତିବାଦ କରିଅଛନ୍ତି। ଏହି ପତ୍ରିକାରେ ଏହି ପ୍ରସଙ୍ଗରେ ସ୍ୱନାମରେ ତଥା ଛଦ୍ମନାମରେ ବହୁ କବିତା ପ୍ରକାଶିତ ହୋଇଅଛି (୪୪ କ, ଖ, ଗ)। ସ୍ୱାଭାବକବି ଗଙ୍ଗାଧର ଏହି ପ୍ରସଙ୍ଗରେ ବ୍ୟଥିତ ହୋଇ ରଚନା କରିଥିଲେ 'ଉତ୍କଳ-ଲକ୍ଷ୍ମୀ' (ପ୍ର: ପ୍ର: ୧୮୯୪) ଓ ଓଡିଆ ଲିପି ସଂସ୍କାର ଆନ୍ଦୋଳନକୁ ଲକ୍ଷ୍ୟ କରି ସେ ରଚନା କରିଥିଲେ 'ଉତ୍କଳ-

---

୪୩. "ଭିନ୍ନ ଭିନ୍ନ ଶାସନରେ ଏ ଉତ୍କଳ
ପଡନ୍ତେ ଉନ୍ନତି ନ ହୁଏ ଚଞ୍ଚଳ,
କଟକ ସଙ୍ଗରେ ହୋଇବ ମିଳନ
କରିବ ହେ ଲାଟ ତହିଁର ଯତନ।" (ଲାଟଦର୍ଶନ, ଗୋବିନ୍ଦ ରଥ)

୪୪. (କ) "କରଯୋଡି କରେ ଏ ନିବେଦନ
ଘେନାକର ବାରେ ଉଡବରଣ
ନକର ବିନାଶ ଉତ୍କଳଭାଷା
ପୂର୍ଣ୍ଣ ହେଉ ସର୍ବଜନଙ୍କ ଆଶା"
('ମଧ୍ୟପ୍ରଦେଶ ଚିଫ କମିଶନରଙ୍କ ପ୍ରତି'
ଲେଖକ ଶ୍ରୀ ସଂ:ହି: , ତା ୨୦.୨.୧୮୯୫)

(ଖ) "ଏ କି ଅଦଭୁତ ଶୁଣିଲିରେ ଆଜ
ମାତୃସମ ମାତୃଭାଷା ଆମ୍ଭର
ସପତ୍ନୀକୁ ନିଜ ଶୁଶୁଗଣେ ଦେଇ
ନିଜେ ଦେଖୁ ଦୁଃଖେ ହେବେ ଅନ୍ତର।
ନିଜ ଭାଷା ଥିଲେ ତୁମ୍ଭମାନଙ୍କର
ସର୍ବଦା କାଳରେ ଥିବ ଗୌରବ
ଅନ୍ୟ ଭାଷା ଶିଖି ଯଶ ଲଭିବାକୁ
ତିଳେ କି ହେ କରୁଅଛ ସମ୍ଭବ?"
('ନିବେଦନ'- ଜଳନ୍ଧର ଦେବ - ସଂ:ହି:, ତା ୧୩.୨.୧୮୯୫)

(ଗ) "ଉତ୍କଳ ଭାରତୀ ମାଗୋ ତୋର କଳେବର/ବାସନ୍ତୀ ପର୍ବରେ ଆଜି କାହିଁକି କାତର? ଭାଷା ସଂକୋଚନ ନୁହେଁ ସାଧାରଣ ନୀତି/ଏତିହାସେ ରହିଯିବ କଳଙ୍କର ଭିତ୍ତି।"
('ଭାଷା ବିଭ୍ରାଟ'- ଭାଗୀରଥୀ ରଥ, ସଂ:ହି: ତା ୧୩.୨.୧୮୯୫)

ଭାରତୀ୍କ ଉକ୍ତି'। ସ୍ୱଦେଶର ଉନ୍ନତି ଯେ ଦୃଢ ଜାତୀୟତାବୋଧ ଓ ଭାଷାର ଉନ୍ନତି ଉପରେ ନିର୍ଭରଶୀଳ, ଏହି ଭାବନା ସରସ ଓ ଯୁକ୍ତିଯୁକ୍ତ ଭାବରେ ଏହି କବିତାମାଧ୍ୟମରେ ଉପସ୍ଥାପିତ ହୋଇଅଛି (୪୫)। ପଶ୍ଚିମ ଓଡିଶାରେ ଏହି ଜାତୀୟଚେତନା ପ୍ରଥମେ କିପରି ଉଦ୍ରେକ ହୋଇ ଜନଚିତ୍ତକୁ ଗଭୀର ଭାବରେ ସ୍ପନ୍ଦିତ କରିଥିଲା ତାହା ଗଙ୍ଗାଧରଙ୍କ ଉକ୍ତିରୁ ଅନୁମେୟ। ମାତୃଭୂମି ଓ ମାତୃଭାଷାପ୍ରେମୀ ବ୍ୟକ୍ତି ଯଥାର୍ଥ ଜ୍ଞାନୀ ଓ ଜାତିର ବିକାଶ ଲାଗି ମାତୃଭାଷାର ଉନ୍ନତି ଯେ ଏକାନ୍ତ କାମ୍ୟ ଏହା ସେ ଦୃଢତାର ସହିତ ଉପସ୍ଥାପିତ କରିଯାଇଅଛନ୍ତି (୪୬)।

ସ୍ୱଦେଶୀ ଶିଳ୍ପାନୁରାଗ:

ପାଶ୍ଚାତ୍ୟ ଭୂଖଣ୍ଡରେ ତଥା ଇଂଲଣ୍ଡରେ ଶିଳ୍ପବିପ୍ଳବର ପରିଣାମ ସ୍ୱରୂପ ଯନ୍ତ୍ରଶିଳ୍ପଜାତ ସାମଗ୍ରୀର ବହୁଳ ଉତ୍ପାଦନ ଏକ ସମସ୍ୟା ସୃଷ୍ଟି କରିଥିଲା। ଊନବିଂଶ ଶତାବ୍ଦୀରେ ଏହି ସାମଗ୍ରୀର ବିକ୍ରୟଲାଗି ଇଂଲଣ୍ଡ ଭାରତବର୍ଷକୁ ଏକ ପ୍ରକୃଷ୍ଟ କ୍ଷେତ୍ରରୂପେ ବ୍ୟବହାର କରିଥିଲା। ଭାରତର ଶିଳ୍ପ ଉପରେ ଅଧିକ କରବ୍ୟବସ୍ଥା ପ୍ରଚଳନ କରି ଓ ଏ ଦେଶରୁ ପ୍ରଚୁର କଞ୍ଚାମାଲ ଇଂଲଣ୍ଡକୁ ନେବା ଫଳରେ ଇଂଲଣ୍ଡ ତାହା ଆର୍ଥନୀତିକ ବ୍ୟବସ୍ଥାକୁ ସୁଦୃଢ କରିବା ସଙ୍ଗେ ସଙ୍ଗେ ଭାରତୀୟ ଅର୍ଥନୀତି ଦୁର୍ବଳ ଓ ଶିଳ୍ପ ମୃତପ୍ରାୟ ହୋଇପଡିଥିଲା। ଭାରତରୁ ପ୍ରେରିତ ଏହି କଞ୍ଚାମାଲକୁ ସୁବର୍ଣ୍ଣ ସହିତ ତୁଳନା କରି ଏହାଦ୍ୱାରା ପାଶ୍ଚାତ୍ୟ ସଭ୍ୟତା ଯେ ସମୃଦ୍ଧ ହୋଇଥିଲା ତାହା ଆଲୋଚକମାନେ ନିର୍ଦ୍ଧାରଣ କରିଅଛନ୍ତି (୪୭)। ଯେଉଁ ଓଡିଶାର ଅର୍ଥନୀତି ତାହାର ଉନ୍ନତ ଲବଣଶିଳ୍ପ ଓ ବସ୍ତ୍ରଶିଳ୍ପ ପାଇଁ ସୁଦୃଢ

---

୪୫. "ଅଙ୍ଗ ଚାହିଁ ଦିଅ ଯୋଗ୍ୟ ପରିଚ୍ଛଦ
 ପରିଚ୍ଛଦ ଯୋଗୁ ନ କାଟ ଦେହ,
କଟାହେଲେ ହେବ ଜୀବନେ ବିପଦ
 ନ କର ମାତାକୁ ସେପରି ସ୍ନେହ।
ନିଜ ଉନ୍ନତିକି ଉନ୍ନତି ନ ମଣ
 ମୋତେ ନ କରିବାଯାଏ ଉନ୍ନତ,
ଏକ ତରୁତଳେ ଥିବେ କେତେଜଣ
 ବହୁ ଜଳଫଳ ଦିଏ ପର୍ବତ।"
('ଉତ୍କଳଭାରତୀୟ ଉକ୍ତି', ଗଙ୍ଗାଧର ଗ୍ରନ୍ଥାବଳୀ, ପୃ. ୨୬୨)

୪୬. "ଉଚ୍ଚ ହେବା ପାଇଁ କର ଯେବେ ଆଶା
ଉଚ୍ଚକର ଆଗେ ନିଜ ମାତୃଭାଷା।"
('ଉଦ୍‌ବୋଧନ, ଗଙ୍ଗାଧର ଗ୍ରନ୍ଥାବଳୀ, ପୃ. ୨୮୪)

୪୭. "The brains of Europe and the gold of India gave birth to the Machine, the ruling God of Western civilization." - Fuller, J.F.C., 'India in Revolt', p.32.

ଥିଲା ତାହା ବ୍ରିଟିଶ ରାଜତ୍ୱର ପ୍ରାୟ ଅର୍ଦ୍ଧ-ଶତାବ୍ଦି ମଧ୍ୟରେ ଧୂଳିସାତ୍ ହୋଇଗଲା । ଫକୀର ମୋହନ ତାହାଙ୍କ ଆତ୍ମଜୀବନୀରେ ଏହାର ଯଥାର୍ଥ ଚିତ୍ର ପ୍ରଦାନ କରିଅଛନ୍ତି (୪୮ କ, ଖ, ଗ) ।

ଓଡିଶାର ତଥା ଶିଳ୍ପୀକୁଳର ଦୁର୍ଗତି ତତ୍କାଳୀନ କେତେକ କବିଙ୍କୁ ଆନ୍ଦୋଳିତ କରିଅଛି । ସେମାନଙ୍କ ମଧ୍ୟରୁ ଗୋବିନ୍ଦ ରଥ, ଫକୀରମୋହନ ଓ ଗଙ୍ଗାଧର ମେହେରଙ୍କ ନାମ ଏହି ପ୍ରସଙ୍ଗରେ ଉଲ୍ଲେଖଯୋଗ୍ୟ ।

ଏଣୁ ବିଦେଶୀବସ୍ତ୍ର ତଥା ଅନ୍ୟାନ୍ୟ ବ୍ୟବହାର୍ଯ୍ୟ ସାମଗ୍ରି ପ୍ରତି ଆଗ୍ରହକୁ ଅନେକେ ପସନ୍ଦ କରିପାରିନାହାନ୍ତି । ଜାତୀୟ କଂଗ୍ରେସ ନେତୃତ୍ୱରେ ସ୍ୱଦେଶୀ ଆନ୍ଦୋଳନର ବହୁ ପୂର୍ବରୁ ଓଡିଶାର କବି ଯେ ଏହି ଜାତୀୟ ସମସ୍ୟାକୁ ଉପଲବ୍ଧି କରିପାରିଥିଲେ, ଏଥିରୁ ସେମାନଙ୍କର ପୁରୋଦୃଷ୍ଟି ଓ ଜାତୀୟ ସଚେତନତାର ପରିଚୟ ମିଳିଥାଏ । ଭାରତୀୟମାନେ ବିଦେଶୀ ବସ୍ତ୍ର ବର୍ଜନ କରିବା ଯେ ବାଞ୍ଛନୀୟ, ଏହାକୁ ଦୃଢତାର ସହିତ ବର୍ଣ୍ଣନା କରିଥିଲେ

୪୮.(କ) "ଏକ ସମୟରେ ୟୁରୋପୀୟ ଅପ୍ସରାମାନେ ଆପଣା ସୌନ୍ଦର୍ଯ୍ୟର ପରାକାଷ୍ଠା ପ୍ରଦର୍ଶନାର୍ଥେ ସୂକ୍ଷ୍ମବସ୍ତ୍ର ସକାଶେ ବାଲେଶ୍ୱରକୁ ଚାହିଁ ବସୁଥିଲେ । x x x ପୁରୁଣା ବାଲେଶ୍ୱରର ଲୌହକାରଖାନାଗୁଡିକ ଯେ କେବଳ ଦେଶୀୟ ବୋଇତର ଉପକରଣ ପ୍ରସ୍ତୁତ କରିବାରେ ନିଯୁକ୍ତ ଥିଲେ ତାହା ନୁହେଁ, ବିଲାତି ବୋଇତ ମଧ୍ୟ ସେମାନଙ୍କଠାରୁ ସଉଦା କରୁଥିଲେ । ସେ ଦିନ ଯାଇଛି; ବାଲେଶ୍ୱରବାସୀ ଗୋଟିଏ ପେଚକଣ୍ଟା ସକାଶେ ବିଲାତକୁ ଚାହିଁ ବସୁଛନ୍ତି x x x ଭଗବାନ ବାଲେଶ୍ୱରର ଓଳିତଳେ କୋଟି କୋଟି ମହଣ ଲବଣ ଢାଳି ଦେଇଛନ୍ତି । ଆଉ ଭଗବାନଙ୍କର ସେହି ଭଣ୍ଡାର ଅକ୍ଷୁଣ୍ଣ ଅବସ୍ଥାରେ ଥାଉ ।"

(ଫକୀରମୋହନ ଆତ୍ମଜୀବନୀ)

(ଖ) "ମୋର ବାଲ୍ୟକାଳରେ ବାଲେଶ୍ୱରରେ ଜାହାଜୋଡି କାରବାର ଥିଲା । ପାଞ୍ଚଛଅ ଶତ ଜାହାଜ ସମୁଦ୍ରରେ ଯାତାୟାତ କରୁଥିଲେ । ବାରପଣି ଜାହାଜ ଲୁଣବୁହା କାର୍ଯ୍ୟରେ ଏବଂ ଅବଶିଷ୍ଟ ରେଙ୍ଗୁନ, ମାନ୍ଦ୍ରାଜ, କଲମ୍ବୋ ଏବଂ ସମୁଦ୍ରମଧ୍ୟସ୍ଥ ଦ୍ୱୀପମାନଙ୍କୁ ବାଣିଜ୍ୟଦ୍ରବ୍ୟ ବହନରେ ନିଯୁକ୍ତ ଥିଲେ" ।

(ଫକୀରମୋହନଙ୍କ ଆତ୍ମଜୀବନଚରିତ - ପୃ. ୯)

(ଗ) "ସ୍ମରଣାତୀତ କାଳ ପୂର୍ବରୁ ଯେଉଁ ବାଲେଶ୍ୱରର ନଦୀକୂଳ ସହସ୍ର ସହସ୍ର ଲୋକ ଯୋଗେ କୋଳାହଳମୟ ହୋଇଥିଲା, ଆଜି ଯାଇ ଦେଖନ୍ତୁ, ସେ ସ୍ଥାନ ନୀରବ, ନିର୍ଜନ, ଅରଣ୍ୟମୟ, ଶ୍ମଶାନତୁଲ୍ୟ ନିସ୍ତବ୍ଧ ।"

(ତତ୍ରୈବ - ପୃ.୧୨)

ଗୋବିନ୍ଦ ରଥ (୪୯)। ବ୍ରିଟିଶ ବାଣିଜ୍ୟ ନୀତି ଯୋଗୁ ବସ୍ତ୍ରଶିଳ୍ପ ଓ ଲବଣଶିଳ୍ପର ବିପର୍ଯ୍ୟୟ ଘଟିଥିବା ସମ୍ପର୍କରେ ଦେଶବାସୀଙ୍କୁ ଅବହିତ କରିବାପାଇଁ କବିତା ରଚନା କରିଥିଲେ ଫକୀରମୋହନ ଓ ଗଙ୍ଗାଧର (୫୦- କ, ଖ, ଗ)। କହିବା ଅନାବଶ୍ୟକ, ଜାତୀୟ ଭାବନାରେ ଦେଶବାସୀଙ୍କୁ ଉଦ୍‌ବୁଦ୍ଧ କରିବା ଥିଲା କବିଙ୍କର ଅଭିପ୍ରାୟ।

ପରିଶେଷରେ ସ୍ୱଦେଶର ଦୁର୍ଗତି ପାଇଁ ବିଦେଶୀ ଶାସନ ଓ ଶାସକଙ୍କ ପ୍ରତି କଟାକ୍ଷ ମଧ୍ୟ କେତେକଙ୍କ ରଚନାରେ ପରିଲକ୍ଷିତ ହୁଏ। ଦେଶୀୟ ବାବୁମାନଙ୍କର ନିଜକୁ

---

୪୯. "ବିନୟ ବଚନ ମୋହର ଭାଇମାନେ ଶୁଣିବ
ବିଦେଶୀ ପୋଷାକେ କିମ୍ପାଇଁ ନିଜ ଅଙ୍ଗ ସାଜିବ ?
ପୁତ୍ରକନ୍ୟାଗଣେ ଦେଉଛ ବିଦେଶୀୟ ଭୂଷଣ,
X X X ଛି ଛି ପଥ କେମନ୍ତ ନେତ୍ର ଅପ୍ରୀତିକର,
ଭାରତ ସନ୍ତାନେ କରନ୍ତୁ ବେଗେ ଏଥି ବିଚାର।"
(ଗୋବିନ୍ଦ ରଥ - 'ମହାମେଳାଦର୍ଶନ', ପ୍ର. ପ୍ର. ୧୮୮୪, ପୃ. ୭)

୫୦.(କ)"ତୁମ୍ଭରି କଥା ମଧୁର ରହିଲା କରିନେଲ ହୃଦ କଲଣା
ତୁମ୍ଭ ବଦନରୁ କଥା ନ ସ୍ଫୁରିଲେ ସବୁଯାକ ହେଲା ଅଲଣା
ଗୋପେନ୍ଦ୍ର, ନିଜ ବାସ ବିଷ ମଣିଲୁ,
ମନ୍ତ୍ରରେ ମୋହିଲ ତନ୍ତ୍ରରେ ତୁମ୍ଭର ମହତ କଉଡି ଗଣିଲୁ।"
('ଭାରତି ଭାବନା', ଗଙ୍ଗାଧର ଗ୍ରନ୍ଥାବଳୀ - ପୃ. ୩୦୬)

(ଖ) ଭାରତରୁ କାର୍ପାସ ପଳାଇଛି ଛାଡି
ନ ପାରିଲା ଦେଇ ସେ ବିଦେଶକୁ ଧାଡି,
କପାଚାଷ ସ୍ୱଦେଶେ ନ ପାରିଲେ କରି,
ଭାବି ଦେଖ ଭାଇ ହେ, ସମୟେ ହେବ ତ ପଶୁସରି।"
('କପା', 'କୃଷକ ସଂଗୀତ', ଗଂ:ଗ୍ର:, ପୃ.୩୯୮)

(ଗ) "ଓଳିତଳେ ଲୁଣ କୋଟିଏ ମହଣ ଥାଉ ମୋହ କଥା ଶୁଣ
ବୋଇଲେ କି ହେବ ଖାଇବାକୁ ହେବ 'ଲିଭାରପୁଲଲୁ ଲୁଣ।
ମାଞ୍ଚେଷ୍ଟର ତନ୍ତି ଲୁଗା ବୁଣୁଛନ୍ତି ତୁମ୍ଭମାନଙ୍କ ସକାଶେ
ବୁଡୁ ତନ୍ତୀବଂଶ ହେଉ ସର୍ବନାଶ ଯାଆନ୍ତୁ ସେ ବନବାସେ।"
(ଫ: ମୋ: ଗ୍ର:, ପୃ.୭୩୬)

ବିଦେଶୀ ସାହେବ ରୂପରେ ଦେଖେଇବାର ପ୍ରଚେଷ୍ଟାକୁ ସମାଲୋଚନା କରି ଗୋବିନ୍ଦ ରଥ ରଚନା କରିଥିଲେ 'ଫ୍ୟୁଚର ସାହେବ' (୫୧)।

ମଧ୍ୟପର୍ବ : ଆଞ୍ଚଳିକ ଜାତୀୟତାର ବିକାଶ

ଚଳିତ ଶତାବ୍ଦୀର ଆଦ୍ୟ ତ୍ରିଦଶକ ଜାତୀୟ ଜାଗରଣ ଦୃଷ୍ଟିରୁ ଭାରତ ତଥା ଉତ୍କଳ ପକ୍ଷେ ଗୁରୁତ୍ୱପୂର୍ଣ୍ଣ। ବିଗତ ଶତାବ୍ଦୀର ଶେଷ ତ୍ରିଦଶକରେ ଯେଉଁ ଜାତୀୟବାଦୀ ଚେତନାର ଉନ୍‌ମେଷ ହୋଇଥିଲା ତାହା ଏହି ସମୟ ମଧ୍ୟରେ ଜାତୀୟ ଐକ୍ୟ ପ୍ରତିଷ୍ଠା, ରାଜନୈତିକ ଆନ୍ଦୋଳନ, ଅସହଯୋଗ, ଧର୍ମଘଟ, ସତ୍ୟାଗ୍ରହ ପ୍ରଭୃତି ମାଧ୍ୟମରେ ହୋଇଥିଲା ଅଧିକ ସକ୍ରିୟ ଓ ସବଳ। ବହୁ ସମସ୍ୟାବହୁଳ, ଅଶିକ୍ଷା, ଦାରିଦ୍ର୍ୟ ଓ କୁସଂସ୍କାରପୀଡିତ ବାରତବର୍ଷ ଯେ ସାମ୍ରାଜ୍ୟବାଦୀ ଇଂଲଣ୍ଡ ବିରୁଦ୍ଧରେ ସଂଗ୍ରାମ କରିବାକୁ ସମର୍ଥ, ତାହା ଏହି ସମୟ ମଧ୍ୟରେ ପ୍ରମାଣିତ ହୋଇଯାଇଥିଲା। ଓଡିଶାରେ ଜାତୀୟ ଚେତନାର ବିକାଶ କ୍ଷେତ୍ରରେ ଖ୍ରୀ:୧୯୦୩ ଏକ ସ୍ମରଣୀୟ ବର୍ଷ। ବିଚ୍ଛିନ୍ନାଞ୍ଚଳର ଏକତ୍ରୀକରଣ, ଓଡିଶୀ ଶିଳ୍ପର ପୁନରୁଦ୍ଧାର ତଥା ଓଡିଶାର ସର୍ବାଙ୍ଗୀନ ବିକାଶ ଲକ୍ଷ୍ୟରେ 'ଉତ୍କଳ ସମ୍ମିଳନୀ'ର ପ୍ରତିଷ୍ଠା ହୋଇଥିଲା। ଏହି ଅନୁଷ୍ଠାନ ମାଧ୍ୟମରେ କିପରି ଆଞ୍ଚଳିକ ଜାତୀୟତାର ବିକାଶ ଘଟିଥିଲା ତାହା ପୂର୍ବରୁ ସୂଚିତ ହୋଇଅଛି। ଏହି ବର୍ଷ ମଧ୍ୟ ଓଡିଆଭାଷା ଓ ସାହିତ୍ୟର ସମୃଦ୍ଧି ନିମନ୍ତେ ଗଠିତ ହୋଇଥିଲା 'ଉତ୍କଳ ସାହିତ୍ୟ ସମାଜ'। ସ୍ୱଦେଶପ୍ରେମ ଓ ଜାତୀୟଭାବ ପ୍ରସାରଭିତ୍ତିକ ଶିକ୍ଷାଦାନ ଓ ସାହିତ୍ୟସୃଷ୍ଟିର ଉଦ୍ୟମକୁ ତ୍ୱାରନ୍ୱିତ କରିଥିଲା ଏହାର ପରବର୍ତ୍ତୀ ସତ୍ୟବାଦୀ ସାହିତ୍ୟ ଗୋଷ୍ଠୀଙ୍କ ସାଧନା। ଏହି ବିକାଶଯୁଗର ଉଜ୍ଜ୍ୱଳ ଜ୍ୟୋତିଷ୍କରୂପେ ମଧୁସୂଦନ ଓ ଗୋପବନ୍ଧୁଙ୍କ ନାମ ଚିରସ୍ମରଣୀୟ।

ଉତ୍କଳ ସମ୍ମିଳନୀର ବାର୍ତ୍ତା ଓଡିଶା ସ୍ୱତନ୍ତ୍ର ପ୍ରଦେଶ ହେବା ପର୍ଯ୍ୟନ୍ତ ପ୍ରାୟ ପ୍ରତ୍ୟେକ ଓଡିଆ କବିଙ୍କୁ ଭାବାବିଷ୍ଟ କରିଛି ଓ ଏହି ମର୍ମରେ ବହୁ କବିତା ରଚିତ ହୋଇଅଛି। 'ଉତ୍କଳ ସମ୍ମିଳନୀ'ର କର୍ଣ୍ଣଧାର ମଧୁସୂଦନ ଦେଶଚିନ୍ତକ, କର୍ମୀ ଓ ସଂଗଠକ ହେଲେହେଁ ଏହି ଉପଲକ୍ଷ୍ୟେ ଯେଉଁ ସ୍ୱଳ୍ପ ସଂଖ୍ୟକ କବିତାମାନ ରଚନା କରିଥିଲେ ତାହା ଅତ୍ୟନ୍ତ

---

୫୧. "ଏଥର ମଲେ ସାହେବ ହେବି
ଲାଲ ମୁଣ୍ଡରେ କ୍ୟାପ୍ ଦେବି
କ୍ରିକେଟ୍ ଫ୍ଲାନେଲ ପେଣ୍ଟଲୁନ୍ କରି ନାଇଟ୍ ଡେ ପିନ୍ଧୁଥିବି।
ନେଟିଭ ଦେଖିଲେ, ନିକଟେ ଆସିଲେ
ଡାର୍ଟି ଡାର୍ଟି ବୋଲି ଦୂର୍ ଦୂର୍ କରିବି।"
('ଫ୍ୟୁଚର୍ ସାହେବ' - ଗୋବିନ୍ଦ ରଥ, ପୃ.୩)

ଭାବୋଦ୍ଦୀପକ ଓ ପ୍ରେରଣାଦାୟକ। ଓଡିଶାବାସୀଙ୍କର ହୀନମନ୍ୟତା ଦୂରକରି ସେମାନଙ୍କ ମଧ୍ୟରେ ଆତ୍ମପ୍ରତ୍ୟୟ ସୃଷ୍ଟିକରିବା ଥିଲା ଏହି କବିତାଗୁଡିକର ଅନ୍ତଃସ୍ୱର। ସେଥିପାଇଁ ସେ ପ୍ରଗତିଶୀଳ ଜାତିମାନଙ୍କର ଉଦାହରଣ ଦେବା ସଙ୍ଗେ ସଙ୍ଗେ ଉତ୍କଳର ଅତୀତର ଶୌର୍ଯ୍ୟ ଓ ଗୌରବକୁ ମଧ୍ୟ ସ୍ମରଣ କରିଅଛନ୍ତି (୫୨)। ମାତୃଭୂମିକୁ ମଧ୍ୟ ଜନନୀରୂପେ ପ୍ରତ୍ୟକ୍ଷକରି ସେ ଦେଶବାସୀଙ୍କୁ ମାତୃପୂଜା-ମନ୍ତ୍ରରେ ଉଦ୍‌ବୁଦ୍ଧ କରିଥିଲେ (୫୩)। ମାତୃଭୂମିର ସେବା ନିମନ୍ତେ ସ୍ୱାର୍ଥତ୍ୟାଗ ଓ ଆତ୍ମବଳିଦାନର ମହତ୍ତ୍ୱ ମଧ୍ୟ ତାହାଙ୍କ କବିତାରେ ଉଦ୍‌ଘୋଷିତ (୫୪)।

ଏହି ଭାବନର ପ୍ରତିଧ୍ୱନି ପରବର୍ତ୍ତୀ କାଳୀନ ବହୁ କବିଙ୍କ କାବ୍ୟାବଳୀରେ ଦେଖିବାକୁ ମିଳେ। ଆଗଙ୍ଗା-ଗୋଦାବରୀ ପରିବ୍ୟାପ୍ତ ଉତ୍କଳ ସଂପ୍ରତି 'ଶ୍ମଶାନ ସଦୃଶ ଏକ ମଡାଦେଶ' ହୋଇଥିବା ଯୋଗୁ ଏମାନଙ୍କ କବିତାରେ ଅନ୍ତହୀନ ଖେଦୋକ୍ତି ପ୍ରକାଶିତ ହୋଇଅଛି (୫୫)। ଉତ୍କଳ-ଜନନୀଙ୍କର କମନୀୟ ଗୌରବ ଓ ବିଭବ- ମଣ୍ଡିତ ଅପୂର୍ବ ଭାବରୂପ ଫୁଟିଉଠିଛି କେତେକ କବିଙ୍କ କବିତାରେ (୫୬)।

---

୫୨. "ତୋ ପୂର୍ବପୁରୁଷ ଜୟ କରିଥିଲେ
ଗଙ୍ଗାଠାରୁ ଗୋଦାବରୀ
ତାଙ୍କରି ଔରସେ ଜନ୍ମ ହୋଇ ତୁହି
କେଉଁ ଗୁଣେ ତାଙ୍କୁ ସରି ?
ବ୍ରିଟନ ନିବାସୀ ଅତୀବ ସାହସୀ
କାପୁରୁଷେ ଶ୍ରଦ୍ଧା ନାହିଁ
ଶିଖ ରାଜପୁତ ଯେ ମାନ୍ୟ ଲଭନ୍ତି
ତୋର ଭାଗ୍ୟେ ତାହା କାହିଁ ?"
('ଉତ୍କଳ ସନ୍ତାନ', ମଧୁସୂଦନ ଦାସ)

୫୩. "କୋଟିଏ ସନ୍ତାନ ଗୋଟିଏ ସ୍ୱରରେ
ଜନନୀ ଜନନୀ ଡାକ
ତୃଷ୍ଣାରେ କାତର ଗଗନକୁ ଚାହିଁ
ଯେସନେ ଡାକେ ଚାତକ।"
(ଜାତୀୟ ଗୀତ - ମଧୁସୂଦନ ଦାସ)

୫୪. "ଜାତିପ୍ରେମ-ବହ୍ନି ପ୍ରଜ୍ୱଳିତ କର
ସ୍ୱାର୍ଥକୁ ଦିଅ ଆହୁତି
ସ୍ୱାର୍ଥମେଧ ଯଜ୍ଞେ ଚାରିଆଡେ ନାଚ
ଛାତିକୁ ମିଶାଇ ଛାତି।"
(ଜାତୀୟ ଗୀତ - ମଧୁସୂଦନ ଦାସ)

ସତ୍ୟବାଦୀ ସାହିତ୍ୟ-ସାଧନଗୋଷ୍ଠୀଙ୍କ ରଚନାରେ ଏହି ଭାବନା ଅଧିକ ବଳିଷ୍ଠ, ସକ୍ରିୟ ଓ କଳାତ୍ମକ ରୂପ ଲାଭ କରିଅଛି। ଗୋଦାବରୀଶ ମିଶ୍ର, ଗୋଦାବରୀଶ ମହାପାତ୍ର, ନୀଳକଣ୍ଠ ଦାସ ପ୍ରମୁଖଙ୍କ କାବ୍ୟକବିତା ଏହାର ପ୍ରକୃଷ୍ଟ ନିଦର୍ଶନ। ନୀଳକଣ୍ଠ ତାହାଙ୍କର 'କୋଣାର୍କେ', 'ରାମଚଣ୍ଡୀରେ ରାତି ଓ ସକାଳ' କାବ୍ୟରେ ଉତ୍କଳର ଅତୀତ ଗୌରବ ଓ ରାଜା ନରସିଂହ ଦେବଙ୍କର ବୀରତ୍ୱ ବର୍ଣ୍ଣନା କରିଅଛନ୍ତି। ସେହିପରି ଓଡିଶାର ଅତୀତର କିମ୍ବଦନ୍ତୀ ଓ ଗୌରବାବହ ଅତୀତକୁ ତଥା ଐତିହ୍ୟକୁ ଉପଜୀବ୍ୟ କରି ବହୁ ଗାଥାକବିତା ରଚନା କରିଛନ୍ତି ଗୋଦାବରୀଶ ମିଶ୍ର। ଆତ୍ମତ୍ୟାଗର ଜୀବନ୍ତ ଉଦାହରଣ ଗୋପବନ୍ଧୁଙ୍କ ଧର୍ମପଦରେ ଚିତ୍ରିତ। ଏହି କବିମାନଙ୍କ ରଚନାରେ ବିପ୍ଳବ-ଭାବନା କ୍ରମେ ସ୍ପଷ୍ଟତର ହୋଇଉଠିଥିଲା। ଦେଶର ସର୍ବାଙ୍ଗୀନ ବିକାଶ ଓ ମୁକ୍ତି ପାଇଁ ବିପ୍ଳବର ଅପରିହାର୍ଯ୍ୟତା ଏମାନଙ୍କ ରଚନାରେ ପରିସ୍ଫୁଟ ହେଲା (୫୭)। ସମକାଳୀନ କବି ଗୋଦାବରୀଶ ମହାପାତ୍ରଙ୍କ ବହୁ କବିତାରେ ଏହି ଭାବନା ଅଧିକ ଉଗ୍ର ଓ ବଳିଷ୍ଠ ଭାବରେ ପ୍ରକାଶତ ହୋଇଅଛି। କଙ୍କାଳସାର ଉତ୍କଳୀୟମାନଙ୍କ ହୃଦୟରେ ତାଣ୍ଡବନୃତ୍ୟରତ ଶିବଙ୍କର ପ୍ରଚଣ୍ଡତାକୁ ଆବାହନ କରି କବିଙ୍କ ରଚନା ହୋଇଉଠିଛି ଅଧିକ ବୈପ୍ଳବିକ (୫୮ କ,ଖ)। ଜାତୀୟ ବିପଦକୁ ଦମ୍ଭର ସହିତ ସମ୍ମୁଖୀନ ହୋଇ ବିସ୍ମୃତ ଅତୀତର ଶୌର୍ଯ୍ୟ ଓ ପୌରୁଷର ପ୍ରକାଶ କରିବା ଓ ନବଯୁଗର ତରୁଣ ଗୋଷ୍ଠୀଙ୍କୁ ବିପ୍ଳବ ମନ୍ତ୍ରରେ ଦୀକ୍ଷିତ

---

୫୫. "ଗଙ୍ଗା ଧୋଇଲା ଚିକୁର ଯାହାର କୃଷ୍ଣା ଚରଣ ତଳେ
ଶମଶାନ ଆଜି ମଡାଦେଶ ଆଜି ଏହି ସେହି ଉତ୍କଳ"
('ଉଠକଙ୍କାଳ', ଗୋ :ଲେ:, ପୃ. ୨୧୮)

୫୬. "ବନ୍ଦେ ଉତ୍କଳ ଜନନୀ
ଚାରୁହାସମୟୀ, ଚାରୁଭାଷମୟୀ, ଜନନୀ, ଜନନୀ, ଜନନୀ!"
(କାନ୍ତକବି ଲକ୍ଷ୍ମୀକାନ୍ତ - କାନ୍ତସାହିତ୍ୟମାଳା, ପୃ. ୧୦୮୧)

୫୭. "ସରଗୁଁ ବଳି ଏ ଜନମଭୂମିର ହେଲେ ତିଳେ ଅପମାନ
ଥିଲା ଦିନ ଯେବେ ଉଠୁଥିଲେ ଗର୍ଜି କୋଟି କୋଟି ତା ସନ୍ତାନ।
ଏ ଜନମଭୂମି ଗଉରବ ଶିରୀ ଅଟଳ ରଖିବା ପାଇଁ
ସମର ପ୍ରାଙ୍ଗଣେ ଦେଇଥିଲେ ପ୍ରାଣ ଶତଲକ୍ଷ ଦେଶଭାଇ।"
(ଗୋଦାବରୀଶ ଗ୍ରନ୍ଥାବଳୀ, ପୃ. ୪୫୯)

୫୮. (କ) "ବାଜି ଉଠୁବାରେ ମରଣ ବିଜୟୀ ବଂଶୀ ସେ ବୁକୁତଳେ
ଧୂର୍ଜଟୀ ଜଟା ଛୁଟୁ କମ୍ପାଇ ଯଉବନ କୁତୂହଳେ।"
('ଉଠକଙ୍କାଳ', ଗୋ: ଲେ:, ପୃ.୨୧୫)

କରିବା ଥିଲା 'ଯୌବନର କବି' ଗୋଦାବରୀଶ ମହାପାତ୍ରଙ୍କ ବହୁ କବିତାର ଆଦର୍ଶ (୫୯)।

ସ୍ୱରାଜ୍ୟ ସଂଗ୍ରାମର କାବ୍ୟିକ ପ୍ରତିଫଳନ :

୧୯୦୩ ଠାରୁ ୧୯୨୧ ମସିହା ପର୍ଯ୍ୟନ୍ତ ଆଞ୍ଚଳିକ ଜାତୀୟତାବୋଧ ଓଡିଶାରେ ଉତ୍କଳ ସମ୍ମିଳନୀ ମାଧ୍ୟମରେ ବ୍ୟାପକତର ହୋଇଥିଲେ ହେଁ, ମହାଭାରତୀୟ ଜାତୀୟ ଚେତନାଠାରୁ ଓଡିଶା ଦୂରେଇଯାଇନଥିଲା। ଏହି ସମୟ ମଧ୍ୟରେ ଜାତୀୟ କଂଗ୍ରେସରେ ମହାତ୍ମା ଗାନ୍ଧୀଙ୍କର ଆବିର୍ଭାବ ଏକ ଯୁଗାନ୍ତକାରୀ ଘଟଣା। ତାଙ୍କ ନେତୃତ୍ୱରେ କଂଗ୍ରେସ ସଙ୍ଗଠନ ଆଭିମୁଖ୍ୟ ପରିବର୍ତ୍ତିତ ହୋଇଅଛି। ଏହା ଆକୁମାରୀ ହିମାଚଳ ଜାତୀୟଜୀବନର ପ୍ରତ୍ୟେକ ସ୍ତରକୁ ହୋଇଛି ସଂପ୍ରସାରିତ। ତାହାଙ୍କ ପ୍ରବର୍ତ୍ତିତ ଅହିଂସାତ୍ମକ ଆନ୍ଦୋଳନ ଓ ଅସହଯୋଗର ପ୍ରବାହକୁ ଭଗୀରଥ ଭଳି ଓଡିଶାରେ ପରିପ୍ଲାବିତ କରିଛନ୍ତି ପଣ୍ଡିତ ଗୋପବନ୍ଧୁ। ଓଡିଶାର ଆଞ୍ଚଳିକ ଜାତୀୟତାର ସ୍ୱର ହଜିଯାଇଛି ମହାଭାରତୀୟ ଜାତୀୟତାର ମହାସ୍ରୋତ ମଧ୍ୟରେ। ୧୯୨୧ ମସିହା ଚକ୍ରଧରପୁର ଉତ୍କଳ ସମ୍ମିଳନୀ ଅଧିବେଶନରେ କଂଗ୍ରେସର ଲକ୍ଷ୍ୟ ଓ ଆଦର୍ଶ ଉତ୍କଳ ସମ୍ମିଳନୀର ଲକ୍ଷ୍ୟ ଓ ଆଦର୍ଶ ରୂପେ ଗୃହୀତ ହୋଇଅଛି (୬୦)। କଂଗ୍ରେସର ବାର୍ତ୍ତା ଓଡିଶାର ପୁରପଲ୍ଲୀରେ ସଂପ୍ରସାରିତ କରିବାର ଦାୟିତ୍ୱ ସେତେବେଳେ ଗ୍ରହଣ କରିଥିଲେ ଗୋପବନ୍ଧୁ ଦାସ. ଗୋପବନ୍ଧୁଙ୍କର ଭାବପ୍ରବଣ ସଂବେଦନଶୀଳ କବିହୃଦୟ ଗାନ୍ଧିଜୀଙ୍କ ପ୍ରବର୍ତ୍ତିତ ଅସହଯୋଗ ଓ ଅହିଂସା ଆନ୍ଦୋଳନ ପ୍ରଭାବରେ ପ୍ରଭାବିତ ହୋଇ ଓଡିଆ ସାହିତ୍ୟ କ୍ଷେତ୍ରରେ ସୃଷ୍ଟି କରିଛି ଏକ ଅପୂର୍ବ କାବ୍ୟଧାରା। ତାହାଙ୍କ 'ବନ୍ଦୀର ଆତ୍ମକଥା' ଯଥାର୍ଥରେ ବନ୍ଦି ଉତ୍କଳ ଜନଜୀବନର

(ଖ) "ଯୌବନ ଭକ୍ତ, ଲୋଡା ଏଠି ରକ୍ତ, ଲୋଡା ଏଠି ଆଜି ମନ ବେଦନା
ନୁହଁ ଲୋଡା ଦୁର୍ବଳ, ଭୀରୁ କାପୁରୁଷ ଦଳ, ଲୋଡା ଏଠି ଧୂର୍ଜଟି ସାଧନା"
('ଦୁର୍ଗପଥେ', ଗୋ: ଲେ:, ପୃ.୨୧୫)

୫୯. "ପୁରାତନ ତୁଲେ ବନ୍ଦୀ ସବୁ ଗାଅ ହେ ତରୁଣଦଳ
ସନ୍ଧାନ କର ନୂତନ ଭୁବନେ ଶ୍ୟାମଳ କେଦାର ତଳ"
('ନବବର୍ଷର ଜୟ', ଗୋ: ଲେ:, ପୃ.୨୧୯)

୬୦. ଚକ୍ରଧରପୁରଠାରେ ଅନୁଷ୍ଠିତ ଉତ୍କଳ ସମ୍ମିଳନୀ (୧୯୨୧)ରେ ପ୍ରଦତ୍ତ ଗୋପବନ୍ଧୁଙ୍କ ଅଭିଭାଷଣ।

ଏକ କରୁଣ ଆଲେଖ୍ୟ। ଏ ଦେଶର ବନ୍ୟା, ଦୁର୍ଭିକ୍ଷ, ରାଜ-ଅତ୍ୟାଚାର-ପ୍ରପୀଡିତ ଚାଷୀ ମୂଲିଆଙ୍କ ପ୍ରତି କବିହୃଦୟର ଗଭୀର ମମତା ଏଥିରେ ପ୍ରତିଫଳିତ (୬୧ କ, ଖ)। ଏହି ଗଭୀର ମାନବପ୍ରୀତି, ଜନସେବା ଓ ଜାତୀୟ ମମତା ଯଥାର୍ଥରେ ଥିଲା ଗୋପବନ୍ଧୁଙ୍କ କାବ୍ୟର ମୁଖ୍ୟସ୍ୱର (୬୨ କ,ଖ)। ଏହି ଭାବରେ ହିଁ ସେ ଦେଶବାସୀଙ୍କୁ ସ୍ୱରାଜ୍ୟ ଆନ୍ଦୋଳନ ସହ ସଂପୃକ୍ତ କରାଇବାକୁ ଚାହିଁଥିଲେ (୬୩)। ସ୍ୱରାଜ୍ୟ ଆନ୍ଦୋଳନର ପ୍ରବାହରେ ସେ ନିଜେ କିପରି ଉଦ୍‌ବେଳିତ ହୋଇଛନ୍ତି ତାହା ତାଙ୍କ ଉକ୍ତିରେ ସୁସ୍ପଷ୍ଟ (୬୪)। ଗୋପବନ୍ଧୁଙ୍କ ବ୍ୟତୀତ ଅନ୍ୟ ଯେଉଁମାନଙ୍କ ରଚନାବଳୀ ଏ ଯୁଗର ସ୍ୱାଧୀନତା ସଂଗ୍ରାମ ଓ ଅସହଯୋଗ ଆନ୍ଦୋଳନର ବାର୍ତ୍ତାକୁ ଓଡିଆ କାବ୍ୟ ସାହିତ୍ୟରେ ନୂତନ ଭାବସମ୍ପଦରେ ସମୃଦ୍ଧ କରିଛି ସେମାନେ ହେଉଛନ୍ତି କୁନ୍ତଳାକୁମାରୀ ସାବତ, ବାଞ୍ଛାନିଧି ଦାସ, ବୀରକିଶୋର ଦାସ ପ୍ରମୁଖ କବିଗଣ।

---

୬୧. (କ) "ସହି ସହି ବନ୍ୟା-ଦୁର୍ଭିକ୍ଷ ପ୍ରହାର,
ଉତ୍କଳର କେତେ ପଲ୍ଲୀ ଛାରଖାର"। ('ବନ୍ଦୀର ଆତ୍ମକଥା' ପୃ.୨୨)

(ଖ) "ଭୋଗି ଯେବେ ପ୍ରଜା ଘୋର ଅତ୍ୟାଚାର,
ଆତୁରେ କରଇ କରୁଣ ଚିତ୍କାର। "

X X X

ଜାଗୁ ପ୍ରଜାକୁଳ ତୁଟୁ ରାଜଭୟ
ତୋ ଆଦର୍ଶ ହେଉ ଉତ୍କଳେ ଅକ୍ଷୟ"
('ବନ୍ଦୀର ଆତ୍ମକଥା' ପୃ.୩୬,୩୭)

୬୨. (କ) "ଜାତୀୟ ମମତା ବିଶ୍ୱଜନପ୍ରୀତି
ଉତ୍କଳବାସୀର ହେଉ ଏହା ନୀତି"। (ତତ୍ରୈବ -ପୃ. ୪)

(ଖ) "ନିଜ ସ୍ୱାର୍ଥ ପାଇଁ ଜାତ ନୁହେଁ ହିନ୍ଦୁ
ବିଶ୍ୱହିତେ ହିନ୍ଦୁ ପ୍ରତି ରକ୍ତବିନ୍ଦୁ"।
('ଅବକାଶଚିନ୍ତା'-ଗୋପବନ୍ଧୁ ଦାସ, ପୃ.୨୯)

୬୩. "ମୋ ଭାଇ ଭଉଣୀ ହେ ଉତ୍କଳବାସୀ,
ସ୍ୱରାଜ୍ୟ ସାଧନେ ନ ହୁଅ ଉଦାସୀ।
ସ୍ୱାରାଜ୍ୟ ସାଧନେ ରହୁ ମୋର ଧ୍ୟାନ,
ଭାରତ ସ୍ୱରାଜ୍ୟେ ଜଗତ କଲ୍ୟାଣ"। ('ବନ୍ଦୀର ଆତ୍ମକଥା' ପୃ.୪)

୬୪. "ମିଶୁ ମୋର ଦେହ ଏ ଦେଶ ମାଟିରେ,
ଦେଶବାସୀ ଚାଲି ଯାଆନ୍ତୁ ପିଠିରେ।
ଦେଶର ସ୍ୱରାଜ୍ୟ ପଥେ ଯେତେ ଗାଡ
ପୂରୁ ତହିଁ ପଡି ମୋର ମାଂସ ହାଡ"। ('ବନ୍ଦୀର ଆତ୍ମକଥା' ପୃ. ୨)

ଦୃଢତାର ସହିତ ଏ ଯୁଗର କବିକଣ୍ଠ ଘୋଷଣା କରିଛି "ସ୍ୱାଧୀନତା ମାନବର ଜନ୍ମ ଅଧିକାର"(୬୫)। ପ୍ରବଳ ପ୍ରତାପୀ ଇଂରେଜ ସରକାରଙ୍କ ବିରୁଦ୍ଧରେ ଏହାହିଁ ଥିଲା ସର୍ବାଦୌ ବାଳଗଙ୍ଗାଧର ତିଳକଙ୍କ ନିର୍ଭୀକ ଓ ସ୍ପର୍ଦ୍ଧିତ ଘୋଷଣା। ଦେଶବାସୀଙ୍କୁ ଅନୁରୂପ ଭାବନାରେ ଉଦ୍‌ବୁଦ୍ଧ କରିବାପାଇଁ ଏ ଯୁଗର କବିମାନେ ବହୁ ଉଦ୍‌ବୋଧନାତ୍ମକ କବିତା ରଚନା କରିଅଛନ୍ତି (୬୬)। ସ୍ୱାଧୀନତା ଆନ୍ଦୋଳନର 'ପ୍ରଭାତଫେରି', 'ପତାକା ବନ୍ଦନା', 'ପଟୁଆର', 'ବିଦେଶୀବସ୍ତୁ ବର୍ଜନ', 'ସୂତ୍ରଯଜ୍ଞ' ଆଦି ବିଭିନ୍ନ ପର୍ଯ୍ୟାୟରେ ଗୀତହେବାଲାଗି ବହୁ କବିତା ରଚିତ ହୋଇଅଛି (୬୭ କ, ଖ, ଗ) ଏହିପରି ଜାତୀୟତା ଭାବ ସମ୍ପନ୍ନ କବିତା ରଚନା କରିଥିବା କବିମାନଙ୍କ ମଧ୍ୟରୁ କବି ବାଞ୍ଛାନିଧି ଓ ବୀରକିଶୋର ଦାସଙ୍କ କବିତା ଏକଦା ବହୁ ଜନପ୍ରିୟତା ଅର୍ଜନ କରିଥିଲା। ଏହି କବିମାନଙ୍କ ଜାତିପ୍ରାଣତା କେବଳ ସାହିତ୍ୟ ସାଧନା ମଧ୍ୟରେ ସୀମିତ ନଥିଲା; ଏମାନଙ୍କ ମଧ୍ୟରୁ ଅନେକେ ଥିଲେ ସ୍ୱାଧୀନତା ସଂଗ୍ରାମୀ କର୍ମୀ ଓ ସଂଗଠକ। ଉଗ୍ର ଦେଶପ୍ରେମର ପ୍ରଚାରକରି କେତେକ କବି

---

୬୫. "ସ୍ୱାଧୀନତା ମାନବର ଜନ୍ମ ଅଧିକାର
ସ୍ୱାଧୀନ ଭାଷଣ ଆଉ ସ୍ୱାଧୀନ ବିହାର।
ସ୍ୱାଧୀନ ଜୀବନ ପୁଣି ସ୍ୱାଧୀନ ସମିତି,
ଚାରିସ୍ତମ୍ଭେ ମାନବର ସମାଜ ସଂସ୍ଥିତି"। (କାରାକବିତା - ପୃ. ୧୦)

୬୬. "ସେନାପତି ଆଜି ଦେଇଛନ୍ତି ଡାକ
ଉଠ ଉତ୍କଳର ବୀରପୁତ୍ର ଯାକ
X X X
ସ୍ୱରାଜ୍ୟ ଆମ୍ଭର ଜନ୍ମ ଅଧିକାର
କାମ୍ୟ ସ୍ୱାଧୀନତା ଧ୍ୟେୟ ଶ୍ରେଷ୍ଠ ସାର"।
('ଆହ୍ୱାନ', କୁନ୍ତଳାକୁମାରୀ ଗ୍ରନ୍ଥାବଳୀ, ପୃ. ୨୧୮)

୬୭. (କ) "ଗୃହରେ ଅରଟ, ଗ୍ରାମେ ପଞ୍ଚାୟତ
ଗ୍ରାମବାସୀଗଣ ମଧ୍ୟେ ଏକମତ
X X X
ବିଦେଶୀ ଅମେଧ ବସ୍ତ୍ର ଛାଡ ଆଗେ
ହାତ ସୂତା ଲୋଡା ଏ ସ୍ୱରାଜ୍ୟ-ଯାଗେ"।
('ବନ୍ଦୀର ଆତ୍ମକଥା'- ଗୋପବନ୍ଧୁ ଦାସ, ପୃ. ୧୭-୧୮)

(ଖ) "ଭାଇ ହେ ଏବେ ଅରଟ କାଟ
ଆଉ କିଛି ଭରସା ନାହିଁ, ଅରଟ ଏକା ମୁକତି ବାଟ"
('କାନ୍ତ ସାହିତ୍ୟ ମାଳା', କାନ୍ତକବି ଲକ୍ଷ୍ମୀକାନ୍ତ - ପୃ.୧୧୮୧)

ଦଣ୍ଡିତ ହୋଇଛନ୍ତି । କୁନ୍ତଳାକୁମାରୀଙ୍କ 'ଆହ୍ୱାନ' ଓ ବୀରକିଶୋର ଦାସଙ୍କ 'ମୋହନବଂଶୀ' (ପ୍ରଃ ପ୍ରଃ ୧୯୨୧) ତାହାର ବୈପ୍ଳବିକ ଭାବସମ୍ପଦ ଦୃଷ୍ଟିରୁ ରାଜଦ୍ରୋହାତ୍ମକ ବୋଲି ବିବେଚିତ ହୋଇ ସେତେବେଳେ ପ୍ରକାଶିତ ହେବା ସଙ୍ଗେ ସଙ୍ଗେ ଅନ୍ୟାନ୍ୟ କେତେକ ପୁସ୍ତକ ସହ ବ୍ୟାଜ୍ୟାପ୍ତ ହୋଇଯାଇଥିଲା ।

ସ୍ୱରାଜ୍ୟ-ସଂଗ୍ରାମୀମାନଙ୍କ କାର୍ଯ୍ୟାବଳୀ ସହିତ ଏତାଦୃଶ ଭାବୋଦ୍ଦୀପକ ଜାତୀୟ କବିତା କିଭଳି ସେତେବେଳେ ସ୍ୱାଧୀନତା ସଂଗ୍ରାମକୁ ଅଧିକ କ୍ରିୟାଶୀଳ କରିବାରେ ସହାୟକ ହୋଇଅଛି, ତାହା ଅନ୍ୟତମ ସ୍ୱାଧୀନତା-ସଂଗ୍ରାମୀ ବିନୋଦ କାନୁନ୍‌ଗୋଙ୍କ ରଚନାରୁ ଜଣାଯାଏ (୬୮) । ଏହି କବିଗଣ ସେମାନଙ୍କ କବିତାରେ ଶାସକ ଓ ସେମାନଙ୍କ ଶାସନନୀତି ପ୍ରତି କଟାକ୍ଷ ନିର୍ଭୀକ ଭାବରେ ଓ ଦୃଢତାର ସହିତ ପ୍ରକାଶ କରିଅଛନ୍ତି (୬୯ କ, ଖ, ଗ) । ସରକାରଙ୍କ ଲବଣ ନୀତିକୁ ମଧ୍ୟ ସେମାନେ ଦୃଢତାର ସହିତ ବିରୋଧ

(ଗ) "ଫିଙ୍ଗରେ ଆଜି ପୂଳକ ପରାଣେ ବିଦେଶୀ ବସନ ଭାଇ
ଅଙ୍ଗକୁ କର ପବିତ୍ର ତୁମର ଜାତୀୟ ସଂଗୀତ ଗାଇ ।
ଏ ଦେଶ ବାସୀଙ୍କ ତଣ୍ଟି ଚିପା ଲୁଗା
ଏ ପାପ ରାଶିରେ ଅଜି ନିଆଁ ଲଗା
ଦେବତା ଉଠନ୍ତୁ ଚେଇଁ"
('ଜାତୀୟ ସଂଗୀତ', ବୀରକିଶୋର ଦାସ ପୃ. ୧୫)

୬୮. "ଶହ ଶହ ବର୍ଷର ପରାଧୀନତା ଭିତରେ ରହି ରହି ଜାତିର ମନଟା ସତେ ଯେପରି କି ମରିଯିବା ଅବସ୍ଥାକୁ ଆସିଯାଇଥିଲା । ତାହାରି ଭିତରେ ଚେତନା, ଜାଗୃତିର ସଞ୍ଚାର କରାଇବାର ଆବଶ୍ୟକତା ପଡିଥିଲା. ସେହିଟା ଥିଲା ଶବ ଭିତରେ ପ୍ରାଣ ସଞ୍ଚାର କରିବାଭଳି କାର୍ଯ୍ୟ । ସେହି କାର୍ଯ୍ୟ ମାହାତ୍ମା ଗାନ୍ଧୀ କରିଯାଉଥିଲେ ନିଜର ଲେକାଦ୍ୱାରା, ଭାଷଣଦ୍ୱାରା । ଜାତିର କୁମ୍ଭକର୍ଣ୍ଣ ନିଦ ଭଙ୍ଗାଇବାପାଇଁ ସେ ଯେଉଁ ଉଦ୍ୟମ କରୁଥିଲେ, ସେହି ଉଦ୍ୟମରେ ସାହାଯ୍ୟ କରୁଥିଲେ ଏ ଦେଶର କେତେଜଣ କବି । X X X ଦଶଟା ଭାଷଣ ଯାହା କରିପାରୁ ନଥିଲା, ଗୋଟିଏ ଗୋଟିଏ ଜାତୀୟ ସଙ୍ଗୀତ ତାହା କିଭଳି କରିଦେଉଥିଲା...."
('ଜାତୀୟ କବି ବୀରକିଶୋର'- ବିନୋଦ କାନୁନ୍‌ଗୋ, ପୃ.୧୬)

୬୯. (କ) "କିଏ ଜାଣିଥିଲା ଏତେ କୂଟନୀତି ଅଛି ଏ ବିଦେଶୀ ଶାସନେ,
ଜାଣିଥିଲେ କେବେ ବସାଇଥାନ୍ତୁ କି ଆପେ ଡାକି ରାଜ-ଆସନେ ।"
(ଭାଞ୍ଜାନିଧି ପଦ୍ୟାବଳୀ)

କରିଅଛନ୍ତି (୭୦ କ, ଖ, ଗ)। କୁନ୍ତଳାକୁମାରୀଙ୍କ ନାମ ଏ ସମ୍ପର୍କରେ ଉଲ୍ଲେଖଯୋଗ୍ୟ।

ଭାରତୀୟ ସ୍ୱାଧୀନତା ସଂଗ୍ରାମର ପଥ ଥିଲା କଣ୍ଟକିତ ଓ ଏଥିପାଇଁ ସ୍ୱାଧୀନତା ସଂଗ୍ରାମୀ ଓ କର୍ମୀମାନଙ୍କ ପାଇଁ ଅସୀମ କଷ୍ଟ ବରଣ ଓ ତ୍ୟାଗ ସ୍ୱୀକାର ଥିଲା ଅନିବାର୍ଯ୍ୟ।

(ଖ) "ସୁନାର ଭାରତ ହେଲା ଛାରଖାର,
ଖାଇବାକୁ ନ ପାଇଲୁ ଓଳିଏ ଆହାର,
ବିଦେଶୀ ଦରବେ ଆମ ଦେଶ ଗଲା ଭରି,
ସତ କହିବାକୁ ଲୋକେ ମରୁଛନ୍ତି ଡରି।
ତେବେ ସୁଦ୍ଧା ଭାଇ ତୋର ନ ତୁଟିଲା ଆଶ
ଉତ୍‌ଫଣ ତମ୍ପଠାରେ ରଖିଛୁ ବିଶ୍ୱାସ ?"
('ମୋହନ ବଂଶୀ', ବୀରକିଶୋର ଦାସ, ପୃ.୨)

(ଗ) "ଆମକୁ ଜଗିବା ଲାଗି ଆମ ଧନେ
ଅଗଣା ଫଉଜ ସମ୍ପାଦ ଯତନେ
ବିପୁଳ ବାହିନୀ ଖର୍ଚ୍ଚ ଶିରେ ଚାପି,
ଦରିଦ୍ର ପ୍ରଜାଙ୍କ ରକ୍ତ ନିଏ ମାପି।"
('ଆହ୍ୱାନ', କୁନ୍ତଳାକୁମାରୀ ଗ୍ରନ୍ଥାବଳୀ - ପୃ.୨୧୩)

୭୦. (କ) "ପଖାଳ ଗଣ୍ଡାକୁ ଟିପେ ନାହିଁ ଲୁଣ
ବାହୁନିବା କିସ ଶାସନର ଗୁଣ ?
ଲୁଣ କେ ମାରିଲେ ଜେଲ ଜୋରିମାନା
ଆମେ ମୂଳ ଲାଗୁ ତାଙ୍କ କାରଖାନା।"
('ଆହ୍ୱାନ', କୁ. କୁ. ଗ୍ର. -ପୃ.୨୧୩)

(ଖ) "ତନ୍ତୀଙ୍କ ଆଙ୍ଗୁଠି କାଟି ମାଞ୍ଚେଷ୍ଟରୀ
ଲୁଗାରେ ଆମର ଘର ଦେଲେ ଭରି,
ଘେରା ଆମ ଘର ଲୁଣି ପାରାବାରେ,
ଗନ୍ତାଘର ଭରା କୋମଳ କପାରେ,
ଲିଭରପୁଲ ଲୁଗା ପେଡି କଉଡିରେ
ନ କିଣିଲେ ଆଉ ଗତି ନାହିଁଟିରେ।"
(ତତ୍ରୈବ - ପୃ.୨୧୬)

(ଗ) "x x x ଲୁଣଗଣ୍ଡା ପାଇଁ କରିଦେଲ ମନା
କହିବାକୁ ମୋତେ ମାଡୁଛି ଲାଜ, ହେ ବ୍ରିଟିଶରାଜ୍
ମୋ ବାଡି ଭିତରେ ଲୁଣର ଅମଳ
ଅଲଣା ଖାଆନ୍ତି ଦୁଃଖୀ ଓଡିଆ
ଲୁଚାଇ ଖାଇଲେ ପକଡି ନିଅନ୍ତି
ଖୋଲଟି କହି ତାଙ୍କୁ ନୀଳପଗଡିଆ।"
(ନନ୍ଦକିଶୋର ଗ୍ରନ୍ଥାବଳୀ - ପୃ/ ୩୧୮)

ସ୍ୱାଧୀନତା ସଂଗ୍ରାମ ଥିଲା ଏକ ସୁକଠୋର ତପସ୍ୟା ଓ ଏକ ସାଧନାର ପଥ। ବୀରକିଶୋରଙ୍କ ଉକ୍ତିରେ ଏହାର ମାର୍ମିକ ଅଭିବ୍ୟକ୍ତି ପ୍ରକାଶିତ ହୁଏ (୭୧)।

ସ୍ୱାଧୀନତାପ୍ରାପ୍ତି ସ୍ୱପ୍ନରେ ଏ ଯୁଗର ଜାତୀୟବାଦୀ କବି ଓ କର୍ମୀବୃନ୍ଦ ଥିଲେ ଆତ୍ମବିଭୋର। କୁନ୍ତଳାକୁମାରୀଙ୍କ 'ନିରାଶାର ଗିର ନ ଘୋଷୁ ରସନା, ନ ବାଜୁ ତାହା ଏ ଜାତି ଶ୍ରବଣରେ' ଉକ୍ତି ମାଧ୍ୟମରେ ଯଥାର୍ଥତଃ ଏହା ପ୍ରକାଶିତ ହୋଇଥିଲା।

ଏହି ସମୟରେ ସାହିତ୍ୟରେ ଅନ୍ୟ ଏକ ଆଦର୍ଶ ଭାବଧାରା ପ୍ରତିଫଳିତ ହୋଇ ପାରିଥିଲା। ତାହା ହେଲା ନାନା ଜାତି, ଧର୍ମ, ସମ୍ପ୍ରଦାୟରେ ବିଖଣ୍ଡିତ ଭାରତୀୟ ଜନସାଧାରଣଙ୍କୁ ଏକତ୍ରିତ କରିବାପାଇଁ କବିମାନେ ଥିଲେ ଅଭିଳାଷୀ (୭୨ କ,ଖ,ଗ)। ଗୃହାଙ୍ଗନରେ ଆବଦ୍ଧ ନାରୀମାନଙ୍କୁ ମଧ୍ୟ ସ୍ୱରାଜ୍ୟ ଆନ୍ଦୋଳନ ସହ ସମ୍ପୃକ୍ତ ହେବା ଲାଗି

---

୭୧. "ଲୋଡାନାହିଁ ସରଗ ଭୋଗେ ପଛେ ନରକ
ମୋ ଦେଶ ଉଦ୍ଧାର ଲାଗି ମାଟିତଳେ ମିଶିବି ମିଶିବି"
('ଜାତୀୟ ସଙ୍ଗୀତ', ବୀରକିଶୋର ଦାସ, ପୃ.୧୧)

୭୨. (କ) "ହିନ୍ଦୁ ମୁସଲମାନ ବୌଦ୍ଧ ଖ୍ରୀଷ୍ଟିୟାନ,
ଶିଖ ଜୈନ ଯେତେ ଭାରତ ସନ୍ତାନ,
ଯେତେ ଧର୍ମ ଯେତେ ବର୍ଣ୍ଣ ଜାତି-କୁଳ
ଭାରତ ଜନନୀ ସମସ୍ତଙ୍କ ମୂଳ।"
('ବନ୍ଦୀର ଆତ୍ମକଥା', ଗୋପବନ୍ଧୁ ଦାସ, ପୃ. ୩୧)

(ଖ) "ଜୟ ଜୟ ହିନ୍ଦୁ ମୁସଲମାନ
ପାରସୀ, ଜୈନ, ବୌଦ୍ଧ, ୟୁହୁଦି, ଖ୍ରୀଷ୍ଟିୟାନ।"
(କାନ୍ତ-ସାହିତ୍ୟ ମାଳା - ପୃ.୧୮୮୩)

(ଗ) "ଆସ ଏକ ସଙ୍ଗେ ହିନ୍ଦୁ ମୁସଲମାନ
ଶିଖ, ପାର୍ସୀ, ବୌଦ୍ଧ, ୟୁହୁଦୀ, ଖ୍ରୀଷ୍ଟାନ,
ଏହି ହିନ୍ଦୁସ୍ଥାନେ ତୁମ୍ଭ ବାସସ୍ଥାନ
ତାର ଅପମାନେ ତୁମ୍ଭ ଅପମାନ।"
(କୁ.କୁ.ଗ୍ର. -'ଆହ୍ୱାନ', ପୃ.୨୦୯)

କବିତା ମାଧ୍ୟମରେ ଆହ୍ୱାନ ପ୍ରଦତ୍ତ ହୋଇଥିଲା (୭୩ କ,ଖ,ଗ)। ଏହି ଆହ୍ୱାନରେ ଉଦ୍‌ବୁଦ୍ଧ ହୋଇ ୧୯୩୦-୪୫ ମଧ୍ୟରେ ଓଡିଶାର ତଥା ଭାରତର ବହୁ ନାରୀ ବହୁବାର କାରାବରଣ କରିଅଛନ୍ତି।

ଭାରତୀୟ ସ୍ୱାଧୀନତା ଆନ୍ଦୋଳନର କର୍ଣ୍ଣଧାର ଗାନ୍ଧିଜୀଙ୍କର ଅପୂର୍ବ ବ୍ୟକ୍ତିତ୍ୱ, ନେତୃତ୍ୱ ଓ ଦିଗ୍‌ଦର୍ଶନ ଏ ଯୁଗର ବହୁ କବି-ହୃଦୟରେ ଭାବାବେଗ ସୃଷ୍ଟି କରିଛି। ବହୁ କବିଙ୍କ ଦୃଷ୍ଟିକୋଣ ହୋଇଛି ପରିବର୍ତ୍ତିତ। ବହୁ ରୋମାଣ୍ଟିକ୍ କବି ତାହାଙ୍କ ଅଲୌକିକ ବ୍ୟକ୍ତିତ୍ୱ ପ୍ରତି ଆପଣା ହୃଦୟର ଶ୍ରଦ୍ଧାଞ୍ଜଳି ଜ୍ଞାପନ କରିଅଛନ୍ତି (୭୪)।

---

୭୩. (କ) "କିଏ କାହିଁ ଅଛ ବୀର ସନ୍ତାନ ଆସରେ ଅଳସ ଛାଡି
ପୂର୍ଣ୍ଣ ଆହୁତି ଡାକପଡିଲାଣି ଆସ ସଙ୍ଗିନୀ,
ଆସ ବୀର ମାତା, ବୀରର ଘରଣୀ, ଆସ ରଣରଙ୍ଗିଣୀ"
('କାନ୍ତ-ସାହିତ୍ୟମାଳା' ପୃ.୧୧୭୭)

(ଖ) ବନ୍ଦି ମାତା ଚରଣେ / ଉଠରେ ଭଗିନୀ ଭାଇ ଉଠ ନବ ପରାଣେ/
ଆସିଛି ଆହ୍ୱାନ ଆଜି, କିମ୍ବା ଅଛ ଶୟନେ?"
('ଅର୍ଚ୍ଚନା', କୁ. କୁ. ଗ୍ର. ପୃ.୧୧୧)

(ଗ) "ନିଜେ ବୀଣାପାଣି ବୀଣା ଖଣ୍ଡେ ଧରି / ଡାକନ୍ତି ତୋତେ ଗୋ ଭଉଣୀ,
କଳ ଅମା ନିଶି ପାହି ଆସିଲାଣି / ଦିଶେ ନବଯୁଗ ସରଣୀ।"
('ମାଗୁଣି'-ବୀରକିଶୋର ଦାସ)

୭୪. (କ) "ତିମିର ତଳେ ଝଞ୍ଜା ବହେ, ବଜ୍ର ଉଠେ ନାଚି,
କେତନ ଆଜି ଉଡାଇ ଚାଲେ ଦେଶର ସବ୍ୟସାଚୀ।
ଯୁଗ-ଯୁଗାନ୍ତ ତିମିର ଅନ୍ତେ ତୁମେ ହିଁ ଅବତାର,
ବାପୁଜୀ! ତୁମ ଚରଣେ ଘେନ ଏ ଜାତି ନମସ୍କାର।"
('ନମସ୍କାର', ଗୋ: ଲେ: -ପୃ. ୨୪୩)

(ଖ) "ମସ୍ତକେ ମୋର ପଡୁ ହେ ବାପୁଜୀ
ତମର ଚରଣ ସଲିଳ କଣ,
ଧନ୍ୟ ହେବ ଏ କ୍ଳିନ୍ନ ଅଂଗ
ପୁଣ୍ୟ ହୋଇବ ପରାଣ ମନ।"
('ବାପୁଜୀ' - ମାନସିଂହ ଗ୍ରନ୍ଥାବଳୀ)

ସଂଘର୍ଷକାଳୀନ (୧୯୩୬-୪୭) ଜାତୀୟଚେତନାର କେତୋଟି ମୁଖ୍ୟସ୍ୱର:

୧୯୩୬ ମସିହାଟି ନାନା ଦୃଷ୍ଟିରୁ ଭାରତ ତଥା ଓଡିଶା ରାଜନୈତିକ ଇତିହାସର ଏକ ଗୁରୁତ୍ୱପୂର୍ଣ୍ଣ ବର୍ଷ। ଏହି ବର୍ଷ ଓଡିଆ ଜାତିର ରାଜନୈତିକ ଆନ୍ଦୋଳନର ସଫଳତା ସ୍ୱରୂପ ସ୍ୱତନ୍ତ୍ର ଓଡିଶା ପ୍ରଦେଶ ଗଠିତ ହୋଇଥିଲା ଓ ଏହା ଜାତିପ୍ରାଣରେ ଦୃଢ ଆତ୍ମବିଶ୍ୱାସ ଓ ନୂତନ ଜାତୀୟ ଉନ୍ମାଦନା ସୃଷ୍ଟି କରିଥିଲା। ଭାରତୀୟ ଜାତୀୟ-କଂଗ୍ରେସର ଲକ୍ଷ୍ନୌ ଅଧିବେଶନ (୧୯୩୫)ରେ ପଣ୍ଡିତ ଜବାହରଲାଲ ନେହେରୁଙ୍କର ସଭାପତି ଅଭିଭାଷଣରେ ଶୋଷିତ ଶ୍ରମିକ ଓ କୃଷକମାନଙ୍କ ପ୍ରତି ଅଧିକ ସହାନୁଭୂତି ପ୍ରକାଶିତ ହୋଇଥିଲା। ଏତଦ୍‌ବ୍ୟତୀତ କଂଗ୍ରେସ-ସୋସିଆଲିଷ୍ଟ ପାର୍ଟି ସଂଗଠନ, କମ୍ୟୁନିଷ୍ଟ ରାଜନୀତିକ ଚିନ୍ତାଧାରାର ବହୁଳ ପ୍ରଚାର, କାର୍ଲମାର୍କ୍‌ସୀୟ ଶ୍ରେଣୀହୀନ ସାମ୍ୟବାଦୀ ଦର୍ଶନର ପ୍ରସାର, ମୁସଲିମ ଲିଗ୍‌ର ପାକିସ୍ଥାନ ଗଠନ ଆନ୍ଦୋଳନ, ହିନ୍ଦୁ-ମୁସଲମାନ ଏକତା ପ୍ରଭୃତି ଏହି ବର୍ଷର ଉଲ୍ଲେଖଯୋଗ୍ୟ ଘଟଣା। ଏହା ପରେ ଭାରତର ମୁକ୍ତିସଂଗ୍ରାମ ହୋଇଥିଲା ଅଧିକ ସଂଗ୍ରାମଧର୍ମୀ। ଭାରତୀୟ ସାହିତ୍ୟିକମାନଙ୍କୁ ମଧ୍ୟ ଏହା କମ୍ ପ୍ରଭାବିତ କରିନାହିଁ।

ହିନ୍ଦୀ ସାହିତ୍ୟରେ ମୈଥିଳୀଶରଣ ଗୁପ୍ତ, ସୁମିତ୍ରାନନ୍ଦନ ପନ୍ଥ, ରାମେଶ୍ୱର ଶୁକ୍ଳ (ଆଞ୍ଚଲ), ସୂର୍ଯ୍ୟକାନ୍ତ ତ୍ରିପାଠୀ (ନିରାଲ), ବାଲକୃଷ୍ଣ ଶର୍ମା (ନବୀନ), ଭଗବତୀ ଚରଣ ବର୍ମା ପ୍ରମୁଖ ସାହିତ୍ୟିକମାନେ ଏହି ସମୟରେ ବିପ୍ଳବଧର୍ମୀ ଓ ବାସ୍ତବମୁଖୀ ସାହିତ୍ୟ ରଚନାରେ ବ୍ରତୀ ହୋଇଥିବା ଜଣାଯାଏ।

ଭାରତର କୃଷକସମାଜ ପ୍ରତି ଜାତୀୟକଂଗ୍ରେସର ସହାନୁଭୂତି ପ୍ରକାଶ ଯୋଗୁ ୧୯୩୪ ମସିହାରେ କଂଗ୍ରେସ-ସୋସିଆଲିଷ୍ଟ ଦଳ ଗଠିତ ହୋଇଥିଲା। ଓଡିଶାରେ ଏହିପରି ଭାବେ ଗଠିତ କଂଗ୍ରେସ-ସୋସିଅଲିଷ୍ଟ ଦଳର ନେତୃତ୍ୱ ନେଇଥିଲେ ନବକୃଷ୍ଣ ଚୌଧୁରୀ, ଭଗବତୀଚରଣ ପାଣିଗ୍ରାହୀ, ପ୍ରାଣନାଥ ପଟ୍ଟନାୟକ ପ୍ରମୁଖ ରାଜନୈତିକ ନେତୃବୃନ୍ଦ। ଦଳୀୟ ଆଭିମୁଖ୍ୟ ପ୍ରଚାର କରିବା ଉଦ୍ଦେଶ୍ୟରେ 'କୃଷକ' ନାମ ଏକ ପତ୍ରିକା ପ୍ରକାଶପାଇଥିଲା। ଭଗବତୀ ଚରଣ ପାଣିଗ୍ରାହୀ ଓ ତାଙ୍କ ପ୍ରତିଷ୍ଠିତ 'ନବଯୁଗ ସାହିତ୍ୟ ସଂସଦ' ଓଡିଆ ସାହିତ୍ୟ କ୍ଷେତ୍ରରେ ଏକ ବୈପ୍ଳବିକ ନୂତନ ଭାବଧାରାର ପ୍ରବର୍ତ୍ତନ

(ଗ) "କୋଟି ଗରିବର ଅଶ୍ରୁ କରିଲ କଣ୍ଠମାଳା,
ବକ୍ଷେ ବହିଲ ନିର୍ଯାତନାର ଦହନ ଜ୍ୱାଳା,
ନିଷ୍ପେଷିତର ଅସନ କରିଲ କୁସୁମମୟ,
ପୁଲକେ ବିତରି ସତ୍ୟ, ଶାନ୍ତି, କି ବରାଭୟ।"

(ଗୋ: ଲେ: -ପୃ.୪୨)

କରିଥିଲେ। ସାହିତ୍ୟରେ ପ୍ରଗତିକାମୀ ମନନଶୀଳତା ସହିତ ବୈଜ୍ଞାନିକ ଯୁକ୍ତିବାଦର ସମନ୍ୱୟ ଏତଦ୍ଦ୍ୱାରା ପ୍ରତିଷ୍ଠା ହୋଇପାରିଥିଲା।

ଓଡିଶାର ତତ୍‌କାଳୀନ ବିଶିଷ୍ଟ କବି ସଚ୍ଚିଦାନନ୍ଦ ରାଉତରାୟ, ରାଧାମୋହନ ଗଡନାୟକ, ଅନନ୍ତ ପଟ୍ଟନାୟକ, ମନମୋହନ ମିଶ୍ର, କୃଷ୍ଣଚନ୍ଦ୍ର ତ୍ରିପାଠୀ, କୁଞ୍ଜବିହାରୀ ଦାଶ ପ୍ରଭୃତିଙ୍କ କବିତାରେ ଅନ୍ୟାନ୍ୟ ଭାବନା ସହ ଏହି ନୂତନ ବିପ୍ଳବଚେତନା ଓ ସମାଜ-ସଚେତନତାର ଜୀବନ୍ତ ବର୍ଣ୍ଣନା ପ୍ରକାଶ ପାଇଥିବାର ଦେଖିବାକୁ ମିଳେ।

ବିପ୍ଳବ ପ୍ରଶସ୍ତି :

"ସ୍ୱାର୍ଥ ଅପେକ୍ଷା ପରାର୍ଥକୁ ବୃହତ୍ତର ମନେକରି ଦେଶ ଓ ଜାତିର କଲ୍ୟାଣ ପାଇଁ ଯେଉଁମାନେ ଆତ୍ମୋତ୍ସର୍ଗ କରନ୍ତି, ସେମାନେ ଯଥାର୍ଥରେ ଜାତୀୟବୀର। ସେହି ଜାତୀୟବୀରମାନଙ୍କ କର୍ମମୟ ଚରିତ କଣ୍ଟକମୟ ଆତ୍ମୋନ୍ନତି ପଥର ଉଜ୍ଜ୍ୱଳ ଦୀପଶିଖା"(୭୫)। ଜନମାନସକୁ ବିପ୍ଳବମୁଖୀ କରାଇବା ପାଇଁ ଏଣୁ କବିମାନେ ସେହି ବିପ୍ଳବୀମାନଙ୍କର ପ୍ରଶସ୍ତି ରଚନା କରିଅଛନ୍ତି। ଯେଉଁମାନେ ସ୍ୱଦେଶର ସମ୍ମାନ ରକ୍ଷା ଉଦ୍ଦେଶ୍ୟରେ ଇଂରେଜ ସେନାର ଅଗ୍ନିବର୍ଷୀ ବନ୍ଧୁକ ସମ୍ମୁଖରେ ଆପଣା ଜୀବନକୁ ତୁଚ୍ଛ କରିଦେଇଥିଲେ, ସେମାନଙ୍କ ଅମୃତ ଜୀବନଗାଥା ଅବଲମ୍ବନରେ ବହୁ କବିତା ଏହି ସମୟରେ ଓଡିଆରେ ରଚିତ ହୋଇଅଛି। ଢେଙ୍କାନାଳରେ ୧୯୩୮ ମସିହାରେ ପ୍ରଜ୍ୱଳିତ ହୋଇଉଠିଥିବା ପ୍ରଜା-ଆନ୍ଦୋଳନର ଦୁର୍ବିନୀତ ଶୁଶୁପ୍ରଜା ବାରବର୍ଷର ଅଜ୍ଞାତ ନାଉରୀ ବାଳକ 'ବାଜିରାଉତ' ରକ୍ତମୁଖା ପୋଲିସ ଫଉଜର ସମ୍ମୁଖୀନ ହୋଇ ଉତ୍ତର ଦେଇଥିଲା - "ପ୍ରଜାମଣ୍ଡଳର ହୁକୁମ ନାହିଁ, ମୁଁ ନାଆ ଛାଡିବି ନାହିଁ" (୭୬)। କବି ସଚ୍ଚିଦାନନ୍ଦ ନିଜେ ତାର କ୍ଷୁଦ୍ର ଶରୀରକୁ ଚିତାନଳ ଉପରେ ଶୁଆଇ ଦେଇ ଏହି ଅମର ଶହିଦର ଜୟଗାନ କରି ଗାଇଥିଲେ -

"ନୁହେଁ ବନ୍ଧୁ ନୁହେଁ ଏହା ଚିତା,
ଏ ଦେଶ ତିମିର ତଳେ ଏ ଅଲିଭା ମୁକତି ସଳିତା
ନୁହେଁ ଏହା ଜଳିଯିବା ପାଇଁ
ଏହାର ଜନମ ଏଥି ଜାଳିପୋଡି ଦେବାକୁ ଧସାଇ।
ଏତିକି ସେ ଅମାନିଆ ପିଲା,
ଫଉଜର ଗୁଳିଗୁଳା, ରଜା, ଝଡ କିଛି ନ ମାନିଲା"(୭୭)।

---

୭୫. 'ବୀରଶ୍ରୀ' - ମୁଖବନ୍ଧ, ଡଃ କୁଞ୍ଜବିହାରୀ ଦାଶ।
୭୬. 'ବାଜିରାଉତ' - ମୁଖବନ୍ଧ, ସଚ୍ଚିଦାନନ୍ଦ ରାଉତରାୟ।
୭୭. ତତ୍ରୈବ - (ସଚ୍ଚିଦାନନ୍ଦ ରାଉତରାୟ, ଗ୍ରନ୍ଥାବଳୀ ପୃ. ୫୭୭)

ଆପଣା ତନୁର ରକ୍ତଜଳରେ ଏହି ଧରଣୀକୁ ସିକ୍ତ କରି ମାତୃଭୂମି ଓ ଜାତିର ସମ୍ମାନ ରକ୍ଷା ନିମନ୍ତେ ସେ ଥିଲା ଦୃଢପ୍ରତିଜ୍ଞ। ଶତାବ୍ଦିର ଏହି 'ଶ୍ରେଷ୍ଠଫୁଲ' ମୁକୁଳିତ ହେବା ପୂର୍ବରୁ ଫଉଜର ଗୁଳିରେ ନିଷ୍ପ୍ରାଣ ହୋଇଯାଇଥିବାର ମର୍ମନ୍ତୁଦ ଇତିକଥା ସହିତ ସେହି ବୀରବାଳକର ଗୌରବମୟ ଜୀବନୀ ଏ ଜାତି ସମ୍ମୁଖରେ ଉପସ୍ଥାପିତ କରି ଦେଶବାସୀଙ୍କୁ ତାହାରି ଭଳି ସାହସୀ ହେବାକୁ କବି ଆହ୍ୱାନ ଦେଇଥିଲେ। ଗଡଜାତ ପ୍ରଜା-ଆନ୍ଦୋଳନକୁ ଅଧିକ ସକ୍ରିୟ କରିବା ନିମନ୍ତେ ଏଥିରେ ଧନିକ ଶାସକଗୋଷ୍ଠୀର ପରାଜୟ ସହ ଦରିଦ୍ର ଶୋଷିତ ପ୍ରଜାକୁଳର ବିଦ୍ରୋହ ଓ ନିଶ୍ଚିତ ବିଜୟର ବାର୍ତ୍ତା ପ୍ରଚାରିତ ହୋଇଥିଲା।

କବି ରାଧାମୋହନ ଗଡନାୟକଙ୍କ କବିତା 'ଉଦ୍ଧାମ ସିଂ'ରେ ପରାଧୀନ ଭାରତବର୍ଷ ତଥା ଭାରତୀୟ ଯୁବକର ମର୍ମଗାଥା ଉଚ୍ଚାରିତ। ପଞ୍ଜାବର ବୀରଯୁବକ ଉଦ୍ଧାମ ସିଂ ଜାଲିଆନାୱାଲାବାଗ ହତ୍ୟାକାଣ୍ଡର ନିର୍ଦ୍ଦେଶକ ଜେନେରାଲ ଡାୟାରଙ୍କୁ ଲଣ୍ଡନର ରାଜପ୍ରତିନିଧି ସଭାଘରେ ଗୁଳିକରି ଜନ୍ମଭୂମିର ସମ୍ମାନରକ୍ଷା ସହ ପିତୃହତ୍ୟାର ପ୍ରତିଶୋଧ ନେଇଥିଲେ। କବିଙ୍କ ଭାଷାରେ ଫାଶୀ ଆଦେଶକୁ ଭୂକ୍ଷେପ ନ କରି ସେ କହିଥିଲେ -

"ଜନ୍ମଦା ମୋର ଭାରତଭୂଇଁର
ବହୁ ଦୂରେ ସାଥୀ ବହୁ ଦୂରେ
ବନ୍ଦୀ ମୁଁ ଆଜି ଉଦ୍ଧାମ ସିଂ
ଏଇ ଲଣ୍ଡନ କାରାପୁରେ,
ସମ୍ମୁଖେ ମୋର ଫାଶୀକାଠ,
ଶିଖସନ୍ତାନ ଶୁଣାଉଚି ମୁହିଁ ଜନ୍ମମାଟିର ଜୟପାଠ।

X X X

ଦୁର୍ଗମ ଏଇ ମହାନଗରୀର ରାଜପ୍ରତିନିଧି ସଭାଘରେ,
ଗୋପନେ ପଶି ମୁଁ ଗୁଳି ବସାଇଛି ସେହି ଓ'ଡାୟାର ଛାତିପରେ।
ଶହଶହ ବାଣ ବଦଳରେ ମୁହିଁ ମାରିଅଛି ସେହି ଏକ ବାଣ,
ଶହ ଶହ ପ୍ରାଣ ବଦଳରେ ଆଜି ନେଇଅଛି ସେହି ଏକ ପ୍ରାଣ।"(୭୮)

ଜନ୍ମଭୂମିର ସମ୍ମାନରକ୍ଷା ଉଦ୍ଦେଶ୍ୟରେ ସ୍ୱାଧୀନତା-ସଂଗ୍ରାମୀମାନଙ୍କୁ ଅଧିକ ଆତ୍ମନିଷ୍ଠ କରିବା ଲାଗି ଆତ୍ମବଳୀଦାନର ମର୍ମବାଣି ଅଧିକ ସଂପ୍ରସାରିତ ହୋଇଥିଲା କବି ଗଡନାୟକଙ୍କ 'ସେନାନୀ ସୁଭାଷ' କବିତାରେ। ଅନ୍ୟାନ୍ୟ କବିମାନଙ୍କ ସୃଷ୍ଟିରେ ମଧ୍ୟ ଏତାଦୃଶ ରଚନା ପରିଦୃଷ୍ଟହୁଏ।

---

୭୮. 'ଉଦ୍ଧାମ ସିଂ' 'ମୌସୁମୀ'- ରାଧାମୋହନ ଗଡନାୟକ।

ଦଳିତ ଜାତିର ଉଦ୍ଧାର :

ନିଖିଳଭାରତ ଲେଖକ ସଂଘଦ୍ୱାରା ଗୃହୀତ ହୋଇଥିବା ଲକ୍ଷ୍ୟ, "ବିଦ୍ୱେଷୀ ଶ୍ରେଣୀ ଯୋଗୁ ବହୁକାଳଯାବତ ସାହିତ୍ୟ ଓ ଅନ୍ୟାନ୍ୟ କଳାର ଯେଉଁ ଅବନତି ଘଟିଥିଲା ସେମାନଙ୍କ କବଳରୁ ସାହିତ୍ୟକୁ ଉଦ୍ଧାର କରିବା"(୭୯) - ପ୍ରାନ୍ତୀୟ ସାହିତ୍ୟରେ ସାମାଜିକ, ରାଜନୀତିକ ବିଦ୍ରୋହଭିତ୍ତିକ ବିପ୍ଳବମୁଖୀ ସାହିତ୍ୟ ସୃଷ୍ଟିକୁ ଉତ୍ସାହିତ କରିଥିଲା। ଓଡ଼ିଆ ସାହିତ୍ୟରେ ସଚ୍ଚି ରାଉତରାୟ, ଅନନ୍ତ ପଟ୍ଟନାୟକ, ମନୋମୋହନ ମିଶ୍ରଙ୍କ କବିତାରେ ଏତାଦୃଶ ଉଗ୍ର-ସାମ୍ୟବାଦୀ ଚିନ୍ତାଧାରାର ପ୍ରତିଫଳନ ଦେଖିବାକୁ ମିଳେ। ୧୯୩୭-୩୯ ମସିହା ମଧ୍ୟରେ ଓଡ଼ିଶାରେ ଶ୍ରମିକ ଆନ୍ଦୋଳନର ଅନ୍ୟତମ ନେତା ସଚ୍ଚି ରାଉତରାୟ ଶ୍ରମିକ ପ୍ରାଣରେ "ଜୀବନ ସଂଗ୍ରାମର ସମ୍ମୁଖୀନ ହେବାପାଇଁ ସାହସ ଓ ଶୋଷିତ ଉତ୍ପାଦକ ଶ୍ରେଣୀ ଓ ଶୋଷକ ବୁର୍ଜୋୟାଗଣ ମଧ୍ୟରେ ଆବଶ୍ୟକ ଶ୍ରେଣୀ ଶଂଘର୍ଷ"(୮୦)କୁ ଉପଜୀବ୍ୟ କରି ଯେଉଁ କବିତାଗୁଡ଼ିକ ଲେଖିଥିଲେ, ତନ୍ମଧ୍ୟରୁ କେତୋଟି ହେଉଛି 'କହଇ ଶ୍ରମିକ କବି', 'ଖାଦ୍ୟ', 'ମୂଲିଆ ଭାଇ' ପ୍ରଭୃତି। ଶ୍ରମିକର ଜୟଗାନ କରି ସେ ଲେଖିଥିଲେ -

"ତେଜରେ ଶ୍ରମିକ ଭୟ
ଗାଅ ସବୁ ଆଜି ବିଶ୍ୱର ଯେତେ ପୀଡ଼ିତ ପ୍ରାଣର ଜୟ"(୮୧)।

ଅତ୍ୟାଚାର, ଶୋଷଣ, ନିପୀଡ଼ନକୁ କବି ଏକ ସାମାଜିକ ବ୍ୟାଧିରୂପେ ବର୍ଣ୍ଣନା କରି ସର୍ବହରା ଉପରେ ଏତାଦୃଶ ଅତ୍ୟାଚାରକୁ ପୁଞ୍ଜିପତିର ନରମେଧ ଯଜ୍ଞ ବୋଲି ଦୃଢ ବୈପ୍ଳବିକ ସ୍ୱର ଉତ୍ତୋଳନ କରିଥିଲେ। ଭ୍ରାତୃତ୍ୱବୋଧ (କମ୍ରେଡବାଦ)କୁ ଉଜ୍ଜୀବିତ କରାଇବା ଲକ୍ଷ୍ୟରେ ସର୍ବହରା ଶ୍ରମିକମାନଙ୍କୁ 'ଭାଇ'ବୋଲି ସମ୍ବୋଧନ କରି କବି ଲେଖିଥିଲେ -

"ଆରେ ବିଶ୍ୱର ମଜଦୁର ଭାଇ, ଦାଆ ଓ ହାତୁଡ଼ିଧାରୀ,
ଯେଉଁ ଭୂଇଁ ତୁମେ ଗଢ଼ିଲ ଅରପି ଆପଣା ରକତବାରି,
ସେହି ଭୂଇଁ ତୁମେ ଭୋକ ଓ ଉପାସେ ମାଗିବାର ଅପରାଧେ,
ଉପରେ ତମର ପଡ଼ଇ ଚଡ଼କ ବଜ୍ରିତ ଘୋରନାଦେ।

X X X

୭୯. 'ଆସନ୍ତାକାଲିର ସାହିତ୍ୟ', ପ୍ରାଣନାଥ ପଟ୍ଟନାୟକ, ପୃ.୧୨୯।
୮୦. 'ଜନସାଧାରଣଙ୍କ ସାହିତ୍ୟ', ସଚ୍ଚି ରାଉତରାୟ, ସହକାର ୧୮/୩,ଜୁଲାଇ ୧୯୩୭।
୮୧. 'କହଇ ଶ୍ରମିକ କବି', ସଚ୍ଚି ରାଉତରାୟ ଗ୍ରନ୍ଥାବଳୀ, ପୃ. ୭୩୯।

ଦେଶରେ ତେଣୁ ତ ଲାଗୁଅଛି ଆଜି କୋଟି ନରମେଧ ଯାଗ
ଚାବୁକ ମାରୁଛି ପୁଞ୍ଜି ଧରମ ଅତୀତର ଭୀତିରାଗ ।"(୮୨)।

ସାଧାରଣ ମଣିଷର ସୁଖସ୍ୱପ୍ନ ନ୍ୟସ୍ତସ୍ୱାର୍ଥ ଗୋଷ୍ଠୀଦ୍ୱାରା ବାରମ୍ବାର ବିପର୍ଯ୍ୟସ୍ତ ହେଉଥିବାରୁ ଅଭିଜାତ ଶ୍ରେଣୀର ପରାଜୟ ଓ ସର୍ବହରାର ବିପ୍ଳବରେ ଯୁଗଯୁଗର ପୀଡିତ ଅବହେଳିତ ମାନବର ଶାସନ ପ୍ରତିଷ୍ଠିତ ହେବାର ସଂଗ୍ରାମୀ ଆହ୍ୱାନ ଏହିପରି ପ୍ରଦତ୍ତ ହୋଇଥିଲା -

"ଯେତେକ ଜୀବନ ଶୋଷଣ ପେଷଣ
ପୀଡନେ ଭଜିଲେ ଲୟ
ଆଜି ହେଉ ଭାଇ ଶତଯୁଗ ପରେ
ତାଙ୍କରି ସବୁ ଜୟ ।
ସୁପ୍ତ ମଣିଷ ଜାଗ,
ଅନ୍ତର ତଳେ ଖେଳୁ ଚଞ୍ଚଳେ ମୁକ୍ତିର ଅନୁରାଗ,
କାହାକୁରେ ତୋର ଡର,
ଉପରେ ତୋହର ଉଦାର ଆକାଶ, ନିମ୍ନେ ଧରଣୀ ତଳ"(୮୩)।

ଜମିଦାର ପ୍ରଥା ଓ ସାମ୍ରାଜ୍ୟବାଦର ଉଚ୍ଛେଦ, ବିଦେଶୀ ପୁଞ୍ଜିବର୍ଜନ, ଶିଳ୍ପର ଜାତୀୟକରଣ, ଜମିରେ କୃଷକର ଅଧିକାର ଇତ୍ୟାଦି ସ୍ଲୋଗାନ ମାଧ୍ୟମରେ ଜନସାଧାରଣଙ୍କୁ ଶ୍ରମଜୀବୀ ଶ୍ରେଣୀର ବିପ୍ଳବ ଓ ବିଜୟ ସହିତ ପରିଚିତ କରାଇବା ଓ ଶ୍ରମିକ ମଜଦୁର ଏକତ୍ରିତ ହୋଇ ସେମାନଙ୍କ ଦାବୀ ବଳପୂର୍ବକ ହାସଲ କରିବାର ଆହ୍ୱାନ ପ୍ରଗତିଶୀଳ ସାହିତ୍ୟିକ ଗୋଷ୍ଠୀ ଦ୍ୱାରା ପ୍ରଦତ୍ତ ହୋଇଥିଲା । ଶୋଷିତ, ଦଳିତର ଦୁଃଖରେ ଏହି କବିମାନେ ସମଦୁଃଖୀ ଥିବାରୁ ମାନବିକ ସମ୍ବେଦନଶୀଳତା, ସାମ୍ୟବାଦୀ ଚେତନା, ସାମାଜିକ ସଚେତନତା ସେମାନଙ୍କ ସୃଷ୍ଟି-ସ୍ୱାତନ୍ତ୍ର୍ୟକୁ ପ୍ରତିଷ୍ଠା ପ୍ରଦାନ କରିଥିଲା ।

କଳା, ସ୍ଥାପତ୍ୟ ଓ ଧର୍ମ ନାମରେ ପ୍ରଚଳିତ ଅତ୍ୟାଚାରର ନିନ୍ଦାବାଦ ସହ ଶୋଷଣର ନୂତନ ପନ୍ଥାଗୁଡିକ ଅନୁଶୀଳନପୂର୍ବକ ଏହି କବିମାନେ ଶ୍ରମିକମାନଙ୍କୁ ସତର୍କ କରାଇଦେଇଥିଲେ (୮୪)। ଦଳିତ, ପିଡିତ ଉପରେ ଅତ୍ୟାଚାର ଓ ନିଷ୍ପେଷଣଙ୍କୁ 'ମୁକ୍ତିର

---

୮୨. 'ସ୍ୱେନ'- ସଚ୍ଚି ରାଉତରାୟ ଗ୍ରନ୍ଥାବଳୀ, ପୃ. ୭୫୪।

୮୩. 'ସର୍ବହରା'- ତତ୍ରୈବ - ପୃ. ୭୫୨।

୮୪. "ତୁମେ ଦେଖିଅଛ ଶିଳାରେ ତାର ତ ରମ୍ୟକଳାର ରୂପ,
ମୁଁ ଦେଖିଛି ତହିଁ କୋଟିକଙ୍କାଳ ଭଗ୍ନ ବୁକୁର ସ୍ତୂପ।
X X X

ପ୍ରଥମ ପାହାଚ' ବା 'ସିଂହଦ୍ୱାର' (୮୫) ରୂପେ କବି ବର୍ଣ୍ଣନା କରିଥିଲେ। ମାତ୍ର ଦଳିତ ଜନତାର ବିଜୟ ସେ ସୁନିଶ୍ଚିତ କବି ଏ ବିଷୟରେ ଥିଲେ ଦୃଢ ଆଶାବାଦୀ। ଏହା ହିଁ ଥିଲା କବି ରାଉତରାୟଙ୍କ କବିତାର ନୂତନ ଆଭିମୁଖ୍ୟ।

ମାର୍କ୍ସୀୟ ଦର୍ଶନ :

୧୯୧୭ ମସିହାର ଋଷବିପ୍ଳବ ସଫଳତାର ପ୍ରତ୍ୟକ୍ଷ ପ୍ରଭାବ ସ୍ୱରୂପ ଭାରତୀୟ ତଥା ଉତ୍କଳୀୟ ସାହିତ୍ୟରେ ମାର୍କ୍ସବାଦୀ ଚିନ୍ତାଧାରାର ପ୍ରସାର ଘଟିଲା। କାର୍ଲମାର୍କ୍ସଙ୍କ ଦାର୍ଶନିକ ଓ ମାନବବାଦୀ ଚିନ୍ତାଧାରା ପ୍ରଗତିବାଦୀ କବିମାନଙ୍କ ସାହିତ୍ୟର କେନ୍ଦ୍ର ବିଷୟବସ୍ତୁ ରୂପେ ଗୃହୀତ। ଏହା ସମାଜରେ ବିପ୍ଳବ-ଭାବନା, ଆର୍ଥନୀତିକ ଅସଂଗତ ବିରୋଧୀ ଚେତନା ଓ ଶୋଷଣବିରୋଧୀ ଭାବଧାରା ସୃଷ୍ଟି କରିବାରେ ସଫଳ ହୋଇଥିଲା।

ଓଡିଆ ସାହିତ୍ୟରେ ଏତାଦୃଶ ବିପ୍ଳବର ଦ୍ୟୋତନା, ଉଗ୍ରଚେତନାର ଦୀପ୍ତପ୍ରବାହ, ତାରୁଣ୍ୟର ରଣବିଷାଣ (୮୬) ପ୍ରକାଶ କରିବାରେ ଅଗ୍ରସାରଥୀ ହେଲେ ସଚ୍ଚି ରାଉତରାୟ। ତାଙ୍କ ରଚିତ 'ସର୍ବହରା', 'ଷ୍ଟେନ', 'ସର୍ବନାଶର ପଥେ', 'ବିପ୍ଳବର ଜନ୍ମଦିନେ', 'ବନ୍ଦୀ', 'ରାକ୍ଷସ', 'ସର୍ବହରା ଉଡେ ନିଶାଣ' ଆଦି କବିତାମାନଙ୍କରେ ସାମ୍ୟବାଦୀ ସମାଜଦର୍ଶନ-ପ୍ରଭାବିତ ବିଦ୍ରୋହୀ ସ୍ୱର ଝଙ୍କୃତ।

କବି ନିଜେ ମଧ୍ୟ 'ଅଭିଯାନ' ପୁସ୍ତକର ମୁଖବନ୍ଧରେ ଘୋଷଣା କରିଥିଲେ, "ଏ ଯୁଗ ସର୍ବହରା ଯୁଗ। ସମସ୍ତ ସାମ୍ରାଜ୍ୟବାଦବିରୋଧୀ ଓ ପ୍ରତିକ୍ରିୟା-ପରିପନ୍ଥୀ ବ୍ୟକ୍ତିମାନଙ୍କୁ ଏକଜୁଟ କରି ଶ୍ରେଣୀହୀନ ସମାଜଗଠନ ଦିଗରେ ନିୟୋଜିତ କରିବାହିଁ ଏ ଯୁଗର ବିଶେଷ ଐତିହାସିକ ଦାୟିତ୍ୱ" (୮୭)। ମାନବଧର୍ମର ପ୍ରତିଷ୍ଠା, ମୂର୍ତ୍ତିପୂଜା ଓ ମନ୍ଦିର ପ୍ରତିଷ୍ଠାର ଅଳୀକତା, ଦୁଃଖୀ ବେଦନାତୁର ମଣିଷ ପ୍ରତି ଆସକ୍ତି, ସାମନ୍ତବାଦୀ

ଅମର ହୋଇବ କାଳର କବଳେ ଯେଣୁ ଜଣକର ନାମ,
ଲକ୍ଷ ବେନାମୀ ଜୀବନରେ ତେଣୁ ଗଢା ହେଲା ଶମଶାନ"।
('ପାଣ୍ଡୁଲିପି'- ସ:ରା:ଗ୍ର:, ପୃ.୨୭)

---

୮୫. "ଭାଜିଯିବ ଭାଇ କାରାର ପ୍ରାଚୀର, ଲୁହାର ଦରଜା ତାର
ସେ ଦିନ ଦେଖିବୁ ଦୁନିଆରେ ନାହିଁ ଶୋଷଣର ଶବାଧାର।
ତେଣୁ ଆଜି ବସି ଭାଇ,
ଆଗାମୀ ଯୁଗର କବିତା ଲେଖୁଛି କାରାର ଗର୍ଭେ ମୁହିଁ"
('ବନ୍ଦୀ'- ସଚ୍ଚିରାଉତରାୟ ଗ୍ରନ୍ଥାବଳୀ)

୮୬. 'ଯୁଗ ସାହିତ୍ୟ'- ସରଳା ଦେବୀ, ସହକାର ୧୮/୬,ଅକ୍ଟୋବର ୧୯୩୬

୮୭. 'ଅଭିଯାନ'- ମୁଖବନ୍ଧ, ସଚ୍ଚିଦାନନ୍ଦ ରାଉତରାୟ

ଶାସନର ପତନ ଓ ସାମ୍ୟବାଦୀ ସମାଜ ପ୍ରତିଷ୍ଠାର ଭିତ୍ତିଭୂମି ଉପରେ ରଚିତ କାଳିନ୍ଦୀଚରଣ ପାଣିଗ୍ରାହୀଙ୍କର 'ଯାଦୁଘର'(୧୯୩୮),'ଆସାମୀ'(୧୯୪୨),'କିଏ ଶଳା ସଇତାନ'(୧୯୪୪), 'ପୁରୀ ମନ୍ଦିର' ପ୍ରଭୃତି କବିତାଗୁଡ଼ିକ ଉଲ୍ଲେଖଯୋଗ୍ୟ। କବିଙ୍କ ପରିକଳ୍ପିତ ଶ୍ରେଣୀମୁକ୍ତ ସମାଜର ମାର୍ମିକ ପ୍ରତିବିମ୍ବ କବି ଏହିପରି ଅଙ୍କନ କରିଥିଲେ -

"କବିତା ଗଢ଼େ ଏକ ବିରାଟ ସମାଜର,
ସବୁରି ପାଇଁ ଯହିଁ ବଖୁରେ ହେଲେ ଘର,
ସକଳେ ଲଭିବାକୁ ମୁଠାଏ ଦୁଧଭାତ,
ଯୋଗ୍ୟ ଯେତେ ଯହିଁ ବାଳକ ବାଳିକା ତ।

X X X

କହିବା ପାଇଁ କଥା ସବୁରି ଦାବୀ ଅଛି,
ମୁଁ ସେଇ ସମାଜର କବିତା ବସେ ରଚି"(୮୮)।

ଶ୍ରେଣୀହୀନ ସମାଜ ପ୍ରତିଷ୍ଠା ନିମନ୍ତେ କବିଙ୍କର ଏତାଦୃଶ ବୈପ୍ଳବିକ ଆହ୍ୱାନର ଉଗ୍ର ଅଭିବ୍ୟକ୍ତି 'କିଏ ଶଳା ସଇତାନ' କବିତାରେ ଦେଖିବାକୁ ମିଳେ। ସମାଜରେ ଧନିକ, ଶୋଷକ, ସ୍ୱାର୍ଥପରର ଆଧିପତ୍ୟ ଓ ତାହାରି ଇଙ୍ଗିତରେ ଧର୍ମସହ ସମସ୍ତ ଅନୁଷ୍ଠାନ ଯେପରି ପରିଚାଳିତ, ତାହା କବିପ୍ରାଣରେ ସମାଜବ୍ୟବସ୍ଥା ପ୍ରତି ଅବିଶ୍ୱାସ ଆଣିଦେଇଥିଲା। କାଳିନ୍ଦୀଚରଣଙ୍କ 'ଯାଦୁଘର' କବିତାରେ ଏହି ଭାବନା ସୁନ୍ଦରଭାବେ ଚିତ୍ରିତ।

ସାମନ୍ତବାଦୀ ଶାସନର ଅବସାନ ଓ ଶ୍ରେଣୀହୀନ ସମାଜର ପ୍ରଚାରକଳ୍ପେ କବି ରାଉତରାୟ ରଚନା କରିଥିଲେ 'ମୂଲିଆ ଭାଇ' କବିତା (୮୯)। ସାମନ୍ତବାଦର ଲୋଲୁପତା ପ୍ରତି ନିର୍ମମ ଆକ୍ଷେପ ମନମୋହନ ମିଶ୍ରଙ୍କର 'କୋଟିକଣ୍ଠେ', 'ଅବାକ', 'ଜନତାର ଜୟଗାନ' କବିତା ଗ୍ରନ୍ଥରେ ସୁସ୍ପଷ୍ଟ।

କବି ଅନନ୍ତ ପଟ୍ଟନାୟକଙ୍କର 'ରକ୍ତଶିଖା', 'ଛାଇର ଛିଟା', 'ତର୍ପଣ କରେ ଆଜି', 'ଅଲୋଡ଼ା ଲୋଡ଼ା' ଆଦି ପୁସ୍ତକମାନଙ୍କରେ ମାର୍କସୀୟ ଦର୍ଶନ ସହ ମାନବିକତା ଓ ଭ୍ରାତୃତ୍ୱବୋଧ ପ୍ରଚାରିତ। ଅତୀତର ଜୀର୍ଣ୍ଣ ସଂସ୍କାରଗ୍ରସ୍ତ ଜୀବନକୁ ପଛରେ ପକାଇ ଉଜ୍ଜ୍ୱଳ ଭବିଷ୍ୟତ ପଥରେ ନିର୍ଭୀକ ଭାବରେ ଆଗେଇଯିବାର ଶାଣିତ ଆହ୍ୱାନ ପ୍ରଦାନକରି କବି ରାଜନୈତିକ ଅରାଜକତା, ଜଡ଼ତାର ବିଷଜ୍ୱାଳା ଓ ବୁଭୁକ୍ଷାର ସମ୍ମୁଖୀନ ହେବାପାଇଁ

---

୮୮. 'ଆଗାମୀ' - କାଳିନ୍ଦୀରଚନାଚୟ, ପୃ. ୩୫୪
୮୯. 'ମୂଲିଆ ଭାଇ' - ସଚ୍ଚି ରାଉତରାୟ, ଉ ସା ୪୧/୧, ଏପ୍ରିଲ ୧୯୩୭

ନୂତନ ସାହସ ପ୍ରଚାର କରିଥିଲେ। କବି ସ୍ୱରଚିତ କବିତା ମାଧ୍ୟମରେ ସାମ୍ୟ, ମୈତ୍ରୀ ଓ ମାନବିକତାରେ ହିଁ ମୁକ୍ତିର ପରମ ସୁଖ ସନ୍ଧାନ କରି ଅଛନ୍ତି (୯୦)। ସାମାଜିକ ସଂଗ୍ରାମଦ୍ୱାରା ସାମାଜିକ ସମତା, ଭ୍ରାତୃତ୍ୱ ଓ ମୈତ୍ରୀ ପ୍ରତିଷ୍ଠା ହିଁ ରାଜନୈତିକ ସଫଳତାର ଚାବିକାଠି ବୋଲି କବି ଦୃଢ଼ ସ୍ୱରରେ ଘୋଷଣା କରିଅଛନ୍ତି।

ଏହିପରି ସର୍ବହରା ପ୍ରାଣରେ ମୁକ୍ତି-ପିପାସା ତଥା ଅନ୍ଧବିଶ୍ୱାସ ଜାଗ୍ରତ କରାଇ ସାମ୍ୟବାଦୀ କବିବୃନ୍ଦ ବୁର୍ଜୋୟା ଗୋଷ୍ଠୀର ଧ୍ୱଂସକାମନା ସହିତ ଶ୍ରେଣୀମୁକ୍ତ ସମାଜର ଚିତ୍ର ପ୍ରଦାନ କରିଥିଲେ।

ଗାନ୍ଧିଜୀଙ୍କ ବ୍ୟକ୍ତିତ୍ୱ ଓ ନେତୃତ୍ୱ :

ବାପୁଜୀଙ୍କର ଅହିଂସା ସଂଗ୍ରାମ ଓ ଏହାର ବିଜୟ ସମଗ୍ର ବିଶ୍ୱରେ ଏକ ନୂତନ ଚମକ ସୃଷ୍ଟି କରିବା ସଙ୍ଗେ ସଙ୍ଗେ ଭାରତୀୟ ପ୍ରାଣରେ ତାର ଅପହୃତ ଆତ୍ମବିଶ୍ୱାସ ପୁନଃପ୍ରତିଷ୍ଠା କରିଥିଲା। ସେଥିପାଇଁ ଭାରତବାସୀ ତାଙ୍କୁ ଭଗବାନଙ୍କ ଦୂତ ରୂପେ ଗ୍ରହଣ କରିଥିଲେ ଓ ତାଙ୍କ ମୁଖନିଃସୃତ ବାଣୀ ଭାରତବାସୀ ପାଇଁ ଥିଲା ବେଦବାକ୍ୟ। ଗାନ୍ଧିଜୀଙ୍କର ଦେଶବାସୀଙ୍କ ପାଇଁ ମହାନ୍ ବାଣୀ ଥିଲା, "My life is my message"। ସତ୍ୟ, ସାଧୁତା ଓ ସରଳତାର ପ୍ରତୀକ ଗାନ୍ଧିଜୀଙ୍କର ଜୀବନଦର୍ଶନର ପ୍ରଭାବ ତେଣୁ ଭାରତର ସମସ୍ତ ପ୍ରାନ୍ତୀୟ ସାହିତ୍ୟରେ ଅନୁଭୂତ ହୋଇଥିଲା। ଗାନ୍ଧିଜୀଙ୍କ ଚରିତ୍ରବତ୍ତା ଓ ନିର୍ଭୀକତାର ବନ୍ଦନା କରି କବି ଗଡନାୟକ ଓ ଅନ୍ୟାନ୍ୟ କବିମାନଙ୍କ ଲେଖନୀରୁ ବହୁ ଉଚ୍ଚ କୋଟୀର କବିତା ସୃଷ୍ଟି ହୋଇଛି (୯୧)। ଗାନ୍ଧିଜୀଙ୍କ ସହ ସ୍ୱରାଜ୍ୟ ଆନ୍ଦୋଳନର ନେତୃବୃନ୍ଦ

---

୯୦. "ଛିନ୍ନ କରରେ ବନ୍ଧନରାଜି କ୍ରନ୍ଦନ ହେଉ ଶେଷ
ଲୁପ୍ତ ହେଉରେ ଜାତି ଉପଜାତି ଖଣ୍ଡିତ ଶତ ଦେଶ।
ମରଣ ଦୁଆରେ ଚରଣ ଅରପି ଗାଅରେ ଅମର ଗାନ
ପୋଛି ଦିଅ ଆଜି ମାନବର ଶିରୁଁ ସଞ୍ଚିତ ଅପମାନ।"
('ଉଦ୍‌ବୋଧନୀ', ଅନନ୍ତ ପଟ୍ଟନାୟକ, ନବଯୁଗ ସାହିତ୍ୟ ସଂସଦର ଆଦ୍ୟ ଉତ୍ସବରେ ଗୀତହୋଇଥିବା କବିତା।)

୯୧. "ଦୁର୍ଗମ ଦୁର୍ଜୟ ହେ ଚିର ନିର୍ଭୟ
ଅହିଂସା ତବ ଅଭିଯାନେ,
ଗର୍ବିତ ଶାସନ ଦର୍ପିତ ଆସନ
ଶିହରଇ ଗୁରୁ ଅଭିମାନେ।
ନିନ୍ଦଇ କେବେ ବିଷଜର୍ଜର ଉଚ୍ଛ୍ୱାସେ
ଛନ୍ଦଇ କେବେ ବନ୍ଧନ କାରାବାସେ,
ବହଇ କେବେ ନମ୍ର ମନୋରମ ଭାଷେ,
ଜୟ ଗାନ୍ଧି, ଜୟ ଗାନ୍ଧି।
('ଜୟ ଗାନ୍ଧି' - ରାଧାମୋହନ ଗ୍ରନ୍ଥାବଳୀ

ଇଂରେଜ ସରକାରଙ୍କ ଦ୍ୱାରା ବିବିଧଭାବେ ଦଣ୍ଡିତ ହେବା ସତ୍ତ୍ୱେ ଏ ବିରାଟ ଜାତି ସେମାନଙ୍କ ପ୍ରତି ଶ୍ରଦ୍ଧାଶୀଳ ସମ୍ମାନ ଅବ୍ୟାହତ ରଖି ବିଦେଶୀ ସରକାରଙ୍କ ନିର୍ଯାତନାର ସମ୍ମୁଖୀନ ହେବାକୁ ପଣ କରିଥିଲା । ଏଣୁ ଜନନାୟକଙ୍କ ପ୍ରତି ଉତ୍‌ପୀଡନ ଓ ମୁକ୍ତିର ଅବିଚ୍ଛେଦ୍ୟ ସମ୍ପର୍କ ଆଧାରିତ ବହୁ କବିତା ଏହି ସମୟ ମଧ୍ୟରେ ପ୍ରାନ୍ତୀୟ ସାହିତ୍ୟରେ ରଚିତ ହୋଇଥିଲା (୯୨) ।

ବାସ୍ତବରେ ଗାନ୍ଧୀ ଆଜି ବିଶ୍ୱର ପ୍ରଥମ ମନୁଷ୍ୟ - ସେ ବିଶ୍ୱଗୁରୁ । ବିଂଶ ଶତାବ୍ଦୀରେ ବିଶ୍ୱ ଯେଉଁସବୁ ସାଂସ୍କୃତିକ ଓ ମାନସିକ ସଂକଟ ମଧ୍ୟରେ ଗତିକରିଛି ସେହି ପରିପ୍ରେକ୍ଷୀରେ ଗାନ୍ଧିଜୀ ଯେପରି ଆପଣାର ମାନବିକତା ଓ ବିବେକର ପରିଚୟ ପ୍ରଦାନ କରିଅଛନ୍ତି ତାହା ଅତୁଳନୀୟ । ଗାନ୍ଦିଜୀଙ୍କୁ ଯଥାର୍ଥରେ ଆଧୁନିକ ଯୁଗର ପ୍ରଫେଟ୍ କୁହାଯାଇଥାଏ । 'ପ୍ରଫେଟ୍' ଶବ୍ଦଟି ସମ୍ପ୍ରଦାୟ ଅଥବା ରିଲିଜିୟନ୍ ସହ ସଂପୃକ୍ତ । ଗାନ୍ଧିଜୀ କୌଣସି ଧର୍ମ ପ୍ରତିଷ୍ଠାତା କିମ୍ୱା ପ୍ରଚାରକ ନଥିଲେ; କିନ୍ତୁ ଧର୍ମର ମୂଳତତ୍ତ୍ୱ ମାନବିକ ଚେତନା ଓ ଆଧ୍ୟାତ୍ମିକତା ଉପରେ ବିଶ୍ୱାସୀ ଥିଲେ (୯୩) । ପରାଧୀନତାର ଅନ୍ଧକାର ମଧ୍ୟରେ ସ୍ୱାଧୀନତା-ଆଲୋକର ପଥ ନିର୍ଦ୍ଦେଶ କରିଥିବାରୁ ବାପୁଜୀଙ୍କ ବ୍ୟକ୍ତିତ୍ୱ ପ୍ରତି ଅନାବିଳ ଶ୍ରଦ୍ଧା କୃଷ୍ଣଚନ୍ଦ୍ର ତ୍ରିପାଠୀଙ୍କ କବିତାରେ ଅଭିବ୍ୟକ୍ତ (୯୪) ।

ସମସାମୟିକ କବି ସଦାନନ୍ଦ ତ୍ରିପାଠୀଙ୍କ ଜାତୀୟଭାବ-ଆଧାରିତ ବହୁ କବିତାରେ ମାତୃଭୂମିର ସୁନ୍ଦର, ଉଜ୍ଜ୍ୱଳ ଚିତ୍ର ଅଙ୍କିତ । ମୁକ୍ତି ଆନ୍ଦୋଳନକାଳୀନ ଅନ୍ୟତମ ଉତ୍ସାହୀ କବି ସତ୍ୟନାରାୟଣ ବହିଦାରଙ୍କ କବିତାରେ ଦେଶଭକ୍ତି ଜାଗ୍ରତ କରାଇବାର ପ୍ରଚେଷ୍ଟା ଉଲ୍ଲେଖଯୋଗ୍ୟ ।

---

୯୨. "ମୁକ୍ତିର ବାନା ଉଡାଇଲେ ଯେହ୍ନୁ ବଜାଇ ମନ୍ଦ୍ର ତୂରୀ
ଗଢାହେଲା ଦେଶେ ତାହାରି ପାଇଁ ତ କାରାର ଦୈତ୍ୟପୁରୀ,
ନୂତନ ଭାଷାରେ ଯେ ଜନ ଗାଇଲେ ଅଗ୍ରଗାମୀର ଜୟ,
ତାହାରି ଶିରରେ ଜାଗିଲା କମାଣ ମୃତ୍ୟୁର କ୍ଷତଭୟ"
('ବନ୍ଦୀ'- ସ: ରା: ଗ୍ର: - ପୃ.୭୫୫)

୯୩. ବିଶିଷ୍ଟ ଗାନ୍ଧିବାଦୀ ନେତା ଶ୍ରୀ ଆର୍. ଆର୍. ଦିବାକରଙ୍କ ପ୍ରଦତ୍ତ ଭାଷଣର କିୟଦଂଶ । ସମାଜ - ତା ୧୧.୧୨.୧୯୮୨

୯୪. "ଜାଗରେ ଭାରତବାସୀ,
ମାତୃଭୂମିର ତୋର ଅପମାନ, ନ ଜାଗିଲେ କିରେ ହେବ ଅବସାନ,
ସ୍ୱର୍ଗରୁ ଆଜି ଆସେ ଆହ୍ୱାନ, ଜାଗରେ ମୁକ୍ତିଆଣୀ ।"
('ମାନବ ଦେବତା'- କୃଷ୍ଣଚନ୍ଦ୍ର ଗ୍ରନ୍ଥାବଳୀ, ପ-୬୭)

ସ୍ୱରାଜ୍ୟର କଣ୍ଟକିତ ପଥରେ ଅତ୍ୟାଚାର ଓ ନିର୍ଯାତନାର ସମ୍ମୂଖୀନ ହେବା ନିମନ୍ତେ ଆବଶ୍ୟକ ଆତ୍ମତ୍ୟାଗର ବର୍ଣ୍ଣନା କରି କବି କୃଷ୍ଣଚନ୍ଦ୍ର ତ୍ରିପାଠୀ ଲେଖିଥିଲେ - 'ଏ ମାଟିର ଅମର ଶହୀଦ' (୯୫)। ରୋମାଣ୍ଟିକ କବିତା ରଚନାରେ ଅଭ୍ୟସ୍ତ କବି କୁଞ୍ଜବିହାରୀ ଦାଶଙ୍କ 'ବୀରଶ୍ରୀ', 'ପାଷାଣଚରଣେ ରକ୍ତ', 'ବାଗ୍ରା' ଇତ୍ୟାଦି କବିତା ପୁସ୍ତକରେ ଦେଶପ୍ରୀତିସହ ସମାଜସଚେତନତା ଓ ମାନବିକତାର ବାଣୀ ପ୍ରକାଶିତ। ମଣିଷର ଚିରକାମ୍ୟ ସ୍ୱାଧୀନତା ସମ୍ପର୍କରେ କବି ତେଣୁ ଲେଖିଥିଲେ -

"ପ୍ରାଣଠାରୁ ମୂଲ୍ୟବାନ ଜାତୀୟ ସମ୍ମାନ
ଜାତିର ଗୌରବଧନ ପ୍ରିୟ ସ୍ୱାଧୀନତା"(୯୬)।

ସ୍ୱାରାଜ୍ୟ ସାଧକମାନଙ୍କ ପ୍ରତି ଶାସକଙ୍କ ନିର୍ମମ ଅତ୍ୟାଚାର ଓ ଦେଶ ନିମନ୍ତେ ସେମାନଙ୍କ ଆତ୍ମବଳୀଦାନର ମାର୍ମିକ ଅଭିବ୍ୟକ୍ତି କବି ଉପେନ୍ଦ୍ର ତ୍ରିପାଠୀଙ୍କ କବିତାରେ ମଧ୍ୟ ପ୍ରକାଶିତ (୯୭)।

ଉପସଂହାର :

ଏହିପରି ବହୁ ଉଦ୍‌ବୋଧନମୂଳକ କବିତା ରଚନାକରି ପରାଧୀନ ଓଡିଆ ଜାତିପ୍ରାଣରେ ଦେଶପ୍ରୀତି, ସମାଜ-ଅନୁରକ୍ତି, ସାହସ ଓ ସ୍ୱରାଜ ଆନ୍ଦୋଳନରେ ଯୋଗଦେବାନିମନ୍ତେ ଉତ୍ସାହ ସୃଷ୍ଟି କରିବାରେ ସମକାଳୀନ କବିମାନଙ୍କ ଭୂମିକା ଗୁରୁତ୍ୱପୂର୍ଣ୍ଣ। ସ୍ୱାଧୀନତାର ସାଧକ ଅବିଶ୍ରାନ୍ତଭାବରେ ଦୁଃଖ ଦୈନ୍ୟ, ଯାତନା ଯନ୍ତ୍ରଣା, ଲାଞ୍ଛନା, ଶୋଷଣ ବିରୁଦ୍ଧରେ ଯୁଦ୍ଧ କରିଥାଏ। ମୃତ୍ୟୁ ତା'ର ଚିରସହଚର। ଏମାନଙ୍କ ତ୍ୟାଗ, ସାଧନା ଯୋଗୁ ହିଁ ଦେଶର କଲ୍ୟାଣ ସାଧିତ ହୁଏ। ସ୍ୱାଧୀନତା ସଂଗ୍ରାମରେ ସ୍ୱାଧୀନତା ସଂଗ୍ରାମୀଙ୍କ ଆତ୍ମତ୍ୟାଗ ଓ ଆଦର୍ଶ ବାର୍ତ୍ତା ଓ ନିପୀଡିତ ଶ୍ରମିକ କୃଷକର ଜୀବନଚିତ୍ର ସାହିତ୍ୟ ମାଧ୍ୟମରେ ବଳିଷ୍ଠଭାବରେ ପ୍ରକାଶ କରି ଓଡିଶାର ତତ୍‌କାଳୀନ କବିବୃନ୍ଦ ଜାତିକୁ ଦୃଢ ଓ ସଂଗଠିତ କରାଇବାରେ ଉପଯୁକ୍ତ ସହାୟତା କରିଅଛନ୍ତି।

■

---

୯୫. 'ଏ ମାଟିର ଅମର ଶହୀଦ', 'ଆହୁତି', କୃଷ୍ଣଚନ୍ଦ୍ର ଗ୍ରନ୍ଥାବଳୀ -ପୃ.୪୦୯।
୯୬. 'କଏଦୀ', କୁଞ୍ଜବିହାରୀ ଦାଶ, ସହକାର ୧୧/୨ ମେ, ୧୯୩୮।
୯୭. "ସ୍ୱାଧୀନତା ସୁଧା ସ୍ୱାଦ ଆଲୋଡଇ ଅନ୍ତର ଯାହାର,
ସମାଧି କି ସାଧିପାରେ କୋଟିକଣ୍ଢେ ଏ କାରା ତାହାର?"
('ପଥ' - ଉପେନ୍ଦ୍ର ତ୍ରିପାଠୀ, ସହକାର - ୨୧ ଭାଗ)

ଚତୁର୍ଥ ପରିଚ୍ଛେଦ

ଓଡିଆ ଗଳ୍ପ ଉପନ୍ୟାସରେ ଅଭିବ୍ୟକ୍ତ ଆର୍ଥନୀତିକ ଶୋଷଣର ଚିତ୍ର ଓ ମାନବବାଦୀ ଚିନ୍ତାଧାରା

ଗଳ୍ପ ଓ ଉପନ୍ୟାସ ସାହିତ୍ୟ କ୍ଷେତ୍ରରୁ ନବଜାଗରଣର ଶ୍ରେଷ୍ଠ ଅବଦାନ ରୂପେ ଗୃହୀତ ହୁଏ। ସର୍ବାଦୌ ଏଥିରେ ଆଭିଜାତ ଗୋଷ୍ଠୀର ଜୀବନଚରିତ ହିଁ ପ୍ରକାଶିତ ହେଉଥିଲା। ମାତ୍ର କ୍ରମେ ଏହା ବାସ୍ତବମୁଖୀ ହେବାକୁ ଲାଗିଲା। ପରବର୍ତ୍ତୀ କାଳରେ ଦୁଇଟି ବିଶ୍ୱଯୁଦ୍ଧର ପରିଣାମ ଫଳରେ ଉପନ୍ୟାସର ରୂପ ଓ ଗୁଣରେ ଦ୍ରୁତ ପରିବର୍ତ୍ତନ ଲକ୍ଷିତ ହେଲା। ସଂପ୍ରତି ଉପନ୍ୟାସର ଚରିତ୍ରମାନେ ଆଉ ଡ୍ରଇଂରୁମ୍‌ର ପରିଧି ମଧ୍ୟରେ ଆବଦ୍ଧ ହୋଇ ରହିନାହାନ୍ତି। ସମାଜର ସାଧାରଣ ନରନାରୀ ଓ ଏହାର ଉନ୍ମୁକ୍ତ ବାତାବରଣ ହୋଇଛି ଉପନ୍ୟାସର ଉପଜୀବ୍ୟ ବିଷୟ। ବହୁ ତିକ୍ତ ମଧୁର ଅଭିଜ୍ଞତାରେ ଏହା ହୋଇଛି ପରିପୁଷ୍ଟ। ଦେଶର ବୃହତ୍ତର ସ୍ୱାର୍ଥ ଦୃଷ୍ଟିରୁ ତଥା ସମାଜର ମଙ୍ଗଳ କାମନା ଉଦ୍ଦେଶ୍ୟରେ ମଧ୍ୟ ବହୁ ଉପନ୍ୟାସ ରଚିତ ହୋଇଅଛି।

ଉପନ୍ୟାସରେ ମାନବବାଦୀ ଚିନ୍ତାଧାରାର ଉନ୍ମେଷ :

ମଧ୍ୟଯୁଗୀୟ ସାମନ୍ତବାଦୀ ଚେତନା ଓ ଆବେଷ୍ଟନୀ ଗଳ୍ପ-ଉପନ୍ୟାସର ନାୟକ-ନାୟିକାମାନଙ୍କୁ ଗତାନୁଗତିକତାରେ ଆଚ୍ଛନ୍ନ କରି ସେମାନଙ୍କ କ୍ରିୟାକଳାପକୁ ସୀମିତ କରିଦେଇଥିଲା। ଶିଳ୍ପ-ବିପ୍ଳବ, ଗଣତାନ୍ତ୍ରିକ ସ୍ୱାଧୀନତା ଆନ୍ଦୋଳନ, ମୁଦ୍ରଣଯନ୍ତ୍ରର ପ୍ରଚଳନ ସାହିତ୍ୟଜଗତରେ ନୂତନ ଦିଗନ୍ତମାନ ଉନ୍ମୋଚନ କରିଅଛି। ଏହା ଫଳରେ ସାଧାରଣ ମଣିଷର ବ୍ୟକ୍ତିତ୍ୱ ଏହି ସାହିତ୍ୟରୂପ ମାଧ୍ୟମରେ ସର୍ବାଦୌ ସ୍ୱୀକୃତି ଲାଭ କରିବା ସଙ୍ଗେ ସଙ୍ଗେ ଏହା ସାମାଜିକ ଚେତନା ସୃଷ୍ଟିରେ ଗୁରୁତ୍ୱପୂର୍ଣ୍ଣ ଭୂମିକା ଗ୍ରହଣ କରିବାକୁ ସମର୍ଥ ହୋଇଅଛି। ଫ୍ରାନ୍‌ସର ସାମାଜିକ, ରାଜନୈତିକ ଓ ସାଂସ୍କୃତିକ ପଟ୍ଟଭୂମି ଉପରେ ଆଧାରିତ ଭଲ୍‌ଟେୟାରଙ୍କ 'କ୍ୟାଣ୍ଡିଦ୍‌'(Candida), ଯୁଦ୍ଧ ଏବଂ ଯୁଦ୍ଧୋତ୍ତର ପ୍ରତିକ୍ରିୟା ଉପରେ

ଆଧାରିତ 'ଓ୍ୟାର ଏଣ୍ଡ୍ ପିସ୍', ଦେଶପ୍ରେମ ଓ ବୀରତ୍ୱସମ୍ବଳିତ ଓ୍ୟାଲ୍‌ଟର ସ୍କଟ୍‌ଙ୍କ 'ଇଭାନ୍ ହୋ', ଫରାସୀ-ବିପ୍ଳବ-କାହାଣୀ ଅବଲମ୍ବନରେ ରଚିତ ଚାର୍ଲସ ଡିକେନ୍‌ସଙ୍କର 'ଏ ଟେଲ୍ ଅଫ୍ ଟୁ ସିଟିଜ୍', ମାନବୀକୃତ ପାପର ଭୟାବହ ପରିଣତି ଅବଲମ୍ବନରେ ରଚିତ ଡିଷ୍ଟୋଭସ୍କିଙ୍କର 'କ୍ରାଇମ୍ ଏଣ୍ଡ୍ ପନିସମେଣ୍ଟ', ଦାସ ପ୍ରଥାର ବିଲୋପ କାହାଣୀ-ଆଧାରିତ ଆର୍ଥର୍ ଷ୍ଟୋଙ୍କ 'ଅଙ୍କଲ୍ ଟମ୍‌ସ୍ କ୍ୟାବିନ୍', ଫରାସୀ-ବିପ୍ଳବଜନିତ ସାମାଜିକ, ଆଧାତ୍ମିକ ଓ ରାଜନୈତିକ ପରିବର୍ତ୍ତନ ଉପରେ ଆଧାରିତ ଭିକ୍ଟର ହ୍ୟୁଗୋଙ୍କର 'ଲା ମିଜେରେବ୍ଲ' ପ୍ରଭୃତି ବିଶ୍ୱବିଖ୍ୟାତ ଉପନ୍ୟାସଗୁଡ଼ିକର ନାମ ଏ ସମ୍ପର୍କରେ ଉଲ୍ଲେଖଯୋଗ୍ୟ। ବିବିଧ ବୈପ୍ଳବିକ ଚେତନାସମୃଦ୍ଧ ଏହି ଉପନ୍ୟାସଗୁଡ଼ିକ ଆନ୍ତର୍ଜାତିକ ସ୍ତରରେ ନୂତନ ଚେତନାର ବାର୍ତ୍ତାବହ ରୂପେ ପରିଗୃହୀତ।

ଊନବିଂଶ ଶତାବ୍ଦୀର ଶେଷାର୍ଦ୍ଧ ଓ ବିଂଶ ଶତାବ୍ଦୀର ପ୍ରାରମ୍ଭରେ (ଯାହାକୁ 'ରେନେସାଁ' ବା ନବଜାଗରଣ କାଳ ବୋଲି କୁହାଯାଉଅଛି) ଭାରତବର୍ଷର ସାମାଜିକ, ରାଜନୈତିକ ଓ ସାଂସ୍କୃତିକ କ୍ଷେତ୍ରରେ ପଟ୍ଟପରିବର୍ତ୍ତନ ଘଟିଲା ଓ ଏହା ଗଦ୍ୟରେ ବାସ୍ତବ ଦେଶଭକ୍ତି, ସମାଜ-ସଚେତନତା ଓ ସାଂଗଠନିକ ଚେତନା ପ୍ରକାଶରେ ସହାୟକ ହୋଇଥିଲା। ପ୍ରଖ୍ୟାତ ବଙ୍ଗୀୟ ଔପନ୍ୟାସିକ ବଙ୍କିମଚନ୍ଦ୍ରଙ୍କ (୧୮୩୬-୯୪) 'ଆନନ୍ଦମଠ' ଓ 'ଦୁର୍ଗେଶନନ୍ଦିନୀ' ଉପନ୍ୟାସର ଭୂମିକା ଏହି ଦୃଷ୍ଟିରୁ ଗୁରୁତ୍ୱପୂର୍ଣ୍ଣ।

ଇଂରେଜ ରାଜତ୍ୱ କାଳରେ ଭାରତବର୍ଷରେ ଦେଖାଦେଇଥିବା ଆର୍ଥନୀତିକ ଦୁର୍ଗତି ଓ ଜାତୀୟଦୈନ୍ୟରୁ ମୁକ୍ତିଲାଭ କରିବା ତଥା ବିଦେଶୀ କୁଶାସନର ଅବସାନ ଘଟାଇବା ନିମନ୍ତେ 'ଆନନ୍ଦମଠ' ଏକ ବୈପ୍ଳବିକ ବାତାବରଣ ସୃଷ୍ଟି କରିପାରିଥିଲା। 'ଆନନ୍ଦମଠ'ର ଭବାନନ୍ଦ ଉକ୍ତିରୁ ତାହା ହିଁ ସୂଚିତ: "ଆମର ମା' ନାହିଁ, ବାପ ନାହିଁ, ଭାଇ ନାହିଁ, ସ୍ତ୍ରୀ ନାହିଁ, ଘର ନାହିଁ, ଦ୍ୱାର ନାହିଁ, ଆମର କେବଳ ସେହି ସୁଜଳା, ସୁଫଳା, ମଳୟଜ ସମୀରଣଶୀତଳା ଶସ୍ୟଶ୍ୟାମଳା ମାତୃଭୂମି ଅତି ଆପଣାର; ସେ ଆମର ମା"। ଦେଶପ୍ରେମର ଏ ପ୍ରକାର ଉଜ୍ଜ୍ୱଳ ନିଷ୍ଠ ତତ୍‌କାଳୀନ ସାହିତ୍ୟରେ ଥିଲା ଏକାନ୍ତ ବିରଳ। ଉପନ୍ୟାସ ମାଧ୍ୟମରେ ଊନବିଂଶ ଶତାବ୍ଦୀର ସାମାଜିକ, ରାଜନୀତିକ ଓ ସାଂସ୍କୃତିକ ଉତ୍‌ଥାନ-ପତନର ଚିତ୍ରଣ ଲାଗି ସାହିତ୍ୟିକମାନଙ୍କ ମଧ୍ୟରେ ବ୍ୟଗ୍ରତା ପରିଲକ୍ଷିତ ହୋଇଥିଲା। 'ଆନନ୍ଦମଠ' ଭଳି ଯୁଗାନ୍ତକାରୀ ଉପନ୍ୟାସର ପ୍ରଭାବ ଓଡ଼ିଆ ଉପନ୍ୟାସଜଗତରେ ଅନୁଭୂତ ହେବା ଏକାନ୍ତ ସ୍ୱାଭାବିକ।

ଊନବିଂଶ ଶତାବ୍ଦୀର ମଧ୍ୟଭାଗ ପର୍ଯ୍ୟନ୍ତ କିପରି ଓଡ଼ିଶାର ବିଭିନ୍ନ କ୍ଷେତ୍ରରେ ଆଶାନୁରୂପ ବିକାଶ ସଂଘଟିତ ହୋଇପାରି ନଥିଲା ଓ ଏହି ସମୟରେ ଓଡ଼ିଶାର ଆର୍ଥିକ ଅବସ୍ଥା କିପରି ଅତୀବ ଶୋଚନୀୟ ହୋଇପଡ଼ିଥିଲା, ତାହା ପୂର୍ବରୁ ସୂଚିତ ହୋଇଅଛି।

ଇଂରାଜୀ ଶିକ୍ଷାର ପ୍ରସାର ଫଳରେ ଏ ଦେଶର ଜାତୀୟ ଜାଗରଣରେ ଯେଉଁ ନବଚେତନା ଦେଖାଦେଲା, ତାହାରି ଫଳରେ ହିଁ ଗଦ୍ୟ-ସାହିତ୍ୟର ଅଭ୍ୟୁଦୟ ସମ୍ଭବ ହୋଇପାରିଥିଲା। ୧୯୬୬ ସମିହାରେ ପ୍ରକୃତିଦ୍ୱାରା ସଂଘଟିତ ଏକ ବିଷାକ୍ତ ଭୟଙ୍କର ପରିବେଶରେ ହିଁ ଓଡିଆ ଜାତିର ଚୈତନ୍ୟୋଦୟ ଘଟିଥିଲା। ୧୮୦୩ ମସିହାରୁ ଇଂରେଜମାନେ ଓଡିଶା ଅଧିକାର କରିଥିଲେ ହେଁ, ଦୀର୍ଘ ଅର୍ଦ୍ଧଶତାବ୍ଦୀ ପରେ ସେମାନଙ୍କ ଶାସନଗତ ଅପାରଗତା, ଦୁର୍ବଳତା ଏବଂ ଦେଶବାସୀଙ୍କ ପ୍ରତି ଅବହେଳା ବିରୁଦ୍ଧରେ ସାମୂହିକ ସ୍ୱର ଉତ୍ତୋଳନ କରିବାର ଆବଶ୍ୟକତା ଏ ଜାତି ଅନୁଭବ କରିଥିଲା। ପ୍ରାକୃତିକ ତଥା ମାନବୀକୃତ ପ୍ରଚଣ୍ଡ ଜାତୀୟବିପଦର ସମ୍ମୁଖୀନ ହେବା ଫଳରେ ହିଁ ଏ ଜାତି ଏକପ୍ରକାର ନବଜନ୍ମ ପରିଗ୍ରହ କରିଥିଲା। ୧୮୮୫ ମସିହାରେ ପ୍ରତିଷ୍ଠିତ ହୋଇଥିବା ଜାତୀୟ କଂଗ୍ରେସ ଦ୍ୱାରା କ୍ରମଶଃ ବିକସିତ ସର୍ବଭାରତୀୟ ଜାତୀୟ ଜାଗରଣ ସହ ଏ ଦେଶର ନେତୃବୃନ୍ଦ ସମ୍ପର୍କ ସ୍ଥାପନ କରିଥିଲେ। ଏହାଦ୍ୱାରା ଜାତୀୟ ସଚେତନତା ଓଡିଶୀ ସାମାଜିକ ଜୀବନକୁ ପ୍ରଭାବିତ କରିବା ସଙ୍ଗେ ସଙ୍ଗେ ବିଗତ ଶତାବ୍ଦୀର ଶେଷ ଦଶକରେ ଓଡିଆ ଗଳ୍ପ ଓ ଉପନ୍ୟାସରେ ଏହାର ଯଥାର୍ଥ ପ୍ରତିଫଳନ ଘଟିଥିଲା।

ଓଡିଆ ଉପନ୍ୟାସରେ ଏହାର ପ୍ରତିଫଳନ :

୧୮୯୭ ମସିହାରେ ଓଡିଆ ଭାଷାର ଯୁଗାନ୍ତକାରୀ ଉପନ୍ୟାସ 'ଛ'ମାଣ ଆଠଗୁଣ୍ଠ' ଓ ୧୮୯୮ରେ ହୃଦୟସ୍ପର୍ଶୀ ମାନବବାଦୀ ଗଳ୍ପ 'ରେବତୀ' ରଚନାକରି ଫକୀରମୋହନ ଓଡିଶୀ ଜାତୀୟ ଜୀବନର ଦୁର୍ବଳତା, ହତାଶା, ଯନ୍ତ୍ରଣା, ନୈରାଶ୍ୟ ଓ ସାମାଜିକ କୁସଂସ୍କାରର ଚିତ୍ର ପ୍ରଥମଥର ପାଇଁ ପାଠକ ସମ୍ମୁଖରେ ଉପସ୍ଥାପିତ କଲେ। ଏତଦ୍‌ବ୍ୟତୀତ ତତ୍ କାଳୀନ ଔପନ୍ୟାସିକ ଉମେଶଚନ୍ଦ୍ର ସରକାରଙ୍କ 'ପଦ୍ମମାଳୀ' (୧୮୮୮), ରାମଶଙ୍କର ରାୟଙ୍କ 'ବିବାସିନୀ' (୧୮୯୧) ଓ ଗୋପାଳବଲ୍ଲଭ ଦାସଙ୍କ 'ଭୀମାଭୂୟାଁ' (୧୯୦୮) ଉପନ୍ୟାସରେ ଊନବିଂଶ ଶତାବ୍ଦିର ଶେଷ ଭାଗର ଓଡିଶାର ଜାତୀୟ ଜୀବନ, ସଂସ୍କୃତି ଓ ସାହିତ୍ୟିକ ଆଦର୍ଶର ପ୍ରତିଫଳନ ମଧ୍ୟ ଦେଖିବାକୁ ମିଳିଥାଏ। ସମକାଳୀନ ଉପନ୍ୟାସମାନଙ୍କରେ ବ୍ରିଟିଶ ଶାସନର କୁପରିଣାମ ଓ ପାଇକ-ବିଦ୍ରୋହର ଗୌରବାବହ ଚିତ୍ର ଅଙ୍କିତ ହୋଇପାରିନାହିଁ। ସମ୍ଭବତଃ ସେତେବେଳେ ସଂଯୋଗ ସ୍ଥାପନର ଅନ୍ତରାୟ ଓ ଇଂରେଜ ଶାସକମାନଙ୍କ ଦକ୍ଷ କୂଟନୀତି ଯୋଗୁ 'ପାଇକ ବିଦ୍ରୋହ' ପ୍ରସଙ୍ଗଟି ଆଲୋକକୁ ଆସିପାରି ନଥିଲା। ବନ୍ୟା, ଦୁର୍ଭିକ୍ଷ, ଅର୍ଥନୈତିକ ବିପର୍ଯ୍ୟୟ ଓ ଶୋଷଣ ଫଳରେ ଓଡିଆ ଜାତି ହରାଇବସିଥିଲା ତାହାର ସାହସ ଓ ଆତ୍ମବିଶ୍ୱାସ। ଏଣୁ ବିଦେଶୀ ଶାସକଗୋଷ୍ଠୀର ତ୍ରୁଟି ସମ୍ପର୍କରେ ସ୍ୱର ଉତ୍ତୋଳନ କରିବାକୁ ତତ୍‌କାଳୀନ ଔପନ୍ୟାସିକବର୍ଗ ସମର୍ଥ ହୋଇପାରିନାହାନ୍ତି। ତଥାପି ଜାତୀୟଜୀବନର ଏତାଦୃଶ ପରିବେଶରେ ଓଡିଶାର

ତତ୍‌କାଳୀନ ଔପନ୍ୟାସିକଗଣ ସେମାନଙ୍କ ଉପନ୍ୟାସରେ ସମସାମୟିକ ସାମାଜିକ ସମସ୍ୟାର ଉପସ୍ଥାପନାପୂର୍ବକ ତାହାର ସମାଧାନ ନିର୍ଦ୍ଦେଶ କରି ଜାତିର ମହାନ୍ ଉପକାର ସାଧନ କରିଯାଇଅଛନ୍ତି ।

ଆଦିପର୍ବର ଉପନ୍ୟାସ ଓ ଏହାର ମୁଖ୍ୟ ପ୍ରବୃତ୍ତି :

ଓଡିଆ ସାହିତ୍ୟର ଆଦିପର୍ବର ବିଶିଷ୍ଟ ଔପନ୍ୟାସିକ ରାମଶଙ୍କର ଓ ଉମେଶଚନ୍ଦ୍ରଙ୍କର ଯଥାକ୍ରମେ 'ବିବାସିନୀ' ଓ 'ପଦ୍ମମାଳୀ' ଉପନ୍ୟାସଦ୍ୱୟ ଅତିକଳ୍ପନାସଂଯୁକ୍ତ ନ ହୋଇ ତାହା ରାଜନୈତିକ ପରିବର୍ତ୍ତନ ଓ ଘଟଣାଗର୍ଭିତ ହୋଇଅଛି । ପୂର୍ବତନ ଗଡଜାତ ନୀଳଗିରିରେ ୧୮୩୫ ମସିହାରେ ସଂଘଟିତ ହୋଇଥିବା ପ୍ରଜା-ଆନ୍ଦୋଳନ ଘଟଣାବଳୀ ଉପରେ ଆଧାରିତ ଐତିହାସିକ ସାମାଜିକ ଉପନ୍ୟାସଟି ହିଁ 'ପଦ୍ମମାଳୀ' । ନୀଳଗିରିର ପ୍ରଜାମେଳି, ବିଦ୍ରୋହ ଓ ନାରୀ ଅପହରଣଜନିତ ଘଟଣାବଳୀର ଆଲେଖ୍ୟାଙ୍କନରେ ତତ୍‌କାଳୀନ ଓଡିଶା ଗଡଜାତର ଏକ ମଳିନ ପୃଷ୍ଠା ଏଥିରେ ଉନ୍ମୋଚିତ ହୋଇଅଛି । ଗଡଜାତର ଅରାଜକତା, ଶାସନଗତ ବିଶୃଙ୍ଖଳା, ବିଦ୍ରୋହାଦିର ସମ୍ୟକ୍ ଚିତ୍ର ଏଥିରେ ପ୍ରଦତ୍ତ । କ୍ଷମତାମତ୍ତ ରାଜକର୍ମଚାରୀମାନଙ୍କର ଅହମିକା, ଅର୍ଥଲାଳସାର କଠୋର ସମାଲୋଚନା ଏଥିରେ କରାଯାଇଅଛି । ଉପନ୍ୟାସର ଉପସଂହାରରେ ପ୍ରଦତ୍ତ ଲେଖକଙ୍କର ଉକ୍ତିରୁ ଏହା ସୁସ୍ପଷ୍ଟ (୧) । ନୀଳଗିରି ରାଜ୍ୟର ପୂର୍ଣ୍ଣ ଅରାଜକତା, ପାଞ୍ଚଗଡ ଆକ୍ରମଣ ଓ ପରିଶେଷରେ ବାଲେଶ୍ୱରର ମାଜିଷ୍ଟ୍ରେଟ୍ ହେନେରୀ ରିକେଟ୍‌ସଙ୍କର ଆକ୍ରମଣକାରୀମାନଙ୍କୁ ଦମନ ବର୍ଣ୍ଣନାରେ ଇତିହାସର ସଫଳ ରୂପାୟନ ଏଥିରେ ହୋଇପାରିଅଛି ।

'ବିବାସିନୀ' ଉପନ୍ୟାସ ଇଂରେଜ ଶାସନର ଅବ୍ୟବହିତ ପୂର୍ବବର୍ତ୍ତୀ ମରହଟ୍ଟା ରାଜତ୍ୱକାଳୀନ ବାସ୍ତବ ସାମାଜିକ ସମସ୍ୟା ଓ ସଂଘର୍ଷର ପଟ୍ଟଭୂମିରେ ରଚିତ । ଓଡିଶାରେ ମରହଟ୍ଟା ରାଜତ୍ୱର କୁଶାସନ ଓ ଅତ୍ୟାଚାର ସହ ପ୍ରାକୃତିକ ସଙ୍କଟ, ଦୁର୍ଭିକ୍ଷକାଳରେ ଶାସକ ଓ ରାଜକର୍ମଚାରୀମାନଙ୍କର ପରିସ୍ଥିତି ପ୍ରତି ଉଦାସୀନତା ଜନସାଧାରଣଙ୍କ ମଧ୍ୟରେ ଯେଉଁ ବିଦ୍ରୋହଭାବ ଜାଗ୍ରତ କରିଥିଲା, ତାହାରି ଉପରେ ଏହି ଉପନ୍ୟାସଟି ଆଧାରିତ । ଲେଖକ ଏଥିରେ ପ୍ରତ୍ୟକ୍ଷ ଭାବରେ ଇଂରେଜ ଶାସନର ଅପାରଗତାକୁ ସମାଲୋଚନା

---

୧. "ଅତି ସର୍ବତ୍ର ବାଧତେ । ପ୍ରଜା ନେଇ ରାଜା । ଯେଉଁ ରାଜ୍ୟରେ ପ୍ରଜାମାନଙ୍କର ଧନ, ପ୍ରାଣ, ମାନ, ମହତ୍ତ୍ୱର ରକ୍ଷାନାହିଁ ଈଶ୍ୱର କେଭେଁ ସେ ରାଜ୍ୟର ମଙ୍ଗଳ କରିବେ ନାହିଁ । ଆଉ ଯେଉଁ ଦୁଷ୍ଟ ସେସବୁର ମୂଳ ତାହା ମୁଣ୍ଡରେ ରାଧାଚଡକ ପଡିବ ।"

('ପଦ୍ମମାଳୀ', ୨୬ଶ ପରିଚ୍ଛେଦର ଉପସଂହାର)

କରିବାକୁ ସାହସ ନକରି ପରୋକ୍ଷରେ ମରହଟ୍ଟା ଶାସନ ଓ ଶୋଷଣର ଚିତ୍ର ପ୍ରଦାନଦ୍ୱାରା ରାଜତନ୍ତ୍ର ଓ ସାମନ୍ତବାଦୀ ଅତ୍ୟାଚାର ବିରୁଦ୍ଧରେ ପ୍ରଥମ ବିଦ୍ରୋହର ସ୍ୱର ଉତ୍ତୋଳନ କରିଅଛନ୍ତି। ପ୍ରଜାମାନଙ୍କୁ ଶୋଷଣ କରି ଚୌଧୂରୀ ଓ ଗୋବର୍ଦ୍ଧନ ଦାସଙ୍କ ଅର୍ଥ ସଞ୍ଚୟ, ଜାତୀୟ ଦୁର୍ଦ୍ଦିନରେ ରାଧାଗୋବିନ୍ଦ ଚୌଧୂରି ଓ ସୁବାଦାର ସମ୍ଭୁଜୀ ଗଣେଶଙ୍କର ନିର୍ମମତା, ପ୍ରଜାମାନଙ୍କ ପ୍ରତି ଉଦାସୀନତା, ନିର୍ଦ୍ଦୋଷ ଦାସ ଖାଡଙ୍ଗାକୁ ବେତ୍ରାଘାତ ଓ ଶୂଳୀଦଣ୍ଡ, କୁଚକ୍ରୀ ମାୟାଧରର କାମାନ୍ଧତା ଓ ବିଶ୍ୱାସଘାତକତା ପ୍ରଭୃତି ଘଟଣାର ବର୍ଣ୍ଣନାରୁ ମାନବିକ ମୂଲ୍ୟବୋଧ ପ୍ରତିଷ୍ଠା ନିମନ୍ତେ ସଂଘର୍ଷର ଅନିବାର୍ଯ୍ୟତା 'ବିବାସିନୀ' ଉପନ୍ୟାସରୁ ଉପଲବ୍‌ଧ ହୁଏ।

ଏତଦ୍‌ବ୍ୟତୀତ ରଘୁନାଥ ଓ ହନୁମାନ ଦାସଙ୍କ ସ୍ୱଦେଶପ୍ରୀତି ଓ ନିର୍ଭୀକତା ମଧ୍ୟ ଏଥିରେ ଚିତ୍ରିତ। ବିପଦକାଳରେ ଧୈର୍ଯ୍ୟ ନହରାଇ ସଂଗଠିତ ଭାବରେ ତାହାର ସମ୍ମୁଖୀନ ହେବାକୁ ଏହା ଜନସାଧାରଣଙ୍କୁ ପ୍ରେରଣା ଦେଇଛି। ପୁନଶ୍ଚ ୧୮୬୬ ମସିହାର ନ'ଅଙ୍କ ଦୁର୍ଭିକ୍ଷର ଚିତ୍ର ଏଥିରେ ପ୍ରତିଫଳିତ ହୋଇଥିଲା। ଶାସକ ଓ ରାଜକର୍ମଚାରୀମାନଙ୍କର ଅବହେଳା ସତ୍ତ୍ୱେ ଦୁର୍ଭିକ୍ଷର କରାଳତାକୁ ନିୟନ୍ତ୍ରଣ କରାଯାଇପାରିଥିଲା କେବଳ ରଘୁନାଥଙ୍କର ସଂଗଠନ ଓ ନେତୃତ୍ୱ ଯୋଗ। ଊନବିଂଶ ଶତାବ୍ଦିର ଶେଷ ଦଶକରେ ଏତାଦୃଶ ପରିକଳ୍ପନାର ଅଭିନବତ୍ୱ ସ୍ୱୀକାର୍ଯ୍ୟ। କହିବା ଅନାବଶ୍ୟକ, ଏହା ପାଠକପ୍ରାଣରେ ଆତ୍ମବିଶ୍ୱାସ, ଆତ୍ମତ୍ୟାଗ ଓ ଦେଶପ୍ରେମ ଭାବନା ଜାଗ୍ରତ କରିବା ଉଦ୍ଦେଶ୍ୟରେ ହିଁ ପରିକଳ୍ପିତ। ତଥାକଥିତ ସମ୍ଭ୍ରାନ୍ତ ଜମିଦାରର ଅର୍ଥଲିପ୍‌ସା, ଶୋଷଣ ମନୋବୃତ୍ତି ଓ ଶିକ୍ଷାର ଅଭାବ କିପରି ସାଧାରଣ ଜନତାର ଦୁଃଖର କାରଣ ହୋଇଥିଲା ଏହା ଫକୀରମୋହନ ତାହାଙ୍କ ଉପନ୍ୟାସ ଓ କ୍ଷୁଦ୍ରଗଳ୍ପରେ ବିଶଦଭାବରେ ବର୍ଣ୍ଣନା କରିଅଛନ୍ତି। ମାତ୍ର ଏହି ସମାଜଚେତନା ବୈପ୍ଳବିକ ଅଥବା ସଂଘର୍ଷଧର୍ମୀ ହୋଇପାରିନାହିଁ। ରାଜକର୍ମଚାରୀମାନଙ୍କର ଅଦକ୍ଷତା-ଅତ୍ୟାଚାର, ଜମିଦାରଙ୍କଦ୍ୱାରା ଦରିଦ୍ର ପ୍ରଜାର ଜମି ଅପହରଣ ପ୍ରଭୃତି ସମସ୍ୟାଗୁଡିକୁ ସେ ନିରପେକ୍ଷ କଳାବିତ୍ ଭାବରେ ହିଁ ଉପସ୍ଥାପନ କରିଅଛନ୍ତି। ଉପନ୍ୟାସ ମାଧ୍ୟମରେ ସମକାଳୀନ ଶାସନର କୁପରିଣାମ ଓ ସମସ୍ୟା ସମ୍ପର୍କରେ ସମାଜକୁ ସଚେତନ କରାଇବାରେ ସେ ହେଉଛନ୍ତି ଓଡିଆ ଔପନ୍ୟାସିକମାନଙ୍କର ପଥପ୍ରଦର୍ଶକ।

ପରମ୍ପରାହୀନ ଓ ହଠାତ୍ ଜମିଦାରି ଲାଭକରିଥିବା ରାମଚନ୍ଦ୍ର ମଙ୍ଗରାଜଙ୍କର ଅନୈତିକତା ଓ ସ୍ୱାର୍ଥଲିପ୍‌ସା ଉପରେ ଆଧାରିତ 'ଛ'ମାଣ ଆଠଗୁଣ୍ଠ' ଉପନ୍ୟାସରେ ଗ୍ରାମ୍ୟ ମହାଜନମାନଙ୍କର ବୈଷୟିକ ଅଭିବୃଦ୍ଧି କିପରି ଅପହରଣ ଓ ଶୋଷଣ ଉପରେ ପ୍ରତିଷ୍ଠିତ ତାହା ଦର୍ଶାଇ ଦିଆଯାଇଅଛି। ଅତ୍ୟାଚାରୀ ଜମିଦାରର ପ୍ରତୀକ ରାମଚନ୍ଦ୍ର ମଙ୍ଗରାଜ, ଦୁଶ୍ଚରିତ୍ରା ଚମ୍ପାର ସହାୟତାରେ ସାଧୁ ସରଳ ନିରୀହ ଭଗିଆ-ସାରିଆଙ୍କର 'ଛ'ମାଣ

ଆଠଗୁଣ୍ଠ' ଜମି ଓ ଗାଈବାଛୁରୀ ଚକ୍ରାନ୍ତ କରି ଅପହରଣ କରିନେଇଛନ୍ତି। ବାଘସିଂହ-ବଂଶର ଐଶ୍ୱର୍ଯ୍ୟ ପ୍ରତି ଈର୍ଷାପରାୟଣ ହୋଇ ତାଙ୍କ ଗୃହରେ ଅଗ୍ନିସଂଯୋଗ କରାଇଅଛନ୍ତି। ଆହୁରି ଅନେକ ନିରୀହ ପ୍ରଜାଙ୍କୁ ମଧ୍ୟ ପ୍ରବଞ୍ଚିତ କରାଇଅଛନ୍ତି। ଏହିସବୁ ଚିତ୍ର ପ୍ରଦାନ ଦ୍ୱାରା ସାମାଜିକ ଅତ୍ୟାଚାର ବିରୁଦ୍ଧରେ ସଚେତନତା ସୃଷ୍ଟିର ଉଦ୍ୟମ ଯେ ହୋଇଥିଲା ଏହା କହିବା ଅନାବଶ୍ୟକ। କେବଳ ଦୁଷ୍କରିତ୍ରତା ସ୍ୱାର୍ଥପରତା, ପରସ୍ୱପହରଣ ପ୍ରଭୃତିର ଚିତ୍ରଣ କରି ଲେଖକ ସନ୍ତୁଷ୍ଟ ହୋଇନାହାନ୍ତି। ସେ ଏହି ଚରିତ୍ରମାନଙ୍କୁ ସେମାନଙ୍କ ଜୀବଦଶାରେ ବିବିଧପ୍ରକାରେ ଦଣ୍ଡିତ କରାଇଅଛନ୍ତି ଓ ତଦ୍ଦ୍ୱାରା ସମାଜ ସମ୍ମୁଖରେ ଆଦର୍ଶ ସ୍ଥାପନର ଉଦ୍ୟମ କରିଅଛନ୍ତି। ରାମଚନ୍ଦ୍ର ମଙ୍ଗରାଜଙ୍କ ହାତରେ ହାତକଡି ପକାଇ ଗ୍ରାମପଥରେ ଚଲାଇ ଚଲାଇ ନେବା, ଜେଲଖାନାରେ ସେ ପାଣମାନଙ୍କଠାରୁ ମାଡ ଖାଇବା, ପାଗଳ ଭଗିଆର କାମୁଡାରେ ସେ ପାଗଳ ହୋଇଯିବା, ଦୁର୍ନୀତିପରାୟଣା ଚମ୍ପା ଗୋବିନ୍ଦା ଭଣ୍ଡାରୀର ଖୁର ଦ୍ୱାରା ନିହତ ହେବା ଓ ଗୋବିନ୍ଦା କୁମ୍ଭୀର ମୁଖରେ ପତିତ ହେବାର ବର୍ଣ୍ଣନାରୁ କୁକର୍ମର ପରିଣତି କିପରି ନିର୍ମମ ଓ ଭୟାବହ ତାହା ଏଥିରେ ଦର୍ଶାଇ ଦିଆଯାଇଅଛି।

'ରେବତୀ' ଗଳ୍ପରେ ଜମିଦାରଙ୍କ ହିସାବରକ୍ଷକ ଶ୍ୟାମବନ୍ଧୁ ମହାନ୍ତିଙ୍କର ଅକାଳ ବିୟୋଗରେ ଜମିଦାଙ୍କର ତାଙ୍କ ପରିବାର ଉପରେ ନିର୍ଯାତନା, ଜମି ଓ ଗାଈ ଦିଓଟିଙ୍କୁ ଆତ୍ମସାତ୍ କରିନେବା ଚିତ୍ର ଅଙ୍କିତ। ଓଡିଶାର ମଧ୍ୟବିତ୍ତ କୃଷକର ଜୀବନଧାରଣର ଏକମାତ୍ର ଅବଲମ୍ବନ ହେଉଛି ତାର ଯତ୍‌ସାମାନ୍ୟ ଜମି। ଶୋଷକ ଓ ଅର୍ଥଲିପ୍‌ସୁର ଏହି ଭୂମି ଅପହରଣ ପ୍ରସଙ୍ଗକୁ ଲେଖକ ତାହାଙ୍କ ଗଳ୍ପ-ଉପନ୍ୟାସରେ ଦର୍ଶାଇ ତାର ସମାଲୋଚନା କରିଅଛନ୍ତି। ଏହିପରିଭାବେ ଲେଖକ ଏହି ସମସ୍ୟା ଓ ତା'ର ଲୋମହର୍ଷଣକାରୀ ପରିଣାମ ପ୍ରଦର୍ଶନ ଦ୍ୱାରା ଜାତିର ଏକ ଗୁରୁତ୍ୱପୂର୍ଣ୍ଣ ସମସ୍ୟାପ୍ରତି ଆମ୍ଭମାନଙ୍କର ଦୃଷ୍ଟି ଆକର୍ଷଣ କରିଅଛନ୍ତି; ସାମାଜିକ ନ୍ୟାୟପ୍ରତିଷ୍ଠା ନିମନ୍ତେ ଆହ୍ୱାନ ଦେଇଅଛନ୍ତି। ମାନବିକତାର ଭିତ୍ତି ଉପରେ ସାମାଜିକ ବ୍ୟବସ୍ଥାକୁ ଦୃଢୀଭୂତ କରିବା ଥିଲା ଏହି ଲେଖକଙ୍କର ମହାନ୍ ଲକ୍ଷ୍ୟ।

ନାରୀ-ଜୀବନର ଦୁର୍ଗତି:

ଆର୍ଥିକ ଦୁର୍ଗତି ଓ ବୈପ୍ଳବିକ ଚେତନାର ଅଭାବସହ ନାରୀଶିକ୍ଷାର ଅଭାବ ମଧ୍ୟ ତତ୍‌କାଳୀନ ଭାରତୀୟ ସମାଜରେ ଏକ କଳଙ୍କ ରୂପେ ଦେଖାଦେଇଥିଲା। ସଂସ୍କାରକ ଈଶ୍ୱରଚନ୍ଦ୍ର ବିଦ୍ୟାସାଗର (୧୮୨୦-୧୮୯୧) ନାରୀଶିକ୍ଷାର ଅଭାବ, ବାଲ୍ୟବିବାହ ଓ ବହୁବିବାହ ଭାରତୀୟ ସାମାଜିକ ଦୁର୍ଗତିର କାରଣ ବୋଲି ଦର୍ଶାଇଥିଲେ (୨)। ଓଡିଶାର

୨. ଘୋଷ, ବିନୟ, 'ଈଶ୍ୱରଚନ୍ଦ୍ର ବିଦ୍ୟାସାଗର', ନୂଆ ଦିଲ୍ଲୀ ପବ୍ଲିକେଶନ ଡିଭିଜନ, ପୃ.୫।

ତତ୍‌କାଳୀନ କେତେକ ବୁଦ୍ଧିଜୀବୀ ମଧ୍ୟ ଏ ବିଷୟରେ ଥିଲେ ଅବହିତ। ଫକୀରମୋହନ ବାଲେଶ୍ୱରରେ ବାଳିକା ବିଦ୍ୟାଳୟ ସ୍ଥାପନ (୩) ଦ୍ୱାରା ଓ ନାରୀଶିକ୍ଷାର ଆବଶ୍ୟକତାଭିତ୍ତିକ ଗଳ୍ପ ରଚନାକରି ନାରୀଜାଗରଣର ଭିତ୍ତି ସ୍ଥାପନ କରିଥିଲେ।

ଝିଅମାନେ ପାଠ ପଢିଲେ ଘରର ଶ୍ରୀ ନଷ୍ଟହୁଏ, ସ୍ୱାମୀମାନେ ବିଧବା ହୁଅନ୍ତି, ଏହି ପ୍ରକାର ଅନ୍ଧବିଶ୍ୱାସ ଉପରେ ଆଧାରିତ 'ରେବତୀ ପାଠ ପଢିବାରୁ ତାର ପିତା ମାତା ଓ ଭାବୀ ସ୍ୱାମୀଙ୍କର ଅକାଳ ମୃତ୍ୟୁ ଘଟିଥିବାର ବିଶ୍ୱାସ କରି ତାଙ୍କର ସ୍ନେହର ନାତୁଣୀକୁ ଚିତ୍କାର କରି ଗାଳିଦେଇଥିଲେ, "ଲୋ ରେବତୀ, ଲୋ ନିଆଁ, ଲୋ ଚୂଲି" ଫକୀରମୋହନଙ୍କ ଉପନ୍ୟାସରେ ଚିତ୍ରିତ ନାରୀମାନେ ଶିକ୍ଷା ଓ ସାହସର ଅଭାବରୁ ଜୀବନର ସମସ୍ତ ଦୁଃଖ ନୀରବରେ ସହ୍ୟ କରିଅଛନ୍ତି। ଭଗିଆ ଓ ସାରିଆଙ୍କର ଗାଈ ଓ ଜମି ଅପହୃତ ହୋଇଥିଲେ ହେଁ ସେମାନେ ନୀରବରେ ଅଶ୍ରୁ ମୋଚନ କରିଅଛନ୍ତି; ଏପରିକି 'ଛ'ମାଣ ଆଠଗୁଣ୍ଠ' ଉପନ୍ୟାସରେ ସଦ୍‌ଗୁଣସମ୍ପନ୍ନା ମା'ସା'ନ୍ତାଣୀ ଅନ୍ନ ଜଳ ସ୍ପର୍ଶ ନକରି ନିଜ ଉପରେ ପ୍ରତିଶୋଧ ନେଉଛନ୍ତି ସିନା, ଅତ୍ୟାଚାରୀ ଜମିଦାର ସ୍ୱାମୀଙ୍କ ବିରୁଦ୍ଧରେ ସ୍ୱର ଉତ୍ତୋଳନ କରିପାରିନାହାନ୍ତି। ଫକୀରମୋହନଙ୍କ ଉପନ୍ୟାସରେ କୃଷକ ଓ ପ୍ରଜା ମଧ୍ୟ ଅତ୍ୟାଚାର ଓ ଶୋଷଣକୁ ଭାଗ୍ୟଫଳ ଭାବି ନୀରବରେ ସହ୍ୟ କରିଅଛନ୍ତି। ସେମାନଙ୍କର ନଥିଲା ସାହସ, ଶିକ୍ଷା ଅଥବା ବୈପ୍ଲବିକ ଚେତନା। ଫଳରେ ଭଗିଆ ସାରିଆ ଭଳି ବହୁ ନିରୀହ ପ୍ରଜାଙ୍କର ସୁଖ-ସ୍ୱପ୍ନ ଓ ଉଜ୍ଜ୍ୱଳ ଆଶା ନିପୀଡନର କାରୁଣ୍ୟ ମଧ୍ୟରେ ବିଲୀନ ହୋଇଯାଇଅଛି। ତାହାଙ୍କ 'ବିରେଇ ବିଶାଳ', 'ମାଧମହାନ୍ତିଙ୍କ କନ୍ୟାସୁନା' ଗଳ୍ପରେ କନ୍ୟାସୁନା ପ୍ରଥାର କୁପରିଣାମ ଚିତ୍ରିତ। ଏହିପରିଭାବେ ସମାଜର ବହୁ କୁସଂସ୍କାରକୁ ସମାଲୋଚନା କରି ଊନବିଂଶ ଶତକର ଶେଷ ଦଶକରେ ଲେଖକମାନେ ଓଡିଶାରେ ସମାଜ-ସଂସ୍କାରର ମୂଳଦୁଆ ପକାଇଥିଲେ। ତନ୍ମଧ୍ୟରୁ ନାରୀଜାତିକୁ ଅତ୍ୟାଚାରିତ, ଦୟନୀୟ ପୀଡିତ ପରିବେଶରୁ ମୁକ୍ତି ଦେଇ ସାମାଜିକ ପ୍ରଗତି ଆନୟନ କରିବାର ପ୍ରଚେଷ୍ଟା ଅନ୍ୟତମ।

ଇତିହାସ ଓ ସମାଜ-ସଚେତନତା:

ଐତିହାସିକ ଘଟଣା ଅଥବା କଥାବସ୍ତୁ ଅବଲମ୍ବନରେ ଅତୀତ ଐଶ୍ୱର୍ଯ୍ୟର ଜୟଗାନପୂର୍ବକ ବର୍ତ୍ତମାନର ଦୁର୍ଗତି ସମ୍ବନ୍ଧରେ ସଚେତନ କରାଇଦେବା ସ୍ୱଦେଶପ୍ରେମର ଏକ ବିଶିଷ୍ଟ ଅଙ୍ଗରୂପେ ଗୃହୀତ। ଓଡିଆ ଉପନ୍ୟାସର ଆଦିପର୍ବରେ ଏହି ଆବେଗ-ପ୍ରବଣତା ଔପନ୍ୟାସିକମାନଙ୍କ ରଚନାରେ ପରିଦୃଷ୍ଟ ହୁଏ। 'ସିପାହୀ-ବିଦ୍ରୋହ' ପରବର୍ତ୍ତୀ

---

୩. 'ବାଲେଶ୍ୱରରେ ବାଳିକା ବିଦ୍ୟାଳୟ ସ୍ଥାପନ', ଫକୀରମୋହନଙ୍କ ଆତ୍ମଚରିତ, 'ସତ୍ୟବାଦୀ'୩ୟ ଖଣ୍ଡ, ୧ମ ଓ ୨ୟ ସଂଖ୍ୟା, ୧୩୨୪ ମେଷ, ବୃଷ।

ଭାରତର ରାଜନୈତିକ ପରିସ୍ଥିତି ଭାରତୀୟ ଲେଖମାନଙ୍କୁ ଇତିହାସ ସଚେତନ କରିଥିଲା। ଅନୁରୂପ ଭାବରେ ଓଡିଶାର ପ୍ରାକୃତିକ ବିପର୍ଯ୍ୟୟ ଓ ଇଂରେଜ ଶାସନର ଅପାରଗତା ମଧ୍ୟ ଓଡିଶାର ଲେଖକମାନଙ୍କୁ କରିଥିଲା ପରିସ୍ଥିତି-ସଚେତନ। ବାସ୍ତବ ପରିସ୍ଥିତି ଓ ସମାଜସଚେତନ ରାମଶଙ୍କର ଓ ଫକୀରମୋହନଙ୍କ ଉପନ୍ୟାସ ଇତିହାସ ସଚେତନା ଓ ସାମାଜିକ ସଚେତନତା ଉପରେ ଆଧାରିତ।

'ବିବାସିନୀ' ଉପନ୍ୟାସରେ ସୁବେଦାର ଶମ୍ଭୁଜୀ ଗଣେଶଙ୍କ କୁଶାସନକୁ ଅଧିକ ଜୀବନ୍ତଭାବେ ପରିସ୍ଫୁଟ କରାଇବା ପାଇଁ ରଘୁନାଥଙ୍କୁ ଏକ ବିପ୍ଳବୀରୂପେ ଚିତ୍ରଣ କରାଯାଇଅଛି। ଦୁର୍ଭିକ୍ଷକାଳରେ ଶାସକର ଅତ୍ୟାଚାର ପ୍ରଜାପ୍ରାଣରେ ବିରକ୍ତି, ଅସନ୍ତୋଷ ଓ ବିଦ୍ରୋହଭାବ ସୃଷ୍ଟି କରିବା ସ୍ୱାଭାବିକ। ରଘୁନାଥ ଥିଲେ ଏହି ବିଦ୍ରୋହର ଜୀବନ୍ତ ପ୍ରତୀକ।

ଫକୀରମୋହନଙ୍କ ରଚିତ 'ଲଛମା' ଏକ ସଫଳ ଐତିହାସିକ ଉପନ୍ୟାସ। ମରହଟ୍ଟା ଶାସନର ଶୋଷଣ ଓ ତଜ୍ଜନିତ ପ୍ରତିହିଂସାକୁ ଉପଜୀବ୍ୟ କରି ଏହା ଲିଖିତ। ବର୍ଗୀ ଅତ୍ୟାଚାର ଓ ମରହଟ୍ଟା-ମୁସଲମାନ ସଂଘର୍ଷ, ଉତ୍କଳୀୟ ସାମନ୍ତଗୋଷ୍ଠୀର ପତନ, ମରହଟ୍ଟାଙ୍କର ଲୁଣ୍ଠନର ବର୍ଣ୍ଣନା 'ଲଛମା'କୁ ଏକ ଜାତୀୟଉପନ୍ୟାସରେ ରୂପାନ୍ତରିର କରିଅଛି। ବର୍ଗୀମାନଙ୍କର ଅତ୍ୟାଚାର, ଭାସ୍କର ପଣ୍ଡିତଙ୍କ ସହ ଆଲିବର୍ଦ୍ଦିଙ୍କର ବିଭିନ୍ନ ସ୍ଥାନରେ ସମର ଆଦି ଐତିହାସିକ ଘଟଣା ଅବଲମ୍ବନରେ ଓଡିଶାର ଭାଗ୍ୟ ବିପର୍ଯ୍ୟୟର କରୁଣ ଚିତ୍ର ଅଙ୍କନ କରିବା ଓ ଏହି ବିପର୍ଯ୍ୟୟ ସମ୍ପର୍କରେ ଓଡିଶାବାସୀଙ୍କୁ ସଚେତନ କରାଇବା ଥିଲା ଏହି ଉପନ୍ୟାସକାରଙ୍କର ଉଦ୍ଦେଶ୍ୟ।

ଲୁଣ୍ଠିତ, ଲୁଣ୍ଠନକାରୀ ଉପରେ ପ୍ରତିଶୋଧ ନେବାକୁ ଦୃଢପ୍ରତିଜ୍ଞ ହେବା ଏକାନ୍ତ ସ୍ୱାଭାବିକ। ଏହି ଉପନ୍ୟାସରେ ବାଦଲ ଓ ଲଛମା'ଙ୍କ ଦ୍ୱାରା ଭାସ୍କର ପଣ୍ଡିତଙ୍କ ହତ୍ୟା ତାହାର ନିଦର୍ଶନ।

ରାଇବଣିଆ ଦୁର୍ଗର ପତନ ବର୍ଣ୍ଣନାରୁ ଉତ୍କଳରେ ସାମନ୍ତବାଦର ପତନର ଚିତ୍ର ସୁସ୍ପଷ୍ଟ ହୋଇଅଛି। ବର୍ଗୀମାନଙ୍କ ଅତ୍ୟାଚାର ସମଗ୍ର ଓଡିଶାରେ ଘୋର ଅରାଜକତା ସୃଷ୍ଟି କରିଥିଲା। 'ବାଦଲ ସିଂ' ଓ 'ଲଛମା' ବହୁ ସାହସର ସହିତ ଏହାର ସମ୍ମୁଖୀନ ହୋଇଥିଲେ। ଲଛମା ଓ ବାଦଲ ସିଂ ବିଦେଶୀ ହେଲେ ହେଁ ଉତ୍କଳୀୟ ପରିବେଶରେ ପରିବର୍ଦ୍ଧିତ ହୋଇଅଛନ୍ତି ଏବଂ ଆପଣାର ଓ ଜାତିର ମର୍ଯ୍ୟାଦା ରକ୍ଷା କରିବାପାଇଁ ସେମାନେ ଅପୂର୍ବ ସାହସ ଓ ବଳିଷ୍ଠତାର ପରିଚୟ ପ୍ରଦାନ କରିଅଛନ୍ତି। ଏହା ପାଠକମାନଙ୍କୁ ସ୍ୱଦେଶପ୍ରୀତିରେ ଉତ୍ସାହିତ କରିବା ଅଭିପ୍ରାୟରେ ପରିକଳ୍ପିତ। ଫୁଲଓଆର, ମହୀଷରେଖା, ହଳଦୀପଦା, କାଟୋୟା ଆଦି ଯୁଦ୍ଧର ବର୍ଣ୍ଣନା ଓ ବାଦଲ ସିଂହର ଉକ୍ତିରେ ଜାତିପ୍ରାଣରେ

ସାହସ ଓ ସ୍ୱଦେଶପ୍ରୀତି ପ୍ରତିଷ୍ଠା କରିବାର ଅଭିପ୍ରାୟ ନିହିତ (୪)।

'ବାଲେଶ୍ୱରୀ ରାହାଜାନି', 'ବାଲେଶ୍ୱରୀ ପଙ୍ଗା ଲୁଣ', 'କାଳିକାପ୍ରସାଦ ଗୋରାପ', 'କମଳାପ୍ରସାଦ ଗୋରାପ' ଗଳ୍ପ ଚାରୋଟିରେ ଗାଳ୍ପିକ ଫକୀରମୋହନ ଓଡିଶାର ଗୌରବମୟ ଅତୀତର ଜାତୀୟ ଜୀବନ ଓ ବାଣିଜ୍ୟିକ ବିଭବର ଐତିହାସିକ ତଥ୍ୟ ପ୍ରକାଶ କରି ଜାତିପ୍ରାଣରେ ଆତ୍ମପ୍ରତ୍ୟୟ ପ୍ରତିଷ୍ଠାର ଉଦ୍ୟମ କରିଅଛନ୍ତି।

ଆଦିବାସୀ-ଜୀବନ :

ଆଦିବାସୀ ସମ୍ପ୍ରଦାୟ ଓଡିଆ ସମାଜର ଏକ ବିଶିଷ୍ଟ ଅଙ୍ଗ ହେଲେହେଁ ସାହିତ୍ୟରେ ବହୁକାଳଯାଏଁ ସେମାନେ ଅପାଙ୍‌କ୍ତେୟ ହୋଇ ରହିଥିଲେ। ଗୋପାଳବଲ୍ଲଭଙ୍କ 'ଭୀମାଭୂୟାଁ' ଉପନ୍ୟାସରେ ପ୍ରଥମ କରି ଆଦିବାସୀ ଭୂୟାଁ ଯୁବକ 'ଭୀମା' ନାୟକ ରୂପରେ ଅବତୀର୍ଣ୍ଣ ହୋଇଅଛି। ତତ୍‌କାଳୀନ ସାମାଜିକ ପରିସ୍ଥିତିର ପରିପ୍ରେକ୍ଷୀରେ ରାଜକୁମାରୀଙ୍କ ପ୍ରଣୟୀରୂପେ ଏକ ଆଦିବାସୀ ଯୁବକକୁ କଳ୍ପନା କରିବା ଗତାନୁଗତିକତା ବିରୁଦ୍ଧରେ ଏକ ବଳିଷ୍ଠ ତଥା ସାହସିକ ପଦକ୍ଷେପ। ଏତଦ୍ଦ୍ୱାରା ପାରମ୍ପରିକତା ବ୍ୟାହତ ହୋଇ ମାନବିକତା ପ୍ରତିଷ୍ଠିତ ହେବାର ଉଦ୍ୟମ ହୋଇଅଛି।

'ଭୀମାଭୂୟାଁ' ଉପନ୍ୟାସର ଚରିତ୍ରଗୁଡିକ ବାସ୍ତବଜୀବନରୁ ଗୃହୀତ। ବିବିଧ ସାମାଜିକ ଘଟଣାର ଘାତପ୍ରତିଘାତ ମଧ୍ୟରେ ଆଦିବାସୀ-ଜୀବନର ତ୍ୟାଗ, ମାନବିକତା, ବୀରତ୍ୱ ଓ ଦେଶଭକ୍ତିର ପରିଚୟ ଏଥିରେ ପ୍ରଦତ୍ତ ହେବା ସଙ୍ଗେ ସଙ୍ଗେ ଆଦିବାସୀ ସଂସ୍କୃତିର ଗୋଷ୍ଠୀଗତ ଜୀବନ, ସରଳତା, ସାମାଜିକ ଆନନ୍ଦୋତ୍ସବ ପ୍ରଭୃତିର ବର୍ଣ୍ଣନା ମାଧ୍ୟମରେ ଲେଖକ ଉତ୍କଳୀୟ ସାଂସ୍କୃତିକ ଜୀବନକୁ ସଂପ୍ରସାରଣ କରିବାର ଉଦ୍ୟମ କରିଅଛନ୍ତି।

ଆଲୋଚ୍ୟ ସମୟରେ ରଚିତ ଅନ୍ୟ ଏକ ଉପନ୍ୟାସ 'ପଦ୍ମମାଳୀ'ରେ ମଧ୍ୟ ଏହାର କିଞ୍ଚିତ୍ ପ୍ରତିଫଳନ ଦେଖିବାକୁ ମିଳେ। ସାହିତ୍ୟିକ ରୁଚି କ୍ଷେତ୍ରରେ ଏହି ଅଭିନବ ପ୍ରଚେଷ୍ଟା ଯେପରି ପ୍ରେରଣାଦାୟକ, ସେହିପରି ଭବିଷ୍ୟତର ଓଡିଆ ଉପନ୍ୟାସ ନିମନ୍ତେ ଥିଲା ବିପୁଳ ସମ୍ଭାବନାର ପରିଚାୟକ।

---

୪. ବାଦଲ- "ଆଚ୍ଛା, ମୁଁ ପଚାରେଁ, ଆମ୍ଭେମାନେ କି ଏହିପରି ପଳାଇ ବୁଲୁଥିବା? ଆଉ କେତେଦିନ ପଳାଇବାକୁ ବଳ ଅଛି? ଦୁସ୍‌ମନ ଆମ୍ଭମାନଙ୍କ ମୁହଁରୁ ରୋଟି ଛଡାଇ ଗୋଡାଇବେ, ଆମ୍ଭେମାନେ ପଳାଉଥିବା। ଆଚ୍ଛା, ମୃତ୍ୟୁ ଯେବେ ନିଶ୍ଚୟ ତେବେ ଆସନ୍ତୁ ତରବାରି ଧରି ସମ୍ମୁଖଯୁଦ୍ଧରେ ବୀପରି ମରୁଁ; ଧାଇଁ ଧାଇଁ ଅନାହାରରେ କ୍ୟା ମରିବୁ?"

('ଲଛମା'- ଫ.ମୋ.ଗ୍ର. - ପୃ.୩୩୬-୩୩୭)

ଓଡିଆ ଉପନ୍ୟାସର ଦ୍ୱିତୀୟ ପର୍ଯ୍ୟାୟ : ଜାତୀୟ ଚେତନାର ବିକାଶ :

ଉତ୍କଳ ସମ୍ମିଳନୀ ଓ ଭାରତୀୟ ଜାତୀୟ କଂଗ୍ରେସର ବାର୍ତ୍ତା ଓଡିଶାବାସୀଙ୍କୁ କିପରି ସଙ୍ଗଠିତ, ବିପ୍ଳବୀ ଓ ବିଦେଶୀ ଶାସନ ପ୍ରତି ଅସହଯୋଗୀ କରିଥିଲା ତାହା ପୂର୍ବରୁ ବର୍ଣ୍ଣିତ ହୋଇଅଛି। ସ୍ୱଦେଶୀ, ଅସହଯୋଗ, ସତ୍ୟାଗ୍ରହ ଆନ୍ଦୋଳନ ସହ କୃଷକ ଆନ୍ଦୋଳନ, ରୁଷିଆନ୍ ବିପ୍ଳବ ଓ ମାର୍କସିଷ୍ଟ ଆନ୍ଦୋଳନ, ଗଳ୍ପ-ଉପନ୍ୟାସମାନଙ୍କରେ ବୈଜ୍ଞାନିକ ଓ ବାସ୍ତବ ଦୃଷ୍ଟିଭଙ୍ଗୀ ଆନୟନ କରିବା ସଙ୍ଗେ ସଙ୍ଗେ ଜାତୀୟତାର ଭିତ୍ତି ସୁଦୃଢ କରିଥିଲା। ୧୯୦୩-୩୬ ମସିହା ମଧ୍ୟରେ ରଚିତ ଓଡିଆ ଗଳ୍ପ-ଉପନ୍ୟାସମାନଙ୍କରେ ମୁଖ୍ୟତଃ ଇଂରାଜୀ ଶିକ୍ଷାର ପ୍ରଭାବ ଓ ପରିଣତି, ଶିକ୍ଷିତ ଚାକିରିଜୀବୀମାନଙ୍କର ସ୍ୱାର୍ଥପରତା, ସାମାଜିକ କୁସଂସ୍କାରର ବିରୋଧ, ଇତିହାସର ସ୍ମୃତିଚାରଣ, ଆର୍ଥିକ ଦୁର୍ଗତି, ସ୍ୱରାଜ୍ୟ ଆନ୍ଦୋଳନ, ସାମ୍ୟବାଦୀ ଚିନ୍ତାଧାରା ଓ ପ୍ରବୃତ୍ତିର ପ୍ରତିଫଳନ ଦେଖିବାକୁ ମିଳିଥାଏ।

ଭ୍ରଷ୍ଟାଚାର ଓ ସଂସ୍କାରଲିପ୍ସା :

ଓଡିଶାରେ ଇଂରେଜ ଶାସନ ଓ ଶିକ୍ଷା ବିସ୍ତାରର ପରିଣାମ ସ୍ୱରୂପ କେତେକ ଶିକ୍ଷିତ ଯୁବକ ଭୋଗସର୍ବସ୍ୱ ଓ ବିପଥଗାମୀ ହେବାକୁ ଆରମ୍ଭ କରିଥିଲେ। ସମାଜରେ ମଦ୍ୟପାନ, ବାରାଙ୍ଗନା ଆସକ୍ତି, ବିଳାସପ୍ରବଣତାର ପ୍ରସାର ଫଳରେ ବହୁ ସମ୍ଭ୍ରାନ୍ତ ପାରିବାରିକ ଜୀବନ ବିପର୍ଯ୍ୟସ୍ତ ହେଉଥିଲା। ଏତଦ୍‌ବ୍ୟତୀତ ବହୁ କୁସଂସ୍କାର ସହ ତଥାକଥିତ ଶିକ୍ଷିତ ଯୁବକଙ୍କ ଆଦର୍ଶହୀନତା ସମାଜକୁ ଜୀର୍ଣ୍ଣ ଓ ଦୋଷଦୁଷ୍ଟ କରିବାକୁ ଆରମ୍ଭ କରିଥିଲା। ଦୂରଦ୍ରଷ୍ଟା ଫକୀରମୋହନ ଏହା ଅନୁଭବ କରିପାରିଥିଲେ। ଏହାର ଶୋଚନୀୟ ପରିଣାମ ତାହାଙ୍କ 'ମାମୁଁ' ଉପନ୍ୟାସର ଚିତ୍ରକଳା, ପ୍ରଭୁଦୟାଲ ଭଗତ, ରାଘବ, 'ପ୍ରାୟଶ୍ଚିତ୍ତ' ଉପନ୍ୟାସର ସଦାନନ୍ଦ ଓ 'ପେଟେଣ୍ଟ ମେଡିସିନ୍' ଗଳ୍ପର ଚନ୍ଦ୍ରମଣିବାବୁ ପ୍ରଭୃତି ଚରିତ୍ରମାନଙ୍କ ଜୀବନରେ ଦର୍ଶାଇଅଛନ୍ତି। ଏତଦ୍‌ବ୍ୟତୀତ ଏହିପରି ବିପଥଗାମିତାର ଦୃଷ୍ଟାନ୍ତ ହେଉଛନ୍ତି ତତ୍‌କାଳୀନ କେତେକ କଲେଜ ଛାତ୍ର। ଏମାନେ ପିତୃ-ଅର୍ଜିତ ଅର୍ଥର ଅପବ୍ୟୟ ହିଁ କରୁଥିଲେ। ସଂସ୍କାରପନ୍ଥୀ ଏହି ଯୁବକମାନେ ରାତାରାତି ଓଡିଶାକୁ ସଭ୍ୟ ଓ ଆଧୁନିକ କରିଦେବାକୁ ମନବଳାଇଥିଲେ। ଅନ୍ତଃସାରହୀନ ଏହି ଯୁବକମାନଙ୍କର ବିପର୍ଯ୍ୟୟର ଚିତ୍ର ମଧ୍ୟ ଫକୀରମୋହନଙ୍କ ଗଳ୍ପ-ଉପନ୍ୟାସରେ ସୁଲଭ। 'ପ୍ରାୟଶ୍ଚିତ୍ତ' ଉପନ୍ୟାସର ସଦାନନ୍ଦ ଏହି ବ୍ୟାଧିଗ୍ରସ୍ତ ଆଧୁନିକତାର ବିଶିଷ୍ଟ ଉଦାହରଣ। ତାହାଙ୍କ 'ପେଟେଣ୍ଟ ମେଡିସିନ୍' ଓ 'ସଭ୍ୟ ଜମିଦାର' ଗଳ୍ପଦ୍ୱୟରେ ବିପଥଗାମୀ ଆଧୁନିକ ଯୁବକର ଜୀବନଧାରାର କରୁଣ ଓ ବାସ୍ତ ଚିତ୍ର ଅଙ୍କିତ।

ଫକୀରମୋହନଙ୍କ ଗଳ୍ପ-ଉପନ୍ୟାସରେ ଊନବିଂଶ-ବିଂଶ ଶତାବ୍ଦୀରେ ଇଂରାଜୀ ଶିକ୍ଷାପ୍ରାପ୍ତ ଯୁବକମାନଙ୍କର ଆଉ କେତେକ ଦୁର୍ବଳତା ପ୍ରକାଶ ପାଇଥିଲା । ସେମାନେ ପିତାମାତାଙ୍କୁ ଅବଜ୍ଞା କରି ସ୍ୱେଚ୍ଛାରେ ପତ୍ନୀ ନିର୍ବାଚନପୂର୍ବକ ବିବାହ କରିବା ନିମନ୍ତେ ଅଭିଳାଷୀ ଥିଲେ; ସାମାଜିକ ଚଳଣି ବହିର୍ଭୁତ କାର୍ଯ୍ୟ କରି ଅସାମାଜିକ ବାତାବରଣ ସୃଷ୍ଟି କରୁଥିଲେ; ଉପାର୍ଜନକ୍ଷମ ହେବା ପରେ ବୃଦ୍ଧ ପିତା-ମାତାଙ୍କୁ ହତାଦର କରୁଥିଲେ । ଏହା ସମସାମୟିକ ଆଧୁନିକ ଶିକ୍ଷାର କୁପରିଣତି ବୋଲି ସମାଜରେ ବିବେଚିତ ହୋଇଥିଲା । 'ମାମୁ' ଉପନ୍ୟାସରେ ମାମୁ ନାଜର ନଟବର ଦାସ ସ୍ୱେଚ୍ଛାରେ ବଂଶ କୁଳହୀନା ବିଶାଖା ଦେଈଙ୍କୁ ବିବାହ କରି ନିଜର ତଥା ପାରିବାରିକ ମର୍ଯ୍ୟାଦାର ପତନ ଘଟାଇଥିଲେ । 'ପ୍ରାୟଶ୍ଚିତ୍ତ' ଉପନ୍ୟାସରେ ରାଜୀବଲୋଚନ ପିତାମାତାଙ୍କ ଅଜ୍ଞାତରେ ଇନ୍ଦୁମତୀଙ୍କୁ ବିବାହ କରିବା ଦ୍ୱାରା ପାରିବାରିକ ତଥା ସ୍ୱୀୟ ଜୀବନ ଧ୍ୱଂସର କାରଣ ହୋଇଥିଲେ । 'ସଭ୍ୟ ଜମିଦାର' ଗଳ୍ପର ନାୟକ ସମ୍ପୂର୍ଣ୍ଣ ବିପଥଗାମୀ ହୋଇ ଏକ ଅକୁଳୀନ, ଭ୍ରଷ୍ଟଚରିତ୍ରା ନାରୀକୁ ବିବାହକରି ଗ୍ରାମରେ ମୁହଁ ଦେଖାଇ ନପାରି ଲଜ୍ଜାରେ ଯାଇ ଆସାମରେ ଖାନସମା କାର୍ଯ୍ୟ କଲେ । ଏହି ଗଳ୍ପର ନାୟକ, ଜମିଦାର ଗୋପାଳଚନ୍ଦ୍ର ମହାପାତ୍ରଙ୍କର ଏକମାତ୍ର ପୁତ୍ର 'ସଭ୍ୟ ଜମିଦାର'ଙ୍କର କଲିକତାର ଏକ ବାରାଙ୍ଗନାକୁ ବିବାହ କରିବା ସପକ୍ଷରେ ଓ ପାରମ୍ପାରିକ ବିବାହରୀତି ବିପକ୍ଷରେ ତାଚ୍ଛଲ୍ୟୋକ୍ତି ଉଲ୍ଲେଖଯୋଗ୍ୟ (୫) । 'ଡାକ ମୁନ୍‌ସି' ଗଳ୍ପରେ ବୃଦ୍ଧ ପିତା ବହୁ କଷ୍ଟ ସ୍ୱୀକାର କରି ପୁତ୍ରକୁ ମାଇନର ପାସ୍ ପରେ ସାହେବଙ୍କୁ କହି ଡାକମୁନ୍‌ସି ଚାକିରିରେ ରଖାଇ ଦେବାପରେ ପୁତ୍ରମଣି ରୋଗଣା ବୃଦ୍ଧ ବାପାଙ୍କୁ କିଆବୁଦା ମୂଳେ ଫୋପାଡି ଦେବାର ନିର୍ଦ୍ଦେଶ ଦେଇଥିଲେ ।

ଦୟାନିଧି ମିଶ୍ରଙ୍କ 'ଭୁଲ' ଗଳ୍ପ ଓ ବାଙ୍କନିଧି ପଟ୍ଟନାୟକଙ୍କ ରଚିତ 'ଲଛମନ୍‌ଜୀ' ଗଳ୍ପଦ୍ୱୟରେ ଶିକ୍ଷାଭିମାନୀ ଯୁବକର କନ୍ୟା-ନିର୍ବାଚନରେ ଦାୟିତ୍ୱହୀନତାର ଦୟନୀୟ ପରିଣତି ପ୍ରକାଶିତ ।

ସ୍ୱଦେଶର ପ୍ରଗତି ନିମନ୍ତେ ନୂତନ ଶିକ୍ଷା ପଦ୍ଧତି ଏକାନ୍ତ ଆବଶ୍ୟକ ହେଲେ ହେଁ ସମାଜ, ଜାତି ଓ ଦେଶର ଭାଗ୍ୟ-ନିୟନ୍ତ୍ରଣକାରୀ ଶିକ୍ଷିତ ଯୁବକର ଅନୀତି, ଅନାଦର୍ଶ, ଅସଂସ୍କୃତି ସମାଜ ପକ୍ଷେ ଯେ ଅତ୍ୟନ୍ତ କ୍ଷତିକାରକ ଏହା କହିବା ଅନାବଶ୍ୟକ । ସେଥିପାଇଁ

୫. "ଅସଭ୍ୟତା, ଅସଭ୍ୟତା, କୁସଂସ୍କାର ! କୁସଂସ୍କାର ! ତୁମେ ତ ଇଂରାଜୀ ଜାଣନା, ଦେଖି ବି ନାହଁ, ସଭ୍ୟ ବିବାହ କଥା କିପରି ଜାଣିବ ? ରୋଶନି ଆଉ ଖରଚ କଥା ଯେ କହିଲ, ତୁମ୍ଭମାନଙ୍କ ପରି ଅଶିକ୍ଷିତ ଲୋକେ କେତେ ଜମିଦାରଘର ବୁଡାଇଦେଲେଣି । ବିବାହ-ବ୍ୟୟ-ସଂକ୍ଷେପଣୀ ସଭାକୁ ଇଂରେଜୀ ଅଫିସିଏଲ୍ ଚିଠି ଯାଇଛି, ସେଠାରୁ ଯେପରି ବ୍ୟବସ୍ଥା ଆସିବ, ସେହିପରି ବିଭା ହେବ ।"
('ସଭ୍ୟ ଜମିଦାର' - ଫକୀରମୋହନ ଗ୍ରନ୍ଥାବଳୀ)

ଓଡ଼ିଆ ଗଳ୍ପ-ଉପନ୍ୟାସର ଆଦିପର୍ବର ଲେକମାନେ ସମାଜସଚେତନତାକୁ ହିଁ ସେମାନଙ୍କ ରଚନାର ଆଦର୍ଶ ରୂପେ ଗ୍ରହଣ କରିଅଛନ୍ତି । ଫକୀରମୋହନ ଥିଲେ ସାହିତ୍ୟରେ ଏତାଦୃଶ ପ୍ରତିଷ୍ଠାର ଅଗ୍ରଦୂତ ।

ମଧ୍ୟବିତ୍ତ ଶ୍ରେଣୀର ଉଦ୍ଭବ ଓ ସାମାଜିକ ଦୁର୍ଗତି :

ଇଂରେଜ ଶାସନ ପ୍ରତିଷ୍ଠାର ଅବ୍ୟବହିତ ପରେ ଓଡ଼ିଶାରେ ଯେଉଁ ନୂତନ ମଧ୍ୟବିତ୍ତ ଚାକିରିଆ ଶ୍ରେଣୀର ସୃଷ୍ଟି ହେଲା, ସେମାନେ ଦରିଦ୍ର, ଅର୍ଦ୍ଧଶିକ୍ଷିତ ବା ଅଶିକ୍ଷିତ ଜନସାଧାରଣଙ୍କୁ ଶୋଷଣ ଓ ପୀଡନ କରିବାର ବହୁପ୍ରକାର ସୁବିଧା ଲାଭ କରିଥିଲେ । କେତେକ କର୍ମଚାରୀ ଅତ୍ୟନ୍ତ ଅବିବେକୀ, ନୈତିକ ବିଚାରବିହୀନ ଭାବରେ ପରସ୍ୱପହରଣରେ ନିୟୋଜିତ ରହି ସରକାରୀ କ୍ଷମତାର ଅପବ୍ୟବହାର କରୁଥିଲେ । 'ମାମୁ' ଉପନ୍ୟାସର ନାଜର ନଟବର ଦାସ ଏହିପରି ଏକ ଚକ୍ରାନ୍ତକାରୀ, ଅସାଧୁ କର୍ମଚାରୀ ଗୋଷ୍ଠୀର ଯଥାର୍ଥ ଉଦାହରଣ । ସେ ଆପଣାର ବିଧବା ଭଗିନୀ ପୁତ୍ରର ଧନସମ୍ପତ୍ତି ଓ ସର୍ବୋପରି ତାହାର ଜମିଦାରିକୁ ଆତ୍ମସାତ୍ କରିବା ନିମନ୍ତେ ବହୁ କପଟତା ଓ ପ୍ରତାରଣାର ଆଶ୍ରୟ ନେଇଛନ୍ତି ।

'ପୁନର୍ମୂଷିକୋଭବ' ଗଳ୍ପରେ ଗ୍ରାମର କନେଷ୍ଟବଳ କିଣା ବାରିକର ଧନଲୋଭ ତାହାର ଅଧଃପତନର କାରଣ ହୋଇଅଛି ଓ ସେ ପୁନର୍ବାର ଗ୍ରାମର 'କିଣା ଭଣ୍ଡାରୀ' ନାମରେ ପରିଚିତ ହୋଇଅଛି ।

ସହରୀ ଚାକିରିଜୀବୀମାନଙ୍କର ଗ୍ରାମ୍ୟଜୀବନ ପ୍ରତି ବିତୃଷ୍ଣା, ଅର୍ଥଲୋଭ ଓ ଶୋଷଣ ମନୋବୃତ୍ତି ତତ୍‌କାଳୀନ ସମାଜରେ ଏକ ଅସୁସ୍ଥ ପରମ୍ପରା ସୃଷ୍ଟି କରିଥିଲା । ସେହିପରି ଗ୍ରାମାଞ୍ଚଳର ନିରୀହ ଜନସାଧାରଣ ଅର୍ଥଶୋଷଣକାରୀ ଜମିଦାରଙ୍କର ଶୋଷଣର ଶିକାର ହୋଇ ଚରମ ଦୁର୍ଦ୍ଦଶା ଭୋଗ କରୁଥିଲେ । ଏହିସବୁ କପଟାଚାରୀ ବ୍ୟକ୍ତିମାନଙ୍କର କପଟତାର ମୁଖାକୁ ଫକୀରମୋହନ ଉନ୍ମୋଚନ କରିଦେଇଅଛନ୍ତି । ପରପୀଡନ, ଅର୍ଥଲୋଭ, ଶୋଷଣର ଭୟାବହତା ଦର୍ଶାଇବା ସଙ୍ଗେ ସଙ୍ଗେ ସେମାନଙ୍କ ଜୀବନର ଅନ୍ତିମ ପରିଣତିକୁ ସେ ଶୋଚନୀୟ ରୂପେ ଚିତ୍ରଣ କରିଅଛନ୍ତି । ସମାଜର ଶୋଷିତ, ଅବହେଳିତ, ଅବଜ୍ଞାତ ଓ ଅପାଙ୍‌କ୍ତେୟ ଜନସାଧାରଣଙ୍କ ପ୍ରତି ଗଭୀର ସମବେଦନା ତାହାଙ୍କ ଗଳ୍ପ-ଉପନ୍ୟାସର ଅନ୍ୟତମ ବିଭାବ । ଏତାଦୃଶ ବହୁ ଚରିତ୍ରମାନଙ୍କ ଜୀବନରେ ସେ ଦର୍ଶାଇଅଛନ୍ତି ଉଚ୍ଚ ମାନବିକତା, ଆତ୍ମତ୍ୟାଗ, ବଳିଷ୍ଠତା ଓ ଚରିତ୍ରବତ୍ତା ।

ସମାଜରେ ସେତେବେଳେ ଜାତ୍ୟାଭିମାନ, କନ୍ୟାସୁନା, ବାଲ୍ୟବିବାହ ଭଳି ବହୁ କୁସଂସ୍କାରର ପ୍ରଭାବ ଅନୁଭୂତ ହେଉଥିଲା । ସମାଜ-ସଂସ୍କାର ଅଭିପ୍ରାୟରେ

ତତ୍‌କାଳୀନ ବହୁ ଔପନାସିକ ଏହା ବିରୁଦ୍ଧରେ ସ୍ୱର ଉତ୍ତୋଳନ କରିଥିଲେ। ଫକୀରମୋହନଙ୍କ 'ମାଧମହାନ୍ତିଙ୍କ କନ୍ୟାସୁନା', 'ବିରେଇ ବିଶାଳ' ଗଳ୍ପ, ନନ୍ଦକିଶୋର ବଳଙ୍କ ରଚିତ 'ଲକ୍ଷ୍ମୀ' ଗଳ୍ପ ଓ 'କନକଲତା' ଉପନ୍ୟାସ ଏହାର ଯଥାର୍ଥ ଉଦାହରଣ। କନ୍ୟାସୁନା ନେବା ସପକ୍ଷରେ ତତ୍କାଳୀନ କନ୍ୟାପିତାମାନଙ୍କର ଯୁକ୍ତି ଥିଲା ଅତୀବ ବିଚିତ୍ର ତଥା ହାସ୍ୟୋଦ୍ଦୀପକ (୬)। ଫକୀରମୋହନ ଏହାକୁ ଅତ୍ୟନ୍ତ ସରସ ଓ ଚିତ୍ତାକର୍ଷକ ଭାବେ ବର୍ଣ୍ଣନା କରିଅଛନ୍ତି ମାଧମହାନ୍ତିଙ୍କ ଚିନ୍ତାଧାରା ମାଧ୍ୟମରେ (୭)। ଏତାଦୃଶ ମନୋବୃତ୍ତିସମ୍ପନ୍ନ କନ୍ୟାପିତାମାନଙ୍କର ଜୀବନର ପରିଣତି ତତ୍‌କାଳୀନ ବହୁ ଗଳ୍ପ-ଉପନ୍ୟାସରେ ଅଭିବ୍ୟକ୍ତ।

ଶିକ୍ଷାଲାଭରୁ ବଞ୍ଚିତ ଉତ୍କଳର ନାରୀସମାଜ ସେତେବେଳେ ପୁରୁଷମାନଙ୍କଦ୍ୱାରା ବହୁଭାବରେ ନିର୍ଯାତିତ ହେଉଥିଲେ। ଏହିପରି ପୁରୁଷପ୍ରଧାନ ସମାଜରେ ନାରୀର ଦାବୀ ଓ ମର୍ଯ୍ୟାଦା ପ୍ରତିଷ୍ଠା ଲକ୍ଷ୍ୟରେ ମଧ୍ୟ କେତେକ ଗଳ୍ପ-ଉପନ୍ୟାସକାର ଲେଖନୀ ଚାଳନା କରିଅଛନ୍ତି। ଏତାଦୃଶ ଗଳ୍ପମାନଙ୍କ ମଧ୍ୟରୁ ଦୟାନିଧି ମିଶ୍ରଙ୍କ 'କଳିକାଳ ଟୋକାଙ୍କୁ ବଳ ନାହିଁ' ଗଳ୍ପ ଅନ୍ୟତମ।

ବାଲ୍ୟବିବାହର ବିଷମୟ ପରିଣତି ସ୍ୱରୂପ ବହୁ ନାରୀଜୀବନ ବୈଧବ୍ୟର କଶାଘାତରେ ହେଉଥିଲା ଜର୍ଜରିତ। ସମାଜରେ ଦେଖାଦେଇଥିଲା ଅନୈତିକତା। ତତ୍‌କାଳୀନ ନାରୀଜୀବନର କରୁଣ ନିର୍ଯାତନାର ଚିତ୍ର କୁନ୍ତଳାକୁମାରୀ ସାବତଙ୍କ ଉପନ୍ୟାସମାନଙ୍କରେ ଉତ୍ତମ ରୂପେ ଅଭିବ୍ୟକ୍ତ ହୋଇଅଛି। ନାରୀଜୀବନ ପ୍ରତି ଗଭୀର ସମବେଦନାରେ ତାଙ୍କ ହୃଦୟ ହୋଇଥିଲା ଉଦ୍‌ବେଳିତ। ଏଥି ନିମନ୍ତେ ସାମାଜିକ

---

୬. "ମୁଁ ତୋତେ ଚଉଦବରଷ କାଳ ଖୁଆଇ ପିଆଇ ବଢାଇଲି, ଆଜି କଣ ନାଁ ପାଣିକି ଡେଇଁପଡିବୁ? ମର, ଦେଖେଁ ଭଲା କିମିତି ମରିବୁ? ଚଉଦବରଷ କାଳ ଖାଇଛୁ, ପିଇଛୁ; ଭାତ ଲୁଗା ଦାମ୍ଭ ପାଞ୍ଚଶ ଟଙ୍କା ଗଣି ଥୋ - ତା ବାଦେ ମରିବୁ ତ ମର୍ ଯା, ମୋର ମନାନାହିଁ।"
('ବିରେଇ ବିଶାଳ'- ଫକୀରମୋହନ ଗ୍ରନ୍ଥାବଳୀ)

୭. "ପନ୍ଦରବର୍ଷର ଝିଅଟା ତ ଅତି ନିକୁଛରେ ପାଞ୍ଚ ଛ" ଶହ ଟଙ୍କା ଖାଇଗଲାଣି। ତିନିଶହ ଟଙ୍କାରେ ଦେଲେ ଲାଭ ଥାଉ, ମୂଳରୁ ରୋକ୍ ଠୋକ୍ ଦି'ତିନିଶହ ଟଙ୍କା ଲୋକସାନ। ମାଧମହାନ୍ତି ମନରେ ସ୍ଥିରକଲେ ସାତଶହ ଟଙ୍କାରୁ ଊଣା କନ୍ୟାସୁନା ହେଲେ ଝିଅକୁ ଛାଡିବେନାହିଁ; ଝିଅ ପଛକେ ଦରବୁଢୀ ହୋଇ ଘରେ ବସିଥାଉ। ଘରକାମ ପାଇଟି ପାଇଁ ଆଉ ଗୋଟାଏ ଆସିଲେ ଖାଆନ୍ତା, ନୋହିଲେ ଏଇଟା ଖାଇଲା। ଲୋକେ ନିନ୍ଦା କରୁଛନ୍ତି, କରନ୍ତୁ। ଲୋକଙ୍କ କଥାରେ କଣ ଅଛି? ସେଥିଲାଗି କ'ଣ ଏତେ ଟଙ୍କା ଲୋକସାନ ସହିବି?"
('ମାଧମହାନ୍ତିଙ୍କ କନ୍ୟାସୁନା'- ଫ.ମୋ. ଗ୍ରନ୍ଥାବଳୀ)

ଚେତନା ସୃଷ୍ଟି କରିବାକୁ ମଧ୍ୟ ସେ ପଶ୍ଚାତ୍‌ପଦ ହୋଇ ନଥିଲେ (୮)। ସଧବା ବୃଦ୍ଧା ପରିଣତ ବୟସରେ ସିନ୍ଦୂର, କଜ୍ଜ୍ୱଳ, ଅଳତା, ମହଣର ମୋହ ଛାଡିପାରୁନାହିଁ; ହାତ ପଚେଇ, ହଳଦିକାଠୁଆ, ତେଲ ଫରୁଆ ନ ହେଲେ ଗାଧୁଆ ଚଳୁନାହିଁ; ଅଥଚ ତା'ରି ପାଖରେ ତାଙ୍କରି ବିଧବା କନ୍ୟାର ହୃଦୟଭେଦୀ ହତାଶାର ଦୀର୍ଘଶ୍ୱାସ ତାଙ୍କୁ ଶୁଭୁନାହିଁ ବା ଚକ୍ଷୁରୁ ଝରୁଥିବା ଲୋତକ ତାଙ୍କୁ ଦିଶୁନାହିଁ। ଏହି ଦୀର୍ଘଶ୍ୱାସ କିନ୍ତୁ ଲେଖିକାଙ୍କ ସରଳ ହୃଦୟକୁ ବିମଥିତ କରିଥିଲା (୯)। କାଳୀବୋହୂ ଲକ୍ଷ୍ମୀ ଦଶବର୍ଷରେ ବିଧବା ହୋଇ ସମସ୍ତ ପାର୍ଥିବ ସୁଖରୁ ବଞ୍ଚିତ ହେବାରେ ଲେଖିକା ସମାଜକୁ ଦାୟୀକରି ପ୍ରଶ୍ନ କରିଥିଲେ, "ଲକ୍ଷ୍ମୀ ନାରୀତ୍ୱ ଓ ମାତୃତ୍ୱରୁ କାହିଁକି ବଞ୍ଚିତ ? ସେ କାହିଁକି ନିରାଶ୍ରୟା, ନିଃସଙ୍ଗ ? ଜଗତର ଭୋଗ କାହିଁକି ତା' ଲାଗି ମନା ?"(୧୦) କୁନ୍ତଳାକୁମାରୀଙ୍କର 'ଭ୍ରାନ୍ତି', 'ନଅତୁଣ୍ଡୀ', 'କାଳୀବୋହୂ', 'ପରଶମଣି' ଓ 'ରଘୁ ଅରକ୍ଷିତ' ଉପନ୍ୟାସରେ ନିପୀଡିତା ନାରୀଜାତି ପ୍ରତି ସହାନୁଭୂତି ପ୍ରକାଶିତ। ସଂସ୍କାରପ୍ରବଣତା, ମାନବତାବାଦୀ ଚିନ୍ତାଧାରା, ସାମାଜିକ ବାସ୍ତବତା, ସାମାଜିକ ପୁନର୍ଗଠନ ତଥା ଜାତୀୟତାବାଦୀ ଚିନ୍ତାଧାରା ଏହି ଉପନ୍ୟାସମାନଙ୍କୁ ସମକାଳୀନ ପରିବେଷ୍ଟନୀରେ ଅଧିକ ବାସ୍ତବ ଓ ଜୀବନଧର୍ମୀ କରିଅଛି।

ଲେଖକ-ଲେଖିକାମାନଙ୍କର ଏହିପରି ଯୁଗୋପଯୋଗୀ ରଚନା ନାରୀମାନଙ୍କ ମଧ୍ୟରେ ସାମାଜିକ ସଚେତନାତା ସୃଷ୍ଟି କରିପାରିଥିଲା। ସେମାନଙ୍କୁ ସେମାନଙ୍କ ସାମାଜିକ ସ୍ଥିତି ସଚେତନ କରାଇବାରେ ଏହା ହୋଇଥିଲା ସମର୍ଥ। ସେମାନଙ୍କ ଦାୟିତ୍ୱ ଓ ଅଧିକାର ବିଷୟରେ ସେମାନଙ୍କୁ ଏହା ଅବହିତ କରାଇପାରିଥିଲା ଓ ସେମାନଙ୍କୁ କରିଥିଲା ଆତ୍ମସଚେତନ। ଏହା ଫଳରେ ନାରୀ ଆଉ 'ମହାଜନର ଝରକାହୀନ ଧାନକୋଠି' ପରି ସମାଜ-କୋଠିରେ ବନ୍ଦିନୀ ନ ହୋଇ ସାମାଜିକ ନୀତି ନିୟମ ଉପରେ ପୁରୁଷର ନିରଙ୍କୁଶ ତଥା ଯଥେଚ୍ଛା ଅତ୍ୟାଚାରର ପ୍ରତିବାଦ କରିବାକୁ ସମର୍ଥ ହୋଇପାରିଥିଲା। ଖ୍ୟାତନାମା ଆଇନଜୀବୀ ଶାରଦାଙ୍କ ପ୍ରଣୀତ ବାଲ୍ୟବିବାହ ଓ ବିଧବାବିବାହ ସମ୍ପର୍କୀୟ 'ଶାରଦା ଆଇନ' ପ୍ରବର୍ତ୍ତିତ ହେବା ଦ୍ୱାରା ଭାରତୀୟ ସମାଜ ଏହି ଉତ୍କଟ ବ୍ୟାଧିରୁ କେତେକ ପରିମାଣରେ ମୁକ୍ତି ଲାଭ କରିଥିଲା। ଏହି ପୃଷ୍ଠଭୂମି ଉପରେ ରଚିତ ହୋଇଅଛି

---

୮. "ଜୀବନ ରଙ୍ଗମଞ୍ଚରେ ସେ ଜଣେ ମୂକ ଦର୍ଶକ ନୁହନ୍ତି, ଅଭିନେତ୍ରୀ। ତେଣୁ ତାଙ୍କ ସଂସ୍କାର ଏକ ଚିନ୍ତା ନୁହେଁ, ବାସ୍ତବ ପ୍ରୟାସ।"
'କୁନ୍ତଳାକୁମାରୀଙ୍କ ଉପନ୍ୟାସ - କାଳ, ତାର କଳନା', ଓଡିଆ ଉପନ୍ୟାସ ସାହିତ୍ୟର ପରିଚୟ - (ଡଃ କୁଞ୍ଜବିହାରୀ ଦାଶ - ପୃ.୧୧୮)

୯. "... ନିର୍ଦ୍ଦୟ ସମାଜ। ହସ ନାହିଁ, ରୋଦନ କର, ତୁମ ଦଶଲକ୍ଷ ବିଧବାର କୋଡିଏ ଲକ୍ଷ ଆଖିରୁ ଲୁହ ଝରୁଛି।" ('କାଳୀବୋହୂ', କୁ: କୁ: ଗ୍ର:)

୧୦. 'କାଳୀବୋହୂ'- କୁନ୍ତଳାକୁମାରୀ ସାବତ, ପୃ.୧୪

ଗୋଦାବରୀଶ ମହାପାତ୍ରଙ୍କର 'ବିଦ୍ରୋହ' ଉପନ୍ୟାସ। ଏଥିରେ ବିଦ୍ରୋହୀ ନାୟିକା ବିଧବା ଗଉରୀ ସାହସର ସହିତ ବ୍ରଜ-ବୋଉଙ୍କର ପଣତକାନି ଧରି ସଂସ୍କାରକାମୀ ଯୁବକ ବ୍ରଜ ସହିତ ଆସ୍ପୃଶ୍ୟତା ନିବାରଣ ସଭାରେ ଯୋଗଦେବାକୁ ଘରୁ ବାହାରିଯାଇଛି। ସେ ଆଉ ତା'ର ସଂସ୍କାରଗ୍ରସ୍ତ ପିତାଙ୍କର କଠୋର କୁବାକ୍ୟ ବା ବିଭିନ୍ନ ବନ୍ଧନର ନିର୍ଦ୍ଦେଶକୁ ଭ୍ରୂକ୍ଷେପ କରିନାହିଁ। ପୁରୁଷ ହସ୍ତର କ୍ରୀଡାପୁତ୍ତଳିକା ହେବା ପରିବର୍ତ୍ତେ ସ୍ୱାଧୀନ, ବାସ୍ତବ ଜୀବନର ସମ୍ମୁଖୀନ ହେବାକୁ ସେ ଶ୍ରେୟସ୍କର ମନେକରିଛି। ଫଳରେ ସମାଜର ଏହି ଯେଉଁ ଅର୍ଦ୍ଧାଙ୍ଗଟି ଏ ପର୍ଯ୍ୟନ୍ତ ଅର୍ଦ୍ଧଚେତନ ଅବସ୍ଥାରେ ପଡିରହିଥିଲା ତା' ମଧ୍ୟରେ ହୋଇଛି ଜୀବନୀଶକ୍ତିର ସଞ୍ଚାର। ସମାଜରେ ଏହି ନବଜୀବନର ଉପଲବ୍ଧି ସାହିତ୍ୟରେ ବ୍ୟାପକ ଭାବରେ ପ୍ରତିଫଳିତ ହୋଇଛି ଓ ସାହିତ୍ୟିକର ଦୃଷ୍ଟି ହୋଇଛି ସଂପ୍ରସାରିତ। ନାରୀର ଅସହାୟତା, ତା' ହୃଦୟର ଅବରୁଦ୍ଧ ବେଦନା, ମାତୃହୃଦୟର ଯନ୍ତ୍ରଣା ଗୋଦାବରୀଶ ମହାପାତ୍ରଙ୍କ 'ପତିତାର ପୁଅ' ଗଳ୍ପରେ ଅଭିବ୍ୟକ୍ତ। ଅସ୍ପୃଶ୍ୟତା ତଥା ସାମ୍ପ୍ରଦାୟିକତାର କଳଙ୍କିତ ରୂପବର୍ଣ୍ଣନା ତାଙ୍କ ଗଳ୍ପମାନଙ୍କର ଅନ୍ୟ ଏକ ବିଶିଷ୍ଟ ବିଭାବ।

ସତ୍ୟବାଦୀ ଗୋଷ୍ଠୀର ଅନ୍ୟତମ ସାଧକ ପଣ୍ଡିତ ଗୋଦାବରୀଶ ମିଶ୍ରଙ୍କ କ୍ଷୁଦ୍ରଗଳ୍ପମାନଙ୍କରେ ଏହି ସାମାଜିକ ସଚେତନାତାର ପ୍ରତିଫଳନ ଦେଖିବାକୁ ମିଳେ। 'ପରଦାସୀନ', 'ତୋଳାକନ୍ୟା', 'ବିଧବାକନ୍ୟା', 'ନାରୀର ଗତି', 'ବରଯାତ୍ରୀ', 'ପାଣୁ ମିଶ୍ରେ', 'ପୁଆଣୀଘର' ପ୍ରଭୃତି ଗଳ୍ପମାନଙ୍କରେ ତୋଳାକନ୍ୟା, ବାଲ୍ୟବିବାହ, ବୃଦ୍ଧବିବାହ ଓ ବିଧବା ସମସ୍ୟାର ଭୀଷଣତାକୁ ସାମାଜିକ କଳଙ୍କ ରୂପେ ଦର୍ଶାଇଦିଆଯାଇଅଛି।

ଗାଳ୍ପିକ ଅନନ୍ତପ୍ରସାଦ ପଣ୍ଡାଙ୍କର 'ଅତୃପ୍ତ ବାସନା', 'କର୍ମର ଫଳ', 'ବାସନା ତୃପ୍ତି', 'ପହିଲିଭୋଗ', 'ମନର ଭୁତ', 'ଦେଶାନ୍ତରୀ', 'ଅର୍ଥର ମୋହ', 'କଙ୍କାଳର ସ୍ୱପ୍ନ' ଇତ୍ୟାଦି ଗଳ୍ପମାନଙ୍କରେ କନ୍ୟାସୁନାର ଦାରୁଣତା ଓ 'ଛତ୍ରଖାଇ', 'ଷ୍ଟେସନ ମାଷ୍ଟର' ଆଦି ଗଳ୍ପରେ ବିଧବା ଜୀବନର କାରୁଣ୍ୟ ବର୍ଣ୍ଣିତ (୧୧)।

ଏହିପରିଭାବେ ତତ୍‌କାଳୀନ ଯାନ୍ତିକ ଓ ଔପନ୍ୟାସିକମାନେ ନାରୀଜୀବନର ବିବିଧ ସମସ୍ୟକୁ ଗଳ୍ପ-ଉପନ୍ୟାସରେ ଉପସ୍ଥାପିତ କରି ନାରୀଜାଗରଣର ଭିତ୍ତିଭୂମି ପ୍ରସ୍ତୁତ କରିପାରିଥିଲେ। ଏତଦ୍ୱାରା ନାରୀଶିକ୍ଷାର ମୂଳଭିତ୍ତି ପ୍ରତିଷ୍ଠିତ ହୋଇପାରିଥିଲା। ନାରୀମାନେ ସେମାନଙ୍କର କର୍ତ୍ତବ୍ୟ, ଦାୟିତ୍ୱ ଓ ସାମାଜିକ ସ୍ଥିତି ସମ୍ବନ୍ଧରେ ଅବହିତ ହୋଇପାରିଥିଲେ।

ଇତିହାସର ସ୍ମୃତିଚାରଣ:

ଇତିହାସର ପୁଙ୍ଖାନୁପୁଙ୍ଖ ଅନୁଶୀଳନ ମାଧ୍ୟମରେ ଶାସକ ଓ ଶାସିତର ସ୍ୱରୂପ ଓ

---

୧୧. 'ସଭ୍ୟତାର ତଳେ' ପୁସ୍ତକରେ ଗଳ୍ପଗୁଡିକ ସନ୍ନିବିଷ୍ଟ।

ସମ୍ପର୍କକୁ ଉଦ୍‌ଘାଟନ ଜାତୀୟଚେତନାର ଏକ ଅଂଶବିଶେଷ। ଦେଶପ୍ରେମର ନବୀନ ସ୍ୱରୂପ ଉପଲବ୍ଧି ନିମନ୍ତେ ଇତିହାସର ସ୍ମୃତିଚାରଣ ଏକାନ୍ତ ଆବଶ୍ୟକ। ଦୀର୍ଘଦିନର ରାଜନୀତିକ ପରାଧୀନତା, ଶୋଷଣ ଓ ଲୁଣ୍ଠନ ଏ ଜାତିର ଜୀବନ-ପ୍ରବାହକୁ ଶୁଷ୍କ, ନୀରସ ଓ ନିସ୍ପନ୍ଦ କରିଦେବା ସଙ୍ଗେ ସଙ୍ଗେ ଜାତୀୟ ଜୀବନକୁ ସମ୍ପୂର୍ଣ୍ଣ ଲୋପକରି ସାମାଜିକ ଓ ସଂସ୍କୃତିର ପୁନର୍ଜାଗରଣ ଓ ଜାତୀୟ ଜୀବନର ପୁନଃସଞ୍ଚାର ନିମନ୍ତେ ଔପନ୍ୟାସିକମାନେ ଇତିହାସର ପୃଷ୍ଠଭୂମି ଉପରେ ଆଧାରିତ ରୋମାଞ୍ଚକାରୀ, ହୃଦୟଗ୍ରାହୀ ଉପନ୍ୟାସମାନ ରଚନାକରି ଦେଶପ୍ରୀତି, ଜାତିପ୍ରୀତି ଓ ସର୍ବୋପରି ମାନବପ୍ରୀତିର ଉଜ୍ଜ୍ୱଳ ଆଲେଖ୍ୟ ଅଙ୍କନ କରି ଦେଶଭକ୍ତି ପ୍ରସାର କରିବାର ଉଦ୍ୟମ କରିଥିଲେ। ଜାତୀୟ ଜୀବନର ମହତ୍ତ୍ୱ ରକ୍ଷା ଉଦ୍ଦେଶ୍ୟରେ ଓଡିଆ ସାହିତ୍ୟରେ ମଧ୍ୟ ସେହିଭଳି ସାହିତ୍ୟିକ ପ୍ରଚେଷ୍ଟା ହୋଇଥିଲା।

ଓଡିଆ ଉପନ୍ୟାସ ରଚନାର ଆଦିପର୍ବରେ ଐତିହାସିକ ଉପନ୍ୟାସ ରଚନାର ଏହା ହିଁ ଥିଲା ମୁଖ୍ୟ ଉଦ୍ଦେଶ୍ୟ। ଫକୀରମୋହନଙ୍କ ପରେ ଶୁଦ୍ଧ ଓ ପୂର୍ଣ୍ଣଭାବରେ ଇତିହାସକୁ ଅବଲମ୍ବନକରି ଉପନ୍ୟାସ ରଚନା କରିଥିଲେ ୰ ରାମଚନ୍ଦ୍ର ଆଚାର୍ଯ୍ୟ। ତାହାଙ୍କ ରଚିତ 'କମଳକୁମାରୀ'(୧୯୨୫), 'ପୀୟୂଷ ପ୍ରବାହ' (୧୯୩୫), 'ବୀରାଙ୍ଗନା' (୧୯୩୬) ଉପନ୍ୟାସଗୁଡିକ ଜାତୀୟଚେତନାର ନୂତନ ଦିଗନ୍ତ ଉନ୍ମୋଚନ କରିଥିଲା। ଏଗୁଡିକ ଔପନ୍ୟାସିକଙ୍କର ମୌଳିକ ରଚନା ନ ହେଲେ ମଧ୍ୟ କଥାବସ୍ତୁ ଆହରଣରେ ଓ ତାହାର ଉପସ୍ଥାପନାରେ ଲେଖକଙ୍କ ପ୍ରତିବାର ସ୍ପଷ୍ଟ ପରିଚୟ ନିହିତ। ବିପ୍ଳବ, ବିଦ୍ରୋହ, ଷଡଯନ୍ତ୍ର, ଅତ୍ୟାଚାର, ଅପହରଣ, ରାଜ୍ୟ-ବିସ୍ତାର-ଲିପ୍‌ସାର ବହୁ ଜଘନ୍ୟ ଲୋମହର୍ଷଣକାରୀ ଚିତ୍ର ଏଥିରେ ପ୍ରଦତ୍ତ ହୋଇଅଛି।

ବିଦେଶୀ ଉପନ୍ୟାସ, ସଂସ୍କୃତି ତଥା ଭାରତର ପ୍ରାନ୍ତୀୟ ଐତିହାସିକ ଗ୍ରନ୍ଥାବଳୀରୁ ସେ ତାଙ୍କ ଉପନ୍ୟାସର କଥାବସ୍ତୁ ଆହରଣ କରିଥିଲେ। ଭିକ୍ଟର ହ୍ୟୁଗୋଙ୍କ ରଚିତ 'ଲା ମିଜେରେବ୍ଲ' ଛାୟାରେ 'ପୀୟୂଷ ପ୍ରବାହ' ଓ 'କମଳକୁମାରୀ' ରାଜସ୍ଥାନର 'କଥାଭାଗ'(Plot) ଅବଲମ୍ବନରେ ରଚିତ। 'ବୀରାଙ୍ଗନା' ଉପନ୍ୟାସଟି ମହୀୟସୀ ଅହଲ୍ୟାବାଈଙ୍କ ଆତ୍ମତ୍ୟାଗ, ଦେଶପ୍ରେମଭିତ୍ତିକ ଜୀବନଚରିତକୁ ଆଧାର କରି ରଚିତ।

ଏହି ଔପନ୍ୟାସିକଙ୍କର 'ବୀର ଓଡିଆ' ଉପନ୍ୟାସରେ ମରହଟ୍ଟା, ମୋଗଲ ଓ ଇଂରେଜ ଶାସକଙ୍କର ଅତ୍ୟାଚାର, ଶୋଷଣ, ଅହମିକା ଓ ପ୍ରଜାପୀଡନ ସହ ଶୋଷିତର ଆତ୍ମରକ୍ଷା ଓ ଅନ୍ୟାୟର ପ୍ରତିରୋଧ ନିମନ୍ତେ ପ୍ରାଣପାତ ସଂଗ୍ରାମ ଦକ୍ଷତାର ସହ ବର୍ଣ୍ଣିତ। ମୋଗଲ ରାଜତ୍ୱ କାଳରେ ନାଏବ ନାଜିମାନଙ୍କ ଅଧୀନରେ ଶାସିତ ଉତ୍କଳର ଇତିହାସ ଏହି ଉପନ୍ୟାସର ଭିତ୍ତିଭୂମି। ମହମ୍ମଦ ତକୀଖାଁଙ୍କର ଦୁର୍ଦ୍ଦମନୀୟ ଅତ୍ୟାଚାର ସମଗ୍ର ଓଡିଶାରେ

ଭୀତି ସଞ୍ଚାର କରିବା ସଙ୍ଗେ ସଙ୍ଗେ ଜାତୀୟ ଜାଗୃତିର ଅଗ୍ନି ଉଦ୍‌ଗିରଣ କରିଥିଲା। ଶାସକ ତଲୀଖାଁଙ୍କର ପ୍ରଜାପୀଡନ, ଧର୍ମବିଦ୍ୱେଷ ଭାବ ସହିତ ସ୍ୱଦେଶବତ୍ସଳ ରାଜା କୃଷ୍ଣଚନ୍ଦ୍ରଙ୍କର ଏହି ଅନ୍ୟାୟର ପ୍ରତିରୋଧ ଏହି ଉପନ୍ୟାସର କଥାବସ୍ତୁ। ଦେଶମାତୃକାର ଦୁଃଖ ଦୂର କରିବା ନିମନ୍ତେ 'ବୀର ଓଡିଆ'ର ଜୀବନମୂର୍ଚ୍ଛା' ଉଦ୍ୟମ, ପ୍ରତିଜ୍ଞା, ବୀରତ୍ୱ, ନିର୍ଭୀକତା ଓ ସାହସ ଏହିପରି ବର୍ଣ୍ଣିତ। ଏ ଦେଶରେ ଜାତୀୟତାର ମହାପ୍ରବାହରୁ ଗତିଶୀଳ କରାଇବାରେ ଏହି ଉପନ୍ୟାସଗୁଡିକର ଗୁରୁତ୍ୱ ଅନସ୍ୱୀକାର୍ଯ୍ୟ।

ଅସହଯୋଗ ଆନ୍ଦୋଳନର କର୍ମୀ ତଥା ସ୍ୱାଧୀନଚେତା ଗଳ୍ପଲେଖକ ଦୟାନିଧି ମିଶ୍ରଙ୍କ କେତେକ ଗଳ୍ପ ସମ୍ପୂର୍ଣ୍ଣ ଭାବରେ ଇତିହାସର ବିଷୟବସ୍ତୁ ଉପରେ ଆଧାରିତ। ତାଙ୍କର 'ଶାନ୍ତି', 'ଅରୁଣା', 'ରୂପର ମୂଲ୍ୟ' ଓ 'ପ୍ରଦୀପ ନିର୍ବାଣ' (୧୨) ଗଳ୍ପ ଚାରୋଟିରେ ମରହଟ୍ଟା ଅତ୍ୟାଚାର ପ୍ରସଙ୍ଗ ବର୍ଣ୍ଣିତ।

ମରହଟ୍ଟାମାନଙ୍କର ଅତ୍ୟାଚାର ବିରୁଦ୍ଧରେ ହୀରାଖଣ୍ଡ ଛତ୍ରପତି ମହାରାଜ ଅଭୟ ସିଂହଙ୍କର ପୁତ୍ର ଅଜିତ୍ ସିଂହଙ୍କ ଯୁଦ୍ଧ ଓ ଅଭୟ ସିଂହଙ୍କ ଶାସନକାଳରେ ମରହଟ୍ଟାମାନଙ୍କର ବର୍ବରୋଚିତ ଆକ୍ରମଣ ଯଥାକ୍ରମେ 'ଶାନ୍ତି' ଓ 'ଅରୁଣା' ଗଳ୍ପଦ୍ୱୟର କଥାବସ୍ତୁ। 'ରୂପର ମୂଲ୍ୟ' ଗଳ୍ପରେ ଓଡିଆ ଜାତିର ବିଭିନ୍ନ ସ୍ୱାଧୀନ ରାଜାଙ୍କର ସାହସ, ନିର୍ଭୀକତା ଓ ଗୌରବ ପ୍ରଖ୍ୟାପିତ।

ଓଡିଶାର ସ୍ୱାଧୀନତାର ଶେଷ ଦୀପଶିଖା ମୁକୁନ୍ଦଦେବଙ୍କ ରାଜତ୍ୱର ଅବସାନର କାହାଣୀ ଅବଲମ୍ବନରେ 'ପ୍ରଦୀପ ନିର୍ବାଣ' ଗଳ୍ପଟି ଲିଖିତ। କଳାପାହାଡର ଓଡିଶା ଆକ୍ରମଣରେ ଓଡିଶାର ଶେଷ ସ୍ୱାଧୀନ ରାଜା ମୁକୁନ୍ଦଦେବଙ୍କ ପରାଜୟ ଓ ମୁକୁନ୍ଦଦେବଙ୍କ ରେଣୀଙ୍କର ସହଚରୀମାନଙ୍କ ସହ ସ୍ୱୀୟ ସତୀତ୍ୱ ବଜାୟ ରଖିବା ନିମନ୍ତେ ଯାଜପୁରସ୍ଥ ବୈତରଣି ନଦୀରେ ଆତ୍ମବିସର୍ଜନ କରିଥିଲେ। ଏହି ସଂକ୍ରାନ୍ତରେ ଲେଖକ ଯଥାର୍ଥରେ ଲେଖିଥିଲେ, "ଓଡିଶାର ଉତ୍‌ଥାନ ଯେପରି ଗୌରବମୟ।" ଓଡିଶା ଇତିହାସର ସ୍ୱର୍ଣ୍ଣଯୁଗ ଅବସାନର ମର୍ମନ୍ତୁଦ କାହାଣୀ ଏଥିରେ ବର୍ଣ୍ଣିତ ହୋଇଥିଲା।

ଉତ୍କଳ ସମ୍ମିଳନୀ ଓଡିଶାରେ ଯେଉଁ ଜାତୀୟତାବୋଧର ସମ୍ପ୍ରସାରଣ କରିଥିଲା, ତାହା ଆହୁରି ଉଗ୍ର ଓ ଶାଣିତ ଭାବରେ ତତ୍‌କାଳୀନ କେତେକ ଗଳ୍ପ-ଉପନ୍ୟାସରେ ପ୍ରକାଶିତ ହୋଇଥିଲା।

---

୧୨. ଶାନ୍ତି - ମୁକୁର ୯/୪, ଜୁଲାଇ (୧୯୧୪)
ଅରୁଣା - ମୁକୁର ୯/୬, ସେପ୍ଟେମ୍ବର (୧୯୧୪)
ରୂପର ମୂଲ୍ୟ - ମୁକୁର ୯/୮, ନଭେମ୍ବର (୧୯୧୪)
ପ୍ରଦୀପ ନିର୍ବାଣ - ଉ: ସା: ୨୪/୨/, ଫେବରୁଅରୀ (୧୯୨୦)

ଗୋଦାବରୀଶ ମିଶ୍ରଙ୍କର 'ଅଠରଶହସତର' ଉପନ୍ୟାସର କଥାବସ୍ତୁ ବିଦେଶୀ ଉପନ୍ୟାସ ଚାର୍ଲସ ଡିକେନ୍ସଙ୍କର 'ଏ ଟେଲ ଅଫ ଟୁ ସିଟିଜ'ରୁ ଗୃହୀତ ହେଲେ ହେଁ, ଖୋର୍ଦ୍ଧାର ବିପ୍ଳବମୟ ଇତିହାସ ଏହାର ପ୍ରାଣକେନ୍ଦ୍ର। ୧୮୧୭ ମସିହାର ପାଇକବିଦ୍ରୋହ ଇଂରେଜମାନଙ୍କ ପ୍ରଚଣ୍ଡ ଦମନନୀତି ଫଳରେ ବିଫଳ ହୋଇଯାଇଥିଲା। ଏହାର ଶହେବର୍ଷ ପରେ ୧୯୧୭ ମସିହାରେ ଗୋପବନ୍ଧୁଙ୍କ ସ୍ୱଦେଶପ୍ରୀତିରେ ଅତ୍ୟାଚାରି ଶାସକ ବିରୋଧୀ ଆନ୍ଦୋଳନ ପୁନଶ୍ଚ ସଜୀବ ହୋଇ ପାରିଥିଲା। ଗୋଦାବରୀଶ ଶତାବ୍ଦୀ ତଳର ସେହି ପାଇକବୀର ବକ୍ସି ଜଗବନ୍ଧୁଙ୍କ ସ୍ୱଦେଶପ୍ରୀତିରେ ଉଦ୍‌ବୁଦ୍ଧ ହୋଇ ଏହି ଉପନ୍ୟାସଟି ରଚନା କରିଥିଲେ। ଗଳ୍ପ ଉପନ୍ୟାସମାନଙ୍କରେ ଜାତୀୟ ଇତିହାସର ଏହି କ୍ରାନ୍ତିକାରୀ ମୂର୍ଚ୍ଛନା, ଜାତିର ଏହି ସତ୍ୟଗର୍ଭିତ ଆତ୍ମକଥା ଦେଶବାସୀଙ୍କ ପ୍ରାଣରେ ଅସୀମ ଉନ୍ମାଦନା ଓ ପ୍ରେରଣା ଆଣିଦେଇଥିଲା। ଦୁର୍ଦ୍ଦଶାଗ୍ରସ୍ତ ପରପଦାନତ ଏହି ଐତିହାସିକ ବୀର ଜାତିର ଅତୀତ ବୀରତ୍ୱ ସହିତ ବର୍ତ୍ତମାନର କରୁଣ ଆର୍ତ୍ତନାଦକୁ ସାହିତ୍ୟରେ ଲିପିବଦ୍ଧ କରି ସାହିତ୍ୟସ୍ରଷ୍ଟାଗଣ ଜାତୀୟ ଜୀବନକୁ ଉଦ୍‌ବୋଧିତ କରିବା ନିମନ୍ତେ ଉଦ୍ୟମ କରିଥିଲେ।

ଗୋଦାବରୀଶ ମହାପାତ୍ରଙ୍କର କ୍ଷୁଦ୍ରଗଳ୍ପମାନଙ୍କରେ ମଧ୍ୟ ଇତିହାସ-ସଚେତନତା ଓ ଜାତୀୟତାର ସ୍ପନ୍ଦନ ଅନୁଭୂତ। 'ପରିଚୟ', 'ପାଷାଣର ଭାଷା' ଓ 'ବନ୍ଦୀ' ଗଳ୍ପରେ ଇତିହାସ ଓ ଜାତୀୟତାର ଅପୂର୍ବ ସମନ୍ୱୟ ପ୍ରତିଫଳିତ। ଏ ଦେଶର ଶିଳ୍ପୀ ପଥର ଦେହରେ ଭାଷା ଫୁଟାଇବା ସଙ୍ଗେ ସଙ୍ଗେ ଆବଶ୍ୟକ ବେଳେ କରବାଳ ଧରି ଜାତିର ଗୌରବରକ୍ଷାର୍ଥେ ଯୁଦ୍ଧଭୂମିରେ ଜୀବନ ଦାନ କରିପାରେ। ଉତ୍କଳୀୟ ଜାତୀୟତାର ଏହି ମହାନ୍ ଆଲେଖ୍ୟ 'ପାଷାଣର ଭାଷା' ଗଳ୍ପରେ ଅଙ୍କିତ। ବସ୍ତୁତଃ ଜାତୀୟଚେତନାର ବିଶିଷ୍ଟ ସାହିତ୍ୟ-ସାଧକ ଓ କଥାକାର ଭାବେ ଗୋଦାବରୀଶ ମହାପାତ୍ରଙ୍କର ଅବଦାନ ଅନସ୍ୱୀକାର୍ଯ୍ୟ।

ଏହି ଔପନ୍ୟାସିକଙ୍କର 'ରାଜଦ୍ରୋହୀ' (୧୯୨୫) ଓ 'ବନ୍ଦୀର ମାୟା' (୧୯୩୪) ଉପନ୍ୟାସଦ୍ୱୟ ଓଡିଶାରେ ବିଦେଶୀ ଅତ୍ୟାଚାର ଶାସନର ଚିତ୍ର ଉପରେ ଆଧାରିତ। ମୁସଲମାନମାନଙ୍କ ଅତ୍ୟାଚାର ଫଳରେ ଓଡିଶାର ରାଜମହଲମାନଙ୍କରେ ବିପ୍ଳବ ଓ ବିଦ୍ରୋହର ଝଞ୍ଜା ବହି କିପରି ରାଜ୍ୟର ଶାନ୍ତି ଓ ସହାବସ୍ଥାନକୁ ବିପନ୍ନ କରିଥିଲା, ତାହା ଏଥିରେ ବର୍ଣ୍ଣିତ ହୋଇଅଛି। ବିନା ଦୋଷରେ କୁହୁଡିଗଡର ରାଜଭକ୍ତ ରାଜା ଦୁର୍ଜୟମାନଙ୍କୁ ମୁସଲମାନ ଶାସକ ରାଜଦ୍ରୋହ ଅପରାଧରେ ନିର୍ବାସନ ଦଣ୍ଡ ଦେଇଥିଲେ। ନିର୍ବାସିତ ରାଜାଙ୍କର ସୁଦର୍ଶନ ପୁତ୍ର କିପରି ଫିରିଙ୍ଗି ଜଳଦସ୍ୟୁମାନଙ୍କ ଦ୍ୱାରା ଅପହୃତ ଓ ସେମାନଙ୍କଦ୍ୱାରା କଦାକାର ହୋଇଥିଲେ ହେଁ ପରେ ପୁଣି ସ୍ୱୀୟ ସିଂହାସନରେ ଅଧିଷ୍ଠିତ ହୋଇଥିଲେ - ଏହା ହିଁ 'ରାଜଦ୍ରୋହୀ' ଉପନ୍ୟାସର ଚିତ୍ତାକର୍ଷକ କଥାଭାଗ। ଓଡିଶାର ଗୌରବାବହ ନୌବାଣିଜ୍ୟ, ଉପନିବେଶ ସ୍ଥାପନ ଓ ଉତ୍କଳୀୟ ନାଗରିକର ଦୁଃସାହସିକ ଅଭିଯାନର

ପୃଷ୍ଠଭୂମି ଉପରେ ପରବର୍ତ୍ତୀ କାଳରେ କାହ୍ନୁଚରଣ ରଚନା କରିଥିଲେ ତାଙ୍କର ପ୍ରଖ୍ୟାତ ଉପନ୍ୟାସ 'ବାଳିରାଜା'।

ଅର୍ଥନୈତିକ ଦୁର୍ଗତି ଓ ସ୍ୱଦେଶୀ ଆନ୍ଦୋଳନ :

ଜାତୀୟତା ବିକାଶ କାଳର ଗଳ୍ପମାନଙ୍କରେ ଦୀର୍ଘ ପରାଧୀନତା ଯୋଗୁ ଏ ଦେଶରେ ଦେଖାଦେଇଥିବା ଦାରିଦ୍ର୍ୟର କରୁଣ ରୂପ ଅଙ୍କିତ ହୋଇଥିଲା। ୧୮୬୬, ୧୯୧୯ ଓ ୧୯୨୬ ମସିହାର ଦୁର୍ଭିକ୍ଷ ଓ ବନ୍ୟାର କୁପ୍ରଭାବ ଏହି ବୀର ଜାତିକୁ ଏକପ୍ରକାର ନିଃସ୍ୱ କରିଦେଇଥିଲା। ୧୯୧୩ ମସିହାର ପ୍ରଜାସ୍ୱତ୍ୱ ଆଇନ ଦ୍ୱାରା ଜମିଦାରମାନେ ଗରିବ ପ୍ରଜାମାନଙ୍କୁ ଶୋଷଣକରିବାର ଅବାଧ ସୁଯୋଗ ଲାଭକରିଥିଲେ।

ଗଜପତି ପ୍ରତାପରୁଦ୍ରଦେବଙ୍କ ସମୟରେ ଚୈତନ୍ୟଦେବଙ୍କ ଓଡିଶାକୁ ଆଗମନ ଫଳରେ ରାଜା, ପ୍ରଜା, ପାଇକ, କୃଷକ, ଶ୍ରମିକ ସମସ୍ତଙ୍କ କଣ୍ଠରେ ହରିନାମ ଉଚ୍ଚାରିତ ହେବା ଫଳରେ ଓଡିଶାର ସାମରିକ ଶକ୍ତି ଦୁର୍ବଳ ହୋଇପଡିଥିଲା। ଦାରିଦ୍ର୍ୟ ଓ ଅସହାୟତା ଜାତିକୁ କଲା ଶକ୍ତିହୀନ ଓ ଭୀରୁ। 'ଏ ଜନ୍ମର ତୀର୍ଥକ୍ଷେତ୍ର' ଗଳ୍ପରେ ଜାତୀୟ ଅଧୋଗତିର ଏହି ଚିତ୍ର ଦେଖିବାକୁ ମିଳେ (୧୩)।

ବ୍ୟକ୍ତିର ନ୍ୟୁନତମ ଦାବୀର ବଳିଷ୍ଠ ଘୋଷଣା ଓ ବିପ୍ଳବର ସଙ୍କେତ ପ୍ରଦାନ ଗୋଦାବରୀଶଙ୍କ ଗଳ୍ପର ଏକ ପ୍ରସିଦ୍ଧ ବୈଶିଷ୍ଟ୍ୟ। ବ୍ୟକ୍ତି, ସମାଜ, ଜୀବନ, ଜାତି ଓ ଦେଶର ବିବିଧ ବାସ୍ତବ ସମସ୍ୟାକୁ କେନ୍ଦ୍ରକରି ରଚିତ ତାହାଙ୍କ 'ପଟ୍ଟନାୟକେ ପଇସାଟିଏ', 'ଜାତିର ଧକ୍‌କା', 'ଏ ମଣିଷକୁ ପଥର କଲା କିଏ', 'ରେଙ୍ଗୁନ ବାହୁଡା', 'ଜାଲଟଙ୍କା'. 'ଦୁଇଟି ଦିନ' ଆଦି ଗଳ୍ପଗୁଡିକ ତାହାର ନିଦର୍ଶନ।

ସମଗ୍ର ଭାରତବର୍ଷରେ ୧୯୨୦ ମସିହା ପରେ ପରେ ମହାତ୍ମା ଗାନ୍ଧୀଙ୍କ ସ୍ୱଦେଶୀ ଆନ୍ଦୋଳନ ପ୍ରବର୍ତ୍ତନର ପ୍ରଭାବ ଅନୁଭୂତ ହେବା ଫଳରେ ଓଡିଆ ସାହିତ୍ୟରେ ତାହାର ପ୍ରତିଫଳନ ଘଟିଲା। କାନ୍ତକବି ଲକ୍ଷ୍ମୀକାନ୍ତଙ୍କ ସଂଗ୍ରାମୀ ମାନସର ଅକ୍ଷୟକୃତି

---

୧୩. "ଦେଶର ଭାଗ୍ୟବିଧାତା ଓଡିଶାର ଗଜପତି ଦେଶର ସ୍ୱାଧୀନତା ଦେବୀଙ୍କ ପ୍ରତି ଅବଜ୍ଞା ଦେଖାଇ ଆତ୍ମତ୍ୟାଗକଲେ। ସେନାପତିଙ୍କ ସାଞ୍ଜୁ ସ୍ଥାନରେ ଗୈରିକ କୌପୁନୀ ଦେଖାଗଲା। ବନ୍ଧୁକଧାରୀ ପଦାତିକଙ୍କ ହାତରେ କୋଥଳି ଭିତରେ ବିଶୁଦ୍ଧ ତୁଳସୀମାଳା ଶୋଭାପାଇଲା। ରକ୍ତର ଟିକା ପରିବର୍ତ୍ତେ ରଣକ୍ଲାନ୍ତ ଯୁବକ କପାଳରେ ହରିତିଳକ ବିଭାଜିତ।"
(ଏ ଜନ୍ମର ତୀର୍ଥକ୍ଷେତ୍ର - 'ଏବେ ମଧ୍ୟ ବଞ୍ଚିଛି', ଗୋଦାବରୀଶ ମହାପାତ୍ର, ପୃ.୫୮)

'କଣାମାମୁ' (୧୪) ଉପନ୍ୟାସ ସ୍ୱଦେଶୀ ଆନ୍ଦୋଳନର ପୃଷ୍ଠଭୂମି ଉପରେ ପରିକଳ୍ପିତ। ତାହାଙ୍କ କଣାମାମୁ ଆଖଡାଘରେ ଟୋକାମାନଙ୍କୁ ଆସନ, ମୁଦ୍‌ଗର, ଦଣ୍ଡବୈଠକ ଓ କୁସ୍ତି ଶିଖାଇଲାବେଳେ ଦେଶପ୍ରେମର ଆଦର୍ଶ ଶିକ୍ଷା ଦେଇ କହିଥିଲେ, "ସେଇମାନଙ୍କୁ ନେଇ ମୁଁ ଦଳଗଠନ କରିବାକୁ ଚାହେଁ ଯେ ଜୀବନ ଦେଇପାରିବେ ଦେଶ ପାଇଁ, ଦେଶକୁ ସ୍ୱାଧୀନ କରିବା ହେବ ଯାହାଙ୍କର ବ୍ରତ ଓ ଧର୍ମ" ୧୫)।

ମହାତ୍ମା ଗାନ୍ଧୀଙ୍କ ପରିକଳ୍ପିତ ରାମରାଜ୍ୟ, ଧର୍ମର ଉଦାରତା, ଭ୍ରାତୃତ୍ୱବୋଧ ଉପରେ ଏହି ଉପନ୍ୟାସଟି ଆଧାରିତ। ହିନ୍ଦୁ, ମୁସଲମାନ, ଖ୍ରୀଷ୍ଟିୟାନ ପ୍ରଭୃତି ବିଭିନ୍ନ ଜାତିନିର୍ବିଶେଷରେ ପ୍ରତ୍ୟେକ ମଣିଷ ସମାନ ମାନବିକତାର ଏହି ଉଚ୍ଚ ଆଦର୍ଶ 'କଣାମାମୁ' ଉପନ୍ୟାସ ମାଧ୍ୟମରେ ଓଡିଆ ସାହିତ୍ୟରେ ଏକ ନୂତନ ପରମ୍ପରା ଓ ଆଦର୍ଶ ପ୍ରତିଷ୍ଠା କରିବାରେ ସମର୍ଥ ହୋଇଥିଲା।

'କଣାମାମୁ'ଙ୍କ ସାମାଜିକ ସଂଗଠନର ନେତୃତ୍ୱ ଓଡିଶାରେ ଗାନ୍ଧୀବାଦୀ ଚେତନାର ପରିଚାୟକ। କଣାମାମୁ ନିଜେ କାହାକୁ ଡରନ୍ତିନାହିଁ; ତେଣୁ ଏ ଜାତିକୁ ମଧ୍ୟ ସେ ନିର୍ଭୀକ ହେବାକୁ ଆହ୍ୱାନ ଦେଇ କହିଛନ୍ତି, "ନାଗବଚ୍ଛା ହୋଇ ଜିଆ କୋଟିଆଙ୍କୁ ଦଳିଲ ? ଏତିକିବେଳେ ଜୀବନର ତେଜ। ଜୀଇଁ ଥାଉଁ ଥାଉଁ ମଲାମଣିଷ ହେଉଛ ଯେ ତୁମ ଦେଇ ହେବ କ'ଣ ?"(୧୬) କଣାମାମୁଙ୍କ ଜୀବନର ବ୍ରତ ଥିଲା ଦେଶକୁ ସ୍ୱାଧୀନ କରିବା ଓ ଦେଶର ଅପହୃତ ଗୌରବର ପୁନରୁଦ୍ଧାର କରିବା।

ସ୍ୱଦେଶୀ ଆନ୍ଦୋଳନ ତୀବ୍ରତର ହେବା ସଙ୍ଗେ ସଙ୍ଗେ ଦେଶରେ ସର୍ବତ୍ର ରାଜନୀତିକ ସଚେତନତା ବୃଦ୍ଧିପ୍ରାପ୍ତ ହୋଇଥିଲା। ରାଜନୀତିକେନ୍ଦ୍ରିକ ସାହିତ୍ୟ ରଚନା କରିଥିବା ଲେଖକମାନଙ୍କ ମଧ୍ୟରେ ଡଃ ହରେକୃଷ୍ଣ ମହତାବ ଅଗ୍ରଗଣ୍ୟ। ତାଙ୍କର ଲେଖନୀ ଚାଳନାର ପ୍ରାରମ୍ଭକାଳ ସମଗ୍ର ଭାରତବର୍ଷରେ ଅସହଯୋଗ ଆନ୍ଦୋଳନର (୧୯୨୦) ଅଗ୍ନିବର୍ଷୀ ମୁହୂର୍ତ୍ତ। ଅସହଯୋଗ ବାର୍ତ୍ତାରେ ଉଦ୍‌ବୁଦ୍ଧ ହୋଇ ବହୁ ତରୁଣ ଏହି ସ୍ୱରାଜ୍ୟ ସଂଗ୍ରାମରେ ଝାସ ଦେଉଥାଆନ୍ତି। ଏହି ସ୍ୱାଧୀନତା ସଂଗ୍ରାମରେ ଆତ୍ମବିସର୍ଜନ ଦେଇଥିବା ଓ ଓଡିଶାର ରାଜନୈତିକ ଆନ୍ଦୋଳନକୁ ବହୁ ଭାବରେ ପ୍ରବାହିତ କରିଥିବା ଏହି ଜାତୀୟବାଦୀ ଲେଖକ ଜାତୀୟ ସ୍ୱାଧୀନତାର ଜୀବନ-ମରଣ ସଂଗ୍ରାମକାଳରେ ଚତୁଃପାର୍ଶ୍ୱସ୍ଥ

---

୧୪. "କଣାମାମୁ କଣା ସତ x x x ତଥାପି ଚକ୍ଷୁ ପିଡ଼ୈବ କେବଳଂ ତ ନୁହେଁ; ଏହା ଏକ ଅକ୍ଷୟକୃତି।"
(ଗ୍ରନ୍ଥପ୍ରକାଶକଙ୍କର ପ୍ରାକ୍‌କଥନ, କଣାମାମୁ, ପୃ-ଖ)

୧୫. 'କଣାମାମୁ'- କାନ୍ତକବି ଲକ୍ଷ୍ମୀକାନ୍ତ ମହାପାତ୍ର - ପୃ.୧୧୦

୧୬. 'କଣାମାମୁ'- କାନ୍ତକବି ଲକ୍ଷ୍ମୀକାନ୍ତ ମହାପାତ୍ର - ପୃ.୬୦

ଅନ୍ୟାୟ ଓ ଯାତନାର ପ୍ରତିଛବି ଅଙ୍କନ କରିବାକୁ ଅନୁପ୍ରାଣିତ ହୋଇଥିଲେ। ଜାତୀୟ କର୍ମୀ ପକ୍ଷେ ପରିବେଶକୁ ଉପେକ୍ଷା କରି କଳ୍ପନା-ବିଳାସରେ ନିମଜ୍ଜିତ ରହିବା ଅସମ୍ଭବ। ତେଣୁ ଜାତୀୟ ସଂଗ୍ରାମର ବିବିଧ ଉତ୍‌ଥାନ-ପତନର ଚିତ୍ର, ଜାତୀୟ ସ୍ୱାଧୀନତା ସଂଗ୍ରାମୀ ପ୍ରତି ଶାସକ ଇଂରେଜ ଗୋଷ୍ଠୀର ବୈରତା, ସରକାରୀ ଚାକିରିଜୀବୀମାନଙ୍କର କ୍ଷମତାର ଅପବ୍ୟବହାର, ଗ୍ରାମ୍ୟ ଜନତାର ଟାଉଟରି, ସାମାଜିକ ଶୋଷଣ, ପରାଧୀନ ଭାରତୀୟ ସମାଜର ପୁଞ୍ଜୀଭୁତ କଳଙ୍କିତ କୁସଂସ୍କାରର ଚିତ୍ର ତାହାଙ୍କ ଉପନ୍ୟାସମାନଙ୍କର ମୁଖ୍ୟ ବିଷୟବସ୍ତୁ ହୋଇଅଛି।

ସମାଜରୁ ଅତ୍ୟାଚାର, ନିଷ୍ପେଷଣ, ଅଶିକ୍ଷା ଦୂରକରିବା ଓ ଜନସାଧାରଣଙ୍କୁ ସାମ୍ପ୍ରତିକ ରାଜନୀତି ସହିତ ପରିଚିତ କରାଇବା ଲକ୍ଷ୍ୟରେ ମହତାବ ଉପନ୍ୟାସ ରଚନାରେ ବ୍ରତୀ ହୋଇଥିଲେ। ତାଙ୍କ ଉପନ୍ୟାସର ନାୟକ ନାୟିକାମାନେ ସ୍ୱାଧୀନତା ସଂଗ୍ରାମର ବଳିଷ୍ଠ କର୍ମୀ, ଆଦର୍ଶ ବିପ୍ଳବୀ ଓ ବିପ୍ଳବିଣୀ। 'ପ୍ରତିଭା' ଉପନ୍ୟାସର ନବୀନ, ପ୍ରତିଭା ଓ ପ୍ରକାଶ, 'ଅବ୍ୟାପାର' ଉପନ୍ୟାସର ଲାଲମୋହନ ଓ କୁମୁଦିନୀ, 'ଟାଉଟର' ଉପନ୍ୟାସର ଆଦର୍ଶ ଶିକ୍ଷକ ରାମଚନ୍ଦ୍ର ମହାପାତ୍ର ଏହିଭଳି ନାୟକ ନାୟିକାମାନଙ୍କ ମଧ୍ୟରୁ ଅନ୍ୟତମ। ଲେଖକଙ୍କ ଭାଷାରେ, "ବିପ୍ଳବର ଗଣ୍ଡି ଭିତରେ ସେମାନେ ବଞ୍ଚିରହିଛନ୍ତି, ଦୁଃଖ ହିଁ ସେମାନଙ୍କର ଚିରସୁଖ। ନିର୍ଦ୍ଧନତା ସେମାନଙ୍କର ସମ୍ପଦ, ବିଚ୍ଛେଦ ହିଁ ସେମାନଙ୍କର ମଧୁର ମିଳନ (୧୭)।" ରାଜଶାସିତ ଗଡଜାତର ଦୁର୍ଦ୍ଦଶାଗ୍ରସ୍ତ ସମାଜ, ଜନସାଧାରଣଙ୍କ ଆର୍ଥିକ ଦୁର୍ଗତି, ଅନାହାର, ନାରୀଶିକ୍ଷାର ଅଭାବ ପ୍ରଭୃତିର ବାସ୍ତବ ଚିତ୍ରରେ ତାଙ୍କ ଉପନ୍ୟାସର ପୃଷ୍ଠଗୁଡିକ ଜୀବନ୍ତ ହୋଇଥିଲା। ଭ୍ରାତୃତ୍ୱବୋଧ ଉପରେ ପ୍ରତିଷ୍ଠିତ ସୁଖୀ ସମାଜ ସୃଷ୍ଟି ଲାଗି ବିପ୍ଳବ ଯେ ଏକାନ୍ତ ଆବଶ୍ୟକ ତାହା ହିଁ ମୁଖ୍ୟତଃ ତାହାଙ୍କ ଉପନ୍ୟାସରେ ସେ ଦର୍ଶାଇଅଛନ୍ତି।

ଗାନ୍ଧିଜୀଙ୍କ ଜୀବନଦର୍ଶନ ଓ କର୍ମଧାରାରେ ପ୍ରଭାବିତ ମହତାବଙ୍କ ଭାବନାରେ ଦୀନଜନତାଙ୍କ ପ୍ରତି ସମବେଦନାର ସ୍ୱର ପ୍ରକଟିତ ହେବା ସ୍ୱାଭାବିକ। ଗରିବକୁ ଘୃଣା କରିବା ଯେ ଏକ ଅନ୍ୟାୟ ଅପରାଧ ଏହା ସେ ଦୃଢତାର ସହିତ କହିଥିଲେ। "ଅନ୍ୟାୟର ପ୍ରାଧାନ୍ୟ କିଛି ଦିନ ଚାଲେ; କିନ୍ତୁ ବେଶିଦିନ ନୁହେଁ। ଅନ୍ୟାୟର ପ୍ରତିକାର ପାଇଁ ସମୟ

---

୧୭. "ମଣିଷ ମଣିଷ ଉପରେ ଅତ୍ୟାଚାର କରିବ ନାହିଁ, ସମସ୍ତେ ଭାଇବନ୍ଧୁ ପରି ପ୍ରତ୍ୟେକ ପ୍ରତ୍ୟେକଙ୍କୁ ସାହାଯ୍ୟ କରି ଚଳିବେ x x x ସେଥିପାଇଁ ଅନେକ ଲୋକ ବିପ୍ଳବୀ ହୋଇଯିବା ଦରକାର x x x ଯେଉଁଠି ଯାହା କିଛି ଅତ୍ୟାଚାର ସେଠି ଯାଇ ଅତ୍ୟାଚାର ଭୋଗୁଥିବା ଲୋକଙ୍କୁ ସାହାଯ୍ୟ ଦେଇ ତାଙ୍କୁ ଅତ୍ୟାଚାର ବିରୁଦ୍ଧରେ ଛିଡାକରାଇବା ହେଉଛି କାମ"।
'ପ୍ରତିଭା' (ଡ: ହରେକୃଷ୍ଣ ମହତାବ – ପୃ.୨୪୦)

ଆବଶ୍ୟକ ହୋଇଥାଏ। ଏହି ସମୟ ଭିତରେ ନ୍ୟାୟରେ ଚଳୁଥିବା ଲୋକେ, ନାନା ଅସମ୍ମାନ ଓ ଅତ୍ୟାଚାର ଭୋଗ କରନ୍ତି; ମାତ୍ର ଏହା କ୍ଷଣସ୍ଥାୟୀ (୧୮)।" କିନ୍ତୁ ଗରିବାନି ମଧ୍ୟରେ ଈଶ୍ୱରଭାବ ବିକଶିତ ହୋଇଥାଏ। ଏଣୁ "ଈଶ୍ୱରଙ୍କଠାରେ ଲୟ ରଖି ନମ୍ରଭାବରେ ଜନସେବା କରିଯିବା ପ୍ରକୃତ ମାନବଧର୍ମ। ଏହି ପ୍ରେମଧର୍ମରେ ଦେଶ ଓ ଜାତିର ମୁକ୍ତି ସଙ୍ଗେ ସଙ୍ଗେ ମାନବର ମୁକ୍ତିଲାଭ ହୁଏ (୧୯)।" ମାନବତାବାଦର ଏତାଦୃଶ ବଳିଷ୍ଠ ପରିପ୍ରକାଶ ସମସାମୟିକ ସାହିତ୍ୟରେ ବିରଳ କହିଲେ ଅତ୍ୟୁକ୍ତି ହେବନାହିଁ।

ସୁଖୀ, କଲ୍ୟାଣକର ସମାଜ ଗଠନ ନିମନ୍ତେ ପାରସ୍ପରିକ ସହଯୋଗ ସଙ୍ଗେ ସଙ୍ଗେ ଅନ୍ୟାୟ ବିରୁଦ୍ଧରେ ବିପ୍ଳବର ତୂର୍ଯ୍ୟନାଦ ନିନାଦିନ ହେବା ଆବଶ୍ୟକ। ସମାଜର ବ୍ୟକ୍ତିବିଶେଷ ଆପଣାର ବ୍ୟକ୍ତିକ ସୁଖ-ସ୍ୱାଚ୍ଛନ୍ଦ୍ୟକୁ ବିସର୍ଜନ ଦେବାକୁ ପ୍ରସ୍ତୁତ ହେଲେ ବ୍ୟଷ୍ଟି ଜୀବନର ସୁଖ ଓ ସମୃଦ୍ଧିର ପଥ ଆପେ ଉନ୍ମୁକ୍ତ ହୋଇଯିବ ଓ ଜାତିପ୍ରାଣରେ ଆତ୍ମବିଶ୍ୱାସ ପ୍ରତିଷ୍ଠା ଲାଭ କରିପାରିବ - ଏହା ହିଁ ଥିଲା ଔପନ୍ୟାସିକ ମହତାବଙ୍କର ଜୀବନଦର୍ଶନ। ଏହି ରାଜନୈତିକ କର୍ମୀ ଓ କଥାଶିଳ୍ପୀଙ୍କର ରଚନାବଳୀ ସମକାଳୀନ ସମସ୍ୟାବଳୀର ସରଳ ପରିପ୍ରକାଶ ଯୋଗୁ ଓଡିଶାରେ ଜାତୀୟତା ଜାଗରଣ କ୍ଷେତ୍ରରେ ମୁଖ୍ୟଭୂମିକା ଗ୍ରହଣ କରିଥିଲା।

ଗାନ୍ଧୀବାଦୀ ଚେତନାର ଅନ୍ୟତମ ବଳିଷ୍ଠ ରୂପକାର ହେଉଛନ୍ତି ଔପନ୍ୟାସିକ ରାମପ୍ରସାଦ ସିଂହ। ମାନବବାଦୀ କଥାକାର ଭାବରେ ସମାଜର ଦଳିତ, ନିଷ୍ପେଷିତ ଜନତାର ମର୍ମସ୍ପର୍ଶୀ କରୁଣ କାହାଣୀକୁ ଚିତ୍ରଣ କରିବା ସଙ୍ଗେ ସଙ୍ଗେ ଆଭିଜାତ ଧନିକ ଗୋଷ୍ଠୀ ବିରୁଦ୍ଧରେ ସେ ସ୍ୱର ଉତ୍ତୋଳନ କରିଅଛନ୍ତି। ମହାତ୍ମା ଗାନ୍ଧୀଙ୍କ ନେତୃତ୍ୱରେ ଦେଶବ୍ୟାପୀ ଚହଳ ପକାଇଦେଇଥିବା ଲବଣ ସତ୍ୟାଗ୍ରହର ପୃଷ୍ଠଭୂମି ଉପରେ ସେ ରଚନା କରିଥିଲେ 'ପୂଜାର ବଳ' ଉପନ୍ୟାସ। ୧୯୩୦ ମସିହା ଏପ୍ରିଲ ୧୩ ତାରିଖରେ ବାଲେଶ୍ୱରର ଇଞ୍ଚୁଡି ଗ୍ରାମରେ ଲବଣ ସତ୍ୟାଗ୍ରହର ବହ୍ନି ପ୍ରଜ୍ୱଳିତ ହୋଇଉଠିବା ସଙ୍ଗେ ସଙ୍ଗେ ଦେଶମାତୃକାର ପୂଜାବେଦୀ ତଳେ ଅନନ୍ତ ଓ ତା'ଭଳି ଅନେକ ବାଳକ ବାଳିକା, ଯୁବକ ଯୁବତୀ ଆତ୍ମବଳି ଦେଇଥିଲେ। ଆନ୍ଦୋଳନକାରୀ ଏହି ବାଳକବାଳିକାମାନଙ୍କ ଉପରେ ପୁଲିସ କର୍ମଚାରୀମାନଙ୍କର ନିର୍ମମ ହୃଦୟହୀନ ଅତ୍ୟାଚାର, ସରକାରି କର୍ମଚାରୀମାନଙ୍କର ଅର୍ଥ ଓ କ୍ଷମତାଲାଳସା ପ୍ରଭୃତିର ସଫଳ ରୂପାୟନ 'ପୂଜାର ବଳି' ଉପନ୍ୟାସରେ ପରିଦୃଷ୍ଟ ହୁଏ। ଓଡିଆ ଭାଷାଭାଷୀ ବିଚ୍ଛିନ୍ନାଞ୍ଚଳର ଏକତ୍ରୀକରଣ ବା ଆନ୍ଦୋଳନକୁ ଉପଜୀବ୍ୟ କରି

---

୧୮. 'ଅହିଂସାର ଆହ୍ୱାନ'- ଗାଁ ମଜ୍‌ଲିସ, ଡଃ ହରେକୃଷ୍ଣ ମହତାବ, ପ୍ରଜାତନ୍ତ୍ର, ତା୧୯.୬.୧୯୭୪।

୧୯. 'ନୂତନଧର୍ମ'- ଡଃ ହରେକୃଷ୍ଣ ମହତାବ, ପୃ.୬୧।

ସେ ମଧ୍ୟ ରଚନା କରିଥିଲେ 'ଛିନ୍ନମସ୍ତା' ଉପନ୍ୟାସ। ଛିନ୍ନମସ୍ତା ଉତ୍କଳ-ଜନନୀଙ୍କର କରୁଣାବସ୍ଥାର ଚିତ୍ର ଏଥିରେ ଅଙ୍କିତ ହୋଇଅଛି।

କାର୍ଲ ମାର୍କସଙ୍କ ସାମ୍ୟବାଦୀ ଚିନ୍ତାଧାରାର ପ୍ରଭାବ ମଧ୍ୟ ଏହି ଔପନ୍ୟାସିକଙ୍କ ରଚନାବଳୀରେ ପ୍ରତିଫଳିତ। ଶ୍ରେଣୀହୀନ ସମାଜ ଗଠନ ସପକ୍ଷରେ ମତ ବ୍ୟକ୍ତ କରି ପରାଙ୍ଗପୁଷ୍ଟ, ଉଦ୍ଧତ, ଧନିକ ଗୋଷ୍ଠୀ ବିରୁଦ୍ଧରେ ବିପ୍ଳବର, ଏପରିକି ଆବଶ୍ୟକ ସ୍ଥଳେ ହତ୍ୟାର ଆହ୍ୱାନ ମଧ୍ୟ ତାହାଙ୍କ ଉପନ୍ୟାସରେ ପ୍ରଦତ୍ତ ହୋଇଅଛି। ଦରିଦ୍ର ନିରନ୍ନ ଜନତାର ମର୍ମସ୍ପର୍ଶୀ କାରୁଣ୍ୟ ସହିତ ଧନିକ ଜମିଦାରଗୋଷ୍ଠୀର ନିର୍ମମ ଅତ୍ୟାଚାରି ତାଙ୍କ ଉପନ୍ୟାସମାନଙ୍କୁ ବୈପ୍ଳବିକ ରୂପ ପ୍ରଦାନ କରିଥିଲା। ଲେଖକଙ୍କ 'ହୋମଶିଖା' ଉପନ୍ୟାସ ଏହାର ପ୍ରକୃଷ୍ଟ ନିଦର୍ଶନ।

୧୯୪୨-୪୩ ମସିହାର ଦୁର୍ଭିକ୍ଷର ଦୈନ୍ୟ ଓ କରୁଣତାକୁ ଉପଜୀବ୍ୟ କରି ରଚିତ 'ସମାପ୍ତି' ଉପନ୍ୟାସରେ "ଦୁର୍ଭିକ୍ଷ ଦେବତାର ଅଭିଶାପ ନୁହେଁ, ଧନିକ ଗୋଷ୍ଠୀର ରକ୍ତାକ୍ତ କୀର୍ତ୍ତି" ଏହା ହିଁ ଲେଖକ ଦର୍ଶାଇଅଛନ୍ତି। ସାମ୍ୟବାଦୀ, ଶ୍ରେଣୀହୀନ ସମାଜ ପ୍ରତିଷ୍ଠା ଥିଲା ତାଙ୍କର ଲକ୍ଷ୍ୟ। ସେଥିପାଇଁ ଅତ୍ୟାଚାର ଓ ଅବିଚାର ବିରୁଦ୍ଧରେ ସେ ସଂଗ୍ରାମର ଆହ୍ୱାନ ଦେଇଛନ୍ତି। ସମଗ୍ର ମନୁଷ୍ୟଜାତି ପାଇଁ ସମାନ ସୁଖ, ଆନନ୍ଦ ଓ ମୁକ୍ତି - ଏହି ମାନବତାବାଦୀ ଚେତନା ଉପରେ ହିଁ ତାଙ୍କର 'ମରୀଚିକା' ଉପନ୍ୟାସ ଆଧାରିତ।

ରାମପ୍ରସାଦଙ୍କ'ଶେଷରାତି' କ୍ଷୁଦ୍ରଗଳ୍ପରେ ଶାସକ ଓ ଶାସିତ ମଧ୍ୟରେ ସଂଘର୍ଷର ଚିତ୍ର ପ୍ରଦର୍ଶିତ।

୧୯୨୯-୩୦ ମସିହାରୁ ଗାନ୍ଧିବାଦୀ ଓ ସାମ୍ୟବାଦୀ ଏହି ଦ୍ୱିବିଧ ଚେତନାର ପ୍ରସାର ଓଡିଶାରେ ହୋଇଥିଲା। ଏହାର ପ୍ରତିଫଳନ ମାନବତାବାଦୀ ଔପନ୍ୟାସିକ କାଳିନ୍ଦୀଚରଣ ପାଣିଗ୍ରାହୀଙ୍କ ଉପନ୍ୟାସରେ ସୁସ୍ପଷ୍ଟ। 'ମାଟିର ମଣିଷ' ଉପନ୍ୟାସରେ ଆତ୍ମତ୍ୟାଗର ପ୍ରତୀକ 'ବରଜୁ' ତାଙ୍କର ଏକ ଅନୁପମ ସୃଷ୍ଟି। ବରଜୁ ଆଦର୍ଶ ପୁତ୍ର, ଆଦର୍ଶ ଭ୍ରାତା ଓ ଆଦର୍ଶ ସ୍ୱାମୀ। ତ୍ୟାଗ, ସହିଷ୍ଣୁତା ଓ ଅହିଂସା- ତାର ଜୀବନର ଆଦର୍ଶ। ଏହି ଔପନ୍ୟାସିକଙ୍କର 'ଲୁହାର ମଣିଷ', 'ଆଜିର ମଣିଷ', 'ମୁକ୍ତାଗଡର କ୍ଷୁଧା' ଓ 'ଅମରଚିତା' ପ୍ରଭୃତି ଉପନ୍ୟାସ ଜାତୀୟବାଦୀ ଚିନ୍ତାଧାରାର ଅଭିବ୍ୟକ୍ତି କହିଲେ ଅତ୍ୟୁକ୍ତି ହେବନାହିଁ।

ତାହାଙ୍କ ରଚିତ କ୍ଷୁଦ୍ରଗଳ୍ପ ଗୁଡିକ ବହୁ ଅସହାୟ ନରନାରୀଙ୍କ ଜୀବନର କରୁଣ ପରିଣତି, ସାମାଜିକ ଓ ଅର୍ଥନୈତିକ ଦୁର୍ଗତି, ବୈଧବ୍ୟର ଯନ୍ତ୍ରଣା, ସମାଜବାଦୀ ଆଦର୍ଶକୁ ଉପଜୀବ୍ୟ କରି ରଚିତ। ପ୍ରାକ୍ ସ୍ୱାଧୀନତା କାଳର ଓଡିଶାର ଜନଜୀବନର ସଂଘର୍ଷ ଓ ସଂଘାତ ସଫଳଭାବରେ ରୂପାୟିତ ହୋଇଥିଲା ତାହାଙ୍କ 'ବିଜୟ ଉତ୍ସବ', 'ଓଡିଶାରେ ଯୁଦ୍ଧ'. 'ରେଙ୍ଗୁନଯାତ୍ରୀ', 'ମାଂସର ବିଳାପ,' 'ପାଷାଣର ପ୍ରତୀକ୍ଷା' ଆଦି ଗଳ୍ପମାନଙ୍କରେ।

ସାମ୍ୟବାଦି ଚେତନାର ଉନ୍ମେଷ :

କାର୍ଲମାର୍କ୍‌ସଙ୍କ ସାମ୍ୟବାଦୀ ଚିନ୍ତାଧାରା ଓ କମ୍ୟୁନିଷ୍ଟ ଆନ୍ଦୋଳନ ଦଳିତ ଅତ୍ୟାଚାରିତ ଜନତା ପ୍ରାଣରେ ଆତ୍ମବିଶ୍ୱାସ ଓ ବୈପ୍ଲବିକ ଚେତନା ଜାଗ୍ରତ କରାଇଥିଲା। ଭଗବତୀ ଚରଣ ପାଣିଗ୍ରାହୀ ଓଡିଶାରେ ଏହି ବାମପନ୍ଥୀ ବୈପ୍ଳବିକ ଚିନ୍ତାଧାରାର ପ୍ରଥମ ଆବାହକ ଥିଲେ। ଓଡିଆ କ୍ଷୁଦ୍ରଗଳ୍ପ କ୍ଷେତ୍ରରେ ଏହି ଚେତନାର ଅଭିବ୍ୟକ୍ତି ହୋଇପାରି ନଥିବା ବିଷୟରେ ସେ ଥିଲେ ସଚେତନ। ଶୋଷିତର ଯନ୍ତ୍ରଣା ଏଥିରେ ସ୍ପଷ୍ଟଭାବେ ପ୍ରକାଶ ହୋଇ ପାରିନଥିଲା ବୋଲି ସେ ଅଭିଯୋଗ କରିଥିଲେ। କ୍ଷୁଦ୍ରଗଳ୍ପ କ୍ଷେତ୍ରରୁ ଏହି ଅଭାବର ଦୂରୀକରଣ ନିମନ୍ତେ ତାଙ୍କର ଆନ୍ତରିକ ପ୍ରଚେଷ୍ଟା ଯଥାର୍ଥରେ ଅଭିନନ୍ଦନୀୟ। ସାମ୍ୟବାଦୀ ଦର୍ଶନ ସମ୍ବଳିତ ରାଜନୀତିକ ଗଳ୍ପ ରଚନା କରି ସେ ଓଡିଆ ସାହିତ୍ୟ-ଜଗତରେ ନବୀନ ଉତ୍ସାହ ଓ ଉଦ୍ଦୀପନା ସୃଷ୍ଟି କରିପାରିଥିଲେ।

ତାହାଙ୍କ ଶିକାର ଗଳ୍ପରେ ଆଦିବାସୀ 'ଘିନୁଆ' ଶୋଷିତ ଶ୍ରେଣୀର ପ୍ରତୀକ ରୂପେ ଚିତ୍ରିତ। ଶୋଷକ ଶ୍ରେଣୀର ପ୍ରତିନିଧି ଗୋବିନ୍ଦ ସରଦାରର ଶୋଷଣ ଲିପ୍‌ସା ଓ ଅଶ୍ଳୀଳ ଆଚରଣ ପାଇଁ ଘିନୁଆ ତାହାକୁ ହତ୍ୟା କରିଛି; ଏପରିକି ଏକ ପ୍ରଶଂସନୀୟ କାର୍ଯ୍ୟ ତଥା ସମାଜର ମଙ୍ଗଳ ସାଧନ କରିଛି ଭାବି ସେ ସରଦାରର କଟାମୁଣ୍ଡକୁ ନେଇ ପୋଲିସ୍ ସାହେବଙ୍କ ପାଖରେ ପହଞ୍ଚିଛି ବକ୍‌ସିସ୍ ପାଇବା ଆଶାରେ। ସରକାରୀ ଓକିଲ ମଧ୍ୟ କହିଛନ୍ତି, "ତତେ ଏଠାକୁ ଅଣାଯାଇଛି ବକ୍‌ସିସ୍ ଦିଆଯିବା ଲାଗି।" ସରଳବିଶ୍ୱାସୀ ଘିନୁଆ ସରକାରୀ ଓକିଲଙ୍କର ଏହି ବ୍ୟଙ୍ଗୋକ୍ତିକୁ ବୁଝିପାରିନଥିଲା, ଏପରିକି ଫାଶୀ ପାଇବା ପର୍ଯ୍ୟନ୍ତ ଆପଣାର ନିର୍ଦ୍ଦୋଷତା ଓ ସାହସିକତା ସମ୍ପର୍କରେ ସେ ଥିଲା ସୁନିଶ୍ଚିତ (୨୨)। ସରକାରୀ ଓକିଲଙ୍କ ଏହି ଉକ୍ତି ମାଧ୍ୟମରେ ସାମନ୍ତବାଦୀ ଆଇନ ବ୍ୟବସ୍ଥାର ଅସାରତା ଏଥିରେ ଦର୍ଶାଇ ଦିଆଯାଇଅଛି।

---

୨୨. "ଆଦିବାସୀ ପରିହାସ ବା ଛଳନା କ'ଣ ଜାଣେନାହିଁ। ତେଣୁ ଫାଶୀଖୁଣ୍ଟ ନିକଟରେ ଠିଆହୋଇ ମଧ୍ୟ ସେ ବକ୍‌ସିସ୍ ନିମନ୍ତେ ହାତ ପାତିଛି। ମୁଣ୍ଡରେ ତାର ଗୋଟାଏ କଳାକନାର ଖୋଳ ପିନ୍ଧାଇ ଦିଆଗଲା। ଘିନୁଆ ମନେମନେ ବିଚାରିଲା, ଆଖିରେ ଅନ୍ଧପୋଟଳି ଦେଇ ହାତରେ ତାର ସୁନାରୁପା ଢାଳି ଦିଆଯିବ। ସରକାର ଘରର କେତେ ଫନ୍ଦି ଫିକର, କାଇଦା କଟକଣା ଅଛି - ଖାଲି ସେମିତି କଣ ବକ୍‌ସିସ୍ ଦିଆଯାଏ? ସେ ଘରକୁ ଫେରି ସବୁ ସ୍ତ୍ରୀକୁ ଦେଖାଇବ। କି ଖୁସି ହେବ ସ୍ତ୍ରୀ ତାର ସବୁ ଦେଖି। ଭଲ ଘରଦ୍ୱାର କରି, ଜମିବାଡି ଚଷି ସେ ସୁଖରେ ରହିବ। ଆଉ ତ ଗୋବିନ୍ଦ ସରଦାର ନାହିଁ ଛେ ସବୁ ଲୁଟି ନେବ।" 'ଶିକାର', ଭଗବତୀ ଚରଣ ପାଣିଗ୍ରାହୀ, ପୃ.୪।

ଉପନ୍ୟାସର ତୃତୀୟ ପର୍ଯ୍ୟାୟ : ବୈପ୍ଳବିକ ଚେତନାର ଅଭିବ୍ୟକ୍ତି

୧୯୩୬ ମସିହାରେ ସ୍ୱତନ୍ତ୍ର ଓଡିଶା ପ୍ରଦେଶ ଗଠିତ ହେବା ପରେ ଓଡିଶାରେ ସ୍ୱତନ୍ତ୍ର ପ୍ରଦେଶ ଗଠନ ଆନ୍ଦୋଳନର ପରିସମାପ୍ତି ଘଟିଥିଲା। ଏହି ସଫଳତାର ଉତ୍ସାହ, ଉଦ୍ଦୀପନା ଓ ଆତ୍ମବିଶ୍ୱାସ ନେଇ ଓଡିଆଜାତି ଭାରତୀୟ ସ୍ୱାଧୀନତା ସଂଗ୍ରାମ ଓ ରାଜନୈତିକ ଆନ୍ଦୋଳନ ସହ ପୂର୍ଣ୍ଣପ୍ରାଣରେ ସହଯୋଗ କରିଥିଲା। ଏହି ସମୟରେ ମଧ୍ଯ ଓଡିଶାରେ ସାମ୍ୟବାଦୀ ଚିନ୍ତା ଓ ବିପ୍ଳବାତ୍ମକ ଭାବଧାରାର ପ୍ରସାର ଏକ ନୂତନ ସାହିତ୍ୟିକ ରୁଚି ପ୍ରବର୍ତ୍ତନ କରିବାରେ ସମର୍ଥ ହୋଇଥିଲା। ସାମାଜିକ ଓ ଆର୍ଥନୀତିକ ପରିବର୍ତ୍ତନ ଯୋଗୁ ଏକ ସଂଘର୍ଷଶୀଳ ମନୋଭାବର ବିକାଶ ସଂଘଟିତ ହୋଇଥିଲା। ଦ୍ୱିତୀୟ ବିଶ୍ୱଯୁଦ୍ଧର ପ୍ରଳୟଙ୍କର ପ୍ରଭାବ, ୧୯୪୦-୪୧ ମସିହାର ସତ୍ୟାଗ୍ରହ ଆନ୍ଦୋଳନ, ୧୯୪୨ ମସିହାର 'ଭାରତଛାଡ' ଆନ୍ଦୋଳନ, ମାର୍କସୀୟ ଚିନ୍ତାଧାରାର ପ୍ରସାର, ଶ୍ରମିକ ଆନ୍ଦୋଳନ (Trade Union Movement) ପ୍ରଭୃତି ଚଳିତ ଶତାବ୍ଦୀର ତୃତୀୟ ଦଶକର ମଧ୍ଯଭାଗରୁ ସାହିତ୍ୟକୁ ଗଭୀରଭାବେ ପ୍ରଭାବିତ କରିଥିଲା। ସାହିତ୍ୟରେ ଏହା ଜାତୀୟଚେତନାର ଭିତ୍ତିକୁ ଅଧିକ ସୁଦୃଢ କରିବା ସଙ୍ଗେ ସଙ୍ଗେ ସାହିତ୍ୟିକର ଦୃଷ୍ଟିକୁ କରିଥିଲା ବିସ୍ତାରିତ। ଏହା ଫଳରେ ସାହିତ୍ୟିକର ଦୃଷ୍ଟିକୋଣ କେବଳ ରାଜନୈତିକ ସ୍ୱାଧୀନତାରେ ସୀମିତ ନରହି ରାଜନୀତି-ଭିତ୍ତିକ ଆର୍ଥିକ ଦିଗ (Politico-Economic Aspects) ଆଡକୁ କ୍ରମେ ସଂପ୍ରସାରିତ ହୋଇଥିଲା।

୧୯୩୬ ମସିହା ଏପ୍ରିଲ ୯/୧୦ ତାରିଖରେ ଲକ୍ଷ୍ନୌଠାରେ ଭାରତୀୟ ପ୍ରଗତିବାଦୀ ଲେଖକସଂଘର ବାର୍ଷିକ ଅଧିବେଶନ ଅନୁଷ୍ଠିତ ହୋଇଥିଲା। ଏହି ଅଧିବେଶନରେ ସାମାଜିକ ଅନ୍ୟାୟ, ଅର୍ଥନୈତିକ ବୈଷମ୍ୟ, କୃଷକ ଓ ଶ୍ରମିକମାନଙ୍କର ଶୋଷଣ ବିରୁଦ୍ଧରେ ସ୍ୱରଉତ୍ତୋଳନ କରିବା ସାହିତ୍ୟର ମୁଖ୍ୟ ବିଭାବ ହେବା ଆବଶ୍ୟକ ବୋଲି ଏକ ପ୍ରସ୍ତାବ ଗୃହୀତ ହୋଇଥିଲା। ଅଧିବେଶନର ସଭାପତିଭାବେ ହିନ୍ଦୀ ସାହିତ୍ୟର ପ୍ରଖ୍ୟାତ ଔପନ୍ୟାସିକ ପ୍ରେମଚନ୍ଦ ଏଠାରେ ଦୃଢତାର ସହିତ ଘୋଷଣା କରିଥିଲେ, "ସାହିତ୍ୟର ପବିତ୍ର ମନ୍ଦିରରେ ଧନ ସମ୍ପତ୍ତିର ସ୍ଥୂଳ ପୂଜାରୀମାନଙ୍କର ସ୍ଥାନ ନାହିଁ। ଏଠାକୁ ସେହିଭଳି ଭକ୍ତ ସବୁ ଆସନ୍ତୁ, ଯେଉଁମାନେ ମନେକରନ୍ତି ସତ୍ୟ ହେଉଛି ଜୀବନର ଶ୍ରେଷ୍ଠବ୍ରତ, ଯେଉଁମାନେ ଅନ୍ୟର ଦୁଃଖରେ ଅନ୍ତରର ବେଦନା ଅନୁଭବ କରନ୍ତି ଏବଂ ପ୍ରେମର ଏହି ବେଦନା ହିଁ ଯାହାଙ୍କ ହୃଦୟରେ ସାହସ ଦିଏ, ଶକ୍ତି ଦିଏ। ଆମେ

ଲେଖକମାନେ ହେଉଛନ୍ତି ପତାକାଧାରୀ ସୈନ୍ୟ ଦଳ"(୨୩)। ପ୍ରେମଚନ୍ଦଙ୍କ ପରେ ହିନ୍ଦୀ ସାହିତ୍ୟରେ ଯଶପାଲ, ଅଜ୍ଞେୟ, ପ୍ରତାପ-ନାରାୟଣ ଶ୍ରୀବାସ୍ତବ, ଭଗବତୀ ଚରଣ ବର୍ମା, ରାହୁଳ ସାଂକୃତାୟନ, ରାଙ୍ଗେୟ ରାଘବ ଓ ରାମଚନ୍ଦ୍ର ତିୱାରୀ ପ୍ରମୁଖ ଖ୍ୟାତନାମା ଔପନ୍ୟାସିକଙ୍କର ଉପନ୍ୟାସରେ ଏହି ପ୍ରଗତିଶୀଳ ଦୃଷ୍ଟିଭଙ୍ଗୀର ପ୍ରତିଫଳନ ଦେଖିବାକୁ ମିଳେ।

୧୯୩୬ ପରବର୍ତ୍ତୀ ଓଡିଆ ଉପନ୍ୟାସ କ୍ଷେତ୍ରରେ ମଧ୍ୟ ଏତାଦୃଶ ପ୍ରବୃତ୍ତିର ପ୍ରାଧାନ୍ୟ ପରିଲକ୍ଷିତ ହୁଏ। ସ୍ଥୁଳତଃ ଏହି ପ୍ରବୃତ୍ତି ଗୁଡିକ ହେଉଛି ସାମ୍ୟବାଦୀ ଶ୍ରେଣୀହୀନ ସମାଜ ପ୍ରତିଷ୍ଠା, ଅବହେଳିତ ଓ ଦଳିତ ଜନସାଧାରଣଙ୍କ ପ୍ରତି ମମତା, ସଂସ୍କାରପ୍ରବଣତା, ଗାନ୍ଧିଜୀଙ୍କ ନେତୃତ୍ୱ ପ୍ରତି ସମର୍ଥନ, ଆର୍ଥିକ ଦୁର୍ଗତି ସଚେତନତା, ବିଶ୍ୱଭ୍ରାତୃତ୍ୱ ବୋଧ ଓ ବୈପ୍ଳବିକ ଭାବନା।

ସାମ୍ୟବାଦୀ ଚେତନାର ପ୍ରସାର ଓ ପରିଣାମ :

ସମାଜବିଜ୍ଞାନ କ୍ଷେତ୍ରରେ କାର୍ଲମାର୍କସ୍‌ଙ୍କ ସାମ୍ୟବାଦୀ ଚିନ୍ତାଧାରା ଏକ ନୂତନ ଦିଗନ୍ତର ସନ୍ଧାନ ଦେଇଥିଲା। ସାମ୍ୟବାଦ ଶବ୍ଦର ଅର୍ଥ ଆର୍ଥିକ ସମତା, ଅର୍ଥାତ୍ ସମାଜରେ ସମସ୍ତଙ୍କର ସମାନ ଆର୍ଥିକ ସୁବିଧା ରହିବା ଆବଶ୍ୟକ। କାର୍ଲମାର୍କସ୍‌ଙ୍କ ସୁପ୍ରସିଦ୍ଧ ଗ୍ରନ୍ଥ 'ଦାସ କ୍ୟାପିଟାଲ' (ପ୍ରଥମ ପ୍ରକାଶ ୧୮୫୧) ଅନୁଯାୟୀ ଧନୀ ଏବଂ ଦରିଦ୍ର ମଧ୍ୟରେ ଆର୍ଥିକ ସ୍ୱାର୍ଥକୁ ଭିତ୍ତିକରି ସଂଘର୍ଷ ଅନନ୍ତକାଳରୁ ଚଳିଆସୁଅଛି। ଧନୀ ଓ ଦରିଦ୍ର ମଧ୍ୟରେ ଭକ୍ଷ ଓ ଭକ୍ଷକର ସମ୍ବନ୍ଧ ଓ ସେମାନଙ୍କ ମଧ୍ୟରେ ସୁସମ୍ପର୍କ ଅସମ୍ଭବ। "କାର୍ଲମାର୍କସଙ୍କ ଏହି ମ୍ୟାନିଫେଷ୍ଟୋରୁ ଜଣାଯାଏ, ଗୋଟିଏ ଶ୍ରେଣୀ ଧନୀଚତୁର୍ଥ ପରିଚ୍ଛେଦ ପାଲଟି ଶକ୍ତିଶାଳୀ ହୋଇ ଶାସନଭାର ନେଉଛି ଏବଂ ଅପର ଏକ ଶ୍ରେଣୀ କାଳକ୍ରମେ କିପରି ପ୍ରବଳ ହୋଇ ପୁରୁଣା ଜମିଦାର ଶ୍ରେଣୀକୁ ରାଜନୈତିକ ଅଧିକାରରୁ ତଡି ରାଜଶକ୍ତି ନିଜ ହାତରେ ନେଉଛି। ଶ୍ରମଜୀବୀ ଶ୍ରେଣୀର ଶକ୍ତି ଦିନକୁ ଦିନ ବଢୁଛି ଏବଂ ସେମାନେ ମଧ୍ୟ ସେମାନଙ୍କ ବର୍ଦ୍ଧିଷ୍ଣୁ ଶକ୍ତି ବିଷୟରେ ଚେତନଶୀଳ" (୨୪)।ସାମାଜିକ ବିବର୍ତ୍ତନ ପ୍ରକ୍ରିୟାରେ ଶାସିତ ତଥା ଶୋଷିତ ଗୋଷ୍ଠୀ ହିଁ ସମାଜର ଶାସକ ହେବେ ଓ ଅତ୍ୟାଚାର, ଲୁଣ୍ଠନ, ଜବରଦସ୍ତି କରୁଥିବା ଶୋଷକ ଗୋଷ୍ଠୀକୁ ସେମାନେ ପରାଜିତ କରି

୨୩. 'ପ୍ରେମଚନ୍ଦ', ପ୍ରକାଶଚନ୍ଦ୍ର ଗୁପ୍ତା, ପରଚ୍ଛେଦ ୧୧
ସାହିତ୍ୟ ଏକାଡେମୀ ପବ୍ଲିକେଶନ, ନୂଆଦିଲ୍ଲୀ।

୨୪. "ସାମ୍ୟବାଦ - କାଳ୍ପନିକ ନା ବୈଜ୍ଞାନିକ?" ପ୍ରାଣନାଥ ପଟ୍ଟନାୟକ।
(ନବଭାରତ - କନ୍ୟା ୧୩୪୨- ପୃ.୨୬୧)

ଶୋଷକମାନଙ୍କର ଦଣ୍ଡବିଧାନ କରିବେ - ଏହା ହିଁ ଥିଲା ତାଙ୍କର ସିଦ୍ଧାନ୍ତ । ଏହି ଚିନ୍ତାଧାରାର ବିଶ୍ୱବ୍ୟାପୀ ପ୍ରଭାବ ନିପୀଡିତ ଜନସାଧାରଣଙ୍କର ଯୁଗ ଯୁଗର ସଞ୍ଚିତ ଭୟ ଓ ସଂସ୍କାରମୂଳରେ କୁଠାରାଘାତ କରିଥିଲା ।

୧୯୩୫ ମସିହାରେ ଓଡିଶାରେ 'ନବଯୁଗ ସାହିତ୍ୟ ସଂସଦ'ର ପ୍ରତିଷ୍ଠା ମାର୍କସୀୟ ଦର୍ଶନର ପ୍ରତ୍ୟକ୍ଷ ପ୍ରଭାବର ପରିଣାମ । ଏହି ସଂସଦର ଆନୁକୂଲ୍ୟରେ 'ଆଧୁନିକ' ପତ୍ରିକା ପ୍ରକାଶ ପାଇଥିଲା । ଏହା ଓଡିଶାରେ ସାଂଗଠନିକଭାବେ ସମାଜବାଦୀ ସାହିତ୍ୟ ପ୍ରସାରର ଆଦ୍ୟ ଉଦ୍ୟମ । ଏହି ସଂସ୍ଥା ସହ ସଂପୃକ୍ତ ନଥିଲେ ମଧ୍ୟ ଗୋଦାବରୀଶ ମହାପାତ୍ର, ଅନନ୍ତପ୍ରସାଦ ପଣ୍ଡା, ଗୋପୀନାଥ ମହାନ୍ତି ଓ କାହ୍ନୁଚରଣ ପ୍ରଭୃତି ଔପନ୍ୟାସିକଙ୍କ ରଚନାରେ ଏହାର ପ୍ରତିଫଳନ ଦେଖିବାକୁ ମିଳିଥାଏ । ସଚ୍ଚିଦାନନ୍ଦ ରାଉତରାୟ ଓ ଭଗବତୀଚରଣ ପାଣିଗ୍ରାହୀ ଏ କ୍ଷେତ୍ରରେ ଅଗ୍ରଗଣ୍ୟ । ସେମାନଙ୍କ ଗଳ୍ପ ଉପନ୍ୟାସର ମୁଖ୍ୟସ୍ୱର ଯେ ପ୍ରଗତିବାଦୀ ଚେତନା ଏହା କହିବା ଅନାବଶ୍ୟକ ।

ନିର୍ଭୀକତାର ଆହ୍ୱାନ :

ଜମିଦାର, ସମ୍ଭ୍ରାନ୍ତଗୋଷ୍ଠୀର ଶୋଷଣ ଓ ଚକ୍ରାନ୍ତର ନିର୍ମମଚିତ୍ର ସଚ୍ଚିଦାନନ୍ଦ ରାଉତରାୟଙ୍କର 'ରଜାପୁଅ' ଓ 'ରିକ୍‌ସାବାଲା' ଗଳ୍ପରେ ଅଙ୍କିତ । ଦରିଦ୍ର ଜନତାର ସରଳତାର ସୁଯୋଗ ନେଇ ଧର୍ମ ନାମରେ ଛଳନା ଓ ପ୍ରତାରଣାର ଚିତ୍ର ତାଙ୍କ 'ଅନ୍ଧାରୁଆ' ଓ 'ଅଙ୍ଗୁଠି' ଗଳ୍ପରେ ଚିତ୍ରିତ ହୋଇଅଛି । ରାଜତନ୍ତ୍ର ଓ ସାମନ୍ତବାଦ ବିରୁଦ୍ଧରେ ଗାଳ୍ପିକଙ୍କ ବିଦ୍ରୋହୀ ମାନସର ପ୍ରତିକ୍ରିୟା ତାହାଙ୍କ 'ରାଜା, ରାଣୀ ଓ କୁକୁର' ଗଳ୍ପରେ ମନୋଜ୍ଞ ଭାବରେ ଅଙ୍କିତ । 'ଗଳ୍ପ ନୁହେଁ' 'ରିକ୍‌ସାବାଲା', 'ଆଙ୍ଗୁଠି', 'ମଶାଣିର ଫୁଲ', 'ମାଟିର ତାଳ', 'ହାତ' ଇତ୍ୟାଦି ଗଳ୍ପରେ ସମାଜପତିମାନଙ୍କର ପ୍ରବଞ୍ଚନା, ପ୍ରତାରଣା ଓ ଶୋଷଣର ନିର୍ମମ ବ୍ୟଙ୍ଗଚିତ୍ର ଲେଖକ ଉପସ୍ଥାପନ କରିଅଛନ୍ତି । ସେମାନଙ୍କ ଶୋଷଣର ମୁଖା ମଧ୍ୟ ଏଥିରେ ଉନ୍ମୋଚିତ ହୋଇଯାଇଅଛି । ଏଥିରେ ଅଙ୍କିତ ସରଳ, ସାଧାରଣ ଚରିତ୍ରମାନେ ଆଉ ଅତ୍ୟାଚାରୀର କ୍ରୀଡନକ ହୋଇ ରହିନାହାନ୍ତି । ସମସ୍ତପ୍ରକାର ସାମାଜିକ ବୈଷମ୍ୟ ବିରୁଦ୍ଧରେ ବଳିଷ୍ଠ ସ୍ୱର ଉତ୍ତୋଳନ କରିବାର ସାମର୍ଥ୍ୟ ସେମାନେ ଲାଭକରି ପାରିଅଛନ୍ତି । ବୁର୍ଜୋୟା ଶାସକଗୋଷ୍ଠୀ ବିରୁଦ୍ଧରେ ସର୍ବହରାମାନେ ସମବେତ ହୋଇ ସଂଗ୍ରାମୀ ମନୋଭାବ ପ୍ରକାଶ କରିପାରିଅଛନ୍ତି । ଶୋଷଣ, ଅତ୍ୟାଚାର ଓ ଅମାନବିକତାକୁ ନୀରବରେ ସହ୍ୟ କରାଯିବା ସବୁଠାରୁ ବଡ ସାମାଜିକ ଅପରାଧରୂପେ ସେମାନଙ୍କ ଉକ୍ତିରେ ପ୍ରକାଶିତ

ହୋଇଅଛି (୨୫)। ଗଳ୍ପ ଉପନ୍ୟାସମାନଙ୍କରେ ସାମାଜିକ ଅସାମାଜିକତା ବିରୁଦ୍ଧରେ ପ୍ରତିଶୋଧ ନେବାପାଇଁ ମଣିଷ ଜାତି ପ୍ରତି ଏହିପରି ଆହ୍ୱାନ ପ୍ରଦତ୍ତ ହୋଇଥିଲା। ଏହା ହିଁ ସଂଘର୍ଷକାଳର ସାହିତ୍ୟିକ ଚେତନାର ବୈଶିଷ୍ଟ୍ୟ। ସମସ୍ତ ନିର୍ଯାତନାକୁ ନୀରବରେ ପଶୁଭଳି ସହ୍ୟକରି ଆସୁଥିବା ପୀଡିତ ମାନବଜାତିକୁ ଜାଗ୍ରତ କରାଇବାର ପ୍ରେରଣାଦାୟକ ଆହ୍ୱାନ ସଚ୍ଚିଦାନନ୍ଦଙ୍କ ଗଳ୍ପମାନଙ୍କର ମୁଖ୍ୟ ବିଷୟବସ୍ତୁ। ଏହି ଦୃଷ୍ଟିରୁ ସେ ଯଥାର୍ଥତଃ ଯୁଗଚେତନାର ବିଶ୍ୱସ୍ତ ବାର୍ତ୍ତାବହ। ତାହାଙ୍କ କଥା-ସାହିତ୍ୟ ଓଡିଆ ଗଦ୍ୟ-ସାହିତ୍ୟ କ୍ଷେତ୍ରରେ ଏକ ନୂତନ ସାମାଜିକ ଓ ରାଜନୈତିକ ଆଦର୍ଶ ଓ ଦୃଷ୍ଟିଭଙ୍ଗୀ ଅନୁପ୍ରବେଶ କରାଇ ପାରିଅଛି। ଓଡିଆ ସାହିତ୍ୟରେ ଚିନ୍ତାର ଅକୁତୋଭୟତା ୧୯୩୫ ମସିହା ପର୍ଯ୍ୟନ୍ତ ଦୂରୀଭୂତ ହୋଇପାରିନଥିବା ଯୋଗୁ ସାହିତ୍ୟରେ ନିର୍ଭୀକତା ପ୍ରକାଶ ପାଇବା ନିମିତ୍ତ ବିଳମ୍ବ ହୋଇଥିଲା। ସାହିତ୍ୟ କ୍ଷେତ୍ରରୁ ଏହି ଭୟ ଓ ଦ୍ୱନ୍ଦ୍ୱ ଦୂରକରାଇବା ନିମିତ୍ତ ସଂଘର୍ଷ କାଳରେ ପ୍ରଭୁତ ଉଦ୍ୟମ ହୋଇଥିଲା।

ଶୋଷିତ ଶ୍ରମିକ ଓ କୃଷକ :

ଜମିଦାର, ମହାଜନର ଶୋଷଣ ଲିପ୍‌ସାର ସମ୍ମୁଖୀନ ହୋଇ ନପାରି ଅର୍ଥ ଉପାର୍ଜନ କରିବା ପାଇଁ ଗରିବ ଓଡିଆ ପୁଅ ତାର ପୈତୃକ ଜନ୍ମଭୂମି ତ୍ୟାଗ କରି କୁଲି ଭାବେ ଆସାମ, କାଳିମାଟି ଓ ରେଙ୍ଗୁନ ପ୍ରଭୃତି ସ୍ଥାନକୁ ଯିବାକୁ ବାଧ ହେଉଥିଲେ। ତଥାପି ସେମାନଙ୍କର ଦୈନ୍ୟ ଦୂର ହୋଇ ପାରୁନଥିଲା। ଓଡିଶାର ତତ୍‌କାଳୀନ ଆର୍ଥିକ ଦୁର୍ଗତି ସମ୍ପର୍କରେ ପଣ୍ଡିତ ନୀଳକଣ୍ଠ ଦାସ ଯଥାର୍ଥରେ ଲେଖିଥିଲେ, "ଆଜି ଯେ ଜମିଦାର ପ୍ରକାର ଶୋଷିତ ରକ୍ତରେ ମୁଣ୍ଡଟେକି, ଛାତି ଫୁଲାଇ, ସ୍ପର୍ଦ୍ଧା ଦେଖାଇ ହେଉଛି, ତିନିପୁରୁଷ ଗଲେ ହୁଏତ ସେ ଜମିଦାର ନଥିଲା। ପୁଣି ତିନିପୁରୁଷ ପରେ ହୁଏତ ସେ ଜମିଦାର

---

୨୫. "ଶୁଣ ଭାଇମାନେ, ଶୁଣ ନିରନ୍ନ ନିଃଶୋଷିତ କୃଷକକୁଳ ! ଆଜି ଆମର ସର୍ବସ୍ୱ ଲେହନ କରି ପୁଞ୍ଜିବାଦର ନିଷ୍ଠୁର ଜିହ୍ୱା ଅଗ୍ରସର ହେଉଛି। ନିଜ ଦେହର ହାଡ ଓ ମାଉଁସ ଛଡା ଆଜି ନିଜର ବୋଲି ଦାବୀ କରିବାର ଜିନିଷ ସାରା ପୃଥିବୀରେ ଆମର କିଛି ନାହିଁ। ଆମ୍ଭର ସବୁ ଯାଇଛି, ଅଛି କେବଳ ଦଦରା ଜୀବନ, ଆହୁରି ଅଛି ଗୋଟାଏ ରୁଗ୍‌ଣ, ମୁମୂର୍ଷୂ ଏବଂ ଜୀର୍ଣ୍ଣ ଦଳିତ ଅସ୍ତିତ୍ୱ। ଭାଇ ସର୍ବହରା ଏକଜୁଟ ହୁଅ, ଏହି ଅମାନୁଷିକ ଶୋଷଣର ପ୍ରତିଶୋଧ ନିଅ x x x ଜାଗ, ଜାଗ ମଣିଷ ଭାଇ, ତମର ସମସ୍ତ ହତିଆର ଏକତ୍ର କର, ଏକତ୍ର ହୁଅ, ମନେରଖ ନିଜକୁ ଶୋଷିତ ହେବାକୁ ଦେବା ସବୁଠାରୁ ବଡ ପାପ। ସେ ପାପର ଅଭିଶାପରେ ମଣିଷ ଜାତି ପଙ୍ଗୁ ହୋଇଯିବ।"
'ଆଙ୍ଗୁଠି' - ସଚ୍ଚିଦାନନ୍ଦ ରାଉତରାୟ, ସ: ରା: ଗ୍ର:

ରହିବନାହିଁ। ଏପରିକି ଏ ରାଜ୍ୟରେ କୌଣସି କୌଣସି ଜମିଦାରର ଭାଇ ଜମିଦାର ମଧ୍ୟ ନୁହେଁ। ସମସ୍ତେ ଥିଲେ ପ୍ରଜା, ରହିବେ ପ୍ରଜା। ଅର୍ଥାତ୍ ସମସ୍ତେ ରାଜ୍ୟରେ ସମାନ ଭାବରେ ବ୍ୟକ୍ତିତ୍ୱବାନ୍ ପୁରୁଷ ହୋଇ ରହିବେ। ଯାହାର ରାଜ୍ୟ ସେହି ପ୍ରଜା, ପ୍ରଜା ସମାଜର ହିଁ ରାଜ୍ୟ। ସେଇ ଏ ଦେଶର ସାଧାରଣ କୃଷକ ଓ ସାଧାରଣ ଶ୍ରମଜୀବୀ x x x ଓଡିଶାର ସାଧାରଣ ଆର୍ଥିକ ପରିସ୍ଥିତି ବୁଝି ବିଚାରବନ୍ତ ହୋଇ କାର୍ଯ୍ୟ ନକଲେ ଭାରତ ଜାତୀୟତାରେ ଓଡିଶାର ଦାନ କରିବାକୁ ହୁଏତ କିଛି ରହିବନାହିଁ” (୨୬)।

ଓଡିଶାର ଆର୍ଥିକ ଦୁର୍ଗତି ଯୋଗୁ ଓଡିଶାର ବହୁ ବ୍ୟକ୍ତିଙ୍କୁ ଶ୍ରମିକଭାବେ ବିଦେଶରେ ରହିବାକୁ ପଡୁଥିଲା। ଏହାର ମାର୍ମିକ ଅଭିବ୍ୟକ୍ତି ଅନନ୍ତ ପ୍ରସାଦ ପଣ୍ଡାଙ୍କ ଗଳ୍ପମାନଙ୍କରେ ପ୍ରଦର୍ଶିତ। ଗାଳ୍ପିକ ପଣ୍ଡାଙ୍କର ସୃଜନଶୀଳ ବ୍ୟକ୍ତିତ୍ୱ ଏତଦ୍ଦ୍ୱାରା ଏକ ସାମାଜିକ ବିପ୍ଲବର ଚିତ୍ର ଜାତି ସମ୍ମୁଖରେ ଉପସ୍ଥାପିତ କରିପାରିଅଛି। “ସେ ଓଡିଆ ପୁଅ ଆଜି ସାଧବ ପୁଅ ନୁହେଁ, ଓଡିଆ କୁଲି - ରେଙ୍ଗୁନ ଯାତ୍ରୀ ଓଡିଆ କୁଲି। ଆଜି ନାଇଁ ତାର ସେଇ କମରକୁଣ୍ଡଳ, ଆଜି ନାଇଁ ତାର ସେଇ ପାଟ ଜରିପାଗ। ଆଜି ଚକ୍ଷୁ ତାର କୋଟରଗତ। ବକ୍ଷର ପଞ୍ଜରାହାଡ ସୁସ୍ପଷ୍ଟ। ନୁଖୁରା ମୁଣ୍ଡରେ ଗୁଡିଆ ହୋଇଛି ଛିଣ୍ଡା ମଇଳା ଗାମୁଛା ଆଉ ଅଣ୍ଟାରେ ଝୁଲୁଛି ସାତସିଆଁ ତାଳିପକା ମଇଳା ଖଦୀ x x x ଆଜିକାର ଓଡିଆ ବୋହୂ ସାତସିଆଁ ମଇଳା କୋତରା ଲୁଗା ପିନ୍ଧି ଯେତେବେଳେ ରେଙ୍ଗୁନଯାତ୍ରୀ ସ୍ୱାମୀକୁ ବିଦାୟଦିଏ - ଜମିଦାର ଖଜଣା, ସାହୁକାରର ପାଉଣା ତା'ର ସମସ୍ତ ଆଶା ଆକାଙ୍କ୍ଷାକୁ ସମୂଳେ ବିନାଶ କରିଦିଏ” (୨୭)।

ବିଦେଶୀ ଓଡିଆ କୁଲିର ଶୋଚନୀୟ ପରିଣତି, ଅନ୍ୟାୟିତ ନରନାରୀଙ୍କ ପ୍ରତି ଗଭୀର ସମବେଦନା ସହିତ ନୂତନ ସମାଜ ଗଠନର ଉତ୍ସାହ ତାଙ୍କର ‘ନୂଆଦୁନିଆ’, ‘ଭାଗ୍ୟଚକ୍ର’ ଓ ‘କୁଲି’ ଉପନ୍ୟାସରେ ବର୍ଣ୍ଣିତ। ଯନ୍ତ୍ରଶିଳ୍ପ ଓ କୁଟୀର ଶିଳ୍ପର ସଂଘର୍ଷର ଚିତ୍ର ଓ ଉଭୟ ମଧ୍ୟରେ ଦୁସ୍ଥ, ନିଷ୍ପେଷିତ ମାନବର ବର୍ଣ୍ଣନା ‘ଗୋପୀ ସାହୁର ଦୋକାନ’ ଓ ‘ଦେଶାନ୍ତରୀ’ ଗଳ୍ପ ଦ୍ୱୟରେ ଚିତ୍ରିତ। ଶିଳ୍ପ-ସଭ୍ୟତା-ପୀଡିତ ମାନବର ନୀରବ ଯନ୍ତ୍ରଣା ଏଥିରେ ରୂପାୟିତ ହୋଇଅଛି।

ନିତ୍ୟାନନ୍ଦ ମହାପାତ୍ରଙ୍କ ଗଳ୍ପ ଉପନ୍ୟାସରେ ମାନବ ଜୀବନର ବ୍ୟଥା, ବ୍ୟର୍ଥତା, ନିର୍ଯାତନା ଓ ଅଶ୍ରୁସିକ୍ତ କାହାଣୀର ପ୍ରତିଧ୍ୱନି ମଧ୍ୟ ଶୁଣିବାକୁ ମିଳେ। ଏକ ଅନାମୟ ସୁଖୀ

---

୨୬. ‘ପଲ୍ଲୀପାଠ’- ପଣ୍ଡିତ ନୀଳକଣ୍ଠ ଦାସ, ନବଭାରତ, କକଡା ୧୩୪୨, ପୃଷ୍ଠା, ୧୫୧-୧୫୨।

୨୭. ‘ଦ୍ୱିଧାରା’ (ଗଳ୍ପ) - ଅନନ୍ତ ପ୍ରସାଦ ପଣ୍ଡା।

ସମାଜ କଳ୍ପନାରେ ସେ ରଚନା କରିଥିଲେ, 'ଭଙ୍ଗାହାଡ', 'ହିଡମାଟି' ଉପନ୍ୟାସ ଦ୍ୱୟ। ତାହାଙ୍କ ରଚିତ 'ପରିବର୍ତ୍ତନ', 'ରୁକ', 'ଗରିବର ଦେବତା', 'ଜୀବନ୍ତ ପାଷାଣ'. 'ଦୋକାନଦାର' ଇତ୍ୟାଦି ଗଳ୍ପମାନଙ୍କରେ ବୈଧବ୍ୟର କାରୁଣ୍ୟ, ଅନ୍ତଃସାରଶୂନ୍ୟ ଜାତ୍ୟଭିମାନ, ଆର୍ଥନୀତିକ ଅସହାୟତା ଓ ରାଜନୀତିକ ସଚେତନତାର ଚିତ୍ର ପରିଦୃଷ୍ଟ ହୁଏ।

ଜାତି-ଧର୍ମ ଶ୍ରେଣୀହୀନ ସମାଜ : ବିଶ୍ୱ ଭାତୃତ୍ୱବୋଧ

ଜାତିଭେଦ ଓ ଆର୍ଥିକ ବୈଷମ୍ୟ ଭାରତୀୟ ତଥା ଉତ୍କଳୀୟ ସାମାଜିକ ଜୀବନକୁ ବହୁକାଳୁ ବ୍ୟାଧିଗ୍ରସ୍ତ କରିଅଛି। ବ୍ରାହ୍ମଣ ଅବ୍ରାହ୍ମଣ ଭେଦ ମାନବିକତାର ସୁସମ୍ପର୍କକୁ ବହୁ ପରିମାଣରେ ଛିନ୍ନ କରିଅଛି ଓ ପାରସ୍ପରିକ ଘୃଣା ସୃଷ୍ଟିର ହେତୁ ହୋଇଅଛି। ମାନବତାବାଦୀ ଚିନ୍ତାଧାରାର ପ୍ରସାର ଫଳରେ ସାହିତ୍ୟ କ୍ଷେତ୍ରରେ ସାର୍ବଜନୀନ କଲ୍ୟାଣଚେତନା ସମ୍ବଳିତ ସାହିତ୍ୟ ସୃଷ୍ଟିର ଆଦର୍ଶ ପ୍ରତିଷ୍ଠିତ ହେଲା। ଆଲୋଚ୍ୟକାଳରେ ଓଡିଆ ଉପନ୍ୟାସ କ୍ଷେତ୍ରରେ ଏହି ଚେତନାର ସ୍ୱର ଅଧିକ ତୀବ୍ର ହୋଇଥିଲା। କାହ୍ନୁଚରଣ ଓ ଗୋପିନାଥ ମହାନ୍ତି ଭ୍ରାତୃଦ୍ୱୟଙ୍କ ରଚନାରେ ସମାଜର ଅବହେଳିତ, ଲାଞ୍ଛିତ, ଅବଜ୍ଞାତ ଓ ନିଷ୍ପେଷିତ ଜୀବନର କାରୁଣ୍ୟ ଓ ଦ୍ୱନ୍ଦ୍ୱ, ପୁଞ୍ଜିପତି ଧନିକର ମିଥ୍ୟା ଅହମିକା, ଶୋଷଣ ମନୋବୃତ୍ତି ଓ ଶଠତାର ନଗ୍ନଚିତ୍ର ଉତ୍ତରରୂପେ ଅଙ୍କିତ। ଭାରତୀୟ ସାହିତ୍ୟ କ୍ଷେତ୍ରରେ ମୂଲକ୍‌ରାଜ ଆନନ୍ଦଙ୍କର 'ଦି ଅନ୍‌ଟଚେବ୍‌ଲ୍', ରାଜାରାଓଙ୍କର 'କନ୍ଥପୁର' ଓ ଖ୍ୱାଜା ଅହମ୍ମଦ ଆବାସଙ୍କର 'ଇନ୍‌କ୍ଲାବ' ପ୍ରଭୃତି ଉପନ୍ୟାସ ଅସ୍ପୃଶ୍ୟତା, ସାମ୍ପ୍ରଦାୟିକ ଉତ୍ତେଜନା ଓ ଅସ୍ପୃଶ୍ୟ ଜାତିର ମହତ୍ତ୍ୱକୁ ଆଧାର କରି ଚରିତ ହୋଇ ସର୍ବଭାରତୀୟ କ୍ଷେତ୍ରରେ ଜନପ୍ରିୟତା ଅର୍ଜନ କରିପାରିଥିଲା। ଏହାର ପରିଣାମ ସ୍ୱରୂପ ଅସ୍ପୃଶ୍ୟତା, ଜାତିଭେଦ, ସାମାଜିକ ବୈଷମ୍ୟ, ଶୋଷଣ, ନିର୍ଯାତନା ଓ ଅତ୍ୟାଚାର ବିରୁଦ୍ଧରେ ପ୍ରତିବାଦ ଗଳ୍ପ ଉପନ୍ୟାସର ଏକ ମୁଖ୍ୟ ଉପାଦାନ ରୂପେ ଗୃହୀତ ହୋଇପାରିଥିଲା। ଏହି ପରିପ୍ରେକ୍ଷୀରେ ରଚିତ ହୋଇଥିଲା ଓଡିଆ ସାହିତ୍ୟରେ ଯୁଗାନ୍ତର ଆନୟନକାରୀ ଦୁଇଟି ଉପନ୍ୟାସ - ଗୋପୀନାଥ ମହାନ୍ତିଙ୍କର 'ହରିଜନ' ଓ କାହ୍ନୁ ଚରଣଙ୍କର 'ଶାସ୍ତି'। ଏହି ଉପନ୍ୟାସର ଚରିତ୍ରମାନଙ୍କ ଉକ୍ତିରେ ପ୍ରକାଶ ପାଇଥିଲା ସାମ୍ୟବାଦର ମହାନ୍ ବାଣୀ। ସେଇଥିପାଇଁ ହରିଜନ କନ୍ୟା ପୁନି ଅଘୋରର ସମ୍ଭୋଗ ପ୍ରତି ନାକଟେକି କହିଥିଲା,"ଶେଷକଥା - ମୁଁ ଅଛୁଆଁ ନୁହେଁ, ଅଛୁଆଁ ତୁ। ମୁଁ ଖାଲି ଦରିଦ୍ର, ଆଉ ତୁ ଚାହିଁଲେ ପାପଲାଗେ, ଛୁଇଁଲେ ଛୁଆଣ"(୨୮)।

---

୨୮. 'ହରିଜନ', ଗୋପୀନାଥ ମହାନ୍ତି, ପୃ.୬୮।

ଜାତି ଧର୍ମ-ବର୍ଣ୍ଣ ନିର୍ବିଶେଷରେ ସମସ୍ତ ମାନବ ସମାଜ ଗୋଟିଏ ଜାତି ଓ ଗୋଟିଏ ସମ୍ପ୍ରଦାୟ। ଜାତିଭେଦର ଅବସାନ ହେଲେ ମାନବଜାତି ହେବ ସୁସଂଗଠିତ ଓ ବିକଶିତ; ନଚେତ ମଣିଷ ମଣିଷର ସମ୍ପର୍କ ଚିରକାଳ ସେହି ସନ୍ଦେହ, ଅବିଶ୍ୱାସ ମଧ୍ୟରେ ସୀମିତ ରହିଯିବ। ସେଇଥିପାଇଁ 'ଶାସ୍ତି' ଉପନ୍ୟାସର ନାୟକ ସନିଆ, ସାମାଜିକ ବୈଷମ୍ୟକୁ ସ୍ୱାର୍ଥରକ୍ଷା ନିମନ୍ତେ ସୃଷ୍ଟି ହୋଇଛି ବୋଲି ଅଭିଯୋଗ କରିଥିଲା (୨୯)। ମଣିଷ ଆପଣାର ସ୍ୱାର୍ଥ ହାସଲ ନିମନ୍ତେ ବେଦ, ପୁରାଣ, ମନ୍ତ୍ର, ଧର୍ମ ଓ ଜାତି ସୃଷ୍ଟି କରିଛି; ମାତ୍ର ପୂଜା କରିବାକୁ ନୁହେଁ। ଏପରି କହିବାଦ୍ୱାରା ବହୁ ବର୍ଷର ପ୍ରତିଷ୍ଠିତ ପୂଜା ପଦ୍ଧତି ବିରୁଦ୍ଧରେ ବିପ୍ଳବର ଉଗ୍ରସ୍ୱର ହିଁ ପ୍ରକଟିତ ହୋଇଅଛି। ଏହି ପୃଥିବୀ, ଏହି ଜନ୍ମମାଟିର ପ୍ରତ୍ୟେକ ମଣିଷ ସମାନ। ମଣିଷ ଏହି ମାଟିର, କିନ୍ତୁ ମାଟି ମଣିଷର ନୁହେଁ। ମଣିଷର ଜୀବନ ବ୍ୟାପୀ ଅନୁଭୂତି, ବୈପ୍ଳବିକ ଚିନ୍ତନ ଓ ବିଶ୍ଳେଷଣର ଫଳ ପ୍ରତିଫଳିତ ହୋଇଛି ସନିଆର ଭାବଧାରାରେ। "ଜନ୍ମମାଟିର ମାୟା ଗୋଟିଏ ନିଶା, ବିଶାଳ ପୃଥିବୀଟା ତୋର ଜନ୍ମମାଟି, ତୋର ନିଜର, ଯେଉଁଠି ତୋର ଉପସ୍ଥିତି ଅନ୍ୟକୁ ଅନୁଭବ କରାଇପାରିବୁ। ସେହି ତୋର ଜାଗା, ସେହି ତୋର ଦେଶ x x x ସେହିମାନେ ତୋର ଆତ୍ମୀୟ ସ୍ୱଜନ, ଜାତି ଓ ଧର୍ମ ସବୁ ଭଣ୍ଡାମି" (୩୦)।

ଏହିପରି ଜାତି ଓ ଧର୍ମର ସ୍ୱରୂପ ଉଦ୍‌ଘାଟନ କରି ସମସାମୟିକ ଔପନ୍ୟାସିକ ମଣିଷ ମନର ଅତୀତର ସମସ୍ତ ସଂଶୟ ଦୂର କରିପାରିଅଛନ୍ତି। ଯଥାର୍ଥତଃ, ଆଜିର ମଣିଷ ପାରମ୍ପରିକ ସମାଜରୀତି ଭୟରେ ଆପଣାର ସୁଖକୁ ଜଳାଞ୍ଜଳି ଦେବା ପରିବର୍ତ୍ତେ ସାମାଜିକ ନିୟମଗୁଡିକର ବିରୁଦ୍ଧାଚରଣ କରିବା ନିମନ୍ତେ ସାହସୀ ହୋଇଛି। ଆପଣା ଜୀବନର ସୁଖ ଦୁଃଖର ଚାବିକାଠି ଯେ ତା' ନିଜ ହାତରେ ରହିଛି, ଏହା ସେ ବୁଝିପାରିଛି। ଭାଗ୍ୟ, ଭଗବାନ ଓ ସାମାଜିକ ସଂସ୍କାର ସମ୍ପର୍କରେ ମଣିଷ ବର୍ତ୍ତମାନ ସନ୍ଦେହ ପ୍ରକାଶ କରୁଛି। ଏତାଦୃଶ ଅଭିନବ ବୈପ୍ଳବିକ ଚିନ୍ତାଧାରା କାହ୍ନୁ ଚରଣଙ୍କ ଉପନ୍ୟାସରେ ରୂପାୟିତ। ତେଣୁ 'ଶାସ୍ତି' ଉପନ୍ୟାସର ନାୟକ ସନିଆ ଯେତେବେଳେ ସମାଜର ସମସ୍ତଙ୍କଠାରୁ

---

୨୯. "ପ୍ରତି ମନ୍ଦିରରେ ଯେଉଁ ଅଚଳ ମୂକ ଦେବତା ମଣିଷ ହାତରେ ଗଢାହୋଇ ମଣିଷ ହାତରେ ପ୍ରତିଷ୍ଠିତ ହୋଇଅଛନ୍ତି, ମଣିଷର ସ୍ୱାର୍ଥପରତା ପାଇଁ ସେ ଯେଉଁ ଧର୍ମର ମନ୍ତ୍ର ଗଢିଛି, ସେ ମନ୍ତ୍ର ଶୁଣି ଶୁଣି ଯେଉଁ ଅଚଳ, ଅଥର୍ବ ପଥର ମୂର୍ତ୍ତି ଫୁଲଚନ୍ଦନରେ ଘୋଡାଇ ହୋଇଛି, ସେ ତ ପ୍ରଚାର କରେ ନାହିଁ ଉଚ୍ଚନୀଚତା, ଅସମାନତା, ପ୍ରଚାର କରେ ମଣିଷ; ଯିଏ ଗଢିଛି ଠାକୁର, ସିଏ ରଚିଛି ବେଦ, ପୁରାଣ, ମନ୍ତ୍ର"।
'ଶାସ୍ତି', କାହ୍ନୁ ଚରଣ ଗ୍ରନ୍ଥାବଳୀ, ପୃ.୬୮।

୩୦. 'ଶାସ୍ତି', ତତ୍ରୈବ ପୃ.୩୬।

ନିରାଶାର ବାଣୀ ଶୁଣିଛି, ସମାଜର ମୁଖିଆ ପାଞ୍ଚଜଣଙ୍କ ଆଗରେ ବିନା ଦୋଷରେ ଯେତେବେଳେ ତାଙ୍କୁ ମୁଣ୍ଡ ଛୁଆଇଁବାକୁ ବାଧ୍ୟ କରାହୋଇଛି, ସେତେବେଳେ ତା'ର ବିଦ୍ରୋହୀ ମନ ଏହି ଗତାନୁଗତିର, ପୁରୁଣାକାଳିଆ, ସ୍ୱାର୍ଥପର ସମାଜକୁ ପରିତ୍ୟାଗ କରି ଏକ ନୂତନ ସମାଜ ଗଠନର ସିଦ୍ଧାନ୍ତ ନେଇଅଛି। ତା'ର ପରିକଳ୍ପିତ ତଥା ପ୍ରତିଷ୍ଠିତ ଏହି ସମାଜରେ ନଥିଲା ଜାତିଭେଦ, ଅଥବା ବର୍ଣ୍ଣ ଓ ଅର୍ଥଗତ ବିଷମତା। ଦୁର୍ଭିକ୍ଷ କବଳରେ କବଳିତା ତଥାକଥିତ ଜାତିଚ୍ୟୁତା କଇଁକୁ ଆଦରରେ ରାସ୍ତା ଧୂଳିରୁ କୋଳେଇନେଇ ସେ ବିବାହ କରିଛି। ନିରାଶୟ ରହୀମ୍‌ଭାଇ, ଯୋହନକକା, ଭଉଣୀ ପୁନି ଓ ପୁନିର ସ୍ୱାମୀ ମଧୁଆ ଭୋଇକୁ ନେଇ ସେ ଗଢିଛି ତା'ର ସୁଖୀ ପରିବାର। ପ୍ରଚଳିତ ସମାଜ ବ୍ୟବସ୍ଥା ପ୍ରତି ରହିଥିବା ମଣିଷ ମନର ଆସକ୍ତ ଓ ପ୍ରଲୋଭନର ହୋଇଛି ଅବସାନ। ସନିଆ ସୃଷ୍ଟି କରିଥିବା ଏହି ନୂତନ ସମାଜର, ପରିବାରର ମୂଳଭିତ୍ତି ହେଉଛି ବିଶ୍ୱମାନବିକତା ବା ମାନବ ଧର୍ମ। ଅତ୍ୟନ୍ତ ଦୃଢ ସ୍ୱରରେ ତେଣୁ ସେ ଘୋଷଣା କରିଛି, "ମୁଁ ମାନେ ନାହିଁ ଧର୍ମ, ସମାଜ, ଜାତି। କିନ୍ତୁ ମୁଁ ମାନେ ଜୀବନ, ନାରୀ ପୁରୁଷର ମିଳନ ସମ୍ପର୍କ ଆଉ ମିଳିତ ଜୀବନର ସ୍ୱାର୍ଥ" (୩୧)।

ଔପନ୍ୟାସିକ ଗୋପୀନାଥ ମହାନ୍ତିଙ୍କର ଉପନ୍ୟାସରେ ମଧ୍ୟ ଏହି ବିଶ୍ୱଭ୍ରାତୃତ୍ୱବୋଧର ଚିତ୍ର ଅଧିକ ମାର୍ମିକ ଭାବରେ ଅଭିବ୍ୟକ୍ତ। ଓଡିଆ ଜାତିର ଗୌରବମୟ ଐତିହ୍ୟର ପୁନରୁଦ୍ଧାର ସ୍ୱପ୍ନ ମଧ୍ୟ ସେ ଦେଖିଛନ୍ତି। ଆଜିର ପୃଥିବୀରେ ସର୍ବତ୍ର ହିଂସାର ରାଜତ୍ୱ। ସ୍ୱାର୍ଥ-ସର୍ବସ୍ୱତା ବିଷରେ ଜନସାଧାରଣ ଜର୍ଜରିତ। ଏକ ଉଦାର, ମୈତ୍ରୀଭାବାପନ୍ନ, ଜନକଲ୍ୟାଣକାମୀ ସୁଖୀ ସମାଜର କଳ୍ପନାରେ ଔପନ୍ୟାସିକ ଉଦ୍‌ବୁଦ୍ଧ ହୋଇ ଲେଖିଛନ୍ତି, "ପୃଥିବୀଟା ଏଭଳି ତରତର ହୋଇ ହିଂସାରେ କଳିଲାଗିଛି ଯେ, ଯଦି ଲୋକେ ଏ ହିଂସାକୁ ନିଭେଇବାକୁ ଅଣ୍ଟା ନଭିଡିବେ, ତେବେ ତ ସତକୁସତ ଏ ପୃଥିବୀ ଧ୍ୱଂସ ହୋଇଯିବ"। x x x ତେଣୁ ଏହି କାମରେ ଜୀବନ ଢାଳି ଦେଇ ଲାଗିପଡିବା, ଯେପରି ଅତି ଶୀଘ୍ର ଆର୍ଥିକ ଅସମତା ଦୂର ହେବ। ତା ସଙ୍ଗେ ସଙ୍ଗେ ଦଳିତ, ବଞ୍ଚିତ, ଅଭାବୀ ଲୋକର ମନର ନିଆଁ ନିଭିଯିବ। ମଣିଷ, ଜାତି, ଦେଶ ସବୁ ଭିତରେ ବିଦ୍ୱେଷ ଦୂରହେବ।

ପୁନର୍ବାର ଔପନ୍ୟାସିକ ବନ୍ୟା ଓ ଦୁର୍ଭିକ୍ଷ ପ୍ରଭୃତି ପ୍ରାକୃତିକ ବିପର୍ଯ୍ୟୟକୁ ସାମ୍ୟବାଦର ବିଧାୟକ ରୂପେ ଗ୍ରହଣ କରିଅଛନ୍ତି। ବନ୍ୟା ଦୁର୍ଭିକ୍ଷ ଆସେ, ଲକ୍ଷ ଲକ୍ଷ ନିରୀହ ଜନତା କାଳର ଏହି କରାଳ ବିଭୀଷିକା ମଧ୍ୟରେ ବିଲୀନ ହୋଇ ଯାଆନ୍ତି।

---

୩୧. 'ଶାସ୍ତି', କାହ୍ନୁ ଚରଣ ଗ୍ରନ୍ଥାବଳୀ।
୩୨. 'ମାଟି ମଟାଳ', ଗୋପୀନାଥ ମହାନ୍ତି, ପୃ.୭୦୧।

ଯେଉଁମାନେ ଏହି ଦୁର୍ବିପାକ ମଧ୍ୟରୁ ବଞ୍ଚିଯାଆନ୍ତି, ସେମାନେ ଧନୀ ନିର୍ଦ୍ଧନ ନିର୍ବିଶେଷରେ ରାସ୍ତାକଡରେ ଆଶ୍ରୟ ଖୋଜନ୍ତି। ବିଭୀଷିକା ଅନ୍ତେ ନୂତନ କରି ପୁଣି ନୂଆ ଜୀବନ ଆରମ୍ଭ ହୁଏ। ଯେଉଁ ସାମ୍ୟବାଦର ପ୍ରତିଷ୍ଠା ମଣିଷ ବହୁବର୍ଷ ଧରି କରିବାକୁ ଅସମର୍ଥ ପ୍ରକୃତି ତାହାକୁ କେଇ ମୁହୂର୍ତ୍ତରେ ବା କେତୋଟି ଦିନରେ ସଫଳ କରିଦେଇଯାଏ। ଚିର-ବନ୍ୟା ଦୁର୍ଭିକ୍ଷ ପ୍ରପୀଡିତ ଓଡିଶାରେ ଏହାର ପୁନରାବୃତ୍ତି ହିଁ ହୋଇଆସିଅଛି। ଧ୍ୱଂସର ଏହି ତାଣ୍ଡବଲୀଳା ମଧ୍ୟରେ ଏହି ବନ୍ୟା ଓ ଦୁର୍ଭିକ୍ଷ ଓଡିଆ ଜାତିକୁ ଦେଇଛି ସାହସ ଓ ସାଂଗଠନିକ ସାମର୍ଥ୍ୟ। ଏହି ଦୃଷ୍ଟିରୁ ଗୋପୀନାଥ ମହାନ୍ତିଙ୍କ ମତ ଯଥାର୍ଥ - "ବଢି ଆସିଥିଲା ଗଢିବାକୁ, ଭାଙ୍ଗିବାକୁ ନୁହେଁ...." (୩୩)।

ଉତ୍କଳୀୟ ଜନଜୀବନରେ ବାରମ୍ବାର ଧ୍ୱଂସର ତାଣ୍ଡବଲୀଳା ସୃଷ୍ଟି କରୁଥିବା ବନ୍ୟା, ଦୁର୍ଭିକ୍ଷ ଓ ମରୁଡିର କରାଳ ଚିତ୍ର ଓ କରୁଣ ପରିଣତି କାହ୍ନୁ ଚରଣଙ୍କ 'ହା ଅନ୍ନ', 'ଶାସ୍ତି', 'ସ୍ୱପ୍ନ ନା ସତ୍ୟ' ଓ ଗୋପୀନାଥ ମହାନ୍ତିଙ୍କ 'ମାଟିମଟାଳ' ଉପନ୍ୟାସରେ ଅତ୍ୟନ୍ତ ଜୀବନ୍ତ ଭାବରେ ଚିତ୍ରିତ ହୋଇଅଛି। ଏହି ପ୍ରାକୃତିକ ଦୁର୍ଯୋଗ ଓ ଦୁର୍ବିପାକ ହିଁ ଶ୍ରେଣୀହୀନ ସମାଜ ଓ ମାନବିକତା ପ୍ରତିଷ୍ଠା କରିବାରେ କିପରି ସହାୟତା କରିଅଛି ତା'ର ସଫଳ ରୂପାୟନ ହିଁ ଏହି ଉପନ୍ୟାସମାନଙ୍କରେ ଦେଖିବାକୁ ମିଳେ। ଗୋଦାବରୀଶ ମହାପାତ୍ର ଏକଦା କହିଥିଲେ, "ମନେ ରଖିଛ ନା ବନ୍ଧୁ, ଏ ଦେଶଟା ଓଡିଶା, ବନ୍ୟାଦୁର୍ଭିକ୍ଷର ଦେଶ, ଏ ନିକ୍ଷେପିତଙ୍କ ଦେଶ, ଏ ଅବହେଳିତଙ୍କ ଦେଶ" (୩୪)।

ତଥାପି ଏହି ଅବହେଳିତ ନିକ୍ଷେପିତ ଦେଶବାସୀ ମାନବ ଧର୍ମ, ଗଣତାନ୍ତ୍ରିକ ଚେତନା, ଭ୍ରାତୃତ୍ୱବୋଧର ଆଦର୍ଶ ପ୍ରତିଷ୍ଠା କରିବା ନିମନ୍ତେ ପଶ୍ଚାତ୍‌ପଦ ହୋଇ ନଥିଲେ। ଦୁର୍ଭିକ୍ଷ, ମରୁଡି ଓ ବନ୍ୟାର ପ୍ରବଳ ପ୍ରକୋପରେ ସମାଜର ପୁଞ୍ଜୀଭୂତ କଳଙ୍କ ଧୋଇଯିବା ପରେ ସ୍ନେହ, ଶ୍ରଦ୍ଧା ଓ କରୁଣା ଉପରେ ପ୍ରତିଷ୍ଠିତ ସମାଜରେ "ମଣିଷ ମଣିଷ ଭଳି ବଞ୍ଚିବାର ଉଦ୍ୟମ କରିଅଛି। କାଠ ପଥର ପରି ନିର୍ଜୀବ ଜଡ ପଦାର୍ଥ ହୋଇ ସେ ବଞ୍ଚିପାରିବ ନାହିଁ କି ପର ପାଇଁ କାମକରି ଧନ ଅର୍ଜିବାର ଯନ୍ତ୍ର ହୋଇ ବଞ୍ଚିବ ନାହିଁ" (୩୫) ବୋଲି ସ୍ପଷ୍ଟ ଘୋଷଣା ମାଧ୍ୟମରେ ପଶୁପଣିଆ ଓ ଯାନ୍ତ୍ରିକ ଆଚରଣ ଉପରେ ମଣିଷପଣିଆର ବିଜୟ ଉଦ୍‌ଘୋଷିତ ହୋଇଅଛି।

କରାଳ ଦୁର୍ଭିକ୍ଷ, ଆତ୍ମୀୟ ସ୍ୱଜନମାନଙ୍କୁ ଗ୍ରାସ କରିଥିଲେ ମଧ୍ୟ ମାନବର ଚିରନ୍ତନ ସାମାଜିକ ମୋହ ଓ ଆସକ୍ତିକୁ ଭାଙ୍ଗି ପାରିନଥିଲା। ଅର୍ଥାତ ମଣିଷର ସେହି ହାତଗଢା

୩୩. 'ମାଟି ମଟାଳ', ଗୋପୀନାଥ ମହାନ୍ତି, ପୃ.୭୫୧।
୩୪. 'ମଦଦୋକାନର ଇତିହାସ'- 'ତାପରେ'- ଗୋଦାବରୀଶ ମହାପାତ୍ର, ପୃ୩୮।
୩୫. 'ପରଜା'- ଗୋପୀନାଥ ମହାନ୍ତି, ପୃ.୭।

ସମାଜ ଯେତେବେଳେ ତା'ର ଆତ୍ମାକୁ ପତିତ, ଅପବିତ୍ର କହି ଦୂରେଇ ଦେବାର ଉଦ୍ୟମ କଲା ସେତେବେଳେ ଏହି ମିଥ୍ୟା ଆଭିଜାତ, ସ୍ୱାର୍ଥ ଓ ଶୋଷଣ ବିରୁଦ୍ଧରେ ତା'ର ଅନ୍ତରର ବିଦ୍ରୋହାଗ୍ନି ପ୍ରଜ୍ଜ୍ୱଳିତ ହୋଇଉଠିଲା ।

'ହା ଅନ୍ନ' ଉପନ୍ୟାସର ନାୟିକା 'ଉମା', 'ଶାସ୍ତି' ଉପନ୍ୟାସର 'ସନିଆ', 'ମାଟିମଟାଳ'ରେ 'ଛବି' ଓ 'ରବି' ଏହି ସାମାଜିକ ବିଦ୍ରୋହର ଅଗ୍ରଦୂତ । ସେମାନଙ୍କ ଆଚରଣ ଓ ବକ୍ତବ୍ୟରେ ବିଦ୍ରୋହ ଭାବନା ସହ ଦେଶପ୍ରେମର ଏହି ଅଭିନବ ଚେତନା ଅଭିବ୍ୟକ୍ତ । ସାମାଜିକ ଅନୁଦାରତା ଓ କଠୋର ବିଧାନ ବିରୁଦ୍ଧରେ 'ହା ଅନ୍ନ'ର ବିଦ୍ରୋହିଣୀ ଉମା ଦୁର୍ଭିକ୍ଷପୀଡିତ, ହଇଜା ରୋଗୀମାନଙ୍କ ସେବାକୁ ଜୀବନର ବ୍ରତରୂପେ ବରଣ କରିନେଇଛି । 'ଶାସ୍ତି'ର ସନିଆ ତା'ର ନୂତନ ପରିବାର ସହ ସମାଜ ପରିତ୍ୟାଗ କରିଅଛି । 'ମାଟିମଟାଳ'ରେ ଛବି ଓ ରବି ସମାଜର ପ୍ରଚଳିତ ବ୍ୟବସ୍ଥାକୁ ଅସ୍ୱୀକାର କରି ବନ୍ୟାପୀଡିତ ମାନବର ସେବାରେ ମନପ୍ରାଣ ଢାଳି ଦେଇଅଛନ୍ତି । ସ୍ୱତନ୍ତ୍ର ଉତ୍କଳପ୍ରଦେଶ ଗଠନ ପରବର୍ତ୍ତୀକାଳୀନ ଓଡିଆ ଉପନ୍ୟାସ କ୍ଷେତ୍ରରେ ଏହିପରି ସ୍ୱଦେଶ ପ୍ରେମର ହୋଇଛି ଉତ୍ତରଣ । ଜାତୀୟ ଚେତନା ସଂକୀର୍ଣ୍ଣ ରାଜନୈତିକ ଚେତନାରେ ସୀମୀତ ନ ହୋଇ ବିଶ୍ୱଜନୀନ ଉଦାର ମାନବିକତାର ଭିତ୍ତି ଉପରେ ପ୍ରତିଷ୍ଠିତ ହୋଇପାରିଅଛି ।

ଆର୍ଥିକ ବୈଷମ୍ୟ ବିଲୋପ ଓ ନୂତନ ଆଦର୍ଶ ପ୍ରତିଷ୍ଠା:

ଏହାପରେ ଓଡିଆ ଉପନ୍ୟାସ କ୍ଷେତ୍ରରେ ଆର୍ଥିକ ବୈଷମ୍ୟର ପ୍ରତିଫଳନ ପ୍ରସଙ୍ଗ ବିଚାର୍ଯ୍ୟ । ସାମାଜିକ-ଅର୍ଥନୈତିକ ବୈଷମ୍ୟରୁ ହିଁ କିପରି ବୈପ୍ଳବିକ ଭାବନାର ସୃଷ୍ଟି ହୋଇଥାଏ ତାହା ପୂର୍ବରୁ ଆଲୋଚିତ ହୋଇଅଛି । ଓଡିଆ ସାହିତ୍ୟର ସର୍ବାଧିକ ଜନପ୍ରିୟ ଔପନ୍ୟାସିକ କାହ୍ନୁଚରଣ ଓ ଗୋପୀନାଥଙ୍କ ମୁଖ୍ୟ ଚରିତ୍ରସମୂହ ସମାଜରେ ପ୍ରଚଳିତ ଅର୍ଥନୈତିକ ବୈଷମ୍ୟର ସମ୍ମୁଖୀନ ହେବା ଓ ତାର ସମାଧାନ କରିବା ଲକ୍ଷ୍ୟରେ ଜୀବନ ସାଧନାରେ ବ୍ରତୀ ହୋଇଅଛନ୍ତି । ତେଣୁ 'ଶାସ୍ତି' ଉପନ୍ୟାସରେ ସନେଇଭାଇ ଓ ଧୋବୀ, 'ହା ଅନ୍ନ'ରେ ଉମା ଓ ଜଗୁ ଭାଇ, 'ବଜ୍ରବାହୁ' ଉପନ୍ୟାସରେ ସୁବ୍ରତ ବଜ୍ରବାହୁ ବନ୍ୟା, ଦୁର୍ଭିକ୍ଷ ଓ ସାମାଜିକ ନିର୍ଯାତନାର ଅଗ୍ନି ପରୀକ୍ଷା ମଧ୍ୟରୁ ଶୁଦ୍ଧ ସୁବର୍ଣ୍ଣ ଭଳି ଉଦ୍ଭାସିତ ହୋଇ ଉଠିଥିଲେ । ଅର୍ଥନୈତିକ ପ୍ରଭେଦ ହିଁ ସାମାଜିକ ଶୋଷଣ ଓ ଦୈନ୍ୟର କାରଣ ବୋଲି ଅନୁଭବ କରି ଏହି କର୍ମଯୋଗୀଗଣ ଏହା ବିରୁଦ୍ଧରେ ବିଦ୍ରୋହର ସ୍ୱର ଉତ୍ତୋଳନ କରିଥିଲେ । ସେମାନେ ଜାତି, ଧର୍ମ, ବର୍ଣ୍ଣ ନିର୍ବିଶେଷରେ ସମାଜର କର୍ମଠ ବ୍ୟକ୍ତିମାନଙ୍କୁ ଏକତ୍ରିତ କରି କଠିଣ କାୟିକ ପରିଶ୍ରମଦ୍ୱାରା ସେମାନଙ୍କର ଆର୍ଥିକ ସ୍ଥିତିକୁ ଦୃଢ କରାଇ ପାରିଥିଲେ ଓ ଏହାଦ୍ୱାରା ଦଳିତ ଜନସାଧାରଣଙ୍କର ସାମାଜିକ ସମ୍ମାନ ପ୍ରତିଷ୍ଠିତ ହେବା

ସମ୍ଭବ ବୋଲି ଦର୍ଶାଇ ଦିଆଯାଇଥିଲା। ଆର୍ଥିକ ପାର୍ଥକ୍ୟ ସମ୍ପୂର୍ଣ୍ଣ ମାନବୀକୃତ, ଦୈବୀକୃତ ନୁହେଁ, ସୁସ୍ଥ ଓ ସୁଦୃଢ଼ ସାମାଜିକ ତଥା ଆର୍ଥିକ ସଂସ୍ଥିତି ଉପଭୋଗ କରିବା ପ୍ରତ୍ୟେକ ମାନବର ଜନ୍ମଗତ ଅଧିକାର, ବିଧିବଦ୍ଧ ସଂଗଠନ ଓ କର୍ମଠତା ବଳରେ ଏହି ଅଧିକାରକୁ ସାବ୍ୟସ୍ତ କରାଯାଇପାରେ, ଏଥିନିମନ୍ତେ ପ୍ରତିଷ୍ଠିତ ବ୍ୟକ୍ତିର ଦୟା ଅନାବଶ୍ୟକ - ଏତାଦୃଶ ବିଦ୍ରୋହୀ ଭାବନାର ପ୍ରତିଫଳନ ଆଲୋଚ୍ୟ କାଳର ଉପନ୍ୟାସମାନଙ୍କରେ ଦେଖିବାକୁ ମିଳିଥାଏ। ଶାସ୍ତି ଉପନ୍ୟାସର ନାୟକ ସନେଇଁ, ଚିନ୍ତେଇ ସୋଇଁଙ୍କର ସମସ୍ତ ସମ୍ପତ୍ତି, ପ୍ରତିପତ୍ତିର ଆକର୍ଷଣକୁ ପ୍ରତ୍ୟାଖ୍ୟାନ କରିଅଛି। ଧନ, ସମ୍ପତ୍ତି, ଐଶ୍ୱର୍ଯ୍ୟ ମଣିଷର ହାତଗଢ଼ା ଓ ମଣିଷ ହାତର ଖେଳଣା; କିନ୍ତୁ ମଣିଷ ଅର୍ଥନୀତିର କ୍ରୀଡ଼ନକ ବା ଦାସ ନୁହେଁ, ଏହା ହିଁ ତାର ଆଚରଣରୁ ହୋଇଛି ପ୍ରତିପାଦିତ। ଚିନ୍ତେଇ ସୋଇଁଙ୍କ ଭଳି ସମାଜର ଯେଉଁ ପ୍ରତିଷ୍ଠିତ ଧନିକ ବ୍ୟକ୍ତିବୃନ୍ଦ ସମାଜର ଅର୍ଥନୀତିକୁ ନିୟନ୍ତ୍ରଣ କରି ପ୍ରମତ୍ତ ହୁଅନ୍ତି, ସେମାନଙ୍କର ପତନ ହୁଏ ସୁନିଶ୍ଚିତ। ମିଥ୍ୟା ଅହମିକାର ବଳୟ ମଧ୍ୟରେ ଜୀବନ ଅତିବାହିତ କରି ସେମାନେ ଆପେ ସାମାଜିକ ସୁଖରୁ ବଞ୍ଚିତ ହେବା ସଙ୍ଗେ ସଙ୍ଗେ ଅନ୍ୟମାନଙ୍କୁ ମଧ୍ୟ ବଞ୍ଚିତ କରିଥାଆନ୍ତି। ଏହାହିଁ ସମକାଳୀନ ବହୁ ଔପନ୍ୟାସିକଙ୍କ ଉପନ୍ୟାସର ମୁଖ୍ୟ ସ୍ୱର।

ଅର୍ଥନୀତିକ ସମସ୍ୟା ଉପରେ ଆଧାରିତ ଗୋପୀନାଥ ମହାନ୍ତିଙ୍କର 'ପରଜା', 'ହରିଜନ', 'ଦାନାପାଣି' ଓ 'ମାଟିମଟାଳ' ଉପନ୍ୟାସଗୁଡ଼ିକ ସାମାଜିକ ବାସ୍ତବତା ଓ ଅର୍ଥନୈତିକ ଚେତନା ଦୃଷ୍ଟିରୁ ଉଚ୍ଚାଙ୍ଗ ସୃଷ୍ଟି। ଏହି ଦୃଷ୍ଟିରୁ ଦେଖା-ଅଦେଖା ଜଗତ, ମଣିଷ ଓ ଜୀବନକୁ ଭଲପାଇବା ଉଚ୍ଛୁଳିପଡ଼ି ଏହି ଉପନ୍ୟାସ ରଚିତ ବୋଲି ଲେଖକଙ୍କ ସ୍ୱୀକାରୋକ୍ତି ତାତ୍ପର୍ଯ୍ୟପୂର୍ଣ୍ଣ (୩୬)। ଏଥିରେ ଏକାଧାରରେ ଦେଶପ୍ରେମ, ପ୍ରକୃତିପ୍ରେମ ଓ ମାନବପ୍ରେମର ଉଜ୍ଜ୍ୱଳ ଆଲେଖ୍ୟ ଅଙ୍କିତ ହୋଇଅଛି। ବିଶ୍ୱଭ୍ରାତୃତ୍ୱ ଓ ମାନବତାବାଦର ପ୍ରତିଷ୍ଠ ଯେ ତାହାଙ୍କ ରଚନାଗୁଡ଼ିକର ମୁଖ୍ୟ ବିଭାବ, ଏହା କହିବା ବାହୁଲ୍ୟ ମାତ୍ର। ଲେଖକଙ୍କ ଭାଷାରେ, "ଏହି ମଣିଷ, ସେ ଯେଉଁ ବର୍ଣ୍ଣର, ଯେତେଦୂରେ ଥାଉ ପଛକେ, ମୋଠି ତାଠି ଏକା ରକ୍ତର ଧାର, ଏ ସମ୍ବନ୍ଧ ଅତି ଘନିଷ୍ଠ-ମିଳନ-କ୍ରିୟା। ତା'ର ଆନନ୍ଦ ଅନ୍ୟତ୍ର ନାହିଁ"। ତେଣୁ ଦେଶ କାର୍ଯ୍ୟ କରିବା, ଧନ୍ୟ ହେବା, ସେବା କାର୍ଯ୍ୟ କରିବା ପରର ଦୁଃଖ ମୋଚନ କରିବା (୩୭)।

ସମଗ୍ର ବିଶ୍ୱରେ ଯେ ଯେଉଁଠି ଥିଲେ ମଧ୍ୟ ସମସ୍ତଙ୍କ ଧମନୀରେ ଏକା ରକ୍ତର ଧାର ପ୍ରବାହିତ, ଏହି ବିଶ୍ୱଜନୀନ ଉଦାର ଚେତନା ଗୋପୀନାଥଙ୍କ ଉପନ୍ୟାସରେ

---

୩୬. 'ମୁଁ କାହିଁକି ଲେଖେ', ଗୋପୀନାଥ ମହାନ୍ତି, 'ଡଗର' ୧୬୮୪ ।
୩୭. 'ମାଟିମଟାଳ', ଗୋପୀନାଥ ମହାନ୍ତି, ପୃ.୭୪୫।

ଉଦ୍‌ଘୋଷିତ। ତାହାଙ୍କ ଉପନ୍ୟାସରେ ବର୍ଣ୍ଣିତ ସମାଜର ଅତି ସରଳ ନିରୀହ ନରନାରୀଙ୍କ ଚରିତ୍ରରେ ଯେଉଁ ବଳିଷ୍ଠତା ପରିଦୃଷ୍ଟ ହୁଏ ତାହା ମଧ୍ୟ ଅନନ୍ୟ। ମନୁଷ୍ୟର ପଶୁତ୍ୱ, ଶୋଷଣ ଲିପ୍‌ସା, ଅହଂକାର ଓ ନିଷ୍ଠୁରତା ବିରୁଦ୍ଧରେ ଦଣ୍ଡାୟମାନ ହେବାକୁ ସେମାନେ ପଶ୍ଚାତ୍‌ପଦ ହୋଇନାହାନ୍ତି। ତାହାଙ୍କ 'ପରଜା' ଉପନ୍ୟାସର 'ସୁକ୍ରୁଜାନୀ', 'ମାଣ୍ଡିଆଜାନୀ' ଓ 'ହରିଜନ' ଉପନ୍ୟାସର 'ପୁନି' ଏହାର ପ୍ରକୃଷ୍ଟ ଉଦାହରଣ। ପରଜାବୁଢ଼ା ସୁକ୍ରୁଜାନୀ ଓ ତା'ର ତିନିପୁଅ ସାଉକାର ଠାରୁ ସେମାନଙ୍କ ବନ୍ଧକ ଜମି ମୁକୁଳେଇବାର ପ୍ରଚେଷ୍ଟା ମାଧ୍ୟମରେ ଲେଖକ ଅର୍ଥନୈତିକ ଶୋଷଣ ବିରୁଦ୍ଧରେ ରକ୍ତାକ୍ତ ବିପ୍ଳବର ଏକ ସଂଘର୍ଷମୟ ଚିତ୍ର ଅଙ୍କନ କରିଅଛନ୍ତି। ବନ୍ଧକ ଜମି ଫେରସ୍ତ ପାଇବା ପାଇଁ କଠିଣ ପରିଶ୍ରମ କରି ସେମାନଙ୍କୁ ଅର୍ଥ ଉପାର୍ଜନ କରିବାକୁ ହୋଇଅଛି। ଆବଶ୍ୟକୀୟ ଅର୍ଥ ସଂଗ୍ରହ ପରେ ଜମି ଉପରେ ସେମାନଙ୍କର ମୌଳିକ ଅଧିକାର ସାବ୍ୟସ୍ତ କରିବା ନିମନ୍ତେ ନିଷ୍ଠୁର ସାହୁକାର ନିକଟରେ ସେମାନଙ୍କର ସମସ୍ତ କରୁଣ ଅନୁନୟ ବିଫଳ ହେବା ସଙ୍ଗେ ସଙ୍ଗେ ସାହୁକାରର ଘୋର ଅସମ୍ମାନଜନକ ଉକ୍ତିର ପରିଣତ ହୋଇଛି ଭୟାବହ (୩୮)। ସାହୁକାରର କଟାମୁଣ୍ଡ ସହ ପୋଲିସ ଥାନାରେ ସୁକ୍ରୁଜାନୀ ପରିବାରର ଆତ୍ମସମର୍ପଣରେ 'ପରଜା' ଉପନ୍ୟାସର ପରିସମାପ୍ତି ଘଟିଛି। ସରଳ ଆଦିବାସୀ ଜୀବନ ଉପରେ ଆଧାରିତ ଏହି କ୍ରାନ୍ତିକାରୀ ଉପନ୍ୟାସଟି ଓଡିଆ ସାହିତ୍ୟ କ୍ଷେତ୍ରରେ ଏକ ଅବିସ୍ମରଣୀୟ କୃତି।

ପ୍ରସଙ୍ଗକ୍ରମେ ଏଠାରେ ଉଲ୍ଲେଖ କରାଯାଇପାରେ ଯେ, ପରବର୍ତ୍ତୀକାଳରେ ଏହି କଥାକାରଙ୍କ ଅମର ସୃଷ୍ଟି 'ମାଟିମଟାଳ' ଉପନ୍ୟାସରେ ଆଦର୍ଶ କର୍ମୀ ଓ ସଂଗଠକର ଅପୂର୍ବ ଜୀବନାଲେଖ୍ୟ ଅଙ୍କିତ ହୋଇପାରିଅଛି। 'ରବି' ଓ 'ଛବି' ପ୍ରଭୃତି ଚରିତ୍ର ତାହାର ପ୍ରକୃଷ୍ଟ ନିଦର୍ଶନ।

---

୩୮. "ହଁ ଜିଲି, ଆଉ ଗୋଟାଏ ବିଲି ଅଛି ପରା ? ତାକୁ ବି ଆଣି ମତେ ଦେଇଯାଅ। ଜମି ନେଲି, ଗୋଟାଏ ଭଉଣୀକି ନେଲି, ଆହୁରି ଗୋଟାଏ ଭଉଣୀକି ନେବି, ଦାବା ଦରବାର ଲଗେଇ ଦେଇ କୋର୍ଟରୁ କୋର୍ଟ ରାଜ୍ୟଯାକ ବୁଲେଇବି, ଗୋଡି ଖଟେଇ ଖଟେଇ ଜୀବନଯାକ ନାକକୁ ତଳେ ଘୋଷାରୁଥିବି। ତେବେଁ ଯାଇ ମୋ ନାଁ ରାମଚନ୍ଦ୍ର ସାହୁକାର x x x ଗ୍ୟାଙ୍କମାନେ ଲାଜ ମାଡୁନାହିଁ, ଆସିଲେ ମାଇକିନିଆଁଙ୍କ ପରି କାନ୍ଦିବାକୁ ମୋ ପାଖରେ, ଯା... ଯା ପଳା..." 'ପରଜା', ଗୋପୀନାଥ ମହାନ୍ତି, ପୃ.୪୪୪।

ଉପସଂହାର:

ଇତିହାସ ଓ ସମାଜ ସଚେତନତା, ସଂସ୍କାର ଲିପ୍‌ସା, ଆତୀତର ସ୍ମୃତିଚାରଣ, ସ୍ୱଦେଶି ଆନ୍ଦୋଳନ ଓ ସାମ୍ୟବାଦୀ ଚିନ୍ତାଧାରା ମାଧ୍ୟମରେ ଓଡିଆ ଉପନ୍ୟାସ ଏହାର ବିବିଧ ପର୍ଯ୍ୟାୟରେ ଅବାସ୍ତବ କଳ୍ପନାପ୍ରବଣତା ପରିବର୍ତ୍ତେ ମାନବତାବାଦୀ ଚେତନା ଦ୍ୱାରା ହିଁ ମୁଖ୍ୟତଃ ପ୍ରଭାବିତ ହୋଇଅଛି। ଆଲୋଚ୍ୟ କାଳ ମଧ୍ୟରେ ଓଡିଆ ସାହିତ୍ୟରେ ରାଜନୈତିକ ଚେତନା ସମ୍ବଳିତ ବହୁ ଗଳ୍ପ ଉପନ୍ୟାସ ରଚିତ ହୋଇଥିଲେ ହେଁ ଭାରତୀୟ ସ୍ୱାଧୀନତା ଆନ୍ଦୋଳନ ଓ ଏହାର ବିବିଧ ପର୍ଯ୍ୟାୟକୁ ଉପଜୀବ୍ୟ କରି ଉଚ୍ଚାଙ୍ଗ ଗଳ୍ପ ଉପନ୍ୟାସ ଯେ ରଚିତ ହୋଇ ପାରିନାହିଁ ଏହା ଅନସ୍ୱୀକାର୍ଯ୍ୟ। ପରବର୍ତ୍ତୀ କାଳରେ ଏହି ପ୍ରସଙ୍ଗକୁ ଭିତ୍ତିକରି ଶ୍ରୀଯୁକ୍ତ ସୁରେନ୍ଦ୍ର ମହାନ୍ତି 'ଅନ୍ଧଦିଗନ୍ତ' ଉପନ୍ୟାସ ରଚନା କରିଥିଲେ। ବିବର୍ତ୍ତନ ପ୍ରବାହରେ ହିଁ ଜାତୀୟବାଦୀ ଚେତନା ଏକ ସଂପ୍ରସାରିତ ରୂପରେ ମାନବତାବାଦ, ଶୋଷଣ ବିରୋଧିତା, ସୁଖୀ ଓ ଆଦର୍ଶ ସମାଜ ସଂଗଠନର ଭିତ୍ତି ଉପରେ ଗଢି ଉଠିଥିଲା। ଓଡିଆ ଗଳ୍ପ ଉପନ୍ୟାସରେ ଏହା କିପରି ପ୍ରତିଷ୍ଠା ଲାଭ କରିପାରିଥିଲା, ତାହା ପୂର୍ବରୁ ଦର୍ଶାଇ ଦିଆଯାଇଅଛି। ଆଲୋଚ୍ୟକାଳର ଉପନ୍ୟାସରେ ପ୍ରବର୍ତ୍ତିତ ହୋଇଥିବା ପ୍ରାଚୀନ କୁସଂସ୍କାରର ବିଲୋପ, ସାମାଜିକ ନ୍ୟାୟ ପ୍ରତିଷ୍ଠା, ବିଶ୍ୱଭ୍ରାତୃତ୍ୱବୋଧ ପ୍ରଭୃତି ଭାବନା ଓଡିଆ ଉପନ୍ୟାସ କ୍ଷେତ୍ରରେ ଏକ ନୂତନ ଆଦର୍ଶ ପ୍ରତିଷ୍ଠା କରିବା ସଙ୍ଗେ ସଙ୍ଗେ ସ୍ୱାଧୀନତା ପରବର୍ତ୍ତୀ ଓଡିଆ ଔପନ୍ୟାସିକମାନଙ୍କୁ ପ୍ରଭାବିତ କରିବାକୁ ସମର୍ଥ ହୋଇପାରିଥିଲା।

■

ପଞ୍ଚମ ପରିଚ୍ଛେଦ

ଓଡିଆ ନାଟକରେ ପ୍ରତିଫଳିତ ଜାତୀୟତା ଓ ମାନବିକତା

ଓଡିଶାରେ ଗମନାଗମନ କ୍ଷେତ୍ରରେ ସୁବ୍ୟବସ୍ଥା ଓ ଶିକ୍ଷାର ବିସ୍ତାର ସଙ୍ଗେ ସଙ୍ଗେ ସାହିତ୍ୟ କ୍ଷେତ୍ରରେ କିପରି ନୂତନ ଚେତନାର ସଂପ୍ରସାରଣ ଘଟିଥିଲା ଓ ସାହିତ୍ୟିକ ଦିଗନ୍ତ ପରିବର୍ତ୍ତିତ ହୋଇ ଗତାନୁଗତିକ ଧର୍ମଭାବାପନ୍ନ ସଂସ୍କୃତ ପ୍ରଭାବିତ ସାହିତ୍ୟ ପରିବର୍ତ୍ତେ ନୂତନ ଦୃଷ୍ଟିଭଙ୍ଗୀ ସମ୍ବଳିତ ସାହିତ୍ୟ ସୃଷ୍ଟି ହୋଇଥିଲା, ତାହା ପୂର୍ବରୁ ବର୍ଣ୍ଣିତ ହୋଇଅଛି। ୧୮୭୦ ମସିହାରୁ ୧୯୦୦ ମଧ୍ୟରେ ଓଡିଆ ସାହିତ୍ୟରେ ଆଶାନୁରୂପ ପ୍ରଗତି ହୋଇପାରି ନଥିବାର ଯେଉଁସବୁ କାରଣ ଡଃ ନଟବର ସାମନ୍ତରାୟ ପ୍ରଦର୍ଶନ କରିଅଛନ୍ତି ଓଡିଆ ନାଟ୍ୟ ସାହିତ୍ୟ ସମ୍ପର୍କରେ ଏହା ଏକାନ୍ତଭାବେ ପ୍ରଯୁଜ୍ୟ। ଏହି କାରଣଗୁଡିକ ହେଲା, ମୟୂରଭଞ୍ଜ ଓ ବାମଣ୍ଡାର ରାଜାଙ୍କୁ ବାଦ୍ ଦେଲେ ଅନ୍ୟ ରାଜା ଓ ଜମିଦାରମାନେ ଆଧୁନିକ ଶିକ୍ଷାଠାରୁ ଦୂରରେ ଥିଲେ। ସେମାନଙ୍କ ଆର୍ଥିକ ପ୍ରତିପତ୍ତି କ୍ରମବିଲୟମାନ ଅବସ୍ଥାରେ ଥିଲା। ଅଣଓଡିଆ ଜମିଦାରମାନେ ଓଡିଆ ସାହିତ୍ୟର ପ୍ରଗତି ନିମନ୍ତେ ଆଗ୍ରହୀ ନଥିଲେ, ବ୍ୟବସାୟ- ବାଣିଜ୍ୟ ଉନ୍ନତ ନଥିବାରୁ ଯେଉଁ ଅଳ୍ପ ସଂଖ୍ୟକ ବ୍ୟବସାୟୀ ଥିଲେ, ଧନାଭାବରୁ ସେମାନେ ସାହାଯ୍ୟ କରିପାରୁ ନଥିଲେ। ଆଧୁନିକ ଶିକ୍ଷିତ ଗୋଷ୍ଠୀ ଧନରେ ନିଃସ୍ୱ ଓ ଚିନ୍ତାରେ ଦୋଦୂଲ୍ୟମାନ ଅବସ୍ଥାରେ ଥିଲେ।

ନାଟକର ବିକାଶ ନିମନ୍ତେ ରଙ୍ଗମଞ୍ଚ ନିର୍ମାଣ ଏକାନ୍ତ ଅପରିହାର୍ଯ୍ୟ। ଏଥିନିମନ୍ତେ ଆବଶ୍ୟକ ପ୍ରଚୁର ଅର୍ଥ, ଧନିକଗୋଷ୍ଠୀର ବଦାନ୍ୟତା ଓ ବହୁ ବ୍ୟକ୍ତିଙ୍କ ସହଯୋଗ। ଓଡିଶାର

ଦୁର୍ବଳ ଅର୍ଥନୀତି ଯୋଗୁ ନାଟକ ରଚନା ଓ ରଙ୍ଗମଞ୍ଚ ସ୍ଥାପନା ବହୁବାର ଯାଏଁ ସମ୍ଭବ ହୋଇନଥିଲା। ଏହି ସମୟରେ ଓଡିଶାରେ ପାରମ୍ପରିକ ଲୀଳା, ଯାତ୍ରା ପ୍ରଭୃତି ମଧ୍ୟ ନିମ୍ନମାନସମ୍ପନ୍ନ ଥିଲା ଓ ଶିକ୍ଷିତ ଜନସାଧାରଣଙ୍କର ସମାଦର ଲାଭ କରି ପାରିନଥିଲା। ଉତ୍ସବମାନଙ୍କରେ ପ୍ରଦର୍ଶିତ ହେଉଥିବା କେତେକ ନୃତ୍ୟ, ଗୀତ, ଲୀଳା ମଧ୍ୟ ଥିଲା ଅତ୍ୟନ୍ତ ରୁଚିସମ୍ପନ୍ନ (୧)। ଏଥିପାଇଁ 'ବାଲେଶ୍ୱର ସମ୍ବାଦ ବାହିକା' ଲେଖିଥିଲେ, "ଶିକ୍ଷିତ ଲୋକଙ୍କ ସାହାଯ୍ୟ ବିନା ଏହି ଅଭାବ ଦୂର ହେବାର ବାଟ ନାହିଁ" (୨)। ବାସ୍ତବରେ ଶିକ୍ଷିତମାନଙ୍କର ଅନାଦର ଓ ଅନାଗ୍ରହ ଯୋଗୁ ବହୁ କାଳଯାଏ କେବଳ ଯାତ୍ରା ନୁହେଁ ନାଟକ ମଧ୍ୟ ବିକାଶ ଲାଭକରି ପାରିନଥିଲା। ଏହି ଅବସ୍ଥା ଦୀର୍ଘକାଳଯାଏଁ ରହିଥିଲା ଅପରିବର୍ତ୍ତିତ। ଏହି ସମୟରେ ଓଡିଶାରେ କୌଣସି ସ୍ଥାୟୀ ନାଟ୍ୟଦଳ ପ୍ରତିଷ୍ଠିତ ହୋଇପାରିନଥିଲେ। ବଙ୍ଗଳା, ବମ୍ବେ ପ୍ରଭୃତି ସ୍ଥାନରୁ ନାଟ୍ୟକାର ଆସି ଓଡିଶାରେ ଅଭିନୟ ପ୍ରଦର୍ଶନ କରୁଥିଲେ।

ଓଡୋଶାରେ ବଙ୍ଗଳା ନାଟକର ଅଭିନୟ, ଦର୍ଶକମାନଙ୍କର ପାର୍ସୀ, ହିନ୍ଦୁସ୍ଥାନୀ ଥିଏଟର ପ୍ରତି ଆଗ୍ରହ ଓ ଓଡିଆ ନାଟକ ପ୍ରତି ଅନାଦର ଯୋଗୁ ଓଡିଶାରେ ନାଟକ ସୃଷ୍ଟି କ୍ଷେତ୍ରରେ ଆଶାନୁରୂପ ପ୍ରଗତି ହୋଇପାରିନଥିଲା। ଏହି ବିଶିଷ୍ଟ ନାଟ୍ୟକାର ଚାମଶଙ୍କର ଲେଥିଥିଲେ, "ଓଡିଆ ଛାତ୍ରମାନେ ବଙ୍ଗଳା ନାଟକର ଅଭିନୟ କରି ଓଡିଆଙ୍କୁ ପଚାରି ଯାଆନ୍ତି ନାହିଁ। x x x ବଙ୍ଗଳା ନାଟକର ଅଭିନୟ କରି ବଙ୍ଗାଳୀମାନେ ଚାରି ପଇସା ନେଇ ଯାଇଛନ୍ତି ଏବଂ ପାର୍ସୀ ହିନ୍ଦୁସ୍ଥାନୀ ଥିଏଟରଦଳ ମଧ୍ୟ ଉପାର୍ଜନ ଢଣା କରିନାହାନ୍ତି"(୩)।

ଇଂରେଜମାନେ ଶାସନଗତ ସୁବିଧା ନିମନ୍ତେ ଓଡିଶାକୁ ବଙ୍ଗ ଦେଶ ସହ ସଂପୃକ୍ତ କରିବାରୁ ବଙ୍ଗଳା ଶିକ୍ଷା, ଶଭ୍ୟତା ଓ ସଂସ୍କୃତି ଓଡିଶୀ ସଂସ୍କୃତିକୁ ପ୍ରଭାବିତ କରିଥିଲା। ବଙ୍ଗାଳୀ ସମାଜର ପୃଷ୍ଠପୋଷକତା ଓ ଉତ୍ସାହ ଫଳରେ ହିଁ ଓଡିଶାରେ ନାଟକ ରଚିତ ହୋଇଥିଲା ଓ ରଙ୍ଗମଞ୍ଚ ସ୍ଥାପିତ ହୋଇପାରିଥିଲା। ଡଃ ମାନସିଂହ ଯଥାର୍ଥରେ ଉଲ୍ଲେଖ କରିଅଛନ୍ତି, "ବହୁବର୍ଷ ଧରି ଓଡିଶାରେ ନାଟକ ଓ ରଙ୍ଗମଞ୍ଚର ଇତିହାସ, ବଙ୍ଗଳା ନାଟକାଭିନୟର ଇତିହାସ ଛଡା ଆଉ କିଛି ନୁହେଁ।"(୪)

୧. "ଇଦାନୀଂ କେବଳ ଗୋଟିଏ ମାତ୍ର ଦୋଷ ଦେଖାଯାଏ ଯେ, ଏହି ପର୍ବ ସମୟରେ ଲୋକେ କୁତ୍ସିତ ଶୃଙ୍ଗାର ଘଟିତ ଗୀତ ଗାୟନ କରି ବହୁତ ଲୋକଙ୍କୁ ବିରକ୍ତ କରନ୍ତି।" ଉ: ଦୀ: ତା: ୨୭.୯.୧୮୬୯।
୨. ବା: ସଂ: ବା: ତା୧.୧୧.୧୮୬୫
୩. 'ମୁକୁର', ୧୩୨୧ ସାଲ, ୮ମ ଓ ୯ମ ସଂଖ୍ୟା, ପୃ.୧୮୩-୧୮୪।
୪. 'ଓଡିଆ ସାହିତ୍ୟର ଇତିହାସ', ଡଃ ମାୟାଧର ମାନସିଂହ, ପୃ.୩୩୭।

ଆଦିପର୍ବର ଓଡ଼ିଆ ନାଟକ : ଜାତୀୟଚେତନାର ଉନ୍ମେଷ :

୧୮୭୭ ମସିହାରେ ଓଡ଼ିଆ ଭାଷାର ପ୍ରଥମ ନାଟକ 'ବାବାଜୀ' ପ୍ରକାଶିତ ହୋଇଥିଲା। ଏହାର ରଚୟିତା ଥିଲେ ଜଗନ୍‌ମୋହନ ଲାଲା। ନାଟକଟି ଜାତୀୟତାମୂଳକ ନ ହେଲେ ହେଁ ଏଥିରୁ ଲେଖକଙ୍କ ସାମାଜିକ ସଚେତନତା ସୁସ୍ପଷ୍ଟ। ସାମାଜିକ କୁସଂସ୍କାର ସମୂହର ଦୂରୀକରଣ ଲାଗି ସେ ଏହା ପ୍ରଣୟନ କରିଥିବା ଅନୁମେୟ।

ଏହାପରେ ବିଂଶ ଶତାବ୍ଦୀର ପ୍ରଥମ ଦଶକ ପର୍ଯ୍ୟନ୍ତ ଓଡ଼ିଆରେ ଯେଉଁସବୁ ନାଟକ ରଚିତ ହୋଇଥିଲା ତାହା ସଂଖ୍ୟା ଦୃଷ୍ଟିରୁ ସ୍ୱଳ୍ପ ହେଲେହେଁ, ଏଥିରେ ଓଡ଼ିଶାର ଅତୀତ ଗୌରବ, ସାମାଜିକ ଭୂସଂସ୍କାର ବିରୁଦ୍ଧରେ ସ୍ୱର ଉତ୍ତୋଳନ, ଜନସାଧାରଣଙ୍କ ମଧ୍ୟରେ ଏକତ୍ୱ ପ୍ରତିଷ୍ଠା, ସ୍ୱାଧୀନତା ସଚେତନତା ପ୍ରଭୃତି ଦେଶପ୍ରେମ ଉଦ୍ରେକକାରୀ ଭାବନାର ପ୍ରତିଫଳନ ଦେଖିବାକୁ ମିଳିଥାଏ। ଏହି ସମୟର ନାଟ୍ୟକାରମାନେ ଯେ ଜାତୀୟ ଭାବରେ ଉଦ୍‌ବୁଦ୍ଧ ହୋଇ ନାଟକ ରଚନା କରିଥିଲେ ଏହା କହିବା ଅନାବଶ୍ୟକ। ଓଡ଼ିଆ ନାଟକ କିପରି ପଡ଼ୋଶୀ ସାହିତ୍ୟର ଉଚ୍ଚମାନସମ୍ପନ୍ନ ନାଟକର ସମକକ୍ଷ ହୋଇପାରିବ, ଜନସାଧାରଣଙ୍କ ରୁଚି ଓ ସ୍ୱଦେଶାନୁରାଗ ପରିବର୍ଦ୍ଧିତ ହେବ ଏହି ଉଦ୍ଦେଶ୍ୟରେ ନାଟ୍ୟକାରମାନେ ନାଟକ ରଚନା କରିଥିଲେ।

ଊନବିଂଶ ଶତାବ୍ଦୀର ଶେଷ ପାଦରେ ଭାରତରେ ଯେଉଁ ପୁନର୍ଜାଗରଣ ଓ ଜାତୀୟତାବୋଧର ଉନ୍ମେଷ ଘଟିଥିଲା, ତାହାର ନିଦର୍ଶନ ପ୍ରାଥମିକ ଓଡ଼ିଆ ନାଟକମାନଙ୍କରେ ଉତ୍ତମ ରୂପେ ପରିଲକ୍ଷିତ ହୁଏ। ମାତ୍ର ଏହି ସମୟରେ ସାହିତ୍ୟର ଅନ୍ୟାନ୍ୟ ବିଭାବ ଆଧ୍ୟାତ୍ମିକତା ଓ କାଳ୍ପନିକତାରୁ ଆପଣାକୁ ମୁକ୍ତ କରିପାରିନଥିଲା। କେବଳ ନାଟକରେ ହିଁ ଐତିହାସିକତା, ସ୍ୱଦେଶ ଗୌରବର ଉପସ୍ଥାପନା, ସଂସ୍କାରମୂଳକ ପରିକଳ୍ପନା ପ୍ରଭୃତିକୁ ପ୍ରାଧାନ୍ୟ ଦିଆଯାଇଛି। ପୌରାଣିକ କଥାବସ୍ତୁ ଅବଲମ୍ବନରେ କେତେକ ନାଟକ ରଚିତ ହୋଇଥିଲେ ହେଁ ସେଗୁଡ଼ିକ ଆଶାନୁରୂପ ଗୁରୁତ୍ୱ ଲାଭକରିପାରିନଥିବା ଜଣାଯାଏ। ଜନସାଧାରଣଙ୍କ ମଧ୍ୟରେ ଦେଶପ୍ରେମଉଦ୍ଦୀପକ ନାଟକବଳୀ ପୌରାଣିକ ନାଟକ ଅପେକ୍ଷା ଅଧିକ ଜନପ୍ରିୟତା ଅର୍ଜନ କରିଥିବା ମଧ୍ୟ ଲକ୍ଷ୍ୟ କରାଯାଏ। ବସ୍ତୁତଃ ପୌରାଣିକ ନାଟକ ଅପେକ୍ଷା ଜାତୀୟତାଭାବ ସମ୍ବଳିତ ନାଟକର ଆବଶ୍ୟକତା ସେତେବେଳେ ଦେଶ ପାଇଁ ଥିଲା ଅଧିକ ପ୍ରୟୋଜନ। ଓଡ଼ିଶାର ଦେଶପ୍ରେମୀ ନାଟ୍ୟକାରବୃନ୍ଦ ଜାତିର ଆବଶ୍ୟକତା ପୂରଣ କରିବା ନିମନ୍ତେ ସଫଳ ଉଦ୍ୟମ କରିଥିଲେ।

ସ୍ଥୂଳତଃ ଓଡ଼ିଆ ନାଟକର ଆଦିପର୍ବରେ ସମାଜ ସଂସ୍କାର, ଜାତୀୟତା, ଐତିହାସିକତା, କିମ୍ବଦନ୍ତୀ ଓ ପୌରାଣିକ ଆଖ୍ୟାନ ସମ୍ବଳିତ କଥାବସ୍ତୁ ପ୍ରୟୋଗ ପ୍ରଭୃତି ପ୍ରବୃତ୍ତି ପରିଲକ୍ଷିତ ହୁଏ।

ସମାଜ ସଂସ୍କାର :

ବ୍ୟକ୍ତିର ଜାଗ୍ରତାବସ୍ଥା ଓ ସୁପ୍ତାବସ୍ଥାର ପାର୍ଥକ୍ୟଭଳି ଜାତିର ଜୀବନରେ ମଧ୍ୟ ସୁପ୍ତ ଓ ଜାଗ୍ରତ ଅବସ୍ଥାର ପାର୍ଥକ୍ୟ ପରିଲକ୍ଷିତ ହୁଏ (୫)। ଊନବିଂଶ ଶତାବ୍ଦୀର ଦ୍ୱିତୀୟାର୍ଦ୍ଧରେ ଜାତୀୟତାଭାବ ଦ୍ୱାରା ଅନୁପ୍ରେରିତ ହୋଇ ଓଡିଆ ନାଟ୍ୟକାରଗଣ ଜାତୀୟ ଜୀବନରେ ଜାଗରଣ ଉଦ୍ରେକ କରାଇବାରେ ଓ ଶତାବ୍ଦୀର ସୁଷୁପ୍ତିରୁ ଜାତିକୁ ମୁକ୍ତ କରାଇବାର ଉଦ୍ୟମ କରିଥିଲେ। ଏହି ଦୃଷ୍ଟିରୁ ପ୍ରଥମ ଓଡିଆ ନାଟକ 'ବାବାଜୀ' ବସ୍ତୁତଃ ଲୋକଙ୍କର ଭ୍ରମ ଓ କୁସଂସ୍କାର ଛେଦନ କରି ଅନ୍ୟ କୃତବିଦ୍ୟମାନଙ୍କୁ ନାଟକ ରଚନା ନିମନ୍ତେ ଅନୁପ୍ରାଣିତ କରିଥିଲା (୬)।

ନାଟ୍ୟକାର ଜଗନ୍ମୋହନ ଲାଲା (ଖ୍ରୀ: ୧୮୩୮-୧୯୧୩) ପାରମ୍ପରିକ ଅନ୍ଧବିଶ୍ୱାସ କୁସଂସ୍କାର ବିରୁଦ୍ଧରେ ସଂଗ୍ରାମ କରିବାର ଅଭିଳାଷ ନେଇ ନାଟକ ରଚନାରେ ବ୍ରତୀ ହୋଇଥିଲେ। ଧର୍ମାଧୀଶମାନଙ୍କର ଛଳନା ଓ ଲମ୍ପଟତା, ନବ-ଇଂରାଜୀ-ଶିକ୍ଷିତ ବାବୁମାନଙ୍କର ସୁରାପାନ ତୃଷ୍ଣା, ଡାଆଣୀ-ଭୂତ-ଗାରିଡି ବିଦ୍ୟାରେ ବିଶ୍ୱାସ ଭଳି କୁସଂସ୍କାର, ବିଧବା ବିବାହର ନିରୋଧ ଇତ୍ୟାଦି କୁପ୍ରଥା ଗୁଡିକର କଠିଣ ବନ୍ଧନୀରୁ ସମାଜକୁ ମୁକ୍ତ କରିବା ନିମନ୍ତେ ଏହା ଥିଲା ନାଟ୍ୟକାରଙ୍କର ପ୍ରଥମ ଉଦ୍ୟମ। 'ବାବାଜୀ' ନାଟକର ବିଜ୍ଞାପନ 'ଉତ୍କଳ ଦୀପିକା'ରେ ନିମ୍ନୋକ୍ତ ପ୍ରକାରେ ପ୍ରକାଶିତ ହୋଇଥିଲା। "ଏ ପୁସ୍ତକରେ ଜଣେ ଯଥାର୍ଥ ସାଧୁର ସୁଚରିତ୍ର ଓ ଉପଦେଶ, ବାବାଜୀର ମହିମା, ମଠଧାରୀଙ୍କ ଆଚରଣ, ହିନ୍ଦୁବାବୁର ସୁରାପାନ, ନବ୍ୟବାବୁ ଓ ଦେଶୀୟ ଖ୍ରୀଷ୍ଟାନର କୁସଂସ୍କାର, ଡାଆଣୀ, ଭୂତ, ଗାରିଡି ବିଦ୍ୟା ଏବଂ ରହସ୍ୟ ଓ ହିତକର କଥାମାନ ଅଛି।"(୭)

ସାମାଜିକ ହିତ ସାଧନ ଉଦ୍ଦେଶ୍ୟରେ ସାମାଜିକ ରୀତିନୀତି, ଚଳଣି, ସାଧାରଣ ଜନତାର ଧର୍ମଭୀରୁତା, ମଠାଧୀଶ ଓ ସମାଜପତିମାନଙ୍କର ଆଧ୍ୟାତ୍ମିକତାର ଛଦ୍ମବେଶରେ ତୀବ୍ର ଭୋଗସ୍ପୃହାର ନାରକୀୟ ପ୍ରବୃତ୍ତିର ପରିପ୍ରକାଶ ଯଥାଯଥ ଭାବରେ 'ବାବାଜୀ' ନାଟକରେ ହୋଇଥିଲା। ଏଣୁ ଏଥିରେ ପ୍ରଦତ୍ତ ନିଶା ନିବାରଣ ଚିତ୍ରକୁ ଲକ୍ଷ୍ୟ କରି ଡଃ

---

୫. "Me thinks I see in my mind a noble and puissantnation rousing herself like a strange man after sleep; Me thinks I see her as an eagle me wing her mighty youth and kindling her undazzled eyes at the full midday beam..." John Milton Quote in Nattionalism and Social Communications by Karl. W. Deutsch. Published by the Technology Press of the Massachusetts Institute of Technology and John Wiley Sons Inc. Chapman and Hall LTD, London.

୬. ଉ ଦୀ ତା ୩.୧୧.୧୮୭୭

୭. ଉ ଦୀ ତା୨୭.୧୦.୧୮୭୭

ମାନସିଂହ ଲେଖିଥିଲେ, "ମହାତ୍ମାଗାନ୍ଧୀ ଓ ଜାତୀୟ କଂଗ୍ରେସ ସରକାରଙ୍କର ପଚାଶ ବର୍ଷ ଆଗରୁ ନିଶାନିବାରଣ ପାଇଁ ପ୍ରଚାର ଆରମ୍ଭ କରିଦେଇଥିଲା ଏ ନାଟକଟି..."(୮)

ତାହାଙ୍କ ରଚିତ ପରବର୍ତ୍ତୀ ନାଟକ 'ସତୀ' ମଧ୍ୟ ସଂସ୍କାରପ୍ରାଣତା, ଲମ୍ପଟତା, ନାରୀ ନିର୍ଯାତନା, ମଦ୍ୟପାନ, ଗଡଜାତି ଶାସନର ଅତ୍ୟାଚାର, ବାଲ୍ୟବିବାହ, ବୃଦ୍ଧବିବାହ ଇତ୍ୟାଦି ସାମାଜିକ କୁସଂସ୍କାର ବିରୁଦ୍ଧରେ ଥିଲା ଏକ ଆହ୍ୱାନ। 'ସତୀ' ନାଟକ ପ୍ରଦର୍ଶନ ପରେ 'ସମ୍ବାଦବାହିକା' ଏ ସମ୍ପର୍କରେ ମନ୍ତବ୍ୟ ପ୍ରକାଶ କରି ଲେଖିଥିଲେ, "ଅନେକଦିନୁ ଆମ୍ଭେମାନେ ଗଡଜାତୀୟ କୌଣସି କୌଣସି ଅସଭ୍ୟ ଓ ମୂର୍ଖ ରାଜାମାନଙ୍କ ସମ୍ବନ୍ଧରେ ଏହିପରି ଜନରବ ଶୁଣି ଆସୁଥିଲୁ; ମାତ୍ର ତାହା ନିବାରଣର ଅପର କୌଣସି ଉପାୟ ନ ଦେଖି ଲାଲା ସାହେବ ଯେ ନାଟକ ପ୍ରଣୟନ ଛଳରେ ସେଇ କୁରୀତିର ନିବାରଣ ବାଟ ଫିଟାଇଲେ ଏଥି ସକାଶେ ତାଙ୍କୁ ଆମ୍ଭେମାନେ ଧନ୍ୟବାଦ ପ୍ରଦାନ କରୁଅଛୁ" (୯)। ଗଡଜାତମାନଙ୍କରେ ଚାଲିଥିବା ଅନ୍ଧାରୀ ଶାସନ ରାଜାଙ୍କର ଅତ୍ୟାଚାର, ସମାଜରେ ମାଦକ ଦ୍ରବ୍ୟ ସେବନର କୁପ୍ରଭାବ ଇତ୍ୟାଦିର ଚିତ୍ରଣ ଯୋଗୁ 'ସତୀ' ନାଟକ ଅତ୍ୟନ୍ତ ଶିକ୍ଷାପ୍ରଦ ହୋଇଥିଲା ଓ ଏହା ଜନସାଧାରଣଙ୍କ ସମାଦର ଲାଭକରିଥିଲା।

ଓଡିଆ ନାଟକ କ୍ଷେତ୍ରରେ ଏହାପରେ ରାମଶଙ୍କର ରାୟଙ୍କର ଆବିର୍ଭାବ। ସେ ଥିଲେ ଯଥାର୍ଥତଃ ଆଧୁନିକ ଓଡିଆ ନାଟକର ପ୍ରାଣପ୍ରତିଷ୍ଠାତା। ଦୀର୍ଘଦିନର ସାହିତ୍ୟ ସାଧନା (୧୮୮୫- ମୃତ୍ୟୁ ପର୍ଯ୍ୟନ୍ତ) କାଳ ମଧ୍ୟରେ ଏହି ନାଟ୍ୟକାର ଭାରତ ତଥା ଓଡିଶାର ପରିବର୍ତ୍ତିତ ରାଜନୈତିକ ଚେତନା ଓ ସଂସ୍କାରମୁଖୀ ଭାବଧାରା ସହ ପରିଚିତ ହୋଇପାରିଥିଲେ। ଏହାର ପ୍ରତିଫଳନ ତାହାଙ୍କ ରଚନାକୁ କରିଥିଲା ଭାବ-ସମୃଦ୍ଧ। ସେଗୁଡିକ ହେଉଛି ଊନବିଂଶ ଶତାବ୍ଦୀର ସମାଜ ସଂସ୍କାର ଆନ୍ଦୋଳନ, ଉତ୍କଳ ସମ୍ମିଳନୀ ଓ ଦେଶ ମିଶ୍ରଣ ଆନ୍ଦୋଳନ, ବଙ୍ଗଭଙ୍ଗ ଓ ସ୍ୱଦେଶୀ ଆନ୍ଦୋଳନ ଓ ସ୍ୱାଧୀନତା ଆନ୍ଦୋଳନ ଇତ୍ୟାଦି। ତାହାଙ୍କ 'କଳିକାଳ' (୧୮୮୮), 'ବିଷ ମୋଦକ' (୧୯୦୦), 'ଯୁଗଧର୍ମ' (୧୯୦୨), 'କାଞ୍ଚନମାଳୀ' (୧୯୦୪), 'ଲୀଳାବତୀ' (୧୯୧୨) ଇତ୍ୟାଦି ନାଟକ ଓ ପ୍ରହସନ ଗୁଡିକ ସଂସ୍କାରଲିପ୍ସା ଉପରେ ଆଧାରିତ।

କଳିକାଳ ନାଟକରେ ନବ୍ୟଶିକ୍ଷିତ ଯୁବକମାନଙ୍କର ପାଶ୍ଚାତ୍ୟ ରୀତିନୀତିର ଅନ୍ଧ ଅନୁକରଣ ଓ ମଦ୍ୟପାନ ସାମାଜିକ ଅଧଃପତନର କାରଣ ବୋଲି ନିର୍ଦ୍ଦେଶିତ। ସେତେବେଳେ କେତେକ ମୂର୍ଖ ଅପରିଣାମଦର୍ଶୀ ଯୁବକ ବଂଶ ମର୍ଯ୍ୟାଦାର ଅହମିକା ପ୍ରଦର୍ଶନ କରିବାକୁ ଯାଇ ଋଣକରି ସର୍ବସ୍ୱାନ୍ତ ହେଉଥିଲେ ଓ ଆପଣାର ଜମିଦାରୀ ହରାଇ

---

୮. ଓ: ସା: ଇ: - ଡଃ. ମାୟାଧର ମାନସିଂହ।
୯. ବା: ସଂ: ବା: - ତା ୩୧.୩.୧୮୮୭।

ନିଃସହାୟ ହୋଇଯାଉଥିଲେ। ଊନବିଂଶ ଶତାବ୍ଦୀର ଶେଷ ଭାଗରେ ନଅଙ୍କ ଦୁର୍ଭିକ୍ଷ ଯୋଗୁ ଓଡିଶୀ ଜନଜୀବନରେ ଅର୍ଥନୈତିକ ଦୁର୍ଗତି ଦେଖାଦେଇଥିଲା। ପ୍ରଜାମାନେ ବହୁବର୍ଷ ଯାଏ ଖଜଣା ଦେଇପାରି ନଥିଲେ। ଏଣେ କେତେକ ଜମିଦାର ସେମାନଙ୍କ ଅଳସ ଜୀବନଯାପନରେ ଅଭ୍ୟସ୍ତ ଥିବା ଯୋଗୁ ମହାଜନମାନଙ୍କ ଠାରୁ ଋଣକରି ତାହା ପରିଶୋଧ କରିପାରୁ ନ ଥିଲେ। 'ବିଷ ମୋଦକ' ନାଟକରେ ନାୟକ 'ସଦାନନ୍ଦ'ର ଦୂରଦୃଷ୍ଟିର ଅଭାବ ଓ ନିଶା ସେବନ ଅଭ୍ୟାସ ତାହାକୁ ଗଭୀର ଋଣ-ପଙ୍କରେ ନିମଜ୍ଜିତ କରାଇଥିଲା। ନାଟକର ଶେଷ ଦୃଶ୍ୟରେ ସଦାନନ୍ଦ ସ୍ୱଅନୁଭବରୁ ତେଣୁ କହିଥିଲା -

"ଭବ ବିଷୟ ମୋହ ପାବକ
ଋଣ ଅଟଇ ବିଷ ମୋଦକ"। (୧୦)

ମହନ୍ତ ଓ ମଠାଧୀଶମାନେ ଧର୍ମର ମୁଖା ପରିଧାନପୂର୍ବକ ସମସ୍ତ ପ୍ରକାର ଅଧର୍ମ ଆଚରଣରେ ଲିପ୍ତ ରହୁଥିଲେ। ସେମାନଙ୍କର ଅବସ୍ଥା ଥିଲା ସ୍ୱଚ୍ଛଳ। ଜନସାଧାରଣଙ୍କ ଧର୍ମବିଶ୍ୱାସ ଓ ମଠାଧୀଶମାନଙ୍କ ପ୍ରତି ଭକ୍ତି ଯୋଗୁ ସେମାନଙ୍କ ପକ୍ଷେ ଲମ୍ପଟ ଜୀବନଯାପନ ସହଜ ହୋଇପଡିଥିଲା। ଏହା ଥିଲା 'ଯୁଗଧର୍ମ' ନାଟକର ବିଷୟବସ୍ତୁ। ବ୍ରାହ୍ମ ଧର୍ମାବଲମ୍ବୀମାନଙ୍କର ସୁଶୃଙ୍ଖଳ ଜୀବନ ଚର୍ଚ୍ଚା, ଚରିତ୍ରବତ୍ତା, ପ୍ରତିବାଦ। ବହୁଯୁଗର ପୁଞ୍ଜୀଭୂତ କୁସଂସ୍କାର ଯୋଗୁ ହିନ୍ଦୁଧର୍ମରେ ସଂସ୍କାର ଏକାନ୍ତ ଆବଶ୍ୟକ ହୋଇ ପଡିଥିଲା। ଏଣୁ ନିବଶିକ୍ଷା ପ୍ରାପ୍ତ କେତେକ ହିନ୍ଦୁ ଏହି ଧର୍ମ ପ୍ରତି ଆକୃଷ୍ଟ ହେବା ସ୍ୱାଭାବିକ। ଯୁଗଧର୍ମ ନାଟକରେ 'ହରିଦାସ' ଉକ୍ତିରୁ ହୋ ହିଁ ପ୍ରତିପନ୍ନ ହୁଏ (୧୧)। ବାସ୍ତବିକ ତତ୍‌କାଳୀନ ଯୁଗର ଧର୍ମ 'ଯୁଗଧର୍ମ' ନାଟକରେ ରୂପାୟିତ ହୋଇପାରିଥିଲା। ବ୍ରାହ୍ମଧର୍ମ କିପରି ହିନ୍ଦୁ ଧର୍ମକୁ ବିଲୁପ୍ତି ମୁଖରୁ ରକ୍ଷା କରିଥିଲା ତାହା ମଧ୍ୟ ଏଥିରେ ଦର୍ଶାଇ ଦିଆଯାଇଥିଲା।

୧୯୦୩ ମସିହାରେ ପ୍ରତିଷ୍ଠିତ 'ଉତ୍କଳ ସମ୍ମିଳନୀ' ଉତ୍କଳୀୟମାନଙ୍କୁ ଏକତା ଓ ଭ୍ରାତୃତ୍ୱର ଆହ୍ୱାନ ଦେଇଥିଲା। ଏହା କିପରି ଓଡିଶାବାସୀଙ୍କୁ ସୁସଙ୍ଗଠିତ କରି ସେମାନଙ୍କ ମଧ୍ୟରେ ସାହସ ଓ ସଂଗ୍ରାମୀ ମନୋଭାବ ସୃଷ୍ଟି କରିବାରେ ସହାୟକ ହୋଇଥିଲା ତାହା ହିଁ 'କାଞ୍ଚନମାଳୀ' ନାଟକର ବିଷୟବସ୍ତୁ। ନାୟିକା 'କାଞ୍ଚନମାଳୀ' ସୁଶିକ୍ଷିତା ଓ ନାରୀ ଶିକ୍ଷାରେ ଆଗ୍ରହୀ। ନାୟକ ସୂର୍ଯ୍ୟମଣି ସଂସ୍କାରପ୍ରୟାସୀ ଓ ଉତ୍କଳ ସମ୍ମିଳନୀର ସଭ୍ୟ। ଏହି ଉଭୟଙ୍କ ପରସ୍ପର ସହଯୋଗରେ ସମାଜରେ ନାରୀଶିକ୍ଷାର ପ୍ରଗତି ଘଟିଥିଲା। ଜନସାଧାରଣ

୧୦. 'ବିଷ ମୋଦକ', ରାମଶଙ୍କର ଗ୍ରନ୍ଥାବଳୀ ପୃ.୫୭୭

୧୧. "ଶୁଭକ୍ଷଣରେ ବ୍ରାହ୍ମଧର୍ମର ସୃଷ୍ଟି ହୋଇଥିଲା। x x x ବ୍ରାହ୍ମଧର୍ମର ସୃଷ୍ଟି ନୋହିଥିଲେ ଆଜି ଲକ୍ଷ ଲକ୍ଷ ହିନ୍ଦୁ ଖ୍ରୀଷ୍ଟୀୟାନ ଧର୍ମ ଗ୍ରହଣ କରିଥାନ୍ତେ..."
'ଯୁଗଧର୍ମ', ରାଃ ଶଃ ଗ୍ରଃ - ପୃ.୬୨୮

ଉତ୍କଳସମ୍ମିଳନୀର ମହତ୍ ଉଦ୍ଦେଶ୍ୟ ଉପଲବ୍ଧି କରିପାରିଥିଲେ। ଦେଶାନୁରାଗ ତଥା ଜାତୀୟତାର ପ୍ରତିଷ୍ଠା ହିଁ ନାଟକଟିର ଉଦ୍ଦେଶ୍ୟ। ଏଥିରେ ସନ୍ନିବିଷ୍ଟ ଗୀତରୁ ତାହା ହିଁ ସୁସ୍ପଷ୍ଟ।(୧୨)

ତାହାଙ୍କ 'ଲୀଳାବତୀ' ଏକ ସମାଜସଂସ୍କାରଧର୍ମୀ ନାଟକ। ନାୟିକା 'ଲୀଳାବତୀ' ବାଲ୍ୟବିଧବା ଓ କୁଳୀନ ବ୍ରାହ୍ମଣ ଘରର କନ୍ୟା। ପରେ ସେ ଉଚ୍ଚଶିକ୍ଷା ଲାଭକରି ସ୍ୱିୟ ଜୀବନ ସାର୍ଥକ କରିପାରିଅଛି। ବିଦେଶ ଫେରନ୍ତା ଯୁବକ ସାଧବ ସହିତ ମିଶି ଦେଶସେବା କରିବାକୁ ଶ୍ରେୟସ୍କର ମନେକରିଛି। ବିଧବା ବିବାହ, ନାରୀଶିକ୍ଷା ଓ ସାମାଜିକ ପ୍ରତିମୂଳକ ସଂସ୍କାର ଉପରେ ନାଟକଟି ଆଧାରିତ। ଶିକ୍ଷିତ ଯୁବକମାନଙ୍କ ମଧ୍ୟରେ ଏକତ୍ୱ ପ୍ରତିଷ୍ଠାର ଆବଶ୍ୟକତା ସମ୍ପର୍କରେ ନାଟକର ଅନ୍ୟତନ ଚିରତ୍ର ବୈଷ୍ଣବ ମୁଖରେ ନାଟ୍ୟକାର କହିଥିଲେ, "ଦେଶବାସୀ ସମସ୍ତ ଲୋକଙ୍କୁ ଆପଣାର ମଣି ଏକତା। ସୂତ୍ରରେ ଆବଦ୍ଧ ହୋଇ ଉନ୍ନତି ମାର୍ଗରେ ଅଗ୍ରସର ହେବା ଯେମନ୍ତ ଉଦାରତାର ପରିଚାୟକ ତେମନ୍ତ ଶୁଭଫଳଦାୟୀ। ଶିକ୍ଷିତ ଯୁବକମାନଙ୍କ ମଧ୍ୟରେ ଏହିପରି ମେଳ ଚିରକାଳ ଜାଗ୍ରତ ଥାଉ, ଏହା ହିଁ ଜଗଦୀଶ୍ୱରଙ୍କ ଠାରେ ପ୍ରାର୍ଥନା।"(୧୩)

ବିଧବା ବିବାହ ସପକ୍ଷରେ ସେହିପରି ଉଚ୍ଚଶିକ୍ଷିତ ଯୁବକ ସାଧବ ଆପଣା ପତ୍ନୀଙ୍କୁ କହିଥିଲେ, "କେମନ୍ତ ତୁମ୍ଭେ ବାଳବିଧବା ହୋଇ ବିଦ୍ୟା ପ୍ରଭାବରୁ ଜୀବନକୁ ସାର୍ଥକ କରିଅଛ, ଯେତେବେଳେ ସମସ୍ତ ଘରର କନ୍ୟାମାନେ ପାଠ ପଢିବେ, ଯେତେବେଳେ ଗୋଟିଏ ହୋଇ ଅଶିକ୍ଷିତା ନରହିବେ, ତେତେବେଳେ ବିଦ୍ୟାର ଗୌରବରୁ ବିବାହର ବୟସ ବଢି ବାଲ୍ୟବିବାହ ରହିତ ହେବା ସଙ୍ଗେ ସଙ୍ଗେ ବାଳବିଧବାର ସଂଖ୍ୟା ଊଣା ହେବ ଏବଂ ବିଧବାଙ୍କ ଚରିତ୍ର ମାର୍ଜିତ ହୋଇ ସମାଜ ନାନାପ୍ରକାର ପାପରୁ ମୁକ୍ତ ହେବ (୧୪)। ବାଲ୍ୟବିଧବା ପିତୃ-ମାତୃହୀନା ଲୀଳାବତୀ ତାର ଶିକ୍ଷା ଓ ସଂସ୍କୃତିର ସଦୁପଯୋଗ କରିବାକୁ ସ୍ଥିର କରିଥିଲେ। ନାରୀଜାତିର ଉନ୍ନତି ବ୍ୟତିରେକେ ସମାଜର ସର୍ବାଙ୍ଗୀନ ଉନ୍ନତି ସମ୍ଭବ ନୁହେଁ। ତେଣୁ ନାରୀଶିକ୍ଷାର ପ୍ରଗତି, ନାରୀ ନିର୍ଯାତନା ବିରୁଦ୍ଧରେ ସଂଗ୍ରାମ ଓ ନାରୀ ସ୍ୱାଧୀନତା ଫଳରେ ହିଁ ସୁଖୀ ସମାଜଗଠନ ସମ୍ଭବପର, ଏହିପରି ପ୍ରସଙ୍ଗମାନଙ୍କର

୧୨. "ସମ୍ମିଳନୀ ପାଗ ଏକ ଜାତି ଚିହ୍ନ ଧରି/ ଉନ୍ନତି ମାର୍ଗରେ ଚାଲ୍ ଅତି ଯତ୍ନକରି
x x x ଛାଡ ସକଳେ ମିଳି ଜାତି ଅଭିମାନ, ହୁଅ ଭାରତେ ଏକ ଜାତି
ଏକତା ଅଚରି ସଫଳ କର ଜୀବନ, ଧର ସର୍ବେ ଉଦାର ନୀତି,
ଦେଖ ଇଂଲଣ୍ଡ ରାଜଲକ୍ଷ୍ମୀ, ଭୂମଣ୍ଡଳ ଦଶଦିଶେ ପ୍ରସାରିଚି ଭାତି।"
'କାଞ୍ଚନମାଳୀ'- ରା: ଶ: ଗ୍ର: - ପୃ.୭୦୩।

୧୩. 'ଲୀଳାବତୀ' - ରା: ଶ: ଗ୍ର: - ପୃ.୮୩୩।

୧୪. 'ଲୀଳାବତୀ' - ରା: ଶ: ଗ୍ର: - ପୃ.୮୪୪।

ଉପସ୍ଥାପନା 'ଲୀଳାବତୀ' ନାଟକରେ ହୋଇଅଛି। ବିଧବା ଲୀଳାବତୀର ପୁନର୍ବିବାହ ପ୍ରସଙ୍ଗରୁ ନାଟ୍ୟକାରଙ୍କର ସହୃଦୟତା ଓ ସଂସ୍କାରପ୍ରାଣତାର ପରିଚୟ ମିଳିଥାଏ।

'ବଡଲୋକ'(୧୯୧୩) ଓ 'ବିଶ୍ୱଯଜ୍ଞ' (୧୯୧୬) ନାଟକ ଦୁଇଟି ନାଟ୍ୟକଳା ଦୃଷ୍ଟିରୁ ଉଚ୍ଚକୋଟୀର ନହେଲେ ହେଁ, ନାଟ୍ୟକାରଙ୍କର ଐକାନ୍ତିକ ଜାତିପ୍ରାଣତା ଏଥିରେ ପରିଲକ୍ଷିତ। ସମଗ୍ର ଭାରତବର୍ଷରେ ସେତେବେଳକୁ ସ୍ୱାଧୀନତା ପ୍ରାପ୍ତି ଆକାଙ୍କ୍ଷାର ଉନ୍ମେଷ ଘଟିସାରିଥିଲା। ଏଣୁ ଆତ୍ମନିର୍ଭରଶୀଳତା, ବିଦେଶୀ ବସ୍ତୁ ବର୍ଜନ ଓ ସ୍ୱଦେଶୀ ସଂଗ୍ରାମର ଚିତ୍ର ଏହି ପ୍ରହସନ ଦ୍ୱୟରେ ଚିତ୍ରିତ ହୋଇଅଛି।

ବିଂଶ ଶତାବ୍ଦୀର ପ୍ରାରମ୍ଭରେ ଧର୍ମ ସଂସ୍କାର, ସମାଜ ସଂସ୍କାର, କୁଟୀର ଶିଳ୍ପର ପ୍ରସାର, ବିଦେଶୀ ବସ୍ତୁ ବର୍ଜନ, ପରାଧୀନତାରୁ ମୁକ୍ତି ଲାଗି ଆନ୍ଦୋଳନ ଆରମ୍ଭ ହୋଇ ଯାଇଥିଲା। ଯୁଗର ଏହି ଆହ୍ୱାନକୁ ନାଟକ ମାଧ୍ୟମରେ ପ୍ରଚାର କରି ରାମଶଙ୍କର ସ୍ୱୀୟ ଜାତୀୟବାଦୀତାର ପରିଚୟ ଦେବା ସଙ୍ଗେ ସଙ୍ଗେ ବିବିଧ ପ୍ରକାର ସାମାଜିକ ଉନ୍ନତିର ପରିକଳ୍ପନା କରିଥିଲେ।

ଆଞ୍ଚଳିକ ଦେଶାନୁରାଗମୂଳକ ନାଟକଭାବେ ଖଡିଆଳ ରାଜକୁମାର ବୀର ବକ୍ରମ ଦେବଙ୍କ ରଚିତ 'ଉତ୍କଳଦୁର୍ଦ୍ଦଶା' (୧୯୦୪) ନାଟକ ପ୍ରସଙ୍ଗ ଉଲ୍ଲେଖନୀୟ। ତତ୍‌କାଳୀନ ଉତ୍କଳର ଦୈନ୍ୟ ଓ ପରାଧୀନତା ଉପରେ ଏହା ଆଧାରିତ। ଏହି ନାଟକରେ ନାଟ୍ୟକାର ପରାଧୀନ, ବିଚ୍ଛିନ୍ନ ଉତ୍କଳ ପ୍ରଦେଶର ଦୃଷ୍ଟଚିତ୍ର ଅଙ୍କନ କରିଅଛନ୍ତି। ଉତ୍କଳୀୟର ଭୀରୁତା, ଆଳସ୍ୟ, ମଦିରାସକ୍ତି, ଶିକ୍ଷାଭାବ, ବିଶ୍ୱାସଘାତକତା ଆଦି ଚାରିତ୍ରିକ ଦୁର୍ବଳତାକୁ ସେ ଉତ୍କଳର ଦୁର୍ଦ୍ଦଶାର କାରଣରୂପେ ଦର୍ଶାଇବା ସଙ୍ଗେ ସଙ୍ଗେ ଜନନୀ ଜନ୍ମଭୂମିର ଦୁଃଖମୋଚନ ନିମନ୍ତେ ସ୍ୱତନ୍ତ୍ର ଉତ୍କଳପ୍ରଦେଶ ଗଠନ, ଏକତା ଓ ଭ୍ରାତୃତ୍ୱର ବିକାଶ ନିମନ୍ତେ ଆହ୍ୱାନ ପ୍ରଦାନ କରିଅଛନ୍ତି। ହିନ୍ଦୀ ନାଟ୍ୟକାର ଭାରତେନ୍ଦୁ ହରିଶ୍ଚନ୍ଦ୍ରଙ୍କର ବିଖ୍ୟାତ ଦେଶପ୍ରେମମୂଳକ ନାଟକ 'ଭାରତ ଦୁର୍ଦ୍ଦଶା' ଅନୁକରଣରେ 'ଉତ୍କଳ ଦୁର୍ଦ୍ଦଶା' ରଚିତ ହୋଇଥିଲେ ହେଁ, ଏହି ଅନୁସୃତ ନାଟକଟି ଉତ୍କଳରେ ସମୟୋପଯୋଗୀ ଜାଗରଣ ସୃଷ୍ଟି କରିପାରିଥିଲା। ଯୋଗୀ ମୁଖରେ ପ୍ରଦତ୍ତ ଏହି ସଂଳାପରେ ଏହା ସୁସ୍ପଷ୍ଟ – "ମୁଁ କଅଣ କରିବି ? ମୁଁ କୁଆଡକୁ ଯିବି ? ହେ ଉତ୍କଳ ମାତା ! ତୋହର ଏହି ଦୂରବସ୍ଥା ଦେଖି ମୁଁ ତୋହର ସନ୍ତାନ ହୋଇ କିପରି ସହ୍ୟ କରି ରହିପାରିବି ? ହାୟ' ବିଧାତା କ'ଣ ଜନନୀର ଏହି ଦୁର୍ଦ୍ଦଶା ଦେଖାଇବାକୁ ମୋ କପାଳରେ ଲେଖାଥିଲା ?"(୧୫)

---

୧୫. 'ବୀରବିକ୍ରମ ଦେବ', ଉତ୍କଳ ଦୁର୍ଦ୍ଦଶା, ପୃ.୨।

ମଦ୍ୟପାନ, ଅନୈକ୍ୟ ଓ ଭୀରୁତା ଓଡିଆର ଜାତୀୟ ଜୀବନ ଓ ଚରିତ୍ରକୁ ନଷ୍ଟ କରି ଦେଇଥିବାରୁ ନାଟ୍ୟକାର କ୍ଷୋଭ ପ୍ରକାଶ କରି କହିଥିଲେ, "ଯଦି ଉତ୍କଳ ଭ୍ରାତୃଗଣ ସମାଜରେ ମଦ୍ୟ, କୁବିଦ୍ୟା, ଭୀରୁତ୍ୱ, ଅନୈତିକତା ନ ପଶିଥାନ୍ତା, ତାହାହେଲେ ଉତ୍କଳଭାଗ୍ୟ ସହସା ପରିବର୍ତ୍ତନ ହୋଇ ନଥାନ୍ତା"(୧୬)। ବିବିଧ କୁସଂସ୍କାରର କୁପ୍ରଭାବ ଯେପରି ସାମାଜିକ ଜୀବନକୁ ଧ୍ୱଂସମୁଖୀ କରୁଥିଲା ତାହାକୁ ବ୍ୟଙ୍ଗକରି ନାଟ୍ୟକାର ଲେଖିଥିଲେ -

"ବାଲ୍ୟ ବିବାହରେ ବଳ ବୀର୍ଯ୍ୟକୁ ନାଶି
ବହୁ ବିବାହ କୁଳୀନେ ଦେବି ପ୍ରକାଶି।
ବିଧବା ବିବାହ ପ୍ରଥା ଦେବି ଛଡାଇ,
ବ୍ୟଭିଚାର କର୍ମେ ମନ ଦେବି ବଢାଇ।"(୧୭)

ନାଟକାଭିନୟ ମାଧ୍ୟମରେ ଦେଶବାସୀଙ୍କ ମଧ୍ୟରେ ସ୍ୱଦେଶ ପ୍ରେମର ପ୍ରଚାର କରିବା ଥିଲା ତାହାଙ୍କ ନାଟକ ରଚନାର ଉଦ୍ଦେଶ୍ୟ। ସେଥିପାଇଁ ବହୁ ଅର୍ଥ ବ୍ୟୟରେ ସେ 'ବିକ୍ରମ ଥୀଏଟାର' ନାମକ ଏକ ରଙ୍ଗମଞ୍ଚ ସ୍ଥାପନ କରିଥିଲେ। ଯେକୌଣସି ବ୍ୟକ୍ତି ପାଖରେ ଅଭିନୟ କୁଶଳତା ଦେଖିଲେ ତାକୁ ପୁରସ୍କାର ଦେଇ ଉତ୍ସାହିତ କରୁଥିଲେ। ଉତ୍କଳଭୂମି ଓ ଓଡିଆ ଭାଷା ପ୍ରତି ତାହାଙ୍କର ସୁଗଭୀର ମମତା ଓ ଏହାର ଉଜ୍ଜ୍ୱଳ ଭବିଷ୍ୟତ କଳ୍ପନାରେ ସେ ଥିଲେ ବିଭୋର। ତାହାଙ୍କ ପ୍ରଣୀତ 'ଉତ୍କଳ ଦୁର୍ଦ୍ଦଶା' ନାଟକରୁ ଏହାର ନିଦର୍ଶନ ମିଳିଥାଏ (୧୮)। ତାହାଙ୍କ 'ବାଲ୍ୟବିବାହ' ଓ 'ବୃଦ୍ଧ ବିବାହ' ନାଟକରେ ମଧ୍ୟ ସଂସ୍କାରପ୍ରାଣତଃ ପରିଦୃଷ୍ଟ ହୁଏ।

ଟିକିଟି ଯୁବରାଜ ରାଜେନ୍ଦ୍ର ଦେବଙ୍କ ରଚିତ 'ପରିମଳା ସହଗମନ', 'ପାଣ୍ଡବ ବନବାସ', 'ଶ୍ରୀପ୍ରତାପ' ନାଟକ (୧୯୧୫)ରେ ମଧ୍ୟ ଦେଶାତ୍ମବୋଧର ସ୍ୱର ଝଂକୃତ। ଅଶିକ୍ଷାପୀଡିତ, ଅନ୍ଧକାରାଚ୍ଛନ୍ନ ଓଡିଶାରେ ବ୍ରାହ୍ମଣ୍ୟଧର୍ମର ପ୍ରାଧାନ୍ୟ ଓ ପୁରୋହିତମାନଙ୍କ ସୁବିଧାବାଦୀ ମନୋବୃତ୍ତି ବିରୁଦ୍ଧରେ ଏଥିରେ ସ୍ୱର ଉତ୍ତୋଳିତ ହୋଇଅଛି। ଧର୍ମାନ୍ଧତା, ପ୍ରତାରଣା ଓ ଭଣ୍ଡତା ବିରୁଦ୍ଧରେ ତାହାଙ୍କ ସତର୍କବାଣୀ ଥିଲା ଯୁଗୋପଯୋଗୀ ଓ ଯୁକ୍ତିଯୁକ୍ତ।

ନାଟ୍ୟକାର ପଦ୍ମନାଭ ନାରାୟଣ ଦେବ (୧୮୭୨-୧୯୦୪) ଜୀବନର ଶେଷାବସ୍ଥାରେ ରାଜକୀୟ ବିଳାସ ବିଭବକୁ ଉପେକ୍ଷାପୂର୍ବକ ରଚନା କରିଥିଲେ 'ସଙ୍ଗୀତ

---

୧୬. 'ଉତ୍କଳ ଦୁର୍ଦ୍ଦଶା', ବୀରବିକ୍ରମ ଦେବ, ପୃ.୨-୩।
୧୭. ତତ୍ରୈବ, ପୃ.୧୬।
୧୮. 'ଶ୍ରୀ ସଙ୍ଗୀତ ରାଧାମାଧବ ନାଟକ ପ୍ରଣେତା କୁମାର ବିକ୍ରମଦେବ ବର୍ମାଙ୍କ ଜୀବନୀ' ସଂ ହି ତା. ୧୭.୧୧.୧୮୯୭।

ପ୍ରହ୍ଲାଦ' ନାଟ (୧୯୦୧), 'ଅହଲ୍ୟା ଶାପମୋଚନ' (୧୯୦୨) ଓ 'ତାରକ ସଂହାର' (୧୯୦୩)। ଜାତୀୟ ଜୀବନର ଉନ୍ମେଷ କାଳରେ ଏହି ନାଟକଗୁଡ଼ିକର ଅବଦାନ ଉଲ୍ଲେଖଯୋଗ୍ୟ। ଅପର୍ଣ୍ଣା ପଣ୍ଡା ତାଙ୍କ ସମ୍ପର୍କରେ ଯଥାର୍ଥ ମନ୍ତବ୍ୟ ପ୍ରଦାନ କରି ଲେଖିଥିଲେ, "x x x ସାମାଜିକ ସଂସ୍କାର ବିଷୟରେ ଉତ୍କଳ ରାଜ୍ୟରେ ସେ ଜଣେ ଆଦର୍ଶ ବ୍ୟକ୍ତି"।(୧୯)

ଇତିହାସ ସଚେତନତା:

ଊନବିଂଶ ଶତକର ଶେଷାର୍ଦ୍ଧରେ ଭାରତୀୟ ପୁନର୍ଜାଗରଣର ପରିଣାମ ସ୍ୱରୂପ ଦେଶବ୍ୟାପୀ ଯେଉଁ ଇତିହାସ ସଚେତନତା ଦେଖାଦେଇଥିଲା ତାହା ଓଡ଼ିଆ ନାଟ୍ୟକାରମାନଙ୍କୁ ପ୍ରଭାବିତ କରିବା ସ୍ୱାଭାବିକ। ଏକଦା ଆଗଙ୍ଗାଗୋଦାବରୀ ବିସ୍ତୃତ, ଶସ୍ୟ ଶ୍ୟାମଳା ଉତ୍କଳର ପରାଧୀନତା ଓ ଦଶା ବିପର୍ଯ୍ୟୟକୁ ସେମାନେ ଉପଲବ୍ଧ କରିପାରିଥିଲେ। ଏଣୁ ଓଡ଼ିଆ ନାଟକ ରଚନାର ପ୍ରାରମ୍ଭ କାଳରେ ନାଟ୍ୟକାରମାନେ ପ୍ରାଚୀନ ଅତୀତ ଗୌରବକୁ ଚିତ୍ରଣକରି ହୃତଗୌରବ ଓ ଅଧଃପତିତ ଉତ୍କଳୀୟମାନଙ୍କ ପ୍ରାଣରେ ପୁନଶ୍ଚ ଆତ୍ମବିଶ୍ୱାସ ଓ ସମ୍ମାନବୋଧ ଜାଗ୍ରତ କରାଇବାକୁ ଚାହିଁଥିଲେ। ସେଇଥିପାଇଁ ପୌରାଣିକ କଥାବସ୍ତୁକୁ ପରିହାରପୂର୍ବକ ଐତିହାସିକ କଥାବସ୍ତୁ ଅବଲମ୍ବନରେ ରଚନା କରିଥିଲେ ପ୍ରଥମ ସଫଳ ଓଡ଼ିଆ ଐତିହାସିକ ନାଟକ 'କାଞ୍ଚିକାବେରୀ'। ଏହି ସମୟର ବଙ୍ଗଳା ନାଟ୍ୟକାରମାନେ ମଧ୍ୟ ରାଜପୁତ ଓ ମରଠା ବୀରମାନଙ୍କ ଜୀବନ ଗାଥାକୁ ଆଧାର କରି ନାଟକ ରଚନା କରୁଥିଲେ। ଓଡ଼ିଶାର ଐତିହାସିକ ଗୌରବ ପ୍ରଖ୍ୟାପନ ନିମନ୍ତେ ଜାତୀୟବାଦୀ ନାଟ୍ୟକାରମାନେ ଦିଗ୍‌ବିଜୟୀ ଖାରବେଳ, ସମ୍ରାଟ କପିଳେନ୍ଦ୍ର ଦେବ, ପୁରୁଷୋତ୍ତମଦେବ ପ୍ରଭୃତି ଓଡ଼ିଶାର ପ୍ରଖ୍ୟାତ ରାଜାମାନଙ୍କ ଜୀବନ ଚରିତକୁ ବିଷୟବସ୍ତୁ ରୂପେ ନିର୍ବାଚନ କରିଥିଲେ।

'ପୁରୁଷୋତ୍ତମଦେବ' ନାଟକରେ ଓଡ଼ିଶାର ଦିଗ୍‌ବିଜୟୀ ରାଜା ପୁରୁଷୋତ୍ତମ ଦେବଙ୍କୁ ନାଟକର ନାୟକ ରୂପେ ଚିତ୍ରଣ କରାଯାଇଅଛି। ପୁରୁଷୋତ୍ତମ ଦେବଙ୍କ କାଞ୍ଚିବିଜୟ ଓ 'ପଦ୍ମାବତୀ' ବିବାହ କାହାଣି ପ୍ରତ୍ୟେକ ଓଡ଼ିଆପାଇଁ ଏକ ଗୌରବମୟ ଅବିସ୍ମରଣୀୟ ଘଟଣା। ଓଡ଼ିଆଜାତିର ଚଳନ୍ତି ବିଷ୍ଣୁ ଓ ଠାକୁରରାଜାଙ୍କୁ ସାହାଯ୍ୟ କରିବା ନିମନ୍ତେ ପ୍ରଭୁ ଜଗନ୍ନାଥ ଓ ବଳଭଦ୍ରଙ୍କର ଧଳାଘୋଡ଼ା ଓ କଳାଘୋଡ଼ା ଚଢ଼ି କାଞ୍ଚି-ଯାତ୍ରା କରିଥିବା କିମ୍ବଦନ୍ତୀମୂଳକ ପ୍ରସଙ୍ଗ ଜନସାଧାରଣଙ୍କ ଆଧାତ୍ମିକ ଆବେଗକୁ ପରିତୃପ୍ତ କରିଥିଲା। 'କାଞ୍ଚିକାବେରୀ' ଦର୍ଶକମାନଙ୍କ ମଧ୍ୟରେ ସ୍ୱଦେଶ ପ୍ରେମ ଓ ଜାତୀୟ ଚେତନାକୁ ଉଦ୍ଦୀପ୍ତ କରାଇବା ସଙ୍ଗେ ସଙ୍ଗେ ନାଟ୍ୟକାରଙ୍କ ସମ୍ମାନ ଓ ଜନପ୍ରିୟତା ବୃଦ୍ଧି କରାଇଥିଲା।

୧୯. 'ଶ୍ରୀ ପଦ୍ମନାଭ ନାରାୟଣ ଦେବଙ୍କ ଜୀବନୀ', ଅପର୍ଣ୍ଣା ପଣ୍ଡା, ପୃ.୪୧।

ଗଜପତି ପୁରୁଷୋତ୍ତମ ଦେବଙ୍କ ସହିତ କାଞ୍ଚିରାଜା ସ୍ୱୀୟ କନ୍ୟା ପଦ୍ମାବତୀଙ୍କୁ ବିବାହ ଦେବାକୁ ସ୍ଥିର କରିଥିଲେ। ରଥଯାତ୍ରା ସମୟରେ ପୁରୁଷୋତ୍ତମ ଦେବ ଛେରାପହଁରା କରୁଥିବା ଦେଖି ତାଙ୍କୁ ଚଣ୍ଡାଳ ଆଖ୍ୟା ଦେଇ କାଞ୍ଚିରାଜା ଏହି ବିବାହରେ ଅସମ୍ମତି ପ୍ରକାଶ କରିଥିଲେ। ଏହା ଓଡିଆ ଜାତିର ଜାତୀୟ ସମ୍ମାନ ଓ ଅଭିମାନକୁ କ୍ଷୁଣ୍ଣ କରିଥିଲା। ରାଜା ପୁରୁଷୋତ୍ତମ ଦେବ ଏହି ଅପମାନର ପ୍ରତିଶୋଧ ନେବା ନିମନ୍ତେ କାଞ୍ଚି-ଯୁଦ୍ଧର ଅଭିଯାନ ଆରମ୍ଭ କରିଥିଲେ। ପ୍ରଥମ ଥର ଯୁଦ୍ଧରେ ପରାସ୍ତ ହେଲେହେଁ ଗଜପତିଙ୍କର ସୈନ୍ୟବାହିନୀ ଆତ୍ମବିଶ୍ୱାସ ନ ହରାଇ ପୁନର୍ବାର ଯୁଦ୍ଧ ପ୍ରସ୍ତୁତି ଆରମ୍ଭ କରିଥିଲେ। ଦ୍ୱିତୀୟ ଥର ଯୁଦ୍ଧରେ ଉତ୍କଳୀୟ ସୈନ୍ୟବାହିନୀର ସହାୟତା କଲେ ଓଡିଆ ଜାତିର ଜାତୀୟ ଦେବତା ଜଗନ୍ନାଥ ଓ ବଳଭଦ୍ର। ଓଡିଆ ଜାତିର ବୀରତ୍ୱ ତଥା ଜଗନ୍ନାଥଙ୍କ ପଦତଳେ ପୂର୍ଣ୍ଣ ଆତ୍ମ-ସମର୍ପଣଜନିତ ଆତ୍ମବିଶ୍ୱାସ ଉତ୍କଳ-କାଞ୍ଚି ଯୁଦ୍ଧରେ ଉତ୍କଳକୁ ଆଣିଦେଇଥିଲା ବିଜୟ-ଗୌରବ। ବିଜୟୀ ସମ୍ରାଟ୍ ପୁରୁଷୋତ୍ତମ ଦେବ ସଗୌରବେ ଫେରିଆସିଲେ ପଦ୍ମାବତୀଙ୍କ ସହିତ। ପରେ ସୁଚତୁର ମନ୍ତ୍ରୀଙ୍କ କୌଶଳ ଯୋଗୁ ରଥଯାତ୍ରାରେ ଛେରାପହଁରା କାଳରେ ପଦ୍ମାବତୀ ପୁରୁଷୋତ୍ତମଙ୍କ ହସ୍ତରେ ସମର୍ପିତ ହେଲେ।

କାଳର କରାଳ ଗର୍ଭରେ ଉତ୍କଳୀୟମାନଙ୍କର ବୀରତ୍ୱ ଅବଲୁପ୍ତ ହୋଇଯାଇଥିଲା। ଇତିହାସ ପ୍ରସିଦ୍ଧ ସମର-ସମର୍ଥ ଉତ୍କଳୀୟଗଣ ଅତି ଦରିଦ୍ରାବସ୍ଥାରେ କାଳଯାପନ କରୁଥିଲେ। ଏହି ପରିପ୍ରେକ୍ଷୀରେ ନାଟ୍ୟକାର ଓଡିଶାର ପ୍ରିୟ ରାଜା ତଥା ପୂର୍ବପୁରୁଷଙ୍କର ଗୌରବ କାହାଣୀକୁ ସ୍ମରଣ କରାଇ ଜାତିର କର୍ଣ୍ଣରେ ଯେପରି ଏକ ମନ୍ତ୍ରବାଣୀ ଶୁଣାଇଦେଇଥିଲେ, 'ସାହସୀ ଉଦ୍‌ଯୋଗୀ ପୁରୁଷଙ୍କୁ ଭଗବାନ ସହାୟ ହୁଅନ୍ତି' (God helps those who help themselves); ମାତ୍ର ଦୁର୍ବଳ ଓ ଭୀରୁର କେହି ସହାୟତା କରନ୍ତି ନାହିଁ। ଓଡିଆଜାତିର ଅଧଃପତନର ଅନ୍ୟତମ କାରଣ ଥିଲା ଅସହାୟତା ଓ ଦୁର୍ବଳତା। ଜାତୀୟ ଜୀବନରେ ଆତ୍ମସମ୍ମାନବୋଧ ଜାଗ୍ରତ କରାଇବା, ଦେଶବାସୀଙ୍କୁ ସତ୍‌ଶିକ୍ଷା ପ୍ରଦାନ କରିବା, ସମାଜରେ ଉନ୍ନତ ରୁଚି ପ୍ରତିଷ୍ଠା କରିବା ଥିଲା ନାଟ୍ୟକାର ରାମଶଙ୍କରଙ୍କର ଉଦ୍ଦେଶ୍ୟ। ସେଥିପାଇଁ ଯଥାର୍ଥରେ ସ୍ୱୀୟ ଗ୍ରନ୍ଥାବଳୀର ଭୂମିକାରେ ସେ କହିଥିଲେ - "ସତ୍‌ଶିକ୍ଷା ଦେବା ମୋର ପ୍ରଧାନ ଉଦ୍ଦେଶ୍ୟ ଥିବାରୁ ବେଦ, ସ୍ମୃତି ତଥା ରାମାୟଣ, ମହାଭାରତ, ଭାଗବତ, ଚୈତନ୍ୟ-ଚରିତାମୃତ, ଗୀତଗୋବିନ୍ଦ ଓ ଇତିହାସାଦି ପାଠକରି ଦେଶଲୋକଙ୍କ ଆଗରେ ତହିଁର ସ୍ୱାଦୁ ନାଟକାକାରରେ ବାଢିଛି।"(୨୦)

'ରାମାଭିଷେକ'(ରାମଶଙ୍କର), 'ହରିଶ୍ଚନ୍ଦ୍ର' (କାମପାଳ ମିଶ୍ର), 'ପର୍ଶୁରାମ

୨୦. 'ଭୂମିକା'- ରାମଶଙ୍କର ଗ୍ରନ୍ଥାବଳୀ।

ବିଜୟ'(ହରିହର ରଥ), 'ସୀତା ବିବାହ' (କାମପାଳ ମିଶ୍ର) ପ୍ରଭୃତି ପୌରାଣିକ ନାଟକମାନଙ୍କରେ ମଧ୍ୟ ପ୍ରାଚୀନ ଯୁଗର ବୀରମାନଙ୍କର ଆଦର୍ଶ ଜୀବନର ଜୟଗାନ କରାଯାଇଥିଲା। ବୀରରସର ଉପସ୍ଥାପନ ସହିତ 'ପୂଣ୍ୟର ଜୟ, ପାପର କ୍ଷୟ'- ଏହି ମହତବାଣୀ ପ୍ରତିଷ୍ଠା ନିମନ୍ତେ ତତ୍‌କାଳୀନ ନାଟ୍ୟକାରମାନେ ପ୍ରଚେଷ୍ଟା କରିଥିଲେ। ଏତଦ୍ଦ୍ୱାରା ଜାତୀୟ ଗୌରବ ପ୍ରଖ୍ୟାପନପୂର୍ବକ ପରାଧୀନ ଜାତିକୁ ସେମାନଙ୍କ ପରାଧୀନତା ଓ ଜାତୀୟ ଅଧଃପତନ ସମ୍ପର୍କରେ ସଚେତନ କରାଇ ଦିଆଯାଇଥିଲା; କଥାବସ୍ତୁ ତଥା ଅତୀତର ସ୍ମରଣ ରାଷ୍ଟ୍ରପ୍ରେମ ଉଦ୍ରେକ କରାଇଥାଏ। ଉତ୍କଳୀୟ ଜାତୀୟବାଦୀ ନାଟ୍ୟକାରବୃନ୍ଦ ନାଟକ ରଚନାର ଆଦିପର୍ଯ୍ୟାୟରେ ସେଥିଯୋଗୁ ଐତିହାସିକ ଓ କେତେକ ପୌରାଣିକ ବିଷୟକୁ କଥାବସ୍ତୁ ରୂପେ ଗ୍ରହଣ କରିଥିଲେ।

ଓଡିଆ ନାଟକ ରଚନା କ୍ଷେତ୍ରରେ ରାମଶଙ୍କରଙ୍କର ଉତ୍ତରଦାୟାଦ ଥିଲେ ଭିକାରିଚରଣ ପଟ୍ଟନାୟକ (୧୮୭୭-୧୯୬୨)। ତାଙ୍କର ପ୍ରଥମ ସୃଷ୍ଟି 'କଟକ ବିଜୟ' (ପ୍ରଃ ପ୍ରଃ ୧୯୦୧) ନାଟକ ଇଂରେଜମାନଙ୍କର ଓଡିଶାର ରାଜଧାନୀ କଟକ ଅଧିକାର ସମ୍ପର୍କୀୟ ଐତିହାସିକ ଘଟଣାକୁ ଉପଜୀବ୍ୟ କରି ରଚିତ ହୋଇଥିଲା। ଅତୀତରେ ମୋଗଲ, ମରହଟ୍ଟ ଓ ପଠାଣ ପ୍ରଭୃତି ଶକ୍ତିବୃନ୍ଦ ବାରମ୍ବାର ଓଡିଶା ଆକ୍ରମଣ କରି ଓଡିଆ ଜାତିକୁ ଦୁର୍ବଳ କରିପକାଇଥିଲେ। ବର୍ଗୀ ଉତ୍ପୀଡନ ଓ ମୋଗଲ ଅତ୍ୟାଚାର ଫଳରେ ଓଡିଆ ଜାତିକୁ ଦୁର୍ବଳ କରିପକାଇଥିଲେ। ବର୍ଗୀ ଉତ୍ପୀଡନ ଓ ମୋଗଲ ଅତ୍ୟାଚାର ଫଳରେ ଓଡିଆ ଜାତିର ଆର୍ଥିକ ଓ ମାନସିକ ଅବସ୍ଥା ଶୋଚନୀୟ ହୋଇପଡିଥିଲା। ଏହିପରି ଅବସ୍ଥାରେ ଉତ୍କଳୀୟମାନେ ଇଂରେଜ ଶାସନକୁ ସ୍ୱାଗତ କରିଥିଲେ। ଏହି ବିଡମ୍ବିତ ମୁହୂର୍ତ୍ତର ଚିତ୍ର ପ୍ରଦାନ କରି ଦେଶବାସୀଙ୍କ ପ୍ରାଣରେ ଦେଶପ୍ରେମ ଉଦ୍‌ବୁଦ୍ଧ କରାଇବା ଥିଲା ନାଟ୍ୟକାରଙ୍କର ଲକ୍ଷ୍ୟ। ତେଣୁ ଯଥାର୍ଥରେ 'କଟକ ବିଜୟ' ନାଟକର ବିଜ୍ଞାପନରେ କୁହାଯାଇଥିଲା, "୧୮୦୩ ଖ୍ରୀଷ୍ଟାବ୍ଦରେ ଓଡିଶା ଓ ସେଥି ସଙ୍ଗେ ସଙ୍ଗେ ରାଜଧାନୀ କଟକ ବ୍ରିଟିଶମାନଙ୍କର କରଗତ ହୋଇଥିବା ଐତିହାସିକ ଘଟଣାକୁ ଅବଲମ୍ବନ କରି ଏହି ନାଟକଖଣ୍ଡି ଲିଖିତ ହୋଇଅଛି। ଏଥିରେ ମରହଟ୍ଟା ଶାସନାଧୀନରେ ଉତ୍କଳବାସୀଙ୍କର ଦୂରବସ୍ଥା, ସେମାନଙ୍କର ଆର୍ଥିକ ଓ ମାନସିକ ଅବସ୍ଥା ପ୍ରଭୃତି ଉତ୍ତମରୂପେ ବର୍ଣ୍ଣିତ ହୋଇଅଛି।"(୨୧)

ଭିକାରିଚରଣ ଓଡିଶାର ଶିଳ୍ପ ଓ କାରିଗରିର ପ୍ରଶଂସା ଅକୁଣ୍ଠିତଚିତ୍ତରେ କରୁଥିଲେ,

---

୨୧. 'ବିଜ୍ଞାପନ', 'କଟକବିଜୟ' ନାଟକ, (ନାଟକ ପୁସ୍ତକ ସହ ସଂଯୁକ୍ତ)

କାରଣ ସେ ସ୍ୱୟଂ ଥିଲେ ଓଡିଶାରେ କୁଟୀରଶିଳ୍ପ ପୁନଃପ୍ରତିଷ୍ଠାର ପୁରୋଧା। ଏହି ନାଟକରେ ଓଡିଆ ଜାତିର ଶିଳ୍ପଚାତୁରୀକୁ ପ୍ରଶଂସା କରି ସେ ଲେଖିଥିଲେ, "ଓଡିଆମାନେ ଭାରି ଶିଳ୍ପୀ-ନାନାରକମର ଶିଳ୍ପକାର୍ଯ୍ୟ କରନ୍ତି। ପଥରରେ ଖୁବ୍ ଆଚ୍ଛା ଆଚ୍ଛା କାମମାନ ହୁଏ। କଟକର ତାରକସି କାମ ଦେଖିଲେ ତ ଆଖି ବୁଜି ହୋଇ ପଡିବ।"(୨୨)

ଊନବିଂଶ ଶତାବ୍ଦୀର ଶେଷାର୍ଦ୍ଧରୁ ଏହି ପରାଧୀନ ଦେଶରେ ସ୍ୱାଧୀନ ଚେତନାର ତଥା ଦେଶପ୍ରେମର କ୍ଷୀଣ ସ୍ରୋତ ପ୍ରବାହିତ ହେବା ଆରମ୍ଭ ହୋଇସାରିଥିଲା। ଦେଶ ପ୍ରେମର ସେହି ସ୍ରୋତକୁ ବଳବତ୍ତର କରିବା ଉଦ୍ଦେଶ୍ୟରେ ନାଟ୍ୟକାର ଭିକାରିଚରଣ ଲେଖିଥିଲେ -

"ସ୍ୱାଧୀନତା କେବା ନ ବାଞ୍ଛଇ ?
କେବା ଇଚ୍ଛେ ପିନ୍ଧିବାକୁ,
ଆନନ୍ଦେ ଦାସତ୍ୱ ଫାଶୀ ?
ଆସିବ କି ତ୍ୟଜି ସେହୁ
ସ୍ୱାଧୀନତା ମହାଧନ,
ଭୋଗିବାକୁ ଦାସପଣେ
ଦଧି ଦୁଗ୍ଧ ଘୃତ ମଧୁ ?(୨୩)

ଓଡିଆ ସାହିତ୍ୟର ବିଶିଷ୍ଟ ଜାତୀୟବାଦୀ କବି ରାଧାନାଥ ରାୟଙ୍କ ଦ୍ୱାରା ନାଟ୍ୟକାର ଗଭୀରଭାବେ ପ୍ରଭାବି ହୋଇଥିଲେ। କବିଙ୍କ ରଚିତ 'ଶିବାଜୀଙ୍କ ଉତ୍ସାହ ବାଣୀ' କବିତାରେ ଯେପରି ମହାରାଷ୍ଟ୍ରବୀର ସୈନିକମାନଙ୍କ ପ୍ରତି ଉଦ୍‌ବୋଧନୀ ବାକ୍ୟ ପ୍ରଦତ୍ତ ହୋଇଥିଲା, 'କଟକବିଜୟ' ନାଟକରେ ସ୍ଥାନେ ସ୍ଥାନେ ସେହିଭଳି ନାଟ୍ୟକାର ଉଦାତ୍ତ ସଂଳାପ ସଂଯୋଜନା କରିଥିଲେ - "ବଜା ଶୃଙ୍ଗ, ଶୃଙ୍ଗଧର, ଉଠ ଉଠ ମହାରାଷ୍ଟ୍ର ସୁତେ, ଧର ଅସି ପଶ ରଣେ, ମାର କିମ୍ବା ନିଜେ ମର।" (୨୪) ଏହି ଆହ୍ୱାନ 'କର ଅବା ମର'(Do or die) ବହୁ ବର୍ଷ ପରେ ୧୯୪୨ ମସିହା ଭାରତ-ଛାଡ ଆନ୍ଦୋଳନରେ ମଧ୍ୟ ଥିଲା ଦେଶବାସୀଙ୍କ ପ୍ରତି ଜାତିର ପିତାଙ୍କର ନିର୍ଦ୍ଦେଶ।

ଏହି ନାଟ୍ୟକାରଙ୍କର ଅନ୍ୟାନ୍ୟ ନାଟକ 'ନନ୍ଦିକେଶ୍ୱରୀ', 'ରତ୍ନମାଳୀ'

---

୨୨. 'କଟକ ବିଜୟ', ଭିକାରିଚରଣ ପଟ୍ଟନାୟକ, ପୃ.୮-୯
୨୩. ତତ୍ରୈବ - ପୃ. ୪
୨୪. ତତ୍ରୈବ - ପୃ. ୫୬।

ପ୍ରଭୃତିରେ ମଧ୍ୟ ଦେଶାନୁରାଗର ପ୍ରତିଚ୍ଛବି ଅଙ୍କିତ। ଦୁସ୍ଥ, ତ୍ରସ୍ତ, ପରାଧୀନ ଓଡିଆ ଜାତି ମାନସରେ ନୂତନ ପ୍ରେରଣା ସୃଷ୍ଟି ନିମନ୍ତେ ଏଥିରେ ବହୁ ସାହସ-ଉଦ୍ରେକକାରୀ ସଂଳାପ ସଂଯୋଜିତ ହୋଇଅଛି। ବାସ୍ତବ ଜୀବନରେ ନାଟ୍ୟକାର ଥିଲେ ସଂସ୍କାରପ୍ରୟାସୀ। ପ୍ରତ୍ୟେକ ନାଗରିକ ପ୍ରାଣରେ ସ୍ୱଦେଶୀ ବସ୍ତୁ ପ୍ରତି ଆଦର ଓ ବିଦେଶୀ ବସ୍ତୁ ପ୍ରତି ଅନାଦରଭାବ ସୃଷ୍ଟି କରାଇବାକୁ ଚାହିଁଥିଲେ। ବିଶିଷ୍ଟ ଦେଶସେବୀ, ଉତ୍କଳଗୌରବ ମଧୁସୂଦନଙ୍କ ଦେଶସେବା କାର୍ଯ୍ୟ ଏହ ସେ ଗଭୀର ଭାବରେ ସମ୍ପୃକ୍ତ ଥିଲେ। ନବଜାଗରଣ ଚେତନା, ସଂସ୍କାରଲିପ୍ସା, ଅତୀତର ଉଦ୍‌ବୋଧନ, ମୁକ୍ତିଚେତନା ପ୍ରଭୃତି ଭାବନା ତାଙ୍କ ନାଟକରେ ହୋଇଥିଲା ପ୍ରତିଫଳିତ।

କଟକ ବ୍ୟତୀତ କେତେଗୁଡିଏ ପ୍ରହସନ ମଧ୍ୟ ସେ ରଚନା କରିଥିଲେ। ଜନସାଧାରଣଙ୍କ ମଧ୍ୟରେ କୁଟୀରଶିଳ୍ପ ପ୍ରତି ଆଦର ସୃଷ୍ଟି କରାଇବା, କୌତୁକ ପ୍ରଭୃତି ସାମାଜିକ କୁସଂସ୍କାରମାନଙ୍କ ପ୍ରତି ବିରାଗଭାବ ଜନ୍ମାଇବା ଥିଲା ଏହି ପ୍ରହସନମାନଙ୍କର ଉଦ୍ଦେଶ୍ୟ। କେତେକ କଳାଗତ ତ୍ରୁଟି ସତ୍ତ୍ୱେ ଜାତୀୟ ଜୀବନର ଅୟମାରମ୍ଭ କାଳରେ ଜାତୀୟ ଆବେଗ ସୃଷ୍ଟି କରିବାରେ ଭିକାରିଚରଣଙ୍କ ନାଟକର ଗୁରୁତ୍ୱପୂର୍ଣ୍ଣ ଭୂମିକା ଅନସ୍ୱୀକାର୍ଯ୍ୟ।

ନାଟକର ମଧ୍ୟପର୍ବ ଓ ଜାତୀୟଚେତନାର ବିକାଶ - ଅତୀତ ଗୌରବର ଉପସ୍ଥାପନା:

ଜାତୀୟଚେତନା କ୍ରମଶଃ ସାମାଜିକ ଜୀବନର ବିଭିନ୍ନ ସ୍ତରକୁ ସଂପ୍ରସାରିତ ହୋଇଯାଇଥିଲା। କଳା ଓ ସାହିତ୍ୟ, ଚିନ୍ତା ଓ ଚେତନା ଏବଂ ସାମାଜିକ ଆଚାର-ବିଚାର କ୍ଷେତ୍ରରେ ଦେଶାନୁରାଗ ଗୁରୁତ୍ୱପୂର୍ଣ୍ଣ ସ୍ଥାନ ଅଧିକାର କରିଥିଲା। ଜନସାଧାରଣ ଅଧିକ ରାଜନୀତି-ସଚେତନ ହୋଇଥିଲେ। ଆନୁଷ୍ଠାନିକ ଧର୍ମାନୁରକ୍ତି ଓ ଆଧ୍ୟାତ୍ମିକତାର ପ୍ରଭାବ ସାମାଜିକ ଜୀବନରେ ଶିଥିଳ ହୋଇଆସୁଥିଲା। ଏକ ନୂତନ ଧର୍ମଭାବରେ ପ୍ରତିଷ୍ଠା ଅର୍ଜନ କରିଥିଲା ସ୍ୱଦେଶପ୍ରେମ ଓ ଦେଶଭକ୍ତି। ଓଡିଶାବାସୀଙ୍କୁ ଏହି ନୂତନ ଧର୍ମରେ ଦୀକ୍ଷିତ କରାଇବାର ଦାୟିତ୍ୱ ଗ୍ରହଣ କରିଥିଲେ ସତ୍ୟାବାଦୀ ସାଧକବୃନ୍ଦ ସତ୍ୟବାସୀଙ୍କୁ ସେମାନଙ୍କର ସାଧନାପୀଠଭାବେ ଗ୍ରହଣ କରିଥିଲେ। ବକୁଳ-ଛୁରିଅନା-କୁଞ୍ଜ-ପରିଶୋଭିତ ଏହି ସ୍ଥାନ ଦେଶପ୍ରେମ ଓ ସ୍ୱାଧୀନତା-ଭାବ-ଦ୍ୟୋତକ ସାହିତ୍ୟ ସୃଷ୍ଟି, ଜନସେବା ଓ ସମାଜ-ସଂସ୍କାର ଉଦ୍ଦେଶ୍ୟରେ ସଂଘବଦ୍ଧ ଉଦ୍ୟମ ପାଇଁ ନୂତନ ପ୍ରେରଣା ପ୍ରଦାନ କରିଥିଲା। ସେତେବେଳକୁ ୧୯୦୩ ମସିହାର ଉତ୍କଳ ସମ୍ମିଳନୀ, ୧୯୦୫ ମସିହାର ବଙ୍ଗଭଙ୍ଗ ସଂତ୍ରାସବାଦୀଙ୍କ ଆନ୍ଦୋଳନ ଓ ତଜ୍ଜନିତ ଦେଶବ୍ୟାପୀ ପ୍ରତିକ୍ରିୟା ଓଡିଶାବାସୀଙ୍କୁ ଜାତୀୟସଂଗଠନ ସମ୍ପର୍କରେ କେତେକ ପରିମାଣରେ ସଚେତନ କରାଇପାରିଥିଲା। ଦେଶପ୍ରେମର ଏହି ନବୀନ ସ୍ରୋତର

ପ୍ରବାହ ସାମସାମୟିକ ନାଟକକୁ ପ୍ରଭାବିତ କରିବା ସ୍ୱାଭାବିକ। ସେଥିପାଇଁ ଏହି ସମୟରେ ରଚିତ ବହୁ ନାଟକରେ ଉତ୍କଳଗୌରବ, ଓଡିଶାର ଅଧଃପତନସୂଚକ ଘଟଣାବଳୀର ପୁଙ୍ଖାନୁପୁଙ୍ଖ ବିଶ୍ଳେଷଣ ଦେଖିବାକୁ ମିଳେ। ଏହିପରିଭାବେ ଐତିହାସିକ ଓ ବୀରତ୍ୱବ୍ୟଞ୍ଜନ କଥାବସ୍ତୁ ଅବଲମ୍ୱନରେ ନାଟକମାନ ରଚିତ ହେବାକୁ ଲାଗିଲା। ଗୌରବାବହ ଅତୀତକୁ ସ୍ମରଣକରି ଏହି ଦୁର୍ବଳ ଜାତି ପୁନର୍ବାର ସତେଜ ଓ କର୍ମଠ ହେଉ - ଏହା ହିଁ ଥିଲା ନାଟ୍ୟକାରମାନଙ୍କର ଏତାଦୃଶ ବିଷୟବସ୍ତୁ ନିର୍ବାଚନର ଉଦ୍ଦେଶ୍ୟ।

ବହୁ ଐତିହାସିକ, ଜାତୀୟ ଭାବୋଦ୍ଦୀପନ ନାଟକ ରଚନା କରି ଜାତୀୟଜୀବନକୁ ଅନୁପ୍ରାଣିତ କରିବାରେ ନାଟ୍ୟକାର ଅଶ୍ୱିନୀକୁମାର ଘୋଷ (୧୮୯୨-୧୯୬୨)ଙ୍କ ଅବଦାନ ଉଲ୍ଲେଖଯୋଗ୍ୟ। ତାହାଙ୍କ ଉଦ୍ଦେଶ୍ୟରେ ଶ୍ରଦ୍ଧାଞ୍ଜଳି ଜ୍ଞାପନ କରି ବିଶିଷ୍ଟ ନାଟ୍ୟକାର ଗୋପାଳ ଛୋଟରାୟ ଯଥାର୍ଥତଃ କହିଥିଲେ, "ବିଂଶ ଶତାବ୍ଦୀର ଦ୍ୱିତୀୟ ଓ ତୃତୀୟ ଦଶକ ହେଉଛି ଓଡିଆ ନାଟକର ଏକ ସ୍ୱର୍ଣ୍ଣଯୁଗ ଓ ଏହି ଯୁଗର ମୁଖ୍ୟ କାହିଁକି, ବୋଧହୁଏ କୃତୀ ବିନ୍ଧାଣୀ ହେଉଛନ୍ତି ନାଟ୍ୟରଥୀ ଅଶ୍ୱିନୀକୁମାର" (୨୫)। ବସ୍ତୁତଃ ଓଡିଆରେ ଜାତୀୟବାଦୀ ନାଟକରଚନା କ୍ଷେତ୍ରରେ ଅଶ୍ୱିନୀକୁମାର ଅପ୍ରତିଦ୍ୱନ୍ଦ୍ୱୀ ନାଟ୍ୟକାର; ଓଡିଆ ନାଟ୍ୟଜଗତର ଯଥାର୍ଥ ସମ୍ରାଟ୍।

ମୁଖ୍ୟତଃ ତାହାଙ୍କ ନାଟକଗୁଡିକ ଓଡିଶାର ଜାତୀୟଜୀବନର ବିଶିଷ୍ଟ ଐତିହାସିକ ଘଟଣାବଳୀ ଉପରେ ଆଧାରିତ। ଏହି ନାଟ୍ୟକାରଙ୍କ ପ୍ରଥମ ଐତିହାସିକ ନାଟକ 'ସେଓଜୀ' (୧୯୧୮) ପ୍ରଥମେ କଟକ ମେଡିକାଲ ସ୍କୁଲ ଛାତ୍ରଙ୍କ ଦ୍ୱାରା ଅଭିନୀତ ହୋଇଥିଲା। ଏହି ନାଟକର ବିଷୟବସ୍ତୁ ଥିଲା, "ବିଦେଶୀ ଅଧିକୃତ ପ୍ରିୟ ମାତୃଭୂମିକୁ ଜୀବନମୂର୍ଚ୍ଛା ସଂଗ୍ରାମ କରି ସ୍ୱାଧୀନ କରିବା।" ସେଓଜୀ ଓ ସୀତାରାମ ରାଜପୁତ୍ରଦ୍ୱୟ ମାତୃଭୂମିର ସମ୍ମାନରକ୍ଷା ନିମିତ୍ତ ଆପଣାର ଜୀବନକୁ ଭ୍ରୁକ୍ଷେପ ନ କରି ଯୁଦ୍ଧ କରିଥିଲେ ଓ ଯୁଦ୍ଧରେ ବିଜୟୀ ହୋଇ ଫେରିଥିଲେ।

'ସେଓଜୀ' ବ୍ୟତୀତ ତାହାଙ୍କ 'ଭୀଷ୍ମ' (୧୯୧୫), 'ସାବିତ୍ରୀ' (୧୯୧୭), 'କଳାପାହାଡ' (୧୯୨୨), 'ଗୋବିନ୍ଦ ବିଦ୍ୟାଧର' (୧୯୨୨), 'ଉତ୍କଳଗୌରବ' (୧୯୩୨), 'କୋଣାର୍କ'(୧୯୨୭), 'ସମଲେଶ୍ୱରୀ' (୧୯୩୧), 'କେଶରୀ-ଗଙ୍ଗ' ପ୍ରଭୃତି ନାଟକ ଓଡିଶାର ଗୌରବାବହ ଅତୀତ ଘଟଣାକୁ ଉପଜୀବ୍ୟ କରି ରଚିତ।

ଓଡିଶାର ଶେଷ ସ୍ୱାଧୀନ ରାଜା ମୁକୁନ୍ଦଦେବଙ୍କ ବଙ୍ଗ-ଅଭିଯାନ ସମୟରେ

---

୨୫. 'ଶ୍ରଦ୍ଧାଞ୍ଜଳି', ଗୋପାଳ ଛୋଟରାୟ, ଅଶ୍ୱିନୀକୁମାର ଗ୍ରନ୍ଥାବଳୀ, ପୃ. ଏକଅଣା।

ଦେଶଦ୍ରୋହୀ ଶିଖି-ମନାଇ ଅତ୍ୟାଚାରୀ କଳାପାହାଡକୁ ଏ ଦେଶକୁ ଡାକିଆଣିଥିଲେ। ଏ ଦେଶରୁ ଧନଲୁଣ୍ଠନ ଓ ବହୁ ଦେବାଳୟର ଧ୍ୱଂସସାଧନ କରି କଳାପାହାଡ ଫେରିଗଲା। କେତେକ ଦେଶଦ୍ରୋହୀ, ବିଶ୍ୱାସଘାତକଙ୍କ ଯୋଗୁ ଏ ଦେଶର ସ୍ୱାଧୀନତା ସୂର୍ଯ୍ୟ ଚିରକାଳ ନିମନ୍ତେ ଅସ୍ତମିତ ହୋଇଗଲେ। ଏହି ପ୍ରସଙ୍ଗକୁ ଉପଜୀବ୍ୟ କରି 'କଳାପାହାଡ' ନାଟକ ରଚିତ। 'କଳାପାହାଡ' ନାଟକର ଭୂମିକାରେ ନାଟ୍ୟକାର ଯଥାର୍ଥତଃ ଲେଖିଥିଲେ, "ବାହାର ଶତ୍ରୁ ଅପେକ୍ଷା ଘର ଶତ୍ରୁ ହିଁ ଯେ ଭୀଷଣ - ତାର ଦୃଷ୍ଟାନ୍ତ ଉତ୍କଳ ଇତିହାସରେ ବିରଳ ନୁହେଁ। ଦେଶର ଏହି ଜାତୀୟ ଜାଗରଣ ସମୟରେ ଏହିପରି ନାଟକ ପ୍ରତ୍ୟେକ ଓଡିଆଙ୍କୁ ଉଦ୍‌ବୁଦ୍ଧ କରିବ ବୋଲି ବିଶ୍ୱାସ।"(୨୬)

ପ୍ରତାପରୁଦ୍ର ଦେବଙ୍କ ମୃତ୍ୟୁ ପରେ ଓଡିଶାର ରାଜସିଂହାସନପ୍ରାପ୍ତିକୁ କେନ୍ଦ୍ର କରି ଯେଉଁ ଚକ୍ରାନ୍ତ ହୋଇଥିଲା, ସେହି ବିଷୟବସ୍ତୁ ଉପରେ 'ଗୋବିନ୍ଦ ବିଦ୍ୟାଧର' ନାଟକଟି ଆଧାରିତ। ଦେଶାନୁରାଗ ଓ ଓଡିଶାର ରାଜସିଂହାସନର ମର୍ଯ୍ୟାଦା ରକ୍ଷା ଲାଗି ଗୋବିନ୍ଦ ବିଦ୍ୟାଧର ତାହାଙ୍କ ପାରିବାରିକ ସଂପର୍କକୁ ମଧ୍ୟ ଛିନ୍ନ କରିଥିଲେ। ଦେଶପ୍ରାଣତାର ଉଜ୍ଜ୍ୱଳ ପ୍ରତୀକ ରୂପେ ଗୋବିନ୍ଦ ବିଦ୍ୟାଧରଙ୍କୁ ଚିତ୍ରଣ କରି ନାଟ୍ୟକାର ସ୍ୱୀୟ ଜାତିପ୍ରାଣତାର ପରିଚୟ ପ୍ରଦାନ କରିଥିଲେ।

କୋଣାର୍କ ମନ୍ଦିର ଯୁଗଯୁଗଧରି ଓଡିଆ ଜାତିର ଗର୍ବ ଓ ଗୌରବର ପ୍ରତୀକ ରୂପେ ଗୃହୀତ। ବାରଶହ ବଢେଇଙ୍କର ବାରବର୍ଷର ଆନ୍ତରିକ ଉଦ୍ୟମର ପ୍ରତ୍ୟକ ସ୍ୱରୂପ ଶିଳ୍ପଚାତୁରୀସମୃଦ୍ଧ ଏହି ମନ୍ଦିରକୁ କେନ୍ଦ୍ରକରି ଓଡିଆରେ ବହୁ କିମ୍ବଦନ୍ତୀ ପ୍ରଚଳିତ। ମୁଖ୍ୟ ସ୍ଥପତି ବିଶୁ ମହାରଣାର ବାରବର୍ଷର ପୁଅ 'ଧରମା' ଏହାର ଶୀର୍ଷଦେଶରେ ଦଧିନଉତି ସ୍ଥାପନ କରି ଏହାକୁ ପୂର୍ଣ୍ଣାଙ୍ଗ କରିଥିଲା। ମାତ୍ର ସ୍ଥପତିକୁଳର ଗୌରବରକ୍ଷା ନିମନ୍ତେ ଚନ୍ଦ୍ରଭାଗା ଜଳେରେ ଆତ୍ମବିସର୍ଜନ ଦେବାକୁ କିଶୋର ଧରମା ପଶ୍ଚାତ୍ପଦ ହୋଇନଥିଲା। ଜାତିର ଟେକ ଓ ଗର୍ବ ଅକ୍ଷୁର୍ଣ୍ଣ ରଖିବା ନିମିତ୍ତ ବିଶୁ ମହାରଣା ମଧ୍ୟ ଆପଣାର ଏକମାତ୍ର ପୁତ୍ରର ମମତା ତ୍ୟାଗ କରିଥିଲେ। 'ଦେଶ ନିମନ୍ତେ ଆତ୍ମବଳିଦାନ' ଧରମା ଜୀବନର ଏହି ମହାନ୍ ଆଦର୍ଶକୁ ନେଇ ରଚିତ ହୋଇଥିଲା 'କୋଣାର୍କ'ନଟକ। ଧରମା ତେଣୁ କହିଥିଲା, "ନା, ନା, ଏ ଯେ ଗୋଟାଏ ଜାତିର ଆହ୍ୱାନ, ଗୋଟାଏ ଦେଶର ଆଦେଶ, ଗୋଟାଏ ବିଶ୍ୱଜଗତର ପ୍ରେରଣା, ମୋର ବ୍ରତ, ମୋର କାର୍ଯ୍ୟ, ମୋର ଧର୍ମ।" (୨୭) ଦେଶର ସେହି ଆଦେଶ ମଥାପାତି ସହିନେଇଥିଲା ଧର୍ମପଦ, ଜାତିର ସମ୍ମାନାର୍ଥେ ଆତ୍ମବଳୀ ଦେବାକୁ ଭ୍ରୂକ୍ଷେପ କରିନଥିଲା।

---

୨୬. 'କଳାପାହାଡ' ଭୂମିକା - ଅ: କୁ: ଗ୍ରନ୍ଥାବଳୀ।
୨୭. 'କୋଣାର୍କ' ଅ: କୁ: ଗ୍ରନ୍ଥାବଳୀ - ପୃ.୪୦।

ଦର୍ଶକ ଓ ପାଠକମାନଙ୍କୁ ଓଡିଶାର ଅତୀତ ଗୌରବର ବିବରଣୀ ଶୁଣାଇବା ଉଦ୍ଦେଶ୍ୟରେ ଲେଖକଙ୍କ 'କେଶରୀ-ଗଙ୍ଗ' ନାଟକଟି ଲିଖିତ। ଏହା କେଶରୀବଂଶର ଶେଷରାଜା ସୁବର୍ଣ୍ଣ କେଶରୀ ଓ ଚୋରଗଙ୍ଗଙ୍କ ଯୁଦ୍ଧର ପୃଷ୍ଠଭୂମି ଉପରେ ଆଧାରିତ। ଏହି ନାଟକରେ ନାଟ୍ୟକାର ସୁବର୍ଣ୍ଣ କେଶରୀଙ୍କୁ ଆଦର୍ଶ ନରପତି ରୂପେ ଚିତ୍ରଣ କରିଅଛନ୍ତି। ଯୁଦ୍ଧକ୍ଲାନ୍ତ ଓଡିଆ ସୈନ୍ୟମାନଙ୍କୁ ଦେଶର ସମ୍ମାନରକ୍ଷା ନିମନ୍ତେ ସେ ପୁନର୍ବାର ଯୁଦ୍ଧରତ ହେବା ପାଇଁ ଯେଉଁ ଉତ୍ସାହ ଉଦ୍‌ବୋଧନ ଦେଇଅଛନ୍ତି, ତହିଁରୁ ଲେଖକଙ୍କ ଜାତିପ୍ରାଣତା ସୁସ୍ପଷ୍ଟ (୨୮)। ସୁବର୍ଣ୍ଣ କେଶରୀଙ୍କ ଏତାଦୃଶ ଉକ୍ତି ତତ୍‌କାଳୀନ ଆତ୍ମଗୌରବ-ବିସ୍ମୃତ, ପରପଦଲେହନକାରୀ ଉତ୍କଳୀୟମାନଙ୍କ ପ୍ରତି ଯଥାର୍ଥ ସତର୍କବାଣୀ ସ୍ୱରୂପ ଥିଲା।

ଏହିପରି ଐତିହାସିକ କଥାବସ୍ତୁ ସମ୍ବଳିତ ନାଟକ ରଚନା ମାଧ୍ୟମରେ ଦେଶର ଅତୀତ ଗୌରବକୁ ଉପସ୍ଥାପିତ କରିବାରେ ସମର୍ଥ ହୋଇଥିଲେ ନାଟ୍ୟକାର ତଥା ଜାତୀୟବାଦୀ କବି ଗୋଦାବରୀଶ ମିଶ୍ର। ତାହାଙ୍କ ରଚିତ ମାତ୍ର ଦୁଇଟି ନାଟକ 'ପୁରୁଷୋତ୍ତମଦେବ' (୧୯୧୭) ଓ 'ମୁକୁନ୍ଦଦେବ' (୧୯୨୦) ଓଡିଆ ନାଟ୍ୟ-ସାହିତ୍ୟରେ ଅମରତ୍ୱ ଲାଭ କରିଅଛି। ଏହି ନାଟକଦ୍ୱୟ ଉତ୍କଳର ଦୁଇ ବୀର ଗଜପତିଙ୍କର ଦେଶାନୁରାଗ, ଶାସନପ୍ରଣାଳୀ ଓ ଯୁଦ୍ଧାକାଂକ୍ଷା ଉପରେ ଆଧାରିତ। ପୁରୁଷୋତ୍ତମଦେବଙ୍କ ଶାସନକାଳରେ ଓଡିଶାରାଜ୍ୟର ସୀମା ପରିବର୍ଦ୍ଧିତ ହୋଇଥିଲା। ଦେଶର କଳା, ସଂସ୍କୃତି ଓ ସାହିତ୍ୟ ଉନ୍ନତତମ ଶିଖରରେ ଉପନୀତ ହୋଇଥିଲା। ଜନସାଧାରଣ ନିରାପଦରେ ସୁଖମୟ ଜୀବନ ଯାପନ କରୁଥିଲେ। ଏହାଙ୍କ ଶାସନକାଳର ସ୍ମରଣୀୟ ଘଟଣା ହେଉଛି କାଞ୍ଚିବିଜୟ। ଏହି ଘଟଣା-ଆଧାରିତ ନାଟକର ବିଷୟବସ୍ତୁ ଯେପରି ଓଡିଶାର ଅତୀତ ଗୌରବର ପ୍ରଖ୍ୟାପକ, ଏଥିରେ ସଂଯୋଜିତ ସଂଳାପ ସେହିପରି ଜାତୀୟ ଭାବୋଦ୍ଦୀପକ। 'ପୁରୁଷୋତ୍ତମ ଦେବ' ନାଟକରେ ସନ୍ନିବିଷ୍ଟ

> "ରଞ୍ଜିତ ଅସି ଧାରେ,
> ଶତ୍ରୁ ରକ୍ତଗାରେ
> ଲେଖ ହେ ଆଜି ବୁକୟ ବିଭବ ଜନ୍ମଭୂମି ଭାଲେ।"

କବିତାଟି ଏକ ଜାଗରଣ ସଙ୍ଗୀତରୂପେ ସେହିଦିନଠାରୁ ଗୃହୀତ ହୋଇ ଆସୁଅଛି। ଏଯାବତ୍ ଏହାର ଜନପ୍ରିୟତା ହ୍ରାସ ପାଇନାହିଁ। ଡଃ ମାନସିଂହ ଏହି କବିତାଟି ଉପରେ ମନ୍ତବ୍ୟ

---

୨୬. "ଯେଉଁ ଓଡିଆମାନଙ୍କର ପିତୃପିତାମହ ଅହୋରାତ୍ର ଅକ୍ଲାନ୍ତ ପରିଶ୍ରମ କରି ବିନା ନିଦ୍ରାରେ, ବିନା ଭୋଜନରେ ମାତୃଭୂମି ପାଇଁ ସ୍ୱାଧୀନତାଧନ ଅର୍ଜନ କରିଯାଇଥିଲେ, ସେହି ଓଡିଆମାନେ ଆଜି ବିଳାସୀ, ଅଳସ, ଅପଟୁ ହୋଇ ଅବଲୀଳାକ୍ରମେ ସେହି ସ୍ୱାଧୀନତାଧନ ଶତ୍ରୁ କରପୁଟରେ ଆର୍ପଣ କରୁଅଛନ୍ତି।" ଅ କୁ ଗ୍ର -ପୃ.୮୩୨।

ପ୍ରଦାନ କରି ଯଥାର୍ଥତଃ ଲେଖିଛନ୍ତି, "ପୁରୁଷୋତ୍ତମଦେବ ନାଟକର ଏହି ଗୀତ ପୃଥିବୀର ଯେକୌଣସି ଭାଷାରେ କଏ ବିଜୟୀ ବାହିନୀର 'ମାର୍ଚିଂ ସଂଗ୍' ହୋଇପାରେ"(୨୯)।

ମୁକୁନ୍ଦ ଦେବ ବୀର, ସାହସୀ ଓ ସ୍ୱଦେଶବତ୍ସଳ ଥିଲେ ମଧ୍ୟ ତାହାଙ୍କ ସମୟରେ ହିଁ ଓଡିଶାର ସ୍ୱାଧୀନତା-ରବି ଅସ୍ତମିତ ହୋଇଯାଇଥିଲା। ଏହି ବୀରଙ୍କର ଜୀବନୀ-ଗାଥା-ଆଧାରିତ ନାଟକ 'ମୁକୁନ୍ଦଦେବ'ରେ ତତ୍‌କାଳୀନ ଓଡିଶାର ଗୃହଯୁଦ୍ଧ, ରାମଚନ୍ଦ୍ର ଭଞ୍ଜଙ୍କ ପ୍ରତାରଣା ଓ ବିଶ୍ୱାସଘାତକତା କିପରି ଓଡିଶାର ପତନର କାରଣ ହୋଇଥିଲା ତାହା ବର୍ଣ୍ଣିତ। ମୁକୁନ୍ଦଦେବ ଥିଲେ ଉଦାରତା, ମାନବିକତା, ଦେଶପ୍ରେମ ଓ ବୀରତ୍ୱର ପ୍ରତୀକ। ମହାକାବ୍ୟର ନାୟକଭଳି ସେ ଥିଲେ ସର୍ବଗୁଣସମ୍ପନ୍ନ। ବଙ୍ଗନବାବ ଓ ମୁସଲମାନ ସେନାପତି 'କଳାପାହାଡ' ପ୍ରଥମ ଥର ଯୁଦ୍ଧରେ ପରାସ୍ତ ହୋଇ ବନ୍ଦୀହେବା ପରେ ମୁକୁନ୍ଦ ଦେବ ସ୍ୱୀୟ ଉଦାରତା ଗୁଣରେ ତାଙ୍କୁ ମୁକ୍ତ କରିଦେଇଥିଲେ। ସେହି ମୁକୁନ୍ଦ ଦେବ ପରେ ସେମାନଙ୍କ ଚକ୍ରାନ୍ତର ଶିକାର ହେଲେ ଓ ଓଡିଶା ରାଜ୍ୟ ମୁସଲମାନ ଶାସନାଧୀନ ହେଲା।

ଭାରତର ସ୍ୱାଧୀନତା ଆନ୍ଦୋଳନ କାଳରେ ହିନ୍ଦୁ-ମୁସଲମାନ ଏକତାର ଗୁରୁତ୍ୱକୁ ଅନୁଭବ କରି ଲେଖକ ଏହି ନାଟକରେ ବଙ୍ଗନବାବ ସୁଲେମାନଙ୍କ ସହ ମୁକୁନ୍ଦ ଦେବଙ୍କ ଯୁଦ୍ଧକୁ ଏକ ସାଂପ୍ରଦାୟିକତାମୁକ୍ତ ଭିତ୍ତି ଉପରେ ପ୍ରତିଷ୍ଠିତ କରିଥିବା ଅନୁମେୟ। ପରନ୍ତୁ ହିନ୍ଦୁ-ମୁସଲମାନ ଭ୍ରାତୃତ୍ୱ ଓ ବନ୍ଧୁତ୍ୱକୁ ଏଥିରେ ପ୍ରାଧାନ୍ୟ ଦିଆଯାଇଅଛି। ମୁକୁନ୍ଦ ଦେବଙ୍କ ଉକ୍ତିରେ ଏହି ଭାବନା ସୁସ୍ପଷ୍ଟଭାବେ ପ୍ରତିଫଳିତ, "ଏ ଯୁଦ୍ଧ ହିନ୍ଦୁ-ମୁସଲମାନର ନୁହେଁ, ଏ ଓଡିଆ ସଙ୍ଗେ ବିଦେଶୀୟ ଶତ୍ରୁର ଯୁଦ୍ଧ; ଓଡିଶା ରାଜାଙ୍କ ସଙ୍ଗେ ବଙ୍ଗ ସେନାପତିଙ୍କର ଏ ଯୁଦ୍ଧ"(୩୦)। ଭାରତର ଏହି ସାଂପ୍ରଦାୟିକ ସମସ୍ୟର ଅତି ଉଦାର ସମାଧାନ ଗୋଦାବରୀଶ କରିଛନ୍ତି 'ମୁକୁନ୍ଦ ଦେବ' ନାଟକରେ। ମୁକୁନ୍ଦ ଦେବଙ୍କୁ ଅତି ଉଦାର ଓ ମାନବିକତାର ଶ୍ରେଷ୍ଠ ପ୍ରତୀକ ରୂପେ କଳ୍ପନା କରିବା ଫଳରେ ସମସ୍ତ ସମସ୍ୟା ସମାହିତ ହୋଇଯାଇଅଛି। ଜାତୀୟ-ସଂଗ୍ରାମ କାଳରେ ଏ ପ୍ରକାର ହିନ୍ଦୁ ଜାତୀୟତା ଉଦ୍ରେକକାରୀ ଐତିହାସିକ ବିଷୟବସ୍ତୁର ନାଟକୀୟ ସମାଧାନ ନାଟ୍ୟକାରଙ୍କର ଅପୂର୍ବ ରଚନାପାଟବତା ଓ ଦେଶପ୍ରେମର ନିଦର୍ଶନ।

ଓଡିଶାର ସଂସ୍କୃତି ଓ ସାହିତ୍ୟର ଉନ୍ନତି ନିମନ୍ତେ ଉତ୍ସର୍ଗୀକୃତ ଗୋଦାବରୀଶଙ୍କ ସ୍ୱଦେଶପ୍ରେମ ତାହାଙ୍କ ରଚିତ ନାଟକଦ୍ୱୟରେ ପ୍ରତିଫଳିତ। ଏହି ଜାତୀୟବାଦୀ ନାଟ୍ୟକାର

---

୨୯. ଓ: ସା: ଇ: - ଡଃ ମାୟାଧର ମାନସିଂହ, ପୃ.୩୪୧।
୩୦. 'ମୁକୁନ୍ଦଦେବ', ଗୋଦାବରୀଶ ଗ୍ରନ୍ଥାବଳୀ, ପୃ.୬୧୩।

ଏଣୁ ରାଜା ମୁକୁନ୍ଦ ଦେବଙ୍କ ମୁଖରେ ଏକ ସଂଳାପ ସଂଯୋଜନା କରିଥିଲେ, "ଦେଶର ମଙ୍ଗଳ ନିମନ୍ତେ ଏ ରାଜଗାଦିରେ ଯେ ବସିବ, ସେ ନିଜର ମଙ୍ଗଳରେ ଜଳାଞ୍ଜଳି ଦେଇ ବସିବ"(୩୧)। ଏହି ଉକ୍ତିରେ ଦେଶ ନିମନ୍ତେ ଆତ୍ମୋତ୍ସର୍ଗର ଆଦର୍ଶ ଯେ ପ୍ରଚାରିତ ଓ ପ୍ରତିଫଳିତ, ଏହା କହିବା ଅନାବଶ୍ୟକ।

ଏହି ଦୁଇଟି ନାଟକ ଇତିହାସାଶ୍ରୟୀ ଥିବା ବିଷୟ ନାଟ୍ୟକାର ନିଜେ ସ୍ୱୀକାର କରିଥିଲେ, "ତାକୁ ନାଟକ ନ କହି ନାଟକ ଆକାରରେ ଲିଖିତ ଐତିହାସିକ ଉପନ୍ୟାସ କୁହାଯାଇପାରେ।"

ଜାତୀୟତାକୁ ଉପଜୀବ୍ୟ କରି ରଚିତ ଏହି ନାଟକଦ୍ୱୟ ବାସ୍ତବରେ ଓଡିଆ ସାହିତ୍ୟର ଦୁଇଟି ମାଇଲଖୁଣ୍ଟ। ଗୋଦାବରୀଶଙ୍କ ଜାତୀୟଜୀବନର ଆଦର୍ଶ ମଧ୍ୟ ଏଥିରେ ପ୍ରତିଫଳିତ। ମନ୍ତ୍ରୀଙ୍କ ମୁଖରେ ସଂଯୋଜିତ ଏକ ସଂଳାପରେ ଏହାର ଅଭିବ୍ୟକ୍ତି ନିହିତ: "ଆମ୍ଭମାନଙ୍କର ଦେଶ ପ୍ରଥମେ; ତତ୍ପରେ ମାନବଜାତି। ଅତଏବ ପ୍ରଥମେ ଦେଶରକ୍ଷା; ତାହା ବର୍ତ୍ତମାନ ପ୍ରାଣପଣେ ଆମ୍ଭମାନଙ୍କର ପ୍ରଥମ ଆଶ୍ରୟ। ଅନୁଦାର ଦେଶରକ୍ଷା ପ୍ରଥମ ଧର୍ମ"(୩୨)। 'ପୁରୁଷୋତ୍ତମ ଦେବ' ଓ 'ମୁକୁନ୍ଦ ଦେବ' ନାଟକଦ୍ୱୟର ଭାଷା ଓ ଶୈଳୀ ଏବଂ ସର୍ବୋପରି ଏହାର ବିଷୟବସ୍ତୁ ଓଡିଶାର ପାଠକ ଓ ଦର୍ଶକଙ୍କ ହୃଦୟରେ ସ୍ୱଦେଶାନୁରାଗ ଜାଗ୍ରତ କରାଇବାରେ ଅଧିକ ସଫଳତା ଅର୍ଜନ କରିଥିଲା।

କେତେକ ନାଟ୍ୟକାର ମଧ୍ୟ ଉତ୍କଳୀୟ ରାଜପରିବାରର କଳୁଷିତ ବାତାବରଣର ବାସ୍ତବ ଚିତ୍ର ପ୍ରଦାନ କରି ରାଜପରିବାରକୁ କଳୁଷମୁକ୍ତ କରିବାର ଉଦ୍ୟମ କରିଅଛନ୍ତି। ମହୁରୀର ଯୁବରାଜ କୃପାସିନ୍ଧୁ ପଟ୍ଟଦେବଙ୍କର ଐତିହାସିକ ନାଟକ 'ମହୁରୀ ପତନ' (୧୯୨୬) ନାଟକ ତାହାର ପ୍ରକୃଷ୍ଟ ଉଦାହରଣ। ପାରିବାରିକ ଅନ୍ତର୍ଦ୍ୱନ୍ଦ୍ୱ, ଈର୍ଷା, ହିଂସା, ସିଂହାସନପ୍ରତି ଲୋଭ, ବିଶ୍ୱାସଘାତକତା ଓ ଅବିଶ୍ୱାସ ଗଡଜାତ ରାଜ୍ୟମାନଙ୍କରେ ବିଶୃଙ୍ଖଳାର ଥିଲା ମୁଖ୍ୟ କାରଣ। ଏହି ବିଶୃଙ୍ଖଳା ପ୍ରଜାମାନଙ୍କର ଗଭୀର ଦୁଃଖ ଓ ଅସନ୍ତୋଷର ହେତୁ ହୋଇଥିଲା। ଗଞ୍ଜାମ ଅନ୍ତର୍ଗତ 'ମହୁରୀ' ରାଜ୍ୟର ରାଜା ଏହିଭଳି କୂଟନୀତିର ଶିକାର ହୋଇଥିଲେ ଓ ଏହା ଫଳରେ ମହୁରୀ ରାଜ୍ୟର ପତନ ଘଟିଥିଲା। ଏହାହିଁ ଥିଲା 'ମହୁରୀପତନ' ନାଟକର କଥାବସ୍ତୁ।

ଲାଲା ନଗେନ୍ଦ୍ର କୁମାର ରାୟ (୧୮୯୮-୧୯୮୧)ଙ୍କ ରଚିତ ଐତିହାସିକ ନାଟକ 'କଳିଙ୍ଗ ବିଜୟ' ଉତ୍କଳର ଶେଷ ସ୍ୱାଧୀନତା ସଂଗ୍ରାମ ଓ ପ୍ରାଚୀନ ଗୌରବାବହ

୩୧. 'ମୁକୁନ୍ଦଦେବ', ଗୋଦାବରୀଶ ଗ୍ରନ୍ଥାବଳୀ, ପୃ.୫୮୦।
୩୨. ତତ୍ରୈବ, ପୃ.୫୯୫।

କାହାଣୀ ଉପରେ ଆଧାରିତ । ସରେଇକଳାର ବିଜୟ ପ୍ରତାପ ସିଂହ ଦେବ ଇତିହାସ-ପ୍ରସିଦ୍ଧ ଅଭିରାମ ସିଂହଙ୍କର ସ୍ୱଦେଶପ୍ରୀତି, ବୀରତ୍ୱ ଓ ସାହସକୁ ଉପଜୀବ୍ୟ କରି 'ଅଭିରାମ ସିଂହ' ନାମକ ନାଟକ ରଚନା କରିଥିଲେ । ବ୍ରିଟିଶ ସାମ୍ରାଜ୍ୟର ଅଧୀନତା ସମସ୍ତେ ସ୍ୱୀକାର କରିନେଇଥିବାବେଳେ ସରେଇକଳାର ରାଜା ଅଭିରାମ ସିଂହ ଆପଣାର ତଥା ମାତୃଭୂମିର ସ୍ୱାଧୀନତାକୁ କିପରି ଶ୍ରେୟଃ ମଣିଥିଲେ, ବିଦେଶୀ ସରକାରଙ୍କ ଦୟାର ବିଳାସମୟ ଜୀବନକୁ ତୁଚ୍ଛ କରି, ବ୍ରିଟିଶରାଜ ସହ ସଂଗ୍ରାମ କରି ମାତୃଭୂମିର ସମ୍ମାନ ବଜାୟ ରଖିବାକୁ ଗୌରବ-ପ୍ରଖ୍ୟାପକ ମଣିଥିଲେ, ସେହି ବିଷୟବସ୍ତୁ ଉପରେ ଏହି ନାଟକଟି ଆଧାରିତ ।

ଓଡ଼ିଆ ସାହିତ୍ୟର ଯଶସ୍ୱୀ ସାହିତ୍ୟିକ ତଥା ସାମ୍ବାଦିକ ବାଳକୃଷ୍ଣ କର ଜାତୀୟତା ଭାବରେ ଅନୁପ୍ରାଣିତ ହୋଇ ରଚନା କରିଥିଲେ ଐତିହାସିକ ନାଟକ 'ଚନ୍ଦ୍ରଗୁପ୍ତ' (୧୯୨୬) । ଚନ୍ଦ୍ରଗୁପ୍ତ ମୌର୍ଯ୍ୟଙ୍କର ସାହସିକତାକୁ ଆଧାର କରି ଭାରତର ବହୁ ପ୍ରାନ୍ତୀୟ ଭାଷାରେ ଉପନ୍ୟାସ ନାଟକାଦି ରଚିତ ହୋଇଥିଲା । ଖ୍ରୀ:ପୂ: ୩୨୦ରେ ରାଜପଦବୀରେ ଅଭିଷିକ୍ତ ହୋଇଥିବା ମଗଧ ସମ୍ରାଟ୍ ଚନ୍ଦ୍ରଗୁପ୍ତ ମୌର୍ଯ୍ୟ ଥିଲେ ଜଣେ ମହାନ୍ ଯୋଦ୍ଧା । ଏହି ବୀରଙ୍କର ସାହସ ଓ ବୀରତ୍ୱ ଥିଲା ଆଦର୍ଶସ୍ଥାନୀୟ । ତାହାଙ୍କ ସାହସ ଓ ବୀରତ୍ୱ ଯୋଗୁ ଭାରତବର୍ଷରେ ଏକତା, ଶାନ୍ତି ଓ ଶୃଙ୍ଖଳା ସମ୍ଭବ ହୋଇପାରିଥିଲା । ଏହି ବୀରପୁରୁଷଙ୍କର ଜୀବନାଲେଖ୍ୟ ଅଙ୍କନ କରି ନାଟ୍ୟକାର ଓଡ଼ିଶାର ଜାତୀୟ ଜୀବନରେ ଐକ୍ୟ, ସାହସ ଓ ଶୃଙ୍ଖଳାଜ୍ଞାନ ପ୍ରତିଷ୍ଠା କରାଇବାର ଉଦ୍ୟମ କରିଥିଲେ ।

ଜାତୀୟବୀରମାନଙ୍କ ଜୀବନୀକୁ ଆଧାରକରି ନାଟକ ରଚନା କରିବା ଆଲୋଚ୍ୟ କାଳର ନାଟକମାନଙ୍କର ଏକ ମୁଖ୍ୟ ପ୍ରବୃତ୍ତିରେ ପରିଣତ ହୋଇଥିଲା । ବହୁତ ତରୁଣ ନାଟ୍ୟକାର ମଧ୍ୟ ଏ ଦିଗରେ ଲେଖନୀ ଚାଳନା କରିଥିଲେ । ଧନେଶ୍ୱର ଦାସଙ୍କ 'ଖାରବେଳ' ନାଟକଟି ଏତାଦୃଶ ଉଦ୍ୟମମାନଙ୍କ ମଧ୍ୟରୁ ଅନ୍ୟତମ । କଳିଙ୍ଗର ବିଜୟୀ ବୀର ଖାରବେଳଙ୍କ ଜୀବନଚରିତକୁ ଆଧାର କରି ରଚିତ ଏହି ନାଟକଟି ଜାତୀୟଭାବାବେଗରେ ପରିପୂର୍ଣ୍ଣ । ଭାରତୀୟ ସ୍ୱରାଜ୍ୟ ଆନ୍ଦୋଳନ କାଳରେ ଏହା ଦର୍ଶକମାନଙ୍କୁ ଗଭୀର ଦେଶାନୁରାଗରେ ଉଦ୍‌ବୁଦ୍ଧ କରିଥିଲା । ଜନନୀ ଜନ୍ମଭୂମିକୁ ପରାଧୀନତାରୁ ମୁକ୍ତ କରିବା ନିମନ୍ତେ ବୀର ଖାରବେଳଙ୍କର ପ୍ରାଣପାତ ଉଦ୍ୟମ ମାଧ୍ୟମରେ ଦେଶବାସୀଙ୍କୁ ସ୍ୱଦେଶପ୍ରେମର ଆହ୍ୱାନ ଏଥିରେ ପ୍ରଦତ୍ତ ହୋଇଥିଲା (୩୩) । ନାଟକରେ ଉପସ୍ଥାପିତ ଖାରବଲଙ୍କର ଏତାଦୃଶ ଦୃଢ ପ୍ରତିଜ୍ଞା ଓଡ଼ିଶାର ଦର୍ଶକ ଓ ପାଠକମାନଙ୍କୁ ଜାତୀୟଭାବରେ ଅନୁପ୍ରାଣିତ କରିଥିବା ଅନୁମେୟ ।

---

୩୩. "ମୁଁ ସ୍ୱାଧୀନ ନୁହେଁ । ଜାତି ମୋର ପରାଧୀନ; ଜନ୍ମଭୂମି ମୋର ଶତ୍ରୁପଦଦଳିତା x x x ନିଜର ପ୍ରାଣପାତ କରି ଜନନୀ-ଜନ୍ମଭୂମିକୁ ସ୍ୱାଧୀନ କରିବି ।" 'ଖାରବେଳ', ଧନେଶ୍ୱର ଦାସ, ପୃ.୭ ।

ସମକାଳୀନ ନାଟ୍ୟକାରଗଣ ଇତିହାସ ଏବଂ ପୁରାଣର ଚରିତ୍ରମାନଙ୍କୁ ନେଇ ନାଟକ ରଚନା କରିବାର ଦୁଇଟି ମୁଖ୍ୟ ଉଦ୍ଦେଶ୍ୟ ଥିଲା। ପ୍ରଥମତଃ ଐତିହାସିକ କଥାବସ୍ତୁ ଅବଲମ୍ବନରେ ସେମାନେ ଦେଶବାସୀଙ୍କ ପ୍ରାଣରେ ସ୍ୱଦେଶଭାବନା ଘନୀଭୂତ କରାଇବାକୁ ଚାହିଁଥିଲେ। ଦ୍ୱିତୀୟତଃ, ଶିକ୍ଷାନୁଷ୍ଠାନ ଓ ସାମାଜିକ ଅନୁଷ୍ଠାନରେ ଅବହେଳିତ ଓଡିଆ ଭାଷାରେ ନାଟକ ରଚନା କରି ଓଡିଆ ନାଟକର ଦାରିଦ୍ର୍ୟ ଦୂର କରିବା ନିମନ୍ତେ ଉଦ୍ୟମ କରିଥିଲେ। ବିଂଶ ଶତାବ୍ଦୀର ପ୍ରାରମ୍ଭରେ ଉପନ୍ୟାସ, କାବ୍ୟାଦି ଯେପରି ଜାତୀୟବାଦୀ ନବଚେତନାର ବାହକ ହୋଇଥିଲେ, ନାଟକକୁ ମଧ୍ୟ ସେହିଭଳି ଜାତୀୟବାଦୀ କଥାବସ୍ତୁ ଓ ଭାବଧାରାର ପ୍ରକାଶକ ରୂପେ ବିକଶିତ କରାଇବାରେ ନାଟ୍ୟକାରମାନେ ଆଗ୍ରହଶୀଳ ହୋଇଥିଲେ।

ଗଣନାଟ୍ୟରେ ଜାତୀୟବାଦୀ ଚେତନା:

ନାଟକ ଭଳି ଗଣନାଟ୍ୟ ଲୋକ-ସଂସ୍କୃତିର ବାହକ ରୂପେ ଲୋକରୁଚି ପରିବର୍ତ୍ତନରେ ଗୁରୁତ୍ୱପୂର୍ଣ୍ଣ ଭୂମିକା ଗ୍ରହଣ କରିଥାଏ। ଓଡିଶାର ପ୍ରଖ୍ୟାତ ଗଣନାଟ୍ୟ ପ୍ରଣେତା ବୈଷ୍ଣବ ପାଣିଙ୍କ ରଚିତ 'ଲକ୍ଷ୍ମୀପୂଜା', 'ରାମବନବାସ', 'ରାବଣବଧ', 'ଅଶ୍ୱମେଧ ଯଜ୍ଞ' ପ୍ରଭୃତି ପୌରାଣିକ ବିଷୟବସ୍ତୁ ଉପରେ ଆଧାରିତ ହୋଇଥିବା ନାଟକମାନଙ୍କରେ ଧର୍ମର ଜୟ, ପାପର କ୍ଷୟ ଏବଂ ଧର୍ମସଂସ୍ଥାପନାର୍ଥେ ଭଗବାନ୍ ବିଷ୍ଣୁଙ୍କର ବାରମ୍ବାର ଅବତାର ଗ୍ରହଣ ପାରମ୍ପରିକ ବିଶ୍ୱାସକୁ ବଳିଷ୍ଠ ଭାବରେ ଉପସ୍ଥାପିତ କରାଯାଇଅଛି। ଏହି ଜନପ୍ରିୟ ଲୋକନାଟ୍ୟମାନଙ୍କରେ ଉଚ୍ଚ ମାନବିକତା ଓ ଧର୍ମାଧର୍ମ ବିଚାରର ପ୍ରତିଷ୍ଠା ଉଦ୍ୟମ ନିହିତ।

ସମାଜର ସାଧାରଣ ଚରିତ୍ରମାନଙ୍କ ସଂଳାପମାଧ୍ୟମରେ ସମାଜିକ ଦୋଷଦୁର୍ବଳତା ଉପସ୍ଥାପନାର ପ୍ରଚେଷ୍ଟା ମଧ୍ୟ ଗଣନାଟ୍ୟମାନଙ୍କରେ ହୋଇଥିଲା। ମଦ୍ୟପାନ, ଆଧୁନିକ ଶିକ୍ଷାର କୁପରିଣାମ, ଆଧୁନିକ ଯୁବକର ଗୁରୁଜନମାନଙ୍କ ପ୍ରତି ଅବମାନନା, ଜୀବହତ୍ୟା, ଚୋରୀ, ଭଣ୍ଡତା, ପ୍ରତାରଣା, ଚରିତ୍ରହୀନତା ଇତ୍ୟାଦି ମାନବର ବହୁ ଦୁର୍ବଳତାକୁ ଏଥିରେ କଠୋର ବ୍ୟଙ୍ଗ କରାଯାଇଥିବାର ଲକ୍ଷ୍ୟ କରାଯାଏ।

ଆର୍ଥନୀତିକ ଦୁର୍ଗତି ଯୋଗୁ ଓଡିଶାର ଜନସାଧାରଣଙ୍କ ଦୁଃଖ ଗଭୀରତର ହେଉଥିବା ସମ୍ପର୍କରେ ମଧ୍ୟ ବୈଷ୍ଣବ ପାଣି ଥିଲେ ସଚେତନ। ଓଡିଶାବାସୀର ଆର୍ଥିକ ଦୁର୍ଦ୍ଦଶା, ଦରଦାମ ବୃଦ୍ଧି, ଜନସାଧାରଣଙ୍କ ଅସଙ୍କୋଚପଣିଆ, ସ୍ୱାର୍ଥପରତା, ଦେଶପ୍ରେମର ଅଭାବ, ତା'ର ପରାଧୀନତା ଓ ଅନ୍ୟାନ୍ୟ ଦୁଃଖର କାରଣ ବୋଲି ଅନୁଭବ କରି ଏହି ଗଣନାଟ୍ୟକାର ଲେଖିଥିଲେ।

"ପୋଡିଗଲା ଓଡିଶା ଦେଶ ହୋ
ଛାଡି ଯାଉଅଛି ନିଜର ବାସ ହୋ,

ଯେତେ ନୂଆ କଥା ଦେଖୁଚି ଆଖିରେ
ବାକି ନାହିଁ ସାକ୍ଷୀ ଅଛି ଅଶେଷ।"

ଓଡିଶାର ପାରମ୍ପରିକ ଯାତ୍ରାରୁ ଆଧୁନିକ ରୂପପ୍ରଦାନ କରିବାରେ, ଦର୍ଶକମାନଙ୍କ ପ୍ରତି ଗଣନାଟ୍ୟ ପ୍ରତି ଆଦର ବୃଦ୍ଧି କରାଇବାରେ ବୈଷ୍ଣବ ପାଣିଙ୍କ ଅବଦାନ ଅନସ୍ୱୀକାର୍ଯ୍ୟ।

ସଂଳାପ-ମାଧ୍ୟମରେ ସମସାମୟିକ ସମସ୍ୟାର ଉପସ୍ଥାପନା ତାହାଙ୍କ ତାହାଙ୍କ ନାଟକର ଅନ୍ୟତମ ବୈଶିଷ୍ଟ୍ୟ। ବିଦେଶୀ ଶାସନର ଅବିଚାର, ଶାସକ ଓ ଶାସିତ ମଧ୍ୟରେ ସଂପର୍କର ଅଭାବ ଓ ଭୋଟ ବ୍ୟବସ୍ଥାର ନିରର୍ଥକତା ସମ୍ପର୍କରେ ମଧ୍ୟ ସେ କଟାକ୍ଷ କରିଅଛନ୍ତି। ଡଃ ମାୟାଧର ମାନସିଂହ ଏହି ଗଣକବିଙ୍କ ସଂପର୍କରେ ଆଲୋଚନା କରି ଯଥାର୍ଥରେ ଲେଖିଥିଲେ, "ଓଡିଶାରେ ଗଣନାଟ୍ୟ ଏକାଧାରରେ ଶିଳ୍ପବିଭବମଣ୍ଡିତ ଓ ସମସାମୟିକ ସମସ୍ୟାମାନଙ୍କ ପ୍ରତି ମଧ୍ୟ ଜାଗ୍ରତ। ଗଣକବି ସମସାମୟିକ ସମାଜରେ ଯାହା ଆଦରଣୀୟ, ତାହାର ପ୍ରଶଂସା କରିଅଛନ୍ତି ଓ ଯାହା ନିନ୍ଦ୍ୟ, ତାହାର ଅକୁତୋଭୟ ନିନ୍ଦା ମଧ୍ୟ କରିଅଛନ୍ତି (୩୪)।" ଶତାଧିକ ଗୀତିନାଟ୍ୟ, ଗୀତାଭିନୟ ଓ ସୁଆଙ୍ଗ ପ୍ରଭୃତି ରଚନାକରି ସେ ଓଡିଆ ଗଣନାଟ୍ୟ କ୍ଷେତ୍ରରେ ସଂସ୍କାର ଓ ପ୍ରଗତିମୂଳକ ପରିବର୍ତ୍ତନ ସାଧନ କରିଅଛନ୍ତି। ଜାତୀୟବାଦୀ ନାଟ୍ୟକାର ଭାବେ ମାତୃଭାଷା ଓ ମାତୃଭୂମିର ଉନ୍ନତି ଥିଲା ତାଙ୍କର ଲକ୍ଷ୍ୟ ଓ କାମନା। 'ବାଣାପରାଜୟ' ଗୀତିନାଟ୍ୟର ନଟୀସଂଳାପରୁ ଏହା ସୁସ୍ପଷ୍ଟ: "ବିଦୁଷୀପ୍ରବୀଣେ। x x x ଏ ଲେଖନୀରେ ନିଜର ମାତୃଭାଷା ବ୍ୟତୀତ ବିଦେଶି ଭାଷା ଆଦୌ ସ୍ଥାନ ପାଇନାହିଁ। କାହିଁକି ନା, କେବଳ ଓଡିଆ ଭାଇଙ୍କ ଲାଗି ରୁଚିସଂପନ୍ନ ନାଟକ ପ୍ରଣୟନ ମୋର ଚିର ଲକ୍ଷ୍ୟ ଓ କାମନା।"(୩୫)

ଆନୁଷ୍ଠାନିକ ଶିକ୍ଷାଲାଭ କରି ନଥିଲେ ମଧ୍ୟ 'ଲୋକନାଟ୍ୟ ଲୋକ-ସଂସ୍କୃତିର ପ୍ରକୃଷ୍ଟ ବାହକ', ଏହା ସେ ଉପଲବ୍ଧି କରିଥିଲେ। ଜାତୀୟ ପ୍ରଗତି ଓ ସାଂସ୍କୃତିକ ସୁରୂଚି ପ୍ରତିଷ୍ଠା ପାଇଁ ରୂଚିପୂର୍ଣ୍ଣ ନାଟକ ରଚନାର ଆବଶ୍ୟକତା ସେ ଅନୁଭବ କରିପାରିଥିଲେ। ସେଥିପାଇଁ ଜନସାଧାରନଙ୍କୁ ସୁଶିକ୍ଷା ଦେବାର ଅଭିପ୍ରାୟରେ ସେ ତାହାଙ୍କ ନାଟକାବଳୀକୁ ମାଧ୍ୟମରୂପେ ବ୍ୟବହାର କରିଥିଲେ। ମଦ୍ୟପାନ, ଗଞ୍ଜା ଓ ନିଶାସେବନ କୁରୀତିଗୁଡିକୁ ପରିତ୍ୟାଗ କରିବା ନିମନ୍ତେ ଆହ୍ୱାନ ଦେଇ ସେ ଲେଖିଥିଲେ:

"ଦେଖ ଦରଶକଗଣ ଏ ସଂସାର ରୀତିକି
ଶିଖ ଏଥୁ ମହାଶିକ୍ଷା ଭିକ୍ଷା ମୋର ଏତିକି।"

---

୩୪. ଓ.ସା: ଇ, - ଡଃ ମାନସିଂହ, ପୃ.୩୫୩।
୩୫. 'ବାଣାପରାଜୟ'- ବୈଷ୍ଣବ ପାଣି ଗ୍ରନ୍ଥାବଳୀ, ପୃ. ୨୭୭।

ସମକାଳୀନ ରଘୁନାଥ ପଣ୍ଡା, ବାଳକୃଷ୍ଣ ମହାନ୍ତି, ରାମଚନ୍ଦ୍ର ସ୍ୱାଇଁ ପ୍ରଭୃତି ଗଣନାଟ୍ୟପ୍ରଣେତାଗଣଙ୍କ ନାଟକାବଳୀରେ ମଧ୍ୟ ସ୍ୱାଧୀନତା ଆନ୍ଦୋଳନର ଆହ୍ଲାଦ ସମାଜ-ସଂସ୍କାରଚେତନା ପ୍ରତିବିମ୍ବିତ। ସେମାନଙ୍କ ରଚିତ ପୁରାଣ ଗାଥା ଓ କିମ୍ବଦନ୍ତୀ ଆଧାରିତ ଗୀତିନାଟ୍ୟ ଓ ଯାତ୍ରାସମୂହ ଓଡିଶାର ଜନସାଧାରଣଙ୍କ ମଧ୍ୟରେ ପରୋକ୍ଷଭାବେ ପ୍ରଦେଶପ୍ରେମ ବିକାଶ କରିବାରେ ସହାୟତା କରିଅଛି।

କାନ୍ତକବି ଲକ୍ଷ୍ମୀକାନ୍ତ ମହାପାତ୍ରଙ୍କ 'ନବରାମାୟଣ', 'ଭବିଷ୍ୟଭାରତ', 'ଡମ୍ବକ୍ରେସି ସଭା', 'ହନୁମାନଙ୍କ ବସ୍ତ୍ରହରଣ' ପ୍ରଭୃତି ବ୍ୟଙ୍ଗ ନାଟକଗୁଡିକ ଆଧୂନିକ ଶିକ୍ଷାର ଅନ୍ଧ ଅନୁକରଣ, ନବ୍ୟ ଶିକ୍ଷିତମାନଙ୍କର ଦୋଷ-ଦୁର୍ବଳତା, ଜାତୀୟ ସଚେତନତା ଓ ସାମାଜିକ ବିପର୍ଯ୍ୟୟର ଚିତ୍ରକୁ ଆଧାରକରି ରଚିତ। ଗାନ୍ଧୀଜୀଙ୍କର ବହୁ ପ୍ରଚାରିତ ଅସ୍ପୃଶ୍ୟତା ନିବାରଣର ଆଦର୍ଶ ଉପରେ ଆଧାରିତ 'ଲକ୍ଷ୍ମୀଚାଣ୍ଡାଲୁଣୀ'କାନ୍ତକବିଙ୍କର ଏକ ଅନବଦ୍ୟ କୃତି।

ଜାତୀୟ ଏକତା ଓ ମାନବିକତାର ଆଦର୍ଶ:

ଏକ ନୂତନ ଧର୍ମଧାରଣାରେ ଭାରତବାସୀଙ୍କୁ ଉଦ୍‌ବୁଦ୍ଧ କରାଇବାର ଯେଉଁ ଆଦର୍ଶ ସ୍ୱାମୀ ବିବେକାନନ୍ଦ ପ୍ରତିଷ୍ଠା କରିଥିଲେ (୩୬), ତାହା ପରବର୍ତ୍ତୀ କାଳରେ ମହାତ୍ମା ଗାନ୍ଧୀଙ୍କ ଜାତୀୟବାଦୀ ଆନ୍ଦୋଳନ ମାଧ୍ୟମରେ ସଂପ୍ରସାରିତ ହୋଇପାରିଥିଲା। ଜାତି-ଧର୍ମ-ନିର୍ବିଶେଷରେ ଭଗବାନଙ୍କ ଅଭିନ୍ନତ୍ୱ ଓ ଏକ ଆଧାତ୍ମିକତାଭିତ୍ତିକ ମୈତ୍ରୀଭାବନାର ପ୍ରଚାର ଜାତୀୟ ଆନ୍ଦୋଳନର ଥିଲା ଅନ୍ୟତମ ଆଦର୍ଶ। ଏହାର ପ୍ରତିଫଳନ ଅଶ୍ୱିନୀକୁମାର ଘୋଷଙ୍କର ୧୯୩୦ ପରବର୍ତ୍ତୀ ନାଟକଗୁଡିକରେ ପରିଲକ୍ଷିତ ହୁଏ। ତାହାଙ୍କ 'ସାଲବେଗ' (୧୯୩୩), 'ରଘୁ ଅରକ୍ଷିତ'(୧୯୩୭), 'ଦାସିଆ ବାଉରି' (୧୯୩୪), 'ପାଇକପୁଅ' (୧୯୩୩), 'ରାମଦାସ'(୧୯୩୩) ପ୍ରଭୃତି ନାଟକଗୁଡିକରୁ ଏହା ସୁସ୍ପଷ୍ଟ। ଏହି ଅଭିପ୍ରାୟରେ ଅଶ୍ୱିନୀକୁମାର ନାଟକ ପ୍ରଣୟନ କରିବାରେ ମନୋନିବେଶ କରିଥିବା ତାହାଙ୍କ ସ୍ୱୀକାରୋକ୍ତିରୁ ଜଣାଯାଏ। "ଯେତେପ୍ରକାର ଆଶ୍ଚର୍ଯ୍ୟ ଆବିଷ୍କାର ଓ ଐହିକ ସୁଖସ୍ୱାଚ୍ଛନ୍ଦ୍ୟର ବ୍ୟବସ୍ଥା ଆମ୍ଭମାନଙ୍କର ବିଜ୍ଞାନ କରିବାକୁ କ୍ଷମ ହେଲେ ମଧ୍ୟ ପ୍ରକୃତ ଜୀବନର ଆକାଂକ୍ଷା ମେଣ୍ଟାଇବାକୁ ବା ପୁଷ୍ଟିସାଧନ କରିବାକୁ କଦାପି ସମର୍ଥ ହେବନାହିଁ। ଆମକୁ ବାଧହୋଇ ଈଶ୍ୱରବାଦ ଆଡେ ଗତି ମୁହାଁଇବାକୁ ପଡିବ।"(୩୭)

---

୩୬. "Shall India die? Then From the world all the spirituality will extinct." - Swami Vivekananda Complete Works, Vol.III, p.145.

୩୭. 'ସାଲବେଗ'- ମୁଖବନ୍ଧ, ଅ: କୁ: ଗ୍ର:, ପୃ.୧୩୦

ବିଭିନ୍ନ ଭାଷା, ଧର୍ମ ଓ ସଂପ୍ରଦାୟରେ ବିଭକ୍ତ ଭାରତର ଜନସାଧାରଣ ଓ ସେମାନଙ୍କର ପ୍ରାଦେଶିକ ମନୋବୃତ୍ତି ଭାରତୀୟ ଏକତା ପ୍ରତିଷ୍ଠା କ୍ଷେତ୍ରରେ ଥିଲା ପ୍ରଧାନ ଅନ୍ତରାୟ। ଅଶ୍ୱିନୀକୁମାରଙ୍କ 'ହିନ୍ଦୁରମଣୀ' (୧୯୩୭) ଓ 'ମାଷ୍ଟରବାବୁ' (୧୯୩୭) ନାଟକଦ୍ୱୟ ଜାତୀୟ ଏକତା ପ୍ରତିଷ୍ଠା ଓ ଭ୍ରାତୃତ୍ୱର ଆଦର୍ଶକୁ ଭିତ୍ତିକରି ଲିଖିତ ହୋଇଥିଲା। ହିନ୍ଦୁରମଣୀ ନାଟକର ଏକ ସଂଳାପରୁ ତାହାର ନିଦର୍ଶନ ମିଳିଥାଏ (୩୮)। ପରାଧୀନ କୁସଂସ୍କାରଗ୍ରସ୍ତ ସମାଜ ପାଇଁ ଏହା ଥିଲା ବିପ୍ଳବୀ ନାଟ୍ୟକାରଙ୍କର ଏକ ବଳିଷ୍ଠ ଆହ୍ୱାନ।

ନିଶାନିବାରଣ, ଅସ୍ପୃଶ୍ୟତା ନିବାରଣ, ବିଧବା-ବିବାହ ପ୍ରବର୍ତ୍ତନ ପ୍ରଭୃତି ସାମାଜିକ ସଂସ୍କାର ସଙ୍ଗେ ସଙ୍ଗେ ୧୯୩୦ ବେଳକୁ ଅସହଯୋଗ ଆନ୍ଦୋଳନ ସମଗ୍ର ଭାରତବର୍ଷରେ ଏକ ଅଭୁତପୂର୍ବ ଜାଗରଣ ସୃଷ୍ଟି କରିଥିଲା। ଗାନ୍ଧୀଜୀଙ୍କ ପରିକଳ୍ପିତ ରାମରାଜ୍ୟର ସ୍ୱପ୍ନରେ ମଧ୍ୟ ନାଟ୍ୟକାରମାନେ ପ୍ରଭାବିତ ହୋଇଥିଲେ (୩୯)। ଏହିପରି ବିକାଶ କାଳର ନାଟ୍ୟକାମମାନେ ପ୍ରଭାବିତ ହୋଇଥିଲେ (୩୯)। ଏହିପରି ବିକାଶ କାଳର ନାଟ୍ୟକାମମାନଙ୍କ କୃତିରେ ଜାତୀୟବାଦୀ ଆଦର୍ଶର ଜୀବନ୍ତ ପ୍ରତିଫଳନ ଦେଖିବାକୁ ମିଳେ।

ଅନ୍ତ୍ୟପର୍ବର ଜାତୀୟବାଦୀ ନାଟକ - ସାମାଜିକ ଚେତନା ସୃଷ୍ଟିରେ ନୂତନ ସ୍ୱର:

୧୯୩୦ ରୁ ସ୍ୱାଧୀନତାପ୍ରାପ୍ତି (୧୯୪୭) ପର୍ଯ୍ୟନ୍ତ ସମୟ ଥିଲା ଭାରତବର୍ଷ ପକ୍ଷେ ଏକ ସଂଘର୍ଷର ସମୟ। ଜାତୀୟ କଂଗ୍ରେସ ବ୍ୟତୀତ କମ୍ୟୁନିଷ୍ଟ ପାର୍ଟି, ରାଷ୍ଟ୍ରୀୟ ସ୍ୱୟଂ ସେବକ ସଂଘ, ହିନ୍ଦୁ ମହାସଭା, ମୁସଲିମ୍ ଲିଗ୍, ଶ୍ରମିକ ସଂଘ ଭଳି ଅନୁଷ୍ଠାନମାନ ଗଠିତ ହୋଇ ଜନସାଧାରଣଙ୍କ ମଧ୍ୟରେ ସମାଜ-ସଚେତନତା, ବିପ୍ଳବ ଆକାଂକ୍ଷାକୁ ତୀବ୍ରତର କରିଥିଲା। ସ୍ୱାଧୀନତା ଆନ୍ଦୋଳନ ଓ ତଜ୍ଜନିତ ବିଦ୍ରୋହ ଠାଏଁ ଠାଏଁ ଗୁରୁତର ଆକାର ଧାରଣ କରୁଥିଲା। ଆଣ୍ଠୁ ଲୁଚୁ ନଥିବା ଧୋତିପରିହିତ ବାପୁଜୀଙ୍କ ନେତୃତ୍ୱରେ ଭାରତର ଅତ୍ୟନ୍ତ ସରଳ, ନିରୀହ, ଅଶିକ୍ଷିତ, ନିର୍ଯାତିତ ଓ ଭୀରୁତାଗ୍ରସ୍ତ ସାଧାରଣ ଜନତା ସାହସର ସହିତ ଇନ୍‌କିଲାବ ଜିନ୍ଦାବାଦ ଧ୍ୱନି ଦେଇ ବ୍ରିଟିଶ ଶାସନ ବିରୁଦ୍ଧରେ ଯୁଦ୍ଧ କରିବାକୁ ପ୍ରସ୍ତୁତ ହୋଇଯାଇଥିଲେ।

---

୩୮. "ଧର୍ମ, ଜାତି ଓ ସମାଜ ଆମ୍ଭମାନଙ୍କର ହାତଗଢା; ଯେତେବେଳେ ଇଚ୍ଛା ଭାଙ୍ଗିଚୂରି ନୂତନ ଭାବରେ ଗଢି ନେଇପାରୁ।"('ହିନ୍ଦୁ ରମଣୀ', ପୃ.୨୨)

୩୯. "ଭାଇରେ ଆଜି ଆସିଚି ଦିନ
ରାମ-ରାଇଜର ଆଜି ଆସିଚି ଦିନ"
('ମାଷ୍ଟରବାବୁ', ଅ: କୁ: ଗ୍ର: , ପୃ.୮୬)

ସ୍ୱାଧୀନତା ସଂଗ୍ରାମ ତୀବ୍ର ଓ ଯୋଦ୍ଧୃ ମନୋବୃତ୍ତିସମ୍ପନ୍ନ ହେବାର ପରିଚୟ (୧୯୩୦-୪୭) ଏହି ସତର ବର୍ଷର ଭାରତୀୟ ଗଳ୍ପ, ଉପନ୍ୟାସ ଓ ନାଟକାଦିରେ ସୁସ୍ପଷ୍ଟ। ସାମାଜିକ କୁସଂସ୍କାର, ଭେଦଭାବ ଓ ଭୀରୁତାକୁ ପ୍ରଶ୍ରୟ ନ ଦେବାର ବିପ୍ଳବୀ ଚିତ୍ତବୃତ୍ତି ଓଡିଆ ନାଟକରେ ଏକ ମୁଖ୍ୟ ବିଭାବ ରୂପେ ଏହି ସମୟରେ ଦେଖାଦେଇଥିଲା। ସାମାଜିକ ଜୀବନରୁ ସମସ୍ତ ଭେଦଭାବ ଦୂର କରିବା, ନାରୀଶିକ୍ଷା ବିସ୍ତାର ଇତ୍ୟାଦି ସାମାଜିକ ଦିଗଗୁଡିକ ପ୍ରତି ନାଟ୍ୟକାରଗଣ ସଚେତନ ହୋଇଥିଲେ।

୧୯୩୦-୪୭ ମଧ୍ୟରେ ସଂଘଟିତ ଗୁରୁତ୍ୱପୂର୍ଣ୍ଣ ରାଜନୈତିକ ପରିବର୍ତ୍ତନର ପ୍ରଭାବ ସମାଜ ଓ ସାହିତ୍ୟରେ କିପରି ଅନୁଭୂତ ହୋଇଥିଲା ତାହା ଏଠାରେ ବିଚାର୍ଯ୍ୟ। ଜାତୀୟ କଂଗ୍ରେସର ଶ୍ରମିକ ଓ କୃଷକମାନଙ୍କ ପ୍ରତି ସହାନୁଭୂତି ସାମ୍ୟବାଦୀ ଚେତନାର ନିର୍ଦ୍ଦିଷ୍ଟ ଭିତ୍ତିଭୂମିକୁ ସୁଦୃଢ କରିଥିଲା। କମ୍ୟୁନିଷ୍ଟ ଆଦର୍ଶ ଓ ନୀତି ଉପରେ ଅଧିକ ବିଶ୍ୱାସ ସ୍ଥାପିତ ହୋଇଥିଲା।

୧୯୪୩ ମସିହାରେ ଓଡିଶାରେ ହୋଇଥିବା ଦୁର୍ଭିକ୍ଷ ଓ ବିପର୍ଯ୍ୟୟର ଚିତ୍ର ଓଡିଆ ନାଟକରେ ଅଙ୍କିତ। ସାହିତ୍ୟିକର ସୁଦୂରପ୍ରସାରି ଅନ୍ତର୍ଦୃଷ୍ଟି ଓ ବହିର୍ଦୃଷ୍ଟି ଦ୍ୱାରା ମଣିଷ ମନର ଗୋପନ ଚେତନସ୍ତରଗୁଡିକୁ ଉନ୍ମୋଚିତ ହେବା ଫଳରେ ନାଟକ ଅଧିକ ରସୋତ୍ତୀର୍ଣ୍ଣ ଓ ଉପଭୋଗ୍ୟ ହୋଇପାରିଲା। ନାଟକ ହେଲା ଅଧିକ ଜୀବନଧର୍ମୀ, ଜାତୀୟତାବାବ ଉଦ୍ରେକକାରୀ ଓ ସମାଜସଚେତନ। ଏତଦ୍‌ବ୍ୟତୀତ ମାନବ ପ୍ରାଣର ଗୋପନ ଆକାଂକ୍ଷା, ଆବେଗ, ଦୁଃଖ, ଅଶ୍ଳୀଳ କାହାଣୀ ଅଙ୍କନ କରିବାରେ ନାଟକର ଭୂମିକା ଗୁରୁତ୍ୱପୂର୍ଣ୍ଣ ବୋଲି ଅନୁଭୂତ ହେଲା। ରାଜନୀତିକ ଆନ୍ଦୋଳନର ପରିପ୍ରେକ୍ଷୀରେ ଜାତୀୟତାର ସଫଳ ରୂପାୟନ ଦର୍ଶକ ଓ ପାଠକ ପ୍ରାଣରେ ନବୀନ ଆଶାର ସଂଚାର କରିଥିଲା। ତଥାକଥିତ ସମ୍ଭ୍ରାନ୍ତ ଜମିଦାର ଓ ଶୋଷକ ଶ୍ରେଣୀର କପଟତା, ଅହଂକାର, ଅର୍ଥଲିପ୍‌ସା ଓ ଶୋଷଣର ମୁଖା ଖୋଲିଦେଇ ସାମାଜିକ ବୈଷମ୍ୟ ଓ ଅତ୍ୟାଚାରର ମୂଳପତ୍ପାଟନ ନିମନ୍ତେ ଏହା ନୂତନ ବାଣୀ ପ୍ରଚାର କରିଥିଲା।

ସମକାଳୀନ ନାଟ୍ୟକାରମାନେ ସେମାନଙ୍କ ନାଟକାବଳୀରେ ବହୁ ସାମାଜିକ ଦ୍ୱନ୍ଦ୍ୱ ଉପସ୍ଥାପନ କରି ତାହାର ସମାଧାନ ଦର୍ଶାଇବାରେ ବ୍ରତୀ ହୋଇଥିଲେ। ଏହା ଦର୍ଶକ ପ୍ରାଣରେ ଆତ୍ମବିଶ୍ୱାସ ଜାଗ୍ରତ କରାଇବାକୁ ସମର୍ଥ ହୋଇଥିଲା। ଏହିପରି ନାଟକର ବିଷୟବସ୍ତୁ ସଂପ୍ରସାରିତ ହେବା ସଙ୍ଗେ ସଙ୍ଗେ ଏହା ହୋଇଥିଲା ଅଧିକ ଜୀବନଧର୍ମୀ। ବାସ୍ତବ ଜୀବନକୁ ଅଧିକ ଉଦ୍‌ବୁଦ୍ଧ କରିବା ଲକ୍ଷ୍ୟରେ ଏହି ନାଟକମାନଙ୍କରେ ଭାବପ୍ରବଣତା ପରିବର୍ତ୍ତେ ସୂକ୍ଷ୍ମ ସଂଳାପ ସଂଯୋଜନା ଓ କଳା- କୌଶଳର ପ୍ରୟୋଗ ସଫଳ ଭାବରେ କରାଯାଇଥିଲା।

ସ୍ୱପ୍ନବିଳାସୀ, ରୋମାଣ୍ଟିକ ଲେଖକମାନଙ୍କର ଦୃଷ୍ଟିକୋଣ ମଧ୍ୟ ଏହା ଫଳରେ ପରିବର୍ତ୍ତିତ ହୋଇଯାଇଥିଲା। ରୂପପ୍ରଣୟର କବି ମାୟାଧର ମାନସିଂହ ମଧ୍ୟ ଗାନ୍ଧୀବାଦୀ ଚେତନାରେ ଉଦ୍‌ବୁଦ୍ଧ ହୋଇ ଅସବର୍ଣ୍ଣ ବିବାହଦ୍ୱାରା ସମାଜରୁ ଅସ୍ପୃଶ୍ୟତା ନିବାରଣ କରିବାର ଚିନ୍ତା ଓ ଦର୍ଶନ ସମ୍ୱଳିତ ନାଟକ 'ନଷ୍ଟନୀଡ' ରଚନା କରିଥିଲେ। ତାହାଙ୍କ ରଚିତ 'ବାରବାଟୀ' ଓ 'ବୁଦ୍ଧ' ନାଟକରେ ମଧ୍ୟ ସ୍ୱଦେଶପ୍ରୀତି ଓ ସମାଜସଚେତନତାର ମାର୍ମିକ ଚିତ୍ର ଅଭିବ୍ୟକ୍ତ।

ସାମାଜିକ ସଚେତନତା, ଆଧୁନିକ ବୈପ୍ଲବିକ ଭାବନା ସୃଷ୍ଟି ମାଧ୍ୟମରେ ନାଟ୍ୟ ଜଗତରେ ଏକ ନୂତନ ଦିଗନ୍ତ ଉନ୍ମୋଚନ କରିବାରେ କାଳୀଚରଣ ପଟ୍ଟନାୟକଙ୍କ ନାମ ସର୍ବାଦୌ ସ୍ମରଣୀୟ। ଆଜୀବନ ଅଭିନୟ ତଥା ନାଟ୍ୟକଳାରେ ଅଭିନିବିଷ୍ଟ ଏହି କଳାକାରଙ୍କ ନାଟକରେ ଯୁଗଚେତନାର ବାସ୍ତବ ଚିତ୍ର ଜୀବନ୍ତଭାବେ ଅଙ୍କିତ।

କାଳୀଚରଣଙ୍କୁ ଓଡିଆ ସାମାଜିକ ସଂଘର୍ଷଶୀଳ ନାଟକର ପ୍ରଥମ ଓ ପ୍ରଧାନ ଉଦ୍ୟୋକ୍ତା କୁହାଯାଇପାରେ। ତାହାଙ୍କ 'ଭାତ', 'ରକ୍ତମାଟି', 'ଫଟାଭୂଇଁ', 'ଗାର୍ଲସ୍କୁଲ', 'ଅଭିଯାନ' ପ୍ରଭୃତି ନାଟକରେ ସାମାଜିକ ସମସ୍ୟା, ସଂସ୍କୃତି ଓ ଚଳଣିର ଯଥାର୍ଥ ଚିତ୍ର ଅଙ୍କିତ ହୋଇଅଛି। ଯୁଗଚେତନା, ଯୁଗଧର୍ମ ଓ ଯୁଗଆହ୍ୱାନର ସଫଳ ପରିପ୍ରକାଶନ ଦ୍ୱାରା ଏହି ନାଟକଗୁଡିକ ଅଧିକ ପ୍ରାଣସ୍ପର୍ଶୀ ଓ ବାସ୍ତବ ହୋଇପାରିଅଛି। 'ରକ୍ତମାଟି' ନାଟକରେ ଯୁଗଧର୍ମିତା ଏହିପରି ପ୍ରତିଫଳିତ: "ଆମେ ସତ୍ୟାଗ୍ରହୀ; ଆମେ ସତ୍ୟ, ନ୍ୟାୟ ଆଉ ଧର୍ମର ସେବକ। ରକ୍ତଦେବା ଆମର ନୀତି; ରକ୍ତ ଶୋଷିବା ଆମର ଧର୍ମ ନୁହେଁ। ମରିବାକୁ ଆମେ; ମାରିବାକୁ ନୁହେଁ।"(୪୦) ବିଜୟର ଉକ୍ତ ଉକ୍ତିରୁ ୧୯୩୦ ମସିହାର ଗାନ୍ଧୀଜୀଙ୍କ ସତ୍ୟାଗ୍ରହ ଆନ୍ଦୋଳନ ଓ ଅହିଂସା ନୀତିର ବ୍ୟାପକ ପ୍ରଭାବ ଲକ୍ଷ୍ୟ କରାଯାଇପାରେ।

କାଳୀଚରଣ ବହୁବିଧ ନାଟକ ରଚନା କରିଥିଲେ ହେଁ 'ଭାତ' ତାହାଙ୍କ ସର୍ବଶ୍ରେଷ୍ଠ ଜନପ୍ରିୟ ତଥା ଜାତୀୟ ସମସ୍ୟାମୂଳକ ନାଟକ। ୧୯୪୩ ମସିହାର ଦୁର୍ଭିକ୍ଷ, ଖାଦ୍ୟାଭାବ ଓ ଆର୍ଥିକ ଦୁର୍ଗତି ଉପରେ ଆଧାରିତ ଏହି ନାଟକରେ ବୁଭୁକ୍ଷାର ନଗ୍ନ ଚିତ୍ର ପ୍ରଦର୍ଶିତ। ଚାଷୀର ପରିଶ୍ରମ ଓ ଜମିଦାରର ନିପୀଡନର ରୋମାଞ୍ଚକାରୀ ସମାଲୋଚନା ନାଟ୍ୟକାରଙ୍କର ନିମ୍ନୋକ୍ତ ଗୀତଟିରେ ପ୍ରକାଶିତ:

"ମରଣର ଚିତା ମନ୍ଥନ କରି ଅକାଳ ମଡାଏ ଉଠରେ ଡେଇଁ
ହାଡ ଚମ ଘେନି କଙ୍କାଳ ଆସ, ମରି କି ଡରୁଚ ଜଳିବା ପାଇଁ?
କିଏ କହେ ତୁମେ ଭିକାରି ବୋଲିରେ, ଯାଯାବର ବୋଲି କହୁଚି କିଏ?

---

୪୦. 'ରକ୍ତମାଟି', କାଳୀଚରଣ ପଟ୍ଟନାୟକ, ପୃ.୨୦।

ରାଜା ସାଉକାର ତୁମେ ତ ଗଢିଛ, ଘଡା ପୋତି ଆଜି ବସିଚି ଯିଏ।"(୪୧)

"ଦେଶର ନିରାଶ୍ରୟ, ନିରନ୍ନ, ନିଃସ୍ୱ - ସମସ୍ତେ ପାଆନ୍ତୁ ଆଶ୍ରୟ ଦେଶ ମାତୃକାର ଆଶୀର୍ବାଦ ତଳେ"(୪୨) ଏହି ଲକ୍ଷ୍ୟ ଓ ଆଦର୍ଶ ନେଇ ନାଟ୍ୟକାର ଏହି ନାଟକଟି ରଚନା କରିଥିଲେ। ସେଥିପାଇଁ ଦେଶର ଧନୀ, ନିର୍ଦ୍ଧନ, ନିଃସ୍ୱ, ନିରନ୍ନ ପ୍ରତ୍ୟେକଙ୍କର ଦେଶର ସୌଭାଗ୍ୟ ଓ ଐଶ୍ୱର୍ଯ୍ୟରେ ସମାନ ଅଧିକାର ଦର୍ଶାଇ ନାଟ୍ୟକାର ଗାଇଥିଲେ -

"ଚାଲରେ ଆଗେ ବଢି ଚାଲ,
ଛାତି କର ପଥର ତୁ ନହୁଅ ବେହାଲ,
ମୁଣ୍ଡଝାଳ ତୁଣ୍ଡେ ମାରି ଖଟୁ ତୁ ମୂଲିଆ
ଅରଜନ ଖାଏ ତୋର ଶେଠ ଗଉନ୍ତିଆ।"(୪୩)

ସତ୍ୟବାଦୀ ସାମାଜିକ ଆଦର୍ଶର ପରିପ୍ରଚାର କରୁଥିବା ଏହି 'ଭାତ' ନାଟକଟି ପ୍ରାକ୍‌ସ୍ୱାଧୀନତା କାଳରେ ଅଗଣିତ ଭୀରୁ ଦର୍ଶକଙ୍କ ପ୍ରାଣରେ ସାହସ ଓ ଆତ୍ମବିଶ୍ୱାସ ସୃଷ୍ଟି କରିଥିଲା। ଏହା 'ଓଡିଶା ଥିଏଟର୍ସ' ରଙ୍ଗମଞ୍ଚରେ ଏକାଦିକ୍ରମେ ୧୦୮ ରଜନୀ ସଫଳତାର ସହ ପ୍ରଦର୍ଶିତ ହୋଇପାରିଥିଲା ଓ ବହୁ ଦର୍ଶକଙ୍କୁ ମୁଗ୍ଧ କରିଥିଲା।

ତାହାଙ୍କ ସୁପ୍ରସିଦ୍ଧ ଐତିହାସିକ ନାଟକ 'ଅଭିଯାନ' ସ୍ୱାଧୀନତା ଆକାଙ୍କ୍ଷା ଓ ଜାତୀୟବାଦୀ ଚିନ୍ତାଧାରା ଭିତ୍ତି ଉପରେ ହିଁ କଳ୍ପିତ। ପୁରୀର ଗଜପତି ପରୁଷୋତ୍ତମ ଦେବଙ୍କ କାଞ୍ଚି-ବିଜୟ କିମ୍ବଦନ୍ତୀକୁ ଆଧାର କରି ଏହା ରଚିତ। "ସ୍ୱାଧୀନତା ଦାନର ବସ୍ତୁ ନୁହେଁ- ଦାବୀର ବସ୍ତୁ, ସାଧନାର ବସ୍ତୁ।" ପୁରୁଷୋତ୍ତମ ଦେବଙ୍କ ଏହି ଉକ୍ତିରେ ଓଡିଆ ଜାତିର ବୀରତ୍ୱ ଓ ସ୍ୱାଧୀନତା ଆକାଙ୍କ୍ଷାର ପରାକାଷ୍ଠା ହିଁ ସୂଚିତ। କାଳୀଚରଣଙ୍କ 'ରକ୍ତମାଟି' ନାଟକ ପୁଞ୍ଜିପତି ମିଲମାଲିକର ନିରୀହ ଶ୍ରମିକ ଶୋଷଣ ସମସ୍ୟ ଉପରେ ଆଧାରିତ। ଶ୍ରମିକ ପ୍ରାଣରେ ତା'ର ଅପହୃତ ସାହସ ପୁନଃ ପ୍ରତିଷ୍ଠା ଲକ୍ଷ୍ୟରେ ନାଟ୍ୟକାର ଏକ କର୍ମୀ ମୁଖରେ ତେଣୁ କୁହାଇଥିଲେ, "ମଣିଷର ଜୀଇଁ ରହିବାଟା ହେଉଛି ତା'ର ହକ୍ ଅଧିକାର - କାହାର ଦୟା ବା ଅନୁଗ୍ରହସାପେକ୍ଷ ନୁହେଁ। ଲକ୍ଷ୍ୟ ତା'ର ଭିକ୍ଷା ନୁହେଁ -ଦାବୀ।"(୪୪) 'ବେକାର' ନାଟକରେ ପ୍ରବାସୀ ଓଡିଆର ଅଭାବି-ପୀଡିତ ଜୀବନ ଓ ବିକଳାଙ୍ଗ ଓଡିଆର

---

୪୧. 'ଭାତ', କାଳୀଚରଣ ପଟ୍ଟନାୟକ, ପୃ.୯୨।
୪୨. ତତ୍ରୈବ, ପୃ.୧୨୫
୪୩. ତତ୍ରୈବ, ପୃ.୧୦୩
୪୪. 'ରକ୍ତମାଟି'- କାଳୀଚରନ ପଟ୍ଟନାୟକ, ୧ମ ଅଙ୍କ ୨ୟ ଦୃଶ୍ୟ।

ଦୟନୀୟ ଚିତ୍ର ଅଙ୍କିତ । ଏହାର ମାର୍ମିକ ଅଭିବ୍ୟକ୍ତି ତହିଁରେ ସନ୍ନିବିଷ୍ଟ ଗୀତଟିରେ ପ୍ରକାଶିତ ।(୪୫)

ଓଡିଶାରେ ଇଂରେଜମାନଙ୍କର ଦୀର୍ଘ ଦେଢଶହ ବର୍ଷର ଶାସନଜନିତ ଅବ୍ୟବସ୍ଥା, ଅର୍ଥନୀତିକ ବିପର୍ଯ୍ୟୟ, ବାଣିଜ୍ୟ, ଶିକ୍ଷ ଓ ସଂସ୍କୃତିର ଅଧୋଗତିର ଚିତ୍ର ତାହାଙ୍କ 'ଫଟାଭୁଇଁ' ନାଟକରେ ଅଙ୍କିତ ହୋଇଅଛି ।

ସମାଜ-ସଂସ୍କାର, ଜାତୀୟତାବାଦ, ସ୍ୱଦେଶପ୍ରୀତିର ଫଲ୍‌ଗୁଧାରାରେ ପରିପୁଷ୍ଟ କାଳୀଚରଣଙ୍କ ନାଟକଗୁଡିକ ବହୁ ଦର୍ଶକଙ୍କୁ ବିମୁଗ୍ଧ ତଥା ସାମାଜିକ ଜୀବନକୁ ବିପୁଳ ପରିମାଣରେ ପ୍ରଭାବିତ କରିଥିଲା । ଏତଦ୍‌ବ୍ୟତୀତ, ଇତିହାସ-ଚେତନା-ସମୃଦ୍ଧ ବହୁ ନାଟକ ମଧ୍ୟ ଏହି ସମୟରେ ପ୍ରଣୀତ ହୋଇ ଜାତୀୟ ଚେତନା ବିକାଶରେ ସହାୟତା କରିଥିଲା । କଳାହାଣ୍ଡି ଅନ୍ତର୍ଗତ ରାମପୁରର ରାଜା ଦୁର୍ଗାମାଧବ ପ୍ରସାଦ ସିଂହଦେଓଙ୍କ ରଚିତ ଐତିହାସିକ ନାଟକ 'ଜ୍ୟୋତ୍ସ୍ନାବାଈ'(୧୯୩୩) ଜାତୀୟତାର ପୃଷ୍ଠଭୂମିରେ ରଚିତ । ଏହି ନାଟକରେ ଭାରତୀୟ ରାଜପୁତଗଣଙ୍କର ସ୍ୱଦେଶବତ୍ସଳତା ଓ ବୀରରମଣୀଗଣଙ୍କ ମାତୃଭୂମି ଏବଂ ସତୀତ୍ୱରକ୍ଷାର ପରାକାଷ୍ଠା x x x ଦେଶଦ୍ରୋହୀର ପତନ,ଦେଶସେବୀର ଆତ୍ମୋତ୍ସର୍ଗ xxx ନାଟକର ଛତ୍ରେ ଛତ୍ରେ ପ୍ରତିଫଳିତ ହୋଇଅଛି ।(୪୬) କହିବା ଅନାବଶ୍ୟକ, ଇତିହାସର ବୀର ଚରିତ୍ର ଆଧାରିତ ଏହି ନାଟକ ପରାଧୀନ ଉତ୍କଳବାସୀ ପ୍ରାଣରେ ସ୍ୱାଧୀନତା ଆକାଙ୍କ୍ଷା ଦୃଢତର କରିବା ଉଦ୍ଦେଶ୍ୟରେ ହିଁ ରଚିତ ।

କାଳିନ୍ଦୀ ଚରଣ ପାଣିଗ୍ରାହୀଙ୍କ ରଚିତ 'ପିୟଦଶ୍ରୀ' (୧୯୩୩) (ପ୍ରିୟଦର୍ଶୀ) ଅଶୋକଙ୍କ ବୀରତ୍ୱ, ସାହସ, ଦେଶପ୍ରିତିର ଅମର ଗାଥା ଅବଲମ୍ବନରେ ରଚିତ । ଏହି ନାଟ୍ୟକାରଙ୍କ 'ପଦ୍ମିନୀ' ନାଟକରେ ମଧ୍ୟ ପାରମ୍ପରିକ ଜାତୀୟତାବାଦର ଅଭିବ୍ୟକ୍ତି ପରିଲକ୍ଷିତ ହୁଏ ।

---

୪୫. "ମାଆ କୋଳଛଡା ଛେଉଣ୍ଡ ଛୁଆରେ,
ତୁ ପରା ଦୁନିଆ ବାହାର,
ମାଆ ହାତ ପରା ବନ୍ଦୀ କରିଛି,
ବଙ୍ଗ ସେ ପାଖେ ବିହାର ।
ଗଳା କାଟି ତେଣେ ମଥାରେ ମାରୁଛି,
ଆନ୍ଧ୍ର ପାହାର ପାହାର,
ଛାତିରେ ବସୁ ତୁ କ୍ଷୀର ଖାଇ ମନ
କରୁଛୁରେ ବାବୁ ଯାହାର ।"
('ବେକାର', କାଳୀଚରଣ ପଟ୍ଟନାୟକ, ପୃ.୪୫ ।

୪୬. 'ଜ୍ୟୋତ୍ସ୍ନାବାଈ' ଭୂମିକା, ଦୁର୍ଗାମାଧବ ପ୍ରସାଦ ସିଂହଦେଓ, ପୃ.ଏକଅଣା ।

ଓଡିଶାର ଜାତୀୟବୀର ଖାରବେଳଙ୍କ ମହତ୍ତ୍ୱପୂର୍ଣ୍ଣ ଜୀବନଚରିତ ଓ ତାହାଙ୍କ ମଗଧ ଆକ୍ରମଣର ବୀରତ୍ୱବ୍ୟଞ୍ଜକ କାହାଣୀକୁ କେନ୍ଦ୍ର କରି ନାଟ୍ୟକାର ଚୂଡ଼ାମଣି ନାୟକ ରଚନା କରିଥିଲେ 'ଲଳିଙ୍ଗସିଂହ' ନାଟକ।

ନାଟ୍ୟକାର ରାମାରଞ୍ଜନ ମହାନ୍ତିଙ୍କ 'ଗୌଡବିଜେତା'(୧୯୩୧) ସେହିପରି ଏକ ଇତିହାସାଶ୍ରୟୀ ନାଟକ। ତାହାଙ୍କ ଅନ୍ୟତମ ନାଟକ 'ବିକ୍ରମରାୟ' (୧୯୪୨) ନାଟକରେ ଦ୍ୱିତୀୟ ମହାଯୁଦ୍ଧ ପରବର୍ତ୍ତୀ ସାମାଜିକ ପରିସ୍ଥିତି, ଅଗଷ୍ଟ ଆନ୍ଦୋଳନ, ସ୍ୱାଧୀନତା ସଂଗ୍ରାମର ଐତିହାସିକ ପରଷ୍ଟଭୂମି ତଥା ସ୍ୱାଧୀନତା ପରବର୍ତ୍ତୀ ସମସ୍ୟାମାନ ଚିତ୍ରିତ। ଏଥିରେ ଶାସନଗତ ଅପାରଗତା, କଣ୍ଟ୍ରୋଲ ଓ ଚୋରାକାରବାର, ଜାତୀୟ ସମ୍ପଦର ଅପବ୍ୟୟ, କୋଠଚାଷ ଇତ୍ୟାଦି ସାମାଜିକ ସମସ୍ୟା ଓ ବ୍ୟବସ୍ଥା ସମ୍ବନ୍ଧରେ ସୂଚନା ପ୍ରଦତ୍ତ ହୋଇଅଛି। ଭାରତୀୟ ସ୍ୱାଧୀନତା ସମ୍ପର୍କରେ ଲେଖକ ବିକ୍ରମ ମୁଖରେ କୁହାଇଛନ୍ତି, "ଭାରତବର୍ଷର ସ୍ୱାଧୀନତା ବ୍ରିଟେନ, ଫ୍ରାନ୍ସ, ଜର୍ମାନୀର ସ୍ୱାଧୀନତା ନୁହେଁ, ସକଳ ସମ୍ପଦଭରା ଏ ବିଶାଳ ଦେଶର ସ୍ୱାଧୀନତା ପୃଥିବୀର ଈର୍ଷାର କାରଣ"(୪୭)।

ଦେଶପ୍ରେମର ବାର୍ତ୍ତା ପ୍ରଚାର କରି ଦେଶକୁ ଚିରକାଳ ସ୍ୱାଧୀନ ରଖିବା ଆକାଙ୍କ୍ଷାରେ ନାଟ୍ୟକାର ବିକ୍ରମ ମୁଖରେ ଅନ୍ୟ ଏକ ସଂଳାପ ଦେଇଛନ୍ତି, "ଯେପରି ବ୍ୟକ୍ତିକୁ ସମସ୍ତ ପ୍ରକାର ପ୍ରଲୋଭନ, ସମସ୍ତ ପ୍ରକାର ସ୍ଖଳନ ହାତରୁ ରକ୍ଷାକରି ତାକୁ ଉନ୍ନତି ପଥରେ ଆଗେଇନିଏ ତା'ର ଆତ୍ମପ୍ରୀତି, ଠିକ୍ ସେହିପରି ଦେଶକୁ ଅଗେଇନେବ ଦେଶବାସୀଙ୍କ ଦେଶପ୍ରୀତି। ଏ ଦେଶର ପ୍ରତ୍ୟେକ ବ୍ୟକ୍ତି ବୁଝନ୍ତୁ - ଆମେ ଦେଶର, ଦେଶ ଆମର।" ଏହି ବିରାଟ ଭୂଖଣ୍ଡର ଜାତୀୟତା-ସଂକଟ ସମ୍ବନ୍ଧରେ ସଚେତ ନାଟ୍ୟକାର ନାଟକର ଅନ୍ୟ ଏକ ଚରିତ୍ର ସୁରେଶ୍ୱର ମୁଖରେ ସେଥିପାଇଁ ପ୍ରଶ୍ନ କରିଛନ୍ତି, "ଏତେ ଭାଷାଗତ ପାର୍ଥକ୍ୟ, ଏତେ ପ୍ରଦେଶଗତ ବିଭେଦ ଭୁଲି ଆମେ ବିଶ୍ୱବକ୍ଷରେ ଗୋଟିଏ ଜାତି ହୋଇ ତିଷ୍ଠି ପାରିବୁ?"(୪୮)। ସ୍ୱାଧୀନତାର ସୁରକ୍ଷା ନିମନ୍ତେ ସମସାମୟିକ ସାମାଜିକ ସମସ୍ୟାର ପ୍ରତିଫଳନ ଓ ସମାଧାନ ଅଙ୍କନରେ 'ବିକ୍ରମରାୟ' ନାଟକର ସଫଳତା ନିହିତ।

ସୋମନାଥ ମିଶ୍ରଙ୍କ ରଚିତ 'ବିଧବା ବିଜୟ'(୧୯୩୩) ନାଟକ ନାରୀ ନିର୍ଯାତନା ଓ ବିଧବାର ସମସ୍ୟା ଉପରେ ଲିଖିତ। ବିଧବା ସୁନାମଣିକୁ ମାର୍କଣ୍ଡ ସହ ପୁନର୍ବିବାହ ଦେଇ ନାଟ୍ୟକାର ସ୍ୱୀୟ ସମାଜସଂସ୍କାର-ପ୍ରୟାସର ପରିଚୟ ପ୍ରଦାନ କରିଅଛନ୍ତି।

---

୪୭. 'ବିକ୍ରମରାୟ', ରାମାରଞ୍ଜନ ମହାନ୍ତି, ପୃ.୨୧
୪୮. 'ବିକ୍ରମରାୟ', ରାମାରଞ୍ଜନ ମହାନ୍ତି, ପୃ.୪୮

ଉତ୍କଳବାସୀଙ୍କର ବହୁବର୍ଷର ଆନ୍ଦୋଳନର ପରିଣତି ସ୍ୱରୂପ ୧୯୩୬ ମସିହା ଏପ୍ରିଲ ପହିଲାରେ ସ୍ୱତନ୍ତ୍ର ଓଡିଶା ପ୍ରଦେଶ ଗଠନ ପ୍ରସଙ୍ଗକୁ ଭିତ୍ତିକରି ନାଟ୍ୟକାର ହରିଶ୍ଚନ୍ଦ୍ର ବଡାଲ 'ଦେଶର ଡାକ'(୧୯୩୨) ନାଟକ ରଚନା କରିଥିଲେ। ଏକଭାଷାଭାଷୀ ଉତ୍କଳୀୟମାନଙ୍କୁ ଏକଦେଶାଧୀନ କରିବାର ଆହ୍ୱାନ 'ଦେଶର ଡାକ' ନାଟକରେ ସୂଚିତ। ଏହି ମର୍ମରେ ନାଟ୍ୟକାର 'ପୂର୍ବଭାଷ'ରେ ସଙ୍କେତ ଦେଇ ଲେଖିଥିଲେ, "ସମ୍ପ୍ରତି ଆମ୍ଭ ଦେଶରେ ଜାତୀୟତାର ଯେଉଁ ଆତ୍ମବୋଧ (Self-consciousness) ଜାଗିଉଠିଛି, ତା'ର ପ୍ରଧାନ ଦୁଇଟି ଧାରା ଉପରେ 'ଦେଶର ଡାକ' ନାଟକଟିର ମନସ୍ତତ୍ତ୍ୱ ଭିତ୍ତି ସ୍ଥାପିତ"(୪୯)। ଏହି ଦୁଇଟି ଧାରା ହେଲା ଆଞ୍ଚଳିକ ଦେଶପ୍ରେମ ଓ ମହାଭାରତୀୟ ଦେଶପ୍ରେମ। ଦେଶପ୍ରେମର ଉପଯୁକ୍ତ ଆହ୍ୱାନ ଦେଇ ଏହି ମର୍ମରେ ଗୋପବନ୍ଧୁ 'ସତ୍ୟବାଦୀ' ସମ୍ପାଦକୀୟରେ ଲେଖିଥିଲେ, "ଉପଯୁକ୍ତ ଆହ୍ୱାନ ଶୁଣିଲେ, ଉତ୍କଳଯୁବକର ହୃଦୟରେ ଦେଶାନୁରାଗ-ବହ୍ନି ପ୍ରଜ୍ୱଳିତ ହୋଇ ଉଠିବ, ମାତ୍ର ଉତ୍କଳଯୁବକ, ତୁମକୁ ଡାକିବାକୁ କେହି ନାହିଁ, ସମଗ୍ର ଦେଶ ଡାକୁଛି, ନିଜେ ନିଜେ ତାହା କାନ ଡେରି ଶୁଣ, କାର୍ଯ୍ୟଦ୍ୱାରା ତାହାର ଉତ୍ତର ଦିଅ"(୫୦)। ଗୋପବନ୍ଧୁଙ୍କର ଦେଶସେବାର ଏହି ଆହ୍ୱାନ ବହୁ ଯୁବକଙ୍କୁ ଉଦ୍‌ବୁଦ୍ଧ କରିଥିଲା। ଭବିଷ୍ୟତରେ ଡେପୁଟୀ ହେବାକୁ ଆଶା ପୋଷଣ କରିଥିବା ଯୁବକ ମନୋରଞ୍ଜନ ଓ ଜମିଦାର ପୁତ୍ର ନବକୁମାର ଏହିପରି ଦୁଇଟି ଦେଶପ୍ରେମୀ ଯୁବକ, ସ୍ୱଚ୍ଛନ୍ଦ ଜୀବନଯାପନର ଆକର୍ଷଣ ତ୍ୟାଗକରି ସେମାନେ ଦେଶମିଶ୍ରଣ କାର୍ଯ୍ୟରେ ଆତ୍ମ-ନିୟୋଗ କରିଛନ୍ତି। ସେମାନେ ଥିଲେ ତତ୍‌କାଳୀନ ଜନସେବାବ୍ରତୀ ଯୁବକମାନଙ୍କର ପ୍ରତିନିଧି। ନିର୍ମଳା ଓ ମନୋରମା ଦେଶପ୍ରେମୀ ନାରୀମାନଙ୍କର ପ୍ରତିନିଧିତ୍ୱ କରିଅଛନ୍ତି। ଏହିପରି ଦେଶବତ୍ସଳ କର୍ମୀମାନଙ୍କର ତ୍ୟାଗ ଓ ସହଯୋଗରେ ସ୍ୱତନ୍ତ୍ର ଓଡିଶା ପ୍ରଦେଶ ଗଠିତ ହୋଇଥିଲେ ହେଁ ତଥାପି ମେଦିନୀପୁର, ଫୁଲଝର ଓ ସିଂହଭୂମ ପ୍ରଭୃତି ଓଡିଆ-ଭାଷାଭାଷୀ ଅଞ୍ଚଳ ଓ ଓଡିଶାରେ ମିଶିପାରିନାହିଁ। ଦେଶର ଏହି କ୍ଷତକୁ ବହନ କରି ଚାଲିଥିବା ଦେଶବାସୀଙ୍କୁ ଚିରଦୁଃଖିନୀ ଦେଶ-ଜନନୀର ପଦତଳେ ପ୍ରଣାମ କରି ତା'ର ପୁନରଭ୍ୟୁଦୟ ଲାଗି ଆଶାପ୍ରକାଶ ଓ ସ୍ୱର୍ଗାଦପି ଗରୀୟସୀ ଜନ୍ମଭୂମିର ଚରଣ ତଳେ ମନଃପ୍ରାଣ ଅର୍ପଣ କରିଦେବାର ଅଭିଳାଷ"(୫୧) ପୋଷଣ କରିବାର ଆହ୍ୱାନ ଏଥିରେ ପ୍ରଦତ୍ତ ହୋଇଅଛି। ବୈକୁଣ୍ଠନାଥ ପଟ୍ଟନାୟକଙ୍କ ରଚିତ 'ମୁକ୍ତିପଥେ' ଏହିପରି ଏକ ଜାତୀୟବାଦୀ ନାଟକ।

---

୪୯. 'ଦେଶର ଡାକ', ହରିଶ୍ଚନ୍ଦ୍ର ବଡାଲ, 'ପୂର୍ବଭାଷ'- ପୃ.୧
୫୦. 'ସତ୍ୟବାଦୀ', ୧୯୧୬, ଗୋପବନ୍ଧୁ ଦାସ
୫୧. 'ଦେଶର ଡାକ', ହରିଶ୍ଚନ୍ଦ୍ର ବଡାଲ, ପୃ.୧୩

ଗାନ୍ଧୀବାଦୀ ଓ ସାମ୍ୟବାଦୀ ଚେତନାର ଉଦ୍‌ବର୍ତ୍ତନ:

ଚଳିତ ଶତକର ତୃତୀୟ ଦଶକ ବେଳକୁ ମାର୍କସ୍‌ଙ୍କ ଚିନ୍ତାଧାରା ଓଡିଆ ସାହିତ୍ୟକୁ ପ୍ରଭାବିତ କରିଥିଲା। ଓଡିଆ ନାଟକରେ ଏହାର ପ୍ରଭାବ ଅପେକ୍ଷାକୃତ କମ୍ ହେଲେହେଁ ଏହାକୁ ଅସ୍ୱୀକାର କରାଯାଇ ନପାରେ। ଲକ୍ଷ୍ମୀଧର ନାୟକ (୧୯୧୪)ଙ୍କ ଲାଲଚାବୁକ୍, ଧର୍ମପତ୍ନୀ, ଜମିଦାର ପ୍ରଭୃତି ନାଟକରେ ସମସାମୟିକ ଯୁଗସଂକେତ ନିହିତ। ଏଥିରେ ସର୍ବହରା ଶ୍ରମଜୀବୀର ଜୀବନଚିତ୍ର ପ୍ରତିବିମ୍ବିତ ହୋଇଅଛି। ସାମାଜିକ ଶୋଷଣ, ଅତ୍ୟାଚାର, ନିର୍ଯାତନା ବିରୁଦ୍ଧରେ ଦୃଢ ପ୍ରତିବାଦର ସ୍ୱର ଏଥିରେ ଉତ୍ତୋଳିତ। ସେହିପରି ଶ୍ରମିକ ଜୀବନକୁ ଆଧାରକରି ରଚିତ ହୋଇଥିଲା ରାମଚନ୍ଦ୍ର ମିଶ୍ରଙ୍କର 'ମୂଲିଆ' ନାଟକଟି। ଏହାର 'ଆମକଥା'ରେ ନାଟ୍ୟକାର ଯଥାର୍ଥରେ ଲେଖିଥିଲେ, "ମୂଲିଆ ଖଟି ଖଟି ମାଟିରେ ମିଶି ମାଟିହୁଏ; କିନ୍ତୁ ତା'ର ସୁବିଚାର ହେବ ବୋଲି; ମାତ୍ର ଫଳ ଓଲଟା ହୁଏ। ବିଚାର ପରିବର୍ତ୍ତେ ଅତ୍ୟାଚାର। ସେ ମୁହଁ ଖୋଲେ; ତେଣୁ ସଂଘର୍ଷ। ମୂଳିଆର ଜୟରେ ପ୍ରତିଷ୍ଠିତ ହୁଏ ଏହି କୁଲି-ମୂଲିଆଙ୍କ ଯୁଗ"(୫୨)। ଗାନ୍ଧିଜୀଙ୍କ ପରିକଳ୍ପିତ ରାମରାଜ୍ୟ ସହ ମାର୍କସୀୟ ଶ୍ରେଣୀହୀନ ସମାଜର ଅପୂର୍ବ ସମନ୍ୱୟ ରାମଚନ୍ଦ୍ର ମିଶ୍ରଙ୍କ ରଚିତ ନାଟକରେ ଦ୍ରଷ୍ଟବ୍ୟ। ତାଙ୍କର ଅନ୍ୟାନ୍ୟ ନାଟକ 'ଘର-ସଂସାର', 'ଭାଇ ଭାଉଜ', 'ସାଇପଡିଶା', 'ନରୋତ୍ତମ ଦାସ କହେ' ପ୍ରଭୃତି ସେହିପରି ସାମାଜିକ ଆଶା-ଆକାଙ୍କ୍ଷା, ସୁଖଦୁଃଖ ଓ ସଂଘର୍ଷକୁ ଉପଜୀବ୍ୟ କରି ରଚିତ।

ସ୍ୱାଧୀନତା ପରବର୍ତ୍ତୀକାଳୀନ ଅନ୍ୟତମ କୃତୀ ନାଟ୍ୟକାର ମନୋରଞ୍ଜନ (୧୯୨୩)ଙ୍କ ନାଟକରେ ସ୍ୱଦେଶପ୍ରୀତିର ମୂର୍ଚ୍ଛନା ଅନୁରଣିତ। ୧୯୪୭ ମସିହା ଅଗଷ୍ଟ ୧୧ ତାରିଖ ଦିନ ତାଙ୍କର ଦ୍ୱିତୀୟ ନାଟକ 'ଅଗଷ୍ଟ ନ' ମଞ୍ଚସ୍ଥ ହୋଇଥିଲା। ୧୯୪୨ ମସିହାର 'ଭାରତଛାଡ' ଓ 'ଅଗଷ୍ଟ ବିପ୍ଳବ' ଉପରେ ଆଧାରିତ ଏହି ଦେଶାତ୍ମବୋଧକ ନାଟକ ନାଟ୍ୟକାରଙ୍କୁ ଆଣିଦେଇଥିଲା ପ୍ରଚୁର ଜନପ୍ରିୟତା ଓ ପ୍ରସିଦ୍ଧି। ଏହା ପରେ ପରେ ସେ ରଚନା କରିଥିଲେ ବୈପ୍ଳବିକ ଭାବଧାରାପୁଷ୍ଟ ଦୁଇଟି ନାଟକ 'ବକ୍‌ସି ଜଗବନ୍ଧୁ' ଓ 'ଆଗାମୀ'। ମାର୍କସୀୟ ଭାବନା ଆଧାରିତ 'ଆଗାମୀ' ନାଟକଟି ରାଜନୀତିକ ତଥା ଅର୍ଥନୀତିକ ସଂଘର୍ଷ ଚିତ୍ରରେ ପରିପୂର୍ଣ୍ଣ। 'ବକ୍‌ସି ଜଗବନ୍ଧୁ' ନାଟକଟି ନାଟ୍ୟକାରଙ୍କର ଦେଶପ୍ରେମ ଓ ସ୍ୱାଧୀନ ଚେତନାର ପରିଚାୟକ। ବକ୍‌ସିଙ୍କ ମୁଖରେ ଏଣୁ ସେ କହିଥିଲେ, "ନା, ଆଜି ରାଜା ପାଇଁ କି ମୋ ପାଇଁ ଲଢିବାର ପ୍ରଶ୍ନ ଉଠୁ ନାହିଁ। ଆଜି ପ୍ରଶ୍ନ ଉଠୁଛି, ତୁମ୍ଭେମାନେ ଲଢିବ ତୁମ୍ଭରିମାନଙ୍କ ପାଇଁ; ତୁମ୍ଭମାନଙ୍କ ମାନମହତ ଯେପରି ଫିରିଙ୍ଗିର

---

୫୨. 'ମୂଲିଆ', ରାମଚନ୍ଦ୍ର ମିଶ୍ର, 'ଆମକଥା', ପୃ.କ

ବିଳାସ ପାଇଁ ବିକ୍ରି ନହୁଏ। ତୁମ ଖଜଣାରେ ଫିରିଙ୍ଗି ଯେପରି ରାଜ୍ୟ ନ ବଢାଏ। ତା'ରି ପାଇଁ ତୁମ୍ଭମାନଙ୍କୁ ଲଢିବାକୁ ପଡିବ। ତୁମ୍ଭେମାନେ ଯଦି ଏ ଲଢେଇରେ ଜୟଲାଭକର, ତାହାହେଲେ ତାପରେ ଯାଏ ସ୍ଥିର ହେବ, କିଏ ହେବ ଆମ ମୂଲକର ରାଜା।"(୫୩) ପୁନର୍ବାର ବକ୍‌ସି ଘୋଷଣା କରିଥିଲେ, "ମୁଁ ଜାଣେ ଭାଗ୍ୟ ବିପର୍ଯ୍ୟୟରେ ବକ୍‌ସି ଆଜି ପରାଜିତ, ଖୋର୍ଦ୍ଧାଭୂଇଁ ଆଜି ବିଜିତ। ମୁଁ ଜାଣେ, ଲୁଣ୍ଠନକାରୀ ଫିରିଙ୍ଗିଦଳ ଶୃଙ୍ଖଳା ନାମରେ ଗଜପତିଙ୍କଠାରେ ଶୃଙ୍ଖଳା ଦେଇଛି। x x x ମୁଁ ଜାଣେ, ଫିରିଙ୍ଗି ଆଜି ତା'ର ସ୍ୱାର୍ଥସାଧନ ପାଇଁ ଦେଶଭକ୍ତମାନଙ୍କୁ ଦେଶଦ୍ରୋହୀର ଆଖ୍ୟା ଦେଇଛି।"(୫୪) ଉକ୍ତ ସଂଳାପଦ୍ୱୟରେ ଶାସକର ସ୍ୱାର୍ଥପରତା ଓ କୁଶାସନର ସମାଲୋଚନା ସହ ଇଂରେଜମାନଙ୍କର ଭାରତବିଦ୍ୱେଷୀ ନୀତି ଓ ଦମନନୀତିର ସମାଲୋଚନା କରାଯାଇଥିଲା।

ମନୋରଞ୍ଜନଙ୍କ ରଚିତ ଅନ୍ୟ ଏକ ନାଟକ 'ଅବରୋଧ' ସମ୍ପୂର୍ଣ୍ଣ ରାଜନୈତିକ ଚେତନା ଉପରେ ଆଧାରିତ।

କମଳଲୋଚନ ମହାନ୍ତିଙ୍କର 'ଆଜାଦୀ' ନାଟକରେ ସାମ୍ୟବାଦୀ ଚେତନାର ପ୍ରତିଫଳନ ସୁସ୍ପଷ୍ଟ। ସାମାଜିକ ଭାରସାମ୍ୟ ସୃଷ୍ଟି ନିମନ୍ତେ ନାଟ୍ୟକାରଙ୍କ ବ୍ୟାକୁଳତା ନିମ୍ନୋକ୍ତ ସଂଳାପରେ ଅଧିକ ବଳିଷ୍ଠଭାବେ ଉପସ୍ଥାପିତ ହୋଇଅଛି। "ରଘୁ, ତୁ ତୋର କବର ତଳେ ଖୁଦୀରାମ, ଲକ୍ଷ୍ମଣ ନାୟକ, ବାଘା ଯତୀନଙ୍କୁ ପଚାରିବୁ, ରକ୍ତ ନିଗାଡି ଯେଉଁ ସ୍ୱାଧୀନତା ଆଣିଛନ୍ତି ସେ କ'ଣ ଏଇ !"(୫୫) ସ୍ୱାଧୀନତା ପ୍ରତ୍ୟେକ ବାରତୀୟ ଜୀବନରେ ସୁଖ ଆଣିଦେବାରେ ଯେ ଅସମର୍ଥ ହୋଇଅଛି, ତାହାର ବ୍ୟଙ୍ଗଚିତ୍ର ଏହି ନାଟ୍ୟକାରଙ୍କର 'କିରାଣି', 'ଡାକବଙ୍ଗଳା', 'ଅଭ୍ୟୁଦୟ' ପ୍ରଭୃତିରେ ଦେଖିବାକୁ ମିଳେ।

୧୯୫୬ ମସିହାରେ 'ଓଡିଶା ନାଟକ ଏକାଡେମୀ' ଦ୍ୱାରା ପୁରସ୍କାରପ୍ରାପ୍ତ ଓ ୧୯୮୩ ମସିହାରେ 'କେନ୍ଦ୍ରନାଟକ ଏକାଡେମୀ' ଦ୍ୱାରା ପୁରସ୍କାରପ୍ରାପ୍ତ ନାଟ୍ୟକାର ଗୋପାଳ ଛୋଟରାୟଙ୍କ 'ପରକଲମ' ନାଟକ ରାଜନୈତିକ ଦଳାଦଳି, ସ୍ୱାର୍ଥପରତା ଓ ଦଳବଦଳ ଇତ୍ୟାଦି ସମସାମୟିକ ସମସ୍ୟା ଉପରେ ଆଧାରିତ।

ସ୍ୱାଧୀନତା ପରବର୍ତ୍ତୀ ନାଟ୍ୟକାରମାନଙ୍କ ମଧ୍ୟରୁ ଅନ୍ୟତମ କୃତୀ ନାଟ୍ୟକାର ଭଞ୍ଜକିଶୋର ପଟ୍ଟନାୟକ (୧୯୨୨)ଙ୍କ 'ବେନାମୀ', 'ଜହର', 'ତୋଫାନ', 'ଅଗ୍ନିପରୀକ୍ଷା', 'ଅଶୋକସ୍ତମ୍ଭ', 'ଆଲୋକ', 'ଜାଗରଣ' ଇତ୍ୟାଦି ନାଟକରେ

---

୫୩. 'ବକ୍‌ସି ଜଗବନ୍ଧୁ', ମନୋରଞ୍ଜନ ଦାସ, ପୃ.୬୫

୫୪. 'ବକ୍‌ସି ଜଗବନ୍ଧୁ', ମନୋରଞ୍ଜନ ଦାସ, ପୃ.୯୮-୯୯

୫୫. 'ଆଜାଦୀ', କମଳଲୋଚନ ମହାନ୍ତି, ପୃ.୧୬୪

ସାମନ୍ତବାଦର ଅବକ୍ଷୟ, ପୁଞ୍ଜିପତିର ଅତ୍ୟାଚାର, ଗାନ୍ଧୀବାଦୀ ଆଦର୍ଶ ଓ ମୁନାଫାଖୋରର ପ୍ରବଞ୍ଚନାର ଚିତ୍ର ପ୍ରଦତ୍ତ । ସମାଜଦ୍ରୋହୀ ସ୍ୱାର୍ଥାନ୍ଧ ବ୍ୟକ୍ତିମାନଙ୍କ ପ୍ରତି ଶାସନକର୍ତ୍ତାମାନେ କଠୋର ନୀତି ଅବଲମ୍ବନ କରିବା ଉଚିତ ବୋଲି ନାଟ୍ୟକାର ଏହି ନାଟକଗୁଡ଼ିକରେ ମତ ପ୍ରଦାନ କରିଅଛନ୍ତି । ସାମାଜିକ ସାମ୍ୟ ପ୍ରତିଷ୍ଠ ଯେ ଏହାର ଅନ୍ତର୍ନିହିତ ଉଦ୍ଦେଶ୍ୟ, ଏହା କହିବା ଅନାବଶ୍ୟକ ।

ଉପସଂହାର:

ଉପର୍ଯ୍ୟୁକ୍ତ ଆଲୋଚନାରୁ ଏହାହିଁ ପ୍ରତିପନ୍ନ ହୁଏ ଯେ, ଆଧୁନିକ ଓଡ଼ିଆ ସାହିତ୍ୟର ବିଭିନ୍ନ ବିଭାବ ମଧ୍ୟରୁ ମୁଖ୍ୟତଃ ନାଟ୍ୟ-ସାହିତ୍ୟରେ ହିଁ ସର୍ବାଦୌ ଜାତୀୟବାଦୀ ଚେତନା ଅଭିବ୍ୟକ୍ତି ଲାଭ କରିଥିଲା । ସମାଜସଂସ୍କାର, ଇତିହାସ ସଚେତନତା ଓ ଅତୀତ ଗୌରବର ଉପସ୍ଥାପନା ମାଧ୍ୟମରେ ଏହି ଚେତନା ବିକଶିତ ହେବା ସଙ୍ଗେ ସଙ୍ଗେ ସମକାଳୀନ ଗାନ୍ଧୀବାଦି ଓ ସାମ୍ୟବାଦୀ ରାଜନୈତିକ ଚେତନାକୁ ପ୍ରତିଫଳିତ କରାଇବାରେ ଓଡ଼ିଆ ନାଟ୍ୟକାରମାନେ କୃତିତ୍ୱ ଦର୍ଶାଇ ଯାଇଅଛନ୍ତି ।

ସାମ୍ପ୍ରତିକ ଓଡ଼ିଆ ନାଟ୍ୟସାହିତ୍ୟକୁ ନରସିଂହ ମହାପାତ୍ର, ବ୍ୟୋମକେଶ ତ୍ରିପାଠୀ, ବିଜୟ କୁମାର ମିଶ୍ର, ଧନେଶ୍ୱର ପଟ୍ଟନାୟକ, ଯଦୁନାଥ ଦାଶ ମହାପାତ୍ର, ହିମାଂଶୁଭୂଷଣ ସାବତ, ନୀଳକଣ୍ଠ ମିଶ୍ର, ପ୍ରଫୁଲ୍ଲକୁମାର ରଥ, ବସନ୍ତକୁମାର ମହାପାତ୍ର, ଭୁବନେଶ୍ୱର ମହାପାତ୍ର, ରଜତ କୁମାର କର ପ୍ରଭୃତି ନାଟ୍ୟକାରମାନେ ସେମାନଙ୍କ ନାଟକ ଦ୍ୱାରା ସମୃଦ୍ଧ କରିଅଛନ୍ତି । ସେମାନଙ୍କର ବହୁ ନାଟକରେ ସାମାଜିକ ଭ୍ରାନ୍ତି ଓ କୁସଂସ୍କାର ବିରୋଧୀ ଭାବନାର ଅଭିବ୍ୟକ୍ତି ସହ ସାମ୍ୟ ଓ ଆର୍ଥନୀତିକ ପ୍ରଗତି ପ୍ରତିଷ୍ଠାର ଆଦର୍ଶ ମଧ୍ୟ ଉଦ୍‌ଘୋଷିତ । ସମାଜର ଦୋଷ-ଦୁର୍ବଳତା ପ୍ରକାଶ କରି ନ୍ୟାୟଭିତ୍ତିକ ସୁସ୍ଥ ସମାଜ ଗଠନ କରିବା ଏବଂ ସାମାଜିକ ଉଚ୍ଚନୀଚ ଭେଦଭାବ ଦୂରୀକରଣପୂର୍ବକ ମାନବିକତାର ଉଦ୍‌ବର୍ତ୍ତନ ଓ ମଣିଷର ଦୁର୍ନୀତି, ଅତ୍ୟାଚାର, ନିଷ୍ଠୁରତା ପ୍ରତି ତୀବ୍ର କଟାକ୍ଷପାତ ଅନ୍ତ୍ୟପର୍ବର ନାଟକାବଳୀର ଥିଲା ମୁଖ୍ୟ ପ୍ରବୃତ୍ତି । ଏହି ସମୟରେ ନାଟ୍ୟକାରଙ୍କ ସୃଷ୍ଟିରୁ ଏହା ହିଁ ଉପଲବ୍ଧ ହୋଇଥାଏ ।

୦-୦-୦-୦

ଷଷ୍ଠ ପରିଚ୍ଛେଦ

ଓଡିଆ ପ୍ରବନ୍ଧ-ସାହିତ୍ୟରେ ନୂତନ ରୁଚି, ମୂଲ୍ୟବୋଧ ଓ ମୁକ୍ତିପିପାସାର ଅଭିବ୍ୟକ୍ତି

ଓଡିଆ କାବ୍ୟକବିତା, ଗଳ୍ପ ଉପନ୍ୟାସ ଓ ନାଟକର କ୍ରମବର୍ଦ୍ଧମାନ ମହାପ୍ରବାହ ଯେପରି ଜାତୀୟଚେତନାରେ ଋଦ୍ଧିମନ୍ତ ହୋଇ ସମାଜସେବାରେ ଆତ୍ମନିୟୋଗ କରିଥିଲା, ପ୍ରବନ୍ଧ-ସାହିତ୍ୟ ସେହିପରି ଊନବିଂଶ ଓ ବିଂଶ ଶତାବ୍ଦୀରେ ପାଶ୍ଚାତ୍ୟ ଶିକ୍ଷା ଓ ସଭ୍ୟତାର ପ୍ରଭାବଫଳରେ ନୂତନ ଭାବ ଓ ନବୀନ ଚେତନା ଦ୍ୱାରା ଓଡିଆ ସାହିତ୍ୟ କ୍ଷେତ୍ରରେ ତାହାର ସ୍ୱତନ୍ତ୍ର ଆସନ ପ୍ରତିଷ୍ଠା କରିବାକୁ ସମର୍ଥ ହୋଇଥିଲା। ଗଳ୍ପ, ଉପନ୍ୟାସ ଭଳି ଏହାର ମନୋରଞ୍ଜନ କ୍ଷମତା ନଥିଲେ ହେଁ, ମୁଷ୍ଟିମେୟ ସ୍ୱାଧୀନଚେତା ବୁଦ୍ଧିଜୀବୀଗୋଷ୍ଠୀର ଚିନ୍ତାଜଗତରେ ଏହା ବିପୁଳ ଆଲୋଡନ ସୃଷ୍ଟି କରିବାରେ ସମର୍ଥ ହୋଇଥିଲା ଓ ସେମାନଙ୍କୁ ମାନସଖାଦ୍ୟ ଯୋଗାଇଥିଲା। ଇଂରାଜୀ ସାହିତ୍ୟ, ସଂସ୍କୃତି, ଚିନ୍ତା ଓ ଚେତନାରେ ପ୍ରଭାବିତ ଏହି ପ୍ରବନ୍ଧଗୁଡିକରେ ମନୁଷ୍ୟର ପ୍ରକୃତି, ବିକୃତିର ମୌଳିକ ସମସ୍ୟାଗୁଡିକୁ ଆଲୋଚନା କରାଯାଇଥିଲା। ମାନବର ସ୍ୱାର୍ଥପରତା, ଚିନ୍ତାହୀନତା କିପରି ସାମାଜିକ ସମସ୍ୟା ସୃଷ୍ଟି କରେ ଓ ସ୍ୱାଧୀନ ଚିନ୍ତାର ପରିପନ୍ଥୀ ହୁଏ, ସେହି ସମ୍ପର୍କରେ ବହୁ ତାତ୍ତ୍ୱିକ ଅନୁଶୀଳନ ଏଥିରେ କରାଯାଇଥିଲା। ପାଣ୍ଡିତ୍ୟପୂର୍ଣ୍ଣ, ଗବେଷଣାମୂଳକ ଏହି ସାରସ୍ୱତ ସାଧନାରେ ଆତ୍ମନିୟୋଗ କରି ପ୍ରାବନ୍ଧିକମାନେ ପ୍ରତ୍ୟକ୍ଷ ଭାବରେ ଜାତୀୟଚେତନାକୁ ପରିପୁଷ୍ଟ କରିଥିଲେ ଓ ଏକ ଉନ୍ନତ ଚିନ୍ତାଶୀଳ, ସୁରୁଚିପୂର୍ଣ୍ଣ ସାମାଜିକ ବାତାବରଣ ସୃଷ୍ଟିରେ ସହାୟକ ହୋଇଥିଲେ।

ରାଧାନାଥ, ମଧୁସୂଦନ, ଫକୀରମୋହନଙ୍କ ଭଳି କବି ଓ ସର୍ଜନଧର୍ମୀ ସାହିତ୍ୟ-ସ୍ରଷ୍ଟାମାନେ ମଧ୍ୟ ଏହି ସମୟରେ ବହୁ ଉଚ୍ଚକୋଟୀର ପ୍ରବନ୍ଧ ରଚନା କରି ଜାତୀୟ ସାହିତ୍ୟ-ସମୃଦ୍ଧି ସାଧନରେ ସହାୟତା କରିଥିଲେ। ଦେଶରେ ମୁଦ୍ରଣଶିଳ୍ପର ପ୍ରସାର

ସବୁକାଳେ ସାହିତ୍ୟ ପ୍ରସାରରେ ସହାୟକ ହୋଇଥାଏ। ଓଡିଶାରେ ମଧ୍ୟ ତା'ର ବ୍ୟତିକ୍ରମ ଘଟି ନଥିଲା। ଓଡିଶାରେ ବହୁ ପତ୍ରିକାର ପ୍ରକାଶନ ସହିତ ଏହାର ସୁଯୋଗ୍ୟ ସମ୍ପାଦକମାନେ ସମ୍ପାଦକୀୟ ସ୍ତମ୍ଭ ତଥା ଅନ୍ୟାନ୍ୟ ପ୍ରବନ୍ଧମାନଙ୍କରେ ଦେଶର ସାମାଜିକ, ରାଜନୈତିକ ଓ ଅର୍ଥନୈତିକ ସମସ୍ୟାମାନଙ୍କ ସମ୍ପର୍କରେ ଆଲୋକପାତ କରି ତାହାର ସମାଧାନ ନିମନ୍ତେ ପଥପ୍ରଦର୍ଶନ କରାଇଥିଲେ। ପ୍ରବନ୍ଧ-ସାହିତ୍ୟ ଆଦିପର୍ବରେ 'ଉତ୍କଳ ଦୀପିକା'(୧୮୬୬), 'ଉତ୍କଳ ଦର୍ପଣ' (୧୮୭୩), 'ସମ୍ବଲପୁର ହିତୈଷିଣୀ' (୧୮୮୯), 'ଶିକ୍ଷାବନ୍ଧୁ' (୧୮୮୫), 'ଉତ୍କଳପ୍ରଭା' (୧୮୯୧), 'ଉତ୍କଳ ସାହିତ୍ୟ' (୧୮୯୭) ପ୍ରଭୃତି ପତ୍ରିକାମାନଙ୍କର ରଚନାବଳୀ ଦ୍ୱାରା ହିଁ ସମୃଦ୍ଧ ହୋଇଥିଲା।

ଓଡିଆ ଜାତୀୟ ପ୍ରବନ୍ଧର ଉନ୍ମେଷ କାଳର ବିଶିଷ୍ଟ ପ୍ରାବନ୍ଧିକମାନେ ହେଲେ ଫକୀରମୋହନ, ମଧୁସୂଦନ ରାଓ, ଗୌରୀଶଙ୍କର ରାୟ, ବିଶ୍ୱନାଥ କର, କୃଷ୍ଣପ୍ରସାଦ ଚୌଧୁରୀ, ପ୍ୟାରୀମୋହାନ ଆଚାର୍ଯ୍ୟ, ନୀଳମଣି ବିଦ୍ୟାରତ୍ନ, ଗୋପାଳଚନ୍ଦ୍ର ପ୍ରହରାଜ, ଶଶିଭୂଷଣ ରାୟ ପ୍ରମୁଖ।

୧୮୭୦-୧୯୦୩ ମସିହା ମଧ୍ୟରେ ପ୍ରକାଶ ପାଇଥିବା ସାପ୍ତାହିକ, ପାକ୍ଷିକ ଓ ମାସିକ ସମ୍ବାଦପତ୍ର ଓ ସାହିତ୍ୟପତ୍ରମାନଙ୍କର ଅନ୍ୟତମ ଲକ୍ଷ୍ୟଥିଲା ଛାତ୍ରମାନଙ୍କର ଚିତ୍ତବୃତ୍ତିକୁ ଶିକ୍ଷିତ, ମାର୍ଜିତ ଓ ବିକଶିତ କରାଇବା। ଊନବିଂଶ ଶତକର ଶେଷ ଦୁଇ ତିନି ଦଶକରେ ଜନ୍ମ ନେଇଥିବା ବହୁ ସାଂସ୍କୃତିକ ଅନୁଷ୍ଠାନ ଓଡିଶାର ବୌଦ୍ଧିକ ବିକାଶରେ କିପରି ଗୁରୁତ୍ୱପୂର୍ଣ୍ଣ ଭୂମିକା ଗ୍ରହଣ କରିଥିଲେ, ତାହା ପୂର୍ବରୁ ଉଲ୍ଲେଖ କରାଯାଇଅଛି। ଏହି ସମୟରେ ଅନୁଷ୍ଠିତ ହେଉଥିବା ସାଂସ୍କୃତିକ ଅନୁଷ୍ଠାନ ମାନଙ୍କର ବିଶେଷ ଉତ୍ସବରେ ପ୍ରବନ୍ଧପାଠ ବ୍ୟବସ୍ଥା ପ୍ରବନ୍ଧରଚନାକୁ ଉତ୍ସାହିତ ଓ ବିକଶିତ କରାଇଥିଲା।

ସାଂସ୍କୃତିକ ଅନୁଷ୍ଠାନରେ ପଠିତ ଏହି ପ୍ରବନ୍ଧମାନଙ୍କରେ ପ୍ରଧାନତଃ ଉତ୍କଳୀୟ ଭାଷା-ସମସ୍ୟା, ଭାଷୋନ୍ନତି, ସଭ୍ୟତାର ଉନ୍ନତି, ଶିକ୍ଷା ବ୍ୟବସ୍ଥା, ପ୍ରଚଳିତ ସାମାଜିକ ଦୁରବସ୍ଥା ପ୍ରଭୃତି ପ୍ରସଙ୍ଗଗୁଡିକ ଉପସ୍ଥାପିତ ହେଉଥିଲା। ଏହା ଫଳରେ ଏକ ସାମାଜିକ ପରିସ୍ଥିତି ଓ ସମାଜସଚେତନ ନାଗରିକ ଗୋଷ୍ଠି ସୃଷ୍ଟି ହେବା ସଙ୍ଗେ ସଙ୍ଗେ ଏହା ଅନୁରୂପ ଜନମତ ସୃଷ୍ଟିରେ ସହାୟତା କରୁଥିଲା।

ପ୍ରବନ୍ଧ-ସାହିତ୍ୟର ଆଦିପର୍ବରେ ମୁଖ୍ୟତଃ ସାମାଜିକ ସମସ୍ୟା ଓ ଜାତୀୟ ଚିରତ୍ରୋନ୍ନତିକୁ ଭିତ୍ତିକରି ଜାତୀୟ ଚେତନା ପରିପୁଷ୍ଟ ହୋଇଥିଲା। ଏହା ଫଳରେ ଓଡିଆ ଭାଷା, ସାହିତ୍ୟ ଓ ସଂସ୍କୃତି ପରୋକ୍ଷରେ ବିକାଶ ଲାଭ କରିଥିଲା। ୧୮୭୩ ମସିହା ଜୁଲାଇରୁ ଅଗଷ୍ଟ ମାସ ମଧ୍ୟରେ 'ଉତ୍କଳ ଭାଷୋଦ୍ଦୀପିନୀ' ସଭାରେ ପଠିତ ପ୍ରବନ୍ଧମାନଙ୍କରୁ ଏହା ସ୍ପଷ୍ଟରୂପେ ଜଣାଯାଏ। ଉକ୍ତ ପ୍ରବନ୍ଧମାନଙ୍କରୁ କେତୋଟି ହେଉଛି, 'ଭାଷୋନ୍ନତିର

ଫଳ', 'ଉତ୍କଳ ଭାଷାର ପୂର୍ବାପର ଅବସ୍ଥା', 'ଉତ୍କଳୀୟମାନଙ୍କର ପୂର୍ବାପର ସଭ୍ୟତାର ଉନ୍ନତି'(୧)। ୧୮୯୪ ମସିହାରେ ପ୍ରତିଷ୍ଠିତ 'ଆଲୋଚନା ସଭା'ର ପ୍ରଥମ ଅଧିବେଶନରେ ଚନ୍ଦ୍ର ମୋହନ ମହାରଣା 'ସାହିତ୍ୟ' ଓ ଦ୍ୱିତୀୟ ଅଧିବେଶନରେ ବିଶ୍ୱନାଥ କର 'ଶିକ୍ଷା' ଶୀର୍ଷକ ପ୍ରବନ୍ଧ ପାଠ କରିଥିଲେ (୨)।

ଏହିସବୁ ପ୍ରବନ୍ଧରେ ଶିକ୍ଷା, ସାହିତ୍ୟ ଓ ଭାଷାର ପ୍ରଚଳିତ ବ୍ୟବସ୍ଥାରେ ଆଶୁ ଉନ୍ନତି ଓ ଭାରତୀୟ ତରୁଣ ମାନସରୁ ଔଦାସୀନ୍ୟ ଦୂରୀକରଣ ନିମନ୍ତେ ଉଗ୍ର ଚିତ୍ତଆଲୋଡନକାରୀ ଚିନ୍ତାଧାରା ପ୍ରକାଶିତ ହୋଇଥିଲା। 'ନବସମ୍ବାଦ' ଏହି ସମ୍ପର୍କରେ ଲେଖିଥିଲେ, "ତୁମ୍ଭେ କି ମନେକରିଅଛ ସବୁ ବିଷୟରେ ଉଦାସୀନ ଥାଇ ନିଜର ଚରିତ୍ରରକ୍ଷଣରେ ସମର୍ଥ ହେବ? x x x ଯେତେବେଳେ ସଂସାରର ଚତୁର୍ଦ୍ଦିଗରୁ ଭୀଷଣ ପରୀକ୍ଷାର ଝଟିକା, ଭୟାନକ ପ୍ରଲୋଭନର ବନ୍ୟା ପ୍ରବଳ ବେଗରେ ମାଡିଆସିବ - ଅଦମନୀୟ ରିପୁଅଗ୍ନି ଧୂ ଧୂ ହୋଇ ପ୍ରଜ୍ୱଳିତ ହୋଇଉଠିବ, ତେତେବେଳେ ତୁମ୍ଭର ଏମନ୍ତ କି ଶକ୍ତି ଅଛି ଯାହାର ସାହାଯ୍ୟରେ ରକ୍ଷାପାଇଁ ଆଶା କରିପାର?"(୩)

୧୮୮୫ ମସିହା 'ପ୍ରଦୀପ' ପ୍ରଥମ ବର୍ଷରେ ପ୍ରକାଶିତ ମଧୁସୂଦନ ରାଓଙ୍କର 'ଅନନ୍ତ ଆମ୍ଭମାନଙ୍କର ଆଦର୍ଶ', ବ୍ରହ୍ମାନନ୍ଦ ଦାସଙ୍କର 'ଆମ୍ଭମାନଙ୍କର ଜାତୀୟ ସାହିତ୍ୟ', ଜୟକୃଷ୍ଣ ମହାପାତ୍ରଙ୍କ ଲିଖିତ 'ସ୍ୱାର୍ଥତ୍ୟାଗ' ପ୍ରବନ୍ଧମାନଙ୍କରେ ପ୍ରାବନ୍ଧକଙ୍କର ଚିନ୍ତାଧାରାର ସୁସଜ୍ଜିତ ବିନ୍ୟାସ ଓ ଭାଷାର ଉନ୍ନତ ଗଠନ ପରିପାଟୀ ମାଧ୍ୟମରେ ଜାତୀୟତା ଭାବର ବଳିଷ୍ଠ ପରିପ୍ରକାଶ ଘଟିଥିଲା। ଏହି ପ୍ରବନ୍ଧମାନଙ୍କରେ ମୁଖ୍ୟତଃ ଆଧ୍ୟାତ୍ମିକ ଚେତନା ସମ୍ବଳିତ ଦେଶଭକ୍ତି ଓ ସ୍ୱଦେଶପ୍ରେମ ପ୍ରତିଷ୍ଠାକୁ ଗୁରୁତ୍ୱ ପ୍ରଦାନ କରାଯାଉଥିଲା।

ପତ୍ରିକାମାନଙ୍କର ସମ୍ପାଦକୀୟ ଟିପ୍‌ପଣୀ ଓ ଅଭିମତ ଦେଶବାସୀଙ୍କୁ ଜାତୀୟ ସମସ୍ୟା ସମ୍ପର୍କରେ ଅବହିତ କରାଇଥିଲା। ବିଶ୍ୱନାଥ କରଙ୍କ ଲିଖିତ 'ବର୍ତ୍ତମାନ ଶିକ୍ଷା ପ୍ରଣାଳୀ' (ଶିକ୍ଷାବନ୍ଧୁ, ୧୮୮୫), 'ସ୍ୱାଧୀନଚିନ୍ତା', 'ପ୍ରତିଜ୍ଞାର ବଳ', 'ମହାତ୍ମା ମାଟ୍‌ସିନ୍' (ଆଶା, ୧୮୮୮ରେ ପ୍ରକାଶିତ) ଓ ରେବା ରାୟଙ୍କ ଲିଖିତ 'ସ୍ତ୍ରୀ-ଶିକ୍ଷା' (ଆଶା, ୧୮୮୮) ପ୍ରବନ୍ଧମାନଙ୍କରୁ ନୂତନ ବୈପ୍ଳବିକ ସଂସ୍କାରମୁଖୀ ଚିନ୍ତାଧାରାର ପ୍ରଥମ ଆଭାସ ମିଳିଥାଏ। ଚିନ୍ତାରେ ନିର୍ଭୀକତା ଓ ତାହାର ଯୌକ୍ତିକ ଉପସ୍ଥାପନା ବିଶ୍ୱନାଥ କରଙ୍କ 'ସାଧନା ଓ ସିଦ୍ଧି', 'ସାହିତ୍ୟ ଚର୍ଚ୍ଚା', 'ସାହିତ୍ୟ ଓ ସମାଲୋଚନା', 'ସ୍ତ୍ରୀ-ଶିକ୍ଷା' ଓ 'ସ୍ୱାଧୀନତା'

---

୧. ଉ: ଦୀ: - ତା ୯.୮.୧୮୭୩
୨. ତତ୍ରୈବ
୩. 'ନବଭାରତର ଔଦାସୀନ୍ୟ', 'ନବସମ୍ବାଦ', ତା ୨୧.୧.୧୮୮୭

ପ୍ରଭୃତି ପ୍ରବନ୍ଧଗୁଡିକରେ ପରିଲକ୍ଷିତ ହୁଏ। ଭାଷା ଓ ସାହିତ୍ୟର ପୂର୍ଣ୍ଣ ସୁରକ୍ଷା ଓ ଉନ୍ନତି ବ୍ୟତିରେକେ ଜାତୀୟ କଲ୍ୟାଣ କଥା ସମାଜ-ସଂସ୍କାର ଅସମ୍ଭବ ବୋଲି ସେ ଏଥିରେ ମତ ପ୍ରକାଶ କରିଥିଲେ। ତାହାଙ୍କ 'ବିବିଧ ପ୍ରବନ୍ଧ' (ପ୍ରଃ ପ୍ରଃ ୧୮୯୬) ପୁସ୍ତକରେ ସନ୍ନିବିଷ୍ଟ ପ୍ରବନ୍ଧଗୁଡିକ ବିଷୟବସ୍ତୁର ଅଭିନବତ୍ୱ, ଯଥାର୍ଥ ବିଚାରପ୍ରବଣତା, ବୈପ୍ଲବିକ ସଂସ୍କାର ପ୍ରୟାସ ଓ ଚିନ୍ତାଧାରାର ନିର୍ମଳତା ଯୋଗୁ ପାଠକମାନଙ୍କର ସଶ୍ରଦ୍ଧ ଦୃଷ୍ଟି ଆକର୍ଷଣ କରିପାରିଥିଲା।

ମିଶନାରୀ ଓ ଓଡିଶାର କତିପୟ ଲେଖକଙ୍କ ଉଦ୍ୟମରେ (୧୮୭୦ ମସିହା ପର୍ଯ୍ୟନ୍ତ) ଯେଉଁ ପ୍ରବନ୍ଧ-ସାହିତ୍ୟର ସୂତ୍ରପାତ ହୋଇଥିଲା, ତାହା ପରବର୍ତ୍ତୀ କାଳରେ ରାଧାନାଥ, ମଧୁସୂଦନ, ବିଶ୍ୱନାଥ କର ପ୍ରଭୃତି ସୁଲେଖକମାନଙ୍କ ଉଦ୍ୟମରେ ମାର୍ଜିତ ଓ ରୁଚିସମ୍ପନ୍ନ ହୋଇପାରିଥିଲା।

ଗୌରୀଶଙ୍କର ରାୟଙ୍କ 'ଉତ୍କଳ ଦୀପିକା', ପ୍ୟାରୀମୋହନ ଆଚାର୍ଯ୍ୟଙ୍କର 'ଉତ୍କଳପୁତ୍ର', ବିଶ୍ୱନାଥ କରଙ୍କ 'ଉତ୍କଳ ସାହିତ୍ୟ'ର ସମ୍ପାଦକୀୟ ଟିପ୍‌ପଣୀରୁ ସମସାମୟିକ ପରିସ୍ଥିତି-ସଚେତନତା ଉପଲବ୍‌ଧ ହୁଏ। ପରିବର୍ତ୍ତିତ ପରିସ୍ଥିତିର ନିର୍ଭୀକ ଆଲୋଚନାଦ୍ୱାରା ଏହି ପତ୍ରପତ୍ରିକାର ସମ୍ପାଦକଗଣ ଜାତୀୟତା ଭାବ ଉଦ୍ରେକ କରାଇବାରେ ସଫଳ ଭୂମିକା ଗ୍ରହଣ କରିଥିଲେ।

ଛାତ୍ରମାନଙ୍କର ଦୃଷ୍ଟି ପ୍ରସାରଣ ଓ ଶିକ୍ଷା ଉପଯୋଗୀ ତଥା ଅନୁସନ୍ଧିତ୍ସା ଉଦ୍ଦୀପକ ପ୍ରବନ୍ଧମାନ ପରେ ପରେ ରଚିତ ହୋଇ ଏହି ପତ୍ରିକାମାନଙ୍କୁ ପରିପୁଷ୍ଟ କରିଥିଲା। ଏହି ରଚନାର ରଚୟିତା, ଓଡିଶାର ଜ୍ଞାନୀ, ଗୁଣୀ ଓ ସାହିତ୍ୟ ସାଧକମାନଙ୍କର ନିରଳସ ସାଧନାଦ୍ୱାରା ଓଡିଆ ସାହିତ୍ୟରେ ନବଚେତନାର ବହୁ ଦିଗନ୍ତ ଉନ୍ମୋଚିତ ହୋଇପାରିଥିଲା। ସ୍ଥୂଳତଃ ଏହି ପ୍ରାବନ୍ଧିକମାନଙ୍କ ରଚନାରେ ଜାତୀୟ ଦୈନ୍ୟ, ସ୍ୱାଧୀନତାର ସ୍ୱରୂପ, ଭାରତୀୟ ସଂସ୍କୃତି ଓ ଉତ୍କଳୀୟ ପରମ୍ପରାର ମହତ୍ତ୍ୱ, ଭାଷା ସଂକଟ, ଜାତୀୟତାବୋଧ, ସାମାଜିକ ସଂକଟ, ସ୍ୱଦେଶପ୍ରେମ ଆଦି ବିଷୟମାନ ଆଲୋଚିତ ହୋଇଥିଲା।

ଏତଦ୍‌ବ୍ୟତୀତ ମାନବର ଅସାବଧାନତା, ନିର୍ବୋଧତା, ଅପରିପକ୍ୱତା, ଆଳସ୍ୟ, ଭଗ୍ନମନସ୍କତା ତଥା ହୀନମନ୍ୟତା କିପରି ବ୍ୟକ୍ତିଗର ତଥା ସାମାଜିକ ଦୁର୍ଗତିର ମୂଳକାରଣ, ତାହା ସେମାନେ ଦର୍ଶାଇଥିଲେ। ଏହା ଫଳରେ ଜାତୀୟ ଜୀବନରେ ଆତ୍ମବିଶ୍ୱାସ ପ୍ରତିଷ୍ଠିତ ହୋଇପାରିଥିଲା। ପ୍ରାଚୀନ ସଂସ୍କୃତି ଓ ପରମ୍ପରା ପ୍ରତି ଗୌରବବୋଧ ଜାତ ହୋଇଥିଲା। ଜନସାଧାରଣ ସେମାନଙ୍କ ସାମାଜିକ ସ୍ଥିତି ଓ ସଂକଟ ବିଷୟରେ ଅବହିତ ହୋଇପାରିଥିଲେ ଓ ସାମାଜିକ ଜୀବନ କ୍ରମେ ସଂସ୍କାରାଭିମୁଖୀ ହୋଇପାରିଥିଲା।

'ବିବେକୀ'ର ଗୁଣ ଓ ଧର୍ମ : ନୂତନ ରୁଚି ଓ ଜାତୀୟ ସଚେତନତା :

୧୮୭୩ ମସିହାରେ 'ଉତ୍କଳ ଦର୍ପଣ' ପତ୍ରିକାରେ ଆଧୁନିକ ଓଡିଆ ସାହିତ୍ୟର ପ୍ରଥମ ପ୍ରବନ୍ଧ ରାଧାନାଥ ରାୟଙ୍କର 'ବିବେକୀ' ପ୍ରକାଶ ପାଇଥିଲା। ରୂପ ଓ ରୀତି ଦୃଷ୍ଟିରୁ ଏହା ଥିବା ଓଡିଆ ସାହିତ୍ୟର ଏକ ଅଭିନବ ପଦକ୍ଷେପ। ଏହି ପ୍ରବନ୍ଧରେ ମନୁଷ୍ୟର ବିବିଧ ଆଭ୍ୟନ୍ତରୀଣ ଦୋଷ-ଦୁର୍ବଳତାର ବିଚାର ଓ ନିରୀକ୍ଷା କରିବା ସଙ୍ଗେ ସଙ୍ଗେ ଆଦର୍ଶ ବ୍ୟକ୍ତିତ୍ୱର ଗୁଣାବଳୀ ଉପରେ ଆଲୋକପାତ କରାଯାଇଥିଲା।

ଏହି ନୂତନ ସ୍ୱାଦର ପ୍ରବନ୍ଧ ଓଡିଆ ସାହିତ୍ୟରେ ନୂତନ ଚିନ୍ତା, ଦର୍ଶନ ଓ ବିଶ୍ୱାସ ସହିତ ନବ **ଭାବଧାରା ପ୍ରବର୍ତ୍ତନ କରିଥିଲା। ଏତଦ୍ଦ୍ୱାରା ସାହିତ୍ୟରେ ଭାବପ୍ରବଣତା ପରିବର୍ତ୍ତେ ପ୍ରଜ୍ଞା ଓ ବିଚାରପ୍ରବଣତାର ପ୍ରତିଷ୍ଠା ହୋଇପାରିଥିଲା। ପ୍ରାବନ୍ଧିକଙ୍କର ମାନବ ଚରିତ୍ର ସମୀକ୍ଷା ଓ ଉତ୍କୃଷ୍ଟ ଚିନ୍ତାପ୍ରାଣତାର ପରିଚୟ ନିମ୍ନୋକ୍ତ ଉକ୍ତିଟିରୁ ଅନୁମେୟ: "ଚାଳିଶ ବର୍ଷରେ କେହି ବୈଦ୍ୟ ହୁଅନ୍ତି, ଚାଳିଶ ବର୍ଷରେ କାହାକୁ ଅବା ଦୈବ ଛାଡେ। ଶରୀର ସମ୍ବନ୍ଧରେ ଯେଉଁ ନିୟମ, ମନ ସମ୍ବନ୍ଧରେ ମଧ୍ୟ ସେହି ନିୟମ।"(୪)**

ଏତାଦୃଶ ପ୍ରବନ୍ଧ ରଚନାଦ୍ୱାରା ପ୍ରାବନ୍ଧିକ ରାଧାନାଥ ପାଠକମାନଙ୍କ ଚିନ୍ତାଧାରାକୁ ମାର୍ଜିତ ଓ ଅନ୍ତର୍ମୁଖୀ କରାଇପାରିଥିଲେ। ମାର୍ଜିତ ରୁଚି ପ୍ରତିଷ୍ଠା ଉଦ୍ଦେଶ୍ୟରେ ୧୯୦୩ ମସିହାରେ 'ଉତ୍କଳ ସାହିତ୍ୟ ସମାଜ'ର ପ୍ରଥମ ଅଧିବେଶନରେ ତାଙ୍କର ସଭାପତି ଅଭିଭାଷଣ ପ୍ରବନ୍ଧ ଥିଲା ଉତ୍କଳ ସାହିତ୍ୟର ଉନ୍ନତି। ସାହିତ୍ୟକୁ ଅଧିକ ବାସ୍ତବାଭିମୁଖୀ କରିବା ଅଭିପ୍ରାୟରେ ସେହି ପ୍ରବନ୍ଧରେ ରାଧାନାଥ ଲେଖିଥିଲେ, "... ଆତ୍ମା ଏବଂ ହୃଦୟକୁ ସାହିତ୍ୟର ମୂଳ ସ୍ୱରୂପ ନିର୍ଦ୍ଦେଶ କରାଯାଇପାରେ। ଆତ୍ମା ଏବଂ ହୃଦୟର ଅସ୍ତିତ୍ୱ ଲୋପ ନ ହେବା ପର୍ଯ୍ୟନ୍ତ ଏହା ବୋଲିବାର ବାହୁଲ୍ୟ, ମସ୍ତିଷ୍କର କର୍ଷଣ ଏବଂ ଆତ୍ମା ଓ ହୃଦୟର କର୍ଷଣ, ଏ ଉଭୟର ସମନ୍ୱୟ ପୂର୍ଣ୍ଣ ମନୁଷ୍ୟତା ସକାଶେ ପ୍ରତ୍ୟେକ ମନୁଷ୍ୟ ପକ୍ଷରେ ପ୍ରୟୋଜନୀୟ।"(୫)

ରାଧାନାଥଙ୍କ ପ୍ରବନ୍ଧ ସଂଖ୍ୟାଦୃଷ୍ଟିରୁ ଅତି ନିର୍ଦ୍ଦିଷ୍ଟ ହେଲେ ହେଁ, ମାନଦୃଷ୍ଟିରୁ ଏହା ବହୁ ଊର୍ଦ୍ଧ୍ୱରେ। ଜୀବନର ମୂଲ୍ୟବୋଧ ପ୍ରତିଷ୍ଠା, ଭାବୁକତା, ଦାର୍ଶନିକତା, ପ୍ରଜ୍ଞା ଓ ଚିନ୍ତାଶୀଳତା ଏହି ପ୍ରବନ୍ଧର ଉଲ୍ଲେଖଯୋଗ୍ୟ ବିଭାବ।

---

୪. 'ବିବେକୀ'- ରାଧାନାଥ ଗ୍ରନ୍ଥାବଳୀ, ପୃ.୩୬୮।

୫. 'ଉତ୍କଳ ସାହିତ୍ୟ ସମାଜ'ର ପ୍ରଥମ ଅଧିବେଶନରେ ସଭାପତି ରାଧାନାଥ ରାୟଙ୍କ ପ୍ରଦତ୍ତ ଅଭିଭାଷଣ।

ଜାତୀୟ ଜୀବନର ନାନା ବିଭାବୋପଯୋଗୀ ଚିନ୍ତାସକଳ ଯେତେଦିନ ପର୍ଯ୍ୟନ୍ତ ଜାତୀୟ ସାହିତ୍ୟରେ ସ୍ଥାନ ପାଇନାହିଁ, ସେତେଦିନ ପର୍ଯ୍ୟନ୍ତ ଜାତୀୟ ସାହିତ୍ୟ ଅପୂର୍ଣ୍ଣ ରହିଥାଏ। ପୁଣି "ସବୁଦେଶରେ ସାହିତ୍ୟର ଗତି ସାଧାରଣତଃ ଦୁଇ ଦିଗରୁ ପ୍ରଭାବିତ ହୁଏ। ଗୋଟିଏ ଦିଗ ଜାତିର ମଜ୍ଜା; ଅନ୍ୟଟି ବାହାରର। ଜାତିର ମଜ୍ଜାରୁ ଯେଉଁ ପ୍ରଭାବର ଉତ୍ପତ୍ତି, ତାହା ଜାତୀୟ ଜୀବନର ଧକ୍‌କା। ତାହାରି ବଳରେ ସଂସାରର ବଡ ବଡ ସାହିତ୍ୟର ସୃଷ୍ଟି ହୋଇଅଛି। ସେହିପରି ସାହିତ୍ୟ ଜାତିର ହୃଦୟତନ୍ତ୍ରୀକୁ ହଲାଇ ଦେଇ ଆସେ। ସେଥିରେ ଜାତୀୟ ଜୀବନର ମିଥ୍ୟା ଢୋଲ ବାଜି ନପାରେ। ପ୍ରତି ଜାତିର ଯୁଗ ପରିବର୍ତ୍ତନ ବେଳେ ତାହାର ଶିଳ୍ପ ଓ ସାହିତ୍ୟ ଉପରେ ଏହିପରି ମୁଦ୍ରା ପଡେ ଏବଂ ସେହି ବିଶିଷ୍ଟ ମୁଦ୍ରା ଧାରଣ କରି ସେ ସମୟର ଶିଳ୍ପ ଓ ସାହିତ୍ୟ ସେ ଜାତିର ଇତିହାସରେ ବିଶିଷ୍ଟ ଯୁଗର ସଂକେତ ଦେଖାଏ।"(୬)

ଓଡିଆ ସାହିତ୍ୟରେ ସେହି ବିଶିଷ୍ଟ ଯୁଗର ସଂକେତ ରାଧାନାଥ, ମଧୁସୂଦନ, ଫକୀରମୋହନ ପ୍ୟାରୀମୋହନ ଓ ବିଶ୍ୱନାଥଙ୍କ ସାହିତ୍ୟ-ସୃଷ୍ଟିରେ ଅନୁଭୁତ ହୋଇଥିଲା। ନବ ଜାତୀୟ ଜୀବନର ପ୍ରଥମ ତରଙ୍ଗ ସେମାନଙ୍କ ହୃଦତନ୍ତ୍ରୀକୁ ଉଲ୍ଲସିତ କରି ସାହିତ୍ୟାକାରରେ ପ୍ରକାଶିତ ହେଲା। ଏହି ଯୁଗର ଗୋଟିଏ ବିଶେଷ ଲାଭ ହେଉଛି ପାଠ୍ୟପୁସ୍ତକ ଉଦ୍ଦେଶ୍ୟରେ ଗଦ୍ୟ ଓ ପ୍ରବନ୍ଧ ରଚନା। ପାଠ୍ୟପୁସ୍ତକର ଅଭାବ ମୋଚନ ଓ ପ୍ରାଣର ଆହ୍ୱାନ- ଉଭୟ ଉଦ୍ଦେଶ୍ୟର ମିଳନରେ ରଚିତ ପ୍ରବନ୍ଧମାନଙ୍କରେ ମନୋରଞ୍ଜନ ନିମନ୍ତେ ଅନେକ ଭାବସମ୍ପଦ ସହ ପବିତ୍ର ଭାବାନୁପ୍ରାଣୀତ ରୁଚିପୂର୍ଣ୍ଣ ସାହିତ୍ୟ ସମ୍ପଦ ନିହିତ ଥିଲା। ପଦ୍ମଚରଣ ପଟ୍ଟନାୟକ ଏ ସମ୍ପର୍କରେ ଯଥାର୍ଥରେ ଲେଖିଥିଲେ, "... ଭକ୍ତକବି ମଧୁସୂଦନ ତାଙ୍କର ପ୍ରବନ୍ଧାବଳୀ ଦ୍ୱାରା ଆଦିରସ ପ୍ରପୀଡିତ ଉତ୍କଳ-ସାହିତ୍ୟ-ସଂସାରରେ ଗୋଟିଏ ପବିତ୍ର ନିର୍ମଳ ସାହିତ୍ୟର ପ୍ରବାହ ବୁହାଇଦେଇ ଆମ୍ଭମାନଙ୍କ ରୁଚି ଓ ଚିନ୍ତାର ମାର୍ଗକୁ ପରିବର୍ତ୍ତିତ କରିଦେଇ ଅଛନ୍ତି।"(୭) ଓଡିଆ ସାହିତ୍ୟରେ ନୂତନ ରୁଚିର ପ୍ରବର୍ତ୍ତକ ମଧୁସୂଦନ ରାଓ (୧୮୫୩-୧୯୧୨)ଙ୍କର ପ୍ରବନ୍ଧଗୁଡିକ 'ପ୍ରବନ୍ଧମାଳା'(୧୮୮୦)ରେ ସନ୍ନିବିଷ୍ଟ। ଏହି ପ୍ରବନ୍ଧଗୁଡିକ ଓଡିଆ ପାଠ୍ୟପୁସ୍ତକ ଓ ସାହିତ୍ୟର ଦୈନ୍ୟ ଦୂର କରିବା ଉଦ୍ଦେଶ୍ୟରେ ରଚିତ ହୋଇଥିବାରୁ ପୃଥିବୀର କେତେକ ବିଶିଷ୍ଟ ପ୍ରାବନ୍ଧିକଙ୍କର ମୌଳିକ ପ୍ରବନ୍ଧକୁ ସେ ଓଡିଆରେ ଅନୁବାଦ କରିଥିଲେ। ଏତାଦୃଶ ଅନୁବାଦର ମୂଳ ଲକ୍ଷ୍ୟ ଥିଲା ଶିକ୍ଷାନୁଷ୍ଠାନର ବିଦ୍ୟାର୍ଥୀମାନଙ୍କର ରୁଚିରେ ସଂସ୍କାର ଓ ଜ୍ଞାନର ପରିପୁଷ୍ଟି ସାଧନ କରିବା ଓ ଏକ ନୂତନ ରୁଚିସମ୍ପନ୍ନ ଶିକ୍ଷିତ ଗୋଷ୍ଠୀ ସୃଷ୍ଟି କରିବା।

---

୬. 'ଆମ୍ଭମାନଙ୍କ ମାତୃଭାଷାର ଅବସ୍ଥା'- ପଦରମଚରଣ ପଟ୍ଟନାୟକ, ଉ ସା, ୧୬/୫, ପୃ୧୪୧

୭. 'ଆମ୍ଭମାନଙ୍କ ମାତୃଭାଷାର ଅବସ୍ଥା', ତତ୍ରୈବ।

ଭକ୍ତକବିଙ୍କ ପ୍ରବନ୍ଧରେ ଭଗବାନଙ୍କ ସୃଷ୍ଟିର ଅନନ୍ତ ମହିମା ପ୍ରତିଫଳିତ। ମାନବିକତାର ମହତ୍ତ୍ୱ ସହ ପ୍ରକୃତି-ରାଜ୍ୟର ବହୁ ନୂତନ ନୂତନ ତଥ୍ୟ ପରିବେଷଣ କରି ବିଶ୍ୱପ୍ରକୃତି ସହିତ ମାନବକୁ ପରିଚିତ କରାଇବାକୁ ଓ ପ୍ରକୃତିର ବୈଚିତ୍ର୍ୟ ସମ୍ମୁଖରେ ମାନବର କ୍ଷୁଦ୍ରତା ପ୍ରମାଣ କରିବାକୁ ସେ ଏଥିରେ ପ୍ରୟାସ କରିଅଛନ୍ତି। ଏତଦ୍‌ବ୍ୟତୀତ ଏକ ଆଧ୍ୟାତ୍ମିକ ଜାତୀୟଚେତନାର ସ୍ପନ୍ଦନ ମଧ୍ୟ ତାହାଙ୍କ ପ୍ରବନ୍ଧରେ ଅନୁଭୂତ ହୁଏ: "ଯେଉଁ ସୁବିସ୍ତୀର୍ଣ୍ଣ ବାୟୁରାଶି ସମସ୍ତ ବସୁନ୍ଧରାକୁ ସମାଚ୍ଛାଦିତ କରି ରଖିଅଛି, ଯାହାର ସାଗରୋପମ ଅନନ୍ତ ଗର୍ଭ ମଧ୍ୟରେ ଜୀବମାନେ ମୀନାଦି ଜଳଚର ସଦୃଶ ଅବସ୍ଥାନ କରୁଅଛନ୍ତି, ଯାହାର ମୃଦୁ ହିଲ୍ଲୋଳ ବନ ଏବଂ ଉପବନମାନଙ୍କ ପତ୍ରାବଳୀ ଏବଂ କୁସୁମରାଶିକୁ କମ୍ପିତ କରି ଏବଂ ନାସାତର୍ପଣକାରୀ ପରିମଳ ବହନ କରି, ପ୍ରଣୟୀଜନୋଚିତ ଯତ୍ନ ସହକାରେ ପରିଶ୍ରାନ୍ତ ଜୀବମାନଙ୍କର ସନ୍ତାପ ଅପନୋଦନ କରୁଅଛି। x x x ଯାହାକୁ ପ୍ରାଚୀନ ପଣ୍ଡିତମାନେ ପ୍ରାଣସ୍ୱରୂପ ଉପଲବ୍ଧି କରି ଜଗଦ୍‌ପ୍ରାଣ ଆଖ୍ୟା ପ୍ରଦାନ କରିଅଛନ୍ତି, ସେହି ବାୟୁରାଶି ବିଷୟ ଆଲୋଚନା କରିବା କିଦୃଶ କୌତୁକର ବିଷୟ।"(୮)

ପ୍ରଣୟୀଜନୋଚିତ ଯତ୍ନସହକାରେ ପରିଶ୍ରାନ୍ତ ଜୀବମାନଙ୍କର ସନ୍ତାପ ଅପନୋଦନ କରୁଥିବା ଏହି ଅଦୃଶ୍ୟ ଅଥଚ ଉପଲବ୍ଧ ବାୟୁରାଶିର ସୃଷ୍ଟି-ତାତ୍ପର୍ଯ୍ୟ ବର୍ଣ୍ଣନା ଦ୍ୱାରା ପ୍ରାବନ୍ଧିକ ସେହି ଅଖିଳ ବ୍ରହ୍ମାଣ୍ଡପତିଙ୍କ ଆଡକୁ ଆମର ଦୃଷ୍ଟି ଆକର୍ଷଣ କରାଇବା ସଙ୍ଗେ ସଙ୍ଗେ ଆମର ଜିଗୀଷା-ପ୍ରବୃତ୍ତିର କୌତୂହଳ ଚରିତାର୍ଥ କରିବା ନିମନ୍ତେ ଉଦ୍ୟମ କରିଥିଲେ। ଉନ୍ନତ ଭାବ ଓ ଗମ୍ଭୀର ଧ୍ୱନିଯୁକ୍ତ ଭାଷାରେ ରଚିତ ତାହାଙ୍କ 'ସାହିତ୍ୟ କୁସୁମ' ଓ 'ସାହିତ୍ୟ ପ୍ରସଙ୍ଗ' ଏଯାବତ୍ ଓଡିଆ ଗଦ୍ୟ-ଜଗତର ସମୁଜ୍ଜ୍ୱଳ ମଣି ସଦୃଶ ପରିଶୋଭିତ। ତାହାଙ୍କ ମୌଳିକ ପ୍ରବନ୍ଧଗୁଡିକରେ ସାମାଜିକ ଅଧଃପତନର ଚିତ୍ର ସହିତ ଭାରତର ଗୌରବମୟ ଅତୀତ, ଏହାର ବୀର ପ୍ରଜାବତ୍ସଳ ରାଜା, ବୀରନାରୀ ଓ କମନୀୟ ପ୍ରକୃତିର ମନୋରମ ଆଲେଖ୍ୟ ଅଙ୍କିତ ହୋଇଅଛି। ଶତାବ୍ଦୀ ପୂର୍ବର ଏହି ପ୍ରବନ୍ଧମାନଙ୍କରେ ଅତ୍ୟାଧୁନିକ ରୁଚିଶୀଳ ଚିନ୍ତାଧାରାର ସଙ୍ଗଠନରେ ଚିରନ୍ତନ ସାହିତ୍ୟ (Classic Literature) ର ଭିତ୍ତିଭୂମି ସ୍ଥାପିତ ହୋଇଥିଲା।

ଫକୀରମୋହନଙ୍କ ଆତ୍ମଚରିତ ଓଡିଆ ସାହିତ୍ୟର ପ୍ରଥମ ଆତ୍ମଜୀବନୀ। ଜନଜୀବନ ସହ ପ୍ରତ୍ୟକ୍ଷ ଅନୁଭୂତିର ସୂକ୍ଷ୍ମ ବର୍ଣ୍ଣନା ଏହାକୁ ଚିତ୍ତାକର୍ଷକ ଓ ଯୁଗୋପଯୋଗୀ କରିଅଛି। ଓଡିଶାରେ ପ୍ରଥମ ମୁଦ୍ରାଯନ୍ତ୍ର ସ୍ଥାପନ, ବେଲେଶ୍ୱରରେ ପ୍ରଥମ ବାଳିକା ବିଦ୍ୟାଳୟ ସ୍ଥାପନ ଓଡିଆ ଭାଷୋନ୍ନତି ଉଦ୍ୟମ, ଶିକ୍ଷା ପ୍ରସାର, ଶିକ୍ଷା ସଂକଟର ସମାଧାନ, ସମବାୟ ଆନ୍ଦୋଳନର ପ୍ରଚାର, ଗଡଜାତର ରାଜା ଜମିଦାରଙ୍କ ସହ ପ୍ରଜାର ସମ୍ପର୍କ ଓ ବିବିଧ

୮. 'ବାୟୁରାଶି', 'ପ୍ରବନ୍ଧମାଳା'. ମଧୁସୂଦନ ରାଓ, ପୃ.୧୬।

ସମସ୍ୟାର ସମାଧାନ, ପ୍ରଜାମେଳି ପ୍ରଭୃତି ବହୁ ଗୁରୁତ୍ୱପୂର୍ଣ୍ଣ ଜାତୀୟ କାର୍ଯ୍ୟରେ କିପରି ଫକୀରମୋହନ ସଂପୃକ୍ତ ଥିଲେ, ଜୀବନ୍ତ ବିବରଣୀ ଏଥିରେ ସନ୍ନିବିଷ୍ଟ। ସମାଜର ତତ୍‌କାଳୀନ ଅର୍ଥନୀତିକ ଅବସ୍ଥା, ଗ୍ରାମ୍ୟ ଜୀବନର ଦୁଃଖ ଦୁର୍ଦ୍ଦଶାର ଚିତ୍ର, ଦେଶୀୟ ରାଜ୍ୟମାନଙ୍କର ସମସ୍ୟା, ଇଂରେଜପଢୁଆ ଯୁବକମାନଙ୍କ ଦ୍ୱାରା ସୃଷ୍ଟ ସାମାଜିକ ସମସ୍ୟାବଳୀର ମାର୍ମିକ ଚିତ୍ର ମାଧ୍ୟମରେ ସମସାମୟିକ ସାମାଜିକ ଅବସ୍ଥାର ନିର୍ମଳ ପ୍ରତିଚ୍ଛବି ଆମେ ସେନାପତିଙ୍କ ଆତ୍ମଚରିତରେ ଦେଖିବାକୁ ପାଉ।

ଉଦାର ସମାଜସଚେତନ କର୍ମୀଭାବରେ ଓଡ଼ିଆ ଜାତିର ଭାଷା ସୁରକ୍ଷା ଓ ଓଡ଼ିଶାର ସମ୍ମାନରକ୍ଷା କ୍ଷେତ୍ରରେ ଫକୀରମୋହନ ଥିଲେ ଅନ୍ୟତମ ଅଗ୍ରଣୀ ସାଧକ। ସମୃଦ୍ଧିଶାଳୀ ଭାରତବର୍ଷର ଅର୍ଥନୈତିକ ଅଧଃପତନ ଓ ତଜ୍ଜନିତ ସାମାଜିକ ଦୁରବସ୍ଥା ପ୍ରତି ସେ ସଚେତନ ଥିଲେ। ଶିଳ୍ପ ଅଧୋଗତି ଓ ଓଡ଼ିଶାର ଶିଳ୍ପ-ବିଧ୍ୱଂସୀ ବ୍ରିଟିଶ ଶିଳ୍ପନୀତିର ମାର୍ମିକ ଚିତ୍ର ସ୍ୱୀୟ ଅନୁଭୂତିରୁ ସେ ଏହିପରି ଲେଖିଅଛନ୍ତି: "ଓଡ଼ିଶାର ବିଶେଷତଃ ବାଲେଶ୍ୱରର ଦୁର୍ଭାଗ୍ୟର ବିଷୟ, ଅଳ୍ପଦିନ ଉତ୍ତାରେ ନିମକ ମାହାଲ ଉଠିଯିବା ବିଷୟ ସଦରରୁ ହୁକୁମ ଆସି ପହଞ୍ଚିଲା। ଉତ୍କଳର ଭାଗ୍ୟଲକ୍ଷ୍ମୀ ଲିଭରପୁଲ ଓ ଅନ୍ୟାନ୍ୟ ସ୍ଥାନକୁ ଚାଲିଗଲେ।"(୯) ମହାତ୍ମା ଗାନ୍ଧୀଙ୍କ ଅସହଯୋଗ ଆନ୍ଦୋଳନ, ବିଦେଶୀ ବର୍ଜନ, ଲବଣ ସତ୍ୟାଗ୍ରହ ଆଦିର ପରିକଳ୍ପନା ପୂର୍ବରୁ ଦେଶବାସୀଙ୍କୁ ସେମାନଙ୍କର ଆର୍ଥନୀତିକ ବିପର୍ଯ୍ୟୟର କାରଣ ଦର୍ଶାଇ ଜାତୀୟ ଅର୍ଥନୀତିକୁ ସୁଦୃଢ଼ କରିବା ନିମନ୍ତେ ଫକୀରମୋହନ ପଥପ୍ରଦର୍ଶନ କରିଥିଲେ। ପ୍ରାକୃତିକ ବିପର୍ଯ୍ୟୟ-ପୀଡ଼ିତ ଓଡ଼ିଶାବାସୀ କୁଟୀରଶିଳ୍ପ ଓ ଗ୍ରାମ୍ୟଶିଳ୍ପ ଉପରେ ନିର୍ଭରଶୀଳ ଥିବାଯୋଗୁ ସମସ୍ତ ବିପର୍ଯ୍ୟୟର ସମ୍ମୁଖୀନ ହୋଇପାରୁଥିଲେ। ଏହାର ଉଦାହରଣ ଦେଇ ସେ ଲେଖିଥିଲେ, "ଅମଲା ଓ ବଡଲୋକମାନେ ବାଲେଶ୍ୱରୀ ପତଳା ଲୁଗା ପିନ୍ଧୁଥିଲେ। ମଫସଲବାସୀ ସମସ୍ତ ଚାଷୀ ଲୋକ ଘରର ଅରଟକଟା ସୂତାରେ ବୁଣା ଲୁଗା ପିନ୍ଧୁଥିଲେ। ସୂତା କାଟିବା ନିମନ୍ତେ ଯେଉଁମାନଙ୍କ ଘରେ ମାଇକିନିଆ ନଥାନ୍ତି, ସେହିମାନେ କେବଳ ବଜାରରୁ ଲୁଗା କିଣି ପିନ୍ଧୁଥିଲେ। ମଫସଲବାସୀ ସମସ୍ତଙ୍କର କପାଚାଷ ଥାଏ। ପ୍ରତ୍ୟେକ ସ୍ତ୍ରୀଲୋକର ଗୋଟାଏ ଗୋଟାଏ ଅରଟ ଥାଏ। ସୂତାକଟା ହୋଇଗଲେ, ତନ୍ତୀ ବାଣ ନେଇ ସେହି ସୂତାରେ ଲୁଗା ବୁଣିଦିଏ। ବାଣ ସଚରାଚର ହାତକୁ ପଇସାଏ କରି ଥିଲା।"(୧୦)

ଏହି ଜାତୀୟବାଦୀ ଲେଖକଙ୍କ ଜୀବନର ଏକମାତ୍ର ବ୍ରତ ଥିଲା ଜାତିର ଉନ୍ନତି, ପ୍ରଗତି ଓ ସୁରକ୍ଷା। ସେଥିପାଇଁ ସ୍କୁଲ ପାଠ୍ୟ ପୁସ୍ତକ ରଚନା, ଐତିହାସିକ ବୀରମାନଙ୍କର

---

୯. 'ଆତ୍ମଜୀବନଚରିତ', ଫକୀରମୋହନ ଗ୍ରନ୍ଥାବଳୀ, ପ୍ରଥମ ଭାଗ, ପୃ ୧୧।
୧୦. ତତ୍ରୈବ-ପୃ.୧୮।

ଜୀବନିମାଳା, ଭାରତବର୍ଷର ଇତିହାସ ପ୍ରଭୃତି ରଚନା ମାଧ୍ୟମରେ ଜୀବନର ଶେଷ ମୁହୂର୍ତ୍ତ ପର୍ଯ୍ୟନ୍ତ ସେ ସାହିତ୍ୟସାଧନାରେ ନିମଜ୍ଜିତ ଥିଲେ। ମାତୃଭାଷାର ଉନ୍ନତି ବିନା ଜାତୀୟ ଦୁର୍ଗତି ଦୂର ହୋଇ ପାରିବ ନାହିଁ ବୋଲି ହୃଦୟଙ୍ଗମ କରିଥିଲେ। ଦେଶାନୁରାଗରେ ଅନୁରାଗୀ ଏହି ସାଧକ 'ଉତ୍କଳ ସାହିତ୍ୟ'ର ସମ୍ପାଦକ ବିଶ୍ୱନାଥ କରଙ୍କ ନିକଟକୁ ୨୩.୯.୧୯୧୪ ତାରିଖରେ ଲେଖିଥିଲେ, "ପ୍ରକୃତ ଯଦି ମୋ ଗଳ୍ପକୁ ପାଠକମାନେ ଅନୁମୋଦନ କରନ୍ତି, ସେଥି ସକାଶେ ଯତ୍‌କିଞ୍ଚିତ୍ ହେଲେ ଯଦି ସାହିତ୍ୟର ଗୌରବ ବଢେ, ଅତ୍ୟନ୍ତ ଆନନ୍ଦିତ ହେବି ନିଶ୍ଚୟ ଜାଣିବେ। ମୋର ଦେହବଳ ଜ୍ଞାନବଳ କିଛି ନାହିଁ, ବୃଥା ଚିରକାଳ ସାହିତ୍ୟ ମଙ୍ଗଳ କାମନା କରି ବ୍ୟାକୁଳ ହୁଏ।"(୧୧) 'ଉତ୍କଳ ଭାଷାର ଭୁତ ଭବିଷ୍ୟତ' ପ୍ରବନ୍ଧରେ ସେ ଉତ୍କଳବାସୀଙ୍କୁ ଆହ୍ୱାନ ଦେଇ ଲେଖିଥିଲେ, "ହେ ଉତ୍କଳଭାଷୀ ମହାଶୟଗଣ ! ଆପଣମାନେ ମନେରଖନ୍ତୁ - ମାତୃଭାଷାର ଉନ୍ନତି ବିନା ଦେଶୋନ୍ନତିର ଅନ୍ୟ ଉପାୟ ନାହିଁ।"(୧୨)

ଉତ୍କଳୀୟର ଉତ୍କଳଭାଷା ପ୍ରତି ଅବହେଳା ଓ ମାତୃଭାଷା ପାଇଁ ମମତାର ଅଭାବ ହିଁ ଥିଲା ଓଡିଆ ଭାଷୋନ୍ନତିର ପରିପନ୍ଥୀ। ତାହାଙ୍କ ମତରେ -

"ଭାଷା ହିଁ ଜୀବନୀ ଶକ୍ତି ଜାତିମାନଙ୍କର
ଯେଉଁ ଜାତି ଭାଷାହୀନ ସେ ଜାତି ବର୍ବର।"(୧୩)

ସେଥିପାଇଁ ସମସ୍ତ ଆଞ୍ଚଳିକ ଭେଦଭାବ ଭୁଲି ଦେଶର ଐକ୍ୟ ପ୍ରତିଷ୍ଠା ନିମନ୍ତେ ଏକତ୍ର ହେବାକୁ ଦେଶବାସୀଙ୍କୁ ଆହ୍ୱାନ ଦେଇ ସେ କହିଥିଲେ, "ରାଜାନୁକୂଲ୍ୟ ଭାଷୋନ୍ନତିର ବିଶେଷ କାରଣ; ମାତ୍ର ରାଜ-ଅନୁଗ୍ରହ ପରିବର୍ତ୍ତେ ମୋଗଲ, ମରହଟ୍ଟା ଏପରିକି ଇଂରେଜ ଶାସନର ପ୍ରାରମ୍ଭରେ ରାଜ-ଅତ୍ୟାଚାର ସହି ଓଡିଆଭାଷା ଧୀରେ ଧୀରେ ଅନ୍ତଃସାରଶୂନ୍ୟ ହୋଇ ପଡିଛି। ଭାଷାର ଏତାଦୃଶ ସଂକଟ କାଳରେ ରାଜ ଶାସନରୁ ପ୍ରଜା ଶିକ୍ଷା ପାଇଁ ଯୋଉଁ ସୁଯୋଗ ମିଳୁଅଛି ତାହାର ପୂର୍ଣ୍ଣ ସଦ୍‌ବ୍ୟବହାର କରିବାପାଇଁ ସେ ଉତ୍କଳବାସୀଙ୍କୁ ଉତ୍ସାହିତ କରିଥିଲେ। ଜାତିକୁ ଉନ୍ନତ କରିବାର ବ୍ୟାକୁଳତା ତାହାଙ୍କ ନିମ୍ନୋକ୍ତ ଉକ୍ତିରୁ ସୁସ୍ପଷ୍ଟ; "ସୌଭାଗ୍ୟ ପ୍ରଯୁକ୍ତ ଅମ୍ଭେମାନେ ପ୍ରଜାହିତୈଷୀ ଗଭର୍ଣ୍ଣମେଣ୍ଟ ପାଇଅଛୁ। ଚତୁର୍ଦ୍ଦିଗରେ ଅନାଇ ଦେଖ, ପ୍ରଜା ଶିକ୍ଷା ପାଇଁ ଗଭର୍ଣ୍ଣମେଣ୍ଟ ଜଳସ୍ରୋତ ପରି ଟଙ୍କା ଢାଳିଦେଉଅଛନ୍ତି। ହେ ଶିକ୍ଷିତ ସମ୍ପ୍ରଦାୟ ! ଆପଣା ଆପଣା କର୍ତ୍ତବ୍ୟ ବୁଝ। ହେଳାରେ

୧୧. ଫ: ମୋ: ଗ୍ର: - ପୃ.୫୫
୧୨. ତତ୍ରୈବ - ପୃ.୫୫
୧୩. ତତ୍ରୈବ - ପୃ.୪୫୧

ରନ୍ ହରାଅ ନାହିଁ। ବର୍ତ୍ତମାନ ସର୍ବପ୍ରକାର ସୁଯୋଗ ମିଳିଅଛି। ଯଦି ଆଳସ୍ୟ ବା ତାଚ୍ଛଲ୍ୟରେ ମାତୃଭାଷା ପ୍ରତି ଅନାଦର କର, ଚିରକାଳ ଅନ୍ୟଜାତିଠାରେ ଅନାଦୃତ, ଅବଜ୍ଞାତ ହୋଇ ରହିଥିବ”(୧୪)। ତତ୍‌କାଳୀନ ଉତ୍କଳ ଭାଷା ଓ ସାହିତ୍ୟର ଅବନତି ଓ ଏହାର ଅନ୍ୟାନ୍ୟ ସମସ୍ୟାବଳୀ ତାହାଙ୍କ ପ୍ରାଣରେ ଯେଉଁ ଉଗ୍ର ପ୍ରତିକ୍ରିୟା ଓ ଉଦ୍‌ବେଗ ସୃଷ୍ଟି କରିଥିଲା ତାହା ତାଙ୍କର କାବ୍ୟ କବିତା, ଗଦ୍ୟ, ଚିଠି, ପ୍ରବନ୍ଧ ଓ ଅଭିଭାଷଣମାନଙ୍କରେ ପ୍ରତିଫଳିତ ହୋଇଥିଲା। ଏଥିରୁ ତାହାଙ୍କ ଜାତୀୟବାଦିତାର ଆଭିମୁଖ୍ୟ ସୁସ୍ପଷ୍ଟ।

ସଂସ୍କାରପ୍ରବଣତା :

ଜାତୀୟବାଦୀ ଚେତନା ଅଭିବ୍ୟକ୍ତିର ପ୍ରଥମ ନିଦର୍ଶନ ହେଉଛି ସମାଜସଂସ୍କାର ପ୍ରବଣତା। ଓଡିଆ ସାହିତ୍ୟରେ ସମାଜସଂସ୍କାର ଆନ୍ଦୋଳନର ମୁଖ୍ୟ ପୁରୋଧା ଥିଲେ ସଂସ୍କାରକ ବିଶ୍ୱନାଥ କର। ତାହାଙ୍କ ବିପ୍ଳବାତ୍ମକ ମାନସର ସଂସ୍କାର ପ୍ରୟାସ ତାହାଙ୍କ ରଚନାରେ ଆତ୍ମପ୍ରକାଶ କରିଥିଲା। ବ୍ରାହ୍ମଧର୍ମୀ; ପାରମ୍ପରିକ ବିଚାରଧାରା ପରିବର୍ତ୍ତେ ସ୍ୱାଧୀନ ବିଚାରର ପକ୍ଷପାତୀ। ସତ୍ୟ ପ୍ରଖ୍ୟାପନରେ ନିର୍ଭୀକତା, ବିଷୟବସ୍ତୁ ଉପସ୍ଥାପନାରେ ଚମତ୍କାରିତା ଓ ଯୌକ୍ତିକତା ଥିଲା ତାଙ୍କ ପ୍ରବନ୍ଧର ବିଶିଷ୍ଟ ଉପାଦାନ।

୧୮୯୬ ମସିହାରେ ପ୍ରକାଶିତ ହୋଇଥିଲା ତାହାଙ୍କ ‘ବିବିଧ ପ୍ରବନ୍ଧ’ ପୁସ୍ତକ। ଏହାପରେ ସେ କୌଣସି ସ୍ୱତନ୍ତ୍ର ଗଦ୍ୟ ପୁସ୍ତକ ରଚନା କରିନଥିଲେ ହେଁ, ୧୮୯୭ରୁ ୧୯୩୪ ମସିହା ପର୍ଯ୍ୟନ୍ତ ଦୀର୍ଘ ଅଠତିରିଶ ବର୍ଷ ‘ଉତ୍କଳ ସାହିତ୍ୟ’ର ସମ୍ପାଦନା ଦାୟିତ୍ୱ ସୁଚାରୁ ରୂପେ ସମ୍ପାଦନ କରି ଓଡିଆ ସାହିତ୍ୟର ଗତିଧାରା ନିର୍ଣ୍ଣୟରେ ନେତୃତ୍ୱ ନେଇଥିଲେ। ସେ କେବଳ ଯୁକ୍ତିନିଷ୍ଠ ପ୍ରବନ୍ଧର ରଚୟିତା ନଥିଲେ; ଥିଲେ ମଧ୍ୟ ନିରପେକ୍ଷ, ବିଚାରବନ୍ତ, ସମାଜ ସଚେତନ ସଂସ୍କାରକ। ପ୍ରାଣର ଗଭୀର ଆବେଗରେ ସଂସ୍କାରମୂଳକ କାର୍ଯ୍ୟରେ ସେ ଆତ୍ମନିୟୋଗ କରିଥିଲେ।

ଓଡିଆ ପ୍ରବନ୍ଧ-ସାହିତ୍ୟରେ ଜାତୀୟଚେତନାର ଉନ୍ମେଷ ଓ ବିକାଶ ପରିପ୍ରେକ୍ଷୀରେ ବାଗ୍ମୀ ବିଶ୍ୱନାଥ କର ଥିଲେ ଗତାନୁଗତିକତା ଓ ପାରମ୍ପାରିକତାର ବିରୁଦ୍ଧରେ ସଂଗ୍ରାମର ପ୍ରତୀକ। ଆଞ୍ଚଳିକ ଦେଶାନୁରାଗ ପରିବର୍ତ୍ତେ ଉଦାର ମାନବିକତାର ଜୟଗାନରେ ତାହାଙ୍କର ପ୍ରବନ୍ଧ ପରିପୁଷ୍ଟ। ଜାତୀୟ ଜୀବନରେ ପରିଦୃଷ୍ଟ ଜଡତା ଓ ଆଳସ୍ୟ ଦୂରକରି କର୍ମପ୍ରବଣତା ଓ ସାଧନାର କଠିଣ ପଥରେ ଜାତିର ଆତ୍ମଚେତନାକୁ ବିକଶିତ କରାଇବା ଥିଲା ତାଙ୍କର ଲକ୍ଷ୍ୟ। ବାହ୍ୟିକ ବା କାୟିକ ପରିବର୍ତ୍ତନ ଅପେକ୍ଷା ଅନ୍ତରର ପରିବର୍ତ୍ତନ ତାଙ୍କ ଦୃଷ୍ଟିରେ ଥିଲା ଅଧିକ ଗୁରୁତ୍ୱପୂର୍ଣ୍ଣ। ସେଥିପାଇଁ ସ୍ୱାଧୀନତା ଆନ୍ଦୋଳନ ବା

---

୧୪. ଫ: ମୋ: ଗ୍ର: - ପୃ.୫୦୧

ରାଜନୈତିକ ଆନ୍ଦୋଳନରେ ଆତ୍ମନିୟୋଗ କରି ସ୍ୱାଧୀନତା କାମନା କରିବା ପୂର୍ବରୁ ସାମାଜିକ ଓ ଆତ୍ମିକ ଆତ୍ମସମ୍ମାନ ବୃଦ୍ଧି ଉଦ୍ଦେଶ୍ୟରେ ଈର୍ଷା, ହିଂସା, ଦ୍ୱେଷ ବର୍ଜନକରି ଆତ୍ମୋନ୍ନତିବିଧାୟକ କ୍ରିୟାକଳାପ ଉପରେ ସେ ଗୁରୁତ୍ୱ ପ୍ରଦାନ କରିଥିଲେ।

'ବିବିଧ ପ୍ରବନ୍ଧ' ପୁସ୍ତକର 'ସ୍ୱାଧୀନଚିନ୍ତା', 'ସ୍ୱାଧୀନତା', 'ପୁରାତନଶିକ୍ଷା', 'ବାଲ୍ୟଶିକ୍ଷା', 'ସାହିତ୍ୟ ଓ ଜୀବନ', 'ହିତବାଦନୀତି' ଆଦି ପ୍ରବନ୍ଧମାନଙ୍କରେ ପ୍ରାବନ୍ଧିକଙ୍କର ସ୍ୱଦେଶାନୁରାଗ, ସଂସ୍କାରବାଦୀ ଦୃଷ୍ଟିକୋଣ ଓ ମହାମାନବିକତାର ପରିଚୟ ସର୍ବତ୍ର ପ୍ରତିଫଳିତ। ଭାରତରେ ଜାତୀୟତାଭାବର ଅଭାବ ହିଁ ଦେଶର ପରାଧୀନତା ଓ ବିଚ୍ଛିନ୍ନତାର ମୂଳହେତୁ। ଏହି ସଂକ୍ରାନ୍ତରେ ଉତ୍କଳୀୟଙ୍କର ଉଦାସୀନତା, ଶିକ୍ଷା ଓ ସାହିତ୍ୟ କ୍ଷେତ୍ରରେ ଉତ୍ସାହର ଅଭାବ ଲେଖକଙ୍କ ପ୍ରାଣରେ କ୍ଷୋଭ ଜନ୍ମାଇଥିଲା। ଭାରତରେ ନବଜାତୀୟତାର ପ୍ରାଣପ୍ରତିଷ୍ଠା ନିମନ୍ତେ ଜାତୀୟ ମହାସମିତିର କ୍ରିୟାକଳାପ ଓ ସଫଳତା ହେତୁ ଲେଖକ ଆନନ୍ଦ, ଆଶା ଓ ବିଶ୍ୱାସ ପ୍ରକାଶ କରିଥିଲେ। ଜାତୀୟ ଜୀବନର ବିକାଶ କାଳରେ କୌଣସି ପ୍ରକାର ନ୍ୟୁନମନ୍ୟତା ଓ ବିଚ୍ଛିନ୍ନତାର ସେ ଥିଲେ ବିରୋଧୀ। ଏଥିପାଇଁ ଜାତୀୟ ଜୀବନର ଉନ୍ନତିକାମୀ ଦେଶବାସୀଙ୍କର ମୋହଭଙ୍ଗ ଲାଗି ଦୃଢତା, ଅଧ୍ୟବସାୟ, ଆତ୍ମମର୍ଯ୍ୟାଦା ପ୍ରଭୃତି ମନୁଷ୍ୟୋଚିତ ଗୁଣାବଳୀର ବିକାଶ ନିମନ୍ତେ ସେ ପ୍ରେରଣା ଦେଇଥିଲେ।

ଇଂରେଜମାନଙ୍କ ସଂସ୍ପର୍ଶରେ ଆସି ଭାରତୀୟମାନଙ୍କ ପ୍ରାଣରେ ସ୍ୱାଧୀନ ଚେତନାର ଉଦ୍ରେକ ଘଟିଥିଲା। ମାତ୍ର ପାଶ୍ଚାତ୍ୟ ଶିକ୍ଷା କେତେକ ଶିକ୍ଷିତଙ୍କୁ ପୂର୍ଣ୍ଣ ଚିନ୍ତାଶୂନ୍ୟ ଓ ଉଦାସୀନ କରିପକାଇବାରେ ପ୍ରାବନ୍ଧିକ ଆଶଙ୍କା ପ୍ରକାଶ କରି କହିଥିଲେ, "ଶୁଭକ୍ଷଣରେ ସ୍ୱାଧୀନତାପ୍ରିୟ ଇଂରେଜ ଜାତି ସହିତ ସମ୍ପର୍କ ସ୍ଥାପିତ ହେଲା, ପାଶ୍ଚାତ୍ୟ ଶିକ୍ଷା ସ୍ରୋତ ପ୍ରବାହିତ ହେଲା। x x x ପରିତାପର ବିଷୟ ଯେ ବର୍ତ୍ତମାନ ଶିକ୍ଷିତ ମଣ୍ଡଳୀ ମଧ୍ୟରେ ଅଧିକାଂଶ ଏକାବେଳକେ ଚିନ୍ତାଶୂନ୍ୟ ହୋଇପଡୁଅଛନ୍ତି। କେତେ ଲୋକଙ୍କର ନୀତି ହୋଇଛି 'ସବ୍‌ସେ ଚୁପ୍ ଭଲା'। ସବୁ ଶୁଣି, ଦେଖି ନୀରବ ରହି ଆପଣାର ସ୍ୱାର୍ଥ ସାଧନ କରିଗଲେ ହେଲା। ହାୟ! ହାୟ! ସ୍ୱାଧୀନ ମନୁଷ୍ୟ ଶ୍ରେଷ୍ଠ ଜୀବ? ତାହାର ପରିଣାମ ଏହି! ହାୟ, କି ଘୋର କପଟତା!"(୧୫)

'ବାଲ୍ୟଶିକ୍ଷା' ପ୍ରବନ୍ଧରେ ସେ ଉଲ୍ଲେଖ କରିଥିଲେ, "ଔଦାସୀନ୍ୟ ଆମ୍ଭମାନଙ୍କର ବର୍ତ୍ତମାନ ଜାତୀୟ ଚରିତ୍ର ହୋଇପଡିଛି। ଜାଣିଶୁଣି ଆଖି ବୁଜିବା, ପୁଣି ସମୟ ପଡିଲେ ସର୍ବପ୍ରକାର ବିଷୟରୁ ଆଧ୍ୟାତ୍ମିକ ତତ୍ତ୍ୱ ବାହାର କରିବା ଏ ଦେଶର ଶିକ୍ଷିତ ଲୋକଙ୍କର ଗୋଟିଏ ରୋଗ ହୋଇଅଛି। ସଦୁଦ୍ୟମର ଦୃଷ୍ଟାନ୍ତ ଅତି ବିରଳ" (୧୬)।

---

୧୫. 'ସ୍ୱାଧୀନ ଚିନ୍ତା' - 'ବିବିଧ ପ୍ରବନ୍ଧ', ବିଶ୍ୱନାଥ କର, ପୃ.୫।
୧୬. 'ବାଲ୍ୟଶିକ୍ଷା' - 'ବିବିଧ ପ୍ରବନ୍ଧ', ବିଶ୍ୱନାଥ କର, ପୃ.୧୨୨।

ଜାତୀୟ ଜୀବନରେ ଏହିଭଳି ଘୋର ଦୁର୍ଗତି ଓ ଅଧଃପତନ ସଂଦର୍ଶନରେ ପ୍ରାବନ୍ଧିକ କଠୋର ମନ୍ତବ୍ୟ ଯୁକ୍ତିଯୁକ୍ତ ଭାବରେ ଉପସ୍ଥାପିତ କରିଥିଲେ।

ନାରୀଶିକ୍ଷା ଓ ନାରୀଜାତିର ପ୍ରଗତି ଓ ସ୍ୱାଧୀନତାର ସେ ଥିଲେ ଜଣେ ବଳିଷ୍ଠ ପୃଷ୍ଠପୋଷକ। ସେ ବୁଝିଥିଲେ, ନାରୀଜାତିର ସାମୂହିକ ପ୍ରଗତି ଓ ସ୍ୱାଧୀନତା ବ୍ୟତିରେକେ ସାମାଜିକ ଶୃଙ୍ଖଳା ପ୍ରତିଷ୍ଠା ଅସମ୍ଭବ। ସମାଜର ଅର୍ଦ୍ଧେକ ଯେ ପର୍ଯ୍ୟନ୍ତ ପଶୁବତ୍ ଅବହେଳିତ ଓ ନିର୍ଯ୍ୟାତିତ ହୋଇ ରହିଥିବେ, ସେ ପର୍ଯ୍ୟନ୍ତ ଉଭୟ ନାରୀ ଓ ପୁରୁଷ ଜାତିର କପାଳରେ ଦୁଃଖ ବିନା ସୁଖ ସମ୍ଭବ ହେବନାହିଁ। ଅନେକ ଚିନ୍ତାଶୀଳ ବ୍ୟକ୍ତି ଏହା ବୁଝିଥିଲେ ମଧ୍ୟ ନାରୀ-ସ୍ୱାଧୀନତା ବା ନାରୀଶିକ୍ଷାକୁ ସମର୍ଥନ କରି ପରମ୍ପରାର ବିରୋଧ କରିବାକୁ ସାହସ କରିପାରୁନଥିଲେ। ମାତ୍ର ବିଶ୍ୱନାଥ କର ତାହାଙ୍କ ସ୍ୱଭାବସୁଲଭ ନିର୍ଭୀକ ବଳିଷ୍ଠ କଣ୍ଠରେ ସ୍ତ୍ରୀଶିକ୍ଷା ସମ୍ପର୍କରେ ସ୍ୱାଧୀନ ବିଚାରଧାରାକୁ ଏହିପରି ପ୍ରକାଶ କରିଥିଲେ, "ନାରୀ ପୁରୁଷର ଅର୍ଦ୍ଧାଙ୍ଗ ବୋଲି ପ୍ରସିଦ୍ଧ। ପରସ୍ପର ପରସ୍ପରଙ୍କର ଜୀବନପଥର ସଙ୍ଗୀ ଓ ସହାୟ। ଉଭୟେ ମିଳିତ ହୋଇ ସଂସାରର ସୁଖ ଦୁଃଖ ଭୋଗ କରିବେ; ବିପଦ ପରୀକ୍ଷା ବହନ କରିବେ। ଏପରି ଅବସ୍ଥାରେ ଯେବେ ପରସ୍ପରଙ୍କ ହୃଦୟର ଭାବ ଓ ଚିନ୍ତା ବିନିମୟ କରିବାର ପନ୍ଥା ନ ରହିଲା - ଜଣେ ଅନ୍ୟ ଜଣଙ୍କର ଭାବଗ୍ରହଣରେ ଅସମର୍ଥ ହେଲା - ଯେବେ ଅର୍ଦ୍ଧାଙ୍ଗିନୀ ଅକର୍ମଣ୍ୟ ହୋଇ ପଡିରହିଲା, ତେବେ ସେ ସଂସାରରେ ସୁଖ-ଶାନ୍ତିର ଆଶା କେଉଁଠାରେ ? ତାହା କି ରୂପେ ବା ମନୁଷ୍ୟର ଉନ୍ନତିର ସହାୟକ ହେବ ?"(୧୭)

ସମାଜର ସର୍ବାଙ୍ଗୀନ କଲ୍ୟାଣ ନିମନ୍ତେ ନାରୀଶିକ୍ଷାର ଆବଶ୍ୟକତା ସମସ୍ତେ ଅନୁଭବ କରନ୍ତୁ ବୋଲି ସେ କହିଥିଲେ। ପରିବର୍ତ୍ତନହୀନ, ପଙ୍କିଳ, କୁସଂସ୍କାର, ଆବର୍ଜନାପୂର୍ଣ୍ଣ ଭାରତୀୟ ସମାଜରେ କୌଣସି ପରିବର୍ତ୍ତନକୁ ଗ୍ରହଣ କରିବାର ସାହସ ସେତେବେଳେ ଭାରତୀୟ ପ୍ରାଣରେ ପରିଲକ୍ଷିତ ହେଉ ନଥିଲା; ଅଥଚ ପରିବର୍ତ୍ତନକୁ ଗ୍ରହଣ ନକଲେ ଭୟଙ୍କର ବିପ୍ଳବ ସମାଜରେ ଦେଖାଦେବ ବୋଲି ନିର୍ଭୟଚିତ୍ତରେ ଘୋଷଣା କରିଥିଲେ ବିଶ୍ୱନାଥ: "ତେବେ ହେ ମାନବ ! ଦୁର୍ବୁଦ୍ଧି ତ୍ୟାଗକର। x x x ପରିବର୍ତ୍ତନ ଉନ୍ନତିର ଏକମାତ୍ର ପଥ। ପରିବର୍ତ୍ତନ ସୃଷ୍ଟିର ସ୍ୱାଭାବିକ ଅବସ୍ଥା। କାଳସ୍ରୋତପ୍ରବର୍ତ୍ତିତ ପରିବର୍ତ୍ତନ ବିରୁଦ୍ଧରେ ଯେ ଚିତ୍କାର କରେ ସେ ମୂର୍ଖ। ପରିବର୍ତ୍ତନ ହିଁ ତୁମ୍ଭର ଲକ୍ଷ୍ୟ, ପରିବର୍ତ୍ତନ ହିଁ ତୁମ୍ଭର ଆଦି, ମଧ୍ୟ, ଅନ୍ତ, କାହିଁକି ଏ ମହାସ୍ରୋତର ପ୍ରତିକୂଳାଚରଣ କରି ବାରମ୍ବାର ବିଡମ୍ବିତ ହେଉଅଛି ?"(୧୮)

---

୧୭. 'ସ୍ତ୍ରୀଶିକ୍ଷା'- ବିଶ୍ୱନାଥ କର।
୧୮. 'ମହାସ୍ରୋତ'- 'ବିବିଧ ପ୍ରବନ୍ଧ', ବିଶ୍ୱନାଥ କର, ପୃ.୧୫।

ମାନସିକ ସ୍ୱାଧୀନତା, ସାମାଜିକ ସଂସ୍କାର ଓ ପାର୍ଥିବ ପରିବର୍ତ୍ତନ ଲକ୍ଷ୍ୟରେ ସତର୍କତାର ସଙ୍କେତ ସ୍ୱରୂପ ଏହି ଆହ୍ୱାନ ପ୍ରଦତ୍ତ ହୋଇଥିଲା।

ମାତ୍ର ପାରମ୍ପରିକତାର ବିରୋଧ ଓ ନୂତନର ସ୍ୱାଗତ ନାମରେ କୌଣସି ପ୍ରକାର ଆଡମ୍ବର ଓ ଚାରିତ୍ରିକ ବିଶୃଙ୍ଖଳାର ସେ ଥିଲେ ବିରୋଧୀ। 'ରାକ୍ଷସୀଲୀଳା' ପ୍ରବନ୍ଧରେ ଯୌବନର ଦୁଇଟି ଶତ୍ରୁ ସୁରା ଓ ବାରାଙ୍ଗନାର କୁପ୍ରଭାବ ଦର୍ଶାଇ ବିବେକର ସ୍ୱାଧୀନତା, ଆତ୍ମସମ୍ମାନବୋଧର ଜାଗରଣ ମାନବର ଶ୍ରେଷ୍ଠ କାମନା ବୋଲି ସେ ବର୍ଣ୍ଣନା କରିଥିଲେ। ପରାଧୀନ ଭାରତବର୍ଷରେ ସର୍ବତ୍ର ପରିଲକ୍ଷିତ ହେଉଥିବା ହୀନମନ୍ୟତା ଓ ଆତ୍ମସମ୍ମାନବୋଧର ଅଭାବ ଜାତୀୟ ପ୍ରଗତିର ପ୍ରତିବନ୍ଧକ ବୋଲି ସେ ଦର୍ଶାଇଯାଇଅଛନ୍ତି। ଆତ୍ମିକ ସ୍ୱାଧୀନତା ବଳରେ ଭବିଷ୍ୟତରେ ରାଜନୈତିକ ପରିବର୍ତ୍ତନ ସମ୍ଭବ, ଏହା ସେ ଭଲ ରୂପେ ବୁଝିପାରିଥିଲେ।

ଜାତୀୟ ଜୀବନରେ ବିକାଶ ନିମିତ୍ତ ସାହିତ୍ୟର ଆବଶ୍ୟକତା ହୃଦୟଙ୍ଗମ କରି ସେ ଲେଖିଥିଲେ, "ସାହିତ୍ୟ ଜାତୀୟ ଜୀବନର ପ୍ରଧାନ ରଜ୍ଜୁ। ସାହିତ୍ୟ ଜାତୀୟ ଜୀବନର ଆଶା ଓ ଆକାଙ୍କ୍ଷାର ବହିଃପ୍ରକାଶ। ସାହିତ୍ୟ ଜାତୀୟ ଜୀବନର ନିର୍ମାତା, ଜାତୀୟ ଜୀବନର ମାନମନ୍ଦିର, ଜାତୀୟ ଜୀବନର ପାରିମାପକ।"(୧୯)

ସେ ଥିଲେ ନବଯୁଗର ଆଦର୍ଶସମ୍ବଳିତ ନୂତନ ସାହିତ୍ୟ ସୃଷ୍ଟିର ପକ୍ଷପାତୀ। ଏହି କେତେକ ପ୍ରାଚୀନପନ୍ଥୀ ସାହିତ୍ୟିକଙ୍କର ପଶ୍ଚାତ୍ ଦୃଷ୍ଟିଭଙ୍ଗୀକୁ ସେ ସମାଲୋଚନା କରିଥିଲେ। ମାତୃଭାଷାର ଉନ୍ନତିଲାଗି ସାହିତ୍ୟିକମାନଙ୍କୁ ନିଷ୍ଠାପର ସାଧନାରେ ବ୍ରତୀ ହେବାକୁ ପରାମର୍ଶ ଦେଇ ସେ ଲେଖିଥିଲେ, "ଆମ୍ଭମାନଙ୍କ ସାହିତ୍ୟରେ କିପରି ଜୀବନୀଶକ୍ତି ସଞ୍ଚାରିତ ହେବ, ଏଥିପାଇଁ ସାଧନାରେ ପ୍ରବୃତ୍ତ ହେବା ଆବଶ୍ୟକ। ନତୁବା ଅବସରକ୍ରମେ କିଛି ଲେଖିପଢ଼ି ଦେଇ ସାହିତ୍ୟସେବାବ୍ରତ ଶେଷ କଲେ ମାତୃଭାଷାର ଦୁର୍ଦ୍ଦଶା କଦାପି ଦୂର ହେବ ନାହିଁ।"(୨୦)

ଓଡିଆ ପ୍ରବନ୍ଧସାହିତ୍ୟ କ୍ଷେତ୍ରରେ ପ୍ରାୟ ଅର୍ଦ୍ଧଶତାବ୍ଦୀବ୍ୟାପୀ ଲେଖନୀ ଚାଳନା କରି ଏହି ପ୍ରାବନ୍ଧିକ ସାହିତ୍ୟକୁ ସମୃଦ୍ଧ କରିବା ସଙ୍ଗେ ସଙ୍ଗେ ଉତ୍କଳୀୟ ଜାତୀୟ ଜୀବନକୁ ସଞ୍ଜୀତ, ସଂସ୍କୃତ ଓ ଉନ୍ନତ କରିବା ଲାଗି ପ୍ରଶଂସନୀୟ ଉଦ୍ୟମ କରିଯାଇଅଛନ୍ତି।

ଜାତୀୟଚେତନାର ବିକାଶ ଫଳରେ କ୍ରମେ ପ୍ରାବନ୍ଧିକମାନଙ୍କର ଦୃଷ୍ଟି ରାଜନୈତିକ ଓ ସାମାଜିକ ସମସ୍ୟା ପ୍ରତି ଆକର୍ଷିତ ହୋଇଥିଲା। ଓଡିଆ ପ୍ରବନ୍ଧସାହିତ୍ୟର

---

୧୯. 'ସାହିତ୍ୟ ଓ ଜୀବନ'- 'ବିବିଧ ପ୍ରବନ୍ଧ', ବିଶ୍ୱନାଥ କର, ପୃ.୧୫୧।
୨୦. 'ସାହିତ୍ୟ ଓ ଜୀବନ' - ତତ୍ରୈବ, ପୃ.୧୩୪।

ମଧ୍ୟପର୍ବ (୧୯୦୩-୩୬) ଏହି ଦୃଷ୍ଟିରୁ ଗୁରୁତ୍ୱପୂର୍ଣ୍ଣ। ପୂର୍ଣ୍ଣାଙ୍ଗ ଓଡିଶା ପ୍ରଦେଶ ଗଠନ, ଓଡିଶାର ସର୍ବାଙ୍ଗୀନ ଉନ୍ନତି ପାଇଁ ଆହ୍ୱାନ, କୁଟୀରଶିଳ୍ପର ପୁନରୁଦ୍ଧାରକଳ୍ପେ ଅର୍ଥନୈତିକ ଦୁର୍ଗତିର ସମାଧାନ, ପ୍ରାଚୀନ କଳା ଓ ସଂସ୍କୃତିର ମହତ୍ତ୍ୱ ପ୍ରତିଷ୍ଠା ଓ ଜାତୀୟ ବୀରମାନଙ୍କ ଜୀବନଚରିତ ରଚନା ମାଧ୍ୟମରେ ଏହା ପ୍ରତିଫଳିତ। ଏହା ପାଠକମାନଙ୍କୁ ସେମାନଙ୍କ ଜାତୀୟଜୀବନ ବିଷୟରେ ସଚେତନ କରାଇବା ସଙ୍ଗେ ସଙ୍ଗେ ସେମାନଙ୍କ ଦୃଷ୍ଟିକୋଣକୁ ସଂପ୍ରସାରିତ କରିଥିଲା। ପରାଧୀନତାର ଗ୍ଲାନି ଓ ଦୁର୍ଗତି ବୁଝିବାରେ ସେମାନେ ସମର୍ଥ ହୋଇଥିଲେ। ଭାରତୀୟ ତଥା ଉତ୍କଳୀୟ ପରମ୍ପରାର ମହତ୍ତ୍ୱ ଉପଲବ୍ଧି ଦ୍ୱାରା ସେମାନେ ସେମାନଙ୍କ ସ୍ଥିତି ଓ ଏହାର ସଂକଟ ଅନୁଭବ କରିପାରୁଥିଲେ। ପ୍ରବନ୍ଧମାନଙ୍କରେ ତତ୍‌କାଳୀନ ସମସ୍ୟାର ଉପସ୍ଥାପନା ପାଠକମାନଙ୍କୁ ସେ ବିଷୟରେ ଅବହିତ କରାଇଥିଲା ଓ ସେମାନେ ସଜାଗ ଓ ସଚେତନ ହୋଇଥିଲେ। ବହୁଯୁଗର ପୁଞ୍ଜୀଭୁତ ଜଡତା ଦୂର କରି ଦେଶ ଓ ସମାଜସେବାରେ ଆତ୍ମନିୟୋଗ କରିବା ନିମନ୍ତେ ଦେଶବାସୀ ଅନୁପ୍ରେରିତ ହୋଇଥିଲେ।

ଉତ୍କଳ ସମ୍ମିଳନୀ ଓ ଉତ୍କଳର ଜାତୀୟ ଜୀବନ:

ଓଡିଶାରେ ଉତ୍କଳ ସମ୍ମିଳନୀର ପ୍ରତିଷ୍ଠା (୧୯୦୩) ଉତ୍କଳୀୟମାନଙ୍କ ପ୍ରାଣରେ ସମାଜ-ରାଜନୀତିସଚେତନତା ଓ ବିଦ୍ରୋହଭାବ ଜାଗ୍ରତ କରାଇ ସେମାନଙ୍କୁ ଜାତୀୟ ଆନ୍ଦୋଳନ ନିମନ୍ତେ ସଂଗଠିତ କରିଥିଲା। ଊନବିଂଶ ଶତକର ଶେଷ ତିନି ଦଶକରେ ଅନୁଭୂତ ସାମାଜିକ ଆଲୋଡନ ଓ ସଚେତନତାର ବ୍ୟାକୁଳ ପରିପ୍ରକାଶ ଘଟିଥିଲା ଏହି ସମ୍ମିଳନୀ ସଂଗଠନରେ। ଏହି ଉପଲକ୍ଷ୍ୟେ ପ୍ରତିବର୍ଷ ଜାତି ଉଦ୍ଦେଶ୍ୟରେ ମଧୁସୂଦନ ଜାତୀୟ ଭାବୋଦ୍ଦୀପକ ଭାଷଣ ପ୍ରଦାନ କରୁଥିଲେ। ସେଗୁଡିକ ପରେ ପୁସ୍ତକାକାରରେ ପ୍ରକାଶିତ ହୋଇଥିଲା। ତାଙ୍କର ଆବେଗମୟୀ ଦେଶପ୍ରେମମୂଳକ କବିତା ଭଳି ଗଦ୍ୟଗୁଡିକ ମଧ୍ୟ ଥିଲା ଆହ୍ୱାନଧର୍ମୀ। ଜାତିର ଚିତ୍ତଲୋକ ଏଥିରେ ପ୍ରତିବିମ୍ବିତ ହେବା ସଙ୍ଗେ ସଙ୍ଗେ ଦେଶପ୍ରେମର ଅନୁରାଗରେ ଏହା ହୋଇଥିଲା ଅନୁରଞ୍ଜିତ। ଜାତୀୟତା, ସଂଗଠନ, ସମାଜସଂସ୍କାର, ସ୍ୱଦେଶପ୍ରୀତି, ସ୍ୱାଧୀନତା ଭଳି ଜାତୀୟ ଆବେଗ ସୃଷ୍ଟି ନିମନ୍ତେ ପ୍ରଦେଶପ୍ରେମିକର ଆକୁଳ ପ୍ରାଣରୁ ଏହା ସୃଷ୍ଟ ହୋଇଥିବା ହେତୁ ଏହି ଗଦ୍ୟାଂଶଗୁଡିକ ଉନ୍ନତ ରୁଚିପୂର୍ଣ୍ଣ ହେବା ସଙ୍ଗେ ସଙ୍ଗେ ହୃଦୟସ୍ପର୍ଶୀ ହୋଇପାରିଥିଲା।

ଉତ୍କଳରେ ଜାତୀୟଜୀବନ ସୃଷ୍ଟି କରିବା ଥିଲା ତାଙ୍କର ମହାନ୍ ଲକ୍ଷ୍ୟ; ତେଣୁ ଏହି ଜାତି ଉଦ୍ଦେଶ୍ୟରେ ତାଙ୍କର ପ୍ରଥମ ପ୍ରଶ୍ନ ଥିଲା, "ଆମ୍ଭମାନଙ୍କର ଜାତୀୟଜୀବନ ଅଛି କି?" ସେ ସର୍ବଦା କହୁଥିଲେ, "ବ୍ୟକ୍ତିଗତ ଜୀବନ କ୍ଷଣସ୍ଥାୟୀ, ତାହା କାଲି ଶ୍ମଶାନରେ ଶେଷ ହେବ x x x ଜାତୀୟଜୀବନ ପ୍ରତିଷ୍ଠିତ ହେଲେ ଜାତି ଜାତି ମଧ୍ୟରେ

ସଦ୍ଭାବ ହେବ। ଜାତି ଜାତି ମଧ୍ୟରେ ଯେଉଁ ସଦ୍ଭାବ, ତହିଁରେ ବିଚ୍ଛେଦ ହେବ ନାହିଁ। କିନ୍ତୁ ବ୍ୟକ୍ତିଗତ ସଦ୍ଭାଗ ଚିରସ୍ଥାୟୀ ନୁହେଁ; ତାହା କ୍ଷଣଭଙ୍ଗୁର।" (୨୧)

ଜାତିର ଗୌରବ କିପରି ପରିବର୍ଦ୍ଧିତ ହେବ, କିପରି କାର୍ଯ୍ୟଦ୍ୱାରା ଜାତିର ନିନ୍ଦା ହେବ ନାହିଁ ଅଥଚ ଜାତିର ମାନବୃଦ୍ଧି ହେବ, ଅପରର ଦୋଷ ତ୍ୟାଗ କରି ଗୁଣଗୁଡିକୁ ଗ୍ରହଣ କରିବାର ଉଦାରତା କିପରି ହାସଲ କରିବାକୁ ହେବ, ପ୍ରାଦେଶିକ ଜାତୀୟତା ଆନ୍ତର୍ଜାତୀୟ ଜାତୀୟତାର ବିରୋଧୀ ନୁହେଁ, ତା'ର ରୂପାନ୍ତର ମାତ୍ର - ଏହି ସବୁ ଜାତୀୟ ଧର୍ମର ମହାଶିକ୍ଷାଗୁଡିକୁ ବିଭିନ୍ନ ପ୍ରକାର ଉଦାହରଣ ଦେଇ ଅତି ପ୍ରାଞ୍ଜଳ ଭାବରେ ସେ ଦେଶବାସୀଙ୍କ ସମ୍ମୁଖରେ ଉପସ୍ଥାପିତ କରିଥିଲେ। "ମୋ କାର୍ଯ୍ୟ ଦ୍ୱାରା ମୋ ଜାତିର ନିନ୍ଦା ହେବ କି ନାହିଁ, ମୁଁ ମିଥ୍ୟାବାଦୀ ହେଲେ କିମ୍ବା ଖୋସାମଦ୍ କଲେ ଏହି ନିନ୍ଦାରେ ମୋ ଜାତି ଭାଗୀ ହେବ, ଏହା ପ୍ରତ୍ୟେକ ବ୍ୟକ୍ତିର ବୁଝିବା ଆବଶ୍ୟକ। x x x ଜାତିର ମୂଲ୍ୟ ବଢିଲେ ଜାତୀୟ ଲୋକେ ତହିଁର ସୁଫଳ ଭୋଗ କରିବେ, ଏଥିରେ ସନ୍ଦେହ ନାହିଁ।"(୨୨)

ଜାତୀୟଚରିତ୍ରର ପରିପୁଷ୍ଟିଦ୍ୱାରା ବ୍ୟକ୍ତିର ତଥା ଜାତିର ସମ୍ମାନ ପରିବର୍ଦ୍ଧିତ ହୁଏ। ତେଣୁ ଜାତିର ସମ୍ମାନ ରକ୍ଷା କରିବା ପ୍ରତ୍ୟେକ ବ୍ୟକ୍ତିବିଶେଷ ଉପରେ ନିର୍ଭର କରେ ବୋଲି ସେ ବୁଝାଇଥିଲେ। ଜାତି ସଂଗଠନ ଓ ଜାତୀୟଭାବ ବିକାଶରେ ଏ ପ୍ରକାର ମୌଳିକ ଚିନ୍ତାଧାରାର ସୁଦୂରପ୍ରସାରି ପ୍ରଭାବ ଅନୁଭୂତ ହୋଇଥିଲା।

ସୂର୍ଯ୍ୟକିରଣ ଯେପରି ବିଶୁଦ୍ଧ ଜଳତକ ଟାଣିନିଏ ଓ ମଇଳା ଦୁର୍ଗନ୍ଧ ପଙ୍କ ଛାଡିଯାଏ, ସେହିଭଳି ଉଦାର ହେବାକୁ ଏ ଜାତିକୁ ମଧୁସୂଦନ ଉପଦେଶ ଦେଇଥିଲେ। ସମସ୍ତ ଭେଦଭାବର ସଂକୀର୍ଣ୍ଣତା ତ୍ୟାଗ କରି ଭ୍ରାତୃତ୍ୱର ମହାନ୍ ବନ୍ଧନରେ ଏ ଜାତିକୁ ଏକତ୍ର କରିବା ଲକ୍ଷ୍ୟରେ ସେ ହୋଇଥିଲେ ଅଗ୍ରଣୀ।

ଚିନ୍ତାଧାରାର ବୈପ୍ଳବିକ ପରିବର୍ତ୍ତନ ଉଦ୍ଦେଶ୍ୟରେ, ସାମାଜିକ ଗ୍ଲାନି ଦୂରକରିବା ଲକ୍ଷ୍ୟରେ ତାଙ୍କ ବକ୍ତବ୍ୟ ଥିଲା ଉଦ୍ଦିଷ୍ଟ। ପାରମ୍ପରିକ, ବ୍ୟକ୍ତିଗତ ସୁଖକୁ ଜାତି ନିମନ୍ତେ ଉତ୍ସର୍ଗ କରିବାକୁ ଶିଖିପାରିଲେ ଜାତିର ମାନ ବୃଦ୍ଧି ହୁଏ। ଯେତେବେଳେ ପର୍ଯ୍ୟନ୍ତ ବ୍ୟକ୍ତିଗତ ଜୀବନକୁ ଜାତି ନିମନ୍ତେ ବଳିଦେବାକୁ ଦେଶବାସୀ ଶିଖିନାହାନ୍ତି, ସେତେବେଳ ପର୍ଯ୍ୟନ୍ତ

---

୨୧. ମଧୁସୂଦନ ଦାସଙ୍କ ୧୯୦୪ ମସିହା ଡିସେମ୍ବର ୨୮ ତାରିଖରେ ଉତ୍କଳ ସମ୍ମିଳନୀ ମଣ୍ଡପରେ ପ୍ରଦତ୍ତ ଭାଷଣ 'ଜାତୀୟ ଜୀବନ'ରୁ ଗୃହୀତ।

୨୨. ମଧୁସୂଦନ ଦାସଙ୍କ ପ୍ରଦତ୍ତ ଅଭିଭାଷଣ 'ଜାତୀୟଜୀବନ', ତା୨୮.୧୨.୧୯୦୪।

ଜାତୀୟଜୀବନ ଗଠିତ ହୋଇନାହିଁ ବୋଲି ଜାଣିବାକୁ ହେବ ଓ ତେତେବେଳଯାଏଁ ଜାତୀୟଜୀବନର ମୂଲ୍ୟ ଲୋକମାନେ ଜାଣିନାହାନ୍ତି ବୋଲି କହିବାକୁ ହେବ।" (୨୩)

'ସବୁ ଅବସ୍ଥାରେ, ସବୁକାଳରେ, ସବୁ ସ୍ଥାନରେ ଜାତୀୟଜୀବନର ଟେକ ରଖିବାକୁ କାର୍ଯ୍ୟ କରିବା' କହିବା ଦ୍ୱାରା ଦେଶର ଏହି ଚିନ୍ତାନାୟକଙ୍କର ଜାତୀୟ ସମ୍ମାନ ବୃଦ୍ଧି ନିମନ୍ତେ ପ୍ରତ୍ୟେକଙ୍କୁ ବିପ୍ଳବୀ କରାଇବାର ଆହ୍ୱାନ ପ୍ରଦତ୍ତ ହୋଇଥିଲା। ଜାତୀୟ ସମ୍ମାନ ବୃଦ୍ଧି ପାଇଁ ଆତ୍ମୋତ୍ସର୍ଗର ଏହି ମହତୀ ବାଣୀ ମଧ୍ୟରେ ଏହି ଦେଶସେବୀଙ୍କର ଦେଶପ୍ରାଣତା ପ୍ରକଟିତ ହୋଇଅଛି।

ଦେଶମିଶ୍ରଣ, ଦେଶର ଏକତା, ଦେଶର ସ୍ୱାଧୀନତା ପାଇଁ ଏତାଦୃଶ ବୈପ୍ଳବିକ ଅହ୍ୱାନ ପ୍ରଥମେ ମଧୁସୂଦନଙ୍କ କଣ୍ଠରୁ ଏ ଜାତି କର୍ଣ୍ଣରେ ପ୍ରତିଧ୍ୱନିତ ହୋଇଥିଲା। ମୂଳତଃ ଜଣେ ସାହିତ୍ୟ ଶିଳ୍ପୀ ନହେଲେ ହେଁ, ଜାତୀୟ ଭାବାବେଗରେ ପ୍ରକାଶିତ ଓ ପ୍ରଦତ୍ତ ଏହି ଅଭିଭାଷଣଗୁଡିକର ଉନ୍ନତ ସାହିତ୍ୟିକ ମୂଲ୍ୟ ଅନସ୍ୱୀକାର୍ଯ୍ୟ।

ତାଙ୍କ ଜୀବନର ଏକମାତ୍ର ବ୍ରତ ଥିଲା ଓଡିଶାର ସର୍ବାଙ୍ଗୀନ ଉନ୍ନତି। ସେ ପ୍ରତ୍ୟେକ ଦେଶବାସୀଙ୍କୁ ଏହି ବ୍ରତରେ ଦୀକ୍ଷିତ କରାଇବାକୁ ଥିଲେ ଦୃଢପ୍ରତିଜ୍ଞାବଦ୍ଧ। ଉତ୍କଳ ସମ୍ମିଳନୀର ଷଷ୍ଠ ଅଧିବେଶନରେ ୧୯୦୮ ମସିହାରେ ସଭାର ଯୁବକ ସ୍ୱେଚ୍ଛାସେବୀମାନଙ୍କ କର୍ମପ୍ରବଣତା ଓ ନିଷ୍ଠାର ପ୍ରଶଂସା କରି ସେମାନଙ୍କୁ ଉଦ୍‌ବୋଧିତ କରିବା ପାଇଁ ସେ କହିଥିଲେ, "ଜୀବନର ପ୍ରଧାନ ବ୍ରତ କର - ମୁଁ ଜନ୍ମ ହେଲାବେଳେ ଦେଶର ଅବସ୍ଥା ଯାହା ଥିଲା, ମରିଲାବେଳେ ତାହାଠାରୁ ଉନ୍ନତ ଦେଖିଯିବି।"

ଉତ୍କଳ ସମ୍ମିଳନୀର ଦ୍ୱାଦଶ ଅଧିବେଶନ ୧୯୧୬ ମସିହାରେ ବାଲେଶ୍ୱରଠାରେ ଅନୁଷ୍ଠିତ ହୋଇଥିଲା ଓ ମଞ୍ଜୁଷାର ରାଜା ଏଥିରେ ସଭାପତିତ୍ୱ କରିଥିଲେ। ଏହି ଅଧିବେଶନରେ ପ୍ରଥମଥର ପାଇଁ କେବଳ ଓଡିଆଭାଷାଭାଷୀ ଅଞ୍ଚଳର ଏକତ୍ରୀକରଣ ନୁହେଁ, ଓଡିଶା ପ୍ରଦେଶ ନିମନ୍ତେ ସ୍ୱତନ୍ତ୍ର ଶାସନ ବ୍ୟବସ୍ଥା ନୀତି ଦାବୀରୂପେ ଗୃହୀତ ହୋଇଥିଲା। (୨୪) ଏଥିରେ ମାଡ୍ରାସ ସହିତ ମିଶିରହିଥିବା ଜୟପୁରକୁ ଏକ ସ୍ୱତନ୍ତ୍ର ଜିଲ୍ଲା କରିବା ନିମନ୍ତେ ଦାବୀ ହୋଇଥିଲା। ପାଟନା ବିଶ୍ୱବିଦ୍ୟାଳୟରେ ଓଡିଆ ଭାଷା ଶିକ୍ଷା ଦେବା ଓ ସିଂହଭୂମ, ଗଞ୍ଜାମର କଚେରିମାନଙ୍କରେ ଓଡିଆଭାଷା ପ୍ରଚଳନ ନିମନ୍ତେ ଦାବୀ ହୋଇଥିଲା।(୨୫)

---

୨୩. ମଧୁସୂଦନଙ୍କ ପ୍ରଦତ୍ତ ଭାଷଣ, 'ଜାତୀୟ ଜୀବନ', ତା୨୮.୧୨.୧୯୦୪।
୨୪. 'ଆଶା'- ତା ୨୭.୧୧.୧୯୧୬
୨୫. 'Oriya Movement', - Two Bachelors, P.335-336.

ମାର୍ଚ୍ଚ, ୧୯୧୮ ମସିହାରେ କଟକରେ ଅନୁଷ୍ଠିତ ଏହାର ତ୍ରୟୋଦଶ ଅଧିବେଶନରେ ଫକୀରମୋହନ ସେନାପତି ସଭାପତିତ୍ୱ କରିଥିଲେ। ଏଥିରେ ଉତ୍କଳର ଲବଣଶିଳ୍ପର ପୁନରୁଦ୍ଧାର, ସିଂହଭୁମ ଓ ମଧ୍ୟପ୍ରଦେଶ କଚେରିରେ ଓଡିଆ ଭାଷା ପ୍ରଚଳନ ଦାବୀଗୁଡିକ ପୁନର୍ବାର ଗୃହୀତ ହୋଇଥିଲା।(୨୬)

ଶିଳ୍ପ ସଚେତନତା :

ଭାରତବର୍ଷ ଯେତେବେଳେ ଇଂରେଜମାନଙ୍କ ଦ୍ୱାରା ପୂର୍ଣ୍ଣ ଅଧିକୃତ ହେଲା ସେତେବେଳେ ଭାରତବର୍ଷର ଘୋର ନୈତିକ ଅବସାଦର ସମୟ। ଭାରତୀୟ ତଥା ଉତ୍କଳୀୟମାନେ 'ସ୍ୱର୍ଗାଦପିଗରୀୟସୀ' ଜନ୍ମଭୂମି ପ୍ରତି ସେମାନଙ୍କର କର୍ତ୍ତବ୍ୟ ବିସ୍ମୃତ ହୋଇପଡିଥିଲେ। ତତ୍‌କାଳୀନ ଉତ୍କଳୀୟ ଶିଳ୍ପର ଦୂରବସ୍ଥା ଓ ଜନସାଧାରଣଙ୍କର ସେ ବିଷୟରେ ନିଶ୍ଚେଷ୍ଟତାକୁ ଲକ୍ଷ୍ୟ କରି ବହୁ ପ୍ରାବନ୍ଧିକ ଅନେକ ଉପାଦେୟ ପ୍ରବନ୍ଧ ରଚନା କରିଥିଲେ।

ଏହି ସମୟରେ ପ୍ରାବନ୍ଧିକ ପାରେଶ୍ୱର ମହାନ୍ତି ଉତ୍କଳୀୟ କୃଷି ଓ ଶିଳ୍ପର ଉନ୍ନତି ନିମନ୍ତେ ବହୁ ଯୁଗୋପଯୋଗୀ ପ୍ରବନ୍ଧ ରଚନା କରି ଦେଶବାସୀଙ୍କୁ ଏହାର ତାତ୍ପର୍ଯ୍ୟ ଉପଲବ୍ଧି କରାଇବାର ପ୍ରଚେଷ୍ଟା କରିଥିଲେ। 'ସ୍ୱଦେଶୀ' ପ୍ରବନ୍ଧରେ ସେ ଲେଖିଥିଲେ, "କୃଷିଜାତ ଦ୍ରବ୍ୟ ଓ ବନ୍ୟ ଖଣିଜାଦି ପ୍ରକୃତିଦତ୍ତ ଦ୍ରବ୍ୟସମୂହ ଦେଶର ମୂଳଧନ ଅଟେ। x x x ଶିଳ୍ପବିଜ୍ଞାନ ଉନ୍ନତ ହେଲେ ଦେଶଜାତ ଏବଂ ଦେଶସ୍ଥିତ ଦ୍ରବ୍ୟ-ରୁଚିର ଅନୁରୂପ ଦ୍ରବ୍ୟ ଯୋଗାଇବା ସଙ୍ଗେ ସଙ୍ଗେ ବିଦେଶରୁ ଧନ ସଂଗ୍ରହ କରି ଆଣେ। ତଦ୍ୱାରା ଦେଶ ଦିନକୁ ଦିନ ଶ୍ରୀସମ୍ପନ୍ନ ହୋଇଉଠେ (୨୭)। ଦେଶବାସୀଙ୍କ ହୃଦୟତନ୍ତ୍ରୀକୁ କମ୍ପିତ କରି ଏହି 'ସ୍ୱଦେଶୀ'ଭାବ ଜାଗ୍ରତ ନହେଲେ ଅଚିରେ ଏହି ଜାତି ଧ୍ୱଂସ ହୋଇଯିବାର ଆଶଂକା ପ୍ରକାଶ କରି ସେ ଲେଖିଥିଲେ, "ଶିଳ୍ପର ବିସ୍ତାର ନ ହୋଇ ଯେବେ କ୍ରମଶଃ ତାହା ସଙ୍କୁଚିତ ହୋଇଯାଏ, ତାହାହେଲେ ବୁଝିବାକୁ ହେବ ଜାତିଟାକୁ ଉଦରୀ ରୋଗ ଧରିଲା। ନିଶ୍ଚୟ ସେ ଜାତି ଶକ୍ତିଶୂନ୍ୟ ହୋଇ ଅକାଳମୃତ୍ୟୁ ଲଭିବ।"(୨୮)

ସ୍ୱଦେଶୀ ଶିଳ୍ପର ପୁନରୁତ୍‌ଥାନ ନ ହେବାର କାରଣ ସ୍ୱରୂପ ଦେଶବାସୀଙ୍କୁ ସେମାନେ (ପ୍ରାବନ୍ଧିକମାନେ) ଉଦ୍ୟମହୀନ, ଅଳସ ଓ ଆରାମପ୍ରିୟ ବୋଲି ଆକ୍ଷେପ କରି ଜାଗ୍ରତ ହେବାକୁ ପରାମର୍ଶ ଦେଇଥିଲେ। ଭାବୋଚ୍ଛ୍ୱାସର ପଶ୍ଚାତ୍‌ରେ ବିପୁଳ କର୍ମଚେଷ୍ଟା ନଥିଲେ ଅସଫଳତା ଅନିବାର୍ଯ୍ୟ। ତେଣୁ ବ୍ୟବସାୟ, ବାଣିଜ୍ୟ, ଶିଳ୍ପ ଓ କୃଷିକ୍ଷେତ୍ରରେ

---

୨୬. 'ଆଶା'- ତା ୭.୪.୧୯୧୮
୨୭. 'ସ୍ୱଦେଶୀ'- ଶ୍ରୀ ପାରେଶ୍ୱର ମହାନ୍ତି, ଉ ସା ୧୩/୩, ଆଷାଢ଼ ୧୩୧୬
୨୮. ତତ୍ରୈବ

ଉନ୍ନତି ଲାଭ କରିବା ପାଇଁ କଠୋର ତପସ୍ୟାରେ ପ୍ରବୃତ୍ତ ହେବାକୁ କେତେକ ପ୍ରାବନ୍ଧିକ ଉପଦେଶ ଦେଇଥିଲେ। କଠୋର ତପସ୍ୟା କହିବାର ତାତ୍ପର୍ଯ୍ୟ ହେଲା, ବିଦେଶୀ ଦ୍ରବ୍ୟ ଓ ରୀତି ନୀତି ପ୍ରତି ଭାରତୀୟମାନେ ଏତେଦୂର ଆକୃଷ୍ଟ ହୋଇ ପଡିଥିଲେ ଯେ, ସେଥିରୁ ଆପଣାକୁ ମୁକ୍ତ କରିବା ଏକ ସମସ୍ୟା ରୂପେ ପ୍ରତିଭାତ ହୋଇଥିଲା। 'ନବଯୁଗର ଆବିର୍ଭାବ' ପ୍ରବନ୍ଧରେ କୃଷ୍ଣମୋହନ ପଟ୍ଟନାୟକ ଲେଖିଥିଲେ, "ଆମ୍ଭମାନଙ୍କର ଲକ୍ଷ ଲକ୍ଷ ଭାଇ ଅନାର୍ଯ୍ୟପରି ସ୍ୱୋପାର୍ଜିତ କଷ୍ଟଲବ୍ଧ ଅର୍ଥଯାକ ବିଦେଶୀ ଥାଳିରେ ଢାଳିଦେଇ ଦ୍ୱାରେ ଦ୍ୱାରେ ଥାଳି ଘେନି ବୁଲୁଅଛନ୍ତି। ତେଣେ ମାଞ୍ଚେଷ୍ଟର ସୁକୁମାର ତନ୍ତୁବାୟକୁଳ ଏବଂ ଅପରାପର ବିଦେଶୀୟଗଣ ଆମ୍ଭମାନଙ୍କର ବହୁ କଷ୍ଟୋପାର୍ଜିତ ଧନରେ ନିଶ ଫୁଲାଇ ବାବୁଗିରି କରୁଅଛନ୍ତି। x x x ଆମ୍ଭମାନଙ୍କର ଅଭାବ କେବଳ କାର୍ଯ୍ୟର ଅଭାବ।"(୨୯) ଉକ୍ତ ପ୍ରବନ୍ଧରେ ପ୍ରବନ୍ଧିକ ବଙ୍ଗ ବିଭାଜନର କାରଣ ସ୍ୱରୂପ ତାହାର ଅତ୍ୟଧିକ ବିଦେଶୀ ଦ୍ରବ୍ୟ-ପ୍ରୀତି ଓ ପାଶ୍ଚାତ୍ୟ ସଭ୍ୟତାର ଅନୁକରଣକୁ ହିଁ ଦାୟୀ କରି ଏହାର ନିନ୍ଦା କରିଥିଲେ। ଦେଶୀୟ ବସ୍ତୁ ଓ ଶିଳ୍ପର ଆଦର ଦେଶବାସୀଙ୍କ ହୃଦୟରେ ପରିବର୍ଦ୍ଧିତ କରିବା ଲକ୍ଷ୍ୟରେ ପ୍ରବନ୍ଧର ଶେଷରେ ସେ ଲେଖିଥିଲେ,

"ନିଜ ବାସଭୂମେ ପରବାସୀ ହୋଇ,
କେତେ କାଳ ଥିବ ପରମୁଖ ଚାହିଁ।
ତ୍ୟଜି ସ୍ୱାର୍ଥ ସୁଖ ମାନ-ଅଭିମାନ
ଜନନୀ ଚରଣେ କର ଆତ୍ମଦାନ।"(୩୦)

ଉତ୍କଳୀୟ ଶିଳ୍ପ-ବିପର୍ଯ୍ୟୟର ଅନ୍ୟ ଏକ କାରଣ ଥିଲା ଶିକ୍ଷିତ ଓଡିଆ ଯୁବକର ଚାକିରି ମନୋବୃତ୍ତି, ପରିଶ୍ରମକାତରତା ଓ ହୀନମନ୍ୟତା। ବ୍ରିଟିଶ୍ ରାଜତ୍ୱରେ ଶକ୍ତିଶାଳୀ ଓ ପ୍ରତିଭାସମ୍ପନ୍ନ ଶିକ୍ଷିତ ଯୁବକମାନଙ୍କୁ ସରକାରୀ ଚାକିରିରୁ ଦୂରରେ ରଖାଯାଉଥିଲା। ପୁଣି ଚାକିରି କରିବା ଅର୍ଥ ଥିଲା ସରକାରଙ୍କଠାରେ ମୁଣ୍ଡବିକିବା। ଏତାଦୃଶ ମନୋଭାବ ସ୍ୱଳ୍ପସଙ୍ଗତିସମ୍ପନ୍ନ ଉତ୍କଳୀୟ ଯୁବକକୁ ଜାତୀୟତାର ଆଦର୍ଶଠାରୁ ଦୂରକୁ ନେଇଯାଉଥିଲା। ଏହି ଦୂରବସ୍ଥାରୁ ଉଦ୍ଧାରପ୍ରାପ୍ତିର ଏକମାତ୍ର ଉପାୟ ଦେଶବାସୀଙ୍କ ସମସମ୍ମୁଖରେ ଥିଲା 'ସ୍ୱଦେଶୀ ଆନ୍ଦୋଳନକୁ ସଫଳ କରିବା'। ପୁଣି ଉତ୍କଳବାସୀର ଆବଶ୍ୟକତା ସ୍ୱଳ୍ପ ଥିବା ଦୃଷ୍ଟିରୁ ଯତ୍‌ସାମାନ୍ୟ ବିଦେଶୀ ଦ୍ରବ୍ୟ କ୍ରୟ କରୁଥିଲେ ତାହା ଆପେ ପ୍ରସ୍ତୁତ କରିପାରିଲେ ସେମାନଙ୍କ ଅଭାବ ପୂରଣ ହେବା ସଙ୍ଗେ ସଙ୍ଗେ ଅର୍ଥାଗମର ପନ୍ଥା ସହଜ ହୋଇପାରିବାର

---

୨୯. 'ନବଯୁଗର ଆବିର୍ଭାବ', କୃଷ୍ଣମୋହନ ପଟ୍ଟନାୟକ, ଉ: ସା: ୯।୬ ଆଶ୍ୱିନ, ୧୩୧୩।

୩୦. ତତ୍ରୈବ।

ଆଶା ଥିଲା। ଏହି ମର୍ମରେ ଉତ୍କଳୀୟମାନଙ୍କୁ ଉତ୍ସାହିତ କରି 'ଉତ୍କଳ ସାହିତ୍ୟ' ଲେଖିଥିଲେ, "ଉତ୍କଳରେ ଶ୍ରମଜୀବୀର ଅଭାବ ନାହିଁ, କାରିଗରର ଅଭାବ ନାହିଁ। ମାତ୍ର ଚେଷ୍ଟା, ଯତ୍ନ, ପ୍ରବୃତ୍ତି କାହିଁ? ବୃହତ୍ କଳକାରଖାନା ପାଇଁ ଉତ୍କଳ ଏକାକୀ ଅର୍ଥ ଯୋଗାଇବାକୁ ଅକ୍ଷମ ହୋଇପାରେ; ମାତ୍ର ଅନ୍ୟ ଜାତିମାନଙ୍କ ସହିତ ଯୋଗ ଦେଲେ କି ପ୍ରାୟଶ୍ଚିତ୍ତ ଲାଗିବ? କ୍ଷୁଦ୍ର କ୍ଷୁଦ୍ର କେତେ ବ୍ୟବସାୟ ପଡିରହିଛି। ସେଥିପ୍ରତି କାହାରି ଦୃଷ୍ଟି ନାହିଁ କାହିଁକି? ଭିନ୍ନ ସ୍ଥାନର ଲୋକେ ଆସି ଉତ୍କଳର ପ୍ରକୃତିଜାତ ଓ ଶ୍ରମଜାତ ପଦାର୍ଥମାନ ସଂଗ୍ରହକରି ଲାଭବାନ୍ ହେଉଛନ୍ତି। ଦେଶର ଜଣେ କେହି ସେପରି କାର୍ଯ୍ୟରେ ପ୍ରବୃତ୍ତ ହେଉନାହାନ୍ତି କାହିଁକି?"(୩୧)

ଉତ୍କଳବାସୀ ସ୍ୱାବଲମ୍ବନ ଓ ଆତ୍ମଚେଷ୍ଟାଦ୍ୱାରା ଭାରତର ଜାତୀୟ ସମସ୍ୟା ସାଧନରେ ବ୍ରତୀ ହୋଇ ନିଜକୁ ଧନ୍ୟ କରିବା ସଙ୍ଗେ ସଙ୍ଗେ ଉତ୍କଳଭୂମିକୁ ଗୌରବାନ୍ୱିତ ଓ ଐଶ୍ୱର୍ଯ୍ୟଶାଳିନୀ କରିବାର ଆଶା ଏହା ମଧ୍ୟରେ ପ୍ରକାଶିତ ହୋଇଥିଲା।

ସାଂସ୍କୃତିକ ଉତ୍ତରାଧିକାର ଓ ଶୃଙ୍ଖଳିତ ଜାତୀୟଜୀବନର ପରିକଳ୍ପନା :

ଉତ୍କଳୀୟ ତଥା ଭାରତୀୟ ସଂସ୍କୃତିର ଓ ଐତିହ୍ୟର ମହତ୍ତ୍ୱ ଓ ଗୌରବସମ୍ବଳିତ ପ୍ରବନ୍ଧରଚୟିତା ଭାବେ ଜଗବନ୍ଧୁ ସିଂହ, କୃପାସିନ୍ଧୁ ମିଶ୍ର, ଶ୍ରୀବତ୍ସ ପଣ୍ଡା, ଚିନ୍ତାମଣି ଆଚାର୍ଯ୍ୟ, ଶଶୀଭୂଷଣ ରାୟ, ଗୋବିନ୍ଦ ତ୍ରିପାଠୀ, ନୀଳକଣ୍ଠ ଦାସ, ଜଳନ୍ଧର ଦେବ ପ୍ରମୁଖଙ୍କ ନାମ ଉଲ୍ଲେଖଯୋଗ୍ୟ। ଦେଶସେବାର ଉପଯୁକ୍ତ ପନ୍ଥା ପ୍ରଦର୍ଶନ କରାଇବାର ମହତ୍ ଲକ୍ଷ୍ୟ ନେଇ ଏମାନେ ପ୍ରବନ୍ଧ ରଚନା କରିଥିଲେ।

ପ୍ରାଚୀନ ଉତ୍କଳର ଗୌରବ ଗାନକରି ଉତ୍କଳ ପ୍ରଦେଶରେ ଜାତୀୟତାର ଆଦର୍ଶ ପ୍ରତିଷ୍ଠା ଉଦ୍ୟମ କରିଥିଲେ ଦେଶପ୍ରେମୀ ଜଗବନ୍ଧୁ ସିଂହ। ତାହାଙ୍କ ପ୍ରାଚୀନ ଉତ୍କଳ'ର ବିଭିନ୍ନ ପରିଚ୍ଛେଦରେ ବିଚ୍ଛିନ୍ନ ଉତ୍କଳର ଦୁରାବସ୍ଥା, ଶିକ୍ଷାର ଅଭାବ, ବିପ୍ଳବୀ ଭାବର ଅଭାବ, ଭାଗବତଘରର ମାହାତ୍ମ୍ୟ ଇତ୍ୟାଦି ଶିକ୍ଷଣୀୟ ବିଷୟବସ୍ତୁର ପର୍ଯ୍ୟାଲୋଚନା କରାଯାଇଅଛି। ଏଥିରୁ ତାଙ୍କର ମାତୃଭୂମି ପ୍ରତି ପ୍ରଗାଢ ଅନୁରାଗର ପରିଚୟ ମିଳିଥାଏ। ଜାତୀୟ ଦୁର୍ଗତି ସଂଦର୍ଶନରେ କ୍ଷୁବ୍ଧ ହୋଇ ସେ ଲେଖିଥିଲେ, "ଗୋଟିଏ ଲୋକର ହାତ ଗୋଡ ଜିହ୍ୱା କାଟି ଭିନ୍ନ ଭିନ୍ନ ଦିଗକୁ ପକାଇଦେଲେ ସେ ଲୋକର ଅବସ୍ଥା ଯେପରି ଭୟଙ୍କର, ବିକଟାକାର ଧାରଣ କରିବ, ପ୍ରାଚୀନ ଉତ୍କଳ ତଥା ପ୍ରାଚୀନ ଓଡିଆ ଜାତିର ଅବସ୍ଥା ତଦ୍ରୂପ ହୋଇଅଛି। x x x ପ୍ରାଚୀନ ଉତ୍କଳ ଖଣ୍ଡ-ବିଖଣ୍ଡ ହେବା ସଙ୍ଗେ

୩୧. 'ଭାରତର ଜାତୀୟ ସମସ୍ୟା'- ଉ: ସା: ୧୦।୨।

ସଙ୍ଗେ ପ୍ରାଚୀନ ଗୌରବରବି କ୍ରମେ ଅସ୍ତମିତ ହେଲେ ଏବଂ କିଏ କେଉଁ କୋଣରେ ପଡିରହିଛି, ସେକଥା ମଧ୍ୟ ଭାବିବାକୁ ଲୋକଙ୍କର ଅବସର ନାହିଁ। ଆଧୁନିକ ଉତ୍କଳ ନୀରବ ନିସ୍ତବ୍ଧ ଭାବରେ ପଡିରହିଛି"(୩୨)। ତାହାଙ୍କ ଅନ୍ୟାନ୍ୟ ପ୍ରବନ୍ଧରେ ସେ ଉତ୍କଳର ସାମାଜିକ ଓ ଅର୍ଥନୈତିକ ସମସ୍ୟା ପ୍ରତି ଦେଶବାସୀଙ୍କ ଦୃଷ୍ଟି ଆକର୍ଷଣ କରିଥିଲେ। ପୂର୍ବପୁରୁଷଙ୍କର ଗୌରବମୟ କାହାଣୀ ଅବଲମ୍ବନପୂର୍ବକ ପ୍ରାଚୀନ ସଂସ୍କୃତିର ମହତ୍ତ୍ୱ ପ୍ରତିଷ୍ଠାକରି ଦେଶବାସୀଙ୍କ ଦୁର୍ବଳ, ପରାଧୀନ, ଭୀରୁ ପ୍ରାଣରେ ନୂତନ ବିଶ୍ୱାସ, ନବିନ ଉତ୍ସାହ ଓ ନବଉଦ୍ଦୀପନା ସୃଷ୍ଟି କରିବା ଥିଲା ତାଙ୍କର ପତ୍ନତାତ୍ତ୍ୱିକ ଅନୁଶୀଳନର ଲକ୍ଷ୍ୟ। ଏହି ମର୍ମରେ 'କର୍ମଫଳ' ପ୍ରବନ୍ଧରେ ପ୍ରାବନ୍ଧିକ ଲେଖିଥିଲେ "x x x ବିନା ଶିକ୍ଷାରେ ଭାରତର ଉନ୍ନତି ସୁଦୂରପରାହତ। ଶିକ୍ଷା ଯେ ସର୍ବମଙ୍ଗଳପ୍ରଦାତା, ଏହା ସର୍ବବାଦୀସମ୍ମତ। x x x ଦିନେ ଶିକ୍ଷାବଳରେ ଆମ୍ଭେମାନେ ଉନ୍ନତିର ଉଚ୍ଚତମ ସୋପାନରେ ଆସୀନ ହୋଇଥିଲୁ। ବର୍ତ୍ତମାନ ସେହି ଶିକ୍ଷା ଅଭାବରୁ ଆମ୍ଭମାନଙ୍କର ଅବନତି। x x x ଅତଏବ ଭାରତୀୟ ଶିଳ୍ପଜାତ ଦ୍ରବ୍ୟ ଏବଂ ଭାରତୀୟ ବାଣିଜ୍ୟର ଉନ୍ନତିକଳ୍ପେ ଯଥାସାଧ୍ୟ ଚେଷ୍ଟା କରିବା ପ୍ରତ୍ୟେକ ଭାରତବାସୀର କର୍ତ୍ତବ୍ୟ।"(୩୩)

ପ୍ରାବନ୍ଧିକ କୃପାସିନ୍ଧୁ ମିଶ୍ର 'କା', 'ରାଜଭକ୍ତି', 'ଇଂରେଜ ବଣିକମାନଙ୍କର ଓଡିଶାଭିଗମନ', 'ସୂର୍ଯ୍ୟ ଉପାସନା ଓ କୋଣାର୍କ ମାହାତ୍ମ୍ୟ' (୩୪) ପ୍ରଭୃତି ପ୍ରବନ୍ଧମାନଙ୍କରେ ଉତ୍କଳର ଅତୀତ ଗୌରବଗାନସହ ଦୃଢ ଆତ୍ମପ୍ରତ୍ୟୟ ସୃଷ୍ଟି କରିବାର ପ୍ରୟାସ କରିଥିଲେ। ଦେଶପ୍ରେମର ସ୍ୱରୂପ ଉଦ୍‌ଘାଟନ କରି 'କା' ପ୍ରବନ୍ଧରେ ସେ ଲେଖିଥିଲେ, "ମୁଁ ଯେତେବେଳେ ଦେଶସାଧାରଣଙ୍କ ପ୍ରତିନିଧି ସ୍ୱରୂପ ପ୍ରାଦେଶିକ ବ୍ୟବସ୍ଥାପକ ସଭାରେ ଦେଶର ମଙ୍ଗଳ ନିମନ୍ତେ ଯୁଦ୍ଧ କରୁଅଛି, ସେତେବେଳେ ମୋ ଉପରେ ଦେଶ-ସାଧାରଣଙ୍କ ନିମନ୍ତେ ଗୋଟାଏ କା' ଅଛି ବୋଲିବାକୁ ହେବ। ସେତେବେଳେ ମୁଁ ଅମୁକ ଦାସ କି ଅମୁକ ତ୍ରିପାଠୀ ନୁହେଁ।"(୩୫)

ଦେଶ ଓ ଜାତିର ସମ୍ମାନ ଓ ଗୌରବ ରକ୍ଷା ନିମନ୍ତେ ଜନସାଧାରଣ ଶିକ୍ଷିତ ହେବା ସଙ୍ଗେ ସଙ୍ଗେ ଜନ୍ମଭୂମି ପାଇଁ ତ୍ୟାଗ ବରଣ କରିବାକୁ ପ୍ରସ୍ତୁତ ହେବା ଦରକାର। ପ୍ରାବନ୍ଧିକ ତେଣୁ ଜାତୀୟ ଅଭ୍ୟୁତ୍‌ଥାନ ନିମନ୍ତେ ଅତୀତ ପରମ୍ପରାରୁ ଉତ୍କୃଷ୍ଟତମ ଉପାଦାନଗୁଡିକ ଗ୍ରହଣ କରି ଦେଶର ବୃହତ୍ତର ସ୍ୱାର୍ଥ ନିମିତ୍ତ ଆପଣାର ବ୍ୟକ୍ତିଗତ ସ୍ୱାର୍ଥକୁ

---

୩୨. 'ପ୍ରାଚୀନ ଉତ୍କଳ'- ଜଗବନ୍ଧୁ ସିଂହ, ପୃ୧୬୭

୩୩. 'କର୍ମଫଳ'- ଜଗବନ୍ଧୁ ସିଂହ, ଉ: ସା: ୧୬/୬, ପୃ.୧୬୧

୩୪. 'କା'- ମୁକୁର ୭/୬
'ରାଜଭକ୍ତି'- ମୁକୁର ୭/୬
'ଇଂରେଜ ବଣିକମାନଙ୍କର ଓଡିଶାଭିଗମନ'- ସତ୍ୟବାଦୀ ୪/୪

୩୫, 'କା'- କୃପାସିନ୍ଧୁ ମିଶ୍ର, ସାହିତ୍ୟ, ପୃ.୧୯୬

ବିସର୍ଜନ ଦେବାକୁ ପରାମର୍ଶ ଦେଇଥିଲେ। 'ପ୍ରାଚ୍ୟଭୁଖଣ୍ଡର ଅଭ୍ୟୁଥାନ' ପ୍ରବନ୍ଧରେ ପ୍ରାବନ୍ଧିକ କୃପାସିନ୍ଧୁ ଲେଖିଥିଲେ, "ଆଉ ନିଦ୍ରାର ସମୟ ନାହିଁ, ଜଗଦ୍‌ବ୍ୟାପୀ ଏହି ସ୍ରୋତର ଅନୁକୂଳରେ ଯିବା ପାଇଁ ଆସ ପ୍ରସ୍ତୁତ ହେବା। x x x Sacrifice is the test of love. ଏହି ତ୍ୟାଗଶୀଳତା ଦ୍ୱାରା ଆମ୍ଭେମାନେ ସମସ୍ତଙ୍କର ହୃଦୟ ଆକର୍ଷଣ କରିପାରିବା x x x ସମ୍ମୁଖରେ ବିଶାଳ କର୍ମକ୍ଷେତ୍ର ପଡିରହିଛି। x x x ଏକ ପକ୍ଷରେ ନିଜର ଅତୀତକୁ ଭୁଲ ନାହିଁ; ଅନ୍ୟ ପକ୍ଷରେ ବର୍ତ୍ତମାନ ପ୍ରତି ଅନ୍ଧ ହୁଅନାହିଁ। ଉଭୟର ସମ୍ମିଶ୍ରଣରେ ଏକା ଭାରତରେ ଅଭିନବ ଜାତିର ଅଭ୍ୟୁତ୍‌ଥାନ ହେବ। ଏଥିରେ ଭାରତ ତଥା ପୃଥିବୀର କଲ୍ୟାଣ ସାଧିତ ହେବ। ନିଜର ସମସ୍ତ ସ୍ୱାର୍ଥକୁ ଦେଶର ସ୍ୱାର୍ଥରେ, ଜାତିର ସ୍ୱାର୍ଥରେ, ଜଗତର ସ୍ୱାର୍ଥରେ ବିସର୍ଜନ କରି କର୍ମକ୍ଷେତ୍ରରେ ଜୀବନ ଉତ୍ସର୍ଗ କର।" (୩୬)

ଗୋପାଳଚନ୍ଦ୍ର ପ୍ରହରାଜଙ୍କ 'ବାଇମାହାନ୍ତି ପାଞ୍ଜି', 'ନନାଙ୍କ ବସ୍ତାନି', 'ଭାଗବତ ଟୁଙ୍ଗୀରେ ସନ୍ଧ୍ୟା' ପ୍ରଭୃତି ରମ୍ୟରଚନାରେ ତାହାଙ୍କର ସ୍ୱଦେଶାନୁରାଗ, ଚତୁର ବାକ୍‌ବିନ୍ୟାସଶାଣିତ ଯୁକ୍ତି ଓ ବ୍ୟଙ୍ଗପ୍ରବଣତା ମାଧ୍ୟମରେ ସରସ ଭାବେ ଅଭିବ୍ୟକ୍ତ। ପ୍ରହରାଜଙ୍କ ରଚନାରେ ସର୍ବତ୍ର ଏକ ସମାଜସଚେତନ ଶିଳ୍ପୀର ପରିଚୟ ପରିଦୃଷ୍ଟ ହୁଏ। ସାମାଜିକ ସଂହତି ପ୍ରତିଷ୍ଠା ନିମନ୍ତେ ରକ୍ଷଣଶୀଳତା ଓ ଆଧୁନିକତାର ସମନ୍ୱୟ ପ୍ରୟୋଜନ। ଏହା ତାହାଙ୍କ ରଚନାରେ ନିର୍ଦ୍ଦେଶିତ। ଚିନ୍ତାରେ ସ୍ୱାଧୀନତା, ତର୍କରେ ସ୍ୱତନ୍ତ୍ରତା, ଆଲୋଚନାରେ କୌତୁକ ତାହାଙ୍କ ପ୍ରବନ୍ଧର ବୈଶିଷ୍ଟ୍ୟ।

ପ୍ରାବନ୍ଧିକ ସଂସ୍କାରକ ଶ୍ରୀବତ୍ସ ପଣ୍ଡା ଦୟାନନ୍ଦ ସରସ୍ୱତୀଙ୍କ ଆଦର୍ଶରେ ଅନୁପ୍ରାଣିତ ହୋଇ ପ୍ରାଚୀନ ରୀତିନିତି ପୁନଃ ପ୍ରତିଷ୍ଠାପୂର୍ବକ ଏକ ସୁସ୍ଥ ସାମାଜିକ ପରମ୍ପରା ସୃଷ୍ଟି ଲକ୍ଷ୍ୟରେ ପ୍ରବନ୍ଧ ରଚନା କରିଥିଲେ। ତାହାଙ୍କ 'ସମାଜସଂସ୍କାର' ଓ 'ଦେଶାଚାର'(୩୭) ପ୍ରଭୃତି ପ୍ରବନ୍ଧ ଏହାର ପ୍ରକୃଷ୍ଟ ନିଦର୍ଶନ।

ଜାତିର ଆତ୍ମସମ୍ମାନବୋଧ, ଆତ୍ମସଚେତନତା ଓ ଜାତିପ୍ରାଣରେ ଶକ୍ତି ସଞ୍ଚାର ଉଦ୍ଦେଶ୍ୟରେ ପ୍ରବନ୍ଧ ରଚନା କରିଥିଲେ ଗୋବିନ୍ଦ ତ୍ରିପାଠୀ। ସ୍ୱଦେଶୀୟ ସଂସ୍କୃତି ଓ ପରମ୍ପରାକୁ ଉପେକ୍ଷା କରୁଥିବା ଜନସାଧାରଣଙ୍କୁ ସେ ବ୍ୟଙ୍ଗ କରିବା ସଙ୍ଗେ ସଙ୍ଗେ ଉତ୍କଳୀୟ ସଂସ୍କୃତିର ମହତ୍ତ୍ୱ ଦର୍ଶାଇ କେତେକ ପ୍ରବନ୍ଧ ରଚନା କରିଥିଲେ। 'ବଟୁଆ' ତନ୍ମଧ୍ୟରୁ ଅନ୍ୟତମ। ତାହାଙ୍କ ସ୍ୱଦେଶାନୁରାଗ, ଉତ୍କଳୀୟ ସଂସ୍କୃତି ପ୍ରୀତି ଓ ମମତାର

୩୬. 'ପ୍ରାଚ୍ୟଭୁଖଣ୍ଡର ଅଭ୍ୟୁତ୍‌ଥାନ', ଉ: ସା: ୧୨/୬, ଆଶ୍ୱିନ ୧୩୧୬, ଲେଖକ-କୃପାସିନ୍ଧୁ ମିଶ୍ର।

୩୭. 'ସମାଜସଂସ୍କାର'-ଶ୍ରୀବତ୍ସ ପଣ୍ଡା ଉ: ସା: ୮/୮
'ଦେଶାଚାର'- ଶ୍ରୀବତ୍ସ ପଣ୍ଡା, ମୁକୁର ୬/୭।

ନିଦର୍ଶନ ନିମ୍ନୋକ୍ତ ଉକ୍ତିରୁ ହିଁ ସୁସ୍ପଷ୍ଟ। "ପରଲାଙ୍ଗୁଡଧରା ବଡଲୋକି ବଡଲୋକ ନୁହେଁ, ସେ ଗୋଲାମିର ଗୋଲାମି ମାତ୍ର"(୩୮)।

ଉତ୍କଳୀୟ ସାଂସ୍କୃତିକ ଭିତ୍ତିଭୂମି ଉପରେ ସାଂସ୍କୃତିକ ଜାତୀୟ ଜୀବନର ପରିକଳ୍ପନା ପରିଲକ୍ଷିତ ହୁଏ ଶଶିଭୂଷଣ ରାୟଙ୍କ କେତେକ ପ୍ରବନ୍ଧରେ। ପ୍ରବନ୍ଧ ମାଧ୍ୟମରେ ଉତ୍କଳୀୟ ପ୍ରକୃତି ଓ ସଂସ୍କୃତିର କମନୀୟ ଆଲେଖ୍ୟ ଅଙ୍କନରେ ଓ ଭାବୋଦ୍ଦୀପକ ବହୁ ପ୍ରବନ୍ଧର ରଚୟିତା ଭାବେ ଶସିଭୂଷଣ ଚିରସ୍ମରଣୀୟ। ତାହାଙ୍କର 'ଉତ୍କଳ ପ୍ରକୃତି', 'ଉତ୍କଳର ଋତୁଚିତ୍ର', 'ଦାକ୍ଷିଣାତ୍ୟ ଭ୍ରମଣ' ଇତ୍ୟାଦି ଉଲ୍ଲେଖନୀୟ କୃତି। ଉଚ୍ଚକୋଟିର ବ୍ୟକ୍ତିଗତ ଭାବୁକତା, କବିସୁଲଭ ଭାବପ୍ରବଣତା ତଥା ସଂସ୍କାରପ୍ରୟାସ ତାହାଙ୍କ ପ୍ରବନ୍ଧଗୁଡିକୁ ଅନୁପମ ଜାତୀୟବାଦୀ ରୂପ ପ୍ରଦାନ କରିଥିଲା। ଏହି ପ୍ରାବନ୍ଧିକଙ୍କର ଦୁଇଟି ପ୍ରବନ୍ଧ 'ଜାତୀୟତା ଓ ବିଶ୍ୱଜନୀନତା', 'ଜାତୀୟତାର ଅନୁଭୂତି' ଏ ସମ୍ପର୍କରେ ଉଲ୍ଲେଖଯୋଗ୍ୟ। ଏଥିରୁ ପ୍ରାବନ୍ଧିକଙ୍କର ଜାତୀୟବାଦୀ ଉଦାର ଦୃଷ୍ଟିକୋଣ ଉପଲବ୍ଧି ହୁଏ: "ଜାତୀୟତା କେବଳ ରାଜନୀତି ମଧ୍ୟରେ ଆବଦ୍ଧ ନୁହେଁ, ଏହା ଉପରେ ଦେଶୀ ଦ୍ରବ୍ୟ ପ୍ରସ୍ତୁତି ନିମିତ୍ତ ସ୍ୱଦେଶୀ ପ୍ରଚେଷ୍ଟା ଯୋଗ କଲେ ଜାତୀୟତା ହୁଏ ନାହିଁ, x x x ଏହା ମୂଳରେ ଗୋଟାଏ ବିଶ୍ୱାସ ବିଦ୍ୟମାନ। x x x ସଂକୀର୍ଣ୍ଣତା ଜାତୀୟତା ସଂସ୍ଥାପନର ଘୋର ପରିପନ୍ଥୀ। x x x କିନ୍ତୁ କୌଣସି ଜାତିର ନିଜ ବୈଶିଷ୍ଟ୍ୟ ବିସର୍ଜନ ଦେଇ ଜାତୀୟତାଗଠନରେ ଆତ୍ମନିୟୋଗ କରିବା ଅନୁଚିତ। ବୈଶିଷ୍ଟ୍ୟ ଅବ୍ୟାହତ ରଖି ଉଦାରତା ଓ ଦେଶାତ୍ମବୋଧ ସାହାଯ୍ୟରେ ସମସ୍ତଙ୍କୁ ଆପଣାର କରିନେବାକୁ ହେବ; ନତୁବା ଜାତୀୟତାବୋଧ ଉନ୍ମେଷିତ ହେବ ନାହିଁ। ନିଜର ଜାତୀୟତା ପର ପଦତଳେ ବିକ୍ରୀତ ହେବ"(୩୯)।

ଆଲୋଚନା - ସାହିତ୍ୟର ନବଦିଗନ୍ତ:

ଆଲୋଚ୍ୟକାଳ ମଧ୍ୟରେ ପ୍ରାଚୀନ ସାହିତ୍ୟ, ସାହିତ୍ୟ ସାଧକ ଓ ଓଡିଆ ଭାଷାର ବିଭବ ସମ୍ପର୍କରେ ଅନୁଶୀଳନ ଅଧିକ ପ୍ରୋତ୍ସାହନ ଲାଭ କରିଥିଲା। ଏହାଦ୍ୱାରା ଓଡିଆ ଆଲୋଚନାର ନୂତନ ଦିଗନ୍ତ ଉଦ୍‌ଘାଟିତ ହୋଇଥିଲା ଓ ପ୍ରବନ୍ଧସାହିତ୍ୟ ସମୃଦ୍ଧ ହେବା ସଙ୍ଗେ ସଙ୍ଗେ ଓଡିଆ ଭାଷା ଓ ସାହିତ୍ୟର ମହତ୍ତ୍ୱ ଉଦ୍‌ଘାଟିତ ହୋଇପାରିଥିଲା। ଏ କ୍ଷେତ୍ରରେ ଶ୍ୟାମସୁନ୍ଦର ରାଜଗୁରୁ, ଗୋପୀନାଥ ନନ୍ଦ, ମୃତ୍ୟୁଞ୍ଜୟ ରଥ, ନୀଳମଣି ବିଦ୍ୟାରତ୍ନ, ଆର୍ତ୍ତବଲ୍ଲଭ ମହାନ୍ତି ପ୍ରଭୃତିଙ୍କ ଅବଦାନ ଅତୀବ ଗୁରୁତ୍ୱପୂର୍ଣ୍ଣ। ଉତ୍କଳୀୟ ଭାଷା, ସାହିତ୍ୟ ଓ ସଂସ୍କୃତିର ଗୌରବ ପ୍ରଖ୍ୟାପନରେ ଅଭିଳାଷୀ ହୋଇ ଏମାନେ ଯେ ଗବେଷଣାରେ ବ୍ରତୀ

---

୩୮. 'ବଟୁଆ'- ଗୋବିନ୍ଦ ଚନ୍ଦ୍ର ତ୍ରିପାଠୀ, ଗଦ୍ୟସଂଚୟନ, ପୃ.୧୬୧

୩୯. 'ପରୋପକାର ପ୍ରବୃତ୍ତି'- 'ପ୍ରବନ୍ଧ ସଂଗ୍ରହ', ଶଶିଭୂଷଣ ରାୟ, ପୃ.୨୮୫-୩୧୭

ହୋଇଥିଲେ ଏହା କହିବା ବାହୁଲ୍ୟମାତ୍ର। ଗୋପୀନାଥ ନନ୍ଦ ଶର୍ମା (୧୮୬୯-୧୯୨୪) ସାରଳା ମହାଭାରତର ପୁଙ୍ଖାନୁପୁଙ୍ଖ ବିଶ୍ଳେଷଣ କରି ତୁଳନାତ୍ମକ ଭାବେ ଏହାର କାବ୍ୟିକ ମହତ୍ତ୍ୱ ପ୍ରତିପାଦନ କରିଥିଲେ। ଓଡିଆଭାଷା ଅନୁଶୀଳନର ପ୍ରଥମ ଗ୍ରନ୍ଥ ଓଡିଆ-ଭାଷାତତ୍ତ୍ୱ ତାଙ୍କର ଏକ ଅମର କୀର୍ତ୍ତି। ଏହି 'ଭାଷାତତ୍ତ୍ୱ'ର 'ଗ୍ରନ୍ଥ ପ୍ରବେଶ'ରେ ଯଥାର୍ଥରେ କୁହାଯାଇଥିଲା, "ପଣ୍ଡିତ ଗୋପୀନାଥ ନନ୍ଦଙ୍କ ଭାଷାତତ୍ତ୍ୱ ଏକା ଓଡିଆରେ କାହିଁକି, ଭାରତର ସମସ୍ତ ଚଳିତ ଭାଷାରେ ଗୋଟିଏ ନୂତନ ଗ୍ରନ୍ଥ। ଜୀବନ୍ତ ଚଳିତ ଭାଷାର ଶକ୍ତି ଓ ଅଭିବୃଦ୍ଧି ଉପରେ ଶିକ୍ଷା ଓ ସଭ୍ୟତାର ପ୍ରକୃତି ଓ ପ୍ରସାର ନିର୍ଭର କରେ। ଭାଷାତତ୍ତ୍ୱର ଅନୁସନ୍ଧାନ ଓ ପ୍ରଚାରରେ ଭାଷା ସାର୍ବଜନୀନ ଓ ବିଦେଶୀ ପକ୍ଷରେ ସୁଖ ସେବ୍ୟ ଓ ସୁଶିକ୍ଷଣୀୟ ହୁଏ"(୪୦)।

ଜାତୀୟବାଦୀ ପତ୍ରିକା ସମ୍ପାଦକ ଭାବେ ଓ ସ୍ୱଦେଶବାଦୀ ପ୍ରବନ୍ଧ ଲେଖକ ଭାବେ ପଣ୍ଡିତ ନୀଳମଣି ବିଦ୍ୟାରତ୍ନ (୧୮୬୭-୧୯୨୪) ଅଗ୍ରଗଣ୍ୟ। 'ସମ୍ବଲପୁର ହିତୈଷିଣୀ' (୧୮୮୯)ର ସମ୍ପାଦକ ଭାବେ ପତ୍ରିକାର ସୁସମ୍ପାଦନା ସହ ଓଡିଶାର ଏକତ୍ରୀକରଣ, ଗଡଜାତରେ ଶୃଙ୍ଖଳାରକ୍ଷା ଓ ଜାତୀୟତାର ପରିପ୍ରଚାର କାର୍ଯ୍ୟରେ ତାହାଙ୍କର ଜୀବନ ଥିଲା ଉତ୍ସର୍ଗୀକୃତ। ୧୯୦୨ ଖ୍ରୀଷ୍ଟାବ୍ଦରେ 'ପ୍ରଜାବନ୍ଧୁ' ପତ୍ରିକାର ସମ୍ପାଦକ ଥିବାବେଳେ ସେ ଗଞ୍ଜାମ ସମ୍ମିଳନୀ ସଂଗଠନର ବ୍ୟବସ୍ଥା କରି ବିଚ୍ଛିନ୍ନ ଓଡିଆ ଅଞ୍ଚଳଗୁଡିକୁ ଏକତ୍ର କରିବାର ପ୍ରଥମ ସାଂଗଠନିକ ଉଦ୍ୟମରେ ଏକ ବିଶିଷ୍ଟ ଭୂମିକା ଗ୍ରହଣ କରିଥିଲେ।

ଅଧ୍ୟାପକ ଆର୍ତ୍ତବଲ୍ଲଭ ମହାନ୍ତିଙ୍କ ଉଦ୍ୟମରେ ୧୯୨୭ ମସିହାରେ 'ପ୍ରାଚୀ ସମିତି' ସ୍ଥାପିତ ହୋଇଥିଲା ଓ ଏହା ମାଧ୍ୟମରେ ବହୁ ଉପାଦେୟ ଗ୍ରନ୍ଥର ଆବିଷ୍କାର ହୋଇପାରିଥିଲା। ଭାଷା, ସାହିତ୍ୟ ଓ ସଂସ୍କୃତିର ଗବେଷଣା ଇତ୍ୟାଦି କାର୍ଯ୍ୟରେ ସେ ଆଜୀବନ ଆତ୍ମନିୟୋଜିତ ରହି ଗବେଷଣାର ସମୁଚ୍ଚ ଆଦର୍ଶ ଦର୍ଶାଇ ଯାଇଅଛନ୍ତି।

ଲକ୍ଷ୍ମୀନାରାୟଣ ସାହୁଙ୍କ ପ୍ରତିଷ୍ଠିତ ଓ ପରବର୍ତ୍ତୀ କାଳରେ ବାଳକୃଷ୍ଣ କରଙ୍କ ଦ୍ୱାରା ସୁସମ୍ପାଦିତ 'ସହକାର' ପତ୍ରିକା (୧୯୧୯) ମାଧ୍ୟମରେ ବହୁ ସୁରୁଚିସମ୍ପନ୍ନ ପ୍ରବନ୍ଧ ପ୍ରକାଶିତ ହୋଇ ଜାତୀୟବାଦୀ ଚିନ୍ତାଧାରାକୁ ଅଧିକ ସମୃଦ୍ଧ ଓ ବିକଶିତ କରାଇଥିଲା। ସହକାରରେ ପ୍ରକାଶିତ ଜାତୀୟବାଦୀ ପ୍ରବନ୍ଧର ରଚୟିତା ଭାବେ ଶିବପ୍ରସାଦ ଦାସ, କାଳିନ୍ଦୀଚରଣ ପାଣିଗ୍ରାହୀ, କୁନ୍ତଳା କୁମାରୀ ସାବତ, ଜଳନ୍ଧର ଦେବ ସ୍ୱନାମଧନ୍ୟ। ଏମାନଙ୍କ ରଚନାରେ ଭାରତ ଇତିହାସର ଗୌରବ, ଜାତୀୟ ଜୀବନର ବହୁ ସମସ୍ୟା ଓ ସମାଧାନର ଇଙ୍ଗିତ ନିହିତ। କାଳିନ୍ଦୀଚରଣଙ୍କ 'ସାହିତ୍ୟିକା' (୧୯୩୩) ଓ ପରବର୍ତ୍ତୀ

୪୦. 'ଓଡିଆ ଭାଷାତତ୍ତ୍ୱ', ପଣ୍ଡିତ ଗୋପୀନାଥ ନନ୍ଦ, 'ଗ୍ରନ୍ଥପ୍ରବେଶ' ପୃ.୧।

କାଳରେ ପ୍ରକାଶିତ 'ନେତୃତ୍ୱ ଓ ନେତୃତ୍ୱ' ପୁସ୍ତକଦ୍ୱୟରେ ସେ ପ୍ରାଚୀନ ବିଷୟବସ୍ତୁକୁ ନୂତନ ଭାବରେ ଉପସ୍ଥାପନ କରିଅଛନ୍ତି। ଏଥିରୁ ତାହାଙ୍କର ସାମାଜିକ ଓ ସାହିତ୍ୟିକ ସଂସ୍କାର ପ୍ରୟାସ ଉପଲବ୍ଧ ହୁଏ।

୧୯୨୦ ମସିହା ପରେ ପରେ ମୋହିନୀମୋହନ, ବିପିନବିହାରୀ, ରତ୍ନାକର ପତି ପ୍ରଭୃତି କେତେକ ଅଧ୍ୟାପକଙ୍କ ପ୍ରବନ୍ଧାବଳୀରେ ସ୍ୱଦେଶର ସଂସ୍କାର ଓ ନୂତନ ବୈଜ୍ଞାନିକ ଦୃଷ୍ଟିବୋଧର ଅଭିବ୍ୟକ୍ତି ଦେଖିବାକୁ ମିଳେ।

ରତ୍ନାକର ପତି (୧୮୮୯-୧୯୬୯)ଙ୍କ ରଚିତ 'ପ୍ରବନ୍ଧ ପ୍ରକାଶ' ପ୍ରଥମ ଭାଗ ଓ ଦ୍ୱିତୀୟ ଭାଗ ପୁସ୍ତକଦ୍ୱୟରେ ବ୍ୟକ୍ତିଗତ ତଥା ଜାତୀୟ ଜୀବନର ବିବିଧ ସମସ୍ୟା, ବିଚାରମୂଳକ ଓ ପ୍ରେରଣାପ୍ରଦ ବିଷୟର ଆଲୋଚନା ଓ ସମାଧାନ, ଜୀବନର କର୍ତ୍ତବ୍ୟ ସମ୍ପର୍କୀୟ ଉନ୍ନତ ବିଚାରପ୍ରବଣତା ଓ ମନନଶୀଳତା ପରିଲକ୍ଷିତ ହୁଏ। ଏହି ପୁସ୍ତକରେ ସନ୍ନିବିଷ୍ଟ କେତେଗୁଡିଏ ଜାତୀୟବାଦୀ ପ୍ରବନ୍ଧ ହେଲା 'ଅତୀତ, ବର୍ତ୍ତମାନ ଓ ଭବିଷ୍ୟତ', 'ସମାଜ-ସଂସ୍କାର', 'ନୈତିକବଳ', 'ଆଦର୍ଶ ଓ ଉନ୍ନତି', 'ନାଗରିକର ଦାୟିତ୍ୱ', 'ସ୍ୱାଧୀନତା', 'ରାଜନୈତିକ କ୍ଷେତ୍ରରେ ନୈତିକତାର ସ୍ଥାନ', 'ବିଶ୍ୱଭ୍ରାତୃତ୍ୱ', 'ଜାତୀୟ ଚରିତ୍ର' ଇତ୍ୟାଦି। ଜାତୀୟ ଜୀବନର ବିବିଧ ସମସ୍ୟାକୁ ଉପସ୍ଥାପନ କରି ଲେଖକ ଜାତୀୟ ଜୀବନକୁ ଉନ୍ନତ କରିବାପାଇଁ ତାଙ୍କର ଯୁକ୍ତିଯୁକ୍ତ ପରାମର୍ଶ ଏଥିରେ ପ୍ରଦାନ କରିଅଛନ୍ତି।

ବିପିନବିହାରି ରାୟଙ୍କ 'ପ୍ରବନ୍ଧ ସୋପାନ'(୧୯୮୭) ଓ 'ସାମାଜିକ ପ୍ରବନ୍ଧ' ପ୍ରଥମ ଭାଗ,(୧୯୪୨) ଦ୍ୱିତୀୟ ଭାଗ, (୧୯୪୫) (୪୧) ପୁସ୍ତକ ସନ୍ନିବିଷ୍ଟ ପ୍ରବନ୍ଧଗୁଡିକ ଯଥାର୍ଥତଃ "ସ୍ୱାଧୀନ ଚିନ୍ତାପ୍ରସୂତ ଓ ପରିପକ୍ୱ ଲେଖନୀ-ନିଃସୃତ। ଏହା ପାଠକର ଚିନ୍ତାକୁ ଅନ୍ତର୍ମୁଖୀ କରି ସ୍ୱାଧୀନ ଚିନ୍ତାର ଦ୍ୱାର ଉନ୍ମୋଚନ କରିବାରେ ସମର୍ଥ।"(୪୨) 'ମୁଁ ର ପରିଚୟ', 'ସଭ୍ୟତା', 'ପରିବାର', 'ସମାଜ ଚିତ୍ର', 'ସମାନତା କି ସ୍ୱାଧୀନତା', 'ସମାଜରେ ଶ୍ରେଣୀସମସ୍ୟା', 'ମୋର ଦେଶ', 'ଦଳ, ଗୋଷ୍ଠୀ ଓ ସମ୍ପ୍ରଦାୟ' ଆଦି ଜାତୀୟ ଚେତନାମୂଳକ ପ୍ରବନ୍ଧମାନଙ୍କରେ ପ୍ରାବନ୍ଧିକ ପାରିବାରିକ ଓ ସାମାଜିକ ଜୀବନରେ ଭାରତୀୟ ସଭ୍ୟତାର ମୌଳିକ ତତ୍ତ୍ୱ କିପରି ବିଦ୍ୟମାନ; ଆଧୁନିକ ସମାଜର ଗ୍ଲାନି, ତନ୍ମଧ୍ୟରୁ ଉଦ୍ଧାର ଓ ସୁସ୍ଥ ସାମାଜିକ ଜୀବନ ପ୍ରତିଷ୍ଠାର କେତେକ ପ୍ରସଙ୍ଗ ପ୍ରାମାଣିକତାର ସହିତ ଉପସ୍ଥାପିତ କରିଅଛନ୍ତି। "ସମାଜଠାରେ ବ୍ୟକ୍ତିର ଦାବୀ କେଉଁ କେଉଁ ଦ୍ରବ୍ୟ ପ୍ରତି,

---

୪୧. ଏଥିରେ ସନ୍ନିବିଷ୍ଟ ପ୍ରବନ୍ଧଗୁଡିକ 'ଉତ୍କଳ ସାହିତ୍ୟ', 'ସହକାର' ଓ 'ନବ ଭାରତ' ପତ୍ରିକାରେ ପ୍ରକାଶିତ ହୋଇ ପରେ ପୁସ୍ତକାକାରରେ ପ୍ରକାଶିତ ହୋଇଥିଲା।

୪୨. 'ପ୍ରବନ୍ଧ ସୋପାନ', ମୁଖବନ୍ଧ, ବ୍ରଜସୁନ୍ଦର ଦାସ, ପୃ.୨।

ଦାବୀମାତ୍ରାର ସୀମା କେତେ, ଦାବୀ ଓ କର୍ତ୍ତବ୍ୟ କିପରି ପରସ୍ପରଠାରୁ ଅବିଚ୍ଛନ୍ନ, ସାମାଜିକ ଜୀବନରେ ଜନନାୟକଙ୍କର ସ୍ଥାନ, ଜନମତର ସଙ୍ଗଠନ - ପ୍ରକଟନ, ପ୍ରସାରଣ, ରାଜନୀତି ଭୂମିରେ ଗଣତନ୍ତ୍ରର ମୂଲ୍ୟ ନିର୍ଦ୍ଧାରଣ, ସମାଜ-ସଂଶୋଧନ”(୪୩) ଇତ୍ୟାଦି ମାନବର ଆବଶ୍ୟକୀୟ ସମାଜନୀତି ସଂପର୍କୀୟ ବିଷୟଗୁଡିକ ଉପରେ ଲେଖକଙ୍କର ଅଭିମତ ପ୍ରଣିଧାନଯୋଗ୍ୟ। ଅଧ୍ୟୟନ, ଅନୁଭବ, ବିଚାର ଓ ବିଶ୍ଳେଷଣର ସମନ୍ୱୟରେ ମାୟାଧର ମାନସିଂହଙ୍କ ଅନୁଭୂତି ଓ ସିଦ୍ଧାନ୍ତ ଦ୍ୱିଧାହୀନ ଭାବରେ ଗଦ୍ୟରେ ଅଭିବ୍ୟକ୍ତ। ଉତ୍କଳୀୟ ସମାଜ, ଜୀବନ ଓ ପ୍ରକୃତିର ପରମ ଅନୁରାଗୀ କବି ମାନସିଂହ ଜାତୀୟଜୀବନ ତଥା ଜାତୀୟ ସାହିତ୍ୟ ସମ୍ପର୍କରେ ବହୁ ପ୍ରବନ୍ଧ ରଚନା କରିଥିଲେ। ଏତଦ୍ଦ୍ୱାରା ଓଡିଆ ଜାତିପ୍ରାଣରେ ଜୀବନୀଶକ୍ତିର ସଞ୍ଚାର ଲକ୍ଷ୍ୟରେ ପୃଥିବୀର ବିଭିନ୍ନ ଶକ୍ତିଶାଳୀ ଜାତିର ଉଦାହରଣ ଦେଇ ପ୍ରାବନ୍ଧିକ ଓଡିଆ ଜାତିର ମାନସିକ ଦୈନ୍ୟ ଦୁର କରିବାକୁ ଉଦ୍ୟମ କରିଥିଲେ। ସେମାନଙ୍କ ହୃଦୟରେ ଉଚ୍ଚାଭିଳାଷ ଓ ଆତ୍ମବିଶ୍ୱାସ ପ୍ରତିଷ୍ଠା କରିବାକୁ ଚାହିଁଥିଲେ। ସାମାଜିକ ଜୀବନକୁ ଧର୍ମାନ୍ଧତା, ଭ୍ରାନ୍ତ ଜାତ୍ୟଭିମାନ ଓ କ୍ଷୁଦ୍ରତା କବଳରୁ ରକ୍ଷା କରିବାପାଇଁ ବହୁ ସମାଜତାତ୍ତ୍ୱିକ ପ୍ରବନ୍ଧ ରଚନା କରି ଏକ ସୁନ୍ଦର ଓ ପରିପୂର୍ଣ୍ଣ ବ୍ୟକ୍ତିତ୍ୱର ଆଦର୍ଶ ଜନସାଧାରଣଙ୍କ ସମ୍ମୁଖରେ ଉପସ୍ଥାପିତ କରିବାକୁ ସେ ଏହାଦ୍ୱାରା ଉଦ୍ୟମ କରିଅଛନ୍ତି।

ଜାତୀୟ ଜୀବନର ବିକାଶସାଧନ ଲକ୍ଷ୍ୟରେ ଏକ ସଂସ୍କାରମୁକ୍ତ, ଜାତିଭେଦହୀନ ବ୍ୟକ୍ତିତ୍ୱର ଆବଶ୍ୟକତା ସମ୍ପର୍କରେ ସେ ଲେଖିଥିଲେ, “ପ୍ରକୃତରେ ଆମ୍ଭମାନଙ୍କର ପାରିବାରିକ ଜୀବନ କେବଳ ପ୍ରାଣୀତ୍ୱର ସଂରକ୍ଷଣ ପାଇଁ ଉଦ୍ଦିଷ୍ଟ; ସେଥିରେ ଉଚ୍ଚତର ଜୀବନର ବିଶେଷ କୌଣସି ଗନ୍ଧ ନାହିଁ ଏବଂ ତାହା କାସ୍‌ଟ (Caste)ର ନିଗୂଢ଼ ବନ୍ଧନର ନିଜେ ଏପରି ପିଷ୍ଟ ଯେ ବ୍ୟକ୍ତିକୁ ସ୍ୱାଧୀନତା ଦେଇ ତାକୁ ତାର ପୂର୍ଣ୍ଣ ବିକାଶ ଲାଗି ଉଦ୍‌ବୁଦ୍ଧ କରାଇବାର ଶକ୍ତି ତାର ନିଜର ନଥାଏ, ଆଉ ଆମର କାସ୍‌ଟ କିପରି କେବଳ କେତେଗୁଡିଏ ନିଷେଧ ଉପରେ ପ୍ରତିଷ୍ଠିତ, ତାହା ମଧ୍ୟ ଆମ୍ଭେମାନେ ଜାଣୁ। ଏହି ନିଷେଧର ବେଡି ଓ ହାତକଡି ପିନ୍ଧି କୁଟୁମ୍ବ ଓ ବ୍ୟକ୍ତିର ଗତି। ଗୋଡରେ ଦଉଡି ବନ୍ଧା ହୋଇଥିବା ବାଛୁରୀର ଗତିପରି ଚିରସଂକୁଚିତ। ସମାଜ, ବ୍ୟକ୍ତି ଉପରେ କିଛି କିଛି କର୍ତ୍ତୃତ୍ୱ ସବୁ ଦେଶରେ ଥାଏ। ତାହା ଚାରାଗଛର ମୋଡା ପରି କଲ୍ୟାଣକର। କିନ୍ତୁ ଆମ ଦେଶ ପରି କୌଣସିଠାରେ ସମାଜ ଓ ବ୍ୟକ୍ତିର ସମ୍ବନ୍ଧ କଏଦୀ ଓ କଟୁଆଳର ସମ୍ବନ୍ଧ ପରି ନୁହେଁ। x x x ଫଳରେ ସମାଜ ହୋଇଛି ଖଣ୍ଡ-ବିଖଣ୍ଡିତ ଓ ବ୍ୟକ୍ତି ହୋଇଛି ଖର୍ବ। x x x ଅବଶ୍ୟ ସୁଖର କଥା ଯେ, ୟୁରୋପୀୟ ମନର ସମ୍ପର୍କରେ ଆସି ଭାରତୀୟ ମନ ଜାଗ୍ରତ ହୋଇ

---

୪୩. ‘ସାମାଜିକ ପ୍ରବନ୍ଧ’, ବିପିନବିହାରୀ ରାୟ।

ଉଠିଛି । ଫଳରେ ଗତ ଦୁଇ ଶତାବ୍ଦୀ ଭିତରେ ଭାରତବର୍ଷର ଯୁଗ-ଯୁଗର ବହୁ କଳଙ୍କ ପୋଛିହୋଇଯାଇଛି । x x x କିନ୍ତୁ ଆମର ସମାଜ ଆଜି ମଧ୍ୟ ଆହୁରି ଅନେକ ଅବିବେକତାର ବୋଝରେ ଭାରାକ୍ରାନ୍ତ, ବହୁ ନିଷେଧର ବାଧାରେ ସଙ୍କୁଚିତ ଏବଂ ଉଚ୍ଚ ଆଦର୍ଶର ଅଭାବରୁ ନିମ୍ନସ୍ତରରେ ଘାଣ୍ଟି ହୋଇ ପଡିରହିଛି । ଏସବୁକୁ ଦୂରକରି ବ୍ୟକ୍ତିକୁ ମୁକ୍ତ ନକଲେ ଆମ୍ଭମାନଙ୍କ ସମାଜର ଭବିଷ୍ୟତ ଆଶାପ୍ରଦ ନୁହେଁ ।"(୪୪)

ଭାରତୀୟ ପରମ୍ପରାଭିତ୍ତିରେ ପ୍ରାବନ୍ଧିକ ତାଙ୍କର ପରମପ୍ରିୟ ଉତ୍କଳର ସମାଜ ଜୀବନକୁ ସରସ, ଉନ୍ନତ ଓ ସମୃଦ୍ଧ କରିବା ଲକ୍ଷ୍ୟରେ ବହୁ ପ୍ରବନ୍ଧ ରଚନା କରିଥିଲେ । ତନ୍ମଧ୍ୟରୁ 'ଓଡିଆ ଜାତିର ବୈଶିଷ୍ଟ୍ୟ', 'ପରଧର୍ମ', 'ଜୀବନଧର୍ମ', 'ଓଡିଶାର ସାମାଜିକ ଜୀବନ' ପ୍ରଭୃତି ପ୍ରବନ୍ଧ ଓ ଆଲୋଚନାଗୁଡିକ ଉଲ୍ଲେଖଯୋଗ୍ୟ । ଏହି ଦୃଷ୍ଟିରୁ ଜାତୀୟ ଜୀବନର ସଂଗଠନ ଓ ଜାତୀୟ ଚେତନାର ପ୍ରଚାର ପରିପ୍ରେକ୍ଷୀରେ ସାହିତ୍ୟିକ ଡ.ମାନସିଂହଙ୍କର ଅବଦାନ ଗୁରୁତ୍ୱପୂର୍ଣ୍ଣ । ଏଥିରେ ନିର୍ଦ୍ଦେଶିତ ସାହସ ଓ ସିଦ୍ଧାନ୍ତର ଦୃଢତା ହିଁ ପ୍ରାବନ୍ଧିକଙ୍କର ସ୍ୱାତନ୍ତ୍ର୍ୟ ।

ସତ୍ୟବାଦୀ ଗୋଷ୍ଠୀ ଓ ଜାତୀୟ ଚେତନାର ବିକାଶ:

ଧନର ଦାରିଦ୍ର୍ୟ ଅପେକ୍ଷା ଏ ଜାତି ଯେ ମନରେ ଦରିଦ୍ର, ଏହା ବିଶେଷ ଭାବରେ ସତ୍ୟବାଦୀ ଗୋଷ୍ଠୀ ଉପଲବ୍ଧି କରିପାରିଥିଲେ । ଦେଶର ଉନ୍ନତିବିଧାନ ଲାଗି ଏକ କର୍ମୀ, ତ୍ୟାଗୀ ଦଳର ଆବଶ୍ୟକତା ଅନୁଭବ କରିପାରିଥିଲେ ଗୋପବନ୍ଧୁ । ତାଙ୍କ ସହ ନୀଳକଣ୍ଠ, ଗୋଦାବରୀଶ, କୃପାସିନ୍ଧୁ, ହରିହର ପ୍ରମୁଖ ମନୀଷୀବୃନ୍ଦଙ୍କର ସଂସ୍କାରମୂଳକ ବୈପ୍ଳବିକ ଚିନ୍ତାଧାରା ଜାତୀୟତା ଓ ଗଣଚେତନା ସୃଷ୍ଟି ନିମନ୍ତେ ନିୟୋଜିତ ହୋଇଥିଲା । ଏମାନଙ୍କ ମଧ୍ୟରୁ ଅଧିକାଂଶ ଇଂରାଜୀ ଶିକ୍ଷାପ୍ରାପ୍ତ ବିଶ୍ୱବିଦ୍ୟାଳୟର ଡିଗ୍ରୀଧାରୀ ଯୁବକ ଥିଲେ । ପାଶ୍ଚାତ୍ୟ ଜାତୀୟଚେତନା, ଗଣତନ୍ତ୍ରବାଦ ଓ ରାଜନୈତିକ ପରିବର୍ତ୍ତନ ସହ ସୁପରିଚିତ ଥିବାରୁ ତା'ରି ପ୍ରଭାବରେ ପ୍ରଭାବିତ ହୋଇ ... "ଓଡିଶାରେ ସମାଜ-ସଂସ୍କାର ଆନ୍ଦୋଳନର ବହ୍ନି ପ୍ରଜ୍ୱଳିତ କରି ତାହାକୁ ସାହିତ୍ୟର ଆଙ୍ଗିକ ଓ ଆତ୍ମିକ ରୂପ-ସଂପଦରେ ପରିପୂର୍ଣ୍ଣ କରି ସତ୍ୟବାଦୀର ସାହିତ୍ୟ ସୃଷ୍ଟି ଗତିମୁଖର ହୋଇଥିଲା । ଏ ଦେଶର ପ୍ରାସାଦବାସୀଠାରୁ କୁଟୀରବାସୀ ପର୍ଯ୍ୟନ୍ତ ଅଗଣିତ ଜନତାର ସକଳ ଆଶା-ଆକାଂକ୍ଷା, ସ୍ୱପ୍ନ ସମ୍ଭାବନା, ଦୁଃଖ ଦୈନ୍ୟ, ଚିନ୍ତାକଳ୍ପନା, ଦେଶର ପ୍ରାଚୀନ ଐତିହ୍ୟ ସହିତ ତତ୍କାଳିକ ଦୁରବସ୍ଥା ଓ ଏକ ଉନ୍ନତ ଭବିଷ୍ୟତ ଜାତୀୟ ଜୀବନର ଇଙ୍ଗିତ ଯେପରି କି ଏକ ଉନ୍ନତ କାବ୍ୟକଳା ମାଧ୍ୟମରେ ଏ ସାହିତ୍ୟରେ ପ୍ରକାଶିତ ହୋଇଅଛି ।"(୪୫) ସତ୍ୟବାଦୀ

---

୪୪. 'ଓଡିଆ ସମାଜ ଓ ସାହିତ୍ୟ'- ଡ. ମାୟାଧର ମାନସିଂହ, ପୃ.୬୩୪-୬୩୮

୪୫. 'ଓଡିଆ ସାହିତ୍ୟର ସଂକ୍ଷିପ୍ତ ପରିଚୟ'- ବୃନ୍ଦାବନ ଚନ୍ଦ୍ର ଆଚାର୍ଯ୍ୟ, ପୃ.୨୨୨

ସାଧକମମାନଙ୍କର ସୃଷ୍ଟିସମ୍ଭାର ଏହିପରି ଓଡିଆ ସାହିତ୍ୟରେ ଜାତୀୟବାଦୀ ଚେତନାକୁ ଅଧିକ ବିକଶିତ କରିବାରେ ଗୁରୁତ୍ୱପୂର୍ଣ୍ଣ ଭୂମିକା ଗ୍ରହଣ କରିଥିଲା ।

ତତ୍କାଳୀନ ଉତ୍କଳୀୟ ଜାତୀୟ ଜୀବନର କର୍ଣ୍ଣଧାର ଗୋପବନ୍ଧୁ (୧୮୭୭-୧୯୨୮) ବ୍ୟକ୍ତିଗତ ଜୀବନର ଊର୍ଦ୍ଧ୍ୱରେ ଜାତୀୟଜୀବନର ଆବଶ୍ୟକତା ଉପଲବ୍ଧି କରି ଜାତିକୁ ଉପଯୁକ୍ତ ଦିଗ୍‌ଦର୍ଶନ ଦେବା ସାହିତ୍ୟସେବାର ପ୍ରଧାନ ଦାୟିତ୍ୱ ବୋଲି ବୁଝାଇଥିଲେ । ଏକ ରୁଚିସମ୍ପନ୍ନ ସାହିତ୍ୟିକ ଗୋଷ୍ଠୀ ସୃଷ୍ଟି କରି ଜାତୀୟତା ଭାବ ଓ ସଂସ୍କାରଚେତନା ପ୍ରଚାର କରିବା ଉଦ୍ଦେଶ୍ୟରେ ଏହି ଅପ୍ରତିଦ୍ୱନ୍ଦ୍ୱୀ ଜନସେବକ, ସ୍ୱାଧୀନତା-ସଂଗ୍ରାମୀ ଜନନେତା ଜାତୀୟଜୀବନର ଘଡିସନ୍ଧି ମୁହୂର୍ତ୍ତରେ 'ସତ୍ୟବାଦୀ' ପତ୍ରିକା (୧୯୧୫) ପ୍ରକାଶନ କରିଥିଲେ । ଭାରତୀୟ ରାଜନୀତି ସହିତ ଘନିଷ୍ଠ ସମ୍ପର୍କର ସୁପରିଣାମ ତାହାଙ୍କ ପ୍ରବନ୍ଧମାନଙ୍କରେ ପରିଲକ୍ଷିତ ହୁଏ ।

'ସତ୍ୟବାଦୀ' ପତ୍ରିକାର ପ୍ରଥମ ସଂଖ୍ୟାର ସମ୍ପାଦକୀୟ ସ୍ତମ୍ଭରେ 'ଆଦର୍ଶ ଓ ଆକାଙ୍କ୍ଷା' ଶିରୋନାମାରେ ଏହି ନୂତନ ଶତାବ୍ଦୀରେ ଏହି ଜାତିର ଆଦର୍ଶ ଓ ଆକାଙ୍କ୍ଷାକୁ ଜାତି ସମ୍ମୁଖରେ ଉପସ୍ଥାପିତ କରି 'ସତ୍ୟ' ଆମର ଆଦର୍ଶ ବୋଲି ଘୋଷଣା କରି ସେ କହିଥିଲେ, "ସତ୍ୟର ଲାଭ ସତ୍ୟପଥରେ । ଏ ଉଚ୍ଚ ଆଦର୍ଶମାନ ଆମ୍ଭମାନଙ୍କ ପୈତୃକ ସମ୍ପତ୍ତି; ତେଣୁ ଆମ୍ଭମାନଙ୍କ ଭାଷା, ଭାବ, କ୍ରିୟା ସମସ୍ତ ସତ୍ୟର ପନ୍ଥା ଅନୁସରଣ କରିବା ଉଚିତ ଏବଂ ସେଥି ନିମନ୍ତେ ସବୁ ପ୍ରକାର ତ୍ୟାଗ ସ୍ୱୀକାର କରିବାକୁ ପ୍ରସ୍ତୁତ ହେବା ଆମ୍ଭମାନଙ୍କର କର୍ତ୍ତବ୍ୟ । x x x ତେଣୁ ଜନ୍ମଭୂମିର ଉନ୍ନତିରେ ଯଥାସମ୍ଭବ ଆତ୍ମନିୟୋଗ କରିପାରିଲେ ଆମ୍ଭେମାନେ ବିଶ୍ୱସେବା କଲୁ ବୋଲି ମନେକରି ଆଶ୍ୱସ୍ତ ହେବୁଁ । ଦେଶାନୁରାଗ ବିଶ୍ୱପ୍ରୀତିର ବିରୋଧୀ ନୁହେଁ, ବରଂ ବିଶ୍ୱପ୍ରୀତିବିହୀନ ପ୍ରାଣରେ ଜାତୀୟତା ଓ ସ୍ୱଦେଶ-ବାତ୍ସଲ୍ୟ ଅସମ୍ଭବ । x x x ଜନନୀ ଜନ୍ମଭୂମିଶ୍ଚ ସ୍ୱର୍ଗାଦପି ଗରୀୟସୀ - ଏହି ଦେଶାନୁରାଗ ଗୀତରେ ପ୍ରାଣର ପ୍ରଗାଢ ମମତା ପ୍ରକାଶ ହୋଇଅଛି । ସର୍ବଦେବ ନମସ୍କାରଃ କେଶବଂ ପ୍ରତିଗଚ୍ଛତି - ଏହା ଆମ୍ଭମାନଙ୍କର ବିଶ୍ୱାସ ।"(୪୬)

ପୁନଶ୍ଚ ଯେଉଁ ସାହିତ୍ୟକୁ ସମାଜର ପ୍ରତ୍ୟେକ ଶ୍ରେଣୀ ଉପଭୋଗ କରନ୍ତି ଏବଂ ଯାହା ମାନବର ମଙ୍ଗଳ ଓ କଲ୍ୟାଣ ସାଧନ କରେ, ସେହି "ଲୌକିକ ସାହିତ୍ୟ ବିନା ଜାତୀୟ ଉନ୍ନତି ଅସମ୍ଭବ"(୪୭) ବୋଲି ସେ ବୁଝିଥିଲେ । କାରଣ ଏ ଦେଶର ଅଶିକ୍ଷିତ, ଅର୍ଦ୍ଧଶିକ୍ଷିତ ଅସଂଖ୍ୟ ଜନତା ଏ ଜାତିର ମସ୍ତିଷ୍କ ନ ହେଲେ ମଧ୍ୟ ଏ ଜାତିର ଗଣ୍ଡି ସ୍ୱରୂପ ।

୪୬. ସତ୍ୟବାଦୀ ୧/୧, କୁମ୍ଭ ୧୩୨୨ ସମ୍ପାଦକୀୟ- ସମ୍ପାଦକ, ଗୋପବନ୍ଧୁ ଦାସ ।
୪୭. 'ଗୋପବନ୍ଧୁ ମାନସ', 'ସୃଷ୍ଟି ଓ ସମୀକ୍ଷା', ଡଃ ଜାନକୀବଲ୍ଲଭ ମହାନ୍ତି, ପୃ.୧୪୨

ସେମାନଙ୍କ ଉପଯୋଗୀ ସାହିତ୍ୟସୃଷ୍ଟି ହୋଇ ନପାରିଲେ ସେମାନଙ୍କର ବିପଥଗାମୀ ହେବାର ସମ୍ଭାବନା ଅଛି ବୋଲି ସେ ଆଶଙ୍କା ପ୍ରକାଶ କରିଥିଲେ।

ଏହି ଉଦ୍ଦେଶ୍ୟରେ ସେ ଭାଷା, ସାହିତ୍ୟ ଓ ଜାତୀୟଜୀବନ ସମ୍ପର୍କୀୟ ମୌଳିକ ତତ୍ତ୍ୱ-ସମ୍ବଳିତ ବହୁ ଉପାଦେୟ ଆଲୋଚନା ସତ୍ୟବାଦୀ ଓ ସମାଜରେ ପ୍ରକାଶ କରିଥିଲେ। ଯାହା ସତ୍ୟ ଓ ଗ୍ରହଣୀୟ, ତାହା ହିଁ ସେ ଏହା ମାଧ୍ୟମରେ ଜାତି ସମ୍ମୁଖରେ ଉପସ୍ଥାପିତ କରିଯାଇଅଛନ୍ତି। 'ଭାଷାଭିତ୍ତିରେ ପ୍ରଦେଶ ଗଠନ ବାଞ୍ଛନୀୟ' - ଏହା ସେ ଯୁକ୍ତିଯୁକ୍ତ ଭାବେ 'ଭାଷା ଓ ଜାତୀୟତା' ଆଲୋଚନାରେ ଦର୍ଶାଇଅଛନ୍ତି। 'ସତ୍ୟବାଦୀ' ମାସିକ ପତ୍ରିକାର ସମ୍ପାଦକୀୟ ଅଗ୍ରଲେଖ ଓ ଆଲୋଚନା, ସାପ୍ତାହିକ ଓ ପରେ ଦୈନିକ 'ସମାଜ'ରେ ପ୍ରକାଶିତ ଆଲୋଚନାତ୍ମକ ପ୍ରବନ୍ଧ ତାହାଙ୍କ ବୈପ୍ଳବିକ ଚିନ୍ତାଧାରାର ପରିଚାୟକ।

ଉତ୍କଳ ସମ୍ମିଳନୀର ଲକ୍ଷ୍ୟ, କଂଗ୍ରେସର ଚିନ୍ତାଧାରା, ବ୍ରିଟିଶ୍ କୁଶାସନର ଯଥାର୍ଥ ରୂପ, ଶାସକଗୋଷ୍ଠୀର ପ୍ରତାରଣା ଓ ଅତ୍ୟାଚାର, ସ୍ୱଦେଶୀ ଶିକ୍ଷା ଓ ସଂସ୍କୃତିର ଉଲ୍ଲେଖନୀୟ ଗୌରବ ପ୍ରଭୃତି ପ୍ରସଙ୍ଗକୁ ନେଇ 'ସତ୍ୟବାଦୀ' ଓ 'ସମାଜ'ର ପୃଷ୍ଠାମାନ ପରିପୁଷ୍ଟ ହୋଇଥିଲା।

ପୁରପଲ୍ଲୀର ପ୍ରତ୍ୟେକ ନାଗରିକଙ୍କର ଅତି କମ୍‌ରେ ବର୍ଣ୍ଣପରିଚୟଲାଭ ଓ ଭାଗବତ ପଢ଼ି ଶିଖିବା ଉଚିତ - ଏହା ହିଁ ଥିଲା ଶିକ୍ଷା ସମ୍ବନ୍ଧରେ ତାହାଙ୍କ ଅଭିମତ। ଏତଦ୍‌ବ୍ୟତୀତ ଓଡ଼ିଶାରେ ନାରୀଶିକ୍ଷାର ମଧ୍ୟ ପ୍ରସାର ହେବା ଆବଶ୍ୟକ ବୋଲି ସେ କହିଥିଲେ। ଶିକ୍ଷାର ବିକାଶ ଓ ଶିକ୍ଷାପ୍ରତି ଅନୁରାଗ ବୃଦ୍ଧି ନିମନ୍ତେ ପନ୍ଥା ନିର୍ଦ୍ଦେଶକରି ସେ କହିଥିଲେ, "ଭାଗବତ ଘରର ସଂଲଗ୍ନରେ ସେଥିଲାଗି ନୈଶବିଦ୍ୟାଳୟ ଆରମ୍ଭ କରିବାକୁ ହେବ। x x x ସାମ୍ୟବାଦ ଓଡ଼ିଆର ଜାତୀୟ ନୀତି। ପରସ୍ପର ସହାନୁଭୂତି, ଆସ୍ଥା ଏବଂ ଅନୁରାଗ ରଖି ଭିନ୍ନ ଭିନ୍ନ ଧର୍ମାବଲମ୍ବୀ ଓଡ଼ିଆମାନେ ନିଜ ନିଜର ଧର୍ମ ଆଲୋଚନା କରନ୍ତୁ ଏବଂ ଅନ୍ୟ କୌଣସି କାରଣ ନ ହେଉ, କେବଳ ସେହି ଉଦ୍ଦେଶ୍ୟରେ ଶିକ୍ଷିତ ହୁଅନ୍ତୁ। ମୋର ବିଶ୍ୱାସ, ଧର୍ମବଳରେ ବଳିୟାନ ନ ହେଲେ ଆମ୍ଭମାନଙ୍କର ଦେଶାନୁରାଗ ବା ଜାତୀୟତାର କୌଣସି ଶକ୍ତି ନାହିଁ। ବସ୍ତୁତଃ ଜାତୀୟତା ହିଁ ଆମ୍ଭମାନଙ୍କର ଧର୍ମ।"(୪୮) ଭାଗବତଘରକୁ ଏଥିନିମନ୍ତେ ଜାତୀୟ ଉନ୍ନତିବିଧାନର ପ୍ରଧାନ ଅବଲମ୍ବନ ରୂପେ ବ୍ୟବହାର କରିବାକୁ ସେ ପରାମର୍ଶ ଦେଇଥିଲେ। ଏଥିରୁ ଗୋପବନ୍ଧୁଙ୍କର ଜାତୀୟତା, ଧର୍ମନିରପେକ୍ଷତା ସହଜରେ ଅନୁମେୟ।

---

୪୮. ୧୯୧୯ ମସିହା, ଉତ୍କଳ ସମ୍ମିଳନୀର ଚତୁର୍ଦ୍ଦଶ ଅଧିବେଶନରେ ପ୍ରଦତ୍ତ ଗୋପବନ୍ଧୁଙ୍କ ଅଭିଭାଷଣରୁ ଗୃହୀତ।

ଶିକ୍ଷା ସର୍ବଦା ମାତୃଭାଷାମାଧ୍ୟମରେ ହେବା ବାଞ୍ଛନୀୟ - ଏହାହିଁ ଥିଲା ତାଙ୍କର ମତ, ସେଥିପାଇଁ "ଶିଶୁଙ୍କୁ ମାତୃଭାଷାରେ ଶିକ୍ଷା ନ ଦେବା ଶିଶୁହତ୍ୟା ସଙ୍ଗେ ସମାନ" ବୋଲି ସେ ପ୍ରକାଶ କରିଥିଲେ।(୪୯)

ଗୋପବନ୍ଧୁ ଥିଲେ ଏକାଧାରରେ ସ୍ୱାଧୀନତାସଂଗ୍ରାମୀ ଓ ସମାଜ-ସଂସ୍କାରକ। ନିଶାନିବାରଣ ଓ ସୂତାକଟା ପ୍ରଭୃତି କଂଗ୍ରେସର ଗଠନମୂଳକ କାର୍ଯ୍ୟରେ ସେ ଆପଣାକୁ ଉତ୍ସର୍ଗ କରିଥିଲେ। ଭାରତର ଜାତୀୟ କଂଗ୍ରେସ ଓ ସ୍ୱାଧୀନତା-ଆନ୍ଦୋଳନର ମହାସ୍ରୋତରେ ଉତ୍କଳବାସୀଙ୍କୁ ସହଯୋଗ କରିବାକୁ ସେ ପ୍ରବନ୍ଧମାଧ୍ୟମରେ ଆହ୍ୱାନ ଦେଇଅଛନ୍ତି। 'ଅନ୍ୟାନ୍ୟ ଦେଶର ସ୍ୱାଧୀନତା ଆନ୍ଦୋଳନ', 'ବିଲାତର ଅର୍ଥନୈତିକ ଦୁର୍ଗତି ଓ ବେକାର ସମସ୍ୟା', 'ଯୁଗର ଆହ୍ୱାନ', 'ଭାରତର ଶାସନ-ସଂସ୍କାର', 'ରାଜନୈତିକ ବିଚାରଧାରା', 'ସରକାରଙ୍କ ଯଥେଚ୍ଛାଚାର' ସମ୍ପର୍କରେ 'ସମାଜ'ର ଅଗ୍ରଲେଖ ମାଧ୍ୟମରେ ସେ ଓଡିଶାର ଜନସାଧାରଣଙ୍କୁ ଜାତୀୟ ଓ ଆନ୍ତର୍ଜାତୀୟ ସମସ୍ୟା ବିଷୟରେ ସଚେତନ କରାଇଥିଲେ।

ଭାରତୀୟମାନଙ୍କୁ ଇଂରେଜମାନଙ୍କ ଶୋଷଣଭିତ୍ତିକ ଅର୍ଥନୀତି ସମ୍ପର୍କରେ ସଚେତନ କରାଇଦେବାପାଇଁ ସେ ଲେଖିଥିଲେ, "ବାଣିଜ୍ୟ ବ୍ୟବସାୟ ଭାରତରେ ଇଂରେଜ ରାଜତ୍ୱର ମୂଳମନ୍ତ୍ର। ଏହାହିଁ ଲକ୍ଷ୍ୟ, ଏହାହିଁ ଜୀବନ। x x x ଇଂରେଜ ଜମିଦାର ଓ ମହାଜନ ଉଭୟ। x x x ଏ ସର୍ବନାଶରୁ ଉଦ୍ଧାର ପାଇବାର ଉପାୟ କ'ଣ ? ଏ ବ୍ୟାଧି ଥିବାଯାଏ ପରାଧୀନତା କବଳରୁ ମୁକ୍ତି ନାହିଁ।"(୫୦) ଗୋପବନ୍ଧୁଙ୍କ ରାଜନୀତି ଓ ସାମାଜିକ ବିଚାର ଆଲୋଚନାସମ୍ବଳିତ ପ୍ରବନ୍ଧଗୁଡିକ ଥିଲା ଏକାନ୍ତ ଯୁଗୋପଯୋଗୀ। ଏହା ତତ୍କାଳୀନ ପାଠକମାନଙ୍କୁ ଗଭୀରଭାବେ ସ୍ପନ୍ଦିତ କରିଥିଲା। ଅନ୍ୟ କୌଣସି ସମ୍ପାଦକ ବା ପ୍ରାବନ୍ଧିକଙ୍କ ରଚନା ପାଠକେ ପ୍ରାଣରେ ଏ ପ୍ରକାର ଜାତୀୟତା, ରାଜନୀତିସଚେତନତା ଓ ଦେଶପ୍ରେମ ସୃଷ୍ଟି କରିବାରେ ସମର୍ଥ ହୋଇପାରି ନଥିଲା କହିଲେ ଅତ୍ୟୁକ୍ତି ହେବନାହିଁ।

ଓଡିଶାର ବିଚ୍ଛିନ୍ନାଞ୍ଚଳ ମିଶ୍ରଣ ଆନ୍ଦୋଳନ ସମୟରେ ଉତ୍କଳ ସମ୍ମିଳନୀ ମଣ୍ଡପରୁ ଦେଶବାସୀଙ୍କ ନିମନ୍ତେ ତାଙ୍କର ଆହ୍ୱାନ ଥିଲା, "ସ୍ୱଦେଶସେବା ହିଁ ମନୁଷ୍ୟର ଭାଗବତସେବା। x x x ଏହା ଆମର ଶୈଶବର ଲୀଳାଭୂମି, ଯୌବନର କର୍ମକ୍ଷେତ୍ର, ବାର୍ଦ୍ଧକ୍ୟର ବିଶ୍ରାମ ସ୍ଥାନ ଓ ଅନ୍ତିମ କାଳର ଆଶ୍ରୟ।"(୫୧)

---

୪୯. 'ସମାଜ', ସଂ- ଗୋପବନ୍ଧୁ ଦାସ, ତା ୧୧.୧୨.୧୯୨୬
୫୦. 'ସମାଜ', ସଂ- ଗୋପବନ୍ଧୁ ଦାସ ତା ୨୦.୨.୧୯୨୬
୫୧. 'ଉତ୍କଳ ସମ୍ମିଳନୀ'ର ଚତୁର୍ଦ୍ଦଶ ଅଧିବେଶନରେ ସଭାପତି ଗୋପବନ୍ଧୁ ଦାସଙ୍କ ଅଭିଭାଷଣ।

ଯଥାର୍ଥତଃ ଜାତିପ୍ରାଣ ଗୋପବନ୍ଧୁଙ୍କ ସମ୍ପର୍କରେ କୁହାଯାଇଛି, "ଜାତୀୟଭାବ ମୂଳକ ସାହିତ୍ୟ ଭିତରେ ତାଙ୍କ ସୃଷ୍ଟିର ସ୍ୱାତନ୍ତ୍ର୍ୟ ଯେପରି ବଳିଷ୍ଠ, ତାଙ୍କ ଶିକ୍ଷକୌଶଳର ମୌଳିକତା ସେହିପରି ଏକାନ୍ତ ସ୍ମରଣୀୟ। ସତ୍ୟବାଦୀ ବନବିଦ୍ୟାଳୟ, 'ସତ୍ୟବାଦୀ'ଓ 'ସମାଜ' ପତ୍ରିକା ତାଙ୍କ ଚିନ୍ତାରାଶିର ଜୀବନ୍ତ ବିଗ୍ରହ। ଜାତିର ମାନସିକ ଉନ୍ନତି ସାଧନ ପାଇଁ ଏମାନେ ଉଦ୍ଦିଷ୍ଟ" (୫୨)। ସ୍ୱଦେଶାନୁରାଗ, ଶିକ୍ଷା ଓ ବିଶ୍ୱପ୍ରୀତିର ଆଦର୍ଶ ପ୍ରଚାର ତାଙ୍କ ପ୍ରବନ୍ଧର ମୂଳଭିତ୍ତି। ଜାତୀୟ ସ୍ୱାତନ୍ତ୍ର୍ୟରକ୍ଷା ଓ ଜାତୀୟ ଗୌରବ ଉଦ୍ଧାର ନିମନ୍ତେ ବ୍ୟାକୁଳତା ଏହି ପ୍ରବନ୍ଧର ଅନ୍ୟ ଏକ ଲକ୍ଷଣୀୟ ବିଭାବ।

ଆର୍ଯ୍ୟସଂସ୍କୃତି ଓ ସଭ୍ୟତାର ଦାର୍ଶନିକ ଅନୁଶୀଳନ ଓ ମହତ୍ତ୍ୱ ପ୍ରଖ୍ୟାପନ, ପାରମ୍ପରିକ କୁସଂସ୍କାର ବର୍ଜନ ଲାଗି ଉଦ୍‌ବୋଧନ ପଣ୍ଡିତ ନୀଳକଣ୍ଠଙ୍କ ପ୍ରବନ୍ଧାବଳୀର ମୁଖ୍ୟ ବିଭାବ। ତାହାଙ୍କ ଉଲ୍ଲେଖଯୋଗ୍ୟ ପ୍ରବନ୍ଧଗୁଡିକ ହେଉଛି 'ପ୍ରତିଭାପୂଜା ଓ ପ୍ରତିମାପୂଜା', 'ଅଛୁଁ ଓ ହେବୁ', 'ଆମ୍ଭର ଥିଲା ଓ କାରଣ ଥାଇପାରେ', 'ମୋ ନିଶ', 'ନୀତି ଓ ପ୍ରକୃତି', 'ଯୌବନର ପ୍ରଭାବ ଓ ପ୍ରତିଷ୍ଠା' ପ୍ରଭୃତି। ୧୯୩୪ ମସିହାରେ ପ୍ରକାଶିତ 'ନବଭାରତ'ର ସମ୍ପାଦକଭାବେ ପଣ୍ଡିତ ନୀଳକଣ୍ଠଙ୍କ ସମ୍ପାଦକୀୟ ରଚନା ଓଡିଆ ସାହିତ୍ୟ ଓ ସଂସ୍କୃତି କ୍ଷେତ୍ରରେ ନୂତନ ଦିଗ୍‌ଦର୍ଶନ ଦେଇଥିଲା। 'ଓଡିଆ ସାହିତ୍ୟର କ୍ରମପରିଣାମ' ଓ 'ଓଡିଆ ଭାଷା ଓ ସାହିତ୍ୟ' ତାହାଙ୍କ ପାଣ୍ଡିତ୍ୟପୂର୍ଣ୍ଣ ମନିଷା ଓ ଗବେଷକ ମାନସର ପରିଚାୟକ। ତାହାଙ୍କ 'ଆର୍ଯ୍ୟଜୀବନ' ପୁସ୍ତକରେ ପୁଙ୍ଖାନୁପୁଙ୍ଖ ଅନୁଶୀଳନ ଦ୍ୱାରା ଭାରତୀୟ ପ୍ରାଚୀନ ସଂସ୍କୃତିର ମହତ୍ତ୍ୱ ଓ ଗୌରବ ପ୍ରତିଷ୍ଠା ଉଦ୍ୟମ ଉଲ୍ଲେଖନୀୟ।

ଡ. ମାନସିଂହ ତାଙ୍କୁ ଯଥାର୍ଥତଃ 'ଓଡିଆ ଗଦ୍ୟସାହିତ୍ୟର ଦିଗ୍‌ଗଜ' ବୋଲି କହିଥିଲେ। (୫୩)

ସାମାଜିକ ରକ୍ଷଣଶୀଳତା ଓ କୁସଂସ୍କାର ବିରୁଦ୍ଧରେ ସଂଗ୍ରାମୀ ମନୋଭାବର ପରିଚାୟକ ତାହାଙ୍କ 'ମୋ ନିଶ' ପ୍ରବନ୍ଧ ସେତେବେଳେ ରକ୍ଷଣଶୀଳ ଗୋଷ୍ଠୀ ମଧ୍ୟରେ ଘୋର ଆଲୋଡନ ସୃଷ୍ଟି କରିଥିଲା। ସମାଜରେ ଧର୍ମନାମରେ ଧର୍ମାନ୍ଧତା, ପ୍ରାୟଶ୍ଚିତ୍ତ, ପାତକ ପାପ ଜପ ତପ ନାମରେ ସାମାଜିକ ଶୋଷଣ ବିରୁଦ୍ଧରେ 'ମୋ ନିଶ' ଥିଲା ଏକ ଚାଲେଞ୍ଜ। ସାମାଜିକ ଅନ୍ଧବିଶ୍ୱାସ ଓ କୁସଂସ୍କାର ପ୍ରତି ତାଙ୍କର ମନ୍ତବ୍ୟ ହେଲା, 'କୁସଂସ୍କାର ଗୋଟିଏ ଚିତ୍ତବୃତ୍ତି', ଯେକୌଣସି ରୂପରେ ପ୍ରକାଶ ପାଉ ପଛକେ, ତାହାର ସାଧାରଣ ପ୍ରକୃତି ନିର୍ଦ୍ଦେଶ କରିବାକୁ ଗଲେ ବୋଲାଯିବ ଏହା କାରଣ ନବୁଝି ପଶୁପରି କାର୍ଯ୍ୟ କରିଯିବାର ଗୋଟାଏ ପ୍ରବୃତ୍ତି (୫୪)।

---

୫୨. ଓ.ସ.ଇ - ଡଃ ନଟବର ସାମନ୍ତରାୟ, ପୃ୬୦୫

୫୩. 'ମାନସିଂହ ଗ୍ରନ୍ଥାବଳୀ' - ମାୟାଧର ମାନସିଂହ ପୃ.୩୬୨

୫୪. 'ଆମର ଥିଲା ଓ କାରନ ଥାଇପାରେ' - ନୀଳକଣ୍ଠ ଗ୍ରନ୍ଥାବଳୀ ପୃ.୪୬୩

ମନୁଷ୍ୟସୃଷ୍ଟ ବହୁବିଧ ଅପଚାରର ଦୂରୀକରଣ ଓ ଏକ ସୁସ୍ଥ ଆଦର୍ଶ ସମାଜ ଜୀବନର ପ୍ରତିଷ୍ଠା ହିଁ ଥିଲା ନୀଳକଣ୍ଠଙ୍କ ସଂସ୍କାର ଆନ୍ଦୋଳନର ପ୍ରଧାନ ଆଭିମୁଖ୍ୟ। ସାମାଜିକ ଜୀବନରୁ ପୁଞ୍ଜୀଭୂତ କଳଙ୍କ ଦୂରକରି ସ୍ୱଚ୍ଛ ଜାତୀୟଜୀବନ ପ୍ରତିଷ୍ଠା କରିବାର ଆନ୍ତରିକ ପ୍ରଚେଷ୍ଟାର ସ୍ୱାକ୍ଷର ତାଙ୍କ ପ୍ରବନ୍ଧମାନଙ୍କରେ ଅଙ୍କିତ। ଡଃ ସାମନ୍ତରାୟଙ୍କ ମତ ଓ ସଂକ୍ରାନ୍ତରେ ପ୍ରଣିଧାନଯୋଗ୍ୟ। (୫୫)

ଏହି ପବିତ୍ର ଜନ୍ମଭୂମିର ପ୍ରତିଟି ଧୂଳିକଣା, ଏହାର ସଂସ୍କୃତି, ଚଳଣୀ ଓ ଭାଷାର ପ୍ରତିଟି ଧାରା ଥିଲା ତାଙ୍କର ଉପାସ୍ୟ। ବିପ୍ଳବୀ ସଂଜ୍ଞା ନିରୁପଣ କରି ସେ ପୁନର୍ଶ୍ଚ ଲେଖିଥିଲେ, "ବିଦ୍ରୋହ ଓ ବିପ୍ଳବରେ ସମାଜର ଉନ୍ନତି ଓ ପ୍ରଗତି। ଏ ବିଦ୍ରୋହ ଯେତେ ପ୍ରବଳ, ଏଥିରେ ଲୋକକଲ୍ୟାଣକର ପ୍ରଚେଷ୍ଟା ଯେତେ ବ୍ୟାପକ ଓ ସ୍ଥାୟୀ, ବିଦ୍ରୋହୀ ସେତିକି ମହାପୁରୁଷ"(୫୬)। ଏହି ବିପ୍ଳବୀ, ବିଦ୍ରୋହୀ ପ୍ରାବନ୍ଧିକଙ୍କର ପ୍ରବନ୍ଧଗୁଡିକ ସମାଜସଂସ୍କାର, ଧର୍ମ, ଶିକ୍ଷା, ନୀତିବୋଧ ଓ ଦର୍ଶନ ଉପରେ ଆଧାରିତ। ତାହାଙ୍କ ଉଚ୍ଚଚିନ୍ତା, ଭାବୁକତା, ଦାର୍ଶନିକସୁଲଭ ବିଶ୍ଳେଷଣନୈପୁଣ୍ୟ, ସୁସଂହତ ଉପସ୍ଥାପନା ଶୈଳୀ ଉଲ୍ଲେଖଯୋଗ୍ୟ।

"ଜାତୀୟଜୀବନର ନୈରାଶ୍ୟ, ଭୀରୁତା, ଅନୁତ୍ସାହ ଓ ନିରୁଦମ୍ୟତା ଦୂରକରି ଆତ୍ମନିର୍ଭରତା, ଆତ୍ମସମ୍ମାନବୋଧ, ପ୍ରାଣବତ୍ତା, ଚିନ୍ତାଶୀଳତା ଓ ଆଲୋଚନା ପ୍ରବଣତାର ବିକାଶ ଘଟାଇବା ଥିଲା ଜୀଳକଣ୍ଠଙ୍କର ଏକାନ୍ତ କାମନା। ବ୍ୟକ୍ତିତ୍ୱର ପରିପୂର୍ଣ୍ଣ ଅଭିବ୍ୟକ୍ତି ହିଁ ତାଙ୍କର ପୋଷିତ ଅଭିଳାଷ।"(୫୭)

ଅନ୍ତ୍ୟପର୍ବ : ସାମ୍ୟବାଦୀ ଓ ଗାନ୍ଧୀବାଦୀ ଚେତନାର ସମନ୍ୱୟ

ଚଳିତ ଶତାବ୍ଦୀର ତୃତୀୟ ଦଶକରେ ସାମ୍ୟବାଦୀ ଚେତନାସହ ଗାନ୍ଧିବାଦୀ ଚେତନାର କିପରି ସମନ୍ୱୟ ଘଟିଥିଲା ତାହା ପୂର୍ବରୁ ଆଲୋଚିତ ହୋଇଅଛି। ପ୍ରବନ୍ଧ ସାହିତ୍ୟରେ ମଧ୍ୟ ଏହାର ପ୍ରତିଫଳନ ଦେଖିବାକୁ ମିଳେ। ଆଲୋଚ୍ୟ କାଳର ପ୍ରବନ୍ଧରେ ମୁକ୍ତ ବିଚାରଧାରା ଓ ନୂତନ ସାମାଜିକ ମୂଲ୍ୟବୋଧର ପ୍ରତିଷ୍ଠା ନିମନ୍ତେ କେତେକ ପ୍ରାବନ୍ଧିକ

---

୫୫. "ବିଷୟ ନିର୍ବାଚନରେ ବିଜ୍ଞତା ତଥା ନୂତନତା, ଭାଷାର ଓଜସ୍ୱିତା ତଥା ପ୍ରାଣବତ୍ତା, ପ୍ରକାଶନୈପୁଣ୍ୟର ଗଭୀରତା ତଥା ଆନ୍ତିକତା, ସର୍ବୋପରି ପ୍ରବନ୍ଧର ସଂହତି ଓ ସୌନ୍ଦର୍ଯ୍ୟ ତଥା ସମଗ୍ର ରୂପ ରୂପାୟନ ଉପରେ ସତତ ଦୃଷ୍ଟି ନିକ୍ଷେପ-ପ୍ରବନ୍ଧ-ସାହିତ୍ୟର ଏ ଶିଳ୍ପ-ସୌନ୍ଦର୍ଯ୍ୟ ନୀଳକଣ୍ଠଙ୍କର ଏକ ଅପୂର୍ବ ଅବଦାନ।" ('ଓ ସା ଇ'- ଡଃ ନଟବର ସାମନ୍ତରାୟ, ପୃ୬୪୫)

୫୬. 'ସାରଳାଦାସ' - ନୀଳକଣ୍ଠ ଗ୍ରନ୍ଥାବଳୀ, ପୃ.୩୪୭

୫୭. 'ଆଧୁନିକ ଓଡିଆ ଗଦ୍ୟ-ସାହିତ୍ୟ' -ନଡଃ ଶ୍ରୀନିବାସ ମିଶ୍ର, ପୃ.୩୯୦।

ଉଦ୍ୟମ କରିଥିଲେ। ପରାଧୀନ ଭାରତବର୍ଷର ମୁକ୍ତି ଆନ୍ଦୋଳନ, ମାର୍କସ୍‌ଙ୍କ ପ୍ରବର୍ତ୍ତିତ ସାମ୍ୟବାଦୀ ଦର୍ଶନର ପ୍ରଭାବ, ସମଗ୍ର ଭାରତବର୍ଷରେ ଋଷ ବିପ୍ଳବର ପ୍ରଭାବରେ କୃଷକ ଓ ଶ୍ରମିକମାନଙ୍କ ମଧ୍ୟରେ ନବଜାଗରଣ, କଂଗ୍ରେସର ବୈପ୍ଳବିକ ଅଙ୍ଗରୂପେ କଂଗ୍ରେସ ସୋସିଆଲିଷ୍ଟ ପାର୍ଟିର ନବଜନ୍ମ (୧୯୩୫) ଓ ଓଡିଶାର ଗଡଜାତ ଆନ୍ଦୋଳନ ଏହି ସମୟର ମୁଖ୍ୟ ଘଟଣା। ଓଡିଆ ପ୍ରବନ୍ଧ-ସାହିତ୍ୟ ଏହି ଆଭିମୁଖ୍ୟକୁ ସୁସଂଗଠିତ କରି ପ୍ରକାଶ କରିବା ଦ୍ୱାରା ଜନସାଧାରଣଙ୍କ ମଧ୍ୟରେ ନବଜାଗରଣ ସଂପ୍ରସାରିତ ହୋଇପାରିଥିଲା। ଦରିଦ୍ର, ଅବହେଳିତ କୃଷକ ଜନତା ମଧ୍ୟରେ ଶ୍ରେଣୀଚେତନାର ଜାଗରଣ, ସାମ୍ୟବାଦୀ ସାହିତ୍ୟ ଅଧ୍ୟୟନ ଫଳରେ ବାସ୍ତବବାଦୀ ମାର୍କ୍‌ସ ଚିନ୍ତାଧାରାର ସଂପ୍ରସାରଣ ଓ ଗଣଆନ୍ଦୋଳନ ଜନସାଧାରଣଙ୍କ ମନୋରାଜ୍ୟରୁ ଦ୍ୱିଧାଭାବ ଦୂରକରି ସେମାନଙ୍କୁ ସାହସୀ କରିବା, ସମାଜବ୍ୟବସ୍ଥା ଓ ରୀତିନୀତିକୁ ଶୃଙ୍ଖଳିତ କରିବା ଲକ୍ଷ୍ୟରେ ୧୯୩୦ ପରବର୍ତ୍ତୀ ଓ ପ୍ରାକ୍-ସ୍ୱାଧୀନତା କାଳର ବହୁ ପ୍ରାବନ୍ଧିକ ପ୍ରବନ୍ଧ ରଚନା କରିଥିଲେ।

୧୯୩୫ ମସିହା ପରଠାରୁ ପ୍ରାବନ୍ଧିକଙ୍କର ଚିନ୍ତାରେ ଅଧିକ ସ୍ୱାଧୀନତା, ନିର୍ଭୀକତା ଓ ଯୌକ୍ତିକତା ପରିଲକ୍ଷିତ ହୁଏ। ଏହି ସମୟରେ ସାହିତ୍ୟିକ ଓ ପାଠକମାନଙ୍କ ମଧ୍ୟରେ ଏକ କ୍ରାନ୍ତିକାରୀ ଚେତନା ସୃଷ୍ଟି କରିବାରେ 'ନବଯୁଗ ସାହିତ୍ୟ ସଂସଦ'ର ଅବଦାନ ଉଲ୍ଲେଖଯୋଗ୍ୟ। ଏହି ସଂସଦ ଦ୍ୱାରା ଆୟୋଜିତ ପ୍ରଗତିଶୀଳ ଲେଖକ ସମ୍ମେଳନରେ ପଠିତ ପ୍ରବନ୍ଧଗୁଡିକରେ ବିଜ୍ଞାନ, ସମାଜବିଜ୍ଞାନ, ଦର୍ଶନ, ସାହିତ୍ୟ କ୍ଷେତ୍ରରେ ପ୍ରବର୍ତ୍ତିତ ନୂତନ ଓ ପ୍ରଗତିଶୀଳ ଚିନ୍ତାଧାରାର ପରିପ୍ରକାଶ ଘଟିଥିଲା।

ଭଗବତୀଚରଣ ପାଣିଗ୍ରାହୀ, ମୋହନ ଦାସ, ବିଜୟ ଦାସ, ପ୍ରାଣନାଥ ପଟ୍ଟନାୟକ, ଗୁରୁଚରଣ ପଟ୍ଟନାୟକ, ଅନନ୍ତ ପଟ୍ଟନାୟକ, ରାମକୃଷ୍ଣ ପତି ପ୍ରଭୃତିଙ୍କ ରଚନାରେ ଏହି ବୈପ୍ଳବିକ ଆଭିମୁଖ୍ୟ, କମ୍ୟୁନିଷ୍ଟ ଚେତନା, ଶ୍ରେଣୀ-ସଂଘର୍ଷ ଓ ସାମାଜିକ ବୈଷମ୍ୟ ପ୍ରକାଶିତ। ଏହି ସମୟରେ କମ୍ୟୁନିଷ୍ଟ ଦଳର ଆନୁକୂଲ୍ୟରେ କେତେଗୁଡିଏ ପତ୍ରିକା ପ୍ରକାଶିତ ହୋଇଥିଲା। ଏଥିରେ ପ୍ରକାଶିତ ପ୍ରବନ୍ଧାବଳୀରେ ମାର୍କସୀୟ ଭାବଧାରା ପ୍ରସାରିତ ହୋଇଥିଲା ଓ ଏହାର ସ୍ୱର ଥିଲା ବ୍ୟଞ୍ଜନାପୂର୍ଣ୍ଣ, ଉଗ୍ର ଓ ଶାଣିତ। ଏହି ପତ୍ରିକାଗୁଡିକ ହେଲା 'ମୁକ୍ତିଯୁଦ୍ଧ', 'ସନ୍ଧାନ', 'ସଙ୍କେତ', 'ସର୍ବହରା' ଇତ୍ୟାଦି। ଉତ୍କଳର ଜାତୀୟଜୀବନର 'ପୁରାତନ ପ୍ରଥା ଉପରେ ଏକ ନୂତନ ସ୍ତର' ଏତଦ୍ଦ୍ୱାରା ଉନ୍ମୋଚିତ ହୋଇପାରିଥିଲା। ଜନସାଧାରଣଙ୍କ ଚିନ୍ତାରେ ସ୍ଥବିରତା ପରିବର୍ତ୍ତେ ଗତିଶୀଳତା ସହିତ ସ୍ୱାଧୀନ ଉଦାର ତଥା ବିପ୍ଳବାତ୍ମକ ମନୋଭାବ ପରିଲକ୍ଷିତ ହେଉଥିଲା।

ଭଗବତୀଚରଣଙ୍କ 'ଅର୍ଥ ଓ ପରାମାର୍ଥ' ପ୍ରବନ୍ଧଟି ଏ ସଂକ୍ରାନ୍ତରେ ଉଲ୍ଲେଖଯୋଗ୍ୟ। ଅର୍ଥନୈତିକ ସମସ୍ୟାର ଉପସ୍ଥାପନା ସମକାଳୀନ ପ୍ରବନ୍ଧର ଅନ୍ୟତମ

ବୈଶିଷ୍ଟ୍ୟ। ରାଜନୈତିକ ଓ ଅର୍ଥନୈତିକ ଅନୁଷ୍ଠାନ ଦଳିତ ଜନସାଧାରଣଙ୍କର ଉପକାର ସାଧନ କରିବାରେ ଯେ ଅସମର୍ଥ, ଏହା କ୍ରମଶଃ ଅନୁଭୁତ ହୋଇଥିଲା। ଅସ୍ତ୍ରସଂକୋଚ ନାମରେ ଶକ୍ତିସଂଗଠନ, ଧନିକଶ୍ରେଣୀ ଦ୍ୱାରା ନିୟନ୍ତ୍ରିତ ଶିଳ୍ପ ଅନୁଷ୍ଠାନ ଯୋଗୁ ଅର୍ଥନୀତି କ୍ଷେତ୍ରରେ ସଂକଟ ଓ ବିପ୍ଳବ ଦେଖାଦେଇଥିଲା। ଶୋଷଣନୀତି ଓ ଋଣ-ସମସ୍ୟାରୂପକ ଦୁଇଟି ଶତ୍ରୁ କବଳରୁ କୃଷକ ତଥାପି ପରିତ୍ରାଣ ପାଉନଥିଲା। ଚଳିତ ଶତକର ଦ୍ୱିତୀୟ ଦଶକରେ ଋଷ୍‌ର ମାର୍କ୍‌ସିଷ୍ଟ ବିପ୍ଳବ କେବଳ ଋଷ୍‌ରେ ନୁହେଁ, ସମଗ୍ର ପୃଥିବୀର ଚିନ୍ତାଜଗତରେ ବିପୁଳ ଆଲୋଡନ ସୃଷ୍ଟି କରିଥିଲା। ମାର୍କ୍‌ସଙ୍କର ରାଜନୈତିକ ଓ ସାମାଜିକ ଦର୍ଶନ ଯେପରି ବୈପ୍ଳବିକ ପରିବର୍ତ୍ତନ ସଙ୍ଘଟିତ କରିଥିଲା, ତାହା ଭାରତବାସୀଙ୍କୁ ଚମତ୍କୃତ କରିଦେଇଥିଲା। ଋଷିଆର ସାମାଜିକ ନ୍ୟାୟ ଓ ଅର୍ଥନୈତିକ ସଂଗଠନ କିପରି ଶ୍ରମିକଶ୍ରେଣୀର ସମୂହ କଲ୍ୟାଣ ଓ ସାମ୍ୟ ପ୍ରତିଷ୍ଠାରେ ସହାୟକ ହୋଇ ଏକ ଉଚ୍ଚ ଆଦର୍ଶ ଏ ଦେଶବାସୀଙ୍କ ସମ୍ମୁଖରେ ଉପସ୍ଥାପିତ କରିପାରିଥିଲା ତାହା ବହୁ ପ୍ରବନ୍ଧରେ ପ୍ରକାଶିତ ହୋଇଥିଲା ଓ ଏହା ବହୁ ପାଠକଙ୍କୁ ଉଦ୍‌ବୁଦ୍ଧ କରିଥିଲା। ଏହି ଉଚ୍ଚ ଆଦର୍ଶ ଦ୍ୱାରା ଭାରତର ଅନ୍ୟାନ୍ୟ ପ୍ରାନ୍ତୀୟ ସାହିତ୍ୟ ଭଳି ଓଡିଆ ସାହିତ୍ୟ ମଧ୍ୟ ପ୍ରଭାବିତ ହୋଇଥିଲା। ଏହି ଭାବରେ ଅନୁପ୍ରାଣିତ ହୋଇ କେତେକ ପ୍ରାବନ୍ଧିକ ଶିକ୍ଷା, ଶାସନ ଓ ସମାଜ ସଂସ୍କାରମୂଳକ ପ୍ରବନ୍ଧ ରଚନା କରିଥିଲେ। ଋଷିଆ ଶାସନର ମହତ୍ତ୍ୱ ଦର୍ଶାଇ କୁହାଯାଇଥିଲା, "ସୋଭିଏଟ୍ ନେତାମାନେ ଭାବନ୍ତି ଯେ, ଅନ୍ୟାୟ ଆଚରଣର ମୂଳକାରଣ ଅଜ୍ଞତା, ଅର୍ଥର ଅନଟନ, ଶାରୀରିକ ବା ମାନସିକ ଦୋଷ, ସୁତରାଂ ସେମାନଙ୍କର ଶାସନ ପ୍ରତିଶୋଧ ମୂଳକ ନୁହେଁ, କିନ୍ତୁ ସଂସ୍କାରମୂଳକ। (୫୮) ଭାରତବର୍ଷର ଜନସାଧାରଣଙ୍କ ମଧ୍ୟରେ ଧନୀ ଓ ନିର୍ଦ୍ଧନର ପାର୍ଥକ୍ୟ ଓ ଧନିକ ଗୋଷ୍ଠୀ ବିରୁଦ୍ଧରେ ସ୍ୱର ଉତ୍ତୋଳନ ଏହି ସମୟର ବହୁ ପ୍ରାବନ୍ଧିକଙ୍କ ରଚନାରେ ପରିଦୃଷ୍ଟ ହୁଏ (୫୯)। ସମାଜରେ ପ୍ରତ୍ୟେକେ ନିଜ ନିଜର ଭରଣପୋଷଣ, ଶିକ୍ଷା ଓ ଚିକିତ୍ସା ପାଇଁ ସମାନ ସୁବିଧା-ସୁଯୋଗ ପାଇବା ଉଚିତ ବୋଲି କେତେକ ପ୍ରାବନ୍ଧିକ ମତ ବ୍ୟକ୍ତ କରିଥିଲେ। ଏହି ମର୍ମରେ ଇଂରେଜ ଶାସନକୁ ମଧ୍ୟ ସମାଲୋଚନା କରାଯାଇଥିଲା।

ଇଂଲଣ୍ଡ, ଇଜିପ୍ଟ, ଫ୍ରାନ୍‌ସ, ଇଣ୍ଡୋଚାଇନା ପ୍ରଭୃତି ସାମ୍ରାଜ୍ୟବାଦୀ ଦେଶ ଯଥାକ୍ରମେ ଭାରତ, ପାଲେଷ୍ଟାଇନ୍, ମରକ୍‌କୋ, ସିରିଆ ପ୍ରଭୃତି ଦେଶକୁ ପରାଧୀନ କରି

---

୫୮. 'ଋଷିଆ ବିଷୟରେ ପଦେ ଅଧେ'- ଶ୍ରୀ ବୈଦ୍ୟନାଥ ସାହୁ, 'ନବଭାରତ' ତୁଳ ୧୩୪୨, ପୃ.୩୭୦

୫୯. "ଯେ ଯେତେ ଲୋକଙ୍କର ତଣ୍ଟି ଚିପି ଧନ ଜମାଇ ପାରେ ସେ ସେତେ ବଡଲୋକ ଓ ତାହାର ତେତେ ବେଶୀ ଆଦର।"
('ସାମାଜିକ ପ୍ରଗତି'- ପ୍ରାଣନାଥ ପଟ୍ଟନାୟକ, 'ନବଭାରତ'ତୁଳ ୧୩୪୨)

ରଖିବା ଏକ ଅନ୍ୟାୟ ରାଜନୀତି ବୋଲି ସମାଲୋଚନା କରି ଜନସାଧାରଣଙ୍କ ମଧ୍ୟରେ ସ୍ୱାଧୀନ ବୈପ୍ଳବିକ ଚିନ୍ତାଧାରା ସୁଦୃଢ଼ କରାଇବାର ଉଦ୍ୟମ ହୋଇଥିଲା। ଏତଦ୍ଦ୍ୱାରା ଆନ୍ତର୍ଜାତିକ ପରିସ୍ଥିତି ସହିତ ପାଠକମାନେ ପରିଚିତ ହେବାର ସୁଯୋଗ ଲାଭକରିଥିଲେ।

ମାର୍କସୀୟ ଦୃଷ୍ଟିକୋଣରୁ ସମାଜ-ବ୍ୟବସ୍ଥାକୁ ବିଚାରକରି ବ୍ୟକ୍ତିଗତ ସମ୍ପତ୍ତିର ମୋହ କିପରି ସାମାଜିକ ଓ ଆର୍ଥିକ ଦୂର୍ଗତିର ହେତୁ, ତାହା ବହୁ ପ୍ରାବନ୍ଧିକଙ୍କ ରଚନାରେ ଅଭିବ୍ୟକ୍ତି ଲାଭ କରିଥିଲା। ଗୁରୁଚରଣ ପଟ୍ଟନାୟକ ଏହି ମର୍ମରେ ଲେଖିଥିଲେ, "ଭାରତରେ ପଞ୍ଚମଜାତି ଯେପରି ଅସ୍ପୃଶ୍ୟ, ଇଉରୋପରେ ମଧ୍ୟଯୁଗରେ ଇହୁଦୀ ଜାତି ଯେପରି ଲାଞ୍ଛିତ, ଆଜି ସାମ୍ୟବାଦୀ ଋଷିଆରେ ବ୍ୟକ୍ତିଗତ ସମ୍ପତ୍ତି ଓ ବଣିକର ଅବସ୍ଥା ସେହିପରି। ସେମାନଙ୍କୁ ବିଶେଷ କର ଦେବାକୁ ହୁଏ, ସମାଜରେ ଲାଞ୍ଛିତ ହେବାକୁ ପଡେ, କଠିଣ ଦଣ୍ଡନୀତି ଭୋଗକରି ସେମାନଙ୍କ ଜୀବନ ଅସହ୍ୟ ହୁଏ।"(୬୦)

ଜାତୀୟବାଦି ତଥା ସାମ୍ୟବାଦୀ ଭାବଧାରାର ପ୍ରସାର ଫଳରେ ଭାରତର ଶ୍ରମିକ-ଶ୍ରେଣୀ ସଚେତନ ଓ ଜାଗ୍ରତ ହୋଇ ପାରିଥିଲେ। **ଭାରତରୁ ଅପସୃତ ହେବାକୁ ଅନିଚ୍ଛୁକ ବିଦେଶୀ ରାଜସକ୍ତିଙ୍କ ପକ୍ଷେ ଏହା ମଧ୍ୟ ଉଦ୍‌ବେଗର ବିଷୟ ହୋଇଥିଲା। "ଇଂରେଜ ପୁଞ୍ଜିବାଦୀ ଶ୍ରେଣୀ ଭଲରୂପେ ବୁଝିସାରିଲାଣି ଯେ, ଜାଗ୍ରତ ଶ୍ରମିକଶ୍ରେଣୀକୁ ଆଉ ବେଶି ଦିନ ଅନ୍ଧାରରେ ଲୁଚାଇ ରଖିହେବ ନାହିଁ। x x x ତେଣୁ ଯେତେଦୂର ହେଲେଇ ଦିଆଯାଏ ବା ସାମାନ୍ୟ କିଛି ଦେଇ ସନ୍ତୋଷ କରିଦିଆଯାଏ, ତେତେ ଭଲ। x x x ତେବେ ବର୍ତ୍ତମାନ ଉତ୍ପାଦକ-ଶ୍ରମିକ ଶ୍ରେଣୀ ବା ସର୍ବଶ୍ରେଷ୍ଠ ଲୋକଶକ୍ତିର ପ୍ରତ୍ୟହ ରାଜନୈତିକ ଜାଗରଣ ବଢ଼ିବାରେ ଲାଗିଛି"** (୬୧)।

ସମାଜର ଦୁଇଟି ମୁଖ୍ୟ ଅନୁଷ୍ଠାନ - ବିବାହ ଓ ଧର୍ମ ସମ୍ପର୍କରେ ନୂତନ ବିଚାରଧାରାର ଉପସ୍ଥାପନା ସମକାଳୀନ କେତେକ ପ୍ରାବନ୍ଧିକଙ୍କ ରଚନାରେ ପରିଦୃଷ୍ଟ ହୁଏ। ସାମ୍ୟବାଦି ଦୃଷ୍ଟିକୋଣରୁ ଏହି ସମ୍ପର୍କୀୟ ଏତାଦୃଶ ଅଭିମତସମୂହ ଭାରତୀୟ ସାମାଜିକ ଓ ଧାର୍ମିକ ଚଳଣି ପରିପ୍ରେକ୍ଷୀରେ ଥିଲା ସମ୍ପୂର୍ଣ୍ଣ ବୈପ୍ଳବିକ। "ଋଷିଆର ବିବାହ ଅନୁଷ୍ଠାନ ବାସ୍ତବତା ପ୍ରତି ଦୃଷ୍ଟିଦେଇ ଗଢାଯାଇଛି। ବିଦ୍ରୋହର ଅନ୍ୟାନ୍ୟ ଦିଗରେ ଯେଉଁ ନୀତି ଦେଖିଥାଉଁ, ଏଠାରେ ମଧ୍ୟ ସେହି ନୀତି ଦେଖିବାକୁ ପାଉଁ। ଏଥିରେ ଧର୍ମଭାବ-ପ୍ରଣୋଦିତ ଭୟର ସ୍ଥାନ ନାହିଁ ବା ପରକାଳରେ ଦମ୍ପତିର ମୋକ୍ଷ

---

୬୦. 'ଋଷିଆରେ ବ୍ୟକ୍ତିଗତ ସମ୍ପତ୍ତି'- 'ନବଭାରତ', ବିଛା ୧୩୪୨, ପୃ.୪୩୨

୬୧. 'ଲୋକଶକ୍ତି ଏବଂ ରାଜନୀତି', ପ୍ରାଣନାଥ ପଟ୍ଟନାୟକ, 'ନବଭାରତ'ମକର ୧୩୪୨।

ପ୍ରାପ୍ତିର ଉଦ୍ଦେଶ୍ୟ ନାହିଁ। ଏଥିରେ ଅଛି ଏକ ଲକ୍ଷ୍ୟ – ଇହକାଳରେ ଦାମ୍ପତ୍ୟ ଜୀବନରେ ସୁଖ" (୬୨)।

ପ୍ରଚଳିତ ସାମାଜିକ ରୀତିନୀତି ବିରୁଦ୍ଧରେ ଆକ୍ଷେପର ସ୍ୱର ମଧ୍ୟ ସମକାଳୀନ ବହୁ ପ୍ରବନ୍ଧରେ ଉଦ୍‌ଘୋଷିତ। ଈଶ୍ୱରଭକ୍ତି ଓ ଧର୍ମଭାବ ହିଁ ସମାଜକୁ ପୌରୁଷବିହୀନ କରେ ଓ ସମାଜର ଆର୍ଥିକ ଦୁର୍ଗତିର ଏହା ଅନ୍ୟତମ କାରଣ। ସ୍ୱାର୍ଥାନ୍ୱେଷୀ ଗୋଷ୍ଠୀର ସ୍ୱାର୍ଥରକ୍ଷା ନିମନ୍ତେ ଏହାର ସୃଷ୍ଟି। ଧର୍ମ ସମ୍ପର୍କୀୟ ଏତାଦୃଶ ଅଭିମତ ସମ୍ବଳିତ ବହୁ ପ୍ରବନ୍ଧ ଏହି ସମୟରେ ରଚିତ ହୋଇଅଛି।

ମୋହିନୀମୋହନ ସେନାପତି ଧର୍ମର ପ୍ରଭାବରୁ ସମାଜକୁ ମୁକ୍ତ କରିବା ନିମନ୍ତେ ବହୁ ପ୍ରବନ୍ଧ ରଚନା କରିଥିଲେ: "ଧର୍ମ ଆମ୍ଭମାନଙ୍କୁ ପ୍ରାଚୀନ ଭୂସଂସ୍କାର ଖୁଣ୍ଟରେ ବାନ୍ଧି ରଖିଅଛି। ଯଦି ଆପଣମାନେ ମୁକ୍ତି ଚାହାନ୍ତି, ଆପଣମାନଙ୍କୁ ଏହି ବନ୍ଧନ ଛିନ୍ନ କରିବାକୁ ହେବ"(୬୩)।

ଭଗବତୀଚରଣଙ୍କ ରଚନାରେ ମଧ୍ୟ ସାମାଜିକ ନୀତି ନିୟମ ଓ ବିଶ୍ୱାସ ବିରୁଦ୍ଧରେ ବିଦ୍ରୋହର ଭାବ ପ୍ରକାଶିତ ହୋଇଥିଲା। "ଆମର ଧର୍ମ, ଆମର ନୀତିଶାସ୍ତ୍ର ଯାହାକୁ ରାଷ୍ଟ୍ର ବୋଲି ସମର୍ଥନ କରେ ତାହା ଅରାଜକତା। ଯାହାକୁ ଶୃଙ୍ଖଳା ବୋଲି ଅନୁମୋଦନ କରେ ତାହା ବିଶୃଙ୍ଖଳା। ଯାହାକୁ ନ୍ୟାୟ ବୋଲି ପ୍ରତିପାଦନ କରେ ତାହା ଅନ୍ୟାୟ। ଯାହାକୁ ଚିରନ୍ତନ ବୋଲି ପ୍ରଚାର କରେ ତାହା ଅନିତ୍ୟ। ଯାହାକୁ ସମଗ୍ର ମାନବସମାଜ ସ୍ୱାର୍ଥ ବୋଲି ପ୍ରଚାର କରେ ତାହା ଅନିତ୍ୟ। ଯାହାକୁ ସମଗ୍ର ମାନବସମାଜ ସ୍ୱାର୍ଥ ବୋଲି କହିଥାଏ ତାହା କେବଳ ଗୋଟିଏ ଶ୍ରେଣୀର ସ୍ୱାର୍ଥ ଏବଂ ଯାହାକୁ ମୁକ୍ତ ବୋଲି ଘୋଷଣା କରିଥାଏ, ତାହା ଦାସତ୍ୱ"(୬୪)।

ସମାଜରେ ବିପ୍ଳବ ସହିତ ସାହିତ୍ୟରେ ବିପ୍ଳବ ସୃଷ୍ଟି କରିବା ଉଦ୍ଦେଶ୍ୟରେ ସତ୍ୟନିଷ୍ଠ, ଜୀବନଧର୍ମୀ, ସାହସିକ ତଥା ବଳିଷ୍ଠ ଉପାଦାନ ସମ୍ବଳିତ ସାହିତ୍ୟ ସୃଷ୍ଟି ପାଇଁ ଆହ୍ୱାନ ପ୍ରଦତ୍ତ ହୋଇଥିଲା: "ବିଶ୍ୱସାହିତ୍ୟ ସମାଜରେ ଓଡିଆ ସାହିତ୍ୟକୁ ନିଜର ଆସନ ସ୍ଥାପନ କରିବାକୁ ହେଲେ ଓଡିଆ ସାହିତ୍ୟ ଜଗତରେ ଭୀଷଣ ବିପ୍ଳବ ସଂଘଟିତ କରି ଏହାର ଭାଷା, ଭାବ ସମସ୍ତକୁ ଓଲଟପାଲଟ କରି ଦେବାକୁ ହେବ। x x x ଓଡିଆ

---

୬୨. 'ରଝୋଆ ବିଷୟରେ ପଦେଅଧେ'– ବୈଦ୍ୟନାଥ ସାହୁ, 'ନବଭାରତ', ଜୁଲ, ୧୩୪୨, ପୃ.୩୭୧

୬୩. 'ଅଭିଭାଷଣ'– ନବଯୁଗ ସାହିତ୍ୟ ସଂସଦର ଦର୍ଶନ ବିଭାଗର ସଭାପତି ମୋହିନୀ ମୋହନ ସେନାପତିଙ୍କ ଦ୍ୱାରା ପ୍ରଦତ୍ତ।

୬୪. 'ଅର୍ଥ ଓ ପରମାର୍ଥ'– ଭଗବତିଚରଣ ପାଣିଗ୍ରାହୀ, ନବଯୁଗ ସଂସଦର ସମାଜ ବିଜ୍ଞାନ ବିଭାଗରେ ପଠିତ ଭାଷଣ, 'ନବଭାରତ', ବିଚ୍ଛା ୧୩୪୨,ପୃ.୪୭।

ଯୁବକର ଭାବଜଗତରେ ଯଦି ବିପ୍ଳବ ସଂଘଟିତ ନହୁଏ, କଳ୍ପନାରାଜ୍ୟରେ ଯଦି ପ୍ରଚଣ୍ଡ ଘାତ-ପ୍ରତିଘାତ ଜାଗ୍ରତ ନହୁଏ, ତେବେ ସାହିତ୍ୟ କ୍ଷେତ୍ରରେ ବିପ୍ଳବ ଆସିବା ମଧ୍ୟ ସମ୍ଭବ ହେନ ନାହିଁ"(୬୫)।

ଉପସଂହାର :

ଭାରତବର୍ଷ ଅଚିରେ ସ୍ୱାଧୀନତା ଲାଭକରିବ ଓ ଏଠାରେ ଗଣତନ୍ତ୍ର ଶାସନ ପ୍ରବର୍ତ୍ତିତ ହେବ, ଏ ସଂକ୍ରାନ୍ତରେ କେତେକ ବୁଦ୍ଧିଜୀବୀ ଦୃଢ଼ ନିଶ୍ଚିତ ଥିଲେ। ସ୍ୱଦେଶ-ପ୍ରେମିକ ବ୍ୟକ୍ତି ଦେଶଭକ୍ତି ସହ ଦେଶରେ ସର୍ବତ୍ର ଶୃଙ୍ଖଳା ପ୍ରତିଷ୍ଠା ବିଷୟରେ ସର୍ବଦା ସଚେତନ ହେବା ବାଞ୍ଛନୀୟ। ଗଣତନ୍ତ୍ର ଶାସନରେ ଦେଶର ପ୍ରତ୍ୟେକ ଲୋକଙ୍କର ଅଧିକାର ଥାଏ, ପ୍ରତ୍ୟେକ ଏଥିରେ ପ୍ରତ୍ୟକ୍ଷ ବା ପରୋକ୍ଷ ଭାବରେ ଜଡିତ। ତେଣୁ ଲୋକପ୍ରତିନିଧି ନିଜର ବ୍ୟକ୍ତିଗତ ବା ନିଜ ମଣ୍ଡଳୀର ସ୍ୱାର୍ଥ ପାଇଁ ଚେଷ୍ଟା ନ କରି ଦେଶର ସ୍ୱାର୍ଥ ପାଇଁ ଚେଷ୍ଟା କଲେ ଗଣତନ୍ତ୍ର ଅଧିକ ସୁରକ୍ଷିତ ହୋଇପାରେ। ଏ ସମ୍ପର୍କରେ ପ୍ରତ୍ୟେକ ଜନସାଧାରଣ ସତର୍କ ରହିବା ଆବଶ୍ୟକ। ଗଣତନ୍ତ୍ର ଶାସନରେ ଶାସକ ଓ ଶାସିତ ମଧ୍ୟରେ ପ୍ରତ୍ୟକ୍ଷ କିମ୍ବା ପରୋକ୍ଷ ସମ୍ପର୍କ ବୁଝାଇବାକୁ ଯାଇ ବହୁ ପ୍ରାବନ୍ଧିକ ପ୍ରବନ୍ଧ ରଚନା କରିଥିଲେ।

"ଆଧୁନିକ ଶିକ୍ଷିତ ସମାଜ ଦୃଷ୍ଟିରେ ସେହି ଶାସନ ଗଣତନ୍ତ୍ର ଅଟେ; ଯହିଁରେ ଦିଓଟି ଲକ୍ଷଣ ବିଦ୍ୟମାନ। ପ୍ରଥମଟି ଲୋକପ୍ରତିନିଧି ନିର୍ବାଚନ, ଦ୍ୱିତୀୟଟି ଜନହିତ ସମ୍ପାଦନ। ଇଂଲଣ୍ଡ ଓ ଆମେରିକାର ପ୍ରତିଷ୍ଠିତ ଶାସନ ଏହି ଜାତୀୟ। ପ୍ରକୃତରେ କହିଲେ ଗୋଟିଏ ଉପାୟ, ଅନ୍ୟଟି ଉପେୟ। ସବୁ ଶ୍ରେଣୀର ସବୁ ଲୋକଙ୍କର ସ୍ୱାଧୀନ ଭୋଟ ସାହାଯ୍ୟରେ ଲୋକପ୍ରତିନିଧି ବାଛିବା, ସ୍ୱାଧୀନ ଭାବରେ ମତଦେବା, ମତାମତକୁ ସମାଲୋଚନା କରିବା ଗଣତନ୍ତ୍ରର ଧର୍ମ; ପୁଣି ସମୂହ ହିତ କାହିଁରେ ଅଛି ତାହା ନିର୍ଣ୍ଣୟ କରିବା। ଏପରି ହିତ ସାଧିବା, ତତ୍‌ସାଧନକଳ୍ପେ ନିଯୁକ୍ତ ରହିବା ଗଣତନ୍ତ୍ରର ଧର୍ମ। ଗଣତନ୍ତ୍ରର ଯଥାର୍ଥ ପରୀକ୍ଷା ଏହି ଉଭୟ ବିଧ କାର୍ଯ୍ୟର ବିଦ୍ୟମାନତାରେ, ଲୋକାୟତ୍ତ ଶାସନରେ, ଲୋକହିତସାଧନରେ ହୋଇଥାଏ। x x x ଗଣତନ୍ତ୍ର ଶାସନ ଶ୍ରେଣୀ ଶ୍ରେଣୀଙ୍କର ସମ୍ମିଳିତ, ସମନ୍ୱିତ ଶାସନ, ପୁଣି ତାହା କେବଳ ଜାତୀୟଭାବାପନ୍ନ ଶ୍ରେଣୀମାନଙ୍କର ଶାସନ ଅଟେ।"(୬୬)

---

୬୫. 'ବର୍ତ୍ତମାନ ସାହିତ୍ୟରେ ନୂତନ ଭାବଧାରାର ଆବାହନ'- ରାମପ୍ରସାଦ ସିଂହ, 'ନବଭାରତ', ଧନୁ ୧୩୪୨, ପୃ.୪୯୮

୬୬. 'ଗଣତନ୍ତ୍ରର ପରୀକ୍ଷା' - ବିପିନ ବିହାରୀ ରାୟ, 'ନବଭାରତ', କୁମ୍ଭ ୧୩୪୨, ପୃ୬୦୯-୬୧୩।

ଏତଦ୍‌ବ୍ୟତୀତ ଆଲୋଚ୍ୟ କାଳରେ ଡଃ ସଦାଶିବ ମିଶ୍ର, ଡଃ ଶ୍ରୀରାମଚନ୍ଦ୍ର ଦାସ, ଡଃ ବୈଦ୍ୟନାଥ ମିଶ୍ର ପ୍ରଭୃତି ବିଶିଷ୍ଟ ପ୍ରାବନ୍ଧିକମାନେ ଗଠନମୂଳକ-ଅର୍ଥନୈତିକ ଭିତ୍ତିଭୂମି ଉପରେ ଆଧାରିତ ବହୁ ପ୍ରବନ୍ଧ ରଚନା କରିଅଛନ୍ତି। କହିବା ଅନାବଶ୍ୟକ, ଜାତୀୟ ସମସ୍ୟା-ଆଧାରିତ ଏହି ପ୍ରବନ୍ଧସମୂହ ଓଡିଶାରେ ନୂତନ ଗଣଚେତନା ସୃଷ୍ଟିରେ ପ୍ରଭୁତ ସହାୟକ କରିଅଛି।

ପରିଶେଷରେ ଏହାହିଁ କୁହାଯାଇପାରେ ଯେ, ସାମାଜିକ ଆବଶ୍ୟକତା ଦୃଷ୍ଟିରୁ ପ୍ରବନ୍ଧ-ସାହିତ୍ୟର ସୃଷ୍ଟି ହୋଇଥିଲା ଓ ଏହା ଯୁଗୋଚିତ ଭାବନା ଓ ପରିବର୍ତ୍ତିତ ରାଜନୈତିକ ଚେତନାମାଧ୍ୟମରେ ପରିପୁଷ୍ଟ ଲାଭକରି ଏକ ନୂତନ ରୁଚି ଓ ଜାତୀୟ ସଚେତନତା ପ୍ରତିଷ୍ଠାରେ ପ୍ରଭୁତ ସହାୟକ କରିଥିଲା। ଚଳିତ ଶତାବ୍ଦୀର ତୃତୀୟ ଦଶକ ପରବର୍ତ୍ତୀ ଓଡିଆ ପ୍ରାବନ୍ଧିକମାନଙ୍କ ରଚନାରେ ଏକ ନୂତନ ଆଶା ଓ ଆଦର୍ଶବାଦର ସଙ୍କେତ ପରିଦୃଷ୍ଟ ହୁଏ।

■

ସପ୍ତମ ପରିଚ୍ଛେଦ : ଉପସଂହାର

ସ୍ୱାଧୀନୋତ୍ତର ଓଡିଆ ସାହିତ୍ୟରେ ଜାତୀୟବାଦି ଚିନ୍ତାଧାରା : ରୂପ ଓ ରୂପାନ୍ତର

ଜାତୀୟଚେତନା କିପରି ଓଡିଆ ସାହିତ୍ୟରେ ବିଭିନ୍ନ ବିଭାଗକୁ ପ୍ରଭାବିତ କରିଅଛି, ତାହା ପୂର୍ବବର୍ତ୍ତୀ ଅଧ୍ୟାୟମାନଙ୍କରେ ଦର୍ଶାଇ ଦିଆଯାଇଅଛି। ଏହି ଆଲୋଚନା ମୁଖ୍ୟତଃ ଊନବିଂଶ ଶତାବ୍ଦୀର ଶେଷ ଭାଗରୁ ଭାରତର ସ୍ୱାଧୀନତାପ୍ରାପ୍ତି (୧୯୪୭) ପର୍ଯ୍ୟନ୍ତ ସମୟ-ସୀମା ମଧ୍ୟରେ ସୀମିତ। ଆଲୋଚ୍ୟ କାଳ ମଧ୍ୟରେ ଭାରତର ଅନ୍ୟାନ୍ୟ ଅଞ୍ଚଳ ମଧ୍ୟ ସମଧର୍ମୀ ରାଜନୈତିକ ଓ ସାଂସ୍କୃତିକ ନିୟନ୍ତ୍ରଣ ମଧ୍ୟରେ ଥିଲା। ସେଥିପାଇଁ ଓଡିଶା ସମେତ ଭାରତର ଅନ୍ୟାନ୍ୟ ଆଞ୍ଚଳିକ ସାହିତ୍ୟ ମଧ୍ୟ ଏହି ଜାତୀୟବାଦୀ ଚେତନା ଦ୍ୱାରା ବିପୁଳ ପରିମାଣରେ ପ୍ରଭାବିତ ହୋଇଥିଲା। ଭାରତବର୍ଷର ଆଞ୍ଚଳିକ ସାହିତ୍ୟଗୁଡିକ ଏହି ବିପୁଳ ଭାବପ୍ରବାହର ବନ୍ୟାରେ କିପରି ପରିପ୍ଲାବିତ ହୋଇଥିଲା ତାହା ପ୍ରଥମ ପରିଚ୍ଛେଦରେ ଦର୍ଶାଇ ଦିଆଯାଇଅଛି।

ସ୍ୱାଧୀନତାପ୍ରାପ୍ତି ପରେ ବିଗତ ପ୍ରାୟ ତିରିଶ ବର୍ଷ ମଧ୍ୟରେ ଭାରତର ସାମାଜିକ ତଥା ରାଜନୈତିକ ଜୀବନ ବହୁ ଉତ୍‌ଥାନ-ପତନ ମଧ୍ୟଦେଇ ଗତିକରିଅଛି। ସମଗ୍ର ଭାରତବର୍ଷରେ ଗଣତନ୍ତ୍ର ଶାସନର ପ୍ରତିଷ୍ଠା ସଙ୍ଗେ ସଙ୍ଗେ ନୂତନ ସମ୍ବିଧାନ ପ୍ରବର୍ତ୍ତିତ ହୋଇଅଛି। ଏତଦ୍‌ବ୍ୟତୀତ ଏହି ସମୟରେ ଏହି ଉପମହାଦେଶର ବିଭକ୍ତିକରଣ ଓ ତଜ୍ଜନିତ ବାସହୀନ ଶରଣାର୍ଥୀଙ୍କର ପୁନଃ ସଂସ୍ଥାନ ସମସ୍ୟା, ଭାଷାଭିତ୍ତିକ ପ୍ରଦେଶ ଗଠନ, ବହିଃ ଶତ୍ରୁ ଆକ୍ରମଣ, ବହୁ ପ୍ରାକୃତିକ ବିପର୍ଯ୍ୟୟ, ଜନସଂଖ୍ୟାବୃଦ୍ଧି, ଆର୍ଥିକ ବଣ୍ଟନର ବିଷମତା ଏ ଦେଶ ଆଗରେ ବିରାଟ ସମସ୍ୟା ସୃଷ୍ଟି କରିଅଛି। ସାବାଳକ ଭୋଟ-ବ୍ୟବସ୍ଥାର ପ୍ରଚଳନ, ପଞ୍ଚବାର୍ଷିକ ଯୋଜନାର ପ୍ରବର୍ତ୍ତନ, ଯାତାୟାତ, ଶିକ୍ଷା, ସ୍ୱାସ୍ଥ୍ୟ ବ୍ୟବସ୍ଥାରେ ଉନ୍ନତିବିଧାନ, ଅନୁନ୍ନତ ଅନଗ୍ରସର ଜନଗୋଷ୍ଠୀର କଲ୍ୟାଣ ଉଦ୍ୟମ ପ୍ରଭୃତି ଯୋଗୁ ଦେଶବାସୀଙ୍କ ମଧ୍ୟରେ ଏକ ନୂତନ ଜାଗରଣ ସମ୍ଭବପର

ହୋଇପାରିଅଛି । ଏହି ପରିପ୍ରେକ୍ଷୀରେ ଭାରତୀୟ ତଥା ଓଡିଶାର ସାହିତ୍ୟିକଙ୍କ ଲେଖନୀ ଜାତୀୟ ଅଭୀପ୍‌ସା ଓ ଜାତୀୟସମସ୍ୟାକୁ କିପରି ଉପସ୍ଥାପିତ କରିପାରିଅଛି ଓ ଜନସାଧାରଣଙ୍କୁ କିପରି ଉଚ୍ଚତର ଆଦର୍ଶରେ ଅନୁପ୍ରାଣିତ କରିବାକୁ ସମର୍ଥ ହୋଇଅଛି, ତାହାହିଁ ଏଠାରେ ବିଚାର୍ଯ୍ୟ ।

ଦେଶବାସୀଙ୍କ ମଧ୍ୟରେ ଶିକ୍ଷା ଓ ନାଗରିକ ଦାୟିତ୍ୱବୋଧର ଆଶାନୁରୂପ ପ୍ରସାର ପୂର୍ବରୁ ସାବାଳକ ଭୋଟବ୍ୟବସ୍ଥାର ପ୍ରବର୍ତ୍ତନ ଫଳରେ ଏ ଦେଶରେ ଯେ କେତେକ ସମସ୍ୟା ସୃଷ୍ଟି ହୋଇଅଛି, ଏହା କହିବା ଅନାବଶ୍ୟକ । ଏହା ଫଳରେ କେତେକ ଅନୁପଯୁକ୍ତ ବ୍ୟକ୍ତି ନିର୍ବାଚିତ ଓ କ୍ଷମତାଶାଳୀ ହେବାର ସୁଯୋଗ ଲାଭକରିଅଛନ୍ତି । ଦଳଗତ ବିଭେଦ ମଧ୍ୟ ଭାରତୀୟ ଜନମାନସରେ ପ୍ରତିକ୍ରିୟା ସୃଷ୍ଟି କରିଅଛି । ସମ୍ଭବତଃ ଉପଯୁକ୍ତ ନେତୃତ୍ୱର ଅଭାବ ହିଁ ସମଗ୍ର ଦେଶରେ ସର୍ବଭାରତୀୟ ଏକତା ଓ **ଭ୍ରାତୃତ୍ୱବୋଧ ଜାଗ୍ରତ କରାଇବାରେ ସମର୍ଥ ହୋଇପାରିନାହିଁ । ଶିକ୍ଷାର ସଂପ୍ରସାରଣ ଫଳରେ ଶିକ୍ଷିତ ଯୁବକମାନଙ୍କର କର୍ମସଂସ୍ଥାନ ଏକ ଜାତୀୟ ସମସ୍ୟା ସୃଷ୍ଟି କରିଅଛି । ସ୍ୱାଧୀନତା ପରବର୍ତ୍ତୀ କାଳରେ ଏହା ଏକ ନୈରାଶ୍ୟର ବାତାବରଣ ସୃଷ୍ଟି କରିବା ସଙ୍ଗେ ସଙ୍ଗେ ସର୍ଜନାତ୍ମକ ମନୋବୃତ୍ତି ବିକାଶ କ୍ଷେତ୍ରରେ ଶିଥିଳତା ଆଣିଦେଇଛି । ବାପୁଜୀଙ୍କର ରାମରାଜ୍ୟ ତଥାପି ଏକ ସ୍ୱପ୍ନର ବିଷୟ ହୋଇ ରହିଯାଇଅଛି ।**

ଦେଶର ଏହି ପରିବର୍ତ୍ତିତ ପରିସ୍ଥିତିରେ ଯେଉଁ ସାହିତ୍ୟ ସୃଷ୍ଟି ହୋଇଛି, ସେଥିରେ ଆଶା ଓ ନୈରାଶ୍ୟର ଦ୍ୱିବିଧ ଚିତ୍ର ପରିଦୃଷ୍ଟ ହୁଏ । ଭାରତୀୟ ସାହିତ୍ୟିକମାନଙ୍କ ଉପରେ ତଥା ଭାବପ୍ରକାଶ କ୍ଷେତ୍ରରେ ସରକାରୀ ନିୟନ୍ତ୍ରଣ ବ୍ୟବସ୍ଥା ନଥିଲେ ହେଁ ସାହିତ୍ୟିକଗଣ ଜାତିର ଚରିତ୍ର ନିର୍ମାଣ କ୍ଷେତ୍ରରେ ଆଶାନୁରୂପ ସହାୟତା କରୁନାହାନ୍ତି ବୋଲି ସମାଲୋଚନା କରାଯାଇଥାଏ; ମାତ୍ର ଏହା ସମ୍ପୂର୍ଣ୍ଣ ସତ୍ୟ ନୁହେଁ ।

ଭାରତୀୟ ପରମ୍ପରା ପ୍ରତି ବିତୃଷ୍ଣା ଓ ବିଦେଶୀୟ ଭାବର ଅନୁସରଣ ଫଳରେ ସାହିତ୍ୟରେ ଯେ କେତେକ ପରିମାଣରେ ପରୀକ୍ଷାଧର୍ମୀ ଓ ଉଦ୍ଭଟ ଚିନ୍ତାଧାରାର ଉନ୍ମେଷ ଘଟିଅଛି, ଏହା ମଧ୍ୟ ଅନସ୍ୱୀକାର୍ଯ୍ୟ ।

ରାଜନୈତିକ ମୁକ୍ତି ଲାଭ କରିଥିଲେ ହେଁ ଭାରତର ଜନସାଧାରଣଙ୍କୁ ଆର୍ଥିକ, ସାଂସ୍କୃତିକ, ବୌଦ୍ଧିକ କ୍ଷେତ୍ରରେ ମୁକ୍ତିର ଆସ୍ୱାଦନ ଲାଗି ଯେ ଆଶାୟୀ ହେବାକୁ ପଡିବ, ଏ ବିଷୟରେ ସେମାନଙ୍କୁ ସଚେତନ କରିବାର ଦାୟିତ୍ୱ ବହୁ ସାହିତ୍ୟିକ ଉପଲବ୍ଧି କରିପାରିଅଛନ୍ତି । ସମସ୍ତ ଧାର୍ମିକ, ଆଞ୍ଚଳିକ, ଅନୁଦାର, ସ୍ୱାର୍ଥପର ଏବଂ କୁସଂସ୍କାର ପୀଡିତ

ବିଚାରଧାରାରୁ ମୁକ୍ତି ମଧ୍ୟ ଭାରତୀୟ ଜନତାର ମାନସିକ ସ୍ୱାସ୍ଥ୍ୟର ବିକାଶ ଲାଗି ଆବଶ୍ୟକ। ଏଥିପାଇଁ ବହୁ ଲେଖକ ଲେଖନୀ ଚାଳନା କରୁଅଛନ୍ତି।

ସ୍ୱାଧୀନତା ପରବର୍ତ୍ତୀ କାଳର ଓଡିଆ ସାହିତ୍ୟ କ୍ଷେତ୍ରରେ ବାସ୍ତବ ସମସ୍ୟାର ଉପସ୍ଥାପନା ସଙ୍ଗେ ସଙ୍ଗେ ସମାନ୍ତରାଳଭାବେ ଏକ ଉଚ୍ଚ ଆଦର୍ଶସମ୍ପନ୍ନ ସାହିତ୍ୟ ମଧ୍ୟ ସୃଷ୍ଟି ହୋଇଚାଲିଛି। ସାହିତ୍ୟରେ ହତାଶା, ନୈରାଶ୍ୟ, ଉଦ୍ଭଟତା, ନିଃସଙ୍ଗତାବୋଧ ଅପରାଧପ୍ରବଣତାର ଉପସ୍ଥାପନା ସଙ୍ଗେ ସଙ୍ଗେ ବିଶ୍ୱଭ୍ରାତୃତ୍ୱବୋଧ, ଯୁଦ୍ଧବିରୋଧୀ ମନୋଭାବ, ଶାନ୍ତିକାମନା, ମୋହମୁକ୍ତ ଉଦାର ମାନବିକତା, ଆଧ୍ୟାତ୍ମିକତା ଆଦି ଭାବନାର ପ୍ରତିଫଳିତ ସାମ୍ପ୍ରତିକ ସାହିତ୍ୟରେ ମଧ୍ୟ ପରିଦୃଷ୍ଟ ହୁଏ।

ଗଣତନ୍ତ୍ର ଶାସନର ଅବଶ୍ୟମ୍ଭାବୀ ବିଫଳତା ସମ୍ପର୍କରେ ସାମ୍ପ୍ରତିକ ସାହିତ୍ୟିକମାନେ ଅବହିତ ହୋଇପାରିଅଛନ୍ତି। ଏଣୁ ସାମ୍ପ୍ରତିକ ସାହିତ୍ୟ ପ୍ରଗତିଶୀଳ ଭୂମିକା ଗ୍ରହଣ କରିଛି। ଭାବପ୍ରବଣତା ପରିହାର କରି ଏହା ଅଧିକ ବିଜ୍ଞାନସମ୍ମତ ହେବା ପଥରେ ଅଗ୍ରସର। ଏହାଫଳରେ ଜାତୀୟଚେତନା ସମ୍ପ୍ରସାରିତ ଓ ବିଶ୍ୱତୋମୁଖୀ ହୋଇପାରିଅଛି। ଏ ଦେଶରେ ତଥାପି ବଦ୍ଧମୂଳ ହୋଇ ରହିଥିବା ଜାତିଆଣ ଭେଦଭାବ, କୁସଂସ୍କାର, ସାମ୍ପ୍ରଦାୟିକତା, ଆଞ୍ଚଳିକତା ଦୋଷରୁ ଦେଶବାସୀଙ୍କୁ ମୁକ୍ତ କରିବା ପାଇଁ ଲେଖକମାନେ ଉଦ୍ୟମଶୀଳ ହୋଇଅଛନ୍ତି। ଏହି ନବଚେତନା ସ୍ୱାଧୀନୋତ୍ତର ଓଡିଆସାହିତ୍ୟକୁ ଗତିଶୀଳତା ଓ ସଜୀବତା ପ୍ରଦାନ କରିଅଛି।

ସାହିତ୍ୟସହ ଯୋଜନା ଓ ଅର୍ଥନୀତିର ସଂଯୋଗ :

ସ୍ୱାଧୀନତା ପରବର୍ତ୍ତୀ କାଳରେ ନବଭାରତର ସଂଗଠନ ଲାଗି ବହୁବିଧ ଯୋଜନାର ପରିକଳ୍ପନା କରାଯାଇଅଛି ଓ ସେଗୁଡିକୁ ସଫଳ କରିବା ନିମନ୍ତେ ପ୍ରଚେଷ୍ଟା ହୋଇଅଛି। ତଥାପି ଭାରତୀୟ ତଥା ଓଡିଶାବାସୀଙ୍କର ଦାରିଦ୍ର୍ୟ ଦୂରୀଭୁତ ହୋଇପାରିନାହିଁ। ଏ ସମ୍ପର୍କରେ ବୈଦ୍ୟନାଥ ମିଶ୍ର, କ୍ଷେତ୍ରମୋହନ ପଟ୍ଟନାୟକ, ଶ୍ରୀରାମଚନ୍ଦ୍ର ଦାଶ ପ୍ରମୁଖ ଓଡିଶାର ବିଶିଷ୍ଟ ବୁଦ୍ଧିଜୀବୀ ଓ ଆଲୋଚକବୃନ୍ଦ ସେମାନଙ୍କର ରଚନାମାଧ୍ୟମରେ ଦେଶର ରାଜନୈତିକ ସ୍ଥିରତା, ଅର୍ଥନୈତିକ ବିକାଶ ଓ ସାମାଜିକ ନ୍ୟାୟର ପରିପନ୍ଥୀ ଓ ପରିପୂରକ ଦିଗଗୁଡିକୁ ଦର୍ଶାଇ ଦେଶର ସଂଗଠନ ଓ ବିକାଶ ସମ୍ପର୍କରେ ଦେଶବାସୀଙ୍କୁ ଅବହିତ କରାଇଅଛନ୍ତି। ବିବିଧ ଯୋଜନାରେ ସାହସିକ ପଦକ୍ଷେପର ଅଭାବ, ଅନୁସୃତ ତ୍ରୁଟିପୂର୍ଣ୍ଣ ନୀତି ଓ ସଂଶୟଜନକ ନିଷ୍ପତ୍ତି ଯୋଗୁ ଆମର ଦାରିଦ୍ର୍ୟ ଓ ସାମାଜିକ ଅସମାନତା ଯେ ଦୂରୀଭୁତ ହୋଇପାରିନାହିଁ, ଏହା ହିଁ ସେମାନେ ଦର୍ଶାଇଅଛନ୍ତି: "କତିପୟ ପ୍ରଭାବଶାଳୀ ସ୍ୱାର୍ଥାନ୍ୱେଷୀ ଗୋଷ୍ଠୀଙ୍କୁ ଖାଦ୍ୟଶସ୍ୟର ଦରଦାମ ନିୟନ୍ତ୍ରଣ କ୍ଷେତ୍ରରେ ନିୟାମକ ବ୍ୟକ୍ତିରୂପେ

କାର୍ଯ୍ୟ କରିବାକୁ ପ୍ରଶ୍ରୟ ଦେବା ଦେଶର ମୌଳିକ ଉଦ୍ଦେଶ୍ୟ ସାଧନ ପକ୍ଷେ କ୍ଷତିକାରକ।"(୧) ଏତଦ୍‌ବ୍ୟତୀତ "ଶିଳ୍ପ କର୍ମଚାରୀ ଓ ଶ୍ରମିକ ମଧ୍ୟରେ ସଂଘର୍ଷ, ଶିକ୍ଷାର ଅଭାବ, ସହର ଓ ମଫସଲ ମଧ୍ୟରେ ପାର୍ଥକ୍ୟ, ବେକାରୀ ବୃଦ୍ଧି, ସାମାଜିକ ଶ୍ରେଣୀଭେଦ ଓ ଜାତିଭେଦ ଯୋଗୁ ଭାରତର ଅର୍ଥନୈତିକ ଓ ସାମାଜିକ ପ୍ରଗତି କିପରି ବ୍ୟାହତ ହୋଇଛି" ତାହା ଆଲୋଚକଙ୍କ ରଚନାରେ ଅଭିବ୍ୟକ୍ତ।(୨)

ଯୋଜନା ମାଧ୍ୟମରେ କୃଷି ଓ ଶିଳ୍ପକୁ ଉତ୍ସାହିତ କରିପାରିଲେ ଏହାର ସଫଳତା ସହିତ ଦେଶରେ ଶ୍ରେଣୀହୀନ, ସାମ୍ୟବାଦୀ ସମାଜ ପ୍ରତିଷ୍ଠିତ ହୋଇପାରିବ ବୋଲି କେତେକ ଲେଖକ ମଧ୍ୟ ଆସ୍ଥା ସ୍ଥାପନ କରିଅଛନ୍ତି। ତେଣୁ 'ମାଟିମଟାଳ' ଉପନ୍ୟାସରେ କୋଠଚାଷର ଜୟଗାନ କରାଯାଇଅଛି। 'ବଜ୍ରବାହୁ' ଉପନ୍ୟାସରେ ଯୋଜନାର ସଫଳତା ନିମନ୍ତେ ଆତ୍ମତ୍ୟାଗ ଓ ସ୍ୱାର୍ଥତ୍ୟାଗର ଆବଶ୍ୟକତା ଦର୍ଶାଇ ଦିଆଯାଇଅଛି।

ସ୍ୱାଧୀନତା ପରବର୍ତ୍ତିକାଳୀନ ରଚନାରେ ସମାଜବାଦ, ସାମ୍ୟବାଦ, ଗଣତନ୍ତ୍ର ଇତ୍ୟାଦି ସପକ୍ଷରେ ମତ ପ୍ରକାଶିତ ହୋଇଅଛି। ଦେଶର ଅର୍ଥନୈତିକ କ୍ଷେତ୍ରରେ ଶିଳ୍ପପତିଠାରୁ ଶ୍ରମିକ ପର୍ଯ୍ୟନ୍ତ ପ୍ରତ୍ୟେକଙ୍କର ସମାନ ଅଧିକାର ରହିଲେ ହିଁ ଦେଶର ଶିଳ୍ପ ସଂଗଠନ ଓ ସାମାଜିକ ନ୍ୟାୟ ପ୍ରତିଷ୍ଠା ସୁଦୃଢ଼ ହୋଇପାରିବ। ଅତ୍ୟଧିକ ସରକାରି ନିୟନ୍ତ୍ରଣ ଏ କ୍ଷେତ୍ରରେ ଅନ୍ତରାୟ ସ୍ୱରୂପ। ସେଥିପାଇଁ ସରକାରଙ୍କୁ ନିୟନ୍ତ୍ରଣ କରିବାପାଇଁ ସ୍ୱାଧୀନ ମତ ପ୍ରକାଶର ଗୁରୁତ୍ୱ ଅନସ୍ୱୀକାର୍ଯ୍ୟ: "ସରକାର ଯଦି ଅର୍ଥନୀତିର ସମସ୍ତ ବିଭାଗ ନିଜ ହାତକୁ ନେବେ, ଆଉ ଗଣତନ୍ତ୍ର ରହିପାରିବ ନାହିଁ। ସରକାରକୁ ନିୟନ୍ତ୍ରଣ କରିବାପାଇଁ କିଛି ସ୍ୱାଧୀନ ମତ ଦରକାର। ସେହି ସ୍ୱାଧୀନ ମତ ବେସରକାରି ସଂସ୍ଥା ଦ୍ୱାରା ପରିଚାଳିତ ହେବ। ପୁଣି ସରକାରଙ୍କର ଏତେ ଯୋଗ୍ୟତା ନାହିଁ ଯେ ସେ ଅର୍ଥନୀତିର ସମସ୍ତ ବିଭାଗ ଦକ୍ଷତାର ସହିତ ପରିଚାଳନା କରିପାରିବେ। ସରକାର ଯଦି ସବୁ ଆର୍ଥନୀତିକ କ୍ଷମତା ହାତକୁ ନେବେ ତାହାହେଲେ କେବଳ ଅମଲାତନ୍ତ୍ରର ବିକାଶ ହେବ।"(୩) ସାମାଜିକ ସାମ୍ୟ ପ୍ରତିଷ୍ଠା ଓ ଅମଲାତନ୍ତ୍ରର ପ୍ରାଧାନ୍ୟ ରୋକିବା ନିମନ୍ତେ ବୁଦ୍ଧିଜୀବୀମାନଙ୍କର ଏତାଦୃଶ ମନ୍ତବ୍ୟର ଗୁରୁତ୍ୱ ଅବଶ୍ୟ ବିଚାର୍ଯ୍ୟ।

---

୧. 'ଆର୍ଥନୀତିକ ବିକାଶ ଓ ସାମାଜିକ ନ୍ୟାୟ – ଡଃ କ୍ଷେତ୍ରମୋହନ ପଟ୍ଟନାୟକ, 'ଝଙ୍କାର' ୨୬/୪, ପୃ.୩୪୫

୨. 'ଭାରତ ଓ ଚାଇନାର ଅର୍ଥନୈତିକ ଉନ୍ନତି: ଏକ ତୁଳନାତ୍ମକ ବିଚାର'-ଡଃ ବୈଦ୍ୟନାଥ ମିଶ୍ର, 'ଝଙ୍କାର' ୨୭ଶ ବର୍ଷ, ବିଷୁବ ସଂଖ୍ୟା, ପୃ.୬୭-୬୯

୩. 'ସମାଜବାଦ ଓ ଜାତୀୟକରଣ'- ଡଃ ବୈଦ୍ୟନାଥ ମିଶ୍ର, 'ଝଙ୍କାର' ୨୧/୧୨ ସଂଖ୍ୟା, ପୃ.୧୧୩୨।

'ନିର୍ଦ୍ଦେଶମୂଳକ ଯୋଜନା'(Planning by Direction) ଓ 'ପ୍ରବର୍ତ୍ତିତ ଯୋଜନା'(Planning by Inducement) - ଏହି ଦ୍ୱିବିଧ ଯୋଜନା ମଧ୍ୟରୁ ଆମ ଦେଶରେ 'ପ୍ରବର୍ତ୍ତିତ ଯୋଜନା' ପ୍ରଚଳିତ। ଏଥିରେ ଜନସାଧାରଣଙ୍କୁ ପ୍ରବର୍ତ୍ତାଇ ସେମାନଙ୍କ ଅର୍ଥନୀତି, ସାମାଜିକ ବ୍ୟବସ୍ଥା, ଅଞ୍ଚଳିକ ପ୍ରାକୃତିକ ବିଭବ, ଜନସାଧାରଣଙ୍କ ଅଭିରୁଚି ଓ ଆବଶ୍ୟକତାକୁ ଭିତ୍ତିକରି ଯୋଜନା କାର୍ଯ୍ୟକାରୀ କରାଯାଏ। ଆମ ଦେଶରେ ଯୋଜନା କିପରି ଆମର ଆର୍ଥନୀତିକ, ସାମାଜିକ ସମନ୍ୱୟ ରକ୍ଷା ନିମନ୍ତେ ଉଦ୍ଦିଷ୍ଟ ଓ ଗଣତନ୍ତ୍ରର ସୁରକ୍ଷା ନିମନ୍ତେ କିପରି ଏହାର ଗୁରୁତ୍ୱପୂର୍ଣ୍ଣ ଭୂମିକା ରହିଛି, ତାହା କେତେକ ସାହିତ୍ୟିକଙ୍କ ରଚନାର ଭିତ୍ତିଭୂମି ହୋଇଅଛି। ଯୋଜନାର ସଫଳତା ଓ ବିଫଳତାଗୁଡିକୁ ନିରପେକ୍ଷ ଭାବରେ ବିଚାର କରି ଏହି ଆଲୋଚକବୃନ୍ଦ ଦେଶକୁ ପ୍ରତିସୂଚକ ଦିଗ୍‌ଦର୍ଶନ ଦେବାର ଉଦ୍ୟମ କରୁଅଛନ୍ତି। ଭାରତ ତଥା ଓଡିଶାର ବୁଦ୍ଧିଜୀବୀ ଯୋଜନା ଓ ସମାଜବାଦର ଗୁରୁତ୍ୱକୁ ଉପଲବ୍ଧି କରିପାରିଅଛନ୍ତି (୪)।

ଜାତୀୟତା ବନାମ ଆନ୍ତର୍ଜାତୀୟତା

ସାମ୍ରାଜ୍ୟବାଦର ଅତ୍ୟାଚାରରେ ଯେତେବେଳେ ଭାରତୀୟ ଜନଜୀବନ ନିଷ୍ପନ୍ଦ, ସେତେବେଳେ କବି ସଚ୍ଚି ରାଉତରାୟ ବିପ୍ଳବୀ ଯୌବନକୁ ଆବାହନ କରି ଲେଖିଥିଲେ,

"x x x ଜୀବନର ସମାରୋହେ ଯାହା କରେ

କ୍ଳୀବ, କ୍ଳାନ୍ତ, ଦୀନ

ସବୁ ଦଳି ସେ ରକ୍ତ ଯୌବନ.

ସଜାଇଚି ଏଥି ଆଜି ସୁନ୍ଦରର

ଚାରୁ ସିଂହାସନ"(୫)

ସ୍ୱାଧୀନତା ପରବର୍ତ୍ତୀ କାଳରେ ସଙ୍ଘର୍ଷ ଓ ବିପ୍ଳବ କ୍ଷେତ୍ରରେ ଏ ପ୍ରକାର ଉନ୍ମାଦନା ଶିଥିଳ ହୋଇ ଆସିଲା ଓ ସାହିତ୍ୟରେ ଜାତୀୟଚେତନା ସଂପ୍ରସାରିତ ହୋଇ ଆନ୍ତର୍ଜାତୀୟ ଚେତନା ସହ ସମ୍ମିଳିତ ହେବା ପଥରେ ଅଗ୍ରସର ହେଲା। ମୁକ୍ତି ସହିତ ନୂତନ ଜୀବନର ସନ୍ଧାନ ଦେବାକୁ କବି ତତ୍ପର ହୋଇ ଉଠିଲେ। ବିଶ୍ୱବ୍ୟାପୀ ମୁକ୍ତିଚେତନାର ଧ୍ୱନି ଏଥିରେ ଅନୁରଣିତ ହେଲା।

---

୪. 'ଭାରତୀୟ ବୁଦ୍ଧିଜୀବୀ'- ବୈଦ୍ୟନାଥ ମିଶ୍ର, 'ଝଙ୍କାର' ୨୦/୬, ପୃ.୫୭୦
୫. 'ବାଜୀରାଉତ' - ସ: ରା: ଗ୍ର: -ପୃ.୫୮୦

"କିଷାନର ଦୁଃଖ ବାଜେ କିରାଣି ପ୍ରାଣରେ,
ଆଜି କାହିଁ କାରାୟିତ ବିଦ୍ୟାଳୟ ଦ୍ୱାରେ,
ଜଖମୀ ଛାତ୍ରର କଥା ଜନପଦେ, ସୁଦୂର ଗ୍ରାମରେ,
ଚାଷୀକୁ ଉଦ୍‌ବୁଦ୍ଧ କରେ,
କଳଘରେ ସଂଗ୍ରାମୀ ଜନତା,
ଦୂରଦେଶୀ, ପରଦେଶୀ ସାଧାରଣ ମଣିଷର ପ୍ରାଣେ,
ନଦି ବଣ ଦରିଆ ସେ-ପାରେ ଫୁଟାଏ ତା କଥା,
ଏ ପାରିର ଗୁଞ୍ଜରଣ ସେ ପାରିର ଦରିଆ କିନାରେ,
ନୂତନ ଝଙ୍କାର ତୋଳେ ମଣିଷର ହୃଦୟର ଭାରେ,
ନିର୍ବ୍ୟକ୍ତିକ ନୂଆ ଏକ ଜ୍ୱଳନ୍ତ ଚେତନା,
ମଣିଷର ଆକାଶକୁ ଘେରି ଘେରି ପିଟେ ତାର
ବୈଦ୍ୟୁତିକ ଡେଣା" (୬)

ଶ୍ରମିକ, ଦାସଦାସୀ, କିରାଣି, ଚାଷୀ, ବେକାର ଛାତ୍ର, ସୈନିକ, ବସ୍ତିବାଲା, ବଣିକ, ଶରଣାର୍ଥୀ, ଗୃହସ୍ଥ ବା ବିମାନଚାଳକ ସମସ୍ତେ ଏକତ୍ରିତ ହୋଇ ବିଶ୍ୱମୈତ୍ରୀବୋଧରେ ଉଦ୍‌ବୁଦ୍ଧ ହୁଅନ୍ତୁ, ଦେଶର ସଂଗଠନରେ ବ୍ରତୀ ହୁଅନ୍ତୁ ଓ ଦେଶକୁ ପ୍ରଗତି ପଥରେ ଆଗାଇ ନିଅନ୍ତୁ, ସମସ୍ତଙ୍କର ମିଳିତ ଶ୍ରମରେ ଦେଶର ଦାରିଦ୍ର୍ୟ ଦୂରୀଭୁତ ହେଉ ଓ ଐକ୍ୟରେ ସଂହତି ପ୍ରତିଷ୍ଠିତ ହେଉ। ବିଶ୍ୱସଂହତିର, ବିଶ୍ୱଭ୍ରାତୃତ୍ୱର ଏହି ମହାନ୍ ବାଣୀ ଆଧୁନିକ ସାହିତ୍ୟରେ ଉଦ୍‌ଘୋଷିତ ହେବା ଫଳରେ ଦେଶପ୍ରେମର, ଉଦାର ମାନବିକତାର ଏକ ନୂତନ ଦିଗନ୍ତ ଉନ୍ମୋଚିତ ହୋଇପାରିଅଛି।

ସ୍ୱାଧୀନତା ପରେ ପରେ ଦେଶର ସାମାଜିକ, ରାଜନୀତିକ ଓ ଅର୍ଥନୀତିକ ପରିସ୍ଥିତିରେ ଅନେକ ଶୂନ୍ୟତା ତଥା ବିଫଳତା ଅନୁଭୁତ ହୋଇଥିଲେ ହେଁ, ମୁକ୍ତି-ଅଭିଳାଷୀ, ଆଶାବାଦୀ କବି ବର୍ତ୍ତମାନର ଦ୍ୱନ୍ଦ୍ୱ, ଅବିଶ୍ୱାସ, ଅଭାବ, ବୈଷମ୍ୟ ଓ ଅନଟନରେ ହତୋତ୍ସାହ ହୋଇନାହାନ୍ତି। ସମାଜବାଦର ପ୍ରତିଷ୍ଠା, ଯୋଜନାର ସଫଳତା ଓ ମାନବର ନିଷ୍ଠା ବଳରେ ଏହି ସ୍ୱର୍ଣ୍ଣପ୍ରସୂ ଭାରତ ଭୂଖଣ୍ଡରେ ସ୍ୱାଧୀନ ଭାରତବାସୀଙ୍କର ଭବିଷ୍ୟତର ସୁନେଲି ସମୃଦ୍ଧ ରୂପ କବି ଏହିପରି ଅଙ୍କନ କରିଅଛନ୍ତି:

"ଏପରି ଏକ ସନ୍ଧ୍ୟାରେ ଆଜିଠାରୁ ବହୁବର୍ଷ ପରେ
ଗ୍ରାମେ ଗ୍ରାମେ ନଗରେ ନଗରେ ସମ୍ମିଳିତ ସ୍ୱରେ,
ଆମେରେ ଗାଇବା ଗାନ,
ଲଳିତ କଣ୍ଠେ ଲଳିତ ଛନ୍ଦେ ପ୍ରାଣେ ମିଳାଇ ପ୍ରାଣ,

---

୬. 'ସ୍ୱଗତ'- ସ: ରା: ଗ୍ର: ପୃ. ୪୯୯

ଗୋଟିଏ ଲାଗି କୋଟିଏ ଚାହେଁ
କୋଟିଏ ଲାଗି ଗୋଟିଏ ରାୟ ଉର୍ଦ୍ଧ୍ୱେ
ଉର୍ଦ୍ଧ୍ୱେ ଉଠାଅ ସାଥି, ଉଠାଅ ରଙ୍ଗା ନିଶାଣ,
ମୁକ୍ତିର ନବତମ ଅଭିଯାନ।"(୭)

ଏହି ନବଚେତନାର ପ୍ରଭାବ ସ୍ୱାଧୀନୋତ୍ତର ଓଡିଆ ସାହିତ୍ୟରେ ପ୍ରତିଫଳିତ ହେବା ସଙ୍ଗେ ସଙ୍ଗେ କଳୁଷିତ ଶାସନର ଓ ସମାଜର ସଂସ୍କାର ନିମନ୍ତେ ସାହିତ୍ୟିକ ପ୍ରାଣରେ ମଧ୍ୟ ଅଭୀପ୍ସା ଜାଗ୍ରତ କରାଇପାରିଅଛି। ଆନ୍ତର୍ଜାତୀୟ ଭାବନାର ଅତିରିକ୍ତ ଅନୁସରଣ ଓ ଅନୁକରଣ ବିରୁଦ୍ଧରେ ପ୍ରତିବାଦର ସ୍ୱର ମଧ୍ୟ କେତେକଙ୍କ ରଚନାରେ ପ୍ରକାଶିତ।

ନେତୃତ୍ୱର ଦୋଷତ୍ରୁଟି ଓ ବାସ୍ତବ-ସମସ୍ୟା ସଚେତନତା:

ସ୍ୱାଧୀନତାପ୍ରାପ୍ତି ପରେ ବିଦେଶୀ ଶାସକମାନଙ୍କ ହାତରୁ ଶାସନକ୍ଷମତା ସ୍ୱଦେଶୀମାନଙ୍କ ହାତକୁ ଆସିଅଛି। ମାତ୍ର ପ୍ରାକ୍-ସ୍ୱାଧୀନତା କାଳରେ ଶ୍ରେଣୀହୀନ, ସୁଖମୟ ସମାଜର ଯେଉଁ ପରିକଳ୍ପନା କରାଯାଇଥିଲା ତାହା ବସ୍ତୁତଃ ରୂପାୟିତ ହୋଇପାରିନାହିଁ। ରାଜନୈତିକ ସ୍ୱାଧୀନତା ପାଇ ମଧ୍ୟ ଭାରତବାସୀ ପ୍ରକୃତ ସ୍ୱାଧୀନତାର ସ୍ୱାଦ ଉପଲବ୍ଧି କରିପାରିନାହାନ୍ତି। ଦରଦାମ ବୃଦ୍ଧି, ଶଠତା, ବେକାରୀ, ସ୍ୱାର୍ଥପରତା, କ୍ଷମତାଲିପ୍ସା, ଅମଲାତାନ୍ତ୍ରିକ ଶାସନର ନିପୀଡନରେ ଜନସାଧାରଣ ତଥାପି ଅସହାୟ ବୋଧ କରୁଅଛନ୍ତି। ସମାଜର ଏକ ବୃହତ୍ତର ଗୋଷ୍ଠୀ ଆର୍ଥିକ ଦୁର୍ଗତି ମଧ୍ୟରେ ତଥାପି କାଳ ଯାପନ କରୁଅଛନ୍ତି। ଏଣୁ ସ୍ୱାଧୀନତା ପରବର୍ତ୍ତୀ ସମାଜରେ ଯେଉଁ ସମସ୍ୟା ଦେଖାଦେଇଅଛି ତାହା ଆମରି ଦ୍ୱାରା ସୃଷ୍ଟ ବୋଲି ଅବଧାରଣା କରାଯାଇପାରେ। ଏହା ଫଳରେ ନୀତି ଓ ଆଦର୍ଶ ଗୋଟାଏ ଦିଗକୁ ଓ ସମାଜଜୀବନର ଗତିପଥ ଅନ୍ୟ ଦିଗକୁ ପ୍ରବାହିତ ହୋଇ ଚାଲିଛି। କେହି କେହି ଆଲୋଚକ ଏଣୁ ଜାତିର ଭବିଷ୍ୟତ ଅନ୍ଧକାର ଓ ଯାହା ବର୍ତ୍ତମାନ ମୁଷ୍ଟିମେୟ ନେତାଙ୍କ ଦ୍ୱାରା ଚାଲିଛି ତାହା ଆତ୍ମହତ୍ୟା ସଙ୍ଗେ ସମାନ ଓ 'ଢୋକେ ପିଇ ଦଣ୍ଡେ ଜୀଇବା' ସଦୃଶ ବୋଲି ମଧ୍ୟ ଅଭିମତ ପ୍ରକାଶ କରିଅଛନ୍ତି। (୮) ଦଳୀୟ ଶାସନ ବ୍ୟବସ୍ଥା ଓ ଜାତୀୟ ଚରିତ୍ରର ଦୁର୍ବଳତା ଯୋଗୁ ଓ ସମାଜର ମୁଷ୍ଟିମେୟ ଲୋକ ସୁବିଧା-ସୁଯୋଗର ଅଧିକାରୀ ହେଉଥିବା ଯୋଗୁ ଏହା ବିରୁଦ୍ଧରେ ସ୍ୱର ଉତ୍ତୋଳିତ ହୋଇଅଛି; "ସମାଜ, ଶାସନବ୍ୟବସ୍ଥା, ଅର୍ଥନୀତି, ଶିକ୍ଷା ପ୍ରସାରଣ, ଶ୍ରମିକ ଆଇନ, ସାମାଜିକ କଟକଣା - ସମାଜର ସମସ୍ତ ଶ୍ରେଣୀର ସ୍ୱାର୍ଥ ସମନ୍ୱୟ ରକ୍ଷା ନିମନ୍ତେ ଉଦ୍ଦିଷ୍ଟ ଓ ଏଇଥିପାଇଁ ଏହାର

---

୭. 'ଶତାବ୍ଦୀ ଓ ଶତାବ୍ଦୀ' - ରଘୁନାଥ ଦାସ, ଶଙ୍ଖ ୩/୩, ସେପ୍ଟେମ୍ବର, ୧୯୪୭
୮. 'ଦେବଦେବଙ୍କ ଦୁର୍ଗତି' - ଚିନ୍ତାମଣି ମିଶ୍ର, ପୃ.୭୩

ସୃଷ୍ଟି ହୋଇଥିଲା। ଅଥଚ ମୁଷ୍ଟିମେୟ ଲୋକଙ୍କର ଆଧିପତ୍ୟ ଓ ବିଶେଷ ସୁବିଧା କାଏମ ରଖିବା ଉଦ୍ଦେଶ୍ୟରେ ଏହା ବ୍ୟବହୃତ ହେଉଛି”(୯)।

ସ୍ୱାଧୀନତା ପରବର୍ତ୍ତୀ ବହୁ ସାହିତ୍ୟିକ ଏଣୁ ପାଠକମାନଙ୍କୁ ବର୍ତ୍ତମାନର ଜଟିଳ ପରିସ୍ଥିତି ଓ କଠୋର ବାସ୍ତବତାର କାରଣ ଓ ଫଳାଫଳ ସମ୍ବନ୍ଧରେ ସଚେତନ କରାଇବା ଉଦ୍ଦେଶ୍ୟରେ ଲେଖନୀ ଚାଳନା କରୁଅଛନ୍ତି। ରାଜନୈତିକ ଓ ସାମାଜିକ ବ୍ୟକ୍ତିବିଶେଷଙ୍କର ଚାରିତ୍ରିକ ଅଧଃପତନ ଓ ନେତୃତ୍ୱର ଦୋଷତ୍ରୁଟି ପ୍ରଦର୍ଶନ ମଧ୍ୟ ଆଧୁନିକ ସାହିତ୍ୟରେ ଅଧିକ ପରିଲକ୍ଷିତ ହେଉଅଛି। କହିବା ଅନାବଶ୍ୟକ, ଦୁର୍ନୀତିମୁକ୍ତ ନିର୍ମଳ ଶାସନ ପ୍ରତିଷ୍ଠା ଓ ନିର୍ଭୀକ ଆତ୍ମନିର୍ଭରଶୀଳ ବଳିଷ୍ଠ ଜାତୀୟ ଚରିତ୍ର ନିର୍ମାଣ ଉଦ୍ଦେଶ୍ୟରେ ହିଁ ସାହିତ୍ୟିକର ଏତାଦୃଶ ପଦକ୍ଷେପ। ଆଧୁନିକ ଓଡିଆ ସାହିତ୍ୟର ନାଟକ, କାବ୍ୟକବିତା ପ୍ରଭୃତି ବିବିଧ ବିଭାବକୁ ଏହା ପରିପୁଷ୍ଟ କରିଅଛି।

ଗୋଦାବରୀଶ ମହାପାତ୍ର, ସଚ୍ଚିଦାନନ୍ଦ ରାଉତରାୟ, ରାଧାମୋହନ ଗଡନାୟକ, ଅନନ୍ତ ପଟ୍ଟନାୟକ, ମନମୋହନ ମିଶ୍ର, ବ୍ରଜନାଥ ରଥ, ରବି ସିଂ ପ୍ରମୁଖ କବିମାନଙ୍କ ରଚନାବଳୀ ଏ ପ୍ରସଙ୍ଗରେ ସ୍ମରଣୀୟ। ଆଧୁନିକ ଅସଫଳ ଅର୍ଥନୀତି, ସାମାଜିକ ମୂଲ୍ୟବୋଧର ଅବକ୍ଷୟ ଓ ଅସାରତା, ଆଦର୍ଶ ଅନୁସରଣରେ ବ୍ୟର୍ଥତା, ଅନାଦର୍ଶର ଅନୁଧାବନ ଓ କପଟତା ଏମାନଙ୍କ କାବ୍ୟକଳାର ଲକ୍ଷଣୀୟ ବିଭାବ। ସମାଜ ଓ ରାଜନୀତିରେ ଯଥାର୍ଥ ନେତୃତ୍ୱର ଅଭାବ କବିଙ୍କୁ ବ୍ୟଥିତ କରିଅଛି। (୧୦)

ମଣିଷର ଭଗବତ୍‌ବିଶ୍ୱାସ ସାମାଜିକ ପ୍ରବଞ୍ଚନା ନିକଟରେ ହାରମାନିଛି। ଭଗବାନଙ୍କୁ ବେଖାତିର କରି ପାର୍ଥିବ ସୁଖଲାଭ ଲାଳସାରେ ମଣିଷ ମଣିଷକୁ ହିଁ ପୂଜାକରିବାକୁ ଆରମ୍ଭକରିଛି। କବି ତେଣୁ ଖୋସାମଦ, ପ୍ରବଞ୍ଚନା, ଶୋଷଣରୁ ସମାଜକୁ ମୁକ୍ତ କରିବା ପାଇଁ ପ୍ରଚେଷ୍ଟା କରିଛନ୍ତି ବ୍ୟଙ୍ଗୋକ୍ତି ମାଧ୍ୟମରେ:

“ଦେବତା ନାହାନ୍ତି ଜଗତ ଭିତରେ ହାକିମ ବିନା,
ଏ ମହାତତ୍ତ୍ୱକୁ ବୁଝି ଖାଲି ତାଙ୍କୁ ପୂଜିଲି ସିନା।
କଲି ତାଙ୍କ ପାଇଁ ପରମିଟ, ଛଡ, ଚାଉଳଟିଣ,
ତାଙ୍କ ନାମ ଖାଲି ଜପାମାଳା ହେଲା ରଜନୀ ଦିନ।
ସାଥୀ ଉପହାସ, ପ୍ରିୟା ଅଭିମାନ ଏଡାଇଦେଇ,
ବୁଝିଲି ଭୁବନେ ଭଗବାନ ଯେହ୍ନୁ କେବଳ ସେହି।”(୧୧)

---

୯. ‘ହାଟ-ବଜାରରେ ବ୍ରହ୍ମଜ୍ଞାନ’ - ମନମୋହନ ଚୌଧୁରୀ, ପୃ.୧୯୧-୯୨

୧୦. ‘ଆଜି ଏଇ ଭଗବାନହୀନ ଓଡିଶାଟା ଅନ୍ଧକାରମୟ,
ପୂର୍ବାଞ୍ଚଳ ଅନ୍ଧକାର ତଳେ କିଏ ଆଜି ଦେବ ବରାଭୟ?’
ଗୋ: ଲେ: ଗୋଦାବରୀଶ ମହାପାତ୍ର, ପୃ.୧୨୮

୧୧. ଗୋ: ଲେ: - ପୃ.୧୫୭

ଭୋଟ ପାଇ ମନ୍ତ୍ରୀ ବା ବିଧାନସଭା ସଦସ୍ୟ ଜନସାଧାରଣଙ୍କୁ ଭୁଲି ଆପଣା ସୁଖରେ ଓ ସ୍ୱ ଅର୍ଥଭଣ୍ଡାର ପୂର୍ଣ୍ଣ କରିବାରେ ନିୟୋଜିତ ରହୁଅଛନ୍ତି। ସେମାନଙ୍କର ବହୁ ଚର୍ବିତ ଭାଷଣ ସତ୍ତ୍ୱେ ମରୁଡ଼ି, ବନ୍ୟା ଓ ଦୁର୍ଭିକ୍ଷର ସମାଧାନ ହୋଇପାରୁନାହିଁ। ଶାସକ ଓ ଶାସିତ ମଧ୍ୟରେ ସମ୍ପର୍କ ଶିଥିଳ ହୋଇଯାଉଅଛି। ଦରିଦ୍ର ଦେଶବାସୀ ଅନ୍ୟାୟର କଶାଘାତ ଓ ଅବିଚାର ପୀଡ଼ନରେ ପିଷ୍ଟ। ତେଣୁ "ସ୍ୱାଧୀନ ଭାରତରେ ଉତ୍କଳୀୟ ଜନତାକୁ ଜାତୀୟ ପ୍ରଗତିର କେତେବେଳେ ବଙ୍କା ଓ କେତେବେଳେ ସିଧା ପଥରେ ଆଗେଇଯିବା ପାଇଁ ଓ ଅତୀତ ପରମ୍ପରା ଆଧାରରେ ଏ ଜାତିକୁ ଉଦ୍‌ବୁଦ୍ଧ କରାଇବାପାଇଁ ଚେତାବନୀ ଶୁଣାଇବା ଓ ବଙ୍କିମ ବିକଟତାରୁ ଋଜୁ ପଥର ସରଳତା ଆଡ଼କୁ ଜାତିର ଚିନ୍ତାଧାରାକୁ ନିୟନ୍ତ୍ରିତ କରିବା ଉଦ୍ଦେଶ୍ୟରେ" କେତେକ କବି ନିର୍ଭୀକ ସ୍ୱର ଉତ୍ତୋଳନ କରିଅଛନ୍ତି। (୧୨)

ଶାସକ ଯେତେବେଳେ ଭ୍ରାନ୍ତପଥରେ ପରିଚାଳିତ ସେତେବେଳେ ସାହିତ୍ୟିକ ସମାଜକୁ ଏପରି ପଥ ନିର୍ଦ୍ଦେଶ କରିବା ସ୍ୱାଭାବିକ। ଏଣୁ ନେତୃସ୍ଥାନୀୟ ବ୍ୟକ୍ତିବିଶେଷଙ୍କ ଗୋପନ ଅପରାଧପ୍ରବଣତାକୁ ବିଦ୍ରୁପ କରି କବିକଣ୍ଠରୁ ଉଦ୍‌ଘୋଷିତ ହୋଇଅଛି।

"ମାନବଧର୍ମ ଭୁଲିଚି ମାନବ କରିଚି ପଶୁକୁ ଗତି,
ହିଂସାନୀତିରେ ଘାତକ ରୀତିରେ ପଶୁରେ ଗଲାଣି ଜିତି,
ଆମେ କରୁଥିଲେ ଭୋକରେ ହତ୍ୟା ଶୋଷରେ ରକ୍ତପାନ,
ମାନବକଣ୍ଠେ ଶୁଣ ପଶୁକୁଳ କଳାବଜାରର ଗାନ।

X X X

ଧର୍ମ ନାମରେ ଚୋରି, ନାରୀ, ଦଗା, ଛଳନା ମଦ୍ୟପ୍ରୀତି
ତେଣୁ ଆଜି ଭାଇ ସ୍ୱାଧୀନତା ନାମେ ପୁଲକି ଉଠଇ ଛାତି।
ଜୟ ପଶୁକୁଳ, ଜନ୍ତୁ ଶ୍ୱାପଦ ସମାନ ମାନବଜାତି।"(୧୩)

ଅବିବେକ, ନୀତି ଓ ଆଦର୍ଶହୀନ ବ୍ୟକ୍ତିବିଶେଷଙ୍କର ରାଜନୀତିରେ ଅନୁପ୍ରବେଶ ଫଳରେ ଦେଶରେ ଦେଖାଦେଇଥିବା ଅରାଜକତାକୁ କେତେକ ସାହିତ୍ୟ ସ୍ରଷ୍ଟା ସମାଲୋଚନା କରିବାକୁ ପଶ୍ଚାତ୍‌ପଦ ହୋଇନାହାନ୍ତି। ସମାଜରେ କଳାଟଙ୍କା, କଳାପୋତେଇ, କଳାବଜାର, କୂଟକପଟ ଆଦି କାୟାବିସ୍ତାର କରି ଜୀବନକୁ କଣ୍ଟକିତ କରୁଥିବାରୁ ଏହାର ନିର୍ଭୀକ ସମାଲୋଚନା କେତେକ କବିଙ୍କ କବିତାରେ ଦେଖାଯାଏ। ସ୍ୱାଧୀନତା ପରେ ଦେଶବାସୀ ଅତ୍ୟଧିକ ଉଚ୍ଚାଭିଳାଷୀ ହୋଇପଡ଼ିବା ଓ ଅନେକଙ୍କର ଭଣ୍ଡତା ଓ ଛଳନାର ପ୍ରସାର ସ୍ୱାଧୀନଚେତା ସାହିତ୍ୟିକମାନଙ୍କ ପ୍ରଣରେ ଆଘାତ ଦେଇଛି।

---

୧୨. 'ଗୋ: ଲେ: 'ବଙ୍କା ଓ ସିଧା ସମ୍ପର୍କରେ'- ପୃ.୨୬୪
୧୩. ଗୋ: ଲେ: - ପୃ.୩୨୯।

ନେତାଙ୍କର ଆତ୍ମବିଜ୍ଞାପନ, ଆତ୍ମପ୍ରଚାର ଓ ଫଟୋପ୍ରକାଶନ ହୋଇଛି ସେମାନଙ୍କର ମୁଖ୍ୟ କାର୍ଯ୍ୟ। ମାତ୍ର ଏଥିରେ ସାଧାରଣ ଜନତାର ଦୁଃଖ ଦୂରୀକରଣ କସ୍ମିନ୍‌କାଳେ ସମ୍ଭବ ନୁହେଁ। ଏହି ସମ୍ପର୍କରେ କବି ଲେଖିଛନ୍ତି :

"ଖବରକାଗଜେ ନିତି ଚାଲେ ଫୋଟଚାଷ,
ପିନ୍ଧି ପାଇଜାମା, ଅଙ୍ଗୀ ଶୁଭ୍ର ବେଶବାସ,
କାହିଁ ମହାମାନ୍ୟବର ଧରିଛନ୍ତି ହଳ,
ଘେରିଛନ୍ତି ଚଉପାଶେ ସ୍ତୁତିବାଦୀ ଦଳ।
ଉଠିଛନ୍ତି କାହିଁ ମନ୍ତ୍ରୀ ଟ୍ରାକ୍ଟର ବକ୍ଷରେ
ଫୋଟତଳେ ଲେଖାଅଛି ବିରାଟ ଅକ୍ଷରେ।
ଦୁର୍ଗତିର ଶେଷ ଆଜି, ଶୁଭ ସମାଗତ,
ଦେଲେ ଯେଣୁ ମାନ୍ୟବର ଲଙ୍ଗଳରେ ହାତ।"(୧୪)

ରାଜନୀତି ତଥା ସମାଜର ବିଭିନ୍ନ ସ୍ତରରେ ଦେଖାଦେଇଥିବା ଦୁର୍ନୀତି, ଛଳନାର ମୁଖା ପିନ୍ଧି ଅପରକୁ ଭୁଲାଇବାର ଅପଚେଷ୍ଟା, ଯେକୌଣସି ପରିସ୍ଥିତିରୁ ଫାଇଦା ଉଠାଇବାର ସ୍ୱାର୍ଥପର ମନୋବୃତ୍ତି ଓ ଏତାଦୃଶ ଅନାଦର୍ଶର ସମାଲୋଚନା କରିଅଛନ୍ତି କେତେକ ଉଗ୍ରପନ୍ଥୀ କବି। ଆଧୁନିକ ଦୁର୍ନୀତିଗ୍ରସ୍ତ ରାଜନୀତି ଓ ଶାସନ ବ୍ୟବସ୍ଥା ପ୍ରତି ତାଚ୍ଛଲ୍ୟ ପ୍ରକାଶକରି କବି ଏଣୁ ଅଭିଯୋଗ କରିଅଛନ୍ତି:

"କାଗଜଡଙ୍ଗାରେ ଆଜି ଭାରତର ରାଜନୀତି ଭାସେ,
କେତେ ଯେ କଲମ ମୁଣ୍ଡା ହୁଏ ନୀତି କାଗଜର ଚାଷେ,
ଅମଲାତନ୍ତ୍ରର ରଥ କାଗଜରେ ହୋଇଚି ତିଆରି,
ଦୁର୍ନୀତିର ବଡଦାଣ୍ଡେ ହରିବୋଲ ଦେଇ ହୁଳହୁଳି।
X X X
ମୁଖ୍ୟମନ୍ତ୍ରୀ ମନ୍ତ୍ରୀ ପୁଣି ବଡ ବଡ ଯେତେ ଅଫିସର
ଫଳାଉଅଛନ୍ତି ନୀତି ଦୁର୍ନୀତିର ଅଧିକ ଫସଲ।"(୧୫)

ପ୍ରଚଳିତ ସାମାଜିକ ଅବ୍ୟବସ୍ଥା ଓ ନେତାମାନଙ୍କର ଭୋଗଲାଳସାର କଠୋର ସମାଲୋଚନା କରି କବି ମଧ୍ୟ କହିଅଛନ୍ତି :

---

୧୪. 'ଗୋ: ଲେ: - ପୃ.୩୦୦
୧୫. 'ଭ୍ରୂକୁଟୀ' - ରବି ସିଂ, ପୃ.୮୩।

"ମୁକ୍ତି ଯାଗରେ ଆମରି ଆଗରେ
ଯେ ଥିଲା ଆମରି ନେତା,
ଶାସନରେ ବସି ଆସନରେ ବସି
ଭୋଗରେ ସେ ଆଜି ଭ୍ରଷ୍ଟ ଚେତା,
x x x
ଧର୍ମକୁ ପୁଣି ଆଖି ଠାରୁଅଛି
କାହାର ତୁଙ୍ଗ ଧର୍ମଶାଳା,
ଶାସନର ପ୍ରଭୁ ଘେନୁଚି କାହାର
କେନ୍ଦୁପତ୍ର କର୍ପୂର ମାଳା ?
ମଦ, ଭୋଜି, ନୋଟ ବଣ୍ଟନ କରି
କିଏ ଭୁଲାଉଚି ଦୁଃସ୍ଥ ମନ
ଇନ୍ଦ୍ରଜାଲର ମାୟା ମେଲି ଦେଇ
କିଏ ଜିତାଉଚି ନିର୍ବାଚନ ?
କଳର ମାଲିକ, ଶେଠ ଠିକାଦାର
କଳାବଜାରର ସାଧବଦଳ
ଗଣତନ୍ତ୍ରର ସବୁ କ୍ଷେତ୍ରରେ
ସେଇମାନେ ଆଜି ସୂତ୍ରଧର।"(୧୬)

ଏହି ତଥାକଥିତ ସମାଜପତିମାନଙ୍କର ଛଳନାର ଆବରଣ ଉନ୍‌ମୋଚନ କରିଦେବାର ପ୍ରୟାସ ଏହିପରି କେତେକ କବିଙ୍କ ରଚନାରେ ସୁସ୍ପଷ୍ଟ। ବହୁ କଥାଶିଳ୍ପୀଙ୍କ ରଚନାରେ ମଧ୍ୟ ଶାସକ ଓ ଶାସନର ଦୋଷତ୍ରୁଟିର ପ୍ରତିଫଳନ ଦେଖିବାକୁ ମିଳେ। ସୁରେନ୍ଦ୍ର ମହାନ୍ତି, ଗୋପୀନାଥ ମହାନ୍ତି, କମଳାକାନ୍ତ ଦାସ, ଶାନ୍ତନୁ ଆଚାର୍ଯ୍ୟ ପ୍ରମୁଖଙ୍କ ନାମ ଏ ସମ୍ପର୍କରେ ଉଲ୍ଲେଖଯୋଗ୍ୟ।

'ଅନ୍ଧଦିଗନ୍ତ'କାର ସୁରେନ୍ଦ୍ର ମହାନ୍ତିଙ୍କ ଭାଷାରେ, "ସ୍ୱାଧୀନତା ଆଜି କେବଳ ଚକ୍ଷୁକୁଟା ଆଇନର ସ୍ୱାଧୀନତା, ଯାହା ସାବ୍ୟସ୍ତ କରିବାପାଇଁ ଗଢା ହେଉଛନ୍ତି ନୂଆ ନୂଆ ବିଚାରକ ଶ୍ରେଣୀ। x x x ଏ ସ୍ୱାଧୀନତା ମାମଲାବାଜିର ସ୍ୱାଧୀନତା; ଏ ସ୍ୱରାଜ ପୁଣି ସେହିମାନଙ୍କର, ଯେଉଁମାନେ ନେତା ହୋଇପାରିଛନ୍ତି ଓ ସେଥିପାଇଁ ଟାଉଟରଗୋଷ୍ଠୀ ପୋଷିପାରିଛନ୍ତି। x x x ମାଟି ସ୍ୱାଧୀନ ହୋଇଛି; କିନ୍ତୁ ମଣିଷର ପାଦରୁ ସେ ଶୃଙ୍ଖଳ ତଥାପି ଛିଣ୍ଡିନାହିଁ।"(୧୭)

---

୧୬. 'ସୂର୍ଯ୍ୟ ଓ ଅନ୍ଧକାର'- ରାଧାମୋହନ ଗଡନାୟକ, ପୃ.୨୦-୨୧।
୧୭. 'ଅନ୍ଧଦିଗନ୍ତ' - ସୁରେନ୍ଦ୍ର ମହାନ୍ତି, ପୃ.୪୩୩।

ସ୍ୱାଧୀନତା ପରବର୍ତ୍ତୀ କଳୁଷିତ ନେତୃତ୍ୱର ବ୍ୟଙ୍ଗାତ୍ମକ ଚିତ୍ର ଅଙ୍କନ କରି ଉଦୟନାଥ ଷଡଙ୍ଗୀ ଲେଖିଛନ୍ତି "ଯେ ନେଇପାରେ ସେ ହିଁ ନେତା। ପାଖ ପଡିଶା ଲୋକଙ୍କୁ ଧପେଇ ବେଳେବେଳେ କୌଶଳରେ ଯେ ଧନ ସମ୍ପତ୍ତି ନେଇଥାଏ, ବିନା ପାଠରେ ପଣ୍ଡିତ ପଦବୀ ନେଇଥାଏ, ତିନିମହଲା ପ୍ରାସାଦରେ ଭୋଗବିଳାସରେ ରହି ଦରିଦ୍ରର ବନ୍ଧୁ ଆଖ୍ୟା ନେଇଥାଏ, କୌଣସି ଶ୍ରମ ନକରି ଶ୍ରମିକର ନେତା ବିଶେଷଣ ନେଇଥାଏ, କେବଳ ସେ ହିଁ ନେତା ପଦବାଚ୍ୟ ହୁଏ। x x x ବିବେକଠାରୁ ଏମାନେ ସାତହାତ ଦୂରରେ ରହନ୍ତି, ଲଜ୍ଜା ଏମାନଙ୍କ ପାଖ ପଶିବାକୁ ଲଜ୍ଜା ପାଏ। x x x ଯେ ଅବାଟରେ ବାଟ କରେ, ଯେ ଅଖାଦ୍ୟକୁ ଖାଦ୍ୟ କରେ, ଯେ ଅନୀତିକୁ ନୀତି କରେ, ସେ ହିଁ ନେତା। x x x ଯେଉଁମାନଙ୍କର ମୁହଁର ଚମ ଗଣ୍ଡାଚମ ପରି, ଯେଉଁମାନେ ବାଘପରି ଦୟାଳୁ, ହିପୋ ପରି ନିରାହାରୀ, ଛେଳିପରି ଜିତେନ୍ଦ୍ରିୟ, ମେଣ୍ଢାପରି ସାହସୀ, ଘୁଷୁରି ପରି ପବିତ୍ର, ଗଧପରି ସର୍ବଜ୍ଞ, ସାପ ପରି ପରୋପକାରୀ, ବିଲେଇ ପରି ଏ ଘର ମାଉସୀ ସେ ଘର ପିଉସୀ - ସେହିମାନେ ହିଁ ନେତା"(୧୮)। 'ଅଥ ନେତାପୁରାଣମ୍‌ରେ ଏହି ଯେଉଁ 'ନେତା ମାହାତ୍ମ୍ୟ' ବର୍ଣ୍ଣିତ ହୋଇଅଛି, "ସେମାନଙ୍କ ସଂଖ୍ୟା ଆଜି ଦେଶରେ ଅଗଣନୀୟ, ସେମାନଙ୍କ କାର୍ଯ୍ୟ ଅବର୍ଣ୍ଣନୀୟ ଓ ମାହାତ୍ମ୍ୟ ଅତୁଳନୀୟ"(୧୯)।

ଯୁଗରୂଚିର ଅନୁକୂଳ ସାହିତ୍ୟ ସୃଷ୍ଟି କରି ଏହି ସ୍ରଷ୍ଟାମାନେ ସମାଜର ଜାଗ୍ରତ ପ୍ରହରୀ ଭଳି କାର୍ଯ୍ୟ ସମ୍ପାଦନ କରିଅଛନ୍ତି। ଏହି ଶାସନବ୍ୟବସ୍ଥା ଓ ସମାଜବ୍ୟବସ୍ଥାର ପରିବର୍ତ୍ତନ ନ ଘଟିଲେ ସାଧାରଣ ଜନତାର ଦୁଃଖ ଦୂରହେବା ଅସମ୍ଭବ ବୋଲି ଦରଦୀ ବିପ୍ଳବୀ ସାହିତ୍ୟିକ ଅନୁଭବ କରିଅଛନ୍ତି।

ପ୍ରାକ୍ ସ୍ୱାଧୀନତା କାଳର ଜାତୀୟବାଦୀ ଚିନ୍ତାଧାରା ସ୍ୱାଧୀନୋତ୍ତର କାଳରେ ଏହିପରି ପରିବର୍ତ୍ତିତ ରୂପ ଗ୍ରହଣ କରିବାକୁ ଏକପ୍ରକାର ବାଧ୍ୟ ହୋଇଅଛି।

ଏହି ପ୍ରସଙ୍ଗରେ ରାଜନୀତିଜ୍ଞର ଲକ୍ଷ୍ୟ ଓ ଆଦର୍ଶ ସମ୍ପର୍କରେ ମଧ୍ୟ ବିଚାର କରାଯାଇଅଛି: "ଯୋତେ ଲୋକ ଭୋଟରେ ଛିଡା ହେଉଛନ୍ତି, କ୍ଷମତାକୁ ଆସିବାକୁ ଚେଷ୍ଟା କରୁଅଛନ୍ତି, ସେମାନେ ପ୍ରକୃତ ପଲିଟିସିୟାନ ନୁହଁନ୍ତି। x x x ପ୍ରକୃତ ପଲିଟିସିୟାନ ହେଲେ ସେଇ ଯେ ସମାଜର ମୌଳିକ ପରିବର୍ତ୍ତନ ପାଇଁ ଉଦ୍ୟମ କରନ୍ତି। x x x ସମାଜ ଶବ୍ଦର ଅର୍ଥ ହେଲା x x x ରାଜନୀତିକ, ଆର୍ଥିକ ଓ ସାମାଜିକ ଏହି ତିନୋଟି ବିଭାବକୁ ମିଶାଇ ମଣିଷର ସାମୂହିକ ଜୀବନ" (୨୦)।

---

୧୮. 'ଅଥ ନେତା ପୁରାଣମ୍'- ଉଦୟନାଥ ଷଡଙ୍ଗୀ, ପ.୧-୪।
୧୯. ତତ୍ରୈବ - ପୃ.୪
୨୦. 'ହାଟ-ବଜାରରେ ବ୍ରହ୍ମଜ୍ଞାନ'- ମନମୋହନ ଚୌଧୁରୀ, ପୃ.୩୩୬।

ସ୍ୱାଧୀନୋତ୍ତର ଓଡ଼ିଆ ନାଟକରେ ମଧ୍ୟ ଜାତୀୟଚେତନା ସଂପ୍ରସାରଣର ସ୍ୱର ସୁସ୍ପଷ୍ଟ। ନାଟ୍ୟକାର ଗୋପାଳ ଛୋଟରାୟ, ମନୋରଞ୍ଜନ ଦାସ, କମଳଲୋଚନ ମହାନ୍ତି ପ୍ରଭୃତି ନାଟ୍ୟକାରମାନଙ୍କ ବହୁ ନାଟକରେ ଜାତୀୟଚେତନାର ସଂପ୍ରସାରଣ, ବୈପ୍ଳବିକ ଚେତନାର ଅଭିବ୍ୟକ୍ତି ଓ ସ୍ୱାଧୀନତା ପରବର୍ତ୍ତୀ କାଳରେ ନାଗରିକର ଦ୍ୱିଧା, ଦ୍ୱନ୍ଦ୍ୱ, ଛଳନା, କପଟତା, ଅଭାବ ଓ ଅଭିଳାଷର ଜୀବନ୍ତ ଆଲେଖ୍ୟ ସଫଳ ଭାବରେ ରୂପାୟିତ। ଭଣ୍ଡତା ଓ ମିଥ୍ୟାଚାର ଉପରେ ବର୍ତ୍ତମାନର ସମାଜ ପ୍ରତିଷ୍ଠିତ। ଅର୍ଥ ଓ କ୍ଷମତାଲିପ୍ସା ମନୁଷ୍ୟ ଚରିତ୍ରକୁ କଳୁଷିତ କରୁଅଛି। ଆଜିର ତରୁଣ ମନରେ ବହୁ ପ୍ରଶ୍ନ ଓ ସଂଶୟ।

ଜାତୀୟ-ଚେତନା-ସଚେତକ ନାଟକ ଭାବେ ଗୋପାଳ ଛୋଟରାୟଙ୍କ 'ପରକଲମ' (୧୯୫୩) ଉଲ୍ଲେଖଯୋଗ୍ୟ। ସମସାମୟିକ ରାଜନୀତିକୁ ଏଥିରେ ବ୍ୟଙ୍ଗ କରାଯାଇଅଛି। ପ୍ରଚଳିତ ଭୋଟପ୍ରଥା କିପରି ଏକ ପ୍ରହସନରେ ପରିଣତ ହୋଇଅଛି ଓ ଅର୍ଥବଳରେ କିପରି ବିଭିନ୍ନ ଦଳ ଶାସନକଳକୁ କବଳିତ କରିବାକୁ ଚେଷ୍ଟା କରୁଅଛନ୍ତି ଓ ଏହାର ପରିଣାମରେ ଦୁର୍ନୀତି କିପରି ସାଂପ୍ରତିକ ସମାଜକୁ କଳୁଷିତ କରୁଅଛି, ଏହାର ବାସ୍ତବ ଚିତ୍ର ଏଥିରେ ଅଙ୍କିତ ହୋଇଅଛି। ମନୋରଞ୍ଜନଙ୍କ 'ଅବରୋଧ', 'ସାଗରମନ୍ଥନ' ନାଟକ ଓ ବହୁ ଏକାଙ୍କିକାରେ ସାଂପ୍ରତିକ କପଟ ରାଜନୀତି ଓ ସମାଜନୀତିର ବ୍ୟଙ୍ଗାତ୍ମକ ଚିତ୍ର ଦେଖିବାକୁ ମିଳେ। ଆଧୁନିକ ବ୍ୟକ୍ତିର ଜୀବନ କିଭଳି ଆଦର୍ଶ ବିଚ୍ୟୁତ ଓ ତାହାର କଥା ଓ କାର୍ଯ୍ୟ ମଧ୍ୟରେ କିଭଳି ଆକାଶ ପାତାଳ ପ୍ରଭେଦ, ତାହାର ଯଥାର୍ଥ ଚିତ୍ର ମନୋରଞ୍ଜନଙ୍କ 'ପ୍ରଶ୍ନ' ଏକାଙ୍କିକାରୁ ଉପଲବ୍ଧ ହୁଏ (୨୧)।

ଏଣୁ ଜନସାଧାରଣଙ୍କୁ ଆତ୍ମସଚେତନ ହେବା ଉଦ୍ଦେଶ୍ୟରେ ଏହି ଏକାଙ୍କିକାର ଅନ୍ୟତମ ଚରିତ୍ର ବିକ୍ରମ କହିଛନ୍ତି, "ପ୍ରତ୍ୟେକେ ନିଜ ନିଜକୁ ପଚାରନ୍ତୁ, ସେ ନିଜେ କ'ଣ ସାଧୁ? ସେ ନିଜେ କ'ଣ ସେଇଆ କରୁଛି, ଯାହା କହୁଛି?"(୨୨) ତାହାଙ୍କ 'ଅବରୋଧ' (୧୯୫୩) ନାଟକ ଏହି ରାଜନୀତି-ସଚେତନତା, ଆଧୁନିକ ଜୀବନର କପଟତାପୂର୍ଣ୍ଣ ଦ୍ୱୈତ ବ୍ୟକ୍ତିତ୍ୱ ଓ ମାର୍କସୀୟ ଭାବଧାରା ଉପରେ ଆଧାରିତ। ଗଣଚେତନାକୁ ଉଦ୍‌ବୁଦ୍ଧ କରିବା, ଜନସେବା ନାମରେ ନେତାଙ୍କର ଶୋଷଣ ଓ ଦମନ ମନୋବୃତ୍ତିକୁ ଜନସମ୍ମୁଖରେ ଉପସ୍ଥାପିତ କରିବା ଏହି ନାଟକର କଥାବସ୍ତୁ। ମିଲ୍‌ମାଲିକ, ଜମିମାଲିକଙ୍କ ଚାନ୍ଦାରେ ପରିଚାଳିତ କୃଷକ ଓ ଶ୍ରମିକ ସଂଗଠନ କିପରି ନିର୍ମମ ଅତ୍ୟାଚାର ସହ୍ୟ କରନ୍ତି ଓ ଶ୍ରମିକ-ନେତାଙ୍କୁ କିପରି ଅକାଳ ମୃତ୍ୟୁ ବରଣ କରିବାକୁ ପଡିଥାଏ, ତାହା ଏଥିରେ

୨୧. 'ପ୍ରଶ୍ନ', 'ମହାସମୁଦ୍ର'- ମନୋରଞ୍ଜନ ଦାସ, ପୃ.୧୭୩
୨୨. 'ପ୍ରଶ୍ନ', 'ମହାସମୁଦ୍ର'- ମନୋରଞ୍ଜନ ଦାସ, ପୃ.୧୮୭।

ଦର୍ଶାଇ ଦିଆଯିବା ସଙ୍ଗେ ସଙ୍ଗେ ଶ୍ରମିକ ଓ କୃଷକଙ୍କୁ ସେମାନଙ୍କ ଅଧିକାରରୁ ବଞ୍ଚିତ କଲେ ଦେଶର ପ୍ରଗତି ବ୍ୟାହତ ହେବ ବୋଲି ସତର୍କବାଣୀ ନାଟ୍ୟକାର ଶୁଣାଇ ଅଛନ୍ତି।

୧୯୫୦ ମସିହାଠାରୁ ସ୍ୱାଧୀନୋତ୍ତର ଓଡିଆ ନାଟକରେ ବହୁ ବୈପ୍ଳବିକ ପରିବର୍ତ୍ତନର ସନ୍ଧାନ ମିଳିଥାଏ। ଏହାକୁ 'ନବନାଟ୍ୟ ଆନ୍ଦୋଳନ' ନାମରେ ଅଭିହିତ କରାଯାଉଅଛି। ପରମ୍ପରା ଓ ପ୍ରଚଳିତ ନିୟମଗୁଡ଼ିକୁ ଅସ୍ୱୀକାର କରି ମଣିଷର ଯନ୍ତ୍ରଣା, ଅନିଶ୍ଚିତ ଜୀବନଦର୍ଶନ ଓ ରାଜନୀତିକ-ସାମାଜିକ ସମସ୍ୟାକୁ ଭିତ୍ତିକରି ନାଟକ ରଚନା କରିବା ଏହି ଆନ୍ଦୋଳନର ମୁଖ୍ୟ ଉଦ୍ଦେଶ୍ୟ। ରାଜନୈତିକ ସଂକଟର ସମାଧାନ, ଜନଜାଗୃତି, ଅନ୍ତର୍ନିହିତ ଭୟ ଓ କୁସଂସ୍କାର ବିରହିତ ଏକ ମୁକ୍ତଜୀବନକୁ ଏଥିରେ ସ୍ୱାଗତ କରାଯାଇଅଛି।

ରଜତକୁମାର କରଙ୍କ ରଚିତ 'ଅନ୍ଧପୁତୁଳି' ନାଟକ ପ୍ରଚଳିତ ସମାଜବ୍ୟବସ୍ଥା ବିରୁଦ୍ଧରେ ସ୍ୱର ଉତ୍ତୋଳନ କରିଅଛି। ସମାଜବାଦୀ ରାଷ୍ଟ୍ର ପ୍ରତିଷ୍ଠା କରିବାପାଇଁ ଦେଶର ନେତୃବୃନ୍ଦ ବହୁ ଆସ୍ଫାଳନ କରିବା ସତ୍ତ୍ୱେ ପାର୍ଲିଆମେଣ୍ଟରୁ ପଞ୍ଚାୟତ ପର୍ଯ୍ୟନ୍ତ ସର୍ବତ୍ର ଦୁର୍ନୀତି ପରିଲକ୍ଷିତ ହେଉଅଛି। ସମାଜଚକ୍ଷୁରେ ଅନ୍ଧପୁତୁଳି ବାନ୍ଧି ଧନିକ ଓ ନେତୃସ୍ଥାନୀୟ ବ୍ୟକ୍ତିବୃନ୍ଦ କିଭଳି ସ୍ୱେଚ୍ଛାଚାରି ହୋଇଅଛନ୍ତି, ନାଟ୍ୟକାର ତାହା ଯଥାଯଥ ଭାବରେ ଉପସ୍ଥାପିତ କରିଅଛନ୍ତି।

ନାଟ୍ୟକାର କମଳଲୋଚନ ମହାନ୍ତିଙ୍କ 'ଡାକବଙ୍ଗଳା' ନାଟକରେ ପ୍ରଚଳିତ ସମାଜବ୍ୟବସ୍ଥା ବିରୁଦ୍ଧରେ ତୀବ୍ର ଅସନ୍ତୋଷ, ବିଶେଷତଃ ବ୍ୟକ୍ତିମାନଙ୍କର ଛଳନା ଓ ପ୍ରଲୋଭନ ଯୋଗୁ ସମାଜର କିପରି ଅକଲ୍ୟାଣ ସାଧିତ ହେଉଅଛି ଓ ଦେଶରେ କିପରି ଶାସନସଂକଟ ଦେଖାଦେଉଛି ତାହା ପ୍ରଦର୍ଶିତ।

ସଂପ୍ରଦାୟ ଓ ଧର୍ମନିରପେକ୍ଷ ବୃଶ୍ୱଭ୍ରାତୃତ୍ୱବୋଧ :

ଜାତି ଓ ଧର୍ମ ମଣିଷ ମଣିଷ ଭିତରେ ସାମାଜିକ, ଅର୍ଥନୈତିକ ଓ ସାଂପ୍ରଦାୟିକ ବିଭେଦର ପ୍ରାଚୀର ସୃଷ୍ଟି କରିଅଛି। ଏହା ହିଁ ଜଗତରେ ବହୁ ଦୁଃଖ, ଦୁର୍ଗତି ଓ ଅସହାୟତାର ହେତୁ ସ୍ୱରୂପ। ସବୁ ଧର୍ମର ମୂଳନୀତି ସମାନ ହେଲେହେଁ ମନୁଷ୍ୟ ଧର୍ମର ବାହ୍ୟ ଆଚାର ଓ ଆଚାରଣକୁ ନେଇ ବିବାଦ କରିଥାଏ। ହିନ୍ଦୁ, ବୌଦ୍ଧ, ଖ୍ରୀଷ୍ଟିୟାନ, ମୁସଲମାନ ଓ ଅନ୍ୟ ସବୁ ମତବାଦ ତଥା ସଂପ୍ରଦାୟର ମୂଳଉତ୍ସ ଏକ ଓ ଅଭିନ୍ନ; ଆବରଣରେ କେବଳ ବିଭିନ୍ନତା ଦେଖାଯାଏ। କର୍ପୂର ଗୋଟିଏ; ତାକୁ କିଏ ସୂତା କନାରେ ବୁଜୁଳା ବାନ୍ଧିଛି ତ କିଏ ରେଶମ କିମ୍ବା ପାଟକନାରେ। ଏ ଭିତରେ କର୍ପୂର ଉଡିଯାଇସାରିଲାଣି; କିନ୍ତୁ ପ୍ରତ୍ୟେକ

ମତବାଦ କର୍ପୂରହୀନ ବୁଜୁଲା ପାଇଁ ହିଁ ଟଣାଓଟରା ଲଗାଇଅଛନ୍ତି।(୨୩) ମାନବସମାଜକୁ ଏହାର ଧ୍ୱଂସାତ୍ମକ କବଳରୁ ରକ୍ଷା କରିବା ଉଦ୍ଦେଶ୍ୟରେ ଏବଂ ଶାନ୍ତି ଓ ସହାବସ୍ଥାନ ପ୍ରତିଷ୍ଠା ଅଭିପ୍ରାୟରେ ଏ ଯୁଗର ସାହିତ୍ୟିକମାନେ ମନୋନିବେଶ କରିଅଛନ୍ତି। ସାମାଜିକ ଓ ରାଜନୀତିକ କ୍ଷେତ୍ରରେ ସାମ୍ପ୍ରଦାୟିକତାର ଜ୍ୱାଳାକୁ ନିର୍ବାପିତ କରିବାପାଇଁ ଭାରତୀୟ ଶାସନ ସମ୍ବିଧାନ ଧର୍ମନିରପେକ୍ଷତାକୁ ଆଦର୍ଶ ରୂପେ ଗ୍ରହଣ କରିଅଛି। ଘୃଣ୍ୟ ସାମ୍ପ୍ରଦାୟିକତାକୁ ଆକ୍ଷେପ କରିବା ସଙ୍ଗେ ସଙ୍ଗେ ଧର୍ମନିରପେକ୍ଷତାର ଜୟଗାନ କରି ଓଡିଆ ସାହିତ୍ୟରେ ରଚିତ ହୋଇଛି 'ଅସ୍ତରାଗ', 'ଭୁମିକା', 'ତମସାତୀରେ', 'ଝେଲମତୀରେ', 'ମାଟିମଟାଳ' ପ୍ରଭୃତି ଉପନ୍ୟାସ। (୨୪)

ଏହି ଉଦାର ମାନବିକତାର ସ୍ୱର ଆଧୁନିକ କବିମାନଙ୍କ କବିତାରେ ସୁସ୍ପଷ୍ଟ ଭାବେ ଉଚ୍ଚାରିତ ହୋଇଅଛି:

"ମୀନାରେ ମନ୍ଦିରେ ପୁଣି ଗିର୍ଜା ଗୁରୁଦ୍ୱାରେ
ଆମରି ଶୋଣିତ ଐକ୍ୟ ତାରା ହୋଇ ଫୁଟୁ।"(୨୫)

ଏକ ଜାତି-ଧର୍ମ-ଅହମିକାମୁକ୍ତ ଅନାଗତ ମାନବସମାଜର ସ୍ୱପ୍ନ କବିକଳ୍ପନାରେ ହୋଇଛି ରୂପାୟିତ:

"ଆହେ ଶିଳ୍ପୀ ଦିଗଦ୍ରଷ୍ଟା କର କର ଶିବର ସନ୍ଧାନ,
କହ କେସନେ ରୋଧିବୁ ରକ୍ତ ପଦ୍ମା ଦିଗନ୍ତ ପ୍ଲାବନ।
କେସନେ ତୁଟାଇ ବ୍ୟାପ୍ତ ଅନ୍ଧାରର ଦୃପ୍ତ ମେଘନାଦ,
ଏକ ଆନ ଦେଶ ଦେଶ, ଜାତି ଧର୍ମ, ବାଦ ବିସମ୍ବାଦ।
ଗଢିବାର ହେବ ଏଥି କୋଣାର୍କ ମନ୍ଦିର,
ଉଚ୍ଚାର ସେ ମନ୍ତ୍ର ବାରେ ହେବା ଆଗୁ ଏ ବିଶ୍ୱ ସ୍ଥବିର।"(୨୬)

ବହୁ ଜାତି-ଧର୍ମ-ସାମ୍ପ୍ରଦାୟିକତା-ଅହମିକାଗ୍ରସ୍ତ କୁସଂସ୍କାରଚ୍ଛନ୍ନ ମଣିଷ ଜାତିପ୍ରାଣରେ ଏକ ବୈପ୍ଳବିକ ଚେତନା ସୃଷ୍ଟି କରିବାକୁ ମଧ୍ୟ କେତେକ ସାହିତ୍ୟିକ ଉଦ୍ୟମ କରିଅଛନ୍ତି। କ୍ଷୁଦ୍ର ସାମ୍ପ୍ରଦାୟିକତାର ଖୋଳ ଭିତରୁ ଆପଣାକୁ ମୁକ୍ତ କରିବାକୁ

---

୨୩. 'ଶୁଣ ପରୀକ୍ଷ'- ଭୁବନେଶ୍ୱର ବେହେରା, ପୃ.୩୯
କଟକ ଷ୍ଟୁଡେଣ୍ଟସ୍ ଷ୍ଟୋର, ପ୍ରଃ ପ୍ରଃ ୧୯୭୬

୨୪. 'ଅସ୍ତରାଗ'- ମନ୍ମଥନାଥ ଦାସ, 'ଝେଲମତୀରେ' - ମତଲୁବ ଅଲୀ।
'ଭୁମିକା'- ଜ୍ଞାନୀନ୍ଦ୍ରବର୍ମା, 'ମାଟିମଟାଳ' - ଗୋପୀନାଥ ମହାନ୍ତି।
'ତମସାତୀରେ' - କାହ୍ନୁ ଚରଣ ମହାନ୍ତି

୨୫. 'ସ୍ୱଗତ'- ସ. ରା. ଗ୍ର., ପୃ୪୯୮

୨୬. 'କାଳୀପୂଜା'- ରଘୁନାଥ ଦାସ, 'ଶଙ୍ଖ' ୨/୫

ସେମାନେ ଦେଇଛନ୍ତି ଆହ୍ୱାନ। ଏହିପରି ଭାବେ ଜଗତରେ ଗଠିତ ହେବ ଏକ ଜାତି: "ଏ ଜାତି ବଇ ସେ ଜାତି ଭିତରେ ରହି ତଥାପି ସବୁ ଜାତିଦ୍ୱର ସୀମାଟାକୁ ଗିଳି ବାହାରିଯାଇପାରିଥିବା ଗୋଟାଏ ଜାତି। x x x ଯେତେବେଳେ ସେମାନଙ୍କର ସବୁଠାରୁ ଅଧିକ ପ୍ରୟୋଜନ ରହିଥିବ ସେତେବେଳେ ସେମାନେ ସବୁଠାରୁ ଅଧିକ ସଂଖ୍ୟାରେ ଆସିବେ ଏବଂ ଯେତେବେଳେ ପ୍ରତିଷ୍ଠିତ ପ୍ରତିମାଗୁଡ଼ିକୁ ଆବୋରି ନେଇ ମୁଲକଯାକର ପ୍ରାୟ ସମସ୍ତେ ଥୋକେ ମେଣ୍ଢା ଓ ଆଉ ଥୋକେ ଛେଳି ହୋଇ ଆସନ ପକାଇ ବସିଯାଇଥିବେ, ସବୁ କିଛି ଭାରି ସୁରୁଖୁରୁରେ ଚାଲୁଥିଲା ଭଳି ଲାଗୁଥିବ। କୋଉଠି ଟିକିଏ ହେଲେ ହଲ୍‌ଚଲ ନଥିବ, x x x ସେତିକିବେଳେ ଯବନ ଆସି ନିଦ ଭଙ୍ଗାଇବ। ଚେତନାହତର ଚେତନା ଆଣିଦବ। ଆମ ସମସ୍ତଙ୍କର ଜାତି ନେବ।"(୨୭)

ସାହିତ୍ୟିକର ଏତାଦୃଶ ପ୍ରଚେଷ୍ଟା ସତ୍ତ୍ୱେ ଭାରତୀୟ ଜନଜୀବନରେ ଧର୍ମନିରପେକ୍ଷତା ଏଯାବତ୍ ପ୍ରତିଷ୍ଠିତ ହୋଇପାରିନାହିଁ। କାରଣ ଆମେ ଏହାକୁ କେବଳ ଭୋଟପ୍ରାପ୍ତିର ଏକ ମାଧ୍ୟମରୂପେ ଗ୍ରହଣ କରି ନେଇଛୁ; ମାତ୍ର ମାନସିକ ସ୍ତରରେ ଉଦାରତାର ସହିତ ଏହାକୁ ଗ୍ରହଣ କରିପାରିନାହୁଁ। ସେଥିପାଇଁ ଗାନ୍ଧୀଜୀଙ୍କ ସମସ୍ତ ପ୍ରୟାସ ସତ୍ତ୍ୱେ ଭାରତବର୍ଷ ଦ୍ୱିଖଣ୍ଡିତ ହୋଇଅଛି। ଯେତେଦିନଯାଏଁ ବ୍ୟକ୍ତି-ଜୀବନରୁ ସଂସ୍କାର ବା କୁସଂସ୍କାର ଲୋପ ପାଇନାହିଁ; ଭାଗ୍ୟ, ଧର୍ମ ପୂଣ୍ୟ ସାଇତି ରଖିବାର ଲାଳସା ମନରୁ ଯାଇନାହିଁ, ପ୍ରତ୍ୟେକ ମଣିଷ ଅପରକୁ ଜାତି-ଧର୍ମ-ନିର୍ବିଶେଷରେ ଆପଣାର ବୋଲି ଭାବିନାହିଁ, ସେ ପର୍ଯ୍ୟନ୍ତ ଜାତିହୀନ ଶ୍ରେଣୀହୀନ ସମାଜ ସୃଷ୍ଟି କଳ୍ପନା ଗୋଟାଏ ପ୍ରହେଳିକା ହୋଇ ରହିଥିବ। ଗୋଟିଏ ପରିବାରରେ ବାପା ଏବଂ ଝିଅ ମିଶି ଜାତିଭେଦକୁ ଦୂରକୁ ଫିଙ୍ଗି ଦେଲା ବେଳକୁ ମା' ସେଥିରେ ଏକମତ ହୋଇପାରୁନାହିଁ। ବହୁକାଳର ସଂସ୍କାର ଏସବୁକୁ ଗ୍ରହଣ କରିବାକୁ ତାକୁ ବାଧାଦେଉଛି। ଯୁଗସ୍ରଷ୍ଟା କଥାକାର ଗୋପୀନାଥ ତାହାଙ୍କ 'ମାଟିମଟାଳ' ଉପନ୍ୟାସରେ ଏହିଭଳି ଏକ ପରିସ୍ଥିତିର ବର୍ଣ୍ଣନା କରି ସମାଜକୁ ନୂତନ ଦିଗ୍‌ଦର୍ଶନ ଦେଇଅଛନ୍ତି। ଜାତି-ଧର୍ମ-ବର୍ଣ୍ଣ-ଅର୍ଥ-ନିର୍ବିଶେଷରେ ଏକ ସୁସ୍ଥ ସୁନ୍ଦର ସମାଜଗଠନର ପରିକଳ୍ପନା କରିଅଛନ୍ତି। ବନ୍ୟାର ବିଭୀଷିକାମୟ ପରିବେଶରେ ଜାତି-ଧର୍ମ-ବର୍ଣ୍ଣର ସଂସ୍କାରବୋଧ ଧୂଳିସାତ୍ ହୋଇଯାଇଅଛି: "ମନେ ପଡ଼ିଯାଉଛି, ସେ ଘରେ ଶୋଇଛି ପାଣ ଘର ବୋହୂ, ଏଇ ଡିହରେ ଏଇଠି ଯେଉଁଠି ବଡ଼ବଡ଼ୁଆ ଅଛନ୍ତି, ଯେଉଁଠି କେତେ ହୋମ, କେତେ ପୂଜା, କେତେ ବନ୍ଦାଣ, କେତେ ଓଷା, ସେଠି ଆସି ଶୋଇଛି ସେ, ଚୌଧୁରୀଘର ଉଆସ ଭିତରେ ପାଣ ପଶିଛି। x x x ଶେଷରେ ଆପଣା ଘର ଭିତରେ ପାଲୁଣୀକି ଥାନ ଦେବାକୁ ସେ ଗୌରବ ମଣିଲେ। କ'ଣ ହେଲା କାଳ। ସେହି

---

୨୭. 'ଜାତିରେ ମୁଁ ଯବନ'- ଚିତ୍ତରଞ୍ଜନ ଦାସ, ପୃ.୩୬

ଘର ତ ସେ।"(୨୮) କିନ୍ତୁ ଶେଷରେ ପ୍ରାଚୀନ ସଂସ୍କାର ବିଶ୍ୱାସୀ ଛବିବୋଉଙ୍କର ମନ ବଦଳିଛି। ହୁଏତ ସ୍ୱାମୀ ଆଉ ଝିଅଙ୍କର ବାଟ ହିଁ ଠିକ୍ ବୋଲି ସେ ଧରିନେଇଛନ୍ତି।

ଏହିଭଳି ପ୍ରତିଟି ପରିବାରରେ ଜାତି ଜାତି ମଧ୍ୟରେ ସନ୍ଦେହ ଦୂର ହେଲେ ଜାତିହୀନ ସମାଜ ପ୍ରତିଷ୍ଠା ହୋଇପାରିବ ବୋଲି ଲେଖକ ଦର୍ଶାଇଅଛନ୍ତି।

କଥାକାର ସୁରେନ୍ଦ୍ର ମହାନ୍ତି, ମହାପାତ୍ର ନୀଳମଣି ସାହୁ ପ୍ରଭୃତିଙ୍କ ରଚନାରେ ଏତାଦୃଶ ସାଂପ୍ରଦାୟିକତାବିରୋଧୀ ସ୍ୱର ମଧ୍ୟ ଉତ୍‌କୀର୍ଣ୍ଣ। ସମକାଳୀନ ନାଟ୍ୟକାରମାନେ ଏହିପରି ସଂପ୍ରଦାୟ ଓ ଧର୍ମନିରପେକ୍ଷ ବିଶ୍ୱଭ୍ରାତୃତ୍ୱବୋଧରେ ଅନୁପ୍ରାଣିତ ହୋଇ କେତେକ ନାଟକ ରଚନା କରିଅଛନ୍ତି। ଅକ୍ଷୟ କୁମାର ମହାନ୍ତିଙ୍କ 'ସଂବିତ୍', ଧନେଶ୍ୱର ପଟ୍ଟନାୟକଙ୍କ 'ଉଠାପାଚେରି' ଓ 'ଆଦିବାସୀ' ନାଟକରେ ଆଦିବାସୀର ସଂଗ୍ରାମଧର୍ମୀ, ବାସ୍ତବବାଦୀ ଜୀବନର ଚିତ୍ର ଅଙ୍କନ କରାଯାଇଅଛି।

ଏହିପରି ଏକ ମୁକ୍ତ ମାନବର ଆଗମନକୁ ସ୍ୱାଗତ ଜଣାଇ କବି ଗାଇଛନ୍ତି,
"ସେମାନେ ଆସିବେ,
ହିମଗିରି ଦୃପ୍ତ ବାଧା ଲଂଘି,
ଚିରି ବିନ୍ଧ୍ୟାଚଳ ବକ୍ଷ,
ଅଗଣିତ ଜନତାର ଅଗ୍ରଗାମୀ ଆସିବେ ଅସଂଖ୍ୟ,
ଆସିବେ ଆକାଶପଥେ, ଜଳସ୍ରୋତେ, ଗହନ ଜଙ୍ଗଲେ,
ଆସିବେ ନବୀନୋଚ୍ଛ୍ୱାସେ ଯୁଗାନ୍ତର ବନ୍ଧନ ତୁଟାଇ
ଆସିବେ ମୁକ୍ତିର ଗାନ କଣ୍ଠେ କଣ୍ଠେ ଲହର ଛୁଟାଇ।
ବିଷର୍ଣ୍ଣ ବିଶ୍ୱକୁ ଛାଇ ଉଦୟର ଅପୂର୍ବ ବିଭବେ,
ସେମାନେ ଆସିବେ।" (୨୯)

ପରମ୍ପରାବିରୋଧୀ ନୂତନ ବିଚାରଧାରା ଓ ମୂଲ୍ୟବୋଧ:

ପୂର୍ବ ଆଲୋଚିତ ରଚନାବଳୀ ଯେ ପରମ୍ପରାବିରୋଧୀ ବିଚାରଧାରାର ପରିଣାମ, ଏହା କହିବା ଅନାବଶ୍ୟକ। ତଥାପି ସ୍ୱାଧୀନୋତ୍ତର ସାହିତ୍ୟରେ ପ୍ରାଚୀନ ମୂଲ୍ୟବୋଧ ପ୍ରତି ବିରୋଧ ଓ ଏକ ନୂତନ ମୂଲ୍ୟବୋଧ ପ୍ରତିଷ୍ଠା ପାଇଁ ବ୍ୟାକୁଳତା ଏକ ଲକ୍ଷଣୀୟ ବୈଶିଷ୍ଟ୍ୟ। ସମକାଳୀନ ପ୍ରବନ୍ଧ ଓ ବିଚାର-ଆଲୋଚନାରୁ ଏହାର ସୁସ୍ପଷ୍ଟ ପରିଚୟ ମିଳିଥାଏ।

---

୨୮. 'ମାଟିମଟାଳ'- ଗୋପୀନାଥ ମହାନ୍ତି, ପୃ.୮୩୩
୨୯. 'ପଦଧ୍ୱନି' - ରଘୁନାଥ ଦାସ, 'ସହକାର' ୨୮/୨

ଡଃ ମାୟାଧର ମାନସିଂହ, ଡଃ ହରେକୃଷ୍ଣ ମହତାବ, ଡଃ କୃଷ୍ଣଚନ୍ଦ୍ର ପାଣିଗ୍ରାହୀ, ଡଃ ଗୋଲକବିହାରୀ ଧଳ, ଚିତ୍ତରଞ୍ଜନ ଦାସ, ମନମୋହନ ଚୌଧୂରୀ, ଭୁବନେଶ୍ୱର ବେହେରା, ଡଃ ରାଧାନାଥ ରଥ, ଡଃ ସଦାଶିବ ମିଶ୍ର, ସୁରେନ୍ଦ୍ର ମହାନ୍ତି, ଚିନ୍ତାମଣି ମିଶ୍ର, ଚନ୍ଦ୍ରଶେଖର ରଥ, ମହାପାତ୍ର ନୀଳମଣି ସାହୁ, ଶରତ୍ କୁମାର ମହାନ୍ତି, ଅନାଦି ସାହୁ ପ୍ରଭୃତିଙ୍କ ରଚନାବଳୀରେ ସାଂପ୍ରତିକ ଜାତୀୟ ସମସ୍ୟାର ପରିପ୍ରେକ୍ଷୀରେ ଏକ ଜାତୀୟ ଜୀବନଗଠନର ଅଭୀପ୍‌ସା ପ୍ରକଟିତ । ଅଧିକାଂଶ ପ୍ରାବନ୍ଧିକଙ୍କ ରଚନାରେ ପରମ୍ପରାବିରୋଧୀ ଏକ ନୂତନ ବିଚାରଧାରାର ଇଙ୍ଗିତ ସୁସ୍ପଷ୍ଟ ।

ଡଃ ମାନସିଂହଙ୍କର 'ଶିକ୍ଷା ଶିକ୍ଷକ ଓ ଶିକ୍ଷାୟତନ', 'ଜୀବନପଥ', 'କବି ଓ କବିତା', ଡଃ ମହତାବଙ୍କର 'ଗାଁ ମଜଲିସ', ଡଃ ସଦାଶିବ ମିଶ୍ରଙ୍କର 'ସଂସ୍କୃତିର ସଙ୍କେତ'(୩୦) ପ୍ରବନ୍ଧ, ଡଃ ଗୋଲୋକବିହାରୀ ଧଳଙ୍କର 'ବିଚାର ଆଲୋଚନା', ଚିତ୍ତରଞ୍ଜନ ଦାସଙ୍କ 'ଜୀବନ ବିଦ୍ୟାଳୟ', 'ଶିଳା ଓ ଶାଳଗ୍ରାମ', 'ଜାତିରେ ମୁଁ ଯବନ', ଭୁବନେଶ୍ୱର ବେହେରାଙ୍କର 'ସହାବସ୍ଥାନ' ଓ 'ଶୁଣ ପରୀକ୍ଷ', ମନମୋହନ ଚୌଧୂରୀଙ୍କ 'ହାଟବଜାରରେ ବ୍ରହ୍ମଜ୍ଞାନ', ଉଦୟନାଥ ଷଡଙ୍ଗୀଙ୍କର 'ଗାନ୍ଧୀ ମହାରାଜାଙ୍କ ଶିଷ୍ୟ', ଚିନ୍ତାମଣି ମିଶ୍ରଙ୍କର 'ଦେବଦେବଙ୍କ ଦୂର୍ଗତି', ଚନ୍ଦ୍ରଶେଖର ରଥଙ୍କ 'ମନ ଅରଣ୍ୟ', 'ଏ ଯେଉଁ ପୃଥିବୀ', 'ଅଶ୍ରୁତ ସ୍ୱର', 'ଦୃଷ୍ଟି ଓ ଦର୍ଶନ' ପ୍ରଭୃତି ଆଲୋଚନା-ଗ୍ରନ୍ଥମାନଙ୍କରେ ଏକ ନୂତନ ମୂଲ୍ୟବୋଧ ଓ ବୈପ୍ଳବିକ ଚେତନା ସଫଳତାର ସହ ଅଭିବ୍ୟକ୍ତ । ଭାରତର ସାମାଜିକ, ଅର୍ଥନୈତିକ, ସାଂସ୍କୃତିକ ଓ ରାଜନୈତିକ ପରିବର୍ତ୍ତନ ଓ ତାହାର ସମ-ବିଷମ ବିକାଶକ୍ରମ ଓ ପରିଣତିର ଚିତ୍ର ମଧ୍ୟ ଏଥିରେ ପ୍ରଦତ୍ତ ହୋଇଅଛି ।

ଆଧୁନିକ ସମାଜରେ ଦୁର୍ନୀତି ଓ ସେଥିପାଇଁ ଅର୍ଥହୀନ ଈଶ୍ୱରାନୁରକ୍ତି ଓ ଗୁରୁପୂଜାର ନିରର୍ଥକତା ପ୍ରତି ବ୍ୟଙ୍ଗୋକ୍ତି କେତେକଙ୍କ ରଚନାରେ ପ୍ରତିଫଳିତ । ଦୁର୍ନୀତିଗ୍ରସ୍ତ ବ୍ୟକ୍ତିମାନଙ୍କର କାରସାଦି କିପରି କୋଟି କୋଟି ସାଧାରଣ ଜନତାର ଅନାହାର ତଥା ମୃତ୍ୟୁର କାରଣ ହେଉଅଛି, ତାହା ମଧ୍ୟ କେତେକ ରଚନାରେ ଅଭିବ୍ୟକ୍ତି ଲାଭ କରିଅଛି: "ଏବେ ଚାରିଆଡେ କଳାଧନର ସୁଅ ଛୁଟିବାରୁ ସେ ସବୁକୁ ଧଳା କରିବା ପାଇଁ ଧବଳେଶ୍ୱରଙ୍କ ମହିମା ନିଅଣ୍ଟ ପଡୁଛି । ସେଥିପାଇଁ ଭଳିକି ଭଳି ଗୁରୁଙ୍କର ଆଶ୍ରା ଖୋଜା ହେଉଛି । କଳାବଜାର, ସରକାରୀ ପଇସା ଭାଗବଣ୍ଟା, ଅଣ୍ଟାଗୁଞ୍ଜା, ଲାଇସେନ୍‌ସ୍, ପରିମିଟ୍ ବିକ୍ରି, ରେସନ୍ ଜିନିଷ ହରଣଚାଲ ଓ ଆଉ ଆଉ ପ୍ରକାରର କାରବାର ଯେତେ ଯେତେ

---

୩୦. 'ସଂସ୍କୃତିର ସଙ୍କେତ' - ଡଃ ସଦାଶିବ ମିଶ୍ର - 'ସମାଜ' ୧୯୬୭, ଗୋପବନ୍ଧୁ ଶ୍ରାଦ୍ଧସଂଖ୍ୟା ।

ବଢୁଛି, ସଚିବାଳୟ, ମାରୁଆଡିପଟି, ମାଲଗୋଦାମ, କଚେରି ପ୍ରଭୃତିର କର୍ତ୍ତାମାନଙ୍କର ଭିଡ ଗୁରୁଗୋସେଇଁମାନଙ୍କ ପାଖରେ ସେତେ ବଢି ଚାଲିଛି।"(୩୧)

ସମାଜର ପ୍ରତିଷ୍ଠିତ ବ୍ୟକ୍ତିମାନଙ୍କ ଦ୍ୱାରା ଆଧ୍ୟାତ୍ମିକତା ନାମରେ ଧର୍ମାନ୍ଧତା, ଜନସେବା ନାମରେ ଗଣଶୋଷଣ, ନୈତିକତା ଓ ଈଶ୍ୱରପ୍ରାପ୍ତି ଲାଗି ଚୋରି, ଟିକସ ଫାଙ୍କି, ଠକାମି, ପ୍ରତାରଣା ଓ ପୂଜା ଧ୍ୱଜା ପ୍ରଭୃତି ସାମାଜିକ ଚଳଣି ରୂପେ ପ୍ରଚଳିତ ହେବା ଫଳରେ ସାମାଜିକ ମୂଲ୍ୟବୋଧ କିପରି ବିଡମ୍ବିତ ହୋଇଛି ଓ ଜାତୀୟ ଚରିତ୍ରରେ ସ୍ଖଳନ ଦେଖାଦେଇଅଛି, ତାହା ମଧ୍ୟ କେତେକ ଲେଖକଙ୍କ ଲେଖନୀରେ ସଫଳ ଭାବରେ ରୂପାୟିତ ହୋଇ ପାରିଅଛି। ଲେଖକଙ୍କ ମତରେ ବର୍ତ୍ତମାନ ଦେଶରେ ଏକ "ପୌରୁଷହୀନ ପାକୁଆ ପରମ୍ପରା ଜୋର୍‌ସୋର୍‌ରେ ସମାଜ ଓ ଶାସନର ସମର୍ଥନ ନେଇ ଚାଲିଛି ଓ ଚାଲୁଛି।"(୩୨) ଏହା ପରିବର୍ତ୍ତେ କିପରି ଏକ ନୂତନ ବିଶ୍ୱଧର୍ମ ଓ ମାନବଧର୍ମ ପ୍ରତିଷ୍ଠା ହୋଇପାରିବ ଓ ସମଗ୍ର ମାନବସମାଜ ସଂହତି, ମୈତ୍ରି ଓ ଭ୍ରାତୃତ୍ୱର ଭିତ୍ତିଭୂମି ଉପରେ ସୁସ୍ଥ ଭାବେ ବିକଶିତ ହେବ, ତାହାହିଁ ଏତାଦୃଶ ରଚନାର ଉଦ୍ଦେଶ୍ୟ।

ମଣିଷକୁ ବିବିଧ ଭୟ ଓ ସଂସ୍କାରରୁ ମୁକ୍ତିଦେବା ମଧ୍ୟ ସାଂପ୍ରତିକ ଲେଖମାନଙ୍କର ଅନ୍ୟତମ ଲକ୍ଷ୍ୟ ଓ ଆଦର୍ଶ। କାରଣ "ମୃତ୍ୟୁଭୟ ମଣିଷକୁ ଯେ କେବଳ ଅତି ଉଚ୍ଚକୋଟୀର ବୀରତ୍ୱ ଦେଖାଇବାରୁ, ଯୀଶୁ ବା ସକ୍ରେଟିସ୍‌ଙ୍କ ଭଳି ଶହୀଦ ହେବାରୁ ରୋକେ ତାହା ନୁହେଁ, ଜୀବନକୁ ପୂର୍ଣ୍ଣ ଭାବରେ ଉପଭୋଗ କରିବାରେ ତାହା ମଧ୍ୟ ବାଧା ଦିଏ।"(୩୩)

ସାମାଜିକ ଭୟ, ସରକାରୀ ଦମନ ପ୍ରତି ଭୟ, ନୂତନ ଚିନ୍ତା ଓ ଭାବର ଭୟ, ସଂସ୍କାରର ଭୟ ଆଜିର ମଣିଷକୁ ବହୁଭାବରେ ଦହଗଞ୍ଜ କରୁଅଛି। ଫଳରେ ସମାଜରେ ସୌହାର୍ଦ୍ଦ୍ୟ, ବୁଝାମଣା ଓ ପ୍ରସନ୍ନତାର ଅଭାବ ପରିଲକ୍ଷିତ ହେଉଅଛି। ଏହା ଫଳରେ ମଣିଷ ଏକ ଟିଣ ବା କାଠ ତିଆରି କଣ୍ଢେଇଭଳି ବ୍ୟବହାର କରୁଅଛି। ତାର ମାନସିକ ସ୍ୱାସ୍ଥ୍ୟ ଦିନକୁ ଦିନ ଭାଙ୍ଗିପଡୁଅଛି।

ଧନୀ ଓ କ୍ଷମତାଲୋଭୀମାନଙ୍କ ଦ୍ୱାରା ସମାଜର ଶିକ୍ଷା ସେମାନଙ୍କ ପ୍ରଚାରମାଧ୍ୟମରେ କଳୁଷିତ ହେଉଅଛି। ଶିକ୍ଷା ଏବଂ ଶିକ୍ଷାର ମାଧ୍ୟମ ସ୍ୱାର୍ଥପର ଗୋଷ୍ଠୀର

---

୩୧. 'ହାଟବଜାରରେ ବ୍ରହ୍ମଜ୍ଞାନ' - ମନମୋହନ ଚୌଧୁରୀ, ପୃ.୧୦
ରାଷ୍ଟ୍ରଭାଷା ସମବାୟ ପ୍ରକାଶନ, କଟକ

୩୨. 'ହାଟବଜାରରେ ବ୍ରହ୍ମଜ୍ଞାନ' - ମନମୋହନ ଚୌଧୁରୀ, ପୃ.୧୪

୩୩. ତତ୍ରୈବ - ପୃ.୧୫୫

ସ୍ୱାର୍ଥରକ୍ଷା ନିମନ୍ତେ ଯେତେବେଳେ ବ୍ୟବହୃତ ହୁଏ ସେତେବେଳେ ଏହା ଦେଶର ଆତ୍ମହତ୍ୟା ସଙ୍ଗେ ସମାନ ବୋଲି କୁହାଯାଇଥାଏ। ଦେଶର ସଂଗଠନ ଓ ବିକାଶକ୍ରମରେ ଶିକ୍ଷାର ସର୍ବାଧିକ ସଦୁପଯୋଗ ହେବା ଆବଶ୍ୟକ, ତେବେ ଯାଇ ଦେଶ ତଥା ଦେଶବାସୀ ଶିକ୍ଷାଦ୍ୱାରା ଉପକୃତ ହୋଇପାରିବେ। ମାତ୍ର "ଏ ଦେଶରେ ଏବେ ଦୁଇଟି ଜାତି ଦେଖାପଡୁଛନ୍ତି, ପାଠୁଆ ଓ ଅପାଠୁଆ। ଏ ଦୁଇଜାତି ଭିତରେ ତଫାତ୍‌ର ଦୁଇଟି ଚିହ୍ନ ଅଛି। ଗୋଟିଏ ପୋଷାକ, ଅନ୍ୟଟି ଭାଷା। ଯେ ପ୍ୟାଣ୍ଟ୍ କୋଟ୍ ପିନ୍ଧିଛନ୍ତି, ଇଂରେଜୀ ଜାଣିଛନ୍ତି, ସେ ବଡ ଜାତି, ସେ ଭୋକ୍ତା। ଯେ ଧୋତି ପିନ୍ଧିଛନ୍ତି, ଇଂରେଜୀ ଜାଣିନାହାଁନ୍ତି, କାବ୍ୟ, ପୁରାଣ ଶାସ୍ତ୍ର ଯେତେ ଜାଣିଲେ ବି ସେ ଛୋଟ ଜାତି, ସେ ଭୋଜ୍ୟ। x x x ଗଣତନ୍ତ୍ର ସଂସାରରେ କାହା ଘରେ କିଏ କଣ କଲା ସେଥିପାଇଁ କାହାରି ଚିନ୍ତା ନାହିଁ। କିନ୍ତୁ ଗାଁଗହଳରେ ଯାହାଙ୍କୁ ଦେଖି ଆମେ ଜନତା-ଜନାର୍ଦ୍ଦନ କହି ହାତ ଉଠାଉଛୁ, ତାଙ୍କ ଆମ ଭିତରେ ଇଂରେଜୀ ଗୋଟାଏ ଅଭ୍ରଭେଦୀ ପାଚେରି ହୋଇ ନରହୁ; ଆମ ମାତୃଭାଷା, ଆମ ମାୟାମମତା ଓ ଶାସନର ପ୍ରକାଶ ମାଧ୍ୟମରେ ପରିଣତ ହେଉ।"(୩୪)

ଗତାନୁଗତିକତାରୁ ମୁକ୍ତି, ଶିକ୍ଷା, ସମାଜ ଓ ଜୀବନଯାତ୍ରାରେ ନୂତନ ଜୀବନଉତ୍ତାପ ପାଇଁ କେତେକ ସାଂପ୍ରତିକ ପ୍ରାବନ୍ଧିକ ଏ ସମ୍ପର୍କରେ ବଳିଷ୍ଠ ଓ ଯଥାର୍ଥ ଯୁକ୍ତି ଉପସ୍ଥାପନା କରିଅଛନ୍ତି: "ଗତ ଅଠରବର୍ଷ ମଧ୍ୟରେ ଓଡିଶାରେ ମଣିଷ ଗଢିବାର ଉଦ୍ୟମ ଅତି କମ୍ ହୋଇଛି, କଳହ ଅନେକ ହୋଇଛି, ନାନା ବିଦ୍ୱେଷକୁ ଏଠି ପାରସ୍ପରିକ ସମ୍ବନ୍ଧର ସର୍ବପ୍ରଧାନ ନିର୍ଣ୍ଣାୟକ ବୋଲି ଗ୍ରହଣ କରାଯାଇଚି। ପାଟିତୁଣ୍ଡ ଓ ନଗରସଂକୀର୍ତ୍ତନ ଖୁବ୍ ହୋଇଛି। ଶିକ୍ଷାକୁ ବଦଳାଇଦେବାର ଭ୍ରମ ଉପୁଜାଇ ଶିକ୍ଷା-ଶାସନର କର୍ତ୍ତାମାନେ ଶିକ୍ଷାର ଭେକ, ଛାଞ୍ଚ ଓ ନିୟମମାନ ବଦଳାଇଛନ୍ତି ଏବଂ ସେତିକିରେ ସବୁ କାମ ସରିଗଲା ବୋଲି ଭାବୁଛନ୍ତି। କିନ୍ତୁ ତଥାପି ଯାହା ବଦଳିବାର କଥା ତାହା ବଦଳିନାହିଁ। ଶାସକ ଓ ଶାସିତ ଭିତରେ ଓଡିଶାରେ କୋଡିଏ ବର୍ଷ ତଳେ ଯେଉଁ ଦୂରତା ଥିଲା, ତାହା ଆଜି ମଧ୍ୟ ରହିଚି। ନେତା ଓ ଜନତା ଭିତରେ ଯେଉଁ ଦୂରତା ଥିଲେ, ତାହା ଆଜି ମଧ୍ୟ ରହିଚି। ନେତା ଓ ଜନତା ଭିତରେ ଯେଉଁ ଦୂରତା ଥିଲା ତାହା ଆଜି ମଧ୍ୟ ରହିଛି। ଶିକ୍ଷକ ଓ ଛାତ୍ର ମଧ୍ୟରେ ସେଦିନ ଯେଉଁ ଦୂରତା ଥିଲା, ତାହା ଆଜି ମଧ୍ୟ ରହିଛି।"(୩୫)

ଗଣତନ୍ତ୍ରରେ ପୁଞ୍ଜିବାଦର ଅବୈଧ ପ୍ରବେଶ ଗଣତାନ୍ତ୍ରିକ ଚେତନାକୁ ଦୂଷିତ କରୁଅଛି. ପୁଞ୍ଜିବାଦୀର ସ୍ୱାର୍ଥପର ଦର୍ଶନ 'କେହି କାହା ପାଇଁ ସହାନୁଭୂତି ଦେଖାଇବାକୁ

---

୩୪. 'ବିଚାର ଆଲୋଚନା' - ଡଃ ଗୋଲୋକବିହାରୀ ଧଳ।
୩୫. 'ଜୀବନ-ବିଦ୍ୟାଳୟ', ଦ୍ୱିତୀୟ ଭାଗ - ଚିତ୍ତରଞ୍ଜନ ଦାସ।

ଛିଡା ହେବେ ନାହିଁ' (Each one for himself, let devil take the hind most) ନୀତି ଗଣତନ୍ତ୍ରର ଭ୍ରାତୃତ୍ୱବୋଧକୁ ବିପନ୍ନ କରିଛି । ଆଜିର କେତେକ ପ୍ରାବନ୍ଧିକଙ୍କ ରଚନାରେ ଏହି ଭାବନାର ପ୍ରତିଫଳନ ମଧ୍ୟ ଦେଖିବାକୁ ମିଳେ ।

ମଣିଷର ଧର୍ମ, ତାହାର ସ୍ୱାଧୀନତା ଓ ସୁଖ ଉପରେ ଆକ୍ରମଣ ବିରୁଦ୍ଧରେ ସ୍ୱର ଉତ୍ତୋଳନ କରିବା ହୋଇଛି କେତେକ ପ୍ରାବନ୍ଧିକଙ୍କର ଧର୍ମ: "ମଣିଷର ସ୍ୱାଧୀନତା ପ୍ରତି ବିପଦ ଆଜି ବନ୍ଧୁକ, ହାତକଡି ଓ ଜେଲ ଯେତେ ନୁହନ୍ତି, ଟେଲିଭିଜନ୍, ରେଡିଓ ଓ ଖବରକାଗଜ ତାଠୁ ବେଶି ।" (୩୬) ସଭ୍ୟତା ଓ ଆଧୁନିକତା ନାମରେ ମଣିଷକୁ କିଭଳି ଦୁର୍ବଳ ଓ ପଙ୍ଗୁ କରିଦିଆଯାଉଅଛି ତାହା ପ୍ରତି ଆକ୍ଷେପ ଏଥିରେ ପ୍ରକାଶିତ । ଏ ସମସ୍ତ ପ୍ରତି ସତର୍କ ରହିବା ଓ ମଣିଷର ବ୍ୟକ୍ତିତ୍ୱ ଓ ବିଶ୍ୱାସକୁ ସବଳ କରିବା ଉଦ୍ଦେଶ୍ୟରେ ହିଁ ଏହା ଲିଖିତ ।

ଭାରତର ସ୍ୱାଧୀନତାପ୍ରାପ୍ତି ପରେ ଗାନ୍ଧୀବାଦର ଅବକ୍ଷୟ, ଜାତୀୟ ଜୀବନରେ ଏହାର ଅପପ୍ରୟୋଗ ଓ ନେତୃସ୍ଥାନୀୟ ବ୍ୟକ୍ତିମାନଙ୍କ ଯୋଗୁ ଏହା କିପରି କଳୁଷିତ ହୋଇଅଛି ତାହା କେତେକ ପ୍ରାବନ୍ଧିକଙ୍କ ରଚନାରେ ଅଭିବ୍ୟକ୍ତ: "ଗାନ୍ଧୀ ମହାରାଜଙ୍କ ଶିଷ୍ୟ, ସେମାନଙ୍କ ମଧ୍ୟରେ କେହି ଧନୀ, କିଏ ବା ନିତାନ୍ତ ଗରିବ; କିନ୍ତୁ ଗୋଟିଏ ସ୍ଥାନରେ ମେଳ ରହିଯାଇଛି । ସେମାନେ ଗରିବକୁ ମାରି ପେଟ ପୁରାନ୍ତି ନାହିଁ, ଲୋକଙ୍କ ପାଖରେ ମୁଣ୍ଡ ନୁଆନ୍ତି ନାହିଁ, ଆତଙ୍କରେ ସେମାନଙ୍କ ମୁହଁ କେବେ କଳାପଡିଯାଏ ନାହିଁ x x x ସେମାନେ ସିଧାସଳଖ କଥା କହନ୍ତି, ସେମାନଙ୍କ ସରଳତା ସ୍ୱଚ୍ଛ, ସେମାନେ କୂଟକପଟତା ବା ଡିପ୍ଲୋମସିର ଧାର ଧାରନ୍ତି ନାହିଁ" (୩୭) ।

ରାଜନୀତିରେ ଭୀରୁତା, ସାହିତ୍ୟରେ ଭୀରୁତା, ସମ୍ପର୍କସ୍ଥାପନରେ ଭୀରୁତା ଯୋଗୁ ସମାଜରେ ସୃଷ୍ଟି ହୋଇଥିବା ଅବିଶ୍ୱାସ ଓ କପଟତା ବିଷୟରେ ଏ ଯୁଗର ଲେଖକ ସଚେତନ । ସୁସ୍ଥ ସାମାଜିକ ଜୀବନପଥରେ ଏଗୁଡିକ କିପରି ଅନ୍ତରାୟ ସ୍ୱରୂପ ତାହା ସେମାନେ ଦର୍ଶାଇବାକୁ ପଶ୍ଚାତ୍‌ପଦ ହୋଇନାହାନ୍ତି । "ମଣିଷ ପାଖରେ ଭୀରୁତା ଓ ଭଗବାନଙ୍କ ପାଖରେ ଭୀରୁତା, ଆପଣାଠାରୁ ବଡମାନଙ୍କ ପାଖରେ ଲାଙ୍ଗୁଳଜକା ଭୀରୁତା ଓ ଆପଣାଠାରୁ ନ୍ୟୁନମାନଙ୍କଠାରେ ତୋଡଦେଖା ଭୀରୁତା" (୩୮) ଦୁଇଟି ମଧ୍ୟରେ

---

୩୬. 'ହାଟବଜାରରେ ବ୍ରହ୍ମଜ୍ଞାନ' - ମନମୋହନ ଚୌଧୁରୀ, ପୃ.୨୪୮

୩୭. 'ଗାନ୍ଧୀମହାରାଜାଙ୍କ ଶିଷ୍ୟ' - ଉଦୟନାଥ ଷଡଙ୍ଗୀ, ପୃ.୨, ସତ୍ୟବାଦୀ ପ୍ରେସ୍, କଟକ ।

୩୮. 'ଜାତିରେ ମୁଁ ଯବନ' - ଚିତ୍ତରଞ୍ଜନ ଦାସ, ପୃ.୫୨ ।

କୌଣସି ପାର୍ଥକ୍ୟ ନାହିଁ। ଆଧୁନିକ ମଣିଷ ସ୍ୱୀୟ ନୀତିହୀନତାକୁ ଲୁଚାଇ ରଖିବାପାଇଁ ଉପର୍ଯ୍ୟୁକ୍ତ ପ୍ରକାରେ ବ୍ୟବହାର ଦେଖାଉଛି।

ମିଥ୍ୟା ଜାତ୍ୟାଭିମାନ, ଧର୍ମାନ୍ଧତା, ନିଜର ସୁରକ୍ଷା ନିମନ୍ତେ ଧର୍ମ ଓ ଜାତିକୁ ବ୍ୟବହାର କରିବା, ଭକ୍ତି ନାମରେ ଭଣ୍ଡତା, ସାହିତ୍ୟ-କଳା-ସଂସ୍କୃତିକୁ ବ୍ୟବସାୟିକ ବୃତ୍ତିରୂପେ ବ୍ୟବହାର କରିବାର ପ୍ରବୃତ୍ତିଗୁଡ଼ିକୁ କେତେକ ପ୍ରାବନ୍ଧିକ ଯୁକ୍ତିଯୁକ୍ତ ଭାବରେ ଉପସ୍ଥାପିତ କରିଅଛନ୍ତି ଓ ଏହାର ସମାଲୋଚନା ମଧ୍ୟ କରିଅଛନ୍ତି। ଏକ ନୂତନ ସାମାଜିକ ମୂଲ୍ୟବୋଧର ପ୍ରତିଷ୍ଠା ଉଦ୍ଦେଶ୍ୟରେ ଜାତିଗତ ବିଚାରମୁକ୍ତ ବ୍ୟକ୍ତି ବା 'ଯବନ' ହିଁ ସମାଜର ପ୍ରକୃତ ମିତ୍ର - ଏହା ପ୍ରାବନ୍ଧିକ ଚିତ୍ତରଞ୍ଜନଙ୍କ ରଚନାରେ ଅଭିବ୍ୟକ୍ତ ହୋଇଅଛି। ଏହି 'ଯବନ'ର ବ୍ୟାଖ୍ୟା କରି ପ୍ରାବନ୍ଧିକ କହିଛନ୍ତି 'ସେ ପ୍ରତିଷ୍ଠିତର ଭକ୍ତ ନୁହେଁ, ଅନାଗତର ଭକ୍ତ'। "ଯୁଗ ଏମାନଙ୍କୁ ଅମାନିଆଁ କହି ଶାସ୍ତିଦେବାକୁ ବାହାରେ; ମାତ୍ର ଏଇମାନେ ହିଁ ଯୁଗର ଅସଲବନ୍ଧୁ। ଆପଣା ସହିତ ଯୁଗଟାକୁ ଆଗେଇନେବାକୁ ସେମାନେ ପ୍ରସ୍ତୁତ। ଯୁଗକୁ ବଦଳାଇବାରେ ଏହି ଯବନମାନେ ହିଁ ମାଧ୍ୟମ ହୋଇଥାଆନ୍ତି" ବୋଲି ପ୍ରାବନ୍ଧିକ ମତ ପ୍ରକାଶ କରିଅଛନ୍ତି (୩୯)।

ସ୍ୱାଧୀନତା ପରବର୍ତ୍ତୀ କାଳରେ ଆମର ସାହିତ୍ୟ, ରାଜନୀତି ଓ ଜୀବନ କ୍ଷେତ୍ରରେ ଏକ ଶୂନ୍ୟତା ଅନୁଭୂତ ହେଉଛି ବୋଲି କେତେକ ପ୍ରାବନ୍ଧିକ ଯଥାର୍ଥତଃ ମତ ବ୍ୟକ୍ତ କରିଅଛନ୍ତି। ଲେଖକଙ୍କ ମତରେ, ଜନସାଧାରଣଙ୍କ ମନରେ ଏବେ ମଧ୍ୟ ଅର୍ଥ, ପ୍ରତିପତ୍ତି, ଜାତ୍ୟାଭିମାନ ପୂର୍ବପରି ବସାବାନ୍ଧି ରହିଛି। ସେହି କ୍ଷୁଦ୍ରତାରୁ ଊର୍ଦ୍ଧ୍ୱକୁ ଉଠିବା ସମ୍ଭବ ହେଉନାହିଁ; କାରଣ ସବୁ ଉପରେ ଭାବୁଭାବ, ମୁଁ ଅନ୍ୟମାନଙ୍କଠାରୁ ବଡ ଓ ଭିନ୍ନ, ଆହୁରି ବଡ ଓ ଭିନ୍ନ ହେବାର ଲାଳସା 'ମୁଁ'ର ଖୋଳ ଭିତରୁ ଯିବାକୁ ଦେଉନାହିଁ। ଖବରକାଗଜରେ ପ୍ରତ୍ୟହ ଢଳଢଳ ଚିତ୍ର ଶୋଭା ପାଇବାର ଲାଳସା ଓ ଜଗତର ନାନା ଅଧର୍ମ ମଧ୍ୟରେ ଆପଣାକୁ 'ଧର୍ମବକ' ରୂପରେ ଦେଖେଇ ହବାର କାମନା ହିଁ ମଣିଷଜାତି ମଧ୍ୟରେ ତିକ୍ତଭାବ ସୃଷ୍ଟିର ମୂଳକାରଣ। 'ବସୁଧୈବ କୁଟୁମ୍ବକଂ', ଆମେ ସମସ୍ତେ ଏହି 'ବସୁଧା' ପରିବାରର ଜଣେ ଜଣେ ସଭ୍ୟ, ଆମେ ସମସ୍ତେ ଭ୍ରାତୃତ୍ୱର ମହାନ୍ ଡୋରିରେ ବନ୍ଧା ଆଦି ଯେତେ ତତ୍ତ୍ୱ ଅନୁଶୀଳନ କଲେ ମଧ୍ୟ ଜୀବନର ଶେଷ ମୁହୂର୍ତ୍ତ ପର୍ଯ୍ୟନ୍ତ ନାନା ବିକାର ଓ ନିଃସାରତା ମଧ୍ୟରୁ ଆମେ ନିଜକୁ ମୁକ୍ତ କରିପାରୁନାହୁଁ। ବିଶେଷତଃ କ୍ଷମତାସୀନ ବ୍ୟକ୍ତିବିଶେଷ ଆପଣା ମୃତ୍ୟୁର ପୂର୍ବ ମୁହୂର୍ତ୍ତ ପର୍ଯ୍ୟନ୍ତ ଜୀବନସାରା ପିନ୍ଧିଥିବା ଖୋଳଟିକୁ ଜାବୁଡ଼ିଧରିଥାଆନ୍ତି, ପୁରୁଣା କାତିର ବୋଝଗୁଡ଼ିକୁ ଖସାଇ ମଣିଷପଣର ଖୋଳ ଧାରଣ କରିବାକୁ ସେମାନେ

---

୩୯. 'ଜାତିରେ ମୁଁ ଯବନ'- ଚିତ୍ତରଞ୍ଜନ ଦାସ, ପୃ. ୨୯।

ଏକାନ୍ତ ନାରାଜ। ବର୍ତ୍ତମାନ ଜୀବନରେ ଦେଖାଦେଇଥିବା ଏହି ମିଥ୍ୟାଚାରଗୁଡ଼ିକୁ ଆମ ଆଗରେ ସରସ ଭାବରେ ଉପସ୍ଥାପିତ କରି ଆମକୁ ବିଚାରବନ୍ତ ହେବାପାଇଁ କେତେକ ପ୍ରାବନ୍ଧିକ ପରାମର୍ଶ ଦେଇଅଛନ୍ତି: "ବଡଲୋକ ହୋଇଥିବା ବାବୁ ଯଦି ତା ସମେତ ଆମେ ଦିନେନା ଦିନେ ଅବଶ୍ୟ ମରିବା ବୋଲି ବିଶ୍ୱାସ କରୁଥାଆନ୍ତେ, ତେବେ ଆପଣା ବାସସ୍ଥାନ ତଳେ ଏତେବଡ ଗୋଟାଏ ଗାଡ ଖୋଳି ସିଏ ପାହାଡ ପ୍ରମାଣ ସୁନାରୁପା ଏବଂ ମହଣ ମହଣ ଦୁଷ୍ପ୍ରାପ୍ୟ ଦ୍ରବ୍ୟକୁ ପୋତିକରି ରଖିପାରୁଥାନ୍ତା କିପରି ? ଅଫିସର ହୋଇ ବସିଥିବା ବାବୁ ଯଦି x x x ମାଟିକୁ ଓହ୍ଲାଇ ଆସନ୍ତା, ଆମରି ଲୋକ ପରି ଦିଶନ୍ତା, ଆମର ଜୀବନରେ। ଆମ ଅର୍ଜନ ତଥା କଷଣରେ ସିଏ ମଧ୍ୟ ଅଂଶୀଦାର ହୁଅନ୍ତା ଓ ସେଇଥରୁ ହିଁ ଆନନ୍ଦ ଅନୁଭବ କରନ୍ତା; ତଣ୍ଟି ଉପରୁ ବୋତାମଟା ଫିଟାଇ ଦେଇ ସିଏ କେଡେ ହାଲୁକା ଓ ସହଜ ହୋଇ ବସିପାରନ୍ତା। ଶିକ୍ଷା ଯନ୍ତ୍ରୀ ଓ ଶିକ୍ଷାବିତ୍ ବାବୁମାନେ ଯଦି x x x ଆମ ସମସ୍ତଙ୍କ ସହ ଏକାଠି ମିଶି ଏହି ଧୂଳି ଉପରେ ଫୁଲ ଫୁଟାଇବାରେ ସହଯୋଗ କରନ୍ତେ x x x ଶିକ୍ଷିତ ରୁଚି ବୋଲି ଆମ ଜଳବାୟୁରେ ଏକ ପ୍ରତ୍ୟୟ ଆଣିଦେଇପାରନ୍ତେ, ଆମ ସାହିତ୍ୟିକ ବାବୁମାନେ ଯଦି ସେହି ସନ୍ଦର୍ଭଟି ଉପରେ ଆପଣାକୁ ଠିଆକରି ସାହିତ୍ୟରେ ବିଚରଣ କରି ଜାଣନ୍ତେ, ତେବେ ସେମାନଙ୍କର ଏ ଅହଙ୍କାରିଆ ଗୋଷ୍ଠୀହୁରୁଡା ଦୋଷଗୁଡାକ ଆଉ କୁଆଡୁ ରହିପାରନ୍ତା।"(୪୦)

ରୁଚୀପୂର୍ଣ୍ଣ ସୁସ୍ଥ ସମାଜ ଗଠନ ଉଦ୍ଦେଶ୍ୟରେ ଏକ ଜାତି-ଶ୍ରେଣୀ-ସଂପ୍ରଦାୟ-ଭେଦହୀନ ସମାଜର ପରିକଳ୍ପନା ଓ ଗତାନୁଗତିକ ସାମାଜିକ ବ୍ୟବସ୍ଥା ବିରୁଦ୍ଧରେ ଏହିଭଳି ବଳିଷ୍ଠ ଓ ବିଚାର ପ୍ରଣୋଦିତ ସ୍ୱର ଉତ୍ତୋଳନ ସ୍ୱାଧୀନତା ପରବର୍ତ୍ତୀ କାଳରେ ହିଁ ସମ୍ଭବ ହୋଇଅଛି। ଏହା ହିଁ ଜାତୀୟଚେତନାର ନବ ରୂପାନ୍ତର।

■

୪୦. 'ଜାତିରେ ମୁଁ ଯବନ' - ଚିତ୍ତରଞ୍ଜନ ଦାସ, ପୃ.୧୯୪-୧୯୫।

ସହାୟକ ପୁସ୍ତକାବଳୀ : ଓଡିଆ

୧।	ଅଗ୍ନିପୁରାଣ	
୨।	ଅଥର୍ବବେଦ	
୩।	ଅଲୀ ଶେଖ ମତଲୁବ	ଝେଲମ୍ ତୀରେ
୪।	ଆଚାର୍ଯ୍ୟ ପ୍ୟାରୀମୋହନ	ଓଡିଶାର ଇତିହାସ
୫।	ଆଚାର୍ଯ୍ୟ ବୃନ୍ଦାବନ	ଓଡିଆ ସାହିତ୍ୟର ସଂକ୍ଷିପ୍ତ ପରିଚୟ
୬।	ଆଚାର୍ଯ୍ୟ ବୃନ୍ଦାବନ	ସତ୍ୟବାଦୀ ଯୁଗ
		ଗୋଦାବରୀଶ ମହାପାତ୍ର ପରିକ୍ରମା
୭।	ଆଚାର୍ଯ୍ୟ ରାମଚନ୍ଦ୍ର	ବୀର ଓଡିଆ
		ପୀୟୂଷ ପ୍ରବାହ
		କମଳକୁମାରୀ
		ବୀରାଙ୍ଗନା
		ଅହଲ୍ୟାବାଈ
୮।	ଉତ୍କଳ ବିଶ୍ୱବିଦ୍ୟାଳୟ ପ୍ରକାଶନ	ସାହିତ୍ୟ ପ୍ରବେଶ
		ଗଦ୍ୟ ସଂଚୟନ
୯।	କର ବିଶ୍ୱନାଥ	ବିବିଧ ପ୍ରବନ୍ଧ
୧୦।	କାନୁନ୍‌ଗୋ ବିନୋଦ	ଜ୍ଞାନମଣ୍ଡଳ
୧୧।	ଗଡନାୟକ ରାଧାମୋହନ	ଗଡନାୟକ ଗ୍ରନ୍ଥାବଳୀ
		ସୂର୍ଯ୍ୟ ଓ ଅନ୍ଧକାର
୧୨।	ଗରୁଡ ପୁରାଣ	
୧୩।	ଚଇନି ରତ୍ନାକର	ଓଡିଆ ନାଟକର ଉଦ୍ଭବ ଓ ବିକାଶ
୧୪।	ଚୌଧୁରୀ ମନମୋହନ	ହାଟବଜାରର ବ୍ରହ୍ମଜ୍ଞାନ (ରାଷ୍ଟ୍ରଭାଷା ସମବାୟ ପ୍ରକାଶନ)
୧୫।	ଛୋଟରାୟ ଗୋପାଳ	ପରକଲମ
୧୬।	ତ୍ରିପାଠୀ କୁଞ୍ଜବିହାରୀ (ସଂପାଦନା)	ଓଡିଆ ସାହିତ୍ୟ ସମୀକ୍ଷଣ
୧୭।	ତ୍ରିପାଠୀ କୃଷ୍ଣଚନ୍ଦ୍ର	କୃଷ୍ଣଚନ୍ଦ୍ର ଗ୍ରନ୍ଥାବଳୀ

୧୮।	ତ୍ରିଭୁବନଦେବ ସଚ୍ଚିଦାନନ୍ଦ	ସଚ୍ଚିଦାନନ୍ଦ ଗ୍ରନ୍ଥାବଳୀ
୧୯।	ଦାଶ କୁଞ୍ଜବିହାରୀ	ସମାଲୋଚନା
		ଓଡିଆ ସାହିତ୍ୟର ଭୂମି ଓ ଭୁମିକା
		ସାହିତ୍ୟିକ
		ବୀରଶ୍ରୀ
୨୦।	ଦାସ ଚିତ୍ତରଞ୍ଜନ	ଜାତିରେ ମୁଁ ଯବନ
		ଜୀବନ-ବିଦ୍ୟାଳୟ
		ଶିଳା ଓ ଶାଳଗ୍ରାମ
		ତରଙ୍ଗ ଓ ତଡିତ୍
୨୧।	ଦାଶ ଚିନ୍ତାମଣି	ଓଡିଆ ଉପନ୍ୟାସ ସାହିତ୍ୟ
		ସାହିତ୍ୟ-ସାଧକ ଫକୀରମୋହନ
୨୨।	ଦାସ ଗୋପବନ୍ଧୁ	ଗୋପବନ୍ଧୁ ରଚନାବଳୀ
		କାରାକବିତା
		ଧର୍ମପଦ
		ବନ୍ଦୀର ଆତ୍ମକଥା
୨୩।	ଦାସ ବୀରକିଶୋର	ଜାତୀୟ ସଂଗୀତ
	(ଜାତୀୟ କବି)	ମୋହନବଂଶୀ
୨୪।	ଦାସ ବୀରକିଶୋର	ଆଲୋଚନା ସାହିତ୍ୟ
୨୫।	ଦାସ ଗୋପାଳବଲ୍ଲଭ	ଭୀମଭୂୟାଁ
୨୬।	ଦାସ ତାରିଣୀଚରନ	କଳା ଓ ସାହିତ୍ୟ
		ନୂତନ ସମୀକ୍ଷା
		ସମୀକ୍ଷାୟନ
୨୭।	ଦାସ ଦାଶରଥି	କାବ୍ୟସଂବାଦ
		ସାହିତ୍ୟ ସନ୍ଧାନ
୨୮।	ଦାସ ଧନେଶ୍ୱର	ଖାରବେଳ
୨୯।	ଦାସ ନବକିଶୋର	ଉତ୍କଳଗୌରବ ମଧୁସୂଦନ
୩୦।	ଦାସ ନନ୍ଦକିଶୋର	ମୋ ଜୀବନ ଓ ଜଞ୍ଜାଳ କାହାଣୀ
୩୧।	ଦାସ ନୀଳକଣ୍ଠ	ନୀଳକଣ୍ଠ ଗ୍ରନ୍ଥାବଳୀ
		ଓଡିଆ ସାହିତ୍ୟର କ୍ରମପରିଣାମ
୩୨।	ଦାସ ବଳରାମ	ଦାଣ୍ଡୀ ରାମାୟଣ

୩୩।	ଦାସ ବ୍ରହ୍ମାନନ୍ଦ	ସୃଷ୍ଟି ଓ କୃଷ୍ଟି
୩୪।	ଦାସ ମନୋରଞ୍ଜନ	ବକ୍‌ସି ଜଗବନ୍ଧୁ
		ଆଗାମୀ
		ଅଗଷ୍ଟ ନ'
		ଅବରୋଧ
		ମହାସମୁଦ୍ର (ଏକାଙ୍କିକା)
୩୫।	ଦାସ ମନ୍ମଥନାଥ	ଅସ୍ତରାଗ
୩୬।	ଦାସ ମଧୁସୂଦନ	ବକ୍ତୃତା ଓ ଗୀତ
		ଜାତୀୟଗୀତ
୩୭।	ଦାସ ମନୋଜ	କଥା ଓ କାହାଣୀ
୩୮।	ଦାଶ ଶୂର୍ଯ୍ୟନାରାୟଣ	ଓଡିଆ ସାହିତ୍ୟର ଇତିହାସ- ୧ମ ଭାଗ,
		୨ୟ ଭାଗ ଓ ୩ୟ ଭାଗ
		ଊନବିଂଶ ଶତାବ୍ଦୀର ଓଡିଶା
୩୯।	ଦାସ ସାରଳା	ମହାବାରତ-ବିରାଟ ପର୍ବ,
		ଆଦିପର୍ବ, ଶାନ୍ତିପର୍ବ
୪୦।	ଦେବ ବୀରବିକ୍ରମ	ଉତ୍କଳ ଦୁର୍ଦ୍ଦଶା
୪୧।	ଧଳ ଗୋଲୋକବିହାରୀ	ବିଚାର ଆଲୋଚନା
୪୨।	ନନ୍ଦଶର୍ମା ଗୋପୀନାଥ	ଓଡିଆ ଭାଷାତତ୍ତ୍ୱ
		ଶ୍ରୀଭାରତଦର୍ପଣ
୪୩।	ପଟ୍ଟନାୟକ କାଳୀଚରଣ	ରକ୍ତମାଟି, ଭାତ
		ଅଭିଯାନ,ବେକାର
		ଗାର୍ଲସ୍କୁଲ୍
୪୪।	ପଟ୍ଟନାୟକ କୃଷ୍ଣମୋହନ	କୃଷ୍ଣମୋହନ ଗ୍ରନ୍ଥାବଳୀ
୪୫।	ପଟ୍ଟନାୟକ ଗୁରୁଚରଣ	ଓଡିଆ ସାହିତ୍ୟର ମତି ଓ ଗତି
୪୬।	ପଟ୍ଟନାୟକ ପଠାଣି	ଓଡିଆ ସାହିତ୍ୟର ଇତିହାସ
		ସମାଜ ଓ ସାହିତ୍ୟ
		ଓଡିଆ ସାହିତ୍ୟର ଭୂମିକା
		ଓଡିଆ ଉପନ୍ୟାସ ସାହିତ୍ୟର ପରିଚୟ
		(ସଂପାଦନା)

୪୭ ।	ପଟ୍ଟନାୟକ ପ୍ରାଣନାଥ	ଆସନ୍ତାକାଲିର ସାହିତ୍ୟ ଭୁବନେଶ୍ୱର, ୧୯୭୦
୪୮ ।	ପଟ୍ଟନାୟକ ଦେବୀପ୍ରସନ୍ନ	କବିଲିପି ସାହିତ୍ୟ ଦୀକ୍ଷା ଓଡିଆ ସାହିତ୍ୟର ଐତିହାସିକ ଆଲୋଚନା (ଝଙ୍କାର ୧୦/୧ ପୃ.୭୭)
୪୯ ।	ପଟ୍ଟନାୟକ ବିଭୁତି	ସାମ୍ପ୍ରତିକ ସାହିତ୍ୟ
୫୦ ।	ପଟ୍ଟନାୟକ ଭିକାରିଚରଣ	କଟକ ବିଜୟ
୫୧ ।	ପଟ୍ଟନାୟକ ସୁରେନ୍ଦ୍ରନାଥ	ଓଡିଶାରେ ସ୍ୱାଧୀନତା ଆନ୍ଦୋଳନ
୫୨ ।	ପଣ୍ଡା ଅନନ୍ତ ପ୍ରସାଦ	ଅନନ୍ତପ୍ରସାଦ ଗ୍ରନ୍ଥାବଳୀ
୫୩ ।	ପଣ୍ଡା ଅପର୍ଣ୍ଣା	କବିଜୀବନୀ
୫୪ ।	ପାଢୀ ବେଣୀମାଧବ	ଧୀ ଓ ଧୀଷଣା
୫୫ ।	ପାଣି ବୈଷ୍ଣବ	ବୈଷ୍ଣବ ପାଣି ଗ୍ରନ୍ଥାବଳୀ
୫୬ ।	ପାଣିଗ୍ରାହୀ କୃଷ୍ଣଚନ୍ଦ୍ର	ପ୍ରବନ୍ଧ ମାନସ ମୋ ସମୟର ଓଡିଶା
୫୭ ।	ପାଣିଗ୍ରାହୀ ଭଗବତୀଚରଣ	ଶିକାର ଓ ଅନ୍ୟାନ୍ୟ ଗଳ୍ପ ଅର୍ଥ ଓ ପରମାର୍ଥ (ନବଭାରତ, ୧୩୪୨, ବିଛା)
୫୮ ।	ପାଣିଗ୍ରାହୀ କାଳିନ୍ଦୀଚରନ	କାଳିନ୍ଦୀ ରଚନାଚୟ ସାହିତ୍ୟ ବିଚାର
୫୯ ।	ପାଣିଗ୍ରାହୀ ଚିନ୍ତାମଣି	ଯୁଗ-ସାହିତ୍ୟ
୬୦ ।	ପୂଜାରି ଉମାଚରଣ	ଓଡିଆ ସାହିତ୍ୟରେ ପାଶ୍ଚାତ୍ୟ ପ୍ରଭାବ
୬୧ ।	ପ୍ରଧାନ ପୀତାମ୍ବର	କଥାକାର ସୁରେନ୍ଦ୍ର ମହାନ୍ତି
୬୨ ।	ପ୍ରଧାନ ପ୍ରହ୍ଲାଦ	ସାହିତ୍ୟାୟନ
୬୩ ।	ପ୍ରହରାଜ ଗୋପାଳଚନ୍ଦ୍ର	ଭାଗବତଟୁଙ୍ଗୀର ସନ୍ଧ୍ୟା ବାଇ ମାହାନ୍ତି ପାଞ୍ଜି
୬୪ ।	ବଡାଳ ହରିଶ୍ଚନ୍ଦ୍ର	ଦେଶର ଡାକ
୬୫ ।	ବଳ ଗଙ୍ଗାଧର	ଆଲୋକ ଓ ଆଲୋଚନା ସାହିତ୍ୟ ଜିଜ୍ଞାସା
୬୬ ।	ବଳ ନନ୍ଦକିଶୋର	ନନ୍ଦକିଶୋର ଗ୍ରନ୍ଥାବଳୀ

୬୭।	ବର୍ମା ଜ୍ଞାନୀନ୍ଦ୍ର	ଜ୍ଞାନୀନ୍ଦ୍ର ଗ୍ରନ୍ଥାବଳୀ, ଭୁମିକା
୬୮।	ବେହେରା କୃଷ୍ଣଚରଣ	କଥା ସାହିତ୍ୟ
		ପ୍ରଗତି ସାହିତ୍ୟ ଓ ଅନ୍ୟାନ୍ୟ ପ୍ରବନ୍ଧ
		ଶ୍ରୀଜଗନ୍ନାଥ, ଓଡିଆ ସାହିତ୍ୟ ଏବଂ ଅନ୍ୟ ତିନୋଟି ପ୍ରବନ୍ଧ
୬୯।	ବେହେରା ଚିନ୍ତାମଣୀ	ବିଦଗ୍ଧ ପାଠକ
୭୦।	ବେହେରା ଭୁବନେଶ୍ୱର	ଶୁଣ ପରୀକ୍ଷ
		ସହାବସ୍ଥାନ
୭୧।	ବ୍ରହ୍ମପୁରାଣ	
୭୨।	ବ୍ରହ୍ମା ଗୌରୀକୁମାର	ଚିନ୍ତା ଓ ଚେତନା
		ସଂସ୍କୃତି ଓ ସାହିତ୍ୟ
୭୩।	ମହତାବ ହରେକୃଷ୍ଣ	ସାଧନାପଥେ
		ଗାଁ ମଜଲିସ୍
		ନୂତନ ଧର୍ମ
		ପ୍ରତିଭା
		ଟାଉଟର
		ଅବ୍ୟାପାର
		ଓଡିଆ ସାହିତ୍ୟ – ହଜାରେ ବର୍ଷର କାହାଣୀ (ଝଙ୍କାର ୨୧/୧୨, ପୃ.୨୩୨୪)
୭୪।	ମହାପାତ୍ର କୁଳମଣି	ଓଡିଆ ସାହିତ୍ୟର ଏକ ନବ ମୂଲ୍ୟାଙ୍କନ
୭୫।	ମହାପାତ୍ର କେଦାରନାଥ	ଖୁରୁଧା ଇତିହାସ
୭୬।	ମହାପାତ୍ର ଖଗେଶ୍ୱର	ସମାଲୋଚନାର ଦିଗଦିଗନ୍ତ
୭୭।	ମହାପାତ୍ର ଗୋଦାବରୀଶ	ଗୋଦାବରୀଶ ଲେକାବଳୀ
୭୮।	ମହାପାତ୍ର ଚକ୍ରଧର	ଉତ୍କଳ ଇତିହାସର ଏକ ଅଜ୍ଞାନ ଅଧ୍ୟାୟ
୭୯।	ମହାପାତ୍ର ଚନ୍ଦ୍ରଶେଖର	ଓଡିଶାର ପତ୍ରପତ୍ରିକା
		ସ୍ୱାଧୀନତା ସଂଗ୍ରାମ ଓ ପଣ୍ଡିତ ଗୋପବନ୍ଧୁ
୮୦।	ମହାପାତ୍ର ଲକ୍ଷ୍ମୀକାନ୍ତ	କାନ୍ତ ସାହିତ୍ୟମାଳା
୮୧।	ମହାପାତ୍ର ବାଇକୋଳି (ଜ୍ୟୋତିଷବିଶାରଦ)	ସ୍ୱାଧୀନତା ଆନ୍ଦୋଳନର ଇତିହାସ
		ନିତ୍ୟକର୍ମ-ଦର୍ପଣ

୮୨।	ମହାନ୍ତି କମଳଲୋଚନ	ଡାକବଙ୍ଗଳା
		କିରାଣି
		ଆଜାଦୀ
୮୩।	ମହାନ୍ତି କାହ୍ନୁ ଚରଣ	କାହ୍ନୁଚରଣ ଗ୍ରନ୍ଥାବଳୀ
୮୪।	ମହାନ୍ତି ଗୋପୀନାଥ	ମାଟିମଟାଳ
		ପରଜା
		ହରିଜନ
		ଦାନାପାଣି
୮୫।	ମହାନ୍ତି ଚିନ୍ତାମଣି	ଚିନ୍ତାମଣି ଗ୍ରନ୍ଥାବଳୀ-୧ମ ଓ ୨ୟ ଭାଗ
୮୬।	ମହାନ୍ତି ଡଃ ଜାନକୀବଲ୍ଲଭ	ଆଧୁନିକ ଓଡ଼ିଆ ସାହିତ୍ୟ
		ଆଧୁନିକ ଭାରତୀୟ ସାହିତ୍ୟ
		ନବଯୁଗର କବି ଓ କାବ୍ୟଧାରା
		ପ୍ରବନ୍ଧ ଧାରା
		ଓଡ଼ିଆ ସାହିତ୍ୟ ପରିକ୍ରମା
		କଳା ଓ କଳାକାର
		ସୃଷ୍ଟି ଓ ସମୀକ୍ଷା
୮୭।	ମହାନ୍ତି ଦେବେନ୍ଦ୍ର	ଓଡ଼ିଆ ଭାଷା ଓ ସାହିତ୍ୟ
		ଆଧୁନିକ ସାହିତ୍ୟ ସନ୍ଦର୍ଭ
୮୮।	ମହାନ୍ତି ବାଞ୍ଛାନିଧି	ବାଞ୍ଛାନିଧି ପଦ୍ୟାବଳୀ
୮୯।	ମହାନ୍ତି ବଂଶୀଧର	ଓଡ଼ିଆସାହିତ୍ୟର ଇତିହାସ ୧ମ ଓ ୨ୟ ଭାଗ
୯୦।	ମହାନ୍ତି ବ୍ରଜମୋହନ	ଓଡ଼ିଆ ସାହିତୟରେ ଆଧୁନିକ ଯୁଗ
		ଭକ୍ତକବି ମଧୁସୂଦନ
		କ୍ଷୁଦ୍ରଗଳ୍ପର ସୃଷ୍ଟି ଓ ସମୀକ୍ଷା
୯୧।	ମାହାନ୍ତି ରାମାରଞ୍ଜନ	ବିକ୍ରମ ରାୟ
		ଗୌଡବିଜେତା
୯୨।	ମହାନ୍ତି ସୁରେନ୍ଦ୍ର	ଓଡ଼ିଆ ସାହିତ୍ୟର ଆଦିପର୍ବ
		ଓଡ଼ିଆ ସାହିତ୍ୟର ମଧ୍ୟପର୍ବ
		ଅନ୍ଧଦିଗନ୍ତ
		ଫକୀରମୋହନ ସମୀକ୍ଷା
		ନୀଳଶୈଳ

		ମଧୁସୁଦନ ଦାସ
		ଶତାବ୍ଦିର ସୂର୍ଯ୍ୟ
		କୁଳବୃଦ୍ଧ
୯୩।	ମାନସିଂହ ମାୟାଧର	ମାନସିଂହ ଗ୍ରନ୍ଥାବଳୀ
		ଓଡିଆ ସାହିତ୍ୟର ଇତିହାସ
		ସରସ୍ୱତୀ ଫକୀରମୋହନ
		କବି ଓ କବିତା
		ଜୀବନପଥ
		ଶିକ୍ଷାବିତ୍‌ର ଗାଥା
		ଓଡିଆ ସମାଜ ଓ ସାହିତ୍ୟ
୯୪।	ମିଶ୍ର ଉପେନ୍ଦ୍ର	ଔପନ୍ୟାସିକ ଫକୀରମୋହନ
୯୫।	ମିଶ୍ର କାହ୍ନୁ ଚରଣ	ଆଲୋଚନାମାଳା
		ଦୃଷ୍ଟି ଓ ସୃଷ୍ଟି
		ସାହିତ୍ୟ ସମୀକ୍ଷା
୯୬।	ମିଶ୍ର କୃପାସିନ୍ଧୁ	ଓଡିଶା ଇତିହାସ
		ବାରବାଟୀ
୯୭।	ମିଶ୍ର କୃଷ୍ଣପ୍ରସାଦ	ଦର୍ଶନ ଓ ସମାଲୋଚନା
୯୮।	ମିଶ୍ର ଗୋଦାବରୀଶ	ଗୋଦାବରିଶ ଗ୍ରନ୍ଥାବଳୀ-୧ମ ଓ ୨ୟ ଭାଗ
୯୯।	ମିଶ୍ର ଗୋପାଳଚନ୍ଦ୍ର	ଚଳିତ ଶତାବ୍ଦୀର ଭାରତୀୟ ସାହିତ୍ୟ
		ଆଧୁନିକ ଓଡିଆ ସାହିତ୍ୟର ଗତିପଥ
		ଗୋପବନ୍ଧୁଙ୍କ ସାହିତ୍ୟ ଓ ଜୀବନଦର୍ଶନ
		ପାଟଶାଣୀ
୧୦୦।	ମିଶ୍ର ଗୋବିନ୍ଦଚନ୍ଦ୍ର	ଜାତୀୟ ଜୀବନର ଆତ୍ମବିକାଶ
		ଗାନ୍ଧୀ ସେବାଶ୍ରମ, ଚମ୍ପାପୁର କଟକ
୧୦୧।	ମିଶ୍ର ଚିନ୍ତାମଣି	ଦେବଦେବଙ୍କ ଦୁର୍ଗତି
୧୦୨।	ମିଶ୍ର ନରେନ୍ଦ୍ରନାଥ	ଆଧୁନିକ ଓଡିଆ କାବ୍ୟଧାରା
		ଆଧୁନିକତା ଓ ଆଧୁନିକ ସାହିତ୍ୟ
		ଓଡିଆ ସାହିତ୍ୟ ଓ ଭାଷା: ଏକ ଅଧ୍ୟୟନ
୧୦୩।	ମିଶ୍ର ନିଶାମଣି	ସୃଷ୍ଟି ଓ ସହୃଦୟ
୧୦୪।	ମିଶ୍ର ନୀଳମଣି	ପ୍ରାଚୀନ ଓଡିଆ ଲିପି, ଭାଷା ଓ ସାହିତ୍ୟ

୧୦୫। ମିଶ୍ର ରାମଚନ୍ଦ୍ର — ମୂଳିଆ
୧୦୬। ମିଶ୍ର ବିନାୟକ — ଓଡିଆ ସାହିତ୍ୟର ଇତିହାସ
୧୦୭। ମିଶ୍ର ଭାବଗ୍ରାହୀ — ସାହିତ୍ୟ ଦୃଷ୍ଟି
୧୦୮। ମିଶ୍ର ଶ୍ରୀନିବାସ — ଆଧୁନିକ ଓଡିଆ ଗଦ୍ୟ-ସାହିତ୍ୟ
୧୦୯। ମେହେର ଗଙ୍ଗାଧର — ଗଙ୍ଗାଧର ଗ୍ରନ୍ଥାବଳୀ
୧୧୦। ରଥ ଗୋବିନ୍ଦ — ଲାଟଦର୍ଶନ
ଫ୍ୟୁଚର୍ ସାହେବ
ମହାମେଳାଦର୍ଶନ
୧୧୧। ରଥ ଚନ୍ଦ୍ର ଶେଖର — ଏ ଯେଉଁ ପୃଥିବୀ
୧୧୨। ରଥ ତାରିଣୀଚରଣ — ଉତ୍କଳ ସାହିତ୍ୟର ଇତିହାସ
୧୧୩। ରଥ ଦୀନବଂଧୁ — ସାହିତ୍ୟ ବିଚାର
ସାହିତ୍ୟ ଚିନ୍ତନ
୧୧୪। ରଥ ବୈକୁଣ୍ଠନାଥ — ଓଡିଆ ଗଦ୍ୟ ସାହିତ୍ୟ
୧୧୫। ରଥ ମୃତ୍ୟୁଞ୍ଜୟ — କର୍ମଯୋଗୀ ଗୌରୀଶଙ୍କର
୧୧୬। ରାଉତ ଭୋଳାନାଥ — ଓଡିଆ ଉପନ୍ୟାସ ସାହିତ୍ୟର ପରିଚୟ
(ସଂପାଦନା)
୧୧୭। ରାଉତରାୟ ସଚ୍ଚିଦାନନ୍ଦ — ସଚ୍ଚି ରାଉତରାୟ ଗ୍ରନ୍ଥାବଳୀ
୧୧୮। ରାଓ ମଧୁସୂଦନ — ମଧୁସୂଦନ ଗ୍ରନ୍ଥାବଳୀ
ପ୍ରବନ୍ଧମାଳା
ସାହିତ୍ୟ କୁସୁମ
ସାହିତ୍ୟ ପ୍ରସଂଗ
୧୧୯। ରାଜଗୁରୁ ଶ୍ୟାମସୁନ୍ଦର — ପ୍ରବନ୍ଧାବଳୀ
୧୨୦। ରାୟ ପୁରଞ୍ଜନ — ବେଜେଲଗେଟ୍
୧୨୧। ରାୟ ବିପିନବିହାରୀ — ପ୍ରବନ୍ଧ ସୋପାନ
ସାମାଜିକ ପ୍ରବନ୍ଧ
୧୨୨। ରାୟ ଦୁର୍ଗାଚରଣ — ରାଧାନାଥ ଜୀବନୀ
୧୨୩। ରାୟ ରାଧାନାଥ — ରାଧାନାଥ ଗ୍ରନ୍ଥାବଳୀ
୧୨୪। ରାୟ ରାମଶଂକର — ରାମଶଂକର ଗ୍ରନ୍ଥାବଳୀ
୧୨୫। ରାୟ ଶଶିଭୂଷଣ — ପ୍ରବନ୍ଧ ସଂଗ୍ରହ
୧୨୬। ଋଗ୍‌ବେଦ

୧୨୭। ଶତପଥୀ ନିତ୍ୟାନନ୍ଦ — ସବୁଜରୁ ସାମ୍ପ୍ରତିକ
କବିତା ଯୁଗେ ଯୁଗେ
୧୨୮। ଶାସ୍ତ୍ରୀ ଦୋଳଗୋବିନ୍ଦ — ସାହିତ୍ୟ ଓ ଦର୍ଶନ
୧୨୯। ସରକାର ଉମେଶଚନ୍ଦ୍ର — ପଦ୍ମମାଳୀ
୧୩୦। ସାବତ କୁନ୍ତଳାକୁମାରୀ — କୁନ୍ତଳାକୁମାରି ଗ୍ରନ୍ଥାବଳୀ
୧୩୧। ସାମନ୍ତରାୟ ନଟବର — ଓଡ଼ିଆ ସାହିତ୍ୟର ଇତିହାସ
(୧୮୦୩-୧୯୨୦)
ବ୍ୟାସକବି ଫକୀରମୋହନ
ଆଧୁନିକ ଓଡ଼ିଆ ସାହିତ୍ୟର ଭିତ୍ତିଭୂମି
ଗଳ୍ପ ନୁହେଁ ସମାଲୋଚନା
ସଖାହୀନ ପଞ୍ଚସଖା
୧୩୨। ସାମଲ ବୈଷ୍ଣବଚରଣ — କଳା, ସଂସ୍କୃତି ଓ ସାହିତ୍ୟ
ଓଡ଼ିଆ ଗଳ୍ପ : ଗତି ଓ ପ୍ରକୃତି
୧୩୩। ସାହୁ ପ୍ରେମାନନ୍ଦ — ସତ୍ୟବାଦୀ ସାହିତ୍ୟ
୧୩୪। ସାହୁ ବାସୁଦେବ — ସାହିତ୍ୟିକ ଦିଗ୍‌ଦର୍ଶନ
୧୩୫। ସୁଢଳଦେବ ବାସୁଦେବ — ବାସୁଦେବ ଗ୍ରନ୍ଥାବଳୀ
୧୩୬। ସେନାପତି ଫକୀରମୋହନ — ଫକୀରମୋହନ ଗ୍ରନ୍ଥାବଳୀ-୧ମ ଓ ୨ୟ ଭାଗ
୧୩୭। ଷଡଙ୍ଗୀ ଉଦୟନାଥ — ଅଥ ନେତା ପୁରାଣମ୍
ଗାନ୍ଧୀମହାରାଜାଙ୍କ ଶିଷ୍ୟ
୧୩୮। ସିଂ ରବି — ଭ୍ରୂକୁଟୀ
୧୩୯। ସିଂହ ଜଗବନ୍ଧୁ — ପ୍ରାଚୀନ ଉତ୍କଳ
୧୪୦। ସିଂହ ବ୍ରହ୍ମାନନ୍ଦ — ତୃତୀୟ ନୟନ
୧୪୧। ସ୍ୱାଇଁ ପୀତାମ୍ବର — ଓଡ଼ିଆ ସାହିତ୍ୟରେ ଉପନ୍ୟାସର ସ୍ଥିତି ଓ ପ୍ରବୃତ୍ତି
ସମାଲୋଚନା ସମାହାର
୧୪୨। ସ୍କନ୍ଦ ପୁରାଣ
୧୪୩। ହରିଚନ୍ଦନ ନୀଳାଦ୍ରିଭୂଷଣ — ସାହିତ୍ୟର ରୂପରେଖ

BIBLIOGRAPHY

1. Agrawalla Ramananda, "The Indian National Movement", 1885-1947. Delhi Metropolitan Book, 1971.
2. Ainslie Embree Thomas, "India's Search for National Identity", Duke University, New York.
3. Allana G., "Pakistan Movement", Historic Documents, Karachi P.S. Agency 1967.
4. Andrews C.F., "The Indian Renaissance", 1912.
5. Aurobindo (Sri), "On Nationalism" (1872-1950).
6. Aurobindo (Sri), "Doctrine of Passive Resistance", Cal. 1948, Published in Vande Mataram in 1907.
7. Bagchi Moni, "Vande Mataram", Bharatiya Vidya Bhavan, 1977.
8. Banerjee A.C. & Bose D.R. "The Cabinet Mission in India" A Mukherjee & Co., Calcutta 1946.
9. Barker, Sir Earnest, "National Character and the Factors in its formation" London, Harpes, 1927.
10. Beaglehole, J.C., "The British Common Wealth of Nations" in D Thomson (Ed.).
11. Beams John, "The Indigenous Literature of Orissa", Indian Antiquary, 1872.
12. Bearce George D, "British Attitude Towards India".
13. Beard Charles A, "The Open Door at Home" A trial philosophy of National Interest, New York, Columbia University Press, 1934.
14. Bipin Chandra, "Nationalism and Colonialism in Modern India", New Delhi, Orient Longman, 1979.

15. Bisheswar Prasad, "Changing Models of Indian National Movement", New Delhi, Peoples Publication House, 1966.
16. Bloom Solomon F. "The World of Nations, A Study of the National Implications in the work of Karl Marx", New York, Columbia University Press 1941.
17. Bombwalla K.R., "Indian Polities and Government", Delhi, Atmaram & Sons.
18. Bose Nirmal Kumar, "Problems of National Integrity, Simla". Indian Institute of Advanced Study, 1967.
19. Branthal Julius, "The Paradox of Nationalism", London, St. Botolph Publishing Co. 1946.
20. Broron Donald Mackenzie, 1908. "The Nationalist Movement: Indian Political Thought from Ranade to Bhave", Barkley University of California Press. 1961.
21. Butler Sir Harold, "Nationalism and the Western Traditions", London, Voxmundi, 1949.
22. Carr, Edward H. "Nationalism and After", New York, Macmillan, 1945.
23. Chadwick Hectar M., "The Nationalities of Europe and the Growth of National Ideologies, Cambridge, Cambridge University Press, 1945.
24. Chakravarti Chandrakanta, "National Unity and Progress", Calcutta, B.K. Chakravarti.
25. Chakravarti Manmohan, "Language and Literature of Orissa", Asiatic Society – 1898.
26. Chandvarkar G.L., "Dhendo Kesav Raive. "New Delhi, Publication Division, Govt. of India, 1970 (On 26th July 1856. Widow Remarriage Act, was passed) Act. XV of 1856.
27. Chatterjee B.C. "Anandmath" Quoted in W.T. de Bary (Ed.) "Sources of Indian Tradition", New York, 1958.
28. Chatterjee Nandalal, "India's Freedom Struggle", The Indian Press, Allahabad, 1958.
29. Chatterjee Suniti Kumar, "The People, Language and Culture of Orissa", Orissa Sahitya Academy.

30. Chirol, Sir V., "Indian Unrest".
31. Cobbin Alfred, "National Self Determination" London, Oxford University Press, 1945.
32. Collet S.D., "The Life and Letters of Raja Rammohn Ray", London, 1900.
33. Coupland R., "The Indian Problem", The Oxford University Press, London, 1945.
34. Delos Joseph., T. "La Nation" Montreal, Editions de L Arbre, 1944.
35. Dessai A.R., "Social Background of Indian Nationalism", Popular Book Depot.
36. Deutsch Karl., "Nation and the World".
37. Deutsch Karl W., "Nationalism and Social Communications", The Technology Press of Massachusetts, Institute of Technology.
38. Deutsch Karl W., "The Growth of Nations, Some recurrent patterns of political and social integration", World Politics Vol. 5 No.2 Jan,1953.
39. Duffet W.E. and others "India Today, The Background of Indian Nationalism", New York, John day-1942.
40. Dutta Kalinkinkar, "Renaissance, Nationalism and Social Changes in Modern India", Bookland, Calcutta, 1965.
41. Dutta R.C., (1848-1909), "Economic History of India under Early British Rule".
42. Dutta Sukumar, "Problems of Indian Nationality", Calcutta University, 1926.
43. Dyakov, A.M., "The National Problem in India Today", Moscow, Nanka Central Department of Oriental Literature, 1966.
44. Earl Edward Mead- Ed, "Nationalism and Internationalism", Essays Inscribed to Carlton, J.H. Hayes, New York. Columbian University Press, 1950.
45. Emerson Rupert, "Government and Nationalism in South-East Asia". New York, International Secretariat, Institute of Pacific Relations,1942.

46. Emerson, Rupert, "From Empire to Nation", Harvard University Press, 1960.
47. Frazer R.W., "Literary History of India".
48. Friedman W., "The Crisis of National State", London Macmillan-1943.
49. Fuller, John, Frederick, Charles, 1878, "India in Revolt". London, Eyre, and Spottiswoode.
50. Gandhi Mohandas Karamchand, "My Experiment with Truth".
51. Gangadharan K.K. "Indian National Consciousness Growth and Development", New Delhi, E. 320, 158, 0954, G.154.
52. Ghosh Aurobinda, "On Nationalism".
53. Ghosh Aurobinda, "Speeches of Aurobinda".
54. Ghosh Binay, "Iswar Chandra Vidyasagar".
55. Ghosh Sankar, 1925, "Socialism, Democracy and Nationalism in India", Bombay, Allied.
56. Ghosh Sankar, "The Renaissance to Militant Nationalism in India", Bombay, Allied 1969.
57. Gokhle Balakrishna Govinda, 1919, 'The Makings of the Indian Nations', Asia Publishing House.
58. Hans Kohn, "Prophets and People: Studies in Nineteenth Century Nationalism". New York, Macmillan, 1946.
59. Hans Kohn, "World Order in Historical Prospective", Cambridge, Harvard University Press, 1941.
60. Hans Kohn, "Revolution and Dictatorship: Essays in Contemporary History". Cambridge, Harvard University Press, 1941.
61. Hans Kohn, "The Roots of Modern Nationalism", In bulletin of the International Committee of the Historical Sciences, Paris, Les Presses. Universitaires, 1938.
62. Hans Kohn, "Nationalism and the Open Society" in Hans Kohn's "The Twentieth Century", Macmillan, 1949.
63. Hans Kohn, "Nationalism in Before America Decides", Ed. By Frank, P.Davidson, Harvard University Press, 1938.

64. Hans Kohn, "Nationalism: its Meaning and History".
65. Hayes, Carlton, J.H. "Essays on Nationalism", New York, Macmillarn. 1926.
66. Hayes, Carlton, J.H. "The Historical Evolution of Modern Nationalism", New York, Macmillan, 1948.
67. Hertz Friedrich O, "Nationaligeist and Politik", Zurich, Europa Verlag, 1937.
68. Hertz Friedrich O. "Nationality in History and Politics" A study of the Psychology and Sociology of National Sentiment and Character, London, Kegan Paul, 1944.
69. Horne, E.A. "Political System of British India".
70. Howsin, Hild, M., "The Significance of Indian Nationalism" with Introductory note of V.H. Ruthrford, London A.C. Fifield.
71. Hula, E., "National Self-determination Reconsidered". Social Research- Vol.X, 1943.
72. Hutchins, Fransis, G. "India's Revolutions; Gandhi and the Quit India Movement". Cambridge Mass. Harvard University Press, 1973.
73. Janolvsky Oscar, "Nationalities and National Minorities" New York, Macmillan, 1945.
74. Karve, Dhondo Keshav, "Looking Back", An Autobiography, Poona, 1935.
75. Katju Kailasnath, "The Unity of India, Political and Cultural", Ahamedabad, Harold Laski Institute of Political Sciences, E.320, 158, 0954, K.136.
76. King James C., "Some Elements of National Solidarity", Chicago, University of Chicago Press, 1935.
77. Laswell Harold D., "National Security and Individual Freedom", New York, Mac-Graw-Hill, 1950.
78. Lowell Harold D., "Power and Personality", New York, Norton, 1948.
79. Macartney, C.A., "National States and National Minorities", London, Oxford University Press, 1934.

80. Mackenzie Dewitt, "India's Problem can be Solved", Garden City – New York, Double day, Doran and Co-1943.
81. Mahajan V.D., Leaders of the National Movement", Sterling Publishers Private Ltd., New Delhi-110016.
82. Mahatab, Dr. Harekrishna, "Beginning of the End".
83. Mahatab, Dr. Harekrishna, "History of Orissa", Vol.1.
84. Mazumdar, B.C., "A Typical Selection from Oriya Literature".
85. Mazumdar, R.C.(Ed), "History and Culture of Indian People", Vol-IX, Bombay, 1969.
86. Mazumdar R.C.(Ed). "The Story and Culture of Indian People".
87. Mazumdar R.C., "An Adavanced History of India", London, Macmillar and Co. Ltd., 1946.
88. Mill John Stuart, "Representative Government".
89. Minogue, K.R., "Nationalism".
90. Mitchell, Kate, "Industrialisation of the Western Pacific", Institute of Pacific Relations, 1942.
91. Mohanty Nivedita, "Oriya Nationalism", Manohar Publications, 2, Ansari Road, Darya Ganj, New Delhi.
92. Mukharjee Radhakumud, "Fundamental Unit of India", Bharatiya Vidya Bhavan, Bombay.
93. Nag Kalidas, "Greater India.
94. Natarajan, S, "A Century of Social Reform in India", Bombay, Asia Publishing House.
95. Nehru Jawaharlal, "An Autobiography, "The Signet Press, Calcutta, 1946.
96. O' Toole, G.B., Race, "Nations: Person", New York, Barnes and Noble, 1944.
97. Pal Bipin Chandra, "Memories of my Life and Time".
98. Pal Bipin Chandra, "New Spirit".
99. Patra, S., "The Formation of Orissa Province".
100. Prakash Chandra Gupta, "Prem Chand" (Chap.XI) Sahitya Academy Publication, New Delhi.

Bibliography

101. Pye, Lucien, "Politics, Personality and Nation Building", New Haven, Conn. Yale University Press, 1968.
102. Raj Lala Lajpat, "The Arya Samaj", London, 1915.
103. Rajagopalachari, C. "Our Democracy", B.G. Paul and Co. Madras, 1957.
104. Rath Radhanath, "The Story of Freedom Movements in Orissa State".
105. Richards, Ivor, A., "Nations and Peace", New York, Simon and Schuster, 1947.
106. Rocker Rudolph, "Nationalisms and Cultura", Buenson Aires, Edicioness, Iman, 1942.
107. Roy, B.C., "Orissa Under the Marhattas".
108. Seal Anil, "Emergence of Indian Nationalism", Cambridge University Press, 1968.
109. Sen, P.r., "Western Influence in Bengali Literature".
110. Seton Hugh Watson, "Nationalism and Communism", Methren and Co. Ltd., New Fetterlane, London, EC4.
111. Sharma, D.S. "Hinduism Through Ages".
112. Sharma, Dr. Radhakrishna, "Nationalism, Social Reforms and Indian Women".
113. Simonds, Frank, H. "The Great Powrs in World Politics: International Relations and Economic Nationalism".
114. Singh, S.R., "Nationalism and Social Reforms in India", (1885-1920), Delhi, Ranjeet Printrs and Publishers.
115. Sister Nivedita, Swamiji and His message.
116. Sitaramaiya, B.P., "The History of the Indian National Congress", (1885-1935).
117. Smith William Roy, "Nationalism and Reform in India", Yale University Press, 1938.
118. Stalin, Iosif V., "Joseph Stalin: Marxism and the National Questions" New York, Internal Publishers, 1942.
119. Sterling, A., "An Account of Orissa Proper or Cuttack".
120. Strachery, Sir John, "India", London, 1888.

121. Sturzo, Luigi, "Nationalism and Internationslism", New York, Roy Publishers, 1946.
122. Sulzback Walter, "National Consciousness", Washington D.C. American Council on Public Affairs, 1943.
123. Swami Vivekananda, "Complete Works of Swami Vivekananda", Vol-I,II,III, & IV.
124. Swami Vivekananda, "Our Women", Calcutta Advaita Ashrama, 1970.
125. T.Walter Wall Bank, "India, Survey of the Heritage and Growth of Indian Nationalism", University of South California, Henry Hoff and Co. New York.
126. Tagore Robindranah, "Nationalism", Macmillan Publications.
127. Two bachelors, "Oriya Movement".
128. Venkatrangiya, Prof. M., "Nationality", London, Lawrence and Wishart, 1944.
129. Winternitz, J. "Marxism and Nationality", London, Lawrence and Wishart. 1944.
130. Zimmern, Sir Alfred E, "Modern Political Doctrines", London, New York, Oxford University Press, 1939.
131. Znaniecki Florian, "Modern Nationalities; A Socio-logical Study". Urbana-III, University of Illinois Press, 1952.

ସହାୟକ ଗ୍ରନ୍ଥ ଓ ପତ୍ରପତ୍ରିକା

ବଙ୍ଗଳା :

୧. ବାନାର୍ଜୀ ରଙ୍ଗଲାଲ - ରଙ୍ଗଲାଲ ଗ୍ରନ୍ଥାବଳୀ
୨. ଚାଟାର୍ଜୀ ବଙ୍କିମଚନ୍ଦ୍ର - ଆନନ୍ଦ ମଠ
୩. ଠାକୁର ରବୀନ୍ଦ୍ରନାଥ - ସଞ୍ଚୟିତା

ହିନ୍ଦୀ :

୧. ପାଠକ ଶ୍ରୀଧର - ଭାରତଗାନ
୨. ଗୁପ୍ତ ମୈଥିଳୀଶରଣ - ମଙ୍ଗଳଘଟ
ସ୍ୱଦେଶ ସଂଗୀତ
୩. ହରିଶ୍ଚନ୍ଦ୍ର ଭାରତେନ୍ଦୁ - ଭାରତେନ୍ଦୁ ଗ୍ରନ୍ଥାବଳୀ

ପତ୍ରପତ୍ରିକା (ଓଡିଆ) :

୧. ଆଶା - ୨୭.୧୧.୧୯୧୬. ୭.୪.୧୯୧୮,
୪.୧.୧୯୩୧, ୭.୯.୧୯୩୧
୨. ଉତ୍କଳ ଦର୍ପଣ - ୨୭.୧.୧୮୮୪
୩. ଉତ୍କଳ ଦୀପିକା -
୧୩.୩.୧୮୬୯, ୧୪.୫.୧୮୭୦, ୧୮୭୧(ପୁରାବର୍ଷର)
୯.୮.୧୮୭୩, ୧୪.୪.୧୮୭୪, ୮.୩.୧୮୭୯,
୨୯.୯.୧୮୮୩, ୧୧.୨.୧୮୮୮, ୧୮.୨.୧୮୮୮,
୧.୫.୧୮୮୬, ୩୧.୧୨.୧୮୮୭, ୧.୧.୧୮୮.
୧.୧୨.୧୮୮୮, ୨୫.୫.୧୮୯୨, ୪.୩.୧୮୯୩,
୨୧.୯.୧୮୯୫, ୩୦.୯.୧୯୦୫, ୨୧.୧୦.୧୯୦୫।

୪. ଉତ୍କଳ ମଧୁପ -

୫. ଉତ୍କଳ ସାହିତ୍ୟ - ୮/୮, ୯/୬, ୧୦/୨, ୧୨/୬, ୧୩/୩, ୧୬/୫, ୧୬/୬, ୧୮/୭, ୨୦/୧୨।

୬. ଉତ୍କଳ ସେବକ - ୫.୧୨.୧୯୨୯।

୭. କୋଣାର୍କ - ଓଡିଶା ସାହିତ୍ୟ ଏକାଡେମୀ

୮. ଗଡଜାତବାସିନୀ -୧୯୨୨

୯. ଝଙ୍କାର - ୧୦/୧, ୨୦/୬, ୨୧/୧୨, ୨୬/୪, ୨୭/୧୨

୧୦. ଡଗର - ୧୬/୪, ରଜତ ଜୟନ୍ତୀ ବିଶେଷାଙ୍କ

୧୧. ଦେଶକଥା - ୪.୫.୧୯୩୧, ୨୩. ୮.୧୯୩୮

୧୨. ନବସଂବାଦ - ୨୧.୧.୧୮୮୭, ୨୫.୮.୧୮୮୭, ୧୨.୧୧.୧୮୮୭

୧୩. ନବୀନ - ସଂ. କୃପାସିନ୍ଧୁ ପଟ୍ଟଦେବ, ୧୯୩୧ ଠାରୁ ୧୯୩୫ ପର୍ଯ୍ୟନ୍ତ

୧୪. ନବଭାରତ - ୧ମ ବର୍ଷ, ୨ୟ ବର୍ଷ, ୩ୟ ବର୍ଷ, ୪ର୍ଥ ବର୍ଷ

୧୫. ପ୍ରଚାରକ - ସଂ.ଅନନ୍ତ ମିଶ୍ର

୧୬. ପ୍ରଜାତନ୍ତ୍ର - ୧୯୨୩, ବାଲେଶ୍ବର, ସଂପାଦକ ହରେକୃଷ୍ଣ ମହତାବ।

୧୭. ବାଲେଶ୍ବର ସଂବାଦବାହିକା - ୧୯.୧.୧୮୯୯, ୨.୩.୧୮୯୯ ୧୩.୨.୧୯୦୨

୧୮. ମୁକୁର (୧୩୨୧ ସାଲ) - ୬/୭, ୭/୬, ୮/୯, ୯/୭ ସଂ. ବ୍ରଜସୁନ୍ଦର ଦାସ

୧୯. ସତ୍ୟବାଦୀ - ୧/୧, ୧/୬, ୪/୪

୨୦. ସହକାର - ୧/୮, ୧୮/୬, ୧୯/୨, ୨୮/୨।

୨୧. ଶଙ୍ଖ - ୩/୩, ୨/୫

୨୨. ସମ୍ବଲପୁର ହିତୈଷିଣୀ- ୨୪.୬.୧୮୯୧, ୧୩.୯.୧୮୯୧, ୨୩.୯.୧୮୯୧, ୬.୧.୧୮୯୨, ୭.୧୨.୧୮୯୨, ୨୬.୧.୧୮୯୬, ୩୦.୧.୧୮୯୬, ୧୩.୨.୧୮୯୬, ୨୨.୭.୧୮୯୬, ୨.୧୨.୧୮୯୬, ୭.୪.୧୮୯୭, ୯.୨.୧୮୯୮।

୨୩. ସମାଜ - ୧.୮.୧୯୧୯, ୨୦.୧୨.୧୯୧୯,
୧୯.୨.୧୯୨୦, ୫.୨.୧୯୨୦,
୨୧.୨.୧୯୨୦, ୪.୯.୧୯୨୦,
୧୩.୩.୧୯୨୦, ୧୯.୩.୧୯୨୦,
୧୭.୪.୧୯୨୦, ୧୭.୭.୧୯୨୦,
୨.୧୦.୧୯୨୦, ୨୫.୧୨.୧୯୨୦,
୧୫.୧.୧୯୨୧, ୫.୨.୧୯୨୧,
୨୫.୬.୧୯୨୧, ୨୬.୬.୧୯୨୧,
୬.୮.୧୯୨୧, ୨୭.୮.୧୯୨୧,
୨୭.୫.୧୯୨୨, ୨.୯.୧୯୨୬,
୨୦.୨.୧୯୨୬, ୨୭.୨.୧୯୨୬,
୨୦.୩.୧୯୨୬, ୧୧.୧୨.୧୯୨୬,
୨୯.୧.୧୯୨୭, ୨୩.୩.୧୯୨୭,
୩୦.୪.୧୯୨୭, ୯.୫.୧୯୨୮
ଗୋପବନ୍ଧୁ ଶ୍ରାଦ୍ଧ ସଂଖ୍ୟା ୧୯୬୭

୨୪. ଉତ୍କଳ ସମ୍ମିଳନୀ ଅଧିବେଶନର ବିବରନୀ

ENGLISH MAGAZINES AND DOCUMENTS

1. East Coast – Sashibhusan Rath (Ganjam).

2. The Oriya – M.s. Das, Editor, 1910, Cuttack.

3. The star of Utkal – Kshitish Chandra Roychoudhury, 1909.

4. Young Utkal, Cuttack.

5. Kanika Disturbances Resolution – The Legislative Council of Bihar and Orissa, Dt.25.8.1922.

6. A Letter –Commissioner to Government of India, Ewer. W. Correspondence of the Settlement of Khordah in Poori, Vol-IV, Number 122.

7. Col. Harcourt, Commissioner at Cuttack to Government of Bengal, Dated 5th March, 1804, M.s. Vol.-ACC, 451 OSA.

8. Harijan – M.K.Gandhi, Oct, 1939.

9. "Nationalism", Royal Institute of International Affairs Publication.

ଏଠା ମଞ୍ଜିରେ ଜେତା ଚାମର ଯେଉଁଥି ଅଗରା ଛ
ତ୍ରର ପଗୋଡ଼େ

[Persian/Arabic script - handwritten, not transcribed]

ଏହି ଅନୁସୃତ ସନ୍ଦର୍ଭରେ ସମ୍ଭବ ହୋଇଛି ଯେ ଯେଉଁ ଅଞ୍ଚଳ ଓ ମୁଦ୍ରା
ତାହା ରହିଛି, ସେହି ସ୍ଥାନରେ ଯେଉଁ ସ୍ଥାନ ଓ ମୁଦ୍ରାର ମାନ
ତାହା ରହିଛି ସେଥିରେ ଅଟେ । ଯେଉଁ ସ୍ଥାନ ରହିଛି
ତାହା ସମସ୍ତ ସ୍ଥାନର ମଧ୍ୟ ଯେଉଁ ସ୍ଥାନ ଅଟେ ।
ଅନ୍ୟ ସ୍ଥାନରେ ଯାହା ରହିଛି ସେ ସ୍ଥାନରେ ରହିଛି
ସେହି ସ୍ଥାନରେ ଯାହା ରହିଛି ତାହା ସ୍ଥାନରେ ରହିଛି ।

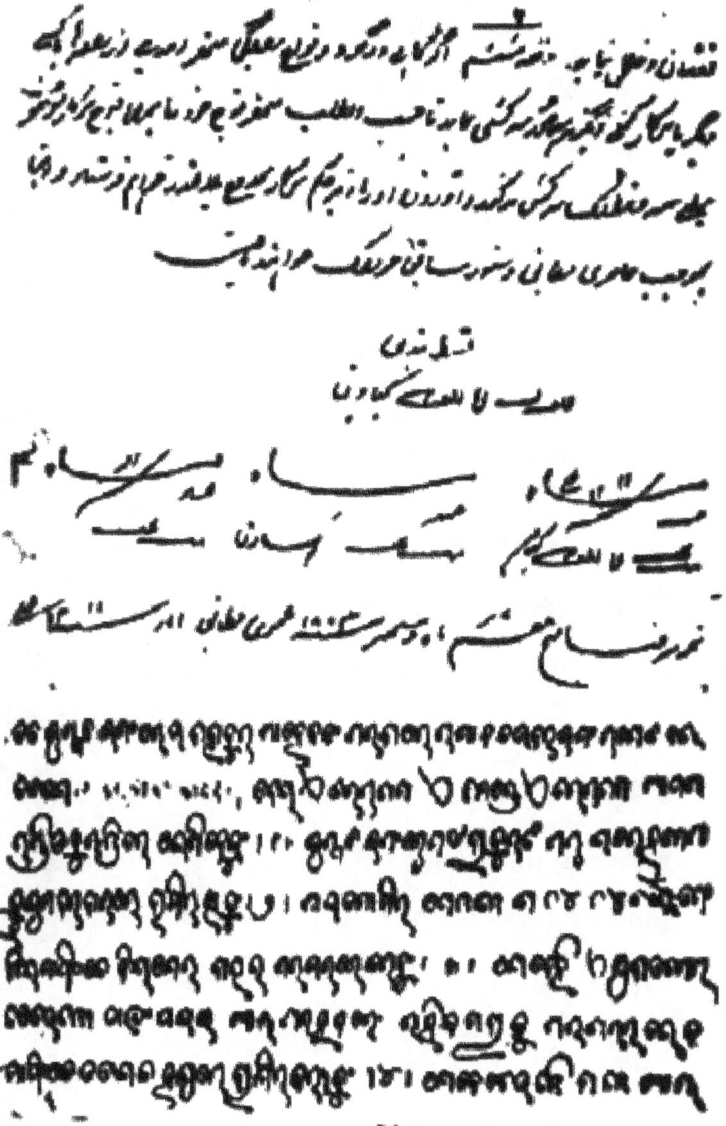

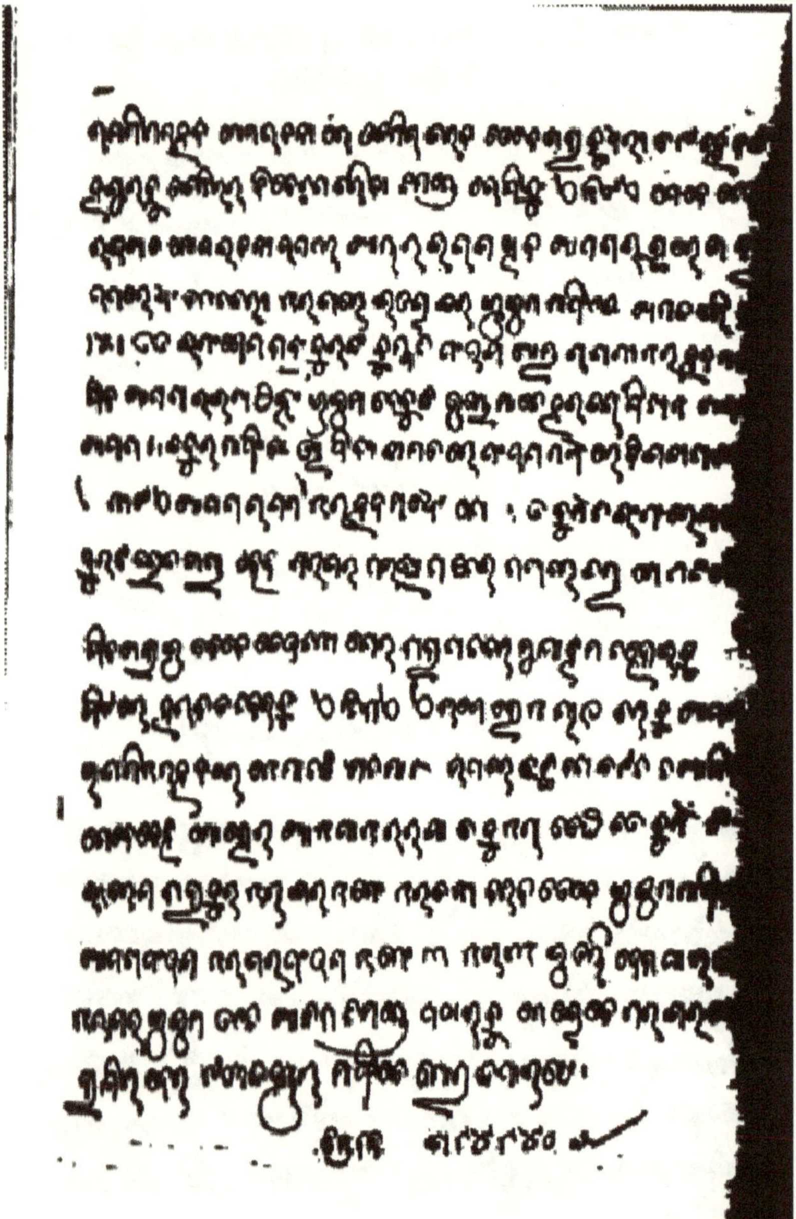

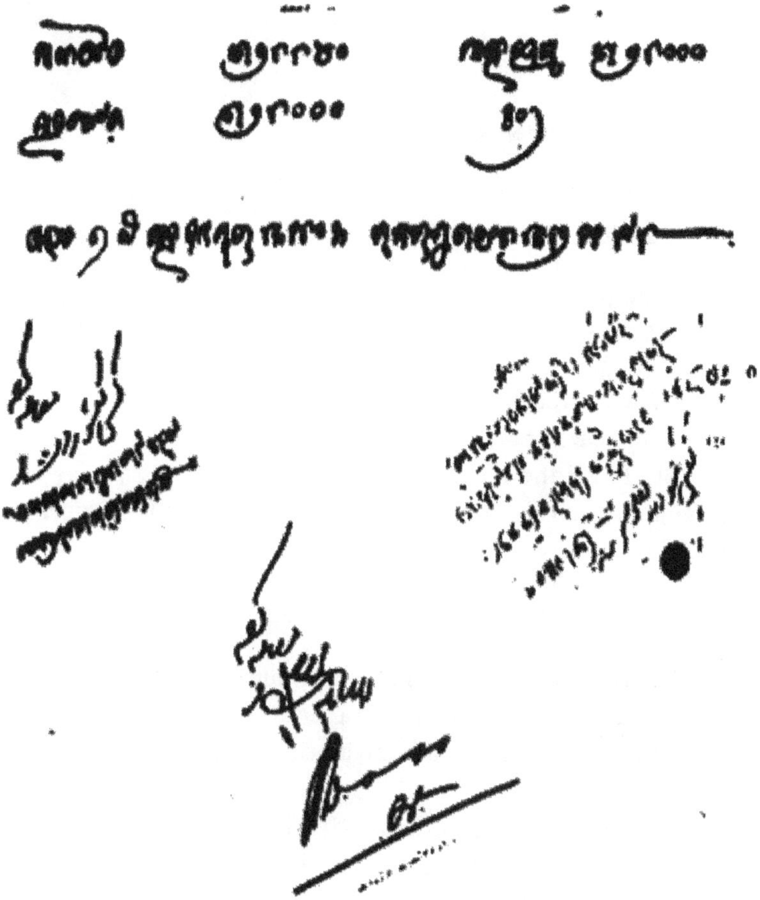

ADMINISTRATION REPORT OF THE TRIBUTARY STATES FOR 1882-83

No.894, dated Cuttack, the 20th June 1883.

From – A Smith, Esq., Superintendent of the Tributary Mehals, Cuttack.

To – The Secretary to the Government of Bengal, Political Department.

I HAVE the honour to submit the following report on the general administration of the Tributary Mehals of Orissa during the year 1882-83.

GENERAL REMARKS

2. The Tributary Mehals comprise a group of 19 killahs or divisions, of different sizes, in varying grades of civilization, and under different systems of administration. The largest of them, the Mohurbhunj State, is 4,243 square miles in area, and is larger than even the largest British district of Orissa, while the area of the smallest, the State of Tigiria, is only 46 square miles.

3. In point of civilization the different killahs vary much from each other, while the people of Dhenkanal, Atgur, Nayagur, Khondapra & c., are little behind their brethren of the plains of Orissa. The Khonds of Boad, the Sonthals of Mohurbhunj and the Bhuyans of Keonjhur continue in a primeval state, and are still following their nomadic dursuits; and while it has been found possible to introduce the most important laws of British India in Angul, none of them have yet been found suitable for the Khondmals. Indeed, none of the Tributary States, except Angul, are governed by any written codes of laws. The Government there is of a patriarchal type: Its character changes with the

4. The following table gives the area and population of each of the killahs.

Name of States	Area in Square Mile	Population	Amount of Revenue or tribute Rs.	Annual tribute A.	P.	Remarks
Government Estates						
1. Angul	881	101,908	82,641	7	7½	
2. Khondmal Ward Estates		58,008				A portion of Board ceded to Government
Tributary States						
3. Baramba	134	29,772	1,897	15	5	
4. Boramba	1,463	208,316	5,098	0	9	
5. Mohurbhunj	4,243	365,787	1,067	11	9	
6. Atgur	168	81,079	2,900	0	0	
7. Atmallik	780	21,774	480	0	0	
8. Bood	2,064*	71,144	800	0	0	
9. Daspalla	568	41,608	681	7	11	
10. Hindole	812	93,902	581	8	11	
11. Keonjhur	8,548	220,499	1,976	11	11	
12. Khandpara	244	66,226	4,211	6	8	
13. Nursingpur	199	82,583	1,456	8	8	
14. Noyagur	598	114,622	2,625	4	1	
15. Nilgiri	278	60,372	8,909	7	8	Includes Pal Lahara paying Rs.286,10.8 to Keonjhur, the area of which is 462 square miles and population 14,887 souls
16. Runpur	208	26,539	1,406	13	9	
17. Talcher	899	85,590	1,089	10	5	
18. Tigiria	46	19,160	882	0	0	
19. Pal Lahara	462	14,887	*			

* Including Kondmals.

@ It is tributary to Keonjhur, and pays of tribute to that State.

ruler, and when it is found to be inconsistent with traditional history or the cherished rights of the people there is more or less opposition, according as the people are more or less advanced in civilization and have learned to assert their own rights and privileges.

5. Banki was formerly included in the Tributary Mehals, but in accordance with the legislative sanction conveyed by Act XXV of 1881 of the India Council, it has, from the beginning of the year under report, been annexed to the regulation district of Cuttack.

6. Act XXV of 1881, section 3, provided that all proceedings commenced before any authority in the territory of Banki on the 1st day of 1882, (the date on which it was annexed to Cuttack) and still pending on that day, should be disposed of by such authority as the local Government might direct, and should be carried on as if the Act had not been passed. In accordance with this provision of the law, the Lieutenant-Governor directed, in Government No.1480 J of the 25th March 1882, that all such proceedings should be dealt with by the authorities by whom they would have been disposed of had Act XXV of 1881 not been passed, and accordingly this Office, while being entirely severed from all other connection with the administration of Banki from the 1st of April 1882, had to dispose during the year under review of all the civil and criminal cases which were pending on the 1st of April 1882, and this report will therefore deal with Banki only so far as relates to the cases instituted, but not disposed of, before the commencement of the year under report.

7. Of the 19 divisions over which the jurisdiction of this Office how extends, two, viz. Angul and Khondmals, are Government estates, and are under the immediate management of this Office.

8. Angul is a scheduled district under Act XIV of 1874, and the most important codes of procedure and substantive law, e.g.

Administrative Report... ୩୦୩

the Civil and Criminal Procedure Codes and the Penal Code, are in force there.

9. Khondmals is the high land portion of Boad, and was voluntarily surrendered by its Chief to the British Government. It is almost entirely inhabited by Khonds and Sudhas, who are in very uncivilized condition, and no laws have been formally introduced into it; but the spirit of the Civil and Criminal Codes, and of the Penal Code, is followed, and civil disputes are decided in accordance with the unwritten common law of the place and the rules of marriage, inheritance, succession, partition & c, in force amongst the people.

10. Both the estates are managed by and through the agency of tehsildars, who get a fixed salary of Rs.200, per mensem, and a local allowance of Rs.100 each, and are located within the estates.

11. The other 17 killahs are tributary, sixteen pay tribute to Government, and the remaining one, viz. Pal Lehara, pays its tribute through Government to the Keonjhur State, of which it formerly was a part.

12. Statement No.3 shows the demand, collection, and balance on account of the tribute payable by the 16 States to Government. The tribute has been permanently fixed. The annual demand is Rs.33,249-7-11. Out of the demand for the year Rs.10,166-14-3 had been collected in advance during the preceding year, and not only was the balance, amounting to Rs.23,096-7-9, collected during the year, but Rs.10,620-0-4 were paid in advance for the current year. The tribute is generally paid with the utmost regularity.

13. Of the 17 Tributary States, three are now under the administration of this Office owing to the minority of their Chiefs and the rest are managed by the Chiefs of those states under the general superintendence of this Office.

14. Of the three Tributary States now under the temporary administration of this office, the Dhenkanal State came to our

hands on the 5th February 1877, when the 1st Maharajah died. The minor Chief, Dinabundhoo Mohendra Bahadur, is now in his eighteenth year, and will be tit to assume charge of his important State in three years more.

15. The Baramba State came to our hands the year before last, when, on the 15th of July 1881, the late Rajah died of small-pox. His infant son is only three years old, and there is a long minority yet to run.

16. We took charge of the largest and most important Tributary State, Mohurbhunj, during the year under report, when the late Maharajah fell a victim to the epidemic of small-pox. His son and successor, Sriram Chunder Bhunj, whose succession has just been formally recognized by the Government of India, was born on the 17th December 1871, and is now on his twelfth year, and the State will therefore continue under the administration of this Office for nine years more, within which period it is earnestly hoped that many important improvements will be effected in the material, more and social condition of the KILLAH.

17. The other 14 States are, as I have already observed, administered by their respective Chiefs under the general superintendence of this Office. What the precise relation of this Office to the Tributary States is, has never been precisely defined. The Government has evaded the settlement of this important question as often as it has been put before it, and nothing has ever been done to provide formally for the administration of justices in these mehals.

18. After long correspondence between Government and the successive Superintendents of the Tributary Mehals, Mr. (now Sir Henry) Ricketts submitted a set of rules with his No.168 of the 21st January 1839: but those rules were considered to be too elaborate, and his successor. Mr. Mills, was directed to submit a set of revised rules. He sent revised rules and forms of proceeding with his No.1620 of the 11th April 1840, but the

Administrative Report...

Governor of Bengal hesitated to pass any regular and defined rules, and thought it advisable that the spirit of Mr. Mills' rules should be acted up to in all future cases, and the Tributary Rajahs should be given to understand that they would be ordinarily amendable to the Superintendent's Court according to the instructions which may from time to time be furnished by the Government.

19. Those are all that we have for our guidance in our intercourse with the Tributary States, and vague and undefined as these instructions are, they do not appear to have been always followed.

20. In 1853, when Mr. Ricketts, as Member of the Board of Revenue, was deputed to Orissa to make general enquires into its administration, he found that the interference of the Superintendent had increased to a larger extent than was desirable or expedient, and he considered that, if such a system continued, and the authority of the Rajahs was interfered with in the manner it had been, it would be quite impossible for them to manage their States. The result of his report was an order from the Government to the effect that the guiding principle of non-interference except in serious cases must be carefully adhered to by the Superintendent, and not departed from in any instance without special sanction. (Vide Government resolution of the 8th December, 1853).

21. Times have much altered since these orders were passed. While the British Government has maintained peace and order, the people have advanced in prosperity and intelligence. The chiefs have in few instances advanced with the times. They have but little or no sense of duty to their subjects, and as a rule they consider that their people were made for them, and try rather to get all they can out of them than to do anything, for the arbitrary ejectments of village head men and cultivators – possibly reclaimers, possibly tenants of many generations – in favour of new men who pay a salami, are frequently brought to

the notice of this Office. Demands for excessive rents also come frequently. It is impossible for this Office to refuse to intervene without giving rise to dangerous combinations which eventually compel intervention. When these combinations have taken place, it is generally necessary to the pacification of the people that the Rajah hail promise that he will not eject in future without the sanction of this Office. When the pressure has passed away Rajahs forget their promise, and the injured parties invoke the intervention of this Office to keep them to it. Each successive Superintendent has been guided by his own views as to what were and what were not cases calling for intervention, and accordingly the interference of this office has from time to time varied according to the idiosyncrasies of the Officers for the time holding the office of Superintendent.

22. The Tributary States have heretofore been regarded as a part of British India, into which for the present only it has not been thought expedient to introduce the ordinary laws. The High Court has however, in a recent case, ruled that they are not a portion of British India; and it has therefore become a question, whether in that case we are justified in interfering at all with the internal administration of these States. I have been told that this vitally important and complex question has engaged the attention of Government, and I hope that some satisfactory arrangements will soon be made, and some more definite rules prescribe. The growing requirements of the people in the matter of civil administration are practically out growing the old system; and it is important, even if that system is continued, that we should know more precisely, than now when to interfere and when not to interfere when our assistance is invoked. The Rajahs should also know this and the people should know more definitely in what respects they may expect redress from us and in what respects they may not.

Administrative Report... ৭০৯

Resolution Passed at the Twelfth Session of Indian National Congress held at Calcutta in 1896

RESOLUTON – XII

Resolved – This Congress deplores the out-break of famine in a more or less acute form throughout India and holds that this and other famines which have occurred in recent years are due to the great poverty of the people, brought on by the drain of the wealth of the country which has been going on for years together, and by the excessive taxation and over-assessment, consequent on a policy of extravagance, followed by the Government both in the Civil and the Military departments, which has so far impoverished the people that at the first touch of scarcity they are rendered helpless and must perish unless fed by the State or helped by private charity. In the opinion of this Congress the true remedy against the recurrence of famine lies in the adoption of a policy, which would enforced economy, husband the resources of the State, foster the development of indigenous and local arts and industries which have practically been extinguished, and help forward the introduction of modern arts and industries.

In the meantime the Congress would remind the Government of its solemn duty to save human life and mitigate human suffering. (the provisions of the existing Famine Code being in the opinion of the

Congress inadequate as regards wages and rations, and oppressive as regards task work) and would appeal to the Government to redeem its pledges by restoring the Famine insurance Fund (Keeping a separate account of it) to its original footing and to apply it more largely to its original purpose viz., the immediate relief of the famine-stricken people.

That in view of the fact that private charity in England is ready to flow freely into this country at this awful juncture, and considering that large classes of suffers can only be reached by private charity, this congress desires to enter its most emphatic protest against the manner in which the Government of India is at present blocking the way, and this congress humbly ventures to express the hope that the disastrous mistake committed by Lord Lytoon's Government in the matter will not be repeated on this occasion.

BLACK EAGLE BOOKS

www.blackeaglebooks.org
info@blackeaglebooks.org

Black Eagle Books, an independent publisher, was founded as a nonprofit organization in April, 2019. It is our mission to connect and engage the Indian diaspora and the world at large with the best of works of world literature published on a collaborative platform, with special emphasis on foregrounding Contemporary Classics and New Writing.

www.ingramcontent.com/pod-product-compliance
Lightning Source LLC
Chambersburg PA
CBHW020518080526
44583CB00013B/643
9781645603122